LES PRISONS DE PARIS

Dessiné par E. DE BEAUMONT. Gravé par LAISNÉ.

UNE FOUILLE A LA BASTILLE.

LES
PRISONS DE PARIS

HISTOIRE, TYPES, MŒURS, MYSTÈRES

PAR

MAURICE ALHOY ET LOUIS LURINE

ÉDITION ILLUSTRÉE.

PARIS — 1846
PUBLIÉ PAR GUSTAVE HAVARD
24, RUE DES MATHURINS-SAINT-JACQUES.

A

MONSIEUR DUCOS

MEMBRE DE LA CHAMBRE DES DÉPUTÉS.

Monsieur,

Le nom illustre que vous savez si bien porter figure dans une des scènes les plus grandes, les plus dramatiques, les plus solennelles de l'histoire des Prisons de Paris : permettez-nous de vous adresser publiquement un livre qui a dû emprunter aux souvenirs de la Conciergerie révolutionnaire, le spectacle de la dernière nuit des Girondins.

Maurice ALHOY.   Louis LURINE.

Paris, octobre 1845.

INTRODUCTION

—

Un ingénieux observateur disait naguère, en se promenant avec la folle du logis dans la grande ville de la vieille monarchie française : « Les historiens n'ont pas besoin d'être des rois pour exécuter des fouilles aussi riches, aussi variées, aussi prodigieuses que celles d'Herculanum ; ils marchent sur les ruines, les yeux et l'esprit fixés sur le livre de l'histoire, et soudain, en faisant voler autour d'eux, avec la barbe de leur plume, la poussière qui cache les hommes et les choses du temps passé, ils ressuscitent des royaumes, des villes, des palais, qui se remettent à s'agiter et à vivre, par la grâce de l'imagination et de la science. Les pavés, la terre, l'herbe et la boue que nous foulons chaque jour, avec toute l'indifférence des vivants pour les morts, ne couvrent-ils pas des sociétés tout entières, des civilisations brillantes, des mœurs oubliées ou inconnues, des événements et des personnes qui ont joué un grand rôle sur le théâtre de l'humanité ? Les princes et les savants qui s'ingénient au pied du Vésuve ne trouvent au fond de leurs fouilles réelles que des matériaux de marbre, de pierre et de brique, des ustensiles, des métaux, de petits tas de poussière qui ont été des hommes ; l'histoire est plus heureuse : quand elle fouille dans la lave des siècles, elle trouve des morts qui ressuscitent à sa voix, comme par enchantement, avec les passions, les coutumes, les plaisirs, les amours et les vices, en un mot avec l'esprit et le cœur de leur première vie d'autrefois. »

A ne parler que de l'histoire spéciale dont il s'agit dans ce livre, quels nombreux et singuliers monuments de sociétés éteintes un historien patient et minutieux ne saurait-il pas découvrir au fond de cette poussière, au fond de ces ruines, qui cachent, pour les passants vulgaires, la justice distributive de la pénalité religieuse, féodale et monarchique?

Un écrivain judicieux, mais un peu trop optimiste, reprochait tout récemment aux historiens, dans une excellente étude historique, *d'avoir représenté comme un nid de geôles et de cachots le vieux Paris, qui ne devait ses nombreuses prisons qu'à ses agrandissements successifs.* Oui, sans doute, en étendant son territoire, depuis le règne de Philippe-Auguste jusqu'au règne de Louis XIV, la grande ville engloba dans son enceinte des communautés civiles et religieuses qui lui apportèrent des juridictions nouvelles, des droits de haute et basse justice, des édifices destinés à la captivité des innocents et des coupables; mais, justifié ou non par cet accroissement de territoire et par le besoin de centraliser les institutions féodales, pour mieux les détruire, le nombre considérable des prisons dans le vieux Paris n'en est pas moins un fait important aux yeux de l'histoire, et l'histoire a eu raison de le constater, avec une certaine surprise, avec une certaine douleur. Qu'importe, après tout, le motif politique de l'agglomération de toutes ces geôles dans les enceintes de Paris, pour l'historien qui a pris la peine de les compter et de les visiter? D'ailleurs, en justifiant *cet assemblage de citadelles consacrées à la détention,* par les agrandissements successifs de la ville et par les besoins calculés de l'unité monarchique, ne pourrait-on pas dire que la monarchie tarda bien longtemps à détruire les vieilles prisons féodales, même après la ruine des priviléges exorbitants de la féodalité [1]?

Louis XVI, le premier peut-être parmi nos monarques, daigna prendre garde sérieusement à l'état des prisons de Paris, comme

---

[1] Le seigneur enferme les manants sous portes et gonds, du ciel à la terre, disait le droit féodal.

s'il eût pressenti qu'il devait être un jour le plus malheureux de tous les prisonniers.

Quand on se prend à vivre dans le Paris d'autrefois, un livre d'histoire à la main, il est impossible de ne point heurter à chaque pas un anneau de fer, une chaîne, un instrument de torture, une pierre tumulaire, un débris ensanglanté des cachots de quelque vieille prison ; les rois, les seigneurs, les évêques, les prévôts, les corporations, les couvents, les Églises, tous ceux qui gouvernaient le peuple avec un sceptre, avec une épée, avec une crosse, avec un bâton, avec un crucifix, avaient bâti une geôle pour les besoins de la justice, de l'ambition et de la haine.

Si vous passez avec l'histoire devant le château du *Louvre*, vous entendrez encore des bruits souterrains, des clameurs confuses, des plaintes et des malédictions : ce sont les détenus politiques, des proscrits illustres, qui crient contre la royauté. La tour du Louvre, que Louis XI appelait le *plus beau fleuron de la couronne de France*, fut démolie sous le règne de François Ier ; les chaînes de la forteresse royale furent scellées aux cachots de la Bastille.

Si vous passez devant la cour du palais, vous entendrez, au fond de la *Conciergerie*, des voix défaillantes qui murmurent contre les nobles ; la Conciergerie a commencé par servir aux vengeances de la noblesse féodale.

Si vous passez dans la rue Saint-Germain-l'Auxerrois et dans le cloître Notre-Dame, vous entendrez soupirer et gémir les justiciables de l'évêché sur les ruines de deux prisons : le *Fort-l'Évêque* et l'*Officialité*.

Si vous passez sur la place du *Châtelet* ou dans la rue de la *Tannerie*, vous entendrez se plaindre les anciens prisonniers du prévôt de Paris et du prévôt des marchands.

Si vous passez devant une église, devant un édifice religieux, sur les débris d'un monastère, vous pourrez entendre le dernier soupir de plus d'une victime des juridictions ecclésiastiques du vieux Paris : à *Saint-Martin-des-Champs*, une prison ; à la *Sainte-Chapelle*, une prison ; à *Sainte-Geneviève*, une prison ; à *Saint-Germain-des-Prés*, une prison ; à *Saint-Benoit*, une prison ; à *Saint-Victor*, une prison ; à *Saint-Magloire*, une prison ; à *l'abbaye de*

Montmartre, une prison ; au *Temple*, une prison ; à *Saint-Antoine*, une prison ; à *Saint-Lazare*, une prison ; à *Saint-Denis-de-la-Chartre*, une prison ; à *Saint-Marcel*, une prison ; à *Saint-Méry*, une prison ; à *Saint-Gervais*, une prison ; à *Saint-Symphorien*, une prison. Les cachots souterrains de toutes ces geôles étaient les catacombes de la pénalité religieuse.

« De nombreux squelettes enchaînés nous disent assez ce qu'étaient au moyen âge les prisons des rois, des seigneurs et des villes. Aujourd'hui encore, les plombs de Venise sont la honte de l'humanité ; mais il faut convenir que les ecclésiastiques étaient parvenus à surpasser tous les autres dans leurs raffinements barbares. Dès le quatorzième siècle, nous voyons dans les monastères de France les *carceres duri*, dont le despotisme austro-italien a renouvelé la barbarie en même temps que le nom. Presque pas de couvent d'hommes ou de femmes qui n'eût un *vade in pace* : c'était un cachot souterrain creusé dans la pierre, d'où ceux qu'on y descendait ne devaient jamais sortir vivants ; quelques-uns y sont morts de faim, mais c'est là une exception : généralement on leur faisait parvenir de grossiers aliments à l'aide d'une corde et d'un panier [1]. »

S'il est vrai de dire que l'emprisonnement, érigé en système pénal par la vindicte publique, est un progrès dans la vie des peuples, il faut reconnaître bien vite que la civilisation coulait à pleins bords dans l'enceinte du vieux Paris, avec la justice des rois, des seigneurs, des prévôts, des prêtres et des moines. Malheureusement, la plupart de ces ennemis vaincus par la société, que le progrès de la loi ou de l'arbitraire daignait confier à des geôliers au lieu de les livrer à des bourreaux, ne conservaient la vie que pour mourir cent fois dans les cachots : la justice de la civilisation féodale les tuait en détail par les tortures, par la mutilation, par le froid, par la faim, par la soif, par un supplice de tous les jours [2].

---

[1] *Histoire politique des prisons de la Seine.*

[2] « Un abbé de Tulle mutilait ses prisonniers ; il eut la barbarie de faire couper la main gauche à un homme qui en avait appelé au parlement contre les juges qui l'avaient condamné à perdre la main droite. »

(*Histoire du Châtelet et du Parlement*, C. Gérard.)

Il nous faudrait écrire plus d'un gros volume, s'il nous plaisait d'arracher à la poussière de toutes les vieilles prisons du *bon vieux temps* l'histoire de la pénalité féodale et monarchique ; nous n'irons pas visiter les ruines de ces geôles royales, nobiliaires et religieuses, où l'on entendit crier si souvent : *Laissez passer mon injustice !* Nous n'essaierons pas de relever, pierre à pierre, tous les édifices qui ont servi autrefois à la captivité des grands et des petits, surtout les petits ; mais rien ne nous empêchera, dans les limites de ce livre, d'assister, sur le théâtre des principales prisons de Paris, au dénoûment des mystères les plus tristes, des drames les plus terribles de la société. Un spirituel moraliste a dit que les prisons étaient une grève où venaient échouer les épaves de la société : c'est donc le spectacle des naufrages de la misère, de la folie, de la faiblesse, de l'héroïsme, du vice, de l'ambition, de l'innocence, que nous allons demander aux traditions et à la chronique populaires, aux mœurs, aux caractères, à la poésie et au roman de l'histoire.

A côté des ruines qu'il nous est interdit de relever, faute de place, *la Conciergerie* pèse encore sur de vieux ossements que nous ranimerons, pour leur demander dans quel siècle la torture les a brisés loin de l'échafaud ; *la Force*, qui a oublié les fêtes brillantes de son ancien maître, nous fera entendre d'affreux concerts, interrompus quelquefois par le chant des poëtes ; *Saint-Lazare* et *les Madelonnettes* nous ouvriront les portes de leurs ateliers pénitentiaires, où s'est dénouée si souvent la vie mystérieuse des femmes du monde et des filles du peuple ; les échos de la place de *la Bastille* répètent encore les plaintes des prisonniers d'État, à travers le bruit du tambour révolutionnaire ; *l'Abbaye* et *les Carmes* se souviennent de la tragédie de septembre ; *le grand* et *le petit Châtelet* se relèveront pour nous montrer ces vastes abattoirs où l'on assommait les principes et les hommes ; nous retrouverons quelque ancien geôlier de *Sainte-Pélagie* et du *Luxembourg*, pour l'interroger sur les erreurs du fanatisme politique ; *la Tour du Temple* se redressera devant nous pour témoigner en même temps des excès du peuple, de la religion et de la royauté ; *la Salpêtrière* et *Bicêtre* nous laisseront voir d'affreux cabanons où se sont succédé tant de générations de fous et de criminels, tristes familles qui ont entre elles une si terrible analogie; *Vincennes* nous offrira le répertoire dramatique de ses registres, de ses lettres de cachet, de ses ordres du roi; *la Roquette*, héritière de Bicêtre et de la Conciergerie, nous présentera ses hôtes, qu'elle couvre de haillons pour les envoyer au bagne, ou de la camisole de force pour les envoyer à l'échafaud; enfin, pour que la comédie se joue après le drame sur la scène de nos prisons, les comédiens d'autrefois nous attendent au *Fort-l'Évêque*, bâti par l'intolérance religieuse, et les dissipateurs d'aujourd'hui nous attendent à *la maison de Clichy*, édifiée par l'intolérance commerciale.

Nous avons essayé de déchiffrer, sur les dalles des cellules et sur les pierres sépulcrales des cachots, l'histoire secrète et publique des prisons, c'est-à-dire la dernière page du livre de la vie sociale, toute flétrie par les larmes, par le sang et par la boue. Les hôpitaux et les prisons, voilà les deux derniers mots de la société : on a fait les uns pour des infirmités qui ne sont que des misères; on a fait les autres pour des infirmités qui sont des fautes, des vices, des malheurs ou des crimes.

Pour qu'un pareil ouvrage pût inspirer un intérêt véritable, un intérêt général, il devait renfermer en même temps une histoire, un drame et une idée : nous avons consulté les historiens; nous avons emprunté aux chroniques, aux mémoires, aux souvenirs littéraires, l'odyssée dramatique des prisonniers célèbres; enfin nous avons pensé quelquefois, en nous préoccupant des droits de la justice et de l'humanité.

Nous ne terminerons pas cette Introduction, qui n'est qu'une simple note historique, sans remercier notre éditeur et notre ami, M. Gustave Havard, qui nous a aidés de ses conseils, de son intelligence, de son dévouement; nous remercions aussi les artistes qui nous ont prêté le secours de leur crayon et de leur esprit : c'est là une double et précieuse collaboration qui ne nous manquera pas sans doute dans notre *Histoire secrète et publique de la police ancienne et moderne.*

I

LE DÉPOT DE LA PRÉFECTURE. — LA CONCIERGERIE.

Un petit coin de terre du vieux Paris, situé entre le pont Neuf et la rue de la Barillerie, borné à droite et à gauche par le quai des Orfévres et le quai de l'Horloge, renferme quatre monuments, quatre édifices dont les souvenirs de toutes les sortes pourraient composer un beau livre : le *Palais*, la *Sainte Chapelle*, la *Préfec-*

ture de police et la *Conciergerie* : le roi et la justice, Dieu et le christianisme, le peuple et les cachots, c'est là véritablement, dans ce misérable coin de terre, que commence l'histoire des prisons de Paris, entre le sceptre et la croix.

Ce n'est pas exprimer une pensée bien nouvelle que de prétendre voir, dans l'histoire des prisons d'un peuple, l'histoire même de la civilisation d'un pays. « Voulez-vous avoir, a dit un publiciste, le résumé d'une époque, d'un état social ? descendez dans une prison. » Aux yeux de tous les pouvoirs, de tous les régimes, les prisonniers n'ont été que des ennemis vaincus sur le champ de bataille de la loi : c'est la lutte du droit et du devoir, de la liberté et du libre arbitre, du mal qui est dans la nature des hommes, et du bien qui est dans l'essence des sociétés ; seulement, après cette lutte entre l'instinct individuel qui veut détruire et l'instinct social qui veut conserver, les vainqueurs ont usé ou abusé de leur victoire, en subissant tour à tour les influences contraires de la civilisation et de la barbarie. Autrefois, les prisonniers étaient des victimes, c'est-à-dire des cadavres : les prisonniers d'aujourd'hui sont des condamnés qui vivent encore ; le châtiment de la prison, infligé à la défaite du crime, a été le premier triomphe de la justice contre la force, contre la violence, contre la férocité.

La véritable théorie qui doive présider au régime des prisons modernes se trouve tout entière dans ces deux mots bien simples : « Corriger et punir. » Les anciennes lois punissaient le coupable ; les lois nouvelles cherchent à le corriger en le punissant ; le châtiment qui ne sait que châtier ressemble à une vengeance : le châtiment qui corrige est une double leçon.

Les philanthropes qui déjeunent du délit et qui dînent du crime n'ont pas trop à se plaindre des économistes, des hommes d'État et des gouvernements : la question, la torture, le fouet, la mutilation, la marque, ne figurent plus sur les tables de notre justice criminelle. Les prisons n'ont plus d'oubliettes, de cages de fer et de *vade in pace* ; ce que l'on nous raconte des réduits, des cachots, des souterrains de l'Abbaye et du Grand Châtelet, est déjà une histoire bien ancienne ; on n'a plus faim, on n'a plus soif, on ne gémit plus, on ne crie plus, on ne pourrit plus dans les prisons, du moins dans les prisons de Paris; on y boit, on y mange, on y fume, et l'on y travaille dans l'intérêt de quelques menus plaisirs, sous la commandite de l'État; si bien, que certains prisonniers ont dû se dire avec un personnage de Walter Scott : « Qu'est-ce qu'une prison, après tout? une maison d'où l'on ne peut sortir ; supposez un accès de goutte : je serais en prison à Khochwinnock. »

De pareils progrès, de pareilles améliorations ne suffisaient pas à l'ardeur militante des philanthropes qui ont exploité tour à tour l'esclavage des noirs et la misère des prisonniers : l'action de la philanthropie a été si vive, si généreuse, si ardente, si débonnaire, que la réaction ne s'est pas fait attendre, et nous aurons bientôt, sans doute, le régime des anciens cabanons de Bicêtre, sous le titre nouveau de *prisons cellulaires*.

Il ne nous sied pas d'apprécier à la hâte, à la première page de ce livre, le système de *l'encellulement;* près de toucher au seuil des prisons, nous n'avons encore rien à débattre avec un régime qui transformera peut-être l'emprisonnement en une torture, le juge en un tortionnaire, et la cellule en une tombe ; nous n'avons point affaire tout d'abord à ces condamnés que l'on veut élever à la dignité de solitaires, pour les obliger à un long tête à tête avec leur horrible conscience ; nous ne voulons pas demander compte au système pensylvanien de ce que la solitude peut faire pour le sentiment religieux ; nous ne reprocherons pas à chaque futur pénitentier de ressembler à un épouvantable lazaret; nous écrivons ce livre en chroniqueurs bien plus qu'en philosophes, et nous laisserons passer la nouvelle justice des hommes, en nous écriant avec une parole sainte : « *Il n'est pas bon que l'homme soit seul!* »

Il faut donc se hâter d'étudier, au point de vue de l'observation contemporaine, les dernières véritables prisons de Paris ; il nous semble, pour nous servir du mot d'un spirituel écrivain, que le système cellulaire va détruire la nationalité des prisonniers.

Le premier degré de l'emprisonnement est le grand dépôt de la Préfecture: c'est le préfet de police qui tient dans ses mains la clef des prisons de Paris.

Vous êtes arrêté par un soldat, par une patrouille, par un agent, par un commissaire de police : on vous conduit à la Préfecture, à pied ou en voiture, presque toujours à pied ; on vous fait passer par un corps de garde ; vous entrez dans un cabinet ; vous signez un procès-verbal ; vous traversez une cour qui ressemble à un boyau ; on ouvre le guichet ; on vous pousse dans les bras d'un gardien ; on vous force de retirer votre cravate et vos bottes ; on vous enlève les armes, si vous en avez ; on vous examine de haut en bas ; on vous visite, on vous tâte, on vous secoue ; on crie devant vous : « *Un homme à recevoir !...* » et vous voilà au dépôt. Ensuite on vous rendra votre cravate, votre mouchoir et vos bottes ; s'il vous est impossible de payer la pistole pour une cellule, on vous conduira dans la salle commune des hommes, qui est une subdivision de l'ancienne salle Saint-Martin.

Le dépôt de la Préfecture est le seul égout que Parent-Duchâtelet ait oublié dans son livre sur les égouts de Paris ; le dépôt reçoit, le jour et la nuit, l'écume de la grande ville, et il la distribue dans trois réservoirs qu'il appelle des salles, afin de séparer les âges et les sexes, en attendant qu'il s'avise de séparer les délits, les fautes, les crimes des prisonniers qui ne sont pas même encore des prévenus.

Autrefois, le dépôt de la Préfecture n'avait qu'une salle commune, celle précisément que le peuple avait placée, à tort ou à raison, sous l'invocation de saint Martin : hideux réceptacle qui faisait dire à un homme de beaucoup d'esprit, détenu en 1815 : « Je me trouvai dans une salle oblongue dont l'odeur me suffoqua ; je jetai les yeux autour de moi : des hommes à demi nus, des haillons couvrant des femmes au teint rouge et à l'œil lubrique, de ces gens que vous rencontrez à Paris et qui sentent le mauvais lieu ; des paysans en blouse, les bras croisés et étendus par terre ; des fumeurs jouant au piquet sur le carreau, avec des cartes grasses ; une atmosphère épaisse, infecte, dont un cabinet secret, faisant partie de la salle même, augmentait encore la révoltante saveur ; un lit de camp sur lequel fourmillaient côte à côte la misère, la crapule, le vice, le malheur et le crime ; l'argot des voleurs, le rire immonde du crime, les gestes de la débauche, une férocité efféminée, caractère spécial du vice dans les grandes villes, frappaient mes yeux humides de pleurs : ces figures hâves, l'œil étincelant, le front ridé, venaient me regarder sous le nez et insultaient à ma tournure délicate et faible, à ma pensive douleur, à cette stupeur dont j'étais saisi. Voilà cette salle placée sous l'invocation de saint Martin! »

Le tableau du dépôt de la Préfecture, en 1815, pourrait passer, au besoin, pour la reproduction fidèle du dépôt de la Préfecture en 1845, sauf la circonstance aggravante de la confusion des âges et des sexes.

A ne parler que de la salle commune des hommes et des deux salles communes des femmes, il est impossible de rien imaginer de plus singulier, de plus triste, de plus plaisant, de plus sale, de plus effrayant, de plus bouffon, que ces trois kaléidoscopes vivants dont l'un contient à la fois des vagabonds, des voleurs, des mendiants, des filous, des hommes ivres, des chiffonniers, des tapa-

geurs nocturnes, des receleurs, des assassins, des forçats libérés, et souvent même des innocents; dont l'autre n'est habité que par des filles publiques; dont le troisième enfin renferme en même temps des marchandes à la toilette, des tireuses de cartes, des prêteuses sur gages, des femmes adultères, des mères qui ont vendu leurs enfants, des enfants qui se sont vendues toutes seules, beaucoup de voleuses, des veuves du calendrier, des chevalières du flambeau, et bien d'autres malheureuses que l'on pourrait surnommer les filles de Robert Macaire. Toutes ces bohémiennes chantent avec des voix rauques, elles jurent avec des voix charmantes, elles dansent avec des sabots, elles parlent d'amour en blasphémant, elles traduisent la poésie en argot, elles parodient la justice, elles se moquent de la police correctionnelle, elles jouent gaiement à la sellette, au carcan et à la guillotine sur l'air d'une romance nouvelle. — Comparée aux salles des femmes, la salle des hommes mériterait un certificat de bonnes vies et mœurs.

Tous les malheureux et tous les misérables que l'on arrête, que l'on ramasse dans Paris, sont égaux devant la licence du dépôt de la Préfecture : c'est une vallée de Josaphat, dans les proportions d'une guenille, et où le dieu qui doit interroger les innocents et les coupables s'appelle un juge d'instruction.

« Un honnête homme, disait M. le comte de Laborde, qui serait
« accusé par la malveillance ou arrêté par mégarde, dans la rue,
« au moment d'une émeute ou d'une voie de fait, est amené au
« dépôt de la Préfecture de police avec ce que la crapule, la mal-
« propreté, le vice, ont de plus odieux, dans un local infect, et
« pourrait rester dans ce local assez de temps pour y contracter
« toutes sortes de maladies contagieuses; il est confondu avec ce
« que Paris offre de plus honteux : les voleurs, les vagabonds, les
« mendiants. »

Le contingent des voleurs domine dans cette prison provisoire, et cela doit paraître fort naturel, si l'on s'en rapporte à ce que dit M. Gisquet, l'ancien préfet de police : Le nombre des voleurs qui travaillent dans Paris s'élève à *dix mille*. Sur ce nombre, 6,000 prendraient votre bourse sur un meuble, sur une banquette, dans une loge de théâtre; 3,000 la prendraient dans votre poche; 2,000 crochèteraient votre porte; 1,000 à 1,200 s'introduiraient chez vous, la nuit, à l'escalade et avec effraction; 600 seraient dans le cas de vous assassiner pour consommer le vol.

Les lits du dépôt consistent en un fond de planches, une paillasse et une couverture; chaque matin, on les redresse et on les accroche contre le mur : le dortoir redevient une salle garnie d'une double rangée de banquettes ; la vermine joue un grand rôle dans cette literie.

La pistole, c'est-à-dire le droit précieux, inestimable, de coucher seul, au-dessous du vol, de la crapule et du crime, se paie seize sous pour les deux premières nuits, et douze sous pour les nuits suivantes. Le mobilier de la pistole se compose d'un lit de sangle, d'une chaise et d'un baquet. On peut avoir de la lumière jusqu'à neuf heures du soir ; la chandelle est un supplément de luxe que l'on paie. D'ordinaire, c'est un petit vagabond, un jeune voleur, un bandit en bas âge qui fait, tous les matins, le service des cellules de la pistole : la salle commune des enfants improviserait au besoin toute une armée de valets de chambre. Du pain de munition et des soupes à la Rumfort sont à peu près ce que l'on appelle la carte du jour, dans le dépôt de la Préfecture.

Nous nous trompons : ce maigre régime n'existe plus ; M. Delessert est, nous le croyons, le premier préfet de police qui ait songé à faire distribuer aux détenus du dépôt les vivres ordinaires des prisons. M. Delessert est un des fonctionnaires les plus honorables et les plus éclairés de notre temps.

Voici des chiffres d'une déplorable exactitude : la population *détenue* de la Préfecture est habituellement de 100 à 120 personnes, pour peu que rien ne vienne troubler les flots animés de la grande ville. En 1837, on y a compté 68,345 journées de présence, représentées par 22,129 individus. Dans les temps extraordinaires, dans les circonstances exceptionnelles, après une émeute par exemple, la population suspecte de la Préfecture devient effrayante : En 1832, au mois de juin, le dépôt reçoit 1,400 hommes, que l'on jette, que l'on pousse, que l'on entasse dans les salles, dans les cabanons, dans les corridors, dans les cours, et jusque sur les marches de chaque escalier ; les moins malheureux de ces ennemis que l'on vient d'abattre dans le sang de la guerre civile obtiennent, au bout de quelques heures, l'insigne faveur de passer à la Conciergerie pour y coucher sur un lit de paille.

Cela est triste à raconter : En 1832, MM. Hyde de Neuville et de Chateaubriand, oui, MM. Hyde de Neuville et de Chateaubriand, deux grands poëtes, l'un dans ses écrits, l'autre dans ses actions, séjournèrent pendant quarante-huit heures dans le dépôt de la Préfecture. Ces deux illustres détenus se prirent à boire la lie du calice politique, en se souvenant de leur ancien maître qu'ils n'avaient point renié, aux premiers chants du coq gaulois. M. Hyde de Neuville est peut-être le philanthrope de France qui a le plus aidé à l'amélioration morale des prisons.

La plupart des hommes d'État et des économistes, depuis soixante ans, se sont occupés, se sont inquiétés du sort des détenus en état de dépôt. Les lois de 91 et de 93, l'empire, la restauration, la révolution de juillet, ont essayé fort inutilement de faire, du régime du dépôt, une simple *garde à vue;* les criminalistes ont demandé que l'on élargît les limites de la caution pour rétrécir les limites de l'emprisonnement; un magistrat, dont l'autorité n'est pas suspecte, M. Dupin aîné, a réclamé, en faveur de la détention provisoire, qu'il appelle *une mise en fourrière de l'humanité*, le meilleur air, le meilleur pain, le meilleur gîte et le moins de gêne de toute espèce.

Par malheur, la législation, les vœux de l'opinion publique, la magistrature, la philanthropie, n'ont pas empêché le dépôt de la Préfecture d'être une prison plus triste, plus désolée, plus misérable que la Conciergerie et que la Force.

Chaque jour, le dépôt distribue ses prisonniers aux maisons d'arrêt de Paris, et l'emprisonnement préventif commence, après un premier interrogatoire qui n'a lieu d'ordinaire que pour la forme; mais en allant à la Force, à Sainte-Pélagie, aux Madelonnettes, les prévenus n'ont pas dit un dernier adieu au dépôt de la Préfecture : La *Souricière* est destinée à les recevoir plus d'une fois, dans le cours de l'instruction, jusqu'à la signification de leur arrêt de renvoi.

La Souricière, qui touche à la fois au Palais de Justice, à la Conciergerie et à la Préfecture, forme séparément trois dépôts : celui des hommes, celui des femmes, celui des accusés que l'on redoute, ou dont l'isolement rigoureux importe aux investigations de la justice. C'est dans ce dernier dépôt que des luttes affreuses s'engagent souvent entre les prévenus, qui vident leurs querelles ou assouvissent leurs haines, le couteau à la main. Tout récemment encore, le fameux Poulman faillit y étouffer un complice qu'il accusait d'être un renard (espion délateur). Les prévenus viennent de la prison préventive à la Souricière, soit pour répondre à un juge d'instruction, soit pour comparaître devant la police correctionnelle ; ils y séjournent à peu près une demi-journée. En pareil cas, on emploie deux sortes de voitures pour le transport des prévenus ; la voiture du service ordinaire ressemble à un omnibus : elle est commune ; la *voiture du secret* ressemble à une diligence : elle a trois compartiments.

La Souricière est-elle une cave, un souterrain, un cachot, un marais, une crypte du moyen âge ? C'est quelque chose de sombre, d'humide, de saumâtre, de froid, d'affreux, d'ignoble, voilà tout. Une porte surbaissée, dont le style rappelle l'entrée d'un édifice funéraire ; un bouge, un cloaque, une tombe, à quinze pieds au-dessous du sol, presque au niveau de la Seine ; une voûte brisée par des arêtes qui jouent à l'ogive, des colonnes massives, des cloisons de brique, des bancs de pierre ; des échos effrayants qui reproduisent, en leur donnant quelque chose d'inouï, les bruits du quai de l'Horloge ; le retentissement de la crosse d'un fusil qui résonne dans quelque corridor ténébreux, aux pieds d'une sentinelle, effrayée peut-être d'une pareille faction ; des murs où la politique a crayonné le souvenir de nos troubles populaires, où le cynisme a dessiné des images obscènes, où les voleurs ont gravé les instruments du vol et de l'effraction, où les assassins ont charbonné deux horribles cortéges de figures infamantes : les crimes et les supplices ; voilà la souricière du secret. — Eh bien ! c'est dans le fond de ce vaste cachot, dans ce gouffre de la procédure criminelle, dans cet abîme de l'instruction, que l'emprisonnement préventif peut faire tomber un honnête homme.

Nous conseillons aux philanthropes, aux hommes charitables qui s'inquiètent du régime des prisons, de songer un peu moins aux prisonniers qui sont des criminels, et un peu plus aux prisonniers qui ne sont pas encore ou qui ne seront jamais des coupables. Est-ce qu'il importe beaucoup aux intérêts de la loi que les prévenus achètent, au prix d'une longue torture, le droit de recouvrer leur liberté ou le droit de comparaître devant la justice ?

Nous en avons fini avec le grand dépôt de la Préfecture, et nous voici enfin sur le seuil de la Conciergerie : l'un est l'antichambre des maisons d'arrêt préventif ; l'autre est le vestibule de la cour d'assises et des prisons criminelles.

La Conciergerie est le premier cachot de la vieille cité de Lutèce : la domination étrangère le creusa sous ses pieds ; la tyrannie féodale s'efforça de l'élargir ; la civilisation et la liberté ne l'ont pas comblé.

L'étymologie, dont nous avons besoin en ce moment, est bien simple ; l'ancien régime confiait les prisons d'État à des gouverneurs, et les prisons ordinaires à des concierges ou geôliers : il y eut en France des *conciergeries* et des *geôles*.

Dulaure avait raison quand il écrivait, en parlant de la Conciergerie de Paris : « Cette prison, la plus ancienne, la plus formidable de toutes, conserve encore le caractère hideux des temps féodaux. Ses tours, son préau, le corridor obscur par lequel les prisonniers sont introduits, portent dans l'âme la tristesse et l'effroi. »

M. Philarète Chasles avait raison aussi, quand il disait de cette vieille maison de justice : « La voilà, cette Conciergerie ! Près du vaste escalier dont les degrés conduisent au Palais de Justice, nous découvrons dans un coin, à droite, enfoncé sous terre, caché par une double grille, écrasé par l'édifice qui le domine, le souterrain dont je parle : le poids de tous ces bâtiments l'étouffe, comme la société pèse sur le détenu, innocent ou coupable. Dans ce souterrain, auquel se rattache toute l'existence de la cité-reine, que de douleurs se sont donné rendez-vous ! Là se trouvent les plus antiques cachots de France ; dès que la cité commence, le cachot s'ouvre. »

A notre tour, nous avons raison de dire : On n'arrive plus dans l'enceinte de la Conciergerie par la petite porte, par la petite cave du Palais ; on lui a donné de nouvelles grilles, de nouvelles issues, et des lumières moins sépulcrales ; on a donné aux gardiens des habits plus convenables, un peu plus d'air aux prisonniers, un peu plus d'espace aux escaliers et aux corridors ; mais, hélas ! la

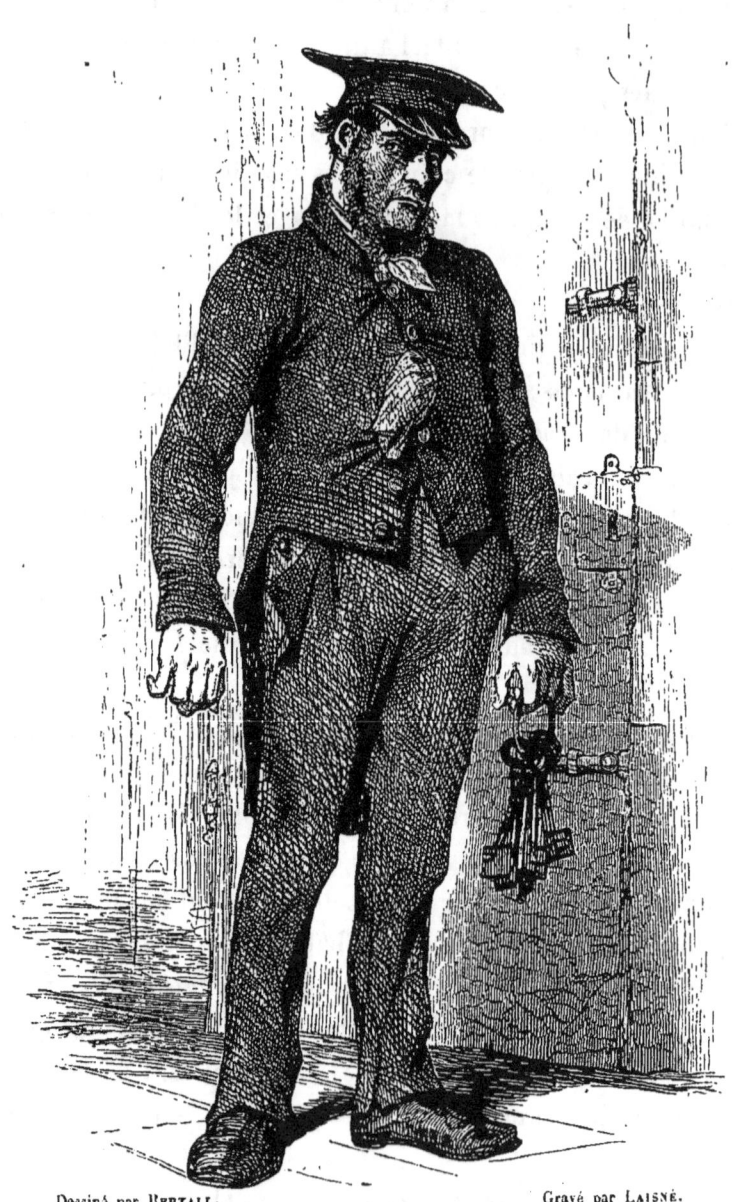

Dessiné par BERTALL. Gravé par LAISNÉ.

LE PORTE-CLEFS.

Conciergerie a toujours conservé cet aspect physique dont la tristesse effrayait Dulaure : elle est encore triste comme son origine, lugubre comme son histoire.

Toutes les classes, toutes les opinions, toutes les sectes de notre pays ont légué quelque chose de funèbre à cette espèce de nécropole des vivants. Le Paris et la France de tous les siècles sont là, à demi cachés sous les voûtes du Palais et de la Conciergerie : le Palais a fourni des pierres à toutes les résidences des rois de France : la prison a fourni des chaînes à toutes les justices de la société française.

Dans un temps où la cité des bateliers de la Seine n'a pas encore une porte pour se défendre contre l'invasion, elle songe à faire une prison : elle creuse un trou au milieu de son île.

Les centurions romains ont des coupables à punir : ils jettent dans le cachot de la Cité les fondements d'une forteresse.

Robert le Pieux élève, sur les ruines de la citadelle romaine, un magnifique édifice avec tours et bastions : la féodalité veut avoir sous la main une prison et un château.

Saint Louis réédifie le palais et construit la Sainte-Chapelle : la royauté ajoute une église à la prison et au château. — A cette époque, la Conciergerie est déjà tout entière debout... sous terre.

Lorsque les habitants de Paris, en 1381, ont mérité le surnom de *Maillotins*, en frappant à coups de maillets de plomb sur les percepteurs de l'impôt, les plus coupables d'entre eux sont arrêtés, et le duc d'Anjou, avec l'aide du prévôt de Paris, les fait extraire des cachots de la Conciergerie pour les noyer dans la Seine.

Lorsque les Bourguignons soulèvent le peuple contre leurs ennemis politiques, ils brisent les portes de la Conciergerie pour y tuer *ces chiens, ces traîtres d'Arminaz* : ils assassinent, en effet, des prisonniers qui ne sont rien moins que le comte d'Armagnac, le chancelier de Marle et l'évêque de Coutances.

« De la Conciergerie, a dit Dulaure, les massacreurs se portent
« dans les autres prisons, où les prisonniers sont tués à coups de
« hache ; à Saint-Eloi, un seul put échapper à cette boucherie :
« ce fut Philippe de Villette, abbé de Saint-Denis. Il se vêtit de ses
« habits sacerdotaux, et se mit à genoux devant l'autel de cette

« prison, tenant en ses mains l'eucharistie. Quand les meurtriers
« ne pouvaient pénétrer dans les prisons, ils y mettaient le feu, et
« les prisonniers périssaient étouffés par la fumée ou dévorés par
« les flammes. Une seule prison fut respectée : celle du Louvre,
« parce que le roi habitait alors ce château. »

L'on a violemment reproché au peuple de Paris, et avec raison, les massacres révolutionnaires de *septembre*; quels reproches faut-il donc adresser à ces massacreurs soudoyés et guidés par un duc de Bourgogne qui vendait la France à l'Angleterre?

Lorsque les pauvres gens des villes et des campagnes veulent se soustraire à la tyrannie des seigneurs, des évêques, des chanoines, on les entasse à la Conciergerie, sur la paille moisie, sur les immondices du préau, surveillés par des gardiens qui les battent, nourris par la charité publique, et décimés par la peste. — La peste de la Conciergerie, en 1548, était le résultat infaillible des dégoûtantes horreurs qui présidaient au régime habituel de cette prison.

Tandis que les princes, les grands seigneurs et les grandes dames s'ébattent dans le grand préau de la Conciergerie, la cloche de la prison sonne la mort de plus d'une victime qui porte souvent un nom aussi noble que celui de Montgomery.

Quand le roi Louis XI et, plus tard, le cardinal de Richelieu, s'ingénient à refaire la carte monarchique de France sur les débris de la puissance féodale, les cachots de la Conciergerie leur viennent en aide, et la féodalité expire là où elle est née, où elle a grandi, où elle a commandé. En revenant à la Conciergerie, avec les fers aux mains, la féodalité dut sentir son pied glisser, au premier pas, dans la traînée de sang qu'elle avait faite.

En 1482, Jacques Coictier, le médecin de Louis XI, fut nommé aux fonctions déjà importantes de concierge-bailli : Je vous laisse à deviner si Tristan lui donna de la besogne à faire et des prisonniers à torturer!

Puisqu'il s'agit de Louis XI, n'oublions pas que Philippe de Commines, le conseiller, le chambellan, le chroniqueur de ce prince, a passé par les cachots de la Conciergerie, sous le règne de Charles VIII, avant de passer par les cages de fer de Loches.

Lorsque Charles IX se décide, à son corps défendant, à traduire en assassinats religieux la politique profonde, mais sanglante, de la cour de Rome, la Conciergerie se hâte de répondre au tocsin de Saint-Germain-l'Auxerrois; et, chose étrange! après avoir carillonné la tragédie catholique du pape et de Charles IX, la Conciergerie sera forcée de présider à la question, à la torture, au supplice de Ravaillac, de ce chrétien régicide qui a osé dire à Henri IV, à coups de poignard, que Paris valait beaucoup mieux qu'une messe.

Arrêtons-nous un instant dans une des tours de la Conciergerie, qui a conservé le souvenir, le nom et jusqu'au collier de fer de Ravaillac; aussi bien, l'assassin fanatique de Henri IV, arrêté par le peuple dans la rue de la Ferronnerie, se trouve encore dans une salle de l'hôtel de Retz, aux environs du Louvre; il y séjournera deux jours, sous la garde du grand prévôt, et nous le retrouverons dans la chambre de torture de la Conciergerie.

On tremble, on a froid, on a peur, dans cette tour de Ravaillac;

les images les plus affreuses se dessinent dans la pensée de l'observateur : il s'effraie de toutes les tragédies, de tous les drames dont le dénoûment a dû se jouer dans l'ancienne Conciergerie, entre le juge, le patient et le bourreau ; l'histoire tout entière de cette prison se personnifie dans le monde de ses souvenirs, et il croit assister, à travers les siècles, à la funèbre représentation des mystères les plus terribles.

Que de plaintes, que de larmes, de cris, de malédictions, de blasphèmes et de menaces n'a-t-elle pas entendus, cette implacable doyenne des prisons de Paris ! Elle a vu, elle a préparé le spectacle de toutes les douleurs, de toutes les misères, de toutes les corruptions humaines. Que de fois elle a ferré aux deux bouts de la même chaîne, en les accouplant avec un plaisir secret, le vice et la gloire, la crapule et la poésie, la grandeur malheureuse et la prostitution ignoble ! Un empoisonneur dans la geôle de Commines, Marie-Antoinette dans la chambre d'une fille publique, un assassin dans la cellule de Lavoisier, un parricide dans le cabanon de Barnave, toute une bande de voleurs qui ramassent les miettes du dernier banquet des Girondins !

Le monument écrit, le plus ancien, dans les archives de la Conciergerie, appartient aux premières années du dix-septième siècle ; jusque-là les registres sont illisibles ou lacérés : ils ne comptent plus. Le document dont il s'agit comprend l'écrou de Ravaillac, et l'arrêt de la cour du Parlement qui le condamne à un supplice tout rempli d'épouvantables accessoires.

« Du samedy, 16 mai 1610.

« François Ravaillac, praticien, natif d'Angoulesme, amené
« prisonnier par M. Joachim de Bellangeville, prévost de l'hostel
« du Roy, et grand-prévost de France par le commandement du
« Roy, pour l'inhumain parricide par luy commis sur la personne
« du Roy Henry quatrième. »

Lorsque Ravaillac comparut devant MM. du Parlement, pour subir un premier interrogatoire, il répondit aux juges qui lui demandaient son état :

« Je fais profession d'apprendre à lire, écrire et prier Dieu aux enfants. »

Le troisième interrogatoire de Ravaillac fut remarquable par une circonstance qui ne manque pas d'intérêt ; le régicide écrivit d'une main assurée, au-dessous de sa signature, le distique suivant :

> « Que toujours, dans mon cœur,
> « Jésus soit le vainqueur ! »

Et cette dévote singularité fit dire à un de MM. du Parlement, qui ne voyait peut-être dans Ravaillac qu'un assassin isolé, un meurtrier ordinaire : « Où diable la religion va-t-elle se nicher ! »

Le 27 mai 1610, le Parlement condamna François Ravaillac :

« A faire amende honorable devant la principale église de Paris,
« où il sera mené et conduit dans un tombereau : là, nud en che-
« mise, tenant une torche ardente du poids de deux livres, dire et
« déclarer que malheureusement et proditoirement, il a commis le
« dit très-meschant, très-abominable et très-détestable parricide,
« et tué le dit seigneur Roy de deux coups de cousteau dans le
« corps : dont se repend, demande pardon à Dieu, au Roy et à
« justice. De là conduit à la place de Grève et sur un échaffaud qui
« y sera dressé, tenaillé aux mamelles, bras, cuisses et gras des
« jambes ; sa main destre y tenant le cousteau duquel il a commis
« le dit parricide, ards et brûlés du feu de souffre, et sur les en-
« droits où il sera tenaillé, jeté du plomb fondu, de l'huile bouil-
« lante, de la poix résine brûlante, de la cire et souffre fondus en-
« semble. Ce fait, son corps tiré et desmembré à quatre chevaux,
« ses membres et corps consommés au feu, réduits en cendres,
« jetés au vent. Déclaré tous et chacun ses biens acquis et confis-
« qués au Roy. »

Le Parlement ajouta au supplice du condamné un supplément de peines qui ne frappait qu'une famille innocente : c'était le châtiment posthume de Ravaillac :

« Ordonne que la maison où il a esté né sera desmolie, celui à
« qui elle appartient préalablement indemnisé, sans que sur le

« fonds puisse à l'advenir estre fait autre bastiment; et que, dans
« quinzaine après la publication du présent arrest à son de trompe
« et cry public en la ville d'Angoulesme, *son père et sa mère vuide-*
« *ront le royaume, avec deffenses d'y revenir jamais, à peine d'estre*
« *pendus et estranglés sans autre forme ni figure de procès.* Et def-
« fense à ses frères, sœurs, oncles et autres, porter cy-après le dit nom
« de Ravaillac; leur enjoint le changer en autres, sous les mesmes
« peines. Et avant l'exécution d'iceluy Ravaillac, ordonne qu'il sera
« de rechef appliqué à la question, pour la révélation de ses com-
« plices. Prononcé et exécuté le 27 may 1610. »

Huit assassins avaient déjà attenté, avant Ravaillac, à la vie de Henri IV; six d'entre eux subirent l'épouvantable supplice dont nous avons donné le programme. Ces malheureux léguaient au régicide de 1610 les tortures de la Conciergerie et de la place de Grève, le fer, l'eau bouillante et le feu; Ravaillac devait léguer à son tour, au régicide Damiens, sa prison, son collier et son échafaud. La *Tour de Ravaillac*, à la Conciergerie, est également, dans le vocabulaire de cette prison, la *Tour de Damiens*; elle sert aujourd'hui de chauffoir aux prisonniers.

Au nombre des huit ou neuf assassins qui frappèrent ou voulurent frapper Henri IV, figure le jésuite Jean Châtel. En 1832, tout près de la Conciergerie, sur la place du Palais de Justice, on découvrit, à cinq pieds de profondeur, des ruines qui semblaient avoir été noircies par le feu: on prétendit, à tort ou à raison, que ces ruines, ces pierres avaient appartenu à la maison du père de Jean Châtel. Quant à la demeure de ce régicide, elle fit place à une pyramide qui portait des inscriptions injurieuses contre les jésuites; Henri IV lui-même fit abattre ce monument en 1605, et Miron, le prévôt des marchands, fit succéder à cette pyramide une fontaine, dont la table fut poétisée par ces deux vers :

« *Hic ubi restabant sacri monumenta furoris,*
« *Eluit infandum Mironis unda scelus.* »

Nous avons assisté, en lisant l'arrêt qui condamnait Ravaillac, à une sanglante représentation de la place de Grève; il nous semble utile de rechercher, au début de ce livre, quelques détails horriblement précis sur une des pratiques les plus révoltantes de l'ancienne procédure criminelle; nous voulons parler du supplice préventif de la question, infligé aux criminels et aux innocents jusqu'au règne de Louis XVI. Voici un extrait d'un règlement judiciaire, publié sous le règne de Louis XIV, et que nous verrons exécuter plus d'une fois dans les chambres de torture des prisons de Paris.

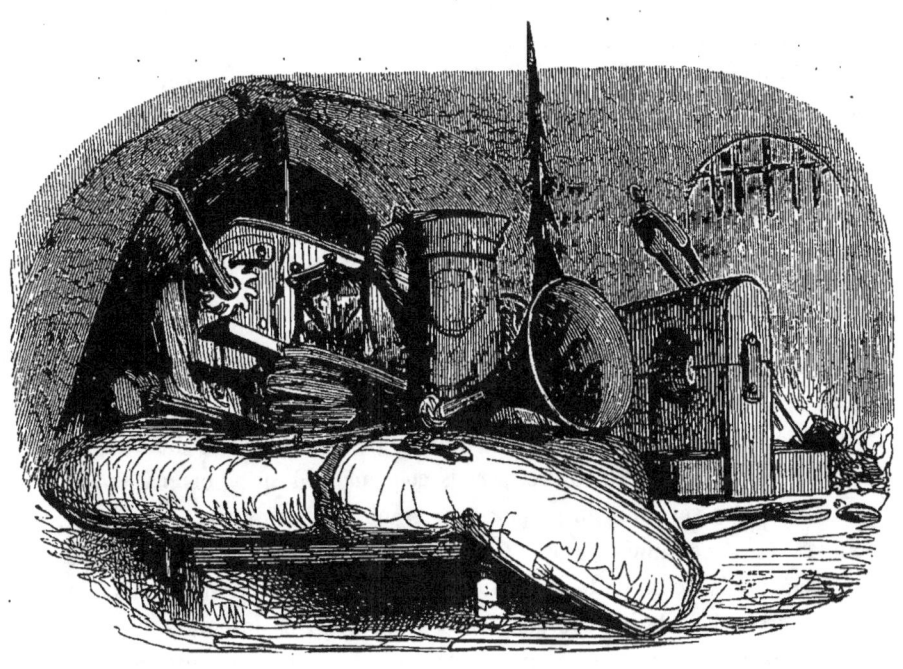

« Il y aura, dans tous les siéges présidiaux et autres siéges royaux ressortissant du parlement, où les juges ont pouvoir de juger en dernier ressort, et dans les justices auxquelles la Cour renvoie l'exécution de ses arrêts, une chambre destinée pour la chambre de la question.

« Dans la chambre de la question, il y aura une sellette sur laquelle l'accusé sera mis et interrogé par le rapporteur du procès, assisté d'un juge.

« Il y aura pareillement un bureau pour le greffier, et un petit tableau de l'Évangile, sur lequel il sera fait prêter serment de dire la vérité.

« Si la question est préparatoire, après que l'accusé aura été interrogé et que lecture aura été faite de son interrogatoire, signé de lui ou déclaré qu'il ne sait signer, lecture lui sera faite de son jugement de condamnation à la question, après laquelle il sera vu et visité par un médecin et deux chirurgiens, pour savoir si l'accusé n'a point quelque descente ou autre infirmité qui le mette hors d'état de souffrir l'extension.

« Que si le médecin et les chirurgiens le trouvent ainsi, il en sera fait mention dans le procès-verbal, et sur-le-champ le rapporteur et le conseiller qui assistent en donneront avis aux juges qui auront jugé le procès, et sera ordonné que la question des brodequins lui sera donnée.

« Si la question est jointe à une condamnation à mort, sera fait lecture à l'accusé, étant à genoux, de sa condamnation à mort et de sa question préalable. Ensuite, sera lié par l'exécuteur, et mis sur la sellette, et interrogé comme dessus, délié pour signer, pareillement visité comme il a été dit, et de tout sera fait mention.

« Si la question est donnée avec de l'eau, l'accusé sera dépouillé, et sa chemise attachée par le bas entre les jambes.

« Si c'est une femme ou fille, lui sera laissé une jupe avec sa chemise, et sera sa jupe liée aux genoux.

« Si la question est de brodequins, l'accusé sera déchaussé nu-jambes, ce qui sera fait après l'interrogation et la visite du médecin et des chirurgiens.

« La question de l'eau ordinaire avec l'extension se donnera avec un petit tréteau de deux pieds de hauteur, et quatre coquemars d'eau de deux pintes et chopine, mesure de Paris.

« La question ordinaire et extraordinaire avec extension se donnera avec le même petit tréteau et quatre pareils coquemars d'eau; puis on ôtera le petit tréteau, et sera mis en sa place un grand tréteau de trois pieds quatre pouces, et se continuera la question avec quatre autres coquemars d'eau, pareillement de deux pintes et chopine chacun, lesquels coquemars d'eau seront versés dans la bouche de l'accusé, lentement et de haut.

« A cet effet, sera l'accusé lié par les poignets, et iceux attachés et liés entre deux cordes, à chaque poignet, d'une grosseur raisonnable, à deux anneaux qui seront scellés dans le mur de la chambre, de distance de deux pieds quatre pouces l'un de l'autre, et à trois pieds au moins de hauteur du plancher par bas de ladite chambre.

« Seront pareillement scellés deux autres grands anneaux au bas du plancher, à douze pieds au moins dudit mur, lesdits anneaux l'un à la suite de l'autre d'environ un pied, dans lesquels anneaux seront passés des cordages assez gros, avec lesquels les pieds des accusés seront liés, chacun séparément, au-dessus des chevilles; lesdits cordages tirés à force d'hommes, noués, passés et repassés les uns sur les autres, en sorte que l'accusé soit bandé le plus fortement qu'il se pourra. Ce fait, le questionnaire fera glisser le petit tréteau le long des cordages, le plus près desdits anneaux des pieds qu'il le pourra.

« L'accusé sera interpellé de déclarer la vérité.

« Un homme, qui sera avec le questionnaire, tiendra la tête de l'accusé un peu basse, et une corne dans la bouche, afin qu'elle demeure ouverte. Le questionnaire, prenant le nez de l'accusé, le lui serrera, et le lâchant de temps en temps, pour lui laisser la liberté de la respiration; et, tenant le premier coquemar haut, il versera lentement dans la bouche de l'accusé. Le premier coquemar fait, il les comptera au juge, et ainsi des trois autres, lesquels pareillement finis, il sera, pour l'extraordinaire, mis un grand tréteau de trois pieds de hauteur à la place du petit, et les quatre autres coquemars d'eau donnés ainsi que les quatre premiers, à chacun de tous lesquels le juge interpellera l'accusé de dire la vérité.

« Sera mise une grande chaudière sous l'accusé, pour recevoir l'eau qui tombera.

« Si, pendant les tourments, l'accusé voulait reconnaître la vérité, et que le juge trouvât à propos de le faire soulager, sera mis sous lui le tréteau; et ensuite, sera l'accusé remis au même état qu'il était avant d'avoir été soulagé, et la question continuée ainsi que dessus, sans qu'il puisse être délié qu'après la question finie, après laquelle il sera détaché, mis sur un matelas près du feu, et interpellé de nouveau, par le juge, de dire la vérité.

« Pour les brodequins,

« L'accusé, après l'interrogatoire sur la sellette, sera mis nu-jambes, et étant assis sur la sellette, lui sera mis quatre planches de bois de chêne entre les jambes, depuis les pieds jusqu'au-dessus des genoux, deux en dedans et une à chaque jambe en dehors, de deux pieds de hauteur chacune et d'un pied de largeur, qui excèdent le haut du genou de quatre doigts ou environ; lesquelles planches enfermeront les pieds, les jambes et les genoux en dedans et en dehors, et seront percées de quatre trous chacune, dans lesquels seront passées de longues cordes que le questionnaire serrera très-fortement, et après, tournera lesdites cordes autour des planches pour les tenir plus serrées, et, avec un marteau ou maillet, il poussera à force sept coins de bois, l'un après l'autre, entre les deux planches qui seront entre les jambes, à l'endroit des genoux, et le huitième aux chevilles des pieds en dedans.

« Derrière l'accusé, il y aura un homme pour le soutenir; s'il tombait en défaillance, lui sera donné du vin; lesdits coins finis, sera délié et mis sur le matelas, ainsi qu'il a été dit ci-dessus.

« Les médecins et les chirurgiens resteront dans la chambre de la question tant que la question durera, et resteront encore dans ladite chambre quelque temps après que l'accusé sera sur le matelas, pour lui donner le soulagement nécessaire, et même le saigner s'ils l'estimaient à propos, ce qui arrive assez souvent. »

Voilà, ni plus ni moins, la boucherie humaine que Louis XVI, inspiré par Turgot, s'empressa de détruire dans les abattoirs de la justice des rois de France.

Le règne de Henri IV légua au règne de Louis XIII deux illustres parvenus, dont l'un devait passer par la chambre de question de la Conciergerie.

Au mois d'avril 1617, la haute fortune du maréchal et de la maréchale d'Ancre, — mystérieuse grandeur qu'Éléonore Galigaï avait conquise à force d'esprit, d'intrigue, de galanterie et d'audace, — vint s'abîmer tout à coup, du soir au lendemain, dans la cour du Louvre et sur la place de Grève.

Concino-Concini, ce ministre qui n'entendait rien aux intérêts du royaume, ce maréchal de France qui n'avait jamais tiré l'épée, fut assassiné, sur le seuil même du palais de Louis XIII, par des meurtriers d'élite qui représentaient ce jour-là, dans un guet-apens, la noblesse et la royauté de France : ils se nommaient de Luynes, Duhallier, Montluc et de Vitry.

Éléonore Galigaï, cette habile et ambitieuse servante de Marie de Médicis, fut sacrifiée, à son tour, à la rancune des courtisans et à la convoitise de quelques seigneurs : M. de Luynes, surtout, avait déjà pesé, dans ses mains ensanglantées, les trésors de la maréchale d'Ancre.

Singulière fantaisie de la justice de ce temps-là ! On ne songea point à reprocher à la femme de Concini d'avoir réglé, comme le dit Mézerai, les desseins et les affections de la reine ; d'avoir vendu son influence à des cours étrangères ; d'avoir essayé de gouverner, à son gré, le royaume de France ; d'avoir prostitué les honneurs, les titres et les emplois ; d'avoir peut-être remercié le ciel et les hommes du coup de poignard qui, en frappant Henri IV, ouvrait un champ sans limites à l'ambition d'une créature de Marie de Médicis : le parlement ne prit la peine de l'accuser que de judaïsme et de sortilége.

On lui demande, dans la chambre de torture de la Conciergerie, si elle est vraiment possédée. — Elle répond qu'elle n'a jamais été possédée que du désir de bien faire.

On lui demande si elle a le sortilége dans les yeux. — Elle répond, en riant, qu'elle n'a que le sortilége de l'intelligence et de l'esprit.

On l'interroge sur la possession de certains livres que l'on a trouvés dans son hôtel. — Elle répond que ces livres lui ont servi à apprendre qu'elle ne savait rien.

On veut connaître les moyens sacriléges employés par elle pour influencer la reine de France. — Elle répond qu'elle n'a usé que de la fermeté de son cœur pour maîtriser une âme faible.

Le parlement, peu édifié sans doute par de pareilles réponses qui accusaient les accusateurs de la maréchale d'Ancre, condamna la veuve de Concino-Concini, Éléonore Galigaï, à porter sa tête sur l'échafaud de la Grève. L'un des rapporteurs et cinq conseillers refusèrent de signer l'arrêt inique de leurs collégues.

Le 8 juillet 1617, la maréchale d'Ancre sortit de la Conciergerie pour aller entendre, dans la cour du palais, à genoux, aux

yeux de la foule, l'arrêt de mort que l'on devait exécuter contre elle le même jour.

Le procès-verbal de l'exécution d'Eléonore Galigaï nous a légué les détails qui suivent, sur la dernière heure de la favorite de Marie de Médicis :

« Elle fut extraite de la Conciergerie et placée dans la charrette de l'exécuteur. Elle porta alors ses regards sur la foule, et surprise de voir la place, les rues, les fenêtres, les toits mêmes couverts d'une immense affluence :

« — Ah ! dit-elle, que de peuple qui désire me voir mourir ! J'ai autant mérité la mort que cela, cependant !...

« Et en disant ces mots, elle faisait claquer l'ongle d'un de ses doigts sur une des dents de sa mâchoire supérieure.

« La foule était si grande, qu'il fallut plus d'une heure pour parvenir jusqu'à la Grève. Au pied de l'échafaud, le greffier Voisin donna encore une fois lecture de la sentence ; puis, l'exécuteur s'emparant de la maréchale, la fit monter sur l'échafaud ; étant sur l'échelle, elle avait crainte de choir, et disait :

« — Tenez bien... je cherrai !

« Aussitôt montée, elle se mit à genoux, et l'exécuteur commença à découdre le collet de sa simarre, qui était de peu de valeur, couleur de pensée, et ornée d'une broderie d'or et d'argent fort usée. Pendant ce temps, on chantait un *salve regina*.

« — Je vous pardonne, quant à vous, dit-elle alors à l'exécuteur ; je crie merci à Dieu ; je pardonne au roi, à la reine, et à tout ce peuple qui me veut du mal et qui en a fait à mon mari.

« En même temps, l'exécuteur prit un bandeau pour lui couvrir les yeux ; mais il se trouva empêché, parce qu'il n'y avait de cordon que d'un seul côté ; il le raccommoda de son mieux, et dit aux docteurs pour lui donner le change :

« — Messieurs, faites-lui faire sa prière.

« La dernière parole n'était pas prononcée, qu'il lui mettait, d'un coup subtil, la tête hors de dessus les épaules. »

Quelques jours plus tard, le peuple de Paris, qui avait applaudi au supplice de la maréchale d'Ancre, siffla une tragédie en quatre actes, intitulée *la Magicienne étrangère*, odieuse parodie de la vie et de la mort d'Eléonore Galigaï. — La fatalité de l'histoire devait bientôt donner pour vengeur à la maréchale d'Ancre le cardinal de Richelieu, dont elle avait été la première protectrice. Les Concini avaient été vaincus par la haine et la convoitise des nobles : nous savons tous ce que Richelieu osa faire de la noblesse française, sur l'échafaud de Marillac, de Cinq-Mars et de Montmorency!

Jusqu'à la fin du règne de Louis XIII, le repaire de la cour des Miracles fut un des plus actifs pourvoyeurs de la Conciergerie ; les voleurs, les filous et les assassins s'élançaient chaque jour du fond de cette immense caverne, pour se ruer sur la ville et sur les faubourgs. Ils s'entendaient de loin, ils communiquaient avec certains prisonniers de la Conciergerie, en donnant du cor de chasse : c'était de l'argot en musique.

La police de Paris, ou plutôt M. de La Reynie, parvint à détruire ce hideux réceptacle dont Sauval nous a laissé le tableau suivant :

« Les commissaires ni les huissiers n'osaient pénétrer, sous
« peine de la vie, dans ce lieu de toutes parts entouré de logis bas,
« enfoncés, obscurs, difformes, faits de terre et de boue, et tout
« pleins de mauvais pauvres. On s'y nourrissait de brigandages, on
« s'y engraissait dans l'oisiveté, dans la gourmandise, et dans toutes
« sortes de vices et de crimes. Là, sans aucun soin de l'avenir,
« chacun jouissait, à son aise, du présent, et mangeait le soir, avec
« plaisir, ce qu'avec bien de la peine, et souvent avec bien des
« coups, il avait gagné tout le jour : car, on y appelait gagner ce
« que l'on appelle dérober ailleurs ; et c'était une loi fondamentale
« de la cour des Miracles, de ne rien garder pour le lendemain.
« Chacun y vivait dans une grande licence ; personne n'y avait foi
« ni loi ; on n'y connaissait ni baptême, ni mariage, ni sacrements.
« Des filles et des femmes, les moins laides, se prostituaient pour
« deux liards, les autres pour deux deniers, la plupart pour rien.
« Plusieurs donnaient de l'argent à ceux qui avaient fait des enfants
« à leurs compagnes, afin d'en avoir elles-mêmes et d'exciter da-
« vantage la compassion et les aumônes. »

Dans ces temps de voleries, de désordres et d'assassinats, il n'y avait pas loin des haillons de la cour des Miracles aux guenilles ensanglantées de ces malfaiteurs qui s'érigeaient en compagnies de *routiers*, d'*écorcheurs* et de *trente-mille-diables*, pour ravager Paris et tout le royaume ; la Conciergerie avait beau faire contre tous ces misérables, quand elle venait à bout de les garrotter et de les pendre, elle n'avait pas encore, au service de sa justice exécutive, un lieutenant de police qui se nommât La Reynie, d'Argenson, de Sartines ou Lenoir.

La Conciergerie d'autrefois pourrait se vanter, au besoin, d'avoir logé, d'avoir tourmenté peut-être dans le même cachot, un grand seigneur comme d'Entragues et un grand voleur comme Cartouche, des bandits de la cour des Miracles et des frondeurs de la minorité, d'ambitieux gentilshommes de la cour de Louis XIII et de célèbres empoisonneuses du temps de Louis XIV.

Dans ce lamentable épisode des poisons, qui assombrit encore aujourd'hui, sur le théâtre de l'histoire, le spectacle de la cour et de la ville du grand siècle, il n'y avait rien que la noblesse eût le droit de reprocher au peuple : la Voisin était une bourgeoise, la Brinvilliers était une marquise, et la noble empoisonneuse eut le triste avantage de jeter dans Paris la première pincée de la *poudre de succession*.

Le drame criminel de la Brinvilliers et de la Voisin a été vulgarisé par la tradition, par la complainte, par la chronique, par la correspondance littéraire, par le roman et par le théâtre ; mais, vraiment ! l'on ne saurait jamais trop en dire sur des crimes dont la seule pensée faisait trembler les bourgeois de Paris, sur deux misérables femmes dont le nom faisait tressaillir un roi de France, au milieu de toute une cour épouvantée.

En 1675, un homme nommé Sainte-Croix, ancien capitaine au régiment de Tracy, et complice de madame de Brinvilliers, mourut à Paris d'une façon assez singulière : il travaillait dans un laboratoire, à la composition de quelque poison ; le masque de verre dont il avait couvert son visage se brisa tout à coup, et le chevalier de Sainte-Croix tomba comme s'il eût été frappé de la foudre : la mort lui avait emprunté, pour l'étouffer, l'arme terrible qu'il avait si souvent maniée durant les dernières années de sa vie.

La justice procéda à un inventaire dans la maison du chevalier : on y trouva une cassette, des lettres, et le titre d'une donation. La cassette contenait des poisons de toutes les sortes ; les lettres étaient signées du nom de madame de Brinvilliers; la donation était un engagement de la marquise au profit de Sainte-Croix.

Madame de Brinvilliers, effrayée par l'horrible héritage que son complice venait de léguer à la magistrature, essaya de lutter contre la déposition posthume de Sainte-Croix; mais, un ancien valet de chambre de l'empoisonneur fut arrêté : ce domestique, nommé Lachaussée, fut soumis à la question, et la marquise ne songea plus qu'à se réfugier à Londres où elle apprit que le misérable Lachaussée avait été roué vif en place de Grève, suivant arrêt du parlement, qui la condamnait elle-même à avoir la tête tranchée.

Madame de Brinvilliers se cacha tour à tour à Londres, à Bruxelles et à Liége; ce fut à un couvent qu'elle demanda un asile qui lui semblait inviolable : elle comptait sans la vigilance de la police de Paris et sans l'habileté audacieuse de l'agent Desgrais.

La marquise était dans un couvent : il s'agissait de l'en faire sortir, de l'emmener hors de la ville, de la livrer à une troupe d'archers, de la jeter dans une voiture et de la conduire à Paris; tout cela fut, pour Desgrais, l'affaire d'un déguisement, d'un mensonge et d'une déclaration d'amour. Il prit un costume d'abbé pour arriver jusqu'à la marquise; il lui offrit, pour la rassurer, la protection de la magistrature et de l'Église de France : N'appartenait-elle pas à la noblesse de robe, et n'avait-elle pas un ami dans M. Penautier, le receveur général du clergé? Enfin, Desgrais feignit de prendre garde aux belles manières, au beau langage et aux beaux yeux de la marquise : elle sortit du couvent; elle s'aventura dans la campagne de Liége, bras dessus, bras dessous, avec son nouvel adorateur, et madame de Brinvilliers ne tarda point à comparaître devant un conseiller au parlement, dans la chambre de torture de la Conciergerie.

Elle commença par nier tous les crimes dont on l'accusait; alors on lui présenta un journal manuscrit qu'elle avait rédigé au couvent, et qui avait pour titre : *Confession générale*, horrible confession d'une vie monstrueuse! On lui parla des aveux de Lachaussée : elle repoussa violemment l'autorité des paroles suprêmes d'un complice; on lui fit voir l'appareil de la question, et le courage lui manqua pour se taire jusqu'au bout de la torture; elle parla de ses crimes, et en ce moment-là, sans doute, la marquise de Brinvilliers dut répondre ainsi au juge qui l'interrogeait :

— C'est vrai, j'ai empoisonné mon père et mon frère; c'est vrai, j'ai donné du poison à mon enfant, et j'en ai voulu donner à mon mari.

— D'où venaient les poisons?

— Du laboratoire de Sainte-Croix.

— Sainte-Croix les composait lui-même?

— Oui, avec l'aide d'une science qu'il avait étudiée à la Bastille, dans l'intimité d'un Italien, d'un chimiste, d'un empoisonneur nommé Exili.

— Sainte-Croix ne fut-il pas enfermé dans le donjon, sur la demande officielle de votre mari, et par votre faute?

— J'en conviens. J'étais jeune; on me trouvait jolie; on me croyait spirituelle; M. de Brinvilliers s'empressait de me faire les honneurs du monde; nous étions riches; nous avions des amis; j'avais des adorateurs : grâce à la faiblesse imprudente de M. le marquis, je finis par avoir un amant...

— Le chevalier de Sainte-Croix, un espèce de bâtard, un aventurier, un intrigant?...

— Oui, un homme qui était tout cela et que j'aimais! M. de Brinvilliers se ravisa, mais un peu trop tard, sur le compte du chevalier; il obtint contre lui une lettre de cachet, et le donjon de la Bastille fut le premier laboratoire de mon complice. Quand il devint libre, il excellait déjà dans la composition des poisons les plus actifs, les plus subtils : il aurait caché, au besoin, le poison et la mort dans une fleur, dans une orange, dans un gant, dans une lettre, dans rien!...

— Quelle fut votre première victime?

— M. Daubray... mon père : je m'agenouillai à ses pieds, en jouant; je me pris à lui sourire, et je lui offris un breuvage... il était mort!

— A cette époque, vous affectiez de certains airs de religion, vous portiez le masque d'une dévote, vous hantiez le confessionnal, vous osiez toucher à la sainte table, et vous visitiez les hospices, en parlant aux malades et aux pauvres du Dieu qui commande la foi, l'espérance et la charité!

— Vous avez raison ; mais, ce que vous ignorez peut-être, c'est qu'un jour, dans une visite à l'Hôtel-Dieu, j'essayai sur des malades le pouvoir de notre mystérieuse science : je leur offris des biscuits empoisonnés, et j'achevai les mourants.

— Vous aviez deux frères?

— Nous étions trop de deux dans la famille : Lachaussée, l'ancien valet de chambre de Sainte-Croix, reçut l'ordre d'empoisonner mes deux frères; ils moururent à la campagne, avec quelques-uns de leurs amis, après avoir mangé une espèce de tourte aux pigeonneaux que Lachaussée accommodait à merveille.

— Vous avez empoisonné un de vos enfants?

— Sainte-Croix le haïssait!

— Vous avez voulu empoisonner votre mari?

— Mon mari vit encore, grâce à la trahison de Sainte-Croix qui voulait, sans doute, que M. de Brinvilliers restât en ce monde pour me garder. J'ai eu beau faire, le poison à la main, pour me débarrasser de ce dernier ennemi, le poison était neutralisé par un antidote infaillible; Sainte-Croix ressuscitait, chaque matin, le malheureux que j'avais empoisonné la veille, et *ainsi ballotté, tantôt empoisonné, tantôt désempoisonné, M. de Brinvilliers est demeuré en vie* [1].

— Aviez-vous d'autres complices que Lachaussée et Sainte-Croix?

— Non.

— La question vous fera peut-être dire le contraire...

— Eh mon Dieu! monsieur le conseiller, comment voulez-vous que j'avale ces trois seaux d'eau? *c'est assurément pour me noyer ; car, de la taille dont je suis, on ne prétend pas que je boive tout cela* [2]! »

La torture arracha à madame de Brinvilliers l'aveu de bien des forfaits qu'elle avait oubliés sans doute dans son premier interrogatoire. Elle se décida, bon gré malgré, les yeux fixés sur l'appareil de la question, à remonter jusqu'aux jours de son enfance et

---

[1] Madame de Sévigné.
[2] Idem.

de sa première jeunesse, pour y découvrir des fautes, des indignités et des crimes : sa *confession générale* fut complète.

Près de toucher à l'échafaud et au bûcher, la marquise de Brinvilliers réclama la communion : on lui refusa l'accès de la sainte table. Elle réclama un morceau de pain bénit : on lui refusa cette miette de la cène divine.

La marquise était la fille d'un magistrat : la magistrature demanda la grâce d'une pareille empoisonneuse ; mais Louis XIV ne daigna pas même prendre garde à une pareille demande. Le 16 juillet 1676, madame de Brinvilliers franchit le seuil de la Conciergerie pour aller mourir en place de Grève, en passant par l'église Notre-Dame.

Deux amis, deux bonnes âmes, restèrent fidèles à cette misérable marquise : l'un, c'était un prêtre qui consentit à l'absoudre ; l'autre... qui le croirait ! c'était son mari, qui consentit à la suivre jusqu'au pied de l'échafaud, en pleurant, en la consolant, en l'aimant encore !

Le 16 juillet, à six heures du soir, après avoir fait amende honorable, la Brinvilliers arriva sur la place de Grève, entre le prêtre et le bourreau. La foule, curieuse d'assister à un supplice de près ou de loin, était immense : du monde sur la place ; du monde sur les toits ; du monde dans les rues ; du monde sur le pont Notre-Dame ; du monde partout où l'on pouvait espérer d'entrevoir la figure, ou, au besoin, la cornette de la trop célèbre marquise. La patiente s'écria, dit-on, à l'aspect de quelques dames de la cour qui étaient venues chercher une émotion dans le drame dont elle était l'horrible héroïne : « Oh ! c'est vraiment un beau spectacle, n'est-il pas vrai, mes bonnes amies ? un spectacle que vous pourrez conter ce soir à vos enfants !... »

La marquise avait raison : le lendemain, une de ces *bonnes amies*, madame de Sévigné, écrivait à sa fille toutes sortes de spirituelles gentillesses, à propos de la vie et de la mort de madame de Brinvilliers.

Sainte-Croix n'avait pas emporté dans la tombe les instruments de son laboratoire, les mystères de son affreuse science : quatre ans plus tard, on ne parlait, à Paris et à Versailles, que de poisons et que d'empoisonnements; le fantôme de la Brinvilliers effraya soudain le logis du bourgeois, l'hôtel du grand seigneur, le château de la royauté : l'Arsenal n'avait plus qu'à préparer sa chambre ardente.

L'arrestation de la Voisin et de ses quarante complices troubla bien des consciences chez les grands et chez les petits : la cour et la ville avaient si souvent frappé, pour des causes bien innocentes sans doute, à la porte suspecte de cette femme!

M. de Luxembourg disait en parlant de la Voisin : « Elle n'a jamais débité que des philtres; c'est une sorcière ! »

La comtesse de Soissons disait d'une voix tremblante : « Elle n'a jamais vendu que des élixirs de longue vie; c'est une magicienne ! »

Madame de Bouillon disait en riant : « Elle n'a jamais vendu que des *curiosités ;* c'est une tireuse de cartes ! »

Madame d'Allaye disait : « Je ne lui ai jamais demandé qu'un peu de bonheur et un peu de gorge : mon bonheur et ma gorge sont encore à pousser... La Voisin n'est qu'une trompeuse! »

La justice vint dire à son tour dans le prétoire de la chambre ardente : « La Voisin est une empoisonneuse ! »

Et la justice ayant ainsi parlé, il arriva quelque chose de bien étrange : M. de Luxembourg fut enfermé à la Bastille; la comtesse de Soissons prit la route de Bruxelles; madame de Bouillon fut exilée à Nevers, et madame d'Allaye à Amboise.

La chambre ardente commença par juger les complices de la Voisin : dix d'entre eux montèrent sur le bûcher de la place de Grève; les autres furent envoyés aux galères. Une femme allait remplir toute seule le cinquième acte de cette interminable tragédie : la Voisin parut enfin sur la scène de la Conciergerie et de l'Arsenal.

Madame de Brinvilliers, que nous avons vue mourir, était gracieuse, élégante, spirituelle et polie; la Voisin est laide, mal faite, grossière, emportée, brutale. La première avait des faiblesses qui révélaient encore le cœur et l'esprit d'une femme; la seconde puise, dans le danger même, une force, une exaltation que l'on pourrait appeler l'enthousiasme de la scélératesse. L'une avouait des crimes qu'elle avait commis, et tressaillait aux pieds de son accusateur;

l'autre imagine des crimes impossibles, pour donner encore plus d'orgueil à ses abominables passions, et pour s'en glorifier auprès de ses juges. La Brinvilliers disait avec une certaine apparence de repentir : « Mon cœur, qui ne valait pas grand'chose, et Sainte-Croix, qui ne valait rien, m'ont perdue ! » La Voisin s'écrie avec une certaine apparence de vanité calomnieuse : « Ce sont vos grands seigneurs et vos grandes dames qui me perdent ! Ils veulent égorger la bête après avoir épuisé son venin ; je leur ai livré assez de poison pour tuer toute la cour et toute la ville ! » L'empoisonneuse de 1676 avait peur de l'appareil de la question ; l'empoisonneuse de 1680 se moque de la torture et des tortionnaires ; elle rit avec ses gardiens ; elle plaisante le lieutenant de police ; elle boit avec les soldats qui la surveillent ; elle crache avec dédain sur les instruments qui vont la torturer ; elle retrousse sa robe sur le chevalet, avec un sourire qui s'amuse à parodier la pudeur ; elle jure quand elle craint de s'évanouir ; elle chante, pour peu qu'on la soulage ; elle insulte le tribunal, quand il l'interroge ; elle blasphème, si on lui parle de Dieu... il est impossible de pousser plus loin la folie du crime.

Lorsque le lieutenant de police, le président, le rapporteur et le greffier de l'Arsenal entrèrent dans la salle de torture de la Conciergerie, pour lire à la Voisin l'arrêt de la chambre ardente, l'empoisonneuse leur dit en s'inclinant jusqu'à terre, et le plus indécemment qu'il lui fut possible :

— Messieurs, je vous salue !

— Écoutez à genoux votre arrêt, lui répondit M. de La Reynie, et que le ciel vous fasse miséricorde !

Le greffier se mit à lire, en dépit des insultes, des blasphèmes et des chansons de la Voisin, l'arrêt de la chambre ardente.

— Vous l'avez entendu, lui dit le président après cette lecture, vous êtes condamnée, « pour impiétés, empoisonnements, artifices et maléfices, larcins, et complots contre la vie des personnes, sacriléges et autres crimes sans nombre, comme homicide de fait et d'intention, comme coupable de pratiques diaboliques et criminelles de lèse-majesté divine, à faire amende honorable à la porte de Notre-Dame...

— A merveille! s'écria la Voisin, nous verrons le diable dans un bénitier.

— « A être conduite sur la place de Grève, continua M. de Bezons, pour y être brûlée, et vos cendres jetées au vent...

— Qui les emportera dans l'enfer, je l'espère.

— Vous êtes condamnée « à subir un nouvel interrogatoire sur les complices que vous n'avez pas encore nommés...

— Vous n'avez qu'à les choisir parmi vos grands seigneurs et parmi vos grandes dames! Ne m'ont-ils pas empêchée, par leur sottise, de continuer modestement ma profession d'accoucheuse? Ils ont commencé par me demander les secrets de l'avenir, et je leur ai fait les cartes, et je leur ai tiré les plus magnifiques horoscopes; ils m'ont demandé ensuite des *fioles de jeunesse*, et je leur ai vendu de l'eau claire en guise d'eau de Jouvence; ils m'ont demandé quelques brins de cette poudre de succession qui avait si bien réussi à madame de Brinvilliers, et je leur ai livré mes meilleurs poisons! Vous connaissez tous mes complices.

— Enfin, vous êtes condamnée, reprit le président, « à subir la question ordinaire et extraordinaire... »

— J'y répondrai de mon mieux, monsieur de Bezons; liez-moi les mains derrière le dos, attachez-moi les jambes avec des cordes, allongez-moi sur le chevalet, torturez mon corps tout à votre aise : je continuerai à rire, à blasphémer, à chanter, en regrettant de ne pouvoir pas mettre un peu de vin dans votre eau ! Allons, courage, greffier et bourreaux : je suis prête!

— Premier pot d'eau de l'ordinaire! dit M. de Bezons, en faisant un signe aux exécuteurs.

— A votre santé! répliqua la Voisin.

Et la question commença par deux grandes pintes d'eau froide que l'on versa goutte à goutte dans la bouche de la patiente; quand le coquemar fut épuisé, on allongea de trois crans le chevalet; la condamnée, dont le corps subissait ainsi l'extension de l'instrument de supplice, dit aux exécuteurs :

— Vous avez raison, mes amis : on doit grandir à tout âge. Je me plaignais d'être trop petite : je veux être plus grande que ma sœur Brinvilliers.

— Deuxième pot de l'ordinaire! dit le président.

— Que Dieu vous le rende! répondit l'empoisonneuse.

On vida le second coquemar ; le chevalet s'allongea de nouveau, en faisant craquer les os de la patiente, et la question continua de plus belle ou de plus laide, jusqu'à la dernière goutte de sept pots d'eau ; sur l'avis du médecin Morel, le président déposa sa baguette, et la Voisin fut soulagée : on l'étendit sur un matelas, tout près du feu, et les exécuteurs se donnèrent plus de mal pour la rappeler à la vie, qu'ils n'avaient pris de peine pour lui donner presque la mort.

Renfermée dans son cachot, à minuit, la Voisin ne songea plus qu'à bien employer son temps ; elle avait bu quatorze pintes d'eau : elle voulut boire quatorze bouteilles de vin.

Madame de Sévigné, cette impitoyable caillette du grand siècle, nous a raconté les derniers moments de la Brinvilliers ; elle va nous raconter aussi les dernières heures de la Voisin :...

« En rentrant, elle dit à ses gardes : Quoi ! nous ne ferons pas
« *médianoche*? Elle mangea avec eux, à minuit, par fantaisie ;
« elle but beaucoup de vin, et chanta des chansons à boire, re-
« commençant ainsi, toute brisée qu'elle était, à faire la débauche
« avec scandale. On lui fit honte, et on lui dit qu'elle ferait
« bien mieux de penser à Dieu et de chanter un *Ave*, ou un
« *Salve*, que toutes ces chansons ; elle chanta l'un et l'autre en
« ridicule. Elle dormit ensuite. Le lendemain mercredi se passa de
« même, en débauches et en chansons. Enfin, le jeudi (22 février
« 1680), on ne voulut lui donner qu'un bouillon ; elle gronda,
« craignant de n'avoir pas la force de parler à ces messieurs. On
« voulut la faire confesser : point de nouvelles. A cinq heures, on
« la lia, et avec une torche à la main, elle parut dans le tombe-
« reau, habillée de blanc : c'est une sorte d'habit pour être brûlée ;
« elle était fort rouge, et l'on voyait qu'elle repoussait le confesseur
« et le crucifix avec violence. A Notre-Dame, elle ne voulut jamais
« prononcer l'amende honorable, et à la Grève, elle se défendit au-
« tant qu'elle put de sortir du tombereau ; on l'en tira de force, on
« la mit sur le bûcher, assise et liée avec du fer ; on la couvrit de
« paille ; elle jura beaucoup ; elle repoussa la paille cinq ou six
« fois ; mais, enfin, le feu s'augmenta ; on la perdit de vue, et ses
« cendres sont en l'air maintenant. »

Le poison de la Voisin ne fut pas emporté par le vent qui disper-
sait les cendres de cette malheureuse ; les empoisonnements, à
Paris, devinrent une véritable épidémie, et ce n'est point là, ce
nous semble, une des misères les moins caractéristiques des dernières années du règne de Louis XIV. Pauvre grand règne, qui
expie son divin orgueil par toutes les petitesses de l'humanité !
Pauvre grand siècle, qui capitule avec sa conscience, qui se fait
dévot pour jouer à la religion, grave pour jouer à la sagesse, triste
pour jouer au repentir, et qui finit par donner à l'homicide même
le masque de l'hypocrisie : le masque de verre de l'empoisonneur
Sainte-Croix !

Sous la Régence, les grands et les petits s'en allaient volontiers
pêle-mêle dans un fameux cabaret du faubourg du Temple : le
peuple et la noblesse se coudoyaient bien des fois, en cherchant à

s'égarer dans les massifs mystérieux de la Courtille. Un soir, mesdames de Parabère et de Prie avaient entraîné dans les bosquets du faubourg la plupart des illustres roués de Saint-Cloud, d'Asnières et du Palais-Royal; tout à coup, au milieu de la fête, un observateur *officiel* aborde un gentilhomme qui se promenait le chapeau sur l'oreille, l'épée au côté, leste et pimpant, et fredonnant une chanson licencieuse... L'agent de police s'avisa de lui mettre tout simplement la main sur l'épaule, et lui dit à voix basse :

— Je te connais, beau masque!... Tu arrives de Normandie, n'est-il pas vrai? Tu viens de dire un dernier adieu à tes amis d'autrefois et à ta famille? Tu nous as désolés bien longtemps, mais nous prendrons notre revanche, en dépit de tes compères et de tes complices : tu coucheras ce soir à la Conciergerie, Cartouche!

L'agent de police disait vrai : c'était bien Cartouche qu'il venait de prendre au collet! Une pareille arrestation allait être un événement considérable pour la cour et la ville, surtout pour la ville qui se souvenait d'avoir été pillée, battue, assassinée pendant plus de dix ans par cet infatigable malfaiteur. La régence venait de trouver, pour les menus plaisirs des Parisiens, un véritable chien d'Alcibiade : Paris oublia durant trois mois les mesures financières du Régent et les rigueurs ministérielles de Dubois; Paris n'avait plus à s'occuper que de Cartouche.

Le nom de cet homme, de ce voleur, de cet assassin, fut répété par les échos de la rue, des salons, de la littérature et du théâtre. Le peuple se rappelait en tressaillant les fameux exploits de Cartouche; les plus jolies lèvres du monde essayèrent de raconter l'histoire équivoque des amours de Cartouche; un poétereau improvisa un poëme sur la vie de Cartouche; un auteur dramatique afficha une comédie intitulée *Cartouche*. — Cartouche fut vaincu et roué avec tous les honneurs de la guerre.

Enfermé dans un cachot de la Conciergerie, Cartouche osa tout d'abord protester de son innocence : il ne s'était jamais enfui de la maison paternelle pour embrasser la profession de voleur; il n'avait jamais ravagé, avec une bande nombreuse, les villes et les villages de la Normandie ; il n'avait jamais rançonné les bourgeois de Paris; il n'avait jamais rien volé, ni tué personne... On calom-

Dessiné par JANET-LANGE. Gravé par ROUGET.

CARTOUCHE.

niait ce pauvre monsieur Cartouche! A la fin, Cartouche consentit à dire la vérité, grâce à l'influence persuasive de la *question;* il passa, dit-on, une nuit tout entière à nommer ses amis et ses complices : ils étaient tant!... Il dénonça trois jolies femmes qui avaient été ses maîtresses.

Un jour, Cartouche reçut, dans son cachot de la Conciergerie, un visiteur d'une indiscrétion passablement cruelle : c'était M. Legrand, l'auteur dramatique de tout à l'heure, qui poussait le ridicule de la couleur locale jusqu'à réclamer, d'un criminel, des détails de mise en scène pour le spectacle dramatique de sa vie et de sa mort.

Le dramatiste salua Cartouche de la meilleure grâce du monde; il lui parla du théâtre comme d'une école de mœurs; il déplora le hasard qui avait fait d'un homme d'esprit un voleur, un assassin, un grand misérable, et il finit par lui demander les renseignements précieux dont il avait besoin pour les menus plaisirs du parterre.

— Monsieur, lui dit Cartouche, je remercie M. d'Argenson du plaisir qu'il a bien voulu me faire : grâce à votre visite, je vais contribuer peut-être à l'amusement d'un peuple que j'ai bien souvent désolé.

Le voleur répondit à toutes les questions de M. Legrand, et, à son tour, l'homme de lettres daigna raconter à Cartouche le scénario de sa comédie de mauvaises mœurs.

— Et quel jour doit être représenté votre ouvrage? demanda le prisonnier.

— Le jour même de votre exécution en place de Grève! lui répondit l'auteur.

— S'il en est ainsi, vous ferez bien de consulter le bourreau : il pourra vous fournir, pour votre dénoûment, des détails qui auront le mérite d'une affreuse exactitude. Adieu, monsieur Legrand... que les sifflets du parterre vous soient légers!

Après avoir fait de la politesse et de l'esprit avec un littérateur, Cartouche essaya de faire de la vertu et du patriotisme avec un jésuite; il disait au père Guignard, en parlant de la mort de Henri IV : « Tous les assassinats que j'ai commis ne sont que de légères peccadilles, en comparaison du forfait dont votre compagnie s'est souillée. Est-il un crime plus énorme que celui de faire périr son maître, son roi, son souverain, et quel souverain?... le meilleur prince de l'univers, l'amour des peuples, la gloire de la France, le père de la patrie! Je veux vous donner une preuve que j'étais moins fait au crime que vous autres : j'avais un si grand respect pour la mémoire de Henri IV, que si un homme se fût réfugié sur le pont Neuf, au pied de la statue équestre, je n'aurais jamais osé l'y égorger! L'original n'a pas produit sur vous l'effet qu'une faible copie aurait produit sur moi... »

N'est-ce pas quelque chose de bien étrange, que cette oraison funèbre de Henri IV prononcée dans un cachot de la Conciergerie, à la face d'un jésuite, par un prédicateur de l'espèce de Cartouche !

Après plusieurs tentatives d'évasion, Cartouche sembla se résigner à ne plus sortir de son cachot que pour marcher au supplice ; cependant, condamné à être rompu vif, il ne désespéra ni de sa bande, ni de sa fortune : près de mourir, il attendait encore que des bras dévoués, des amitiés fidèles, vinssent l'arracher aux mains du bourreau ! Il se vengea de ses anciens amis, en dénonçant de nouveaux complices.

Les *convulsionnaires* de saint Médard, ces fanatiques sensuels du dix-huitième siècle, payèrent leur tribut de liberté à la suzeraineté pénale de la Conciergerie. La persécution avait fait grandir cette incroyable secte, tombée de la robe d'un jésuite sur le tombeau du diacre Pâris. Les convulsionnaires publiaient une feuille intitulée : *Nouvelles ecclésiastiques ;* on l'imprimait impunément à Paris, dans la banlieue, en province, partout, en dépit de l'infatigable vigilance de la police. On emprisonna bien des gens, que l'on soupçonnait d'avoir trempé le bout d'une plume dans l'écritoire des convulsionnaires, mais on ne put jamais empêcher la collaboration, l'impression, la distribution des *Nouvelles ecclésiastiques*.

En 1737, Carré de Montgeron, conseiller au parlement de Paris, s'occupa de raconter dans un gros volume toutes les grâces divines, tous les miracles opérés par la convulsion, sur la tombe de ce bienheureux Pâris, qui n'en pouvait mais. Carré de Montgeron eut un double tort qui lui coûta cher : d'abord, il publia cet ouvrage indigeste, écrit tout entier contre la raison, contre la justice, contre la vérité; ensuite, il se rendit à Versailles, pour offrir à un monarque, au maître couronné de la société française, un livre antimonarchique et antisocial. Il osa se présenter devant Louis XV, son chef-d'œuvre à la main, et le roi emprunta, pour lui répondre, ces jolis vers de Voltaire :

Un grand tombeau, sans ornement, sans art,
Est élevé non loin de saint Médard;
L'Esprit divin, pour éclairer la France,
Sous cette tombe, enferme sa puissance.
L'aveugle y court, et, d'un pas chancelant,
Aux Quinze-Vingts retourne en tâtonnant;
Le boiteux vient, clopinant sur la tombe,
Crie : *Hosanna !* saute, gigotte et tombe;
Le sourd approche, écoute et n'entend rien.
Tout aussitôt, de pauvres gens de bien,
D'aise pâmés, vrais témoins du miracle,
Du bon Pâris baisent le tabernacle.

Louis XV se permit de rire, en récitant ces vers, au nez du convulsionnaire, et la duchesse du Maine ajouta le quatrain suivant à la réponse du roi de France :

> Un décrotteur à la royale,
> Du talon gauche estropié,
> Obtint, par grâce spéciale,
> D'être boiteux de l'autre pied.

Par malheur pour Carré de Montgeron, la police n'était pas forcée d'avoir de l'esprit comme Voltaire, de l'indulgence comme Louis XV, de la malice comme la duchesse du Maine : elle arrêta l'ancien conseiller au parlement, qui fut renfermé d'abord à la Bastille, et, un peu plus tard, à la Conciergerie.

En 1775, sous le règne de Louis XVI, M. de Malesherbes, chargé de visiter les prisons de Paris, trouva dans les cachots de la Conciergerie deux malheureux convulsionnaires, un homme et une femme, qui expiaient depuis trente-huit ans la sottise d'avoir cru aux miracles de saint Médard. Ils furent mis en liberté, bien étonnés d'apprendre qu'il n'y avait plus en France ni jésuites, ni convulsionnaires. Frappés, en 1764, par un édit de Louis XV, les jésuites avaient brisé, dans leur chute, le théâtre sépulcral du diacre Pâris ; leur dernier soupir se mêla au gémissement de la dernière convulsion.

Il n'avait fallu rien moins que le danger d'un scandale qui durait depuis plus de trente ans, et l'influence de la philosophie militante, et les mémoires des bailliages et des universités, et les arrêts du parlement, et les conseils obstinés de M. de Choiseul, et peut-être les ordres de madame de Pompadour, pour décider Louis XV à signer l'édit de 1764. Le roi se souvint du couteau de Damiens, et il ordonna l'expulsion définitive d'une secte qui en voulait à la fois à la liberté des petits et à l'indépendance des grands.

L'opposition de madame de Pompadour à la cause des jésuites n'était guère le résultat d'une conviction politique ou religieuse : elle haïssait, dans cette cause, une influence rivale qui menaçait à chaque instant son crédit, son pouvoir, son ambition. Entre ces deux ennemies irréconciliables, une secte et une femme, il ne s'agissait que d'une inimitié personnelle. La maîtresse de Louis XV ne pardonnait pas plus aux jésuites leurs injures et leurs calomnies, qu'elle n'avait pardonné à bien des pauvres diables un bon mot, une chanson, une épigramme, une satire, un regret, une critique ou un reproche. Sous le règne galant de la marquise-reine, *quatre mille personnes* furent jetées, par l'ordre de la favorite, à la Bastille, à Vincennes et à la Conciergerie ! Quelle curieuse et singulière histoire on pourrait écrire, avec les *prisonniers de madame de Pompadour !*

Nous avons nommé Damiens, à propos de l'expulsion des jésuites : nos lecteurs savent déjà que ce nom est attaché à l'histoire de la Conciergerie, par le collier de fer qui tortura Ravaillac.

Le 5 janvier 1757, à six heures du soir, le roi se disposait à monter dans son carrosse, pour se rendre de Versailles à Trianon. Il se sentit frappé tout à coup, sans savoir où ni comment; il passa la main sous sa veste ensanglantée, et il s'écria : *Je suis blessé !* Il regarda instinctivement un homme qui avait gardé son chapeau sur la tête, et il reprit en montrant son assassin : *C'est lui qui m'a frappé, qu'on l'arrête, mais qu'on ne le tue pas !*

L'assassin s'était servi, contre le roi, d'un couteau dont la lame était assez semblable à celle d'un canif. On trouva sur lui quelques pièces d'or, et un livre intitulé : *Instructions et Prières chrétiennes.*

Questionné provisoirement dans une des salles du château de Versailles, Damiens se mit à dire plusieurs fois : *Que l'on prenne garde à monseigneur le dauphin !* Torturé horriblement pour qu'il avouât s'il avait des complices, il répondit que *ses complices* étaient bien loin, et qu'on ne les trouverait plus.

Le 18 février, la Conciergerie ouvrit de nouveau son cachot des régicides, pour y questionner l'assassin de Louis XV. L'écrou de Damiens décrit ainsi le costume qu'il portait à Versailles, au moment même de son arrestation : « Un habit de droguet d'Angle-
« terre, petit-gris, doublé de serge; une veste rouge de velours de
« gueux, doublée de serge blanche; une culotte de panne cra-
« moisie, doublée de peau; une paire de bas de laine petit-gris,
« des souliers, et une chemise de toile d'Alençon, garnie en ba-
« tiste. »

Le 28 mars, Damiens sortit de la Conciergerie pour aller subir, sur la place de Grève, un de ces épouvantables supplices dont nous avons déjà parlé. Ce fut pendant le dernier acte de cette tragédie judiciaire, que l'on entendit une grande dame de la cour s'écrier, en regardant les quatre chevaux qui *desmembraient* le régicide : *Mon Dieu ! que ces pauvres bêtes se donnent de mal !*

Damiens fut le dernier régicide *questionné*, torturé, mutilé, tenaillé, brûlé, écartelé par la colère que la loi féodale avait trouvé le moyen de mettre dans la justice. Louis XVI eut l'immortel honneur d'abolir les tortures sauvages de l'ancien régime ; et si, depuis l'exécution de Damiens, des fanatiques, des insensés, ont expié sur un échafaud quelque attentat contre la vie d'un consul, d'un empereur, d'un roi ou d'un prince, du moins la peine qu'ils ont subie n'a point ressemblé à un passe-temps de cannibales : ils sont morts d'un seul coup de hache, et c'est bien assez.

En 1770, le mariage de Louis XVI, qui n'était encore que l'héritier présomptif de la couronne, fit faire à la police de Paris une espèce de *rafle* de filous, une véritable *presse* de voleurs, au profit de la Conciergerie. Ce jour-là, ou plutôt cette nuit-là, le 30 mai, le bureau de la ville de Paris, c'est-à-dire le corps municipal de cette époque, offrit au peuple et à la royauté une fête splendide, dont le principal théâtre était la place Louis XV. Le feu d'artifice que l'on devait tirer dans les Champs-Élysées avait attiré sur cette place et sur tous les points qui l'avoisinent, les flots pressés d'une population curieuse, avide, impatiente. A la dernière gerbe, à la dernière fusée, au dernier éclair du bouquet d'artifice, la foule voulut remonter jusqu'aux boulevards par la rue Royale, dont les édifices n'étaient pas encore terminés. Des filous avaient profité de l'obscurité assez profonde de cette nuit, pour tendre des cordes à de certaines distances dans toute la largeur de la rue Royale. Des milliers de personnes tombèrent au premier pas ; le danger, le désordre et l'épouvante ne se firent pas attendre : on se précipitait, en essayant de fuir, dans les fossés de la place Louis XV ; on se cramponnait à des échafaudages, et les échafaudages écrasaient la foule en s'abîmant ; des femmes mouraient sous les pieds des chevaux, en cherchant à escalader des voitures dont on n'avait pas interdit la circulation ;

des hommes se frayaient un passage avec leur épée ; des enfants passaient, de main en main, au-dessus de toutes les têtes, pour retomber, hélas ! dans un gouffre vivant qui les étouffait ; des soldats, effrayés sans doute, blessaient avec leurs armes des malheureux qu'ils auraient dû protéger ; deux mille sept cent quarante personnes périrent dans cette sanglante mêlée ! Les voleurs de Paris, qui venaient de gagner cette horrible bataille, ne laissèrent qu'un seul bandit sur le carreau : il se nommait Petit-Jean ; les volés avaient étouffé le voleur : on trouva sur lui cinquante montres, et à peu près autant de chaînes d'or ou d'argent.

Le lendemain, trois à quatre cents voleurs et vagabonds furent arrêtés par l'ordre de M. de Sartines, conduits à la Conciergerie, et fouillés en présence du lieutenant de police. A chaque fouille opé-

rée dans les habits, dans les chapeaux, dans les poches, dans les souliers de ces malfaiteurs, il tombait aux pieds de M. de Sartines une montre, un bracelet, une boucle d'oreille, une bague, une bourse, un collier, des bijoux de tous les prix et de toutes les formes. Un seul voleur en avait caché, dans son mouchoir, pour plus de six mille livres.

M. de Sartines ne réussit à prendre tous ces malfaiteurs, du matin au soir, d'un seul et immense coup de filet, que par l'intermédiaire intéressé de quelques repris de justice. Ce fut sous le règne de Louis XV, que la police employa pour la première fois les voleurs et les forçats libérés, dans l'intérêt de la sûreté publique. Tout le monde connaît la réponse de M. de Sartines à des hommes de cour qui lui reprochaient la bassesse de ses nouveaux *aides de camp* : « Indiquez-moi, je vous prie, les honnêtes gens qui voudraient faire un pareil métier ! »

La lieutenance de cet habile magistrat amena une singulière révolution dans les coutumes, dans les moyens, dans les expédients, dans le génie pratique des voleurs et des filous de Paris : ils essayèrent de lutter ingénieusement, spirituellement, contre l'inépuisable esprit d'invention du lieutenant de police.

La police de M. de Sartines est adroite, vive, enjouée, rieuse, bouffonne : le vol et la filouterie se mettent à exécuter leurs tours de passe-passe, avec une dextérité merveilleuse, en plaisantant, en riant, en se moquant de la galerie, comme les bateleurs du pont Neuf ou de Saint-Germain-l'Auxerrois. La police de M. de Sartines devient mondaine et presque galante quand il le faut : les filous et les voleurs se cachent sous les dehors de la politesse et de la galanterie. La police de M. de Sartines sautille parfois dans la rue, en fredonnant un refrain équivoque : le crime et le délit s'en vont à travers la ville, en chantant les couplets les plus lestes du théâtre de la foire. Quand la police applique une mouche sur sa figure, les petits-fils de Cartouche mettent du fard sur leur visage. Quand la police porte des manchettes, les neveux de Mandrin portent des flots de dentelle. Si la police éternue, en ayant l'air de mettre le nez dans une tabatière, les voleurs abusent du tabac d'Espagne dans une boîte de Petitot ; enfin, si la police de M. de Sartines préfère aux allures du drame les expédients de la comédie, la filouterie et le vol empruntent leurs armes au répertoire comique : à cette époque, la Conciergerie, habituée à la tragédie du crime, reçoit, à sa grande surprise, des voleurs qui ressemblent à Mascarille, et des filous qui ressemblent à Frontin.

La Conciergerie, empoisonnée par la peste en 1548, fut dévastée par l'incendie en 1776. Le premier de ces deux terribles visiteurs lui avait légué le bénéfice d'une infirmerie; le second lui valut une ordonnance de Louis XVI, qui obéissait à l'inspiration de Turgot pour améliorer la demeure et le régime des prisonniers. En réalisant la généreuse pensée de son ministre, le roi ne se doutait guère qu'il préparait, au fond de cette prison, le dernier logement, la chambre suprême de Marie-Antoinette, reine de France ! Nous voilà sur le seuil de la Conciergerie révolutionnaire, et nous allons toucher à la hache, baptisée par le docteur Guillotin.

La guillotine ne date en France que de l'année 1792, dans l'exécution publique des hautes œuvres criminelles; mais elle est antérieure à la pénalité capitale de la fin du dix-huitième siècle : elle se dresse toute sanglante, sous d'autres noms, avec d'autres accessoires, en Écosse, en Allemagne et en Italie. La machine qui servait au supplice de la noblesse écossaise, au seizième siècle, les instruments à décoller, chez les Allemands et chez les Italiens de la même époque, préparèrent, sans doute, l'invention du docteur Guillotin qui adressait à l'assemblée constituante, le premier décembre 1789, cette phrase assez singulière : « Avec ma machine, je vous fais sauter la tête, d'un coup d'œil, et vous ne souffrez point! »

Le docteur Guillotin n'offrait pas seulement à l'assemblée constituante un mécanisme applicable à un instrument de supplice : il lui présentait aussi un projet de loi qui devait réformer notre procédure criminelle, au profit de la justice et de l'humanité. Le code pénal de 1791 consacra les généreux principes du docteur sans oublier d'abolir la roue, l'écartèlement, le bûcher, la corde, pour les remplacer par la décollation, au moyen d'une *pièce mécanique* substituée à la main du bourreau.

Au mois de mars 1792, les docteurs Louis et Guillotin furent chargés de diriger la fabrication d'une machine *qui tranchât rapidement, et à peu près sans douleur, la tête du patient.*

Le premier essai de la guillotine eut lieu à Bicêtre, le 17 avril

1792, sur trois cadavres, en présence de l'exécuteur Samson, de ses deux frères et de son fils : « Le poids seul de la hache, a dit Cabanis, trancha les têtes avec la vitesse du regard, et les os étaient coupés net. » Le docteur Louis conseilla de donner à cet instrument de mort une disposition oblique, afin qu'elle pût couper, en tombant, *à la manière d'une scie*. La guillotine fut définitivement adoptée, et huit jours plus tard, le 25 avril, elle faisait sauter *d'un coup d'œil* la tête d'un assassin nommé Pelletier.

Trois hommes surtout s'étaient efforcés de traduire en action, sur un échafaud, l'article de loi voté par les législateurs de 91 : Louis, Guillotin et Mirabeau. Le nouvel instrument de mort s'appela d'abord une *louisette;* on l'appela ensuite une *guillotine;* elle faillit s'appeler une *mirabelle.*

Les condamnés politiques de la révolution qui tombèrent les premiers sous le fer de la guillotine, moururent au mois d'août 1792 : c'étaient Collenot d'Angremont, employé dans les bureaux de l'hôtel de ville; de la Porte, intendant de la liste civile; Farmain de Rosoi, rédacteur de la Gazette de Paris. A cette époque, déjà, huit mois avant le 21 janvier 1793, l'inscription suivante, deux vers de Malherbe! fut proposée pour la guillotine :

> Et la garde qui veille aux barrières du Louvre
> N'en défend pas nos rois!

Louis XVI était sur la route du Temple.

Il ne nous sied pas de tâter le pouls à la révolution française, sur le lit de douleur de la Conciergerie; il ne nous sied pas de compter les condamnations que son artère a pu battre au jour, à l'heure et à la minute, dans les redoutables accès de sa fièvre chaude; nous ne songeons pas à copier les pages affreuses, les listes impitoyables du *Journal des Guillotinés*, publié par un libraire du Palais-Égalité; nous ne voulons pas soulever, anneau par anneau, les chaînes forgées par la grande maison de justice de la république; nous ne prendrons garde qu'à des mains illustres, qui ont porté les fers de la conciergerie républicaine, et nous dirons adieu à la politique pour saluer à la fois du même geste, du même regard,

de la même pitié, des prisonniers et des victimes de toutes les classes, vaincus par la fatalité de l'histoire, dévorés par les terribles nécessités du lendemain révolutionnaire, et dont le souvenir faisait dire à M. Thiers, l'éloquent historien de la révolution française :
« Nous, qui pour être libres n'avons eu que la peine de naître,
« nous serions bien lâches, bien infâmes, de laisser périr la liberté,
« car nos pères nous l'ont achetée au prix de bien des vertus et de
« bien des crimes. »

Hélas! à tout seigneur, tout honneur! Le 13 octobre 1793, un huissier audiencier au tribunal révolutionnaire fut chargé d'écrouer à la Conciergerie la veuve de Louis XVI, exécuté le 21 janvier de la même année. Marie-Antoinette fut transférée de la prison du Temple à la maison de justice du département, et l'huissier *Monot* rédigea ainsi, entre deux guichets, l'écrou de la reine de France :

« La nommée Marie-Antoinette, dite Lorraine d'Autriche,
« veuve de Louis Capet, prévenue d'avoir conspiré contre la
« France, et recommandée à la requête du citoyen accusateur
« public du tribunal révolutionnaire établi au Palais, à Paris,
« par la loi du 10 mars dernier, qui fait élection de domicile au
« greffe dudit tribunal, en vertu d'un jugement rendu par ledit
« tribunal, en date de cejourd'hui, dûment en forme, pour,
« par elle, rester en cette maison, comme en celle de justice, jus-
« qu'à ce qu'il en ait été autrement ordonné; et l'avons laissée à
« la charge du citoyen Baule, concierge de ladite maison, qui a
« promis de la représenter quand il en sera requis; et ayant à
« ladite veuve Capet, en parlant à sa personne, entre les deux gui-
« chets de cette maison, comme en lieu de liberté, laissé copie de
« l'acte d'accusation dressé contre elle le jour d'hier, réquisitoire
« étant en suite du jugement susdaté et du présent. »

Écrouée à quatre heures du matin, à l'issue de l'audience du tribunal révolutionnaire, Marie-Antoinette écrivit à madame Élisabeth une lettre testamentaire, un adieu suprême qu'elle adressait à ses enfants et à ses amis; ensuite, elle s'humilia devant Dieu, pour lui demander pardon, non pas de ses crimes, disait-elle dans sa prière, mais de ses fautes.

La chambre de la reine de France, à la Conciergerie, était tout simplement un cachot. Marie-Antoinette y fut servie par un galérien que l'on avait dispensé d'aller travailler aux galères ; soyons justes : cet homme, ce misérable, nommé Barasin, se crut obligé de désobéir à sa cruelle consigne, et il respecta quelquefois la veuve du roi Louis XVI ; les gardiens du Temple n'auraient pas eu la singulière faiblesse de Barasin.

L'administrateur Michonis et le concierge Richard respectèrent aussi Marie-Antoinette ; ils eurent le courage de la pitié en faveur de cette femme, de cette malheureuse dont le front avait porté une couronne ! Le premier expia, sur l'échafaud, le tort d'avoir permis au chevalier de Rougeville de pénétrer dans la prison et de remettre un billet à la reine ; le second fut destitué, pour n'avoir été qu'un homme au lieu de n'être qu'un geôlier. Deux gendarmes furent préposés, la nuit et le jour, à la garde de Marie-Antoinette ; la pudeur révolutionnaire daigna jeter un paravent entre la prisonnière et les gardiens.

Un matin, à onze heures, un huissier vint écrire ces mots sur la marge de l'écrou de Marie-Antoinette :

« Du vingt-cinquième jour du premier mois de l'an deuxième de
« la république française, une et indivisible.

« La nommée Marie-Antoinette, dite Lorraine d'Autriche, veuve
« de Louis Capet, a été, à la requête du citoyen accusateur public
« du tribunal révolutionnaire, extraite de cette maison et remise
« à l'exécuteur des jugements criminels, et conduite à la place de
« la Révolution pour y subir la peine de mort à laquelle elle a été
« condamnée par jugement du tribunal révolutionnaire, en date
« de cejourd'hui, par nous, huissier audiencier audit tribunal, et
« soussigné,

« HAPPIER. »

Près de sortir de la Conciergerie, Marie-Antoinette coupa elle-même ses cheveux et se vêtit d'une robe blanche. A la vue du tombereau qui devait la porter jusque sur la place de la Révolution, elle se plaignit de ne point avoir le droit d'aller au supplice, comme Louis XVI, dans une voiture.

Dessiné par Jules David.   Gravé par Laisné.

MARIE-ANTOINETTE.

La reine fut placée, dans la charrette, entre l'exécuteur et un prêtre constitutionnel; elle avait les mains liées derrière le dos; la garde nationale formait une double haie sur son passage; l'armée révolutionnaire suivait solennellement ce second convoi de la royauté; et nous ne savons quel insulteur de bas étage précédait le cortége, en provoquant les applaudissements du peuple en l'honneur de la justice nationale.

L'histoire a des oppositions et des contrastes qui effraient et qui consolent à la fois. Voici une simple anecdote dont nous empruntons le souvenir aux mémoires inédits de M. le comte Beugnot, et qui nous fera peut-être oublier ce misérable histrion, cet insulteur public de Marie-Antoinette. — C'était quelques jours avant la mort de la reine de France : une de ces femmes, une de ces choses que l'on appelle des filles de joie, et que l'on devrait appeler des filles de peine, s'avisa de crier dans un cabaret : *Vive la reine!* Nous croyions bien que cette malheureuse ne savait pas ce qu'elle disait; n'importe : elle fut prise, jugée et condamnée. Nous commençons à croire qu'elle savait ce qu'elle avait dit, puisqu'en entendant prononcer sa condamnation, elle se reprit à crier : *Vive la reine!*

Les hommes imaginent de singulières vengeances : le jour où Marie-Antoinette devait mourir sur la place de la Révolution, on fit monter la pauvre femme dont nous parlons sur la charrette qui portait une reine de France; pourtant, ni la Convention, ni le tribunal n'avaient voté cette honte, cette peine aggravante contre l'*Autrichienne*. La fille de joie se rendit justice; elle s'agenouilla aux pieds de Marie-Antoinette, et lui dit tout le long de la route qui conduisait au calvaire royal : Madame, madame, pardonnez-moi de mourir avec votre majesté! — La malheureuse croyait encore à quelque chose! On se souvient de noms bien tristement célèbres : on a oublié le nom de cette femme!

Un mois plus tard, le 2 novembre 1793, le duc d'Orléans fut écroué à son tour dans un cachot de la Conciergerie, peut-être dans la chambre même de Marie-Antoinette; le 6 novembre, la marge de l'écrou de Philippe-Égalité reçut une note judiciaire qui constatait l'exécution du duc d'Orléans; la voici tout entière, avec le style et l'orthographe de l'huissier Auvray :

« L'an deuxième de la liberté, le premier jour de brumaire, en
« vertu d'un jugement *rendue* ce jourd'hui au tribunal révolution-
« naire, duement en forme exécutoire, signé et *scellée*, et à la re-
« quête du citoyen accusateur public dudit tribunal, nous Jean-
« Benoit Auvray, huissier-audiencier audit tribunal, avons fait
« extraire des prisons de *séans* le nommé Philippe-Égalité, ci-devant
» d'Orléans, et ci-devant député à la Convention nationale, écroué
» ci-contre, pour, conformément *au désir* dudit jugement, être
« conduit *sur* bonne et sûre garde à la place de la Révolution, et
« subir la peine de *mor* contre lui *prononcé* par ledit jugement
« ci-dessus *datée*, au moyen de quoi le citoyen concierge de ladite
« *prisons* en demeure bien et valablement quitte et *déchargées* par
« moi, huissier soussigné, l'an deuxième de la république fran-
« çaise, une et indivisible. »

Le voisinage du tribunal révolutionnaire qui siégeait au palais de justice, dans la salle qui sert aujourd'hui à la cour de cassation, valut à la Conciergerie le triste honneur d'accaparer la plupart des nombreux prisonniers de cette héroïque et impitoyable révolution française.

La Conciergerie avait hâte de confisquer à son profit presque tous les justiciables du tribunal révolutionnaire; trop petite, trop mal distribuée pour contenir douze ou quinze cents malheureux que lui envoyait parfois la proscription, elle prit d'abord le parti de confondre dans un affreux pêle-mêle les criminels politiques et les malfaiteurs, les âges, les positions sociales et les sexes; plus tard, la Conciergerie consentit à classer les prisonniers que l'on avait confiés à sa garde : elle eut des *pistoliers*, des *pailleux* et des *secrets*. Les premiers achetaient assez cher le droit de partager un mauvais lit avec un compagnon d'infortune; les seconds couchaient sur la paille, au risque d'être dévorés par les rats et par la vermine; les derniers séjournaient dans d'ignobles cachots, au-dessous du niveau de la rivière.

Lorsque la disette vint désoler Paris, comme pour faire concurrence à la terreur, les miettes de la grande table de la nation cessèrent de tomber dans les mains des pauvres prisonniers, et nous laissons à deviner ce que pouvait être, en de pareils moments, durant toute cette calamité publique, le régime alimentaire de la Conciergerie! On commença par rogner la portion de l'ordinaire; on organisa une table commune au prix de deux livres par tête; on décida que les aristocrates paieraient pour les roturiers, et les riches pour les pauvres. — « Une chose assez plaisante, a dit Mercier, c'est que ces messieurs estimaient, dans la maison, leur fortune réciproque par le nombre de sans-culottes qu'ils nourrissaient, comme ils faisaient jadis dans le monde, par le nombre de leurs chevaux, de leurs maîtresses, de leurs chiens et de leurs laquais. »

S'il faut en croire M. Barthélemy Maurice, « l'infirmerie de la Conciergerie était une sentine pestilentielle; les malades y étaient entassés et couchaient deux sur le même grabat; il fallait écrire dix fois et attendre cinq à six jours pour obtenir le moindre médicament; aussi les médecins ne faisaient-ils leur visite que pour la forme, et avaient-ils adopté une tisane commune qu'ils appelaient eux-mêmes une selle à tous chevaux. Un jour, le docteur en chef s'approche d'un lit et tâte le pouls du malade : Ah! dit-il, il est mieux qu'hier. — Oui, citoyen docteur, répond l'infirmier, il est beaucoup mieux, mais ce n'est pas le même; le malade d'hier est mort, et celui-ci a pris sa place. »

Presque toutes les prisons de Paris, pendant la période révolutionnaire, étaient gardées, surveillées à la fois par des hommes et par des chiens; d'ordinaire, l'administration comptait beaucoup plus sur les chiens que sur les hommes : elle les croyait incorruptibles. Un des chiens surveillants de la Conciergerie démentit un jour la confiance administrative : il se nommait *Ravage;* il était grand, vigoureux, rempli de zèle et d'intelligence; il aboyait à tout propos; il haïssait les malheureux confiés à sa colère; il se montrait impitoyable dans l'exercice de ses fonctions... C'était un véritable geôlier. *Ravage* se laissa pourtant corrompre. Des prisonniers résolurent de s'évader, en dépit du cerbère qui gardait le grand préau. L'évasion eut lieu pendant la nuit, et Ravage n'aboya pas à la garde!... Le lendemain, le chien incorruptible révéla lui-même le prix de sa coupable faiblesse; le concierge s'aperçut que l'on avait attaché à la queue du gardien infidèle un assignat de cinq livres, avec ce billet infamant : On peut corrompre Ravage moyennant cent sous et un paquet de pieds de mouton. — Ravage fut mis au cachot.

L'entassement des prisonniers, les maladies, la disette, une surveillance arbitraire, les regrets, la haine, le désespoir, toutes les horreurs d'un régime exceptionnel, auraient dû faire, de la Conciergerie révolutionnaire, un séjour affreux, un véritable enfer sans espérance, comme celui de Dante; la plupart des malheureux qui entraient dans cette prison n'avaient plus aucun secours à réclamer, aucune lutte à soutenir, aucun effort héroïque à tenter pour se défendre : ils n'avaient plus affaire qu'à la guillotine et qu'au bourreau. Eh bien! la fièvre de l'enthousiasme empêchait tous ces proscrits de la veille, promis à l'échafaud du lendemain, de se plaindre en se sentant mourir. Les prisonniers politiques de la Conciergerie avaient imaginé une nouvelle façon de prier Dieu le matin et le soir : ils chantaient en chœur des hymnes patriotiques. Durant tout le jour, ils s'amusaient d'ordinaire à lire, à boire, à fumer, à discourir, à faire l'amour en vers et en prose, à jouer aux charades et à la *guillotine!*... oui, à la guillotine! Figurez-vous des prisonniers de toutes les classes, hommes et femmes, rassemblés dans une salle de la Conciergerie : on improvise un prétoire qui représente le tribunal révolutionnaire ; on choisit des accusateurs et des juges, pour parodier le geste et la voix des Fouquier-Tinville, des Naudin, des Dumas et des Deliége ; on nomme des défenseurs d'office ; on prend des accusés au hasard, à tâtons, à la grâce de l'injustice, et les arrêts de mort ne se font pas attendre ; enfin on simule *la toilette des condamnés;* on les attache sur une chaise renversée ; on pousse doucement cette guillotine de bois et de paille, et le patient se laisse tomber, — tout entier cette fois, — en souriant de la meilleure grâce du monde ! Souvent, une effrayante réalité venait interrompre ce jeu, ce passe-temps, ce terrible enfantillage des prisonniers de la Conciergerie : accusateurs, juges, témoins, prévenus, avocats et condamnés se taisaient tout à coup pour mieux entendre la voix affreuse d'un crieur public qui hurlait dans le voisinage de la Conciergerie : *Voici la liste des brigands qui ont gagné aujourd'hui à la loterie de la sainte guillotine!*

Et au milieu de ces distractions suprêmes, la croyance mystique et l'incrédulité religieuse se disputaient les âmes qui allaient s'envoler vers Dieu, en passant par la route de l'échafaud : Carra développait assez prosaïquement sa doctrine d'une nouvelle métempsychose, et Anacharsis Clootz, ce baron prussien qui s'était dit l'*ennemi personnel de Jésus-Christ*, s'efforçait de prêcher son abominable athéisme ; mais, en même temps, l'abbé Émery et Lamourette consacraient les plus longues heures de leur captivité glorieuse à la recherche, à la conquête des consciences qu'ils jugeaient dignes de croire en Dieu et de l'aimer.

L'ordre des dates ne fait rien à l'histoire de la Conciergerie révolutionnaire ; nous pouvons marcher au hasard dans cet immense vestibule de l'échafaud : nous heurterons, à chaque pas, un homme célèbre qui chancelle ou une forte tête qui tombe.

Voici déjà, au mois de septembre 1792, un pauvre proscrit, un simple poëte qui n'a peut-être mérité ni l'honneur ni l'indignité d'une proscription sanglante : c'est Cazotte, celui-là même qui a survécu aux massacres de l'Abbaye, grâce à la vertu et à la beauté de sa fille. Cazotte, esprit ingénieux, noble caractère, avait alors soixante et treize ans; il était coupable d'avoir prédit ou deviné les fautes et les malheurs de la révolution. Détenu à la Conciergerie, le poëte du *Diable amoureux* était encore le conteur le plus abondant et le plus aimable : il trouvait le moyen de jeter, dans une prison de Paris, toutes les merveilles d'un conte oriental; si le tribunal révolutionnaire avait ressemblé au sultan des *Mille et une Nuits*, Cazotte aurait improvisé mille et une histoires charmantes, et un innocent rêveur ne serait pas mort sur un échafaud.

Bailly n'est pas bien loin de Cazotte : l'ancien maire de Paris descend du palais de justice où il n'a pas encore été jugé; il rentre à la Conciergerie et il se frotte les mains, en murmurant : *Petit bonhomme vit encore!* Pauvre bonhomme! il ne tardera point à passer de nouveau le seuil de sa prison pour subir la peine de mort, et si quelque soldat ose lui dire, sur le chemin du supplice : *Tu trembles, Bailly?...* il lui fera cette naïve et sublime réponse : *Oui, mon ami, c'est de froid!*

Cette voix qui crie, qui menace et qui jure, sur le seuil de la Conciergerie, c'est la voix du général Custine; la foule s'est mise à vociférer : *A la guillotine! à la guillotine!* Et le général répond à la foule : « On y va, canaille! vous ne pouvez donc pas attendre?.. »

Le duc de Lauzun, le dernier des Lauzun, l'amoureux équivoque de la reine, l'ami intime du duc d'Orléans, l'homme à bonnes fortunes, le courtisan glorieux, le magnifique dissipateur d'autrefois, le voilà dans le grand préau de la Conciergerie, bien près d'expier sur un échafaud les fautes de son esprit et de son cœur; ô Marie-Antoinette! c'est le peuple qui vous venge de M. de Lauzun!

L'on peut dire que le contrat du mariage de Bonaparte avec Joséphine fut dressé en 93, par la révolution française, dans un cachot de la Conciergerie; le général Beauharnais, condamné par le tribunal révolutionnaire, adressait à sa femme un dernier adieu dans la lettre suivante :

« Nuit du 6 au 7 thermidor an II, à la Conciergerie.

« Encore quelques minutes à la tendresse et aux regrets ; puis,
« tout entier aux grandes pensées de l'immortalité. Quand tu re-
« cevras cette lettre, chère bien-aimée, ton mari goûtera dans le
« sein de Dieu la véritable existence : tu vois bien qu'il ne te fau-
« dra pas pleurer.

« Mes cheveux coupés, j'ai songé à en racheter une portion, afin
« de laisser à ma Joséphine, à mes enfants, un gage de mon der-
« nier souvenir.... Je sens qu'à cette idée mon cœur se brise ;
« adieu donc, tout ce que j'aime ! aimez-vous, parlez de moi, et
« n'oubliez jamais que la gloire de mourir martyr de la liberté il-
« lustre l'échafaud ! »

Quelques années plus tard, Joséphine, dans sa première entrevue avec Bonaparte, lisait au futur empereur la lettre testamentaire du vicomte de Beauharnais.

Une femme jeune, belle, inspirée, une chaste créature qui ressemblait, bien plus que madame Roland, à la statue vivante de la
Liberté, passa quelques instants de sa courageuse agonie dans les
cachots de la conciergerie républicaine : le **13 juillet 93**, cette
femme, cette jeune fille, choisit un couteau chez un marchand
du Palais-National ; le même jour, à cinq heures, elle s'en va tout
doucement, à petits pas, dans le faubourg Saint-Germain ; elle
traverse la cour du Commerce, où elle coudoie peut-être Danton ;
elle cherche, dans la rue de l'*École-de-Médecine*, une petite maison
habitée par un des personnages les plus dramatiques de la tragédie
contemporaine ; elle entre dans cette triste demeure ; elle pénètre
dans une petite chambre, dans un cabinet... elle se penche sur
une baignoire, et Charlotte Corday poignarde Marat !

Charlotte fut renversée, d'un coup de chaise, par un des serviteurs de Marat ; une fois à terre, elle eut à subir les injures de
Danton ; à son premier pas dans la rue, elle faillit mourir de la
main du peuple. Le conventionnel Drouet cria au peuple : *Au nom
de la loi !* et la malheureuse fille se prit à sourire, en songeant
qu'elle aurait du moins l'honneur de mourir sur un échafaud.

Charlotte Corday mourut le 17 juillet ; en voyant tomber cette tête admirable, un des aides de l'exécuteur trouva sans doute qu'il manquait encore quelque chose à l'horreur du supplice : il ramassa la tête de Charlotte Corday, et cet apprenti bourreau la souffleta !

Nous avons parlé de la mort de Marie-Antoinette : par un singulier retour des choses révolutionnaires, la veuve de Louis XVI ne précéda sur l'échafaud que de quelques jours ces fiers députés de la Gironde, qui avaient bien un peu contribué à perdre le roi et la reine de France. Les Girondins ! il nous serait difficile de ne pas nous souvenir, en ce moment, de la scène la plus grande, la plus dramatique, la plus incroyable, selon nous, qui ait jamais été jouée sur le théâtre mortuaire d'une prison : nous voulons parler de la dernière nuit des *Girondins*, de ce festin antique, de ce banquet de martyrs, de cette fête de la vie et de la mort qui se saluent en souriant... Triste et sublime histoire que Charles Nodier appelle le poëme des Thermopyles de la liberté !

Le 30 octobre 1793, à dix heures du soir, vingt prisonniers rentrèrent à la Conciergerie, après avoir été condamnés à mort par le tribunal révolutionnaire : c'étaient les Girondins ; Brissot, Ducos, Fonfrède, Gensonné et Vergniaud marchaient à la tête de ce cortége illustre qui portait secrètement le deuil de la révolution française. Un de leurs compagnons venait de les quitter à jamais, trop faible ou trop fort pour attendre la mort commune du lendemain : Valazé, en entendant son arrêt de mort, s'était tué sur la sellette du tribunal ; les guichetiers déposèrent son corps dans une salle de la Conciergerie, et ce fut dans cette salle même que se passa la dernière nuit des Girondins.

Ils étaient là, dans une chambre ensanglantée, ces poëtes, ces tribuns, ces gentilshommes, ces prélats, ces hommes de guerre, qui devaient mourir le lendemain. Ils s'assirent autour d'une table, dont la nappe effleurait le sang de Valazé ; et ils firent en commun, a dit M. Thiers, *un dernier repas où ils furent tour à tour gais, sérieux, éloquents.*

La veillée des Girondins commença par le souvenir de la jeune république, et par la crainte de la tyrannie qu'ils avaient peut-

LES GIRONDINS.

être léguée à la révolution. Ils parlèrent des rôles qu'ils avaient joués dans la tragédie révolutionnaire, et la pensée de la mort qu'ils allaient subir provoqua bientôt, entre toutes ces nobles intelligences, une discussion calme, grave, éloquente, poétique, sur Dieu, sur la religion, sur l'immortalité de l'âme.

Les Girondins burent ensuite à l'avenir, à la gloire de leurs amis, en se demandant peut-être si tous ces nobles amis pourraient leur survivre ; les cris de patrie et de liberté retentirent au fond de cette conciergerie que Fouquier-Tinville avait surnommée l'*antichambre de la guillotine*; enfin, la causerie devint plus vive, plus franche, plus familière : les demi-dieux consentaient à n'être pour un instant que des hommes.

Mainvielle, Ducos, Gensonné et Boyer-Fonfrède firent circuler autour de la table, avec les verres qu'ils emplissaient à l'envi, l'esprit, la gaieté, le persiflage, l'abandon, l'insouciance, le courage, tout l'enthousiasme d'une héroïque folie : la Gironde avait produit des Athéniens.

A quatre heures, les hymnes et les chansons couronnèrent le festin : les convives empruntèrent des fleurs à la poésie. Après les beaux airs patriotiques de la révolution, chantés en chœur, Viger fredonna quelques refrains amoureux ; Duprat roucoula une romance patoise ; Ducos chanta des couplets dont il était l'auteur, et Gensonné se leva pour répéter la Marseillaise...

En ce moment-là, — cinq heures du matin, — les concierges et les guichetiers parurent sur le seuil de la porte : ils venaient faire l'appel des prisonniers, afin de les reconduire dans leurs cachots.

Le 31 octobre, à onze heures du matin, les Girondins sortirent de la Conciergerie, et leur premier regard, du haut de la charrette, tomba sur madame Roland, que l'on menait, de l'Abbaye, au tribunal révolutionnaire. Les Girondins moururent ensemble sur l'échafaud ; ils léguaient, dans le souvenir de leur vie et de leur mort, un admirable sujet d'étude historique à Charles Nodier et à Lamartine [1].

---

[1] Ch. Nodier a composé un pastiche remarquable, intitulé : *Le dernier Banquet des Girondins.* — M. de Lamartine nous promet une *Histoire des Girondins.*

Quelques vieillards d'aujourd'hui se souviennent encore d'avoir entendu chanter dans les rues de Paris, par une jeune mendiante, peu de temps après le solennel banquet de la Conciergerie, une chansonnette du malheureux Ducos; cette pauvre chanteuse pleurait en répétant la bouffonne improvisation du conventionnel, et l'on disait, dans la foule, qu'elle était devenue folle d'amour pour le député poëte, le jour de l'exécution des Girondins.

Un jeune homme, un jeune avocat, s'était révélé au monde politique, du haut de la tribune de l'assemblée nationale, en soutenant contre Mirabeau une lutte mémorable dans la fameuse discussion du droit de paix et de guerre.

Ce jeune homme, ce jeune avocat, s'en allait un peu plus tard, avec deux de ses collègues, chercher à Varennes des fugitifs qui n'étaient rien moins que le roi et la reine de France.

Ce jeune homme, ce jeune avocat, avait prononcé, devant les représentants de la nation, deux mots d'une singulière énergie, d'une audace tout à fait révolutionnaire. Il avait dit, après le meurtre de Berthier et de Foulon : « Le sang qui coule est-il donc si pur ?... » Il avait dit à ceux qui combattaient l'émancipation des nègres : « Périssent les colonies plutôt que les principes ! »

Ce jeune homme, ce jeune avocat, c'était Barnave : il mourut sur l'échafaud, la veille de la mort des Girondins.

Barnave fut écroué, tout d'abord, dans la prison de l'Abbaye ; il vint occuper ensuite, à la Conciergerie, une chambre dont les fenêtres mal grillées, les portes presque toujours ouvertes, rendaient une évasion assez facile. Un jour, l'insouciante sentinelle préposée à la garde du prisonnier s'endormit à son poste ; Barnave réveilla le soldat, en lui disant :

— Tu dors !... Et si je m'échappais, que deviendrais-tu ?

— Vous mériteriez d'être à ma place, lui répondit le factionnaire, et je devrais être à la vôtre.

Barnave écrivait à une de ses sœurs, du fond de la Conciergerie : « Ce moment est cruel ; mais, ne nous l'exagérons point, et au « lieu de nous abandonner à la tristesse des pensées qu'il fait naî- « tre, cherchons à recueillir les consolations qu'il peut nous « laisser... »

Et là-dessus, Barnave s'ingéniait à consoler sa famille, en lui parlant de son organisation trop faible, trop maladive pour qu'il pût être heureux dans la vie, de son âme trop active, trop ardente pour qu'il pût vivre tranquille dans ce monde.

Barnave avait commencé à rédiger ses mémoires politiques : le bourreau brisa la plume de l'historien.

Les prisonniers de cette époque se prenaient à chanter, au milieu des dangers, tout aussi bien que les Français de la Fronde ; le tribunal révolutionnaire aurait pu dire, en faisant une variante au mot de Mazarin : « Ils chantent... ils mourront ! » La conciergerie républicaine avait des instruments de musique, des chansonniers et des poëtes ; nous avons déjà vu Ducos improviser une chanson bouffonne ; Monjourdain, condamné à mort, adressait un couplet à son dernier auditoire :

> Mes chers et tristes compagnons,
> Ne pleurez point mon infortune ;
> C'est, dans le siècle où nous vivons,
> Une misère trop commune.
> Par vos gaîtés, dans vos ébats,
> Buvant, criant, faisant tempête,
> Mes amis, ne m'avez-vous pas
> Fait quelquefois *perdre la tête?*...

Girey-Dupré, l'admirateur de Brissot, montait dans la fatale charrette, en chantant un hymne de mort ; un de ses camarades de chambrée et de tombereau répondait aux cris de la foule, par ce refrain d'une chanson de la Conciergerie :

> Quand je serai guillotiné,
> Je n'aurai plus besoin de né !

Des prisonniers composaient des airs sur des paroles de Bonneville, c'est-à-dire sur d'admirables dithyrambes qu'André Chénier lui-même n'aurait pas désavoués ; le poëte Roucher adressait un quatrain à sa femme et à ses enfants, en leur envoyant son portrait qu'il avait fait faire par un camarade de prison :

> Ne vous étonnez pas, objets touchants et doux,
> Si l'air de la tristesse obscurcit mon visage ;

Lorsqu'un crayon savant dessinait cette image,
On dressait l'échafaud, et je songeais à vous.

Deux noms bien glorieux dans l'histoire littéraire de la France furent inscrits sur les registres mortuaires de la Conciergerie : le fils de Buffon et le fils de Marivaux vinrent s'asseoir, aux derniers jours de la terreur, sur la sellette du tribunal révolutionnaire. Les deux accusés, tout étonnés d'avoir à se défendre, ne trouvèrent rien de mieux que de jeter aux pieds de l'accusateur public des pages immortelles qui étaient les chefs-d'œuvre de leurs pères. L'un disait sans doute au tribunal :

— Je suis le fils de Marivaux ! Je suis né entre deux comédies charmantes ; j'ai été bercé par Araminte, par Marianne, par Cidalise, au milieu des jeux poétiques de l'esprit et du cœur ! Citoyens, n'allez pas souiller, avec du sang, la robe de ma mère... ma mère, c'était la muse de Marivaux !

L'autre disait peut-être à ses juges :

— Je suis le fils de Buffon, de ce peintre universel qui a déployé devant notre siècle le magnifique tableau de la création tout entière ! Ne tuez pas, dans ma petite personne, le grand homme qui a parcouru, à vol de génie, le monde moral et le monde physique ! Citoyens, je me réfugie aux pieds de la statue que l'admiration a consacrée à la mémoire de mon père : *Majestati naturæ per ingenium*[1] !

Singulière académie que le tribunal révolutionnaire, pour y parler d'esprit, de talent et de génie ! Les juges écrivirent un arrêt de mort sur les chefs-d'œuvre de Buffon et de Marivaux.

Nous avons rappelé une ordonnance de Louis XVI, qui améliorait le sort des prisonniers de la Conciergerie ; le lieutenant de police Lenoir et le chimiste Lavoisier n'avaient pas été étrangers à l'initiative de cette mesure philanthropique. Ces deux hommes de bien s'étaient associés généreusement, pour jeter à la fois un peu de science et de charité dans les hôpitaux et dans les prisons. Lenoir survécut à la royauté qu'il avait noblement servie ; Lavoisier fut moins heureux que son ami, le lieutenant de

---

[1] Inscription de la statue élevée à Buffon, sous le règne de Louis XV.

police : la conciergerie révolutionnaire lui réservait un cachot.

Lavoisier avait l'honneur d'être un grand chimiste, et ce qui vaut mieux, un grand homme de cœur; mais, il avait le tort d'appartenir à la compagnie des fermiers généraux, et à ce titre, il était justiciable du tribunal révolutionnaire.

L'on a reproché au savant Fourcroy d'avoir poussé Lavoisier jusque sur les marches de l'échafaud : ce cruel reproche est aussi injuste que celui que la calomnie adressa longtemps à Joseph Chénier, en l'accusant de l'arrestation et de la mort de son frère; le collègue de Fourcroy ne fut tué, dans Lavoisier, que par le fermier général.

Lavoisier reçut, au fond de son cachot, une députation du *Lycée*, dont il était un des membres les plus illustres; cette société scientifique eut le courage de confier à Berthollet, à Lalande, à Lebrun, à Parmentier, à Darcet, à Vicq-d'Azir, la périlleuse mission de frapper officiellement à la porte de la Conciergerie pour offrir à Lavoisier une couronne d'immortelles, la veille

même de sa mort. Rendons justice à tout le monde : au Lycée, qui avait osé prendre une semblable initiative; au savant qui avait mérité un semblable honneur; à la révolution qui autorisait une semblable apothéose.

Lavoisier voulut mettre à profit les tristes loisirs de sa captivité, pour donner à ses nombreux travaux de chimie l'ordre et l'unité d'une véritable doctrine scientifique : il suivait, il dirigeait de loin, du fond de son cachot, l'impression de ce livre, que sa mort allait bientôt interrompre. Condamné par le tribunal révolutionnaire, il demanda un sursis qui lui était nécessaire pour terminer des expériences dont le résultat pouvait servir les intérêts de l'humanité. « La république, lui répondit l'accusateur public, n'a pas besoin de savants, ni de chimistes! » Et Lavoisier marcha au supplice le 8 mai 1794.

On dit qu'au bruit de la hache qui tuait un pareil homme, l'illustre Lagrange s'écriait avec tout l'enthousiasme de la douleur : « Il ne leur a fallu qu'un moment pour faire tomber cette tête, et cent années peut-être ne suffiront pas pour en produire une semblable! »

Il nous faudrait l'espace d'un gros volume, si nous voulions écrire, jour par jour, écrou par écrou, l'histoire de la conciergerie révolutionnaire. Le moyen de faire figurer, dans le cadre d'un simple chapitre, quiconque aura légué son nom à la *maison de justice* de la république! Oui, Fouquier-Tinville a raison : la Conciergerie, c'est l'antichambre de la guillotine, et tous les partis de la révolution, royalistes, girondins, montagnards, ont fourni leur contingent de proscrits à cette vaste antichambre de l'échafaud : Marie-Antoinette ou Charlotte Corday, le duc d'Orléans ou Barnave, Lauzun ou Custine, Boissy-d'Anglas ou Vergniaud, madame Élizabeth ou madame Rolland, Bailly ou Anacharsis Clootz, Lavoisier ou Danton, Camille Desmoulins ou Robespierre! deux mille prisonniers, arrachés à toutes les geôles de Paris, ont passé par l'antichambre de Fouquier-Tinville, pour aller mourir sur la place publique, en bravant la mort comme des héros, ou en se résignant à la mort comme des martyrs. Quand on étudie l'histoire gigantesque de la révolution française, on oublie parfois les principes, les théories, les opinions contraires qui l'ont dirigée, pour ne se souvenir que de ce courage héroïque, de cette sublime résignation qui viennent en aide aux juges et au bourreau. Étrange miracle ! la révolution donne du courage aux âmes les plus molles et les plus indécises ; ceux-là même qui n'avaient eu ni assez de force ni assez de vertu pour apprendre à bien vivre, trouvent assez d'entraînement et d'audace pour savoir bien mourir. On meurt en riant, on meurt en chantant, on meurt en criant : *Vive la France !* Les enfants ne sont plus jeunes, les vierges ne sont plus timides, les femmes ne sont plus faibles lorsqu'il s'agit de monter sur un échafaud ; l'enthousiasme patriotique dissipe toutes les terreurs de l'humanité qui chancelle : après avoir admiré toutes ces victimes qui tombent en souriant sous la hache révolutionnaire, l'on se surprend à se reposer de cette longue et terrible admiration, dans le spectacle d'une pauvre malheureuse qui a le courage de sa douleur, comme madame Dubarry : elle pleure, du moins, elle se désole, elle se lamente, elle vous oblige à redescendre sur la terre, en vous montrant qu'elle n'est qu'une femme, qu'elle tremble et qu'elle a des larmes ! Madame Dubarry mourut en pleurant ; nous aimons mieux sa mort que sa vie.

Les femmes n'ont pas eu à se plaindre de la révolution française : la politique leur distribua un beau rôle dans le drame de la terreur, un rôle qui exigeait du cœur, de la force, du courage, le mépris de la mort, toutes les qualités et toutes les vertus viriles ; la révolution leur rendit une sublime justice : elle daigna les prendre, les juger, les craindre, les haïr et les tuer, comme si elles avaient été de grands hommes.

Les prisonniers de la Conciergerie, en 94, délivrés par la défaite de Robespierre, ne tardèrent pas à être remplacés par les victimes de la nouvelle réaction politique.

Robespierre avait dit, peut-être en se servant de la parole pour déguiser sa pensée : « On ne va jamais aussi loin que quand on ne sait pas où l'on va. » Robespierre savait à coup sûr où il allait : il marchait vers le pouvoir, et conséquemment vers l'ordre ; le jour où il sembla préparer, à son profit, par de certains discours et de certaines démarches, l'alliance indispensable de l'ordre et du pouvoir, Robespierre fut vaincu par le parti de la terreur ; oui, certes ! les héros du 9 thermidor étaient des terroristes qui allaient ramasser, pour leur compte, l'arme tombée des mains de Robespierre; seulement, comme l'a dit un historien poëte, — à l'instant où Robespierre tomba, l'arme resta immobile à côté de lui, semblable à ce vieux glaive qui est couché à Cantorbéry, sur le marbre mortuaire du prince Noir; Barrère eut beau pérorer à la tribune, le maître révolutionnaire n'était plus là; la terreur, sans le vouloir, avait préparé la contre-révolution.

Le demi-triomphe des ennemis de Robespierre explique peut-être les demi-mesures des triomphateurs de thermidor : c'est un mélange de modération et de colère, de crainte et de haine, une espèce de bascule qui fait mouvoir deux principes contraires : l'un réédifie l'échafaud, et l'autre réhabilite les Girondins.

Quand nous aurons nommé les chefs du parti des thermidoriens : Billaud-Varennes, Collot-d'Herbois, Fréron, Vadier, Voulland et Legendre, nous aurons fait deviner aisément que la proscription politique n'avait pas dit son dernier mot, et que la conciergerie révolutionnaire avait encore des prisonniers à recevoir : l'échafaud manœuvra cent cinq fois en dix-huit jours, du 10 au 28 thermidor! L'humanité des thermidoriens nous rappelle ce mot énergique de Shakespeare : « Oh! les Jupiters de second ordre, laissez-leur un moment la foudre, et vous verrez comme ils en useront sans pitié! »

Romme et Goujon sortirent de la Conciergerie, après le 9 thermidor, en chantant un hymne de Laïs, pour aller se poignarder devant leurs juges; c'est en parlant de la condamnation et de la mort stoïque de ces deux républicains, que M. Thiers s'écrie avec une noble miséricorde : « On profita de cette occasion pour
« ordonner une fête commémorative en l'honneur des Girondins;
« rien n'était plus juste : des victimes aussi illustres, quoiqu'elles
« eussent compromis le pays, méritaient des hommages; mais, il
« suffisait de jeter des fleurs sur leur tombe : il n'y fallait pas de
« sang; cependant, on en répandit à flots, car aucun parti n'est
« sage dans sa vengeance!

Il nous reste à dire, pour en finir avec la modération des thermidoriens, que les prisons de Paris ne renfermaient pas moins de 5,490 *prisonniers*, répartis de la manière suivante :

Conciergerie. 606
Force. 260
Pélagie. 147
Madelonnettes. 146
Abbaye. 41
Bicêtre. 724
La Salpêtrière. 435
Chambre d'arrêt à la mairie. 55
Luxembourg. 425
Maison de Suspicion, rue de la Bourbe. . . . 344
Picpus, faubourg Antoine. 91
Les Anglaises, rue Victor. 133
    — rue de l'Oursine. 91
    — faubourg Antoine. 73
Les Carmes, rue de Vaugirard. 182
Écossais, rue des Fossés-Victor. 76
Lazare, faubourg Lazare. 281
Belhomme, rue Charonne. 19
Bénédictins-Anglais, rue de l'Observatoire . 113
Maison Duplessis. 406
Maison de Répression, rue Victor. 46
Maison de Coignard, à Picpus. 35
Montprin 47
Fermes . . . . »
Caserne des Petits-Pères. 143
Caserne, rue de Sèvres. 120
Caserne des Carmes. 182
Vincennes. 291

          Total. 5,490

La révolution, ou plutôt le gouvernement révolutionnaire venait de finir, après avoir légué à la France la liberté, l'égalité, la loi ! Le directoire ne tarda pas à jouer à la république : la contre-révolution était faite, et la patrie tomba aux mains de Bonaparte.

Voyez un peu l'influence exclusive de l'intérêt politique : nous-mêmes, nous avons oublié, au fond de la Conciergerie, un pauvre diable d'honnête homme qui n'a rien à démêler avec la révolution : Joseph Lesurques, condamné à mort par le tribunal de Paris, en 94, pour crime d'assassinat sur la personne d'un courrier de Lyon. Lesurques était innocent ; le véritable assassin fut arrêté plus tard : il se nommait Dubosc. La famille Lesurques en est encore aujourd'hui à réclamer sa fortune et son honneur, dans la réhabilitation légale d'une victime.

La Conciergerie perdit un peu de sa lugubre importance pendant le double règne de Bonaparte et de Napoléon : sous le consulat et sous l'empire, elle reçoit encore des prisonniers que la justice va rendre célèbres par la pénalité, ou que la politique va rendre grands par la persécution; mais, la Conciergerie ne les reçoit d'ordinaire que pour un instant : elle se hâte de les confier à d'autres geôliers, et nous les retrouverons plus tard à la Force, à Sainte-Pélagie, à Bicêtre, au Temple ou à Vincennes.

Au bruit d'une double restauration qui ramenait en France la dynastie de Louis XVI, la Conciergerie s'efforça de purifier ses chaînes et ses cachots. Elle eut honte d'avoir violé autrefois la majesté royale : elle nettoya, de son mieux, la chambre de Marie-Antoinette; elle brisa le mobilier qui avait servi à la reine de France; elle se donna bien du mal pour enlever à un misérable coin de terre la tristesse poétique des grands souvenirs : tandis que Louis XVIII ordonnait l'érection du monument expiatoire de la rue d'Anjou, la Conciergerie songeait à remplacer, par des tableaux et des ornements religieux, la petite table, la petite chaise de paille, le mauvais lit et le paravent de sa royale prisonnière de 93 : humbles et magnifiques débris d'un grand naufrage de l'histoire, que la Conciergerie aurait dû conserver précieusement dans toute leur éloquente misère! La chambre de Marie-Antoinette n'est plus un cachot : c'est une petite salle qui sert de sacristie à la chapelle de la prison; la décoration y a effacé l'empreinte d'un des tableaux vivants les plus douloureux, les plus solennels, les plus immenses de la révolution française.

La conciergerie de 1815 n'eut rien de plus pressé que de revendiquer ses anciens droits politiques : elle oubliait bien vite ce qu'elle avait dû apprendre de la grandeur et de la décadence des pouvoirs de ce monde! La Conciergerie qui venait de laver, à la hâte, la trace des derniers pas de Marie-Antoinette, voulut avoir sa part dans la distribution des proscrits de la veille et du lendemain. Le consulat et l'empire lui avaient refusé leurs prisonniers d'État : elle réclama, de la restauration, les prisonniers condamnés d'avance par la justice réactionnaire de l'esprit de parti : elle ne tarda pas à recevoir, pour les enchaîner, Labédoyère, le maréchal Ney et Lavalette.

Labédoyère, c'est un colonel de vingt-neuf ans, coupable d'avoir marché à la rencontre du demi-dieu de l'île d'Elbe, en criant *vive l'Empereur!* Labédoyère a beau montrer à ses geôliers un passeport qui lui a été délivré au nom du roi, après le licenciement de l'armée de la Loire, on lui reproche d'avoir pris le chemin le plus long afin d'embrasser sa femme et son enfant ; on le jette dans un cachot ; on le livre à une commission militaire, et on l'assassine de par la loi.

A quoi bon raconter, dans ce livre, une histoire connue de tout le monde, l'histoire de la mort du maréchal Ney ? un soldat, un héros de la république et de l'empire, assez faible pour renier un instant son maître, son empereur et son ami ; assez juste et assez brave pour préférer de nouveau le parti de la France au parti de l'émigration, la patrie à la légitimité, l'indépendance nationale à l'invasion étrangère, voilà le prince de la Moskowa, en 1815. — Les juges de la chambre des pairs se montrèrent plus royalistes que le roi, plus Anglais que lord Wellington : le maréchal Ney fut assassiné, à son tour, non pas aux termes de la loi, mais en dépit de la loi qui, dans l'espèce, était un article de la capitulation de Paris.

Le nom de M. Bellart s'associe assez tristement au souvenir de la condamnation du maréchal Ney ; le nom de ce fougueux accusateur public de 1815 nous rappelle une singulière équivoque toute pleine de tristesse, d'émotion et de terreur. Un soir, — quelques jours après l'exécution militaire du malheureux soldat de l'empire, — M. Bellart avait réuni dans son hôtel l'élite du barreau, de la magistrature, du monde et de l'armée ; on devisait, on riait, on chantait, on dansait au piano ! Tout à coup, un laquais de la maison poussa du pied les deux battants de la grande salle ; il s'arrêta sur le seuil de la porte, et, comme s'il eût annoncé la présence d'un nouveau convive, il s'écria d'une voix retentissante : Le maréchal Ney !

Soudain, les quadrilles cessèrent de s'agiter en cadence ; les sons mélodieux expirèrent aux lèvres des chanteurs ; le piano perdit toutes ses notes, la causerie tout son bavardage, le jeu toute sa curiosité. Par bonheur, les maréchaux percés de douze balles ne reviennent pas : on se remit bientôt de ce trouble, de cette stupeur lugubre; et le valet maladroit fut congédié sur-le-champ, pour avoir confondu le nom du *maréchal Ney* avec celui d'un ami de la maison, *M. Maréchal aîné*.

La justice réactionnaire de la restauration n'aurait pas mieux demandé que d'assassiner encore le prisonnier Lavalette; mais, elle avait compté sans le dévouement admirable d'une noble créature : l'audace, le sang-froid, la résolution de madame de Lavalette ont été célébrés par les plus doux hommages de l'admiration publique. Des incrédules, qui ne croient à rien, pas même à l'esprit du cœur, ont essayé de dénaturer à plaisir la tendresse ingénieuse d'une femme dévouée à son mari; l'histoire a consacré le pieux héroïsme de madame de Lavalette : c'est là un nom qui restera dans la mémoire du peuple, et la Conciergerie doit être fière de pouvoir montrer le cachot qui servit de théâtre à ce miracle charmant du dévouement et du courage.

Une infortune dynastique, triste pour tout le monde parce qu'elle était le résultat d'un crime, raviva tout à coup les rancunes, les haines, les persécutions antilibérales du règne de Louis XVIII : le dernier soupir du duc de Berri assassiné par Louvel, en 1820, sur le seuil de l'Opéra, fut le signal de réactions nouvelles. En entrant dans le cachot des régicides, à la Conciergerie, Louvel referma les portes de bien des prisons sur des malheureux qui avaient le tort de se souvenir du passé et d'espérer un meilleur avenir. — Le cachot de Louvel a reçu, depuis 1830, Fieschi, Alibaud, et... qui le croirait?... le prince Louis-Napoléon !

La modération toute chrétienne du duc de Berri qui demandait, en mourant, la grâce de son assassin, n'inspira au gouvernement de Louis XVIII ni la mansuétude ni la prudence; le roi ne voulut pas s'instruire, en voyant couler le sang d'un des héritiers présomptifs de sa couronne : deux ans plus tard, l'échafaud politique se releva sur la place de Grève, et les quatre sergents de La Rochelle sortirent de la Conciergerie pour aller mourir aux cris de : *Vive la liberté!*

La journée du 21 septembre 1822 fut signalée, à Paris, par la solennité de deux événements bien contraires : la cour, la noblesse, la magistrature, le royalisme titré, tous les bienheureux du monde parisien, s'affublèrent à l'envi d'une splendide garde-robe d'emprunt pour parader, en riant, dans les quadrilles historiques de la duchesse de Berri ; le peuple, celui qui souffre, qui obéit, qui travaille, et qui se venge tôt ou tard, se couvrit, en pleurant, de ses habits de deuil, pour assister à l'exécution, nous allions dire à la fête sanglante, des quatre sergents de La Rochelle. — Le soir venu, la cour dansa sur les planches d'un échafaud.....

Sous la restauration, la surintendance des fêtes et spectacles avait repris l'ancien titre de *menus plaisirs* : une nuit, le lendemain de l'exécution de Bories et de ses nobles compagnons, un audacieux artiste dessina sur la porte de l'intendance une guillotine et une couronne, qui prêtaient un horrible contraste à cette joyeuse inscription : *Menus plaisirs du roi.* L'on effaça bien vite la guillotine et la couronne; à quoi bon plus longtemps une pareille enseigne? le spectacle venait de finir : les quatre sergents de La Rochelle étaient morts.

Toujours des fers, toujours des tortures, toujours du sang, dans les souvenirs de la Conciergerie! Dieu merci, voilà un prisonnier dont la rencontre nous fera peut-être oublier, un instant, les douloureuses fatigues de notre voyage à travers les guichets de cette vieille maison de justice. Le prisonnier dont il s'agit se nomme Ouvrard; il a été incarcéré, pour une dette de dix millions, à la requête de M. Séguin.

Le munitionnaire général de la restauration occupa, dans le corridor Saint-Jean, à la Conciergerie, un logement presque somptueux : c'était la *pistole* d'un millionnaire. M. Ouvrard, qui voulait apercevoir du bord de sa fenêtre quelque chose de frais, de riant et de gracieux, fit dessiner au milieu de la cour du grand préau deux corbeilles de fleurs entourées d'acacias, et arrosées du matin au soir par l'aigrette d'un jet d'eau. Un jardin en miniature, un bassin de pierre, un tuyau de fonte d'où jaillit un peu de rosée pour des fleurs malades, rappellent encore aux prisonniers et aux visiteurs de la Conciergerie la capricieuse captivité de M. Ouvrard.

Depuis les mauvais temps de la révolution française, la Conciergerie ne manque jamais de subir le premier contre-coup de nos commotions politiques : toutes les tempêtes réactionnaires frappent à sa porte, pour lui jeter des débris qui sont des principes violés, et des épaves qui sont des hommes proscrits. Durant la terreur, la Conciergerie est encombrée de malheureux qui appartiennent à toutes les classes, à tous les états, à tous les partis. Après le 9 thermidor, nouvel entassement de prisonniers dans les cachots de la Conciergerie, pour le compte d'une opinion qui parle d'humanité. Sous le consulat et l'empire, la Conciergerie est toute peuplée d'obscures victimes que l'on appelle des chouans, et qui n'ont rien de commun avec le fanatisme royaliste de la chouannerie. En 1815, ou plutôt pendant toute la restauration, les bonapartistes, les libéraux, les carbonari, se pressent en foule dans cette insatiable maison de justice; enfin, la Conciergerie ouvre ses plus larges guichets à la révolution de 1830, qui ne tarde pas à lui livrer à la fois des conspirateurs, des émeutiers, des légitimistes, des républicains, des grands et des petits, des chefs et des soldats, vaincus par des frères sur le triste champ de bataille de la guerre civile.

C'est à peine, vraiment, si, au milieu de cette foule de prisonniers d'exception, de circonstance, d'à-propos, entassés à la Conciergerie par la terreur, par le directoire, par le consulat, par l'empire, par la restauration, par la révolution de juillet, c'est à peine si nous avons daigné prendre garde à ce cachot ténébreux, à ce trou couvert d'un linceul, à ce caveau funéraire qui porte le *numéro* 17, et que l'on appelle le cabanon des condamnés à mort : c'est de là que sont sortis, pour marcher au supplice, presque tous les grands criminels, presque tous les malfaiteurs célèbres du dix-neuvième siècle, empoisonneurs, parricides, assassins d'élite, dont l'horrible souvenir nous attend dans la plupart des prisons de Paris, et surtout dans les cachots de Bicêtre.

L'aspect physique de la Conciergerie, telle que l'ont faite des améliorations louables, a toujours quelque chose qui étonne, qui épouvante, qui glace, à la première vue : la féodalité pèse encore sur cette prison, de tout le poids de son affreuse barbarie ; le fer y est prodigué avec une richesse vénitienne : partout des grilles, des râteliers, des serrures, des verrous, des dents et des barreaux : c'est une prison de fer mêlé de pierres.

La nouvelle distribution intérieure de la Conciergerie date de l'édilité fort honorable de M. de Chabrol, préfet de la Seine sous la restauration. Les cachots de l'ancien régime ont cédé la place à un préau assez vaste et à une galerie couverte, qui appartiennent à la cour des femmes. Cette cour renferme une espèce de corbeille fanée qui joue le rôle d'un petit jardin ; il y pousse des lilas qui n'ont que des feuilles au printemps, des rosiers qui n'ont que des épines, et des giroflées qui n'ont que de la verdure : sans doute, c'est l'espérance qui laisse tomber ces petites feuilles vertes sur les tristes arbustes de la Conciergerie ; mais, le soleil et la liberté sont trop loin, peut-être, pour leur donner des fleurs !

L'ancien cachot de la reine de France, métamorphosé en une élégante sacristie, est situé dans la cour des femmes, tout près de la chambre historique de M. de Lavalette. — Lorsqu'une émeute éclate dans Paris, les détenues disparaissent : les prisonniers politiques les remplacent.

Un des côtés du grand préau des hommes est bâti dans le goût du style sarrasin ; par malheur, la pénalité moderne a maçonné des cabanons sous l'ogive des arcades, dans les entre-colonnements de cette construction sarrasine. Dans le grand préau se trouvent, le corps de garde, le promenoir couvert, le parloir des détenus, le parloir des avocats, l'avant-greffe, la cantine, les cabanons des *pailleux* et les chambres des *pistoliers*. Les prisonniers de la double pistole ont une petite table, une chaise, deux matelas, un traversin de plume et des draps d'une toile assez fine ; en prison, comme dans le monde, il y a des riches qui couchent dans un lit, et des pauvres qui couchent sur la paille.

La tour de Montgommeri sert aujourd'hui de chauffoir aux prisonniers : il est impossible de rien imaginer de plus horrible que le calme apparent de cette salle où parfois les promeneurs ressemblent à Lacenaire : ils ont du sang jusqu'à la cheville.

Le concierge a le droit, nous a-t-on dit, de jeter les prisonniers qu'il veut punir dans de certains cachots de l'ancienne Conciergerie, au pied des tours, au niveau de la rivière : quand on y descend, on marche encore ; quand on en sort, on se traîne : le prisonnier est un paralytique ; s'il a besoin d'air et de lumière, il n'en pourra guère trouver dans l'infirmerie de la prison, qui est sombre et mal aérée ; les prévenus, pourtant, ne sont pas encore condamnés à mourir ou à souffrir ; ils ne le sont pas davantage à subir l'omnipotence taquine, violente, de ces gardiens dont on nous a parlé, et qui ajoutent des cruautés gratuites aux utiles prescriptions de leur consigne. — Oh ! la prévention ! la prévention ! quel régime pour des accusés qui sont peut-être des innocents ! N'y a-t-il pas encore quelque chose de la justice féodale dans la procédure criminelle des sociétés modernes ?

Dans la hiérarchie des prisons de la Seine, la Conciergerie est le dernier degré de la prison préventive, ou le premier degré de l'emprisonnement définitif ; grâce au voisinage du palais de justice, la Conciergerie est moins une maison de détention qu'une espèce d'hôtellerie criminelle ; on n'y demeure pas : on y loge au jour et à la nuit ; c'est un pied-à-terre pour le crime qui va comparaître devant la cour d'assises, et pour le délit qui va répondre aux juges de la police correctionnelle : debout sur ce vaste échelon de fer, plus d'un malheureux, innocent ou coupable, a dû regarder tour à tour le monde où l'on tombe tout à fait par le châtiment, et le monde où l'on se relève par la liberté !

Le voisinage du palais de justice, qui leur fait craindre et désirer, à chaque minute, l'épreuve solennelle du jugement, donne une physionomie toute particulière aux criminels de la Conciergerie. L'espérance et la crainte les métamorphosent en un clin d'œil : ils deviennent moins vils, en devenant plus tristes ; moins audacieux, en se sentant plus petits ; moins ignobles, en devenant plus inquiets ; ils tremblent, en entrevoyant le grand jour qui approche ; ils s'isolent, en pressentant la peine qui les menace ; ils ne volent plus leurs camarades, comme dans les maisons d'arrêt ; et s'il leur reste un peu de pain, ils le donnent au lieu de le vendre : c'est l'aumône du crime qui a peur.

La scène de la Conciergerie se transforme tout à coup, au retour des prévenus qui viennent d'être jugés par la cour d'assises : l'innocence relève la tête et reprend son rang ; le coupable qui a trompé ses juges se sourit à lui-même et se félicite, en se moquant des hommes et de Dieu ; plus loin, voici un meurtrier qui chancelle sous le poids d'une condamnation capitale ; voici un voleur qui trébuche, en s'imaginant peut-être qu'il traîne déjà la chaîne et le boulet du bagne ; les gardes apportent une femme qui s'est évanouie sur la sellette, au premier mot du verdict ; les gardiens éloignent de pauvres enfants qui pleurent leur père ou leur mère ; des surveillants s'emparent d'un malfaiteur qui a retrouvé, en sortant de la cour d'assises, toute son audace, toute sa bassesse, tout le cynisme de son ignominie. Un pareil spectacle suffirait pour jeter dans la Conciergerie une sorte de tristesse accablante, une désolation immense : il semble que le châtiment se personnifie pour vous étonner, pour vous effrayer, et l'on croit entendre le premier pas de la mort, qui s'avance comme la statue du Commandeur.

Presque tous les jours, à dix heures du matin, le bruit d'une sonnette et la voix des gardiens font tressaillir les prévenus de la Conciergerie : la cour d'assises va les juger.

En pareil cas, on fouille les accusés ; on les confie à des gardes municipaux ; ils traversent une galerie sombre et humide ; ils arrivent dans une petite cour, en se courbant sous une porte de fer ; ils montent un long escalier ; ils pénètrent dans un cabinet qui est l'antichambre du prétoire, et ils attendent.—A onze heures, les accusés sont introduits dans une salle où les défenseurs et le ministère public vont procéder contradictoirement à la récusation de huit jurés.—Quelques minutes plus tard, les accusés appartiennent aux débats de la cour d'assises : les voilà sur la sellette, devant Dieu et devant les hommes!

Le sombre théâtre de la cour d'assises, qui emprunte son répertoire aux tristesses les plus dramatiques de la vie réelle, nous montre, au premier mot du drame judiciaire, un président, deux conseillers, un avocat général, un greffier, les huissiers, les défenseurs, le jury, les gendarmes et les accusés.

Le public de la cour d'assises se divise en deux classes : au premier plan, dans le prétoire, des magistrats et des avocats en habits de ville, des hommes du monde qui ont besoin d'un passe-temps, et des femmes heureuses qui ont besoin d'une distraction. Les grandes dames de Paris ont une curiosité infatigable : elles n'ont pas assez du bal, de la comédie, de la tragédie, du vaudeville et du mélodrame ; il ne leur suffit pas d'être curieuses, d'un bout de l'année à l'autre ; elles ne se contentent pas de se mêler de ce qui ne les regarde guère... de politique, de philosophie, de socialisme, d'industrie et d'administration ; elles ne se bornent pas à voir ce qui se passe dans leur ménage, chez leur couturière, chez leurs bonnes amies, dans la maison du voisin, à la bourse, dans la rue, à l'église, dans les salons, dans les magasins, au bois, à l'Opéra-Italien, aux Tuileries, à Paris et à la campagne, en France et à l'étranger ; il leur faut encore savoir de quelle façon un malheureux s'assied sur la sellette, de quelle façon il entend le récit officiel de son crime, de quelle façon il répond aux juges, aux témoins et aux jurés, de quelle façon il sourit et de quelle façon il grimace, comment il regarde et comment il parle, s'il est beau ou laid, petit ou grand, brun ou blond, timide ou résolu, de quelle manière enfin un homme défend sa tête contre la justice qui veut la lui prendre et la couper.

« Si j'avais l'honneur d'être président de la cour, a écrit M. de Cormenin dans une très-belle étude sur les cours d'assises, je n'admettrais dans son enceinte que les parentes de l'accusé, et dirais aux autres : « Mesdames, tant assises que debout, écoutez ce
« que je vais vous dire : Vous, allez tricoter les chausses de mes-
« sieurs vos fils ou mettre au bleu les collerettes de mesdemoi-
« selles vos filles ; vous, ayez soin que le rôt ne brûle point ; vous,
« que vos parquets soient cirés proprement ; vous, que l'huile ne
« manque pas dans vos lampes, ni le sel dans vos soupes ; vous,
« nuancez de fleurs vives les paysages de vos tapis à la main ;
« vous, déployez sur le théâtre l'éventail des grandes coquettes ;
« vous, faites des gammes, et vous, des entrechats. Allez, mes-
« dames, allez, la jugerie n'a rien à voir avec les grâces, et la cour
« d'assises n'est point la place de la plus belle moitié du genre
« humain. »

« Huissier, exécutez les ordres de la cour[1] ! »

Au fond de la salle, au second plan, dans une espèce de pénombre, c'est la foule, c'est le peuple, c'est la populace qui ne vient pas toujours à la cour d'assises, comme l'a dit Timon, « pour apprendre à dérouter un témoin, à éluder une question, à inventer un alibi, à masquer un fait, à interpréter une pénalité ; » non, tous ces gens-là ne sont pas des vauriens, des piliers de cabaret, des femmes de mauvaise vie, des souteneurs de filles, des voleurs et des échappés du bagne : la plupart de ces grossiers et naïfs spectateurs sont d'ordinaire de simples curieux, blâmables peut-être, mais que M. de Cormenin a *blâmés* trop sévèrement. Aux yeux du peuple, la cour d'assises est un spectacle qui ne lui coûte rien ; il y vient chercher le puissant intérêt d'un mélodrame, joué par des acteurs qui sont les personnages réels de la pièce ; pénétrez hardiment dans cette *masse noire* et *mouvante* dont parle Timon : vous entendrez les mouvements, les demi-mots, les exclamations, les murmures que les tragédies imaginaires du boulevard provoquent si souvent parmi les spectateurs d'un parterre : à la cour d'assises comme au théâtre, il est bien rare de ne pas voir le peuple applaudir au dénoûment du drame, quand *le crime est puni et la vertu récompensée*. Ne soyons pas trop sévères pour ces pauvres diables qui viennent demander une émotion, une distraction énergique aux péripéties de la justice criminelle : parfois, ils n'ont que cela pour déjeuner.

Le président de la cour d'assises commence par demander à chaque accusé ses nom, prénoms, âge, profession et lieu de naissance ; les accusés se lèvent et répondent ; le greffier procède à la lecture de l'acte d'accusation ; on interroge les prisonniers et on entend les témoins : les jurés apprécient.

Après l'audition des témoins à charge et à décharge, le ministère public prend la parole : si l'avocat général comprend bien son noble et difficile ministère, il sera simple comme la vérité, fort comme la justice, calme comme la loi ; s'il a de l'esprit, du bon

---

[1] Ces ordres ont été donnés et exécutés tout récemment, par suite d'une instruction de M. le garde des sceaux.

sens et de la dignité, il accusera sans plaider, c'est-à-dire sans mettre de la colère dans son langage et de la passion dans sa pensée; s'il est véritablement un magistrat qui requiert, il ne demandera pas l'honneur ou la tête d'un accusé *quand même* : il prouvera qu'un nom doit être flétri ou qu'une tête doit tomber. L'injustice de la colère et de la passion ne sied qu'à la défense ; on peut se passionner et s'emporter au besoin, non pas pour tuer un homme, mais pour le sauver : c'est la société, quelque chose d'immense, qui accuse; c'est un homme, quelque chose d'infime, qui se défend.

Lorsque les avocats ont plaidé, le ministère public réplique, et les défenseurs répliquent à leur tour; enfin, le président résume les arguments de l'accusation, les moyens de la défense, et il pose les questions au jury; les prévenus sont reconduits à la Conciergerie, et les jurés délibèrent.

Hâtons-nous; le bruit d'une sonnette vient d'annoncer la reprise de l'audience. Les magistrats et les jurés sont à leurs places : tous les yeux interrogent la figure, la contenance, le regard, le geste du président du jury; on fait silence, on tremble, on pâlit, on tressaille, et le verdict est prononcé.

Les accusés que l'on rappelle les premiers, dans le cas d'un verdict qui condamne et qui acquitte dans la même cause, viennent entendre l'ordonnance de leur mise en liberté. Ils sont remplacés, sur la sellette, par leurs compagnons d'infortune qui viennent entendre leur arrêt de condamnation : justice est faite !

Quand on a pu assister à un pareil spectacle, on ne l'oublie jamais : c'est quelque chose d'imposant et de terrible, qui inspire un singulier respect pour la justice, de la pitié pour la misère qui succombe, de l'indulgence pour l'humanité qui chancelle.

La police active de Paris se compose de cinq escadrons de la garde municipale à cheval et de seize compagnies de gardes municipaux à pied ; si nous ajoutons à cet effectif de trois mille deux cents hommes, le bataillon des sapeurs-pompiers, les brigades de sergents de ville, les polices du château, de l'intérieur, de l'état-major de la première division, les postes fournis par les troupes de ligne et par la garde nationale, nous aurons au moins dix mille personnes préposées à la garde de la voie publique ; eh bien ! malgré ce personnel dévoué, vigilant, infatigable, de la police active de Paris, un avocat général a pu dire naguère, en pleine cour d'assises, avec l'autorité que lui donne la grandeur de son ministère : « Les *escarpes*, embusqués aux coins des rues, l'œil fait à l'obscurité, l'oreille ouverte au moindre bruit, épiant de loin l'arrivée d'un passant, tombent sur lui à l'improviste, le frappent pour l'étourdir, l'étranglent ou le poignardent pour étouffer ses cris, et après ces horribles luttes, s'en vont ramasser dans la boue et dans le sang les quelques pièces d'argent abandonnées par leur victime ! »

Voilà les avertissements lamentables que la cour d'assises donne parfois aux Parisiens, au beau milieu du dix-neuvième siècle.

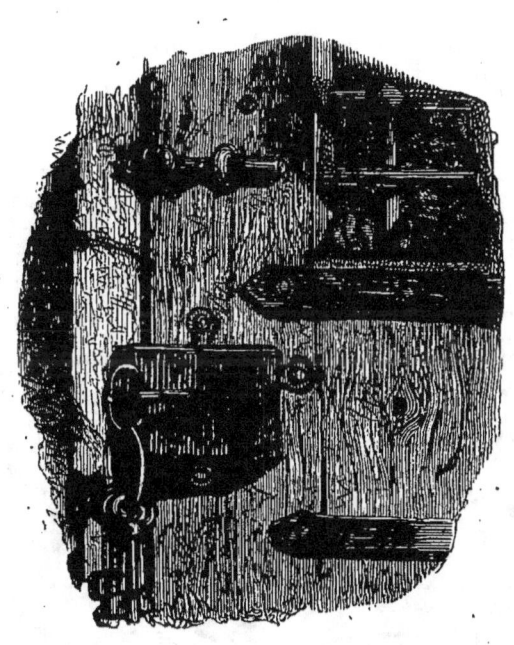

II

LA FORCE.

Cette grande et mystérieuse ville de Paris n'a pas une seule pierre, un pan de muraille, une misérable ruine qui ne renferme les plus nobles ou les plus déplorables souvenirs de l'histoire. Voilà une prison qui se cache tristement, honteusement, dans la petite rue des *Ballets* : eh bien ! entrez dans cette noire et sale demeure, interrogez ces murs désolés, ce vieux porche, ces écussons déshonorés par le crime et par la misère, ils vous parleront encore de leurs anciens maîtres, le roi Charles, frère de saint Louis, et le célèbre duc de la Force. Marchez plus avant dans cette prison, vous

entendrez peut-être, au travers des cris de la geôle, des rumeurs charmantes, des bruits cadencés, des sons mélodieux et des soupirs : c'est la joie, c'est la musique, c'est l'amour, c'est la poésie, c'est la danse, dans une magnifique réunion de la noblesse d'autrefois.

Il y a, dans l'histoire de l'aristocratie française, un nom qu'il est impossible d'oublier, au début de ce chapitre ; le gentilhomme qui portait ce nom illustre était né sous Henri III, et il vit briller autour de sa glorieuse vieillesse les premiers rayons du soleil de Louis XIV. Il entendit glisser sur son berceau le dernier soupir de la chevalerie, et il se réveilla dans un des plus beaux jours de son enfance, au glas funèbre de la cloche de la Saint-Barthélemy. Il traversa les vicissitudes ardentes de la Ligue ; il rentra dans Paris avec Henri IV, et il salua de loin la grande royauté, la monarchie du dix-septième siècle.

Enseveli tout vivant sous les cadavres de son père et de son frère, assassinés par les égorgeurs de la Saint-Barthélemy, notre gentilhomme encore enfant se réfugie d'abord chez de pauvres gens du peuple. Condamné à mort par Charles IX, il quitte Paris ; il s'arrête dans une auberge de la grand'route, et il reconnaît, sur les épaules d'un assassin qui soupe avec lui, la robe de chambre de son frère. Il parvient à se cacher en Guienne ; plus tard, il offre son épée au Béarnais qu'il ne quitte plus que dans la rue de la Ferronnerie, en lui disant : *Sire, songez à Dieu !* Lorsque le cardinal de Richelieu, à force de volonté et de génie, a relevé la France de sa profonde chute dans le désordre, le gentilhomme dont nous parlons devient un des plus habiles généraux de Louis XIII, et il ne prend congé de son armée victorieuse, que pour aller mourir dans une noble solitude, les yeux, l'esprit et le cœur fixés sur son nouveau maître, sur un jeune souverain qui vient d'inaugurer le grand siècle. Le héros dont il s'agit, c'est Jacques Nompar de Caumont, duc de la Force ; cette vie si pleine, si grande, si glorieuse, a commencé tout près de nous, dans un palais, dans un hôtel, dans une demeure splendide qui est aujourd'hui une prison criminelle.

Le gouffre de la pénalité préventive a été creusé sous les lambris d'une noble résidence ; le vaste salon du duc de la Force ne sert plus qu'à des misérables qui se vautrent dans la fange, dans la honte et dans la vermine; le bruit des sabots étouffe le bruit des éperons d'or d'autrefois; le tintement d'une cloche lugubre a chassé les sons des voix et des notes mélodieuses du temps passé; ces cours, ces arceaux, ces corridors, où des malheureux se corrompent, où des innocents se perdent, où le vice engendre le crime, où le crime s'agite et se perfectionne, ont vu passer les plus grands seigneurs et les plus grandes dames du seizième siècle. Allez à la Force; prononcez bien haut le nom de Sully ou de Biron, et l'écho de la geôle vous répondra sans doute : Lacenaire ou Soufflard !

Sous le règne de Louis XVI, les plaintes et les réclamations d'une généreuse pitié éclatèrent de toutes parts en faveur des prisonniers, et surtout en faveur des prévenus qui n'avaient pas encore le tort d'être des criminels. Une fois n'est pas coutume : à la fin du dix-huitième siècle monarchique, les ministres daignèrent prendre garde aux vœux de l'opinion publique; ils consentirent à porter le marteau sur l'horrible édifice des geôles féodales : le 30 août 1780, le roi ordonna l'établissement d'une prison à l'hôtel de la Force, en même temps qu'il supprimait le Fort-l'Évêque et le Petit-Châtelet. Le peuple remercia Louis XVI, en lisant à haute voix sur les places publiques, dans les ateliers, dans les mansardes, une pièce de vers composée par le marquis de Caraccioli, et qui commençait ainsi :

> Je l'ai baisé cent fois, cet édit précieux
> Qui, sur des malheureux, étend sa bienfaisance...

Pauvre et aveugle roi de France! nous l'avons vu préparer le logement de Marie-Antoinette au fond de la Conciergerie; nous le voyons encore préparer la chambre de madame Élisabeth et de la princesse de Lamballe, dans la prison de la Force.

A cette époque, la Force était divisée en six départements : le premier, destiné au concierge et aux employés subalternes; le second, destiné aux pauvres diables qui n'avaient point payé les mois de nourrice de leurs enfants; le troisième, aux débiteurs civils; le quatrième, aux prisonniers de police; le cinquième, aux femmes; le sixième, au dépôt de mendicité. — Ces divisions n'existent plus ; les prisonniers pour dettes, les femmes en prévention, les prisonniers de police et les mendiants, ont des prisons particulières ; et nous ne pensons pas qu'il y ait, à Paris ou en France, une geôle pour les gens du peuple qui ont oublié de payer la nourrice de leurs enfants.

En 1785, on supprima la prison de Saint-Martin, spécialement affectée aux filles publiques ; les détenues furent transférées à l'hôtel de Brienne, contigu à l'hôtel de la Force ; l'hôtel de Brienne se nomma la Petite-Force : ces deux prisons du dix-huitième siècle n'en forment plus qu'une seule ; elles se sont réunies pour agrandir l'abîme de la prévention : c'est à la Force que l'on envoie, que l'on jette, que l'on précipite tous les suspects de la procédure criminelle ; c'est en parlant de la Force, que M. le comte de Laborde écrivait dans son mémoire sur les prisons : « Dans une « salle basse tenant lieu de chauffoir, sont encombrés deux cents « malheureux, la plupart sans bas, sans souliers, couverts de hail- « lons, ne recevant pour nourriture que du pain, de l'eau, une « cuillerée de soupe à la Rumfort, appelée communément *pitance* « *d'oisifs*, et n'ayant qu'un étroit commun, qu'il est impossible « de nettoyer, et qui exhale une odeur fétide. Il en est à peu près « de même du troisième corps de logis (bâtiment du centre), et du « bâtiment neuf où sont deux cents détenus qu'on entasse la nuit, « soixante ensemble, sur un lit de bois, sur des paillasses puantes, « et dans des salles qui n'ont pas été blanchies depuis qu'elles « existent. Un baquet leur sert de latrines communes ; et dans les « longues nuits de l'hiver, pendant quinze à seize heures de suite, ces « malheureux, *qui ne sont que prévenus*, respirent un air empesté. »

La Force d'aujourd'hui est un immense labyrinthe, coupé, divisé par des cours irrégulières, par huit préaux que l'on appelle : la Vit-au-Lait [1], la Dette, la Fosse-aux-Lions, Sainte-Madeleine, les Momes [2], les Poules, Sainte-Marie-l'Égyptienne et Sainte-Anne.

Un directeur préside au service intérieur de cette prison : il a

---

[1] Ce nom est un souvenir des malheureux qui expiaient, à la Force, le tort de n'avoir point soldé des mois de nourrice.

[2] Momes ou enfants. — Il n'y a plus de jeunes détenus dans cette prison.

sous ses ordres un brigadier en chef, vingt-deux surveillants et un greffier. La Force est assez vaste pour contenir environ douze cents prisonniers ; elle en renferme d'ordinaire de huit à neuf cents. L'on pourrait dire, au besoin, qu'elle touche presque à la souricière de la Conciergerie, par un trait d'union qui est le panier-à-salade : le panier-à-salade, c'est l'emprisonnement préventif qui marche, qui s'en va par sauts et par bonds sur le pavé de la ville, au risque de briser les prévenus en les secouant dans une cage de fer.

Tâchons de nous persuader, par un enchantement qui ne sera qu'une grâce de notre imagination, que le vieux duc de la Force revient un jour de l'autre monde, du meilleur des mondes sans doute, dans ce Paris qu'il a conquis avec Henri IV, dans cette maison où il est né, dans cet hôtel où il a vu mourir son père et son frère, dans ce palais où il a réuni si souvent les grandeurs les plus éclatantes de son siècle : voilà donc le duc de la Force, travesti comme il vous plaira, qui reparaît sur la terre pour obéir à notre caprice, pour se glisser comme un fantôme, comme une ombre, dans ces cours, dans ces salles, dans ces galeries où il espère rencontrer les bienheureux descendants de l'aristocratie d'autrefois.

La prison, ce jour-là, était au grand complet : les *secrets* étaient nombreux ; le vice foisonnait dans les cours et dans les cachots ; des innocents pleuraient leur honneur compromis, leur liberté perdue ; et les crimes féroces, nous allions dire les bêtes féroces, rugissaient dans la Fosse-aux-Lions : la Force préparait de la besogne à la justice criminelle.

Notre illustre fantôme s'arrêta dans la cour du greffe : une voiture attelée de quatre chevaux de poste venait d'entrer dans cette cour, sous la conduite d'un postillon botté à l'écuyère ; un huissier du Palais et un garde municipal descendirent de cette horrible carriole : ils précédaient trois ou quatre prisonniers, à demi brisés par les barreaux de leur cage roulante. Le duc de la Force s'avisa de demander à l'huissier du Palais :

« Quel est ce nouveau genre de carrosse ? Qu'est-ce que c'est que ça ?

— Ça, lui répondit l'huissier, c'est le *panier-à-salade;* depuis dix ans, j'ai vu s'agiter dans ce panier bien des misérables, bien des voleurs et des assassins ! Le trajet que parcourt le panier-à-salade est le premier relais du crime, sur la route de la reclusion, du bagne et de l'échafaud.

Le duc de la Force, bien étonné de ce qu'il venait d'entendre, s'approcha d'un prévenu pour lui demander à voix basse :

« D'où venez-vous ainsi dans cette vilaine voiture?

— D'où nous venons? lui répondit le prisonnier; nous venons de la *Souricière;* nous y avons passé huit heures, en attendant notre tour d'admission dans le cabinet du juge instructeur. Êtes-vous un grand observateur, un grand peintre, à la manière de Le Sage ou de Callot? S'il en est ainsi, allez voir la Souricière! Moi, qui vous parle, je passe, depuis une semaine, huit heures par jour dans ce trou, plus affreux que le plus abominable cachot. J'ai voulu m'y coucher et dormir : pas un brin de paille pour reposer ma tête ! J'ai voulu y réfléchir : pas un moment de silence pour isoler mon esprit! J'ai voulu y respirer : pas un souffle pour rafraîchir mon cœur! Oh! la Souricière! la Souricière!... Elle est creusée au-dessous de la salle d'audience de la cour de cassation : les plus grands, les plus illustres, les plus souverains de nos magistrats ont les pieds sur la barbarie... qu'ils n'écrasent pas! »

Le duc de la Force ne comprit pas grand'chose à ce langage, et il continua sa promenade à travers la noble résidence de ses pères. Il pénétra dans la cour de la *Vit-au-Lait,* et il ne fallut rien moins que l'aspect de quelques arbres et de quelques fleurs pour rassurer cette pauvre âme de l'autre monde, effrayée par le panier-à-salade et par la Souricière. Il n'y avait personne dans la cour de la *Vit-au-Lait;* les détenus politiques s'y promenaient autrefois; nous croyons qu'aucun prisonnier ne s'y promène plus : des arbres et des fleurs pourraient faire croire à de malheureux prévenus, par une illusion trop douce, qu'ils ne sont pas en prison !

Le duc de la Force avança tout doucement jusqu'au centre de la maison, dans la *cour de la Dette,* que les dettiers ont abandonnée il y a longtemps; la cour de la Dette exerce le privilége de la pistole : le bien-être des *pistoliers* n'y cache pas tout à fait la misère des *pailleux.* Le duc de la Force aperçut des promeneurs qui n'avaient ni de trop mauvais habits, ni une trop méchante mine; il

Dessiné par LORSAY.   Gravé par BAUDOUIN.

LES PAILLEUX.

se prit à sourire, en ayant l'air de vouloir se réconcilier avec les hôtes modernes de son ancienne maison...

« Ne vous y fiez point! lui dit tout bas un surveillant : ce sont des banqueroutiers et des filous ; c'est le crime, tempéré par la crainte, par la ruse, par l'hypocrisie ; vous avez affaire à des malfaiteurs assez habiles pour toucher impunément,—bien des fois, — à ce sombre taillis planté par la justice, et que l'on nomme le Code pénal.

— Et ces gens qui jouent dans le chauffoir? demanda le duc de la Force.

— Ce sont des *Grecs ;* on les accuse d'avoir exploité l'Europe tout entière, les cartes à la main ; depuis quelque temps, les Grecs en veulent beaucoup à la bourse des Parisiens. Je me suis laissé dire que l'abolition des jeux publics, en France, avait jeté des cartes et un tapis vert sur bien des tables équivoques.

— Et ces jeunes gens qui lisent autour de ce petit jardin?

— Vous voyez là des prisonniers politiques : ils lisent en commun une brochure sur la *Liberté* et *l'Égalité ;* je leur disais encore ce matin : Pauvres enfants! la liberté est dans ma bourse, et l'égalité au cimetière!... Ils ne sont pas tout à fait de mon avis, parce qu'ils ont vingt ans ; à cet âge, on est si loin de la mort, qui rend tous les hommes égaux, que l'on se met à chercher l'égalité dans la vie! »

Le duc de la Force ne fit que passer dans la Fosse-aux-Lions, tant il avait hâte de se dérober au spectacle sinistre de ce préau; il s'éloigna bien vite, presque en tremblant, et il traversa, sans y prendre garde, la cour Sainte-Madeleine, qui est bien triste malgré le voisinage de la cantine, la cour des Momes, où les jeunes détenus ont cédé la place aux prisonniers du *secret,* la cour Sainte-Marie-l'Égyptienne, qui ressemble à une ruelle abandonnée par l'air et par la lumière, enfin la cour Sainte-Anne, où il interrompit, en passant, la causerie intime de quelques vieillards en guenilles, vagabonds émérites qui se racontaient à voix basse la triste odyssée de la paresse, de la misère et de la crapule. Le duc de la Force ne s'arrêta que dans la cour des Poules ; il s'assit sur un banc de pierre, précisément à la place où s'était assis bien des fois un noble et grand poëte.

Au bout de quelques minutes, le duc de la Force crut entrevoir, en se levant, dans un coin de la cour des Poules, une forme un peu vague d'abord, une sorte de figure à demi cachée par un nuage qui n'était peut-être que de la fumée; le nuage se dissipa bientôt, et un rayon de soleil vint illuminer le front d'une jeune fille gracieuse, jolie, triste mais charmante...

« Qui êtes-vous? » lui dit le duc de la Force.

La jeune fille ouvrit un livre intitulé *Chansons*, et chanta de sa voix la plus éclatante :

> « Les gueux, les gueux,
> « Sont des gens heureux,
> « Ils s'aiment entre eux...
> « Vivent les gueux !

— Qui êtes-vous, ma belle chanteuse ? » lui dit encore le duc de la Force.

La jeune fille répondit en chantant, les yeux fixés sur son beau livre :

> « Jamais les rois n'envahiront la France...
> « Dans un grenier qu'on est bien à vingt ans !

— Qui êtes-vous donc? » répéta le duc de la Force.

La jeune fille lui répondit en chantant :

> « Entrez, entrez, ô tendres âmes !
> « Leur dit le portier des élus ;
> « La charité remplit vos âmes :
> « Mon Dieu n'exige rien de plus !
> « On est admis dans son empire,
> « Pourvu qu'on ait séché des pleurs,
> « Sous la couronne du martyre
> « Ou sous la couronne de fleurs ! »

A ces mots, la jeune fille, qui était un ange ou un génie, brisa une petite chaîne qu'elle avait cachée jusque-là dans les plis flottants de sa robe; elle éploya ses ailes, et s'envola en disant au duc de la Force :

« Je suis la muse de Béranger ! »

Le duc de la Force ramassa la petite chaîne brisée par la jeune fille; on avait gravé sur un des anneaux de cette chaîne un nom et une date : *Béranger :*—1828.

Le duc de la Force s'aventura jusqu'au second étage de la prison, dans le bâtiment des *secrets*; un gardien passa tout près de lui; il précédait un prévenu; le prisonnier demanda au guichetier :

« Où me conduisez-vous ?

— Au secret; vous trouverez dans votre chambre un lit, une table et une chaise; vous allez habiter l'ancien logement de Castaing et de Papavoine.

— La loi du *secret* m'empêchera-t-elle de lire ?

— Non.

— M'empêchera-t-elle d'écrire ?

— Oui.

— Les barreaux de ma cage me laisseront-ils voir un beau ciel bleu?

— Le ciel n'est jamais bleu à la Force.

— Entendrai-je le chant des oiseaux?

— Il n'y a pas d'oiseaux à la Force; mais vous entendrez la cloche d'une église.

— Que ferai-je dans ma chambre du *secret?*

— Vous y dormirez tout le jour et toute la nuit, si bon vous semble; je vous réveillerai chaque matin à onze heures, je vous *débouclerai,* et nous irons nous promener une heure dans la cour des *Mômes.*

— Resterai-je longtemps au *secret?*

— Un mois, deux mois peut-être! d'ici là, vous aurez la distraction de la *Souricière,* en allant répondre à M. le juge instructeur. »

Le gardien poussa le prévenu dans une petite chambre; il verrouilla la porte; il fit jouer une grosse clef dans la serrure du cabanon, — et voilà un homme au secret.

Le duc de la Force voulut connaître jusqu'au bout l'horrible métamorphose qui cachait, à ses yeux, la noble résidence d'un héros; il marcha, il descendit, il monta si vite et si bien au hasard, qu'il arriva jusqu'au troisième étage de la *Petite-Force,* où il déchiffra au-dessus d'une fenêtre ronde cette inscription tracée par un ancien détenu[1]:

« Chambre occupée, en 1792, par madame la princesse de Lam-
« balle; c'est de là qu'elle fut enlevée dans les journées de
« septembre, pour être conduite au petit guichet qui fait face à la
« rue des Ballets, et qui devint en même temps son prétoire et sa
« grève. »

Il faisait déjà nuit : en cherchant la route qui conduisait à la porte principale de la prison, le duc de la Force heurta la dernière marche d'un grand et bel escalier, dont les coupes de pierre et les ornements lui rappelaient le siècle de François Ier et de Henri II : il monta lentement cet escalier; il pénétra dans une infirmerie assez vaste, assez bien aérée, et qui lui parut occuper la

---

[1] *Les Prisons,* par un ancien détenu; ouvrage spirituel, plein de bon sens et d'intérêt.

place de l'ancienne salle de spectacle de l'hôtel ; après avoir visité, sans le vouloir, sans le savoir, la pharmacie, la chambre des bains, le logis de la pistole et de la demi-pistole, il se glissa dans le dortoir du *Petit-Saint-Vincent.*

Le duc de la Force se trouva tout à coup, à sa grande surprise, et peut-être à sa grande frayeur, dans une salle mal éclairée par une lanterne, et qui contenait une vingtaine de lits. Il faisait dans ce dortoir une chaleur affreuse, lourde, épaisse, et horriblement fétide. Quand ils étouffent en un pareil lieu, quand ils se sentent mourir, asphyxiés par l'âcreté, par le poison de l'atmosphère, les prisonniers battent le briquet et se mettent à fumer : la fumée purifie le dortoir ; le tabac devient un parfum que l'on respire à la cassolette d'une pipe.

Le duc de la Force remercia, par la pensée, les fumeurs du *Petit-Saint-Vincent,* et il se décida bravement à prendre sa part de la fumée de tabac qui parfumait cette odieuse salle.

En ce moment, le bruit d'une clef dans la serrure du dortoir se fit entendre : un nouveau prévenu entra, sous la garde d'un guichetier. On lui montra un lit vide, qui devait être le sien pour bien des nuits peut-être. Le guichetier lui dit, en lui donnant une paire de draps :

« Vous serez mieux dans cette salle que dans celle du *Grand-César* [1]. Pour deux sous par semaine et quatre sous pour la grande corvée, un homme fera votre lit tous les jours, et quand votre tour viendra, cet homme balaiera le dortoir à votre place. N'oubliez pas que vous devez obéissance au prévôt de la salle [2]. »

Une fois débarrassé de la présence du guichetier, les détenus du *Petit-Saint-Vincent,* qui n'avaient guère ni l'envie ni le pouvoir de dormir, se reprirent à faire assaut de philosophie, d'esprit et d'éloquence en argot, avec la permission du prévôt de la nuit. — Le duc de la Force se souvint de la cour des Miracles.

Les prisonniers du *Petit-Saint-Vincent* se mirent donc à bavarder : ils débitèrent les histoires les plus bouffonnes et les anec-

---

[1] Le dortoir du Grand-César contient soixante lits.
[2] Détenu chargé par l'administration de surveiller ses camarades pendant la nuit.

dotes les plus ignobles; ils empruntèrent le récit de leur veillée au répertoire des bagnes et des prisons; ils traînèrent la société sur la sellette; ils jugèrent les juges de la justice criminelle, et ils finirent par prononcer l'éloge funèbre de quelques fameux héros de la cour d'assises.

Un de ces misérables bavards du *Petit-Saint-Vincent* se distingua, aux yeux du duc de la Force, par un tour d'esprit assez original, par une faconde singulière, par une certaine élégance de parole qui aurait fait honte à plus d'un lettré. Les orateurs équivoques du dortoir étaient en train de réhabiliter le vol et la filouterie : le bel esprit dont nous parlons proposa à ses camarades de leur raconter l'histoire du plus *honnête des voleurs*, une histoire vraiment édifiante, disait-il, et qu'il prétendait avoir lue dans le journal d'une de ses victimes.

Il n'était pas encore neuf heures : l'offre du conteur fut acceptée; on parfuma de nouveau le dortoir à grands flots de fumée de tabac, et le duc de la Force alla se blottir dans un coin obscur de la salle, pour apprendre ce que pouvait être le plus honnête des voleurs.—Le prisonnier du Petit-Saint-Vincent, qui puisait une anecdote dans le journal d'un homme qu'il avait volé, s'exprima ainsi :

« Ce que je vais vous dire est la vérité même.... Demandez-le plutôt à Lazarille !... Il y a longtemps de cela, il y a plus de cent ans : c'était sous la régence, une belle époque où des voleurs de toutes les sortes firent fortune dans la forêt de Bondy de la rue Quincampoix. Une jolie grisette, nommée Clarisse, habitait une chambre bien misérable, dans le voisinage de cette fameuse rue, ou de cette fameuse forêt. Un lit grossier, une table couverte de chiffons et de rubans fanés, deux ou trois chaises en paille de couleur, une marotte qui servait à façonner des modes, une armoire blanche, des fleurs, beaucoup de sagesse qui l'empêchait de faillir, le travail qui l'empêchait de mourir de faim, un miroir qui lui parlait de sa beauté, — voilà tout le luxe, toute la richesse de Clarisse.

« Un soir, après une fatigante journée consacrée au travail qui lui donnait son pain quotidien, Clarisse se mit à pleurer suivant sa coutume, car elle pleurait toujours, cette enfant !

Les esprits forts du Petit-Saint-Vincent se mirent à rire.

« Comme elle essuyait sa dernière larme, reprit le conteur, elle entendit au loin, dans les rues du voisinage, des voix confuses, des clameurs équivoques. Elle entr'ouvrit une fenêtre sur la gouttière qui lui servait de jardin, et bientôt elle aperçut un homme qui courait sur les toits. Malgré l'horrible péril qui le menaçait, le malheureux s'arrêta tout à coup, les yeux fixés sur la croisée entr'ouverte et sur la jeune fille qui venait de l'entr'ouvrir; il mesura du regard la distance qui le séparait de cette fenêtre dont la hauteur était effrayante, et il s'élança comme un insensé, au risque de chanceler sur le bord de la toiture, et d'aller se briser la tête sur le pavé de la rue : Clarisse jeta un cri de terreur!... Elle s'enfuit dans un coin de sa mansarde.

« Cependant la grisette eut la hardiesse de sortir de sa cachette, de s'avancer tout doucement, et de demander à cet étrange visiteur qui se tenait immobile :

« — Qui êtes-vous ?

« — Hélas, ma belle enfant, lui répondit-il, je vais vous épouvanter sans doute... Je suis le plus habile, le plus effronté, le plus audacieux coquin de France et de Navarre... »

« Oh! oh! s'écrièrent les voleurs du Petit-Saint-Vincent, c'est Mandrin, c'est Cartouche, c'est Monseigneur, c'est Poulailler, c'est Rossignol!

« C'était Monseigneur, rien que Monseigneur, et c'était bien assez! La jeune fille lui dit :

« — O monsieur le coquin! je ne possède au monde que ma vertu, ma jeunesse et ma beauté... ne me volez rien! »

Ce mot, assez joli du reste, mit en belle humeur tout le dortoir du Petit-Saint-Vincent.

« — Ma belle enfant, lui répondit Monseigneur, vous m'avez sauvé il y a un quart d'heure, en entr'ouvrant cette fenêtre, et je vous remercie. Êtes-vous riche? Oh! non, vous me l'avez dit vous-même : vous ne possédez que de la vertu, de la jeunesse et de la beauté; ne craignez rien pour votre fortune : il n'y a plus de voleur dans cette mansarde. Êtes-vous heureuse? Oh! non; je vois bien que vous souffrez... vos yeux sont fatigués, flétris...

« — Parce que je travaille, murmura la jeune fille.

« — Parce que vous pleurez! répliqua Monseigneur; méprisez-moi, si bon vous semble, faites fi de mon amitié, ayez horreur de ma personne... à votre aise! Mais je veux savoir ce qu'il y a au fond de vos larmes, et je le saurai! Il me plaît de tâter de toutes les choses de ce monde, et même d'une bonne action... une fois n'est pas coutume!

« La grisette était si chagrine, qu'elle s'avisa de confier son chagrin à... Monseigneur; elle lui dit :

« — Si j'avais aimé un paysan ou un ouvrier, je l'aurais épousé, et je serais heureuse. Celui que j'aime sera riche, et je souffre. L'autorité paternelle a juré de tuer deux amoureux qui ne demandent qu'à vivre. On nous a séparés, j'ai promis de ne pas le revoir et je pleure!

« Le voleur, presque attendri, demanda à la grisette :

« — Le nom de ce beau jeune homme que vous aimez tant?

« — Il se nomme Henri Desparville, répondit Clarisse.

« — Henri Desparville, le fils du riche financier?

« — Oui, vous le connaissez donc?

« — Je le connais, seulement pour l'avoir volé.

« — Henri?...

« — Non, son coquin de père... Ah! vraiment, il s'agit de cet avare fastueux que l'on nomme Desparville? Ah! il lui déplaît de consentir au mariage de son fils avec une jeune et jolie fille! Eh bien! il y consentira, je vous le jure... Et tenez, voici déjà le consentement de l'inflexible financier!...

« A ces mots, le prodigue voleur jeta sur une table des flots de chiffons de papier qui n'étaient rien moins que des billets de la banque de M. Law, un fameux homme, qui avait trouvé le moyen d'enrichir et de ruiner tout le monde en même temps.

« — Vous allez savoir, Clarisse, ce que signifie cette pluie d'or et d'argent dont chaque goutte est un billet de banque. J'ai des camarades, des complices, toujours à l'affût des bonnes occasions. La semaine dernière, un de mes affidés réussit à découvrir, à sentir de loin, des valeurs considérables dans la maison, dans le coffre-fort de ce méchant Desparville. J'avais affaire à un agioteur : je résolus d'agioter, à mon tour, sur les fonds du Mississipi, et me voilà avec toutes les apparences d'un homme d'argent, tout près de M. Desparville, dans le guêpier de la rue Quincampoix.

« Chaque jour, durant ma petite comédie financière, mes aides, mes comparses, feignaient de me parler à l'oreille; je feignais de leur dicter, à voix basse, des ordres d'achat ou de vente, et mes gaillards, travestis, disparaissaient dans la coulisse comme des figurants.

« La réussite de mon invention fut admirable : Desparville daigna me saluer et me sourire; hier, il daigna me tendre la main : le succès de mon dénoûment était infaillible.

« Aujourd'hui même, cet après-midi, Desparville eut la sotte pensée de me laisser voir une montre qui est très-belle, et dont la vue m'inspira soudain la dernière scène de ma comédie. Je l'abordai, en lui disant : Vous avez là un ravissant joyau, une merveille que je consentirais à payer bien cher, s'il vous plaisait jamais... — De vous la vendre ! répondit le financier; qu'à cela ne tienne ! vous êtes spéculateur comme moi : les petites spéculations entretiennent l'amitié; je vous cède ma montre au prix coûtant... cinquante louis.

« Cinquante louis pour une vieille montre ! j'étais volé... mais, j'allais prendre ma revanche. Les gens de Desparville l'attendaient, au détour de la rue Quincampoix; je leur criai, le plus insolemment qu'il me fut possible : Vous reconnaissez cette montre? Je suis chargé par votre maître d'une mission importante; allons ! le carrosse de M. Desparville, et au grand galop !

« Les chevaux se mettent à galoper en conscience, comme des serviteurs infidèles, et j'arrive en un clin d'œil dans le salon de madame Desparville... Que Dieu me protége !

« Vous devinez le résultat de ma visite, grâce à mon talisman, à mon passe-partout ! Pour obéir aux ordres de son mari, qui lui commande par la bouche d'un messager extraordinaire, madame Desparville ouvre le coffre-fort du financier : elle me donne le portefeuille demandé, j'emporte mon butin, je reparais dans la rue Quincampoix, je salue mon crédule agioteur, je m'esquive; je me prends à courir, et je cours encore !

« Sans doute, l'on me soupçonne déjà d'être l'auteur de ce vol incroyable ; on m'a reconnu ce soir dans le voisinage de cette maison, et des gens de mauvaise mine se préparaient à me poursuivre : je me suis élancé dans une cour ; j'ai franchi lestement cinq étages ; j'ai aventuré ma vie et ma fortune sur les toits et sur les gouttières ; sans vous, Clarisse, j'aurais fini par me laisser prendre comme un maladroit, ou par me tuer sur le pavé comme un imbécile !

« — Bonté du ciel ! s'écria la grisette ; que voulez-vous que je fasse de cet argent, de cette richesse, de cette opulence mal acquise ?

« — Vous la mettrez dans votre corbeille de mariage ; vous irez frapper, dès demain, à la porte du financier Desparville, bras dessus, bras dessous, avec votre amoureux ; vous lui direz : Voici ma dot, monsieur... mariez-nous !

« En parlant ainsi, le magnanime voleur s'était affublé d'une robe et d'un bonnet qui appartenaient à la jeune fille ; il prit ensuite sur la table un petit panier et un carton ; il poussa du pied la porte de la mansarde, et il disparut en souriant à la jolie grisette... Attendez !... il revint bientôt sur ses pas... Il prit un billet de la banque de M. Law, et il disparut de nouveau, en disant à la jeune fille : « Je reprends les cinquante louis que m'a coûtés la montre de M. Desparville. »

« J'ignore la fin de cette aventure ; mais, rien ne nous empêche de croire que la petite grisette épousa le fils du riche financier, par la grâce de Dieu ; et ma foi ! il faut bien le dire, par la grâce du plus honnête des voleurs. »

— C'est bien invraisemblable ! c'est bien invraisemblable ! murmura l'auditoire du *Petit-Saint-Vincent*, et nous sommes tout à fait de cet avis, quoiqu'il s'agisse d'une anecdote enregistrée dans les mémoires du dix-huitième siècle.

En ce moment, neuf heures sonnaient à l'horloge de Saint-Paul ; le prévôt de la salle se leva sur son lit pour crier à ses camarades :

— Vous entendez le couvre-feu des prisonniers ? silence, éteignez vos pipes ; bonne nuit, et tâchons de rêver que nous sommes libres !

Tout rentra dans l'ordre, dans le silence : si les détenus ne dormaient pas, du moins ils feignaient de dormir.

Le duc de la Force, toujours blotti dans un coin du dortoir, se prit à réfléchir à tout ce qu'il avait entendu, à tout ce qu'il avait vu dans son ancienne demeure métamorphosée en prison; il s'oublia, en réfléchissant, et il ne songea point à disparaître. Tout à coup, la lanterne du dortoir perdit sa lumière pâle, blafarde, sépulcrale : il se fit une obscurité profonde; un détenu demanda à un de ses compagnons de chambrée :

— Chappe, dors-tu ?...

Chappe ne répondit pas : il dormait sans doute.

Le détenu, qui s'intéressait ainsi au sommeil d'un de ses compagnons d'infortune, se leva tout doucement; il marcha sur la pointe des pieds; il s'avança vers le lit du prisonnier qui se nommait Chappe; chose étrange ! il avait un sabot ferré à la main...

Un cri douloureux se fit entendre : le malheureux Chappe venait d'être réveillé par un coup de sabot; les autres prisonniers du *Petit-Saint-Vincent* dormaient toujours : peut-être continuaient-ils à feindre de dormir. Chappe jeta un second cri de douleur, et le meurtrier se rua sur son camarade à grands coups de sabot; Chappe cria de nouveau : c'était la dernière plainte d'une victime des vengeances de la prison; Chappe était mort ou presque mort[1].

L'ignoble poésie de l'argot appelle cette façon de tuer un homme endormi, *faire suer le chêne coupé*.

Le duc de la Force aurait voulu fuir le spectacle de cette épouvantable scène; le sang coulait sous ses pieds, et un pouvoir mystérieux, irrésistible, le clouait aux dalles de cet abattoir où l'on venait d'assommer un homme. La salle du *Petit-Saint-Vincent* s'illumina, par enchantement; le sang de la victime sembla jaillir jusque sur les murs du dortoir, et chaque goutte de ce sang, fécondée par un mauvais génie, se transforma en une figure humaine qui avait l'air de souffrir et de se plaindre : les murs du dortoir se

---

[1] Cet horrible épisode de l'histoire contemporaine de la Force s'est dénoué à la cour d'assises : l'assassin Darche vient d'être condamné à vingt ans de travaux forcés; Chappe a survécu à ses affreuses blessures.

couvrirent en un instant d'un immense tableau mobile, qui était l'histoire vivante de la prison de la Force; par un contraste assez singulier, le premier plan de cet affreux tableau laissait voir une espèce de bouffon qui faisait des pirouettes, des révérences et des grimaces...

— Quel est donc cet homme, pensa le duc de la Force, cet insensé qui danse parmi des malheureux?... »

La voix d'un interlocuteur invisible répondit au duc de la Force :

« — Cet homme, cet insensé, ce bouffon, se nomme Vestris Allard ou Vestr' Allard ; il fait métier de divertir le public de l'Opéra avec ses jambes ; il est le danseur favori de Marie-Antoinette, reine de France. Il a passé quelques jours dans cette prison, en 1784, pour avoir refusé de danser à la cour de sa royale protectrice. Remis en liberté par ordre de la reine, il s'est contenté de répondre à un ministre, à M. le baron de Breteuil : « Puisque Sa Majesté a rempli son devoir, je remplirai le mien ; je danserai devant elle ! » — La dynastie des Vestris a contribué à rendre bien ridicule la dynastie des danseurs ; maintenant, Dieu merci, le sceptre de la danse est tombé en quenouille. »

En examinant à la hâte le vaste tableau qui se déroulait devant lui, le duc de la Force se prit à regarder, avec une secrète émotion, deux femmes qui avaient quelque chose de grand, de noble, de souverain : l'une devisait avec un personnage assez grotesque ; l'autre souriait tristement, les yeux tournés vers le ciel : elle s'entretenait avec Dieu.

— Quelles sont ces deux femmes? demanda le duc de la Force, en ayant l'air de questionner l'interlocuteur qui lui avait déjà répondu.

« — Vous voyez la trop célèbre madame de La Mothe, et la trop malheureuse princesse de Lamballe. Madame de La Mothe se glorifiait, à tort ou à raison, d'avoir dans les veines du sang des Valois ; elle mit à profit cette royale origine pour apitoyer et séduire un grand aumônier de France, monseigneur de Rohan ; elle conclut une alliance offensive, contre la bourse du cardinal, avec un charlatan qui se nommait Cagliostro ; elle fit si bien, ou plutôt si mal, qu'elle trouva le moyen de voler à deux joailliers de Paris, au nom du grand aumônier, et pour le compte de la reine Marie-Antoinette, un joyau d'environ quinze cent mille livres; madame de La Mothe fut le principal auteur de cette triste comédie que l'on appelle, dans l'histoire du dix-huitième siècle, *le collier de la reine!* elle s'échappa de la prison de la Force pour aller vivre en Angleterre; elle vendit, à Londres, quelques-uns de ces beaux diamants qu'elle avait volés à Paris. Vous ne soupçonneriez jamais le mal que fit à la couronne de France le scandale du *collier de la reine.*

« Quant à madame la princesse de Lamballe, saluez le plus humblement qu'il vous sera possible une femme qui était jeune, jolie, noble, spirituelle; elle fut tuée par un éclat du trône de Louis XVI, que le peuple venait de briser. La princesse de Lamballe entra dans cette prison le 3 septembre 1792; elle en sortit le même jour, et voici comment :

« Une grande, héroïque et terrible révolution venait de briser une monarchie, dans la journée du 10 août 1792, en attendant qu'elle tuât un monarque, le roi de France, dans la journée du 21 janvier 1793. Le peuple se laissait aller à un enthousiasme qui touchait au délire, à une réaction qui touchait à la violence, à un emportement qui touchait à la tyrannie; on ne parlait, à Paris, que de l'invasion étrangère, des menaces des royalistes, de la correspondance de la famille royale avec les émigrés, du manifeste du duc de Brunswick, de la révolution qui allait être étouffée dans le sang de ses derniers défenseurs; la famine était à nos portes, et Danton disait aux représentants du peuple : « *Il faut de l'audace, encore de l'audace, toujours de l'audace!...* » L'audace, prêchée, décrétée par Danton, prépara peut-être les sanglantes journées de septembre [1].

---

[1] Il nous paraît assez curieux d'emprunter au *Mémorial de Sainte-Hélène* la pensée politique de l'Empereur, au sujet des massacres de septembre: « Ce fut bien plutôt l'acte
« du fanatisme, a dit Napoléon, que celui de la pure scélératesse; on a vu les massa-
« creurs de septembre massacrer l'un d'entre eux pour avoir volé. Ce terrible événement
« était dans la force des choses et dans l'esprit des hommes. Les Prussiens entraient :
« avant de courir à eux, on a voulu faire main basse sur leurs auxiliaires dans Paris.
« Peut-être cet événement influa-t-il sur le salut de la France. Qui doute que dans les
« derniers temps, lorsque les étrangers approchaient, si on eût renouvelé de telles hor-
« reurs sur leurs amis, ils eussent jamais dominé la France? »

«L'accès de fièvre qui mit aux mains du peuple la massue révolutionnaire des septembriseurs, commença dans l'après-midi du 2 septembre. Neuf prisons servirent de théâtre à cette affreuse tragédie : *L'Abbaye, le couvent des Carmes, le séminaire de Saint-Firmin, la Conciergerie, le cloître des Bernardins, la Salpêtrière, le Châtelet, Bicêtre et la Force.*

«Le 3 septembre, à sept heures, la princesse de Lamballe comparut devant le tribunal improvisé de la Force; après lui avoir fait subir un interrogatoire, le président s'écria : « *Élargissez madame!* » Ce mot *élargissez* était tout simplement une formule qui cachait la peine de mort ; la princesse de Lamballe fut élargie,

en effet : on la tua à coups de sabre ; on promena sa tête au bout d'une pique ; on porta cette tête jusqu'aux abords du Temple, pour la montrer de loin à un malheureux prisonnier qui était Louis XVI !

« Sans doute, la haine que le nom de Marie-Antoinette inspirait au peuple de Paris ne fut pas tout à fait étrangère à la mort de madame de Lamballe : la princesse avait été l'amie intime de la reine de France. Ce qu'il y a de certain, d'incontestable dans l'histoire des massacres de septembre, c'est que le sang des femmes fut épargné par la justice expéditive des septembriseurs : la Force ne vit tomber, dans ces affreuses journées, que la tête d'une seule détenue, celle de la princesse de Lamballe.

« Voilà un bien triste épisode de la révolution française, monsieur le duc! mais, que voulez-vous... un trône comme celui des Bourbons ne s'abîme pas dans l'océan révolutionnaire sans y soulever des tempêtes. »

Le duc de la Force détourna les yeux de ce lugubre tableau, qui lui montrait la royauté jugée par le peuple, la noblesse égorgée au nom de la loi, la monarchie de Louis XIV condamnée à mourir sur l'échafaud de Louis XVI; il essaya de s'enfuir... mais, il lui fallut, bon gré, mal gré, assister encore au mystérieux spectacle qui dramatisait, dans la salle du *Petit-Saint-Vincent*, l'histoire d'une prison de Paris. — La princesse de Lamballe venait de disparaître : elle se rendait, en tremblant, au tribunal des septembriseurs ; elle fut remplacée par deux hommes qui portaient les insignes du commandement militaire. Comme il se souvenait d'avoir porté une épée au service de la France, le duc de la Force voulut connaître le nom de ces deux soldats; l'interlocuteur que vous savez lui répondit ainsi :

— « Ils se nomment Pichegru et Moreau ! Le souvenir de ces deux prisonniers appartient beaucoup plus à la geôle du Temple qu'à la geôle de la Force, où ils n'ont passé que deux ou trois heures. Pichegru était un traître : il conspira contre sa patrie, qui était la France, et contre son bienfaiteur, qui était Napoléon Bonaparte; il se rendit justice lui-même : il se suicida. Moreau était un traître : il conspira contre la France et contre Napoléon Bonaparte; devenu libre, par la grâce d'un maître qui avait pitié de son ancienne gloire, Moreau s'en alla conspirer encore contre son pays, à l'ombre des couronnes étrangères ; mais, Dieu merci, les boulets sont quelquefois justes et intelligents : un boulet français reconnut Moreau sous le déguisement d'un général russe, et il le tua.

« Ce groupe de prisonniers, qui semble servir de cortége à Pichegru et à Moreau, renferme quelques hommes publics, célèbres dans l'histoire politique du dix-neuvième siècle : le duc de Rivière, Georges Cadoudal, et les frères Polignac ; le reste ne vaut pas l'honneur d'être nommé : je n'y vois que des royalistes, des conspirateurs, des prêtres et des chouans de bas étage ; ce sont les comparses de la tragédie.

« Je me souviens, monsieur le duc, d'un petit détail qui intéresse l'histoire de cette prison, et auquel se rattache le nom de votre illustre famille. Un des complices de Moreau — ayant aperçu, dans le prétoire du tribunal qui devait le juger, madame de la Force, une des plus jolies femmes de ce temps-là, — se prit à improviser le huitain que je vais vous dire :

> En prison est-on bien ou mal ?
> On est fort mal à l'Abbaye ;
> C'est de même au bureau central,
> Et pis encore à Pélagie.
> Au Temple, hélas ! on n'est pas mieux,
> Et d'en sortir chacun s'efforce :
> Le prisonnier le plus heureux
> Est le prisonnier *de la Force*.

« Le poëte qui chantait ainsi allait entendre son arrêt de mort ; je vous le demande, monsieur le duc, où diable la manie de l'impromptu va-t-elle se nicher !

« J'ai oublié de vous montrer tout à l'heure un prisonnier d'autrefois qui se tenait assis devant nous, entre madame de La Mothe et la princesse de Lamballe : il se nomme Linguet ; il a joué un rôle assez spirituel et fort étrange dans l'histoire littéraire du dix-huitième siècle. Linguet réussit à peu près dans tout ce qu'il essaya de faire, sans jamais savoir profiter de sa réussite : lauréat de l'université de Paris, il se met aux gages d'un grand seigneur ; homme de lettres, il devient l'aide de camp du prince de Beauveau, pour aller combattre en Portugal ; avocat d'élite et déjà célèbre à son début oratoire, il publie des libelles qui n'ôtent rien à son talent, mais qui enlèvent quelque chose à sa réputation ; candidat au fauteuil académique, sous les auspices de d'Alembert, il sacrifie son ambition littéraire à la manie du paradoxe, et il se moque des académiciens et de l'Académie ; protégé, anobli par l'empereur d'Autriche, il s'avise de défendre publiquement les insurgés des Pays-Bas, et le voilà chassé de Vienne et des États autrichiens. Linguet fut mis à la Bastille en 1780 ; il y passa deux ans ; il disait un jour à un pauvre diable qui venait lui faire la barbe dans son cachot : « Ah ! c'est donc vous qui êtes le barbier de la Bastille ? Eh bien ! rasez-la ! »

« La Bastille fut rasée neuf ans plus tard, monsieur le duc ; mais, la ruine du donjon féodal n'empêcha point Linguet d'aller encore faire de l'esprit en prison. Il s'écriait, en 1794, ici même, à la place où nous sommes : « Je serai vaincu par *la Force !* » Linguet avait raison : il passa du guichet de la Force dans la charrette du bourreau.

« Depuis soixante ans, la politique a figuré dans la plupart des prisons de Paris, sous les traits de quelques hommes d'élite : la Force a toujours eu son contingent de prisonniers d'État. Si je regarde bien cet immense tableau qui couvre, je ne sais par quel prodige, les murs de cette salle ; si je cherche bien dans le pandémonium de la pénalité préventive, je trouverai plus d'un célèbre détenu politique ; je regarde, je cherche, et je trouve : Voici déjà, monsieur le duc, à côté d'un bigame qui se nommait Sarrasin,— le général Sarrasin,—un prisonnier qui vit encore, un personnage considérable, un homme de beaucoup d'esprit, pair de France, grand chancelier, duc et académicien : en 1812, à l'époque de son arrestation, M. Pasquier n'était encore que baron, conteur spirituel et préfet de police.

« Figurez-vous, monsieur le duc, que dans la nuit du 23 au 24 octobre 1812, le général Mallet, emprisonné par la police impériale qu'il avait inquiétée, imagine de briser d'un coup de main le trône d'un empereur : Mallet s'échappe de sa prison ; il arrache aux geôliers de la Force les généraux Guidal et Lahorie ; il donne des armes à quelques soldats ; il arrête le ministre de la police et son préfet; il persuade le préfet de la Seine, et il essaie de convaincre le commandant de la place... un pistolet à la main! Mallet, Guidal et Lahorie furent condamnés à mort par une commission militaire, et fusillés le 29 octobre 1812.

« Quant à MM. Pasquier et de Rovigo, emprisonnés par le général Mallet, c'est-à-dire par un prisonnier de la veille, ils apprirent dans leur cachot de la Force la résurrection de l'empire; peut-être avaient-ils déjà compté sans l'étoile de l'Empereur [1].

« M. Pasquier a sans doute oublié, dans son magnifique palais du Luxembourg, deux poëtes, deux chansonniers qui le rendirent bien furieux et bien injuste, quand il n'était qu'un simple préfet de police : l'un de ces deux chansonniers, un collégien, un enfant, avait eu la sottise de railler, en vers détestables, l'infortune impériale de la retraite de Moscou ; le préfet de police frappa sur le malheureux enfant, de toute la force d'un homme en colère : il fit passer le collégien, des bancs de l'école, dans la prison de la Force, peut-être dans le cachot qui avait vu, en 1812, le baron Pasquier et le duc de Rovigo. L'autre était tout simplement un homme de génie ; il avait rimé une satire un peu plus poétique, ce nous semble, et partant un peu plus dangereuse que la chanson de l'écolier : le poëte se nommait Béranger; cette cruelle satire avec pour titre : *le Roi d'Yvetot*.

« Béranger fut plus heureux que le collégien : il eut le bonheur d'échapper aux recherches de la police de Paris; il consentit à se cacher et à se taire, en attendant des jours meilleurs. La muse du chansonnier ne perdit rien pour attendre; après avoir joué impunément avec l'empire, qui était un colosse, elle fut punie par la royauté pour avoir bafoué un pouvoir qui était un pygmée : en 1828-1829, sous le règne de Charles X, Béranger vint expier, à la Force, le tort d'avoir chanté en riant les *Gérontes* et les *Mirmidons*.

---

[1] Le peuple ne voulut voir, dans cet incroyable épisode de l'empire, que le côté plaisant d'une pareille conjuration. Il surnomma le général Hullin *Bouffe-la-Balle*; il disait, en faisant allusion aux noms de deux des conjurés, que l'Empereur avait failli être victime d'un coup de *soulié*, et que les Tuileries auraient pu être conquises d'un coup de *rateau*; enfin, il salua la disgrâce du duc de Rovigo (Savary), par le ridicule de ce calembour : *Ça varie, mon ami*.

« Moi qui vous parle, et qui suis peut-être le génie familier de cette prison, je me glorifie d'avoir consolé, de mon mieux, bien des prisonniers politiques : je me rappelle encore Chatelain, qui fit une rude guerre aux successeurs légitimes de Louis XVI ; Paul-Louis Courier, vigneron, soldat, pamphlétaire, helléniste, dont les pamphlets inspirés par l'esprit de Voltaire ont inspiré à leur tour les pamphlets de Timon ; Cauchois-Lemaire, qui fut le premier à montrer publiquement la couronne de France à un Bourbon de la branche cadette[1] ; Magalon et Fontan, qui sortirent de la Force, accouplés comme deux galériens, pour aller subir leur horrible peine à la réclusion de Poissy. Il ne fallut rien moins qu'une révolution pour délivrer ce pauvre Fontan, pour arracher un écrivain à la chaîne des voleurs ; une fois libre, l'auteur du *Mouton enragé* réclama une noble récompense du ministre qui lui offrait une généreuse rémunération : il demanda un petit morceau de ruban rouge pour sa boutonnière, et la liberté pour quelques-uns de ses *camarades* de Poissy. Le public littéraire a déjà oublié Fontan : il ne faut pas que ses anciens amis l'oublient tout à fait.

« Laissons là, s'il vous plaît, les détenus politiques, monsieur le duc, et parlons de quelques célèbres criminels qui ont commis de véritables crimes. Ces prisonniers qui se cachent là-bas, pêle-mêle, à l'ombre, dans un coin de ce tableau fantastique, sont des meurtriers, des empoisonneurs, des malfaiteurs de toutes les sortes : je reconnais Papavoine, qui embrassait des enfants pour les étouffer ; Castaing, qui tentait la fortune dans la maison de ses deux meilleurs amis, avec la recette de la marquise de Brinvilliers ; Contrafatto, qui souilla doublement sa robe de prêtre avec le vice et avec le crime ; Malagutti, qui osa tuer en plein jour, en plein Palais-Royal, le changeur Joseph ; le forçat Deschamps, l'un des hardis voleurs qui enlevèrent les bijoux et les diamants du *garde-meuble* ; Benoît, qui tua un de ses amis après avoir égorgé sa mère ; Regis, qui coupa, qui dépeça le corps de sa victime, pour mieux le jeter dans la Seine, et qui disait sans doute en faisant des ronds dans la

---

[1] Lettres de M. Cauchois-Lemaire adressées au duc d'Orléans, dans les dernières années de la restauration.

rivière : *Laissez passer ma justice!* Lacenaire, cet épouvantable bel esprit qui rimait de mauvaises chansons pendant la nuit, quand il n'avait pas perdu sa journée : j'imagine qu'il mettait du sang dans son écritoire et dans sa lampe; Roch, Daumas-Dupin, Lemoine, Soufflard, Fourrier, et bien d'autres détenus criminels qui ont tous porté au moins un cadavre sur la conscience; à vrai dire, leur conscience ne disait mot sous le poids de cette charge sanglante : la littérature des voleurs et des assassins, qui est aussi l'expression d'une société, a donné à la conscience le surnom expressif de *la muette.*

« Je vous ai nommé Castaing et Papavoine : Castaing eut le triste honneur de fournir à la justice de la science, faillible peut-être, l'occasion d'expérimenter un crime dans le prétoire... nous allions dire dans le laboratoire de la cour d'assises. Il nous semble que M. Orfila vint prêter pour la première fois, dans le procès de Castaing, l'arme terrible d'une mystérieuse analyse à l'impuissance de la vindicte publique; ce fut aussi dans cette cause célèbre que le savant Chaussier se prit à dire à un juré, à propos du résultat d'une expérience : « Êtes-vous chimiste?... Eh bien! taisez-vous! » Quant à Papavoine, ce malheureux qui en voulait à la vie des enfants, il ne lui a manqué peut-être, pour se dérober à l'échafaud, que le secours des clartés secrètes de la science : un psychologiste aurait pu le sauver. Papavoine quitta la Force pour aller à Bicêtre où l'attendait la dernière toilette du condamné à mort : n'y avait-il pas un fou dans cet assassin? On le jeta dans un cachot, au lieu de le reléguer dans un coin de l'infirmerie; on le tua, sans avoir essayé de le guérir.

« Vous sied-il de connaître un prévenu dont le nom appartient à l'aristocratie française, un jeune officier qui a eu le malheur de provoquer, il y a quelques années, le mépris des hommes, la colère des femmes, l'indignation de deux illustres avocats, la haine d'une noble famille, la sévérité de la justice criminelle? il se nomme Émile de la Roncière; il s'amuse tristement à faire de la tapisserie; il manie une aiguille, après avoir porté une épée; il n'a pas encore trente ans, et sa tête est déjà toute blanche; s'il est innocent, il a bien mal attaqué ses ennemis! s'il est coupable, il s'est bien mal défendu contre ses adversaires!

« Laroncière eut la sotte faiblesse de mettre en action, à propos d'une honnête jeune fille, et d'une façon un peu bien violente, cette folie empruntée à la sagesse des nations : *Qui veut la fin veut les moyens;* on peut dire hardiment qu'il fut surtout condamné par la rancune des femmes sensibles.

— Hélas! murmura le duc de la Force, en interrompant son mystérieux interlocuteur, c'est donc là ce que l'on a osé faire de mon ancienne et magnifique résidence : la prison provisoire de tous les crimes, le purgatoire de la pénalité !

— « Précisément, monsieur le duc,... un véritable purgatoire, imaginé par la procédure criminelle... le purgatoire de la prévention, d'où l'on ne sort que pour aller dans l'enfer du châtiment avec le crime, ou dans le ciel de la liberté avec l'innocence.

— Mais, mon Dieu! s'écria le duc de la Force, est-ce que tous les prévenus sont traités comme des coupables, de par le roi et la loi?...

« — Oui, monseigneur, tous les prisonniers sont égaux devant le régime de la prévention.

— Et quelle est donc la durée de l'emprisonnement préventif?

« — Je connais des prévenus, — des prévenus innocents, — qui ont passé trois mois à la Force.

— Quel est le nombre exact des personnes que l'on soumet, *bon an mal an*, aux rigueurs de la prison préventive?

« — Le nombre des prévenus, justiciables des tribunaux correctionnels ou des cours d'assises, est annuellement de *cinquante mille;* un des derniers tableaux officiels de la justice en France constate le chiffre de *cinquante-un mille trois cent soixante-trois prévenus*, que l'instruction, les tribunaux et le jury ont déclassés de la manière suivante :

Renvoyés des poursuites par les chambres de conseil. . .	13,115
Renvoyés des poursuites par les chambres d'accusation. .	682
Acquittés par les tribunaux correctionnels.	3,390
Acquittés par les cours d'assises.	2,259
Total des non coupables.	19,446
Total des condamnés.	31,917
Total général.	51,363

« Si vous voulez bien ajouter au chiffre des *dix-neuf mille* innocents dont il s'agit dans ce compte rendu de la justice, le chiffre d'environ quinze mille coupables qui n'ont été condamnés qu'à la peine de cinq jours à un mois de prison, vous aurez, pour résultat, le triste spectacle de trente-cinq mille personnes soumises, injustement ou inutilement, à toutes les privations, à tous les dangers, à toutes les tortures de la détention préventive.

« Ne parlons plus du système de la prévention, monsieur le duc, et regardons encore le tableau animé, pittoresque, dramatique, de la Force contemporaine. Les murs de ce dortoir viennent de changer de décoration : ils représentent en même temps un autre théâtre, d'autres personnages et des scènes nouvelles. Voici d'abord la *fosse aux lions*.

La fosse aux lions, construite en pierres de taille, liées par des attaches de fer, est toute remplie de prisonniers dangereux, de prévenus condamnés d'avance par le cynisme de leurs propres

aveux, de forçats et de reclusionnaires libérés. Les gardiens eux-mêmes tremblent devant ces hommes. La fosse aux lions est un tableau que l'on croirait peint avec du sang, une toile éclairée par une lumière effrayante, sans l'ombre la plus légère qui repose les yeux, sans un peu d'innocence ou de repentir qui repose le cœur.

« Les détenus que vous voyez ne sont pas des criminels isolés, des malheureux qui aient failli séparément, des malfaiteurs qui aient violé les lois divines et humaines pour le compte d'un intérêt particulier; non... vous avez affaire à des bandes organisées, à des associations redoutables qui ont recommencé dans Paris, en la renouvelant plus d'une fois, l'histoire des quarante voleurs d'Ali-Baba.

« Je vous présente donc, à mon grand regret, d'immenses caravanes de filous, de voleurs et d'assassins, qui ont voulu jeter, sûrement, tranquillement, impunément, une nouvelle cour des Miracles dans l'oasis de la civilisation parisienne. Pour les observateurs sérieux qui étudient l'œuvre lente mais certaine de la justice, les détails ignobles, les épisodes horribles du procès de tous ces malfaiteurs n'ont pas manqué d'un intérêt puissant, d'une grande portée, d'un profit énorme; les plaies les plus profondes de la société ont saigné sur les bancs de la cour d'assises : les médecins de la santé publique, les médecins de la santé morale du peuple, ont dû y chercher un remède à ces maladies affreuses que donnent surtout l'ignorance, la désorganisation du travail, l'absence de la religion et de la famille. Le vaste filet qui a servi à prendre d'un seul coup, en un clin d'œil, toutes ces bandes d'oiseaux de proie, a été fabriqué avec les trames secrètes de la *révélation* : le système de la révélation est devenu, pour les magistrats, une arme formidable, dangereuse peut-être; mais, jusqu'ici du moins, les verdicts de la cour d'assises n'ont pas brisé cette arme dans les mains de la magistrature : les révélateurs cachaient véritablement des complices.

« Les grades sont nombreux dans cette maçonnerie du crime.

« Au moyen âge, on distinguait les *cagoux*, les *orphelins*, les *rifo-*
« *dés*, les *mallards*, les *mercandiers*, les *malingreux*, les *sabouleux*,
« les *callots*, les *coquillards*, les *hubins*, les *capons*, les *narquois*,
« les *francs-mitoux*, les *courtauds de boutanche*, ayant à leur tête le
« grand COESRE.

« Aujourd'hui, les noms ont changé avec les changements sur-
« venus dans les fonctions des dignitaires.

« Au premier rang, figurent les *escarpes*, les *sableurs*, les *suageurs*.

« *Escarper* quelqu'un, c'est le tuer avec une arme quelconque,
« pour le voler et s'assurer de son silence.

« Le *sabler*, c'est l'assommer avec une peau remplie de sable.

« Le *suager*, c'est lui brûler les pieds, pour le forcer à dire où
« est son argent.

« Viennent ensuite les *grinchisseurs*, autrement dits les voleurs
« et leurs innombrables variétés ; les *bonjouriers*, ou chevaliers
« grimpants, volent en s'introduisant dans les appartements, sous
« le prétexte de dire bonjour au locataire ; les *cambrioleurs* déva-
« lisent les chambres à l'aide d'effraction ou de fausses clefs ; les
« *caroubleurs* sont une variété de cambrioleurs ; les *careurs* sou-
« tirent l'argent à l'aide d'un change qu'ils proposent ; les *chan-
« teurs* vous attirent dans un mauvais lieu et vous font acheter
« leur silence ; les *charrieurs* exploitent les campagnards provin-
« ciaux, en leur offrant à gros bénéfice des pièces jaunes contre de
« l'argent blanc ; les *détourneurs* volent dans l'intérieur des maga-
« sins des pièces d'étoffes ou autres marchandises ; les *enfonceurs*,
« fripons, agents d'affaires ; les *floueurs*, voleurs au jeu ; les *fourgats*,
« recéleurs ; les *francs-bourgeois*, quêteurs à domicile pour une fa-
« mille noble qui a tout perdu à la révolution ; les *vanterniers*, voleurs
« par les croisées laissées ouvertes ; les *papillonneurs*, voleurs de linge
« sur les voitures de blanchisseuses ; les *piliers de boutanche*, commis
« qui volent leurs patrons ; les *piliers de Pacquelin*, voleurs dans les
« auberges, dans les cafés ; les *rats* dévalisent les rouliers et les mar-
« chands forains ; les *roulottiers*, voleurs de bâches, valises et
« autres objets attachés sur les voitures ; les *voitreusiers*, voleurs
« commissionnaires ; les *solliceurs de zif*, marchands au rabais de
« marchandises dites de contrebande ; les *batteurs de dig-dig* déva-
« lisent les bijoutiers ; les *tireurs*, prestidigitateurs qui exploitent
« les poches ; les *coqueurs*, compères des tireurs ; les *fileuses*, vo-
« leurs-espions ; les *surfines*, ou sœurs de charité, volent le pauvre
« honteux, en s'introduisant dans sa mansarde sous le voile de la
« religion.

« Ces diverses sortes de voleurs se confondent sous la dénomi-
« nation commune de *pègres* et de *pégriots*. On appelle *haute-pègre*
« la classe des voleurs qui ont donné à la corporation des preuves
« de dévouement et de capacité, qui exercent depuis longtemps
« déjà, qui ont inventé ou pratiqué avec succès un genre quel-
« conque de vol; on appelle *basse-pègre* le prolétariat de l'associa-
« tion. Le *pègre de la haute* ne volera pas un objet de peu de va-
« leur : il croirait compromettre sa dignité d'homme capable; il
« ne fait que des affaires importantes et méprise les voleurs de ba-
« gatelles, ou *pègres de la basse*, auxquels il donne le nom de *pégriot*,
« de *pègre à marteau*, de *chiffonnier*, de *blaviniste* [1]. »

— Le voisinage de pareils hommes, dans une prison préventive, demanda le duc de la Force, ne doit-il pas nuire à l'avenir
des prévenus qui sont encore innocents?

« — S'ils ont une tête et une âme robustes, les innocents résistent
quand même à la contagion du vice, de l'argot et du crime; si le
tempérament de leur vertu est faible, si leur intelligence est fra-
gile, si leur conscience est maladive, il est impossible qu'ils ne
laissent pas quelque chose de leur esprit et de leur cœur aux
broussailles de la prison préventive : en pareil cas, ceux qui chan-
cellent ne tardent pas à tomber; la police les relève dans la boue,
et le code pénal les précipite dans l'infamie.

« Maintenant, monsieur le duc, pour peu que cela vous plaise,
les murs de ce dortoir se transformeront encore, et vous y pourrez
voir le tableau des mœurs, des habitudes, des faiblesses et des
industries des prévenus de la Force. Voyez, monseigneur...

Le duc de la Force aperçut aussitôt devant lui, dans une espèce
de panorama de la prévention criminelle, un singulier pêle-mêle
de malheureux, la plupart en guenilles, qui jouaient à la liberté,
dans les cours et dans les chauffoirs de la prison.

« Regardez bien tous ces gens-là, monseigneur : ils se pro-

---

[1] Les *Détenus*, par Moreau Christophe; excellent travail publié dans les *Français*.
Nous devons aussi quelques indications, sur l'état des prisons et la vie des prisonniers,
à un livre que nous avons déjà cité avec éloges : *les Prisons de Paris*, par un ancien détenu.

mènent, ils sautent, ils jurent, ils chantent, ils rient ; mais, ils ont beau faire et beau dire... ils sont tristes, ils souffrent, ils regrettent, ils désespèrent de Dieu et des hommes ! La captivité, — qui a commencé pour eux dans le dépôt de la Préfecture, et qui ne finira peut-être que sur l'échafaud, au bagne ou dans une prison centrale, — les froisse, les attriste, les affaiblit, les irrite, les rend insupportables aux autres et à eux-mêmes. Comme ils ne songent à compter ni sur Dieu, ni sur les hommes, ils se laissent vivre, ils se laissent mourir au jour le jour, en grimaçant la santé, la vigueur, le courage, la vie ; ce sont des malades qui font semblant de se porter à merveille : les crimes, a dit M. Moreau Christophe, sont une maladie du corps social ; les prisonniers en sont les déjections, les prisons en sont l'exutoire.

« Les prévenus criminels sont des hommes à demi vaincus par la société ; comme ils ont le sentiment de leur faiblesse, les armes à la main, ils cherchent à forger dans leur prison des armes nouvelles, des armes invisibles, non plus pour attaquer, mais pour se défendre : ils imaginent des ruses de toutes les sortes pour tromper la justice, des bottes secrètes pour blesser l'accusation, des formules sentimentales pour séduire et convaincre leurs juges ; ils s'efforcent de deviner les impressions de l'audience, et ils répètent par la pensée la comédie qu'ils joueront sur la sellette, la jonglerie vulgaire qui doit les sauver : ils créent un monde sur la pointe d'une aiguille, et ils trouvent encore un rayon d'espérance pour illuminer leur création.

« Les prisonniers les plus incrédules, ceux-là mêmes qui se vantent d'être les esprits forts de la geôle, croient pourtant à quelque chose. Le doyen des subalternes de la Force vous raconterait, au besoin, la naïve et poétique superstition d'un ancien détenu qui se nommait Michel. Cet homme, ce misérable, était un employé du ministère de la guerre ; il fut condamné à mort, sous l'Empire, pour crime de haute trahison : il avait vendu les secrets de l'État à un espion de la Russie. Eh bien ! ce Michel qui ne croyait à rien assurément, puisqu'il n'avait point de patrie, s'était avisé de croire à l'influence infaillible de ce brin de soie, de plume ou de laine, tombé d'une robe céleste, et que l'on appelle le *fil de la-Vierge*.

« Un matin, assis tristement dans une cour de cette prison, Michel se releva tout à coup, en souriant comme un bienheureux, les regards tournés vers le ciel : il venait d'apercevoir au-dessus de sa tête le *fil de la Vierge* qui se déroulait jusque dans la demeure des pauvres prisonniers. Si Michel avait eu des ailes, il se serait envolé pour toucher un peu plus vite à ce fil précieux; Michel attendit, en tremblant à force d'impatience : il appela, de ses sourires et de ses regards les plus doux, le trésor divin qui lui apportait sans doute la joie, le pardon, la liberté; ô bonheur! le *fil de la Vierge* continua à descendre tout doucement, et deux fois il faillit se poser sur le front du coupable; il voltigea de nouveau autour de Michel, sans vouloir encore le toucher; il joua dans le préau, en effleurant des malheureux qui étaient plus à plaindre qu'à tuer; enfin, il disparut tout à fait, peut-être pour aller se mêler au duvet de quelque nid du voisinage : en le voyant disparaître, Michel perdit tout son courage; il se prit à pleurer; il comprit dès ce moment qu'il devait mourir, et il mourut en effet sur un échafaud : la Vierge avait dédaigné de sourire à un traître.

« Vous avez déjà visité, monsieur le duc, les prisonniers de la *fosse aux lions?* La plupart de ces dangereux prisonniers, qui ont blanchi... qui ont rougi sous la livrée sanglante du crime, ont l'odieuse manie de vouloir donner de l'orgueil à toutes les mauvaises passions. Ils improvisent une hideuse comédie de la vanité; ils se drapent dans leurs guenilles; ils se souviennent de ce qu'ils ont fait; ils récitent aux spectateurs d'un bien triste parterre le drame pompeux des hontes de leur vie réelle : c'est une leçon qu'ils donnent à la maladresse des voleurs de bas étage; c'est un souvenir qu'ils jettent à l'orgueil des malfaiteurs émérites...

Ignori discant; ament meminisse periti!

« Je me rappelle un orgueilleux prévenu de la *fosse aux lions*, qui grimpait audacieusement sur un tas de paradoxes pour s'élever jusqu'au rang d'un prisonnier politique, oui, d'un prisonnier politique! Le malheureux disait à son misérable auditoire : « Je suis un conspirateur, ni plus, ni moins; j'ai conspiré, non pas contre la royauté, mais contre la fortune : j'ai voulu m'asseoir, non pas au banquet des gens qui gouvernent, mais à la table des hommes qui mangent. La politique escamoterait une couronne : j'ai plus d'une fois escamoté une couronne de pain ; la politique en veut aux honneurs et à la puissance : j'en veux aussi à l'honneur de ne rien faire et à la puissance de bien vivre ; la politique ne se gêne pas pour frapper de mort ses adversaires : je tue au besoin les ennemis qui me résistent ; la politique et le vol conspirent en même temps, chacun de son côté, l'une contre le trône et l'autre contre la propriété : les voleurs appartiennent à l'histoire philosophique de toutes les guerres civiles. » — L'orateur-philosophe dont il s'agit se nommait sans doute Lacenaire.

— Vous m'avez parlé tout à l'heure des industries des prisonniers ; où sont les industriels de la prévention ? demanda le duc de la Force.

« — Ils se promènent devant vous, dans les préaux, avec l'appareil de leurs petits métiers : vous pouvez assister à l'établissement, à l'exploitation des industries les plus infimes de la grande ville, dans le cadre d'une vilaine miniature ; il faudrait à ces marchands, à ces spéculateurs, beaucoup moins d'intelligence, d'adresse, d'observation et d'activité pour vivre en travaillant dans le monde, qu'il ne leur en faut pour végéter misérablement dans une prison.

« Oui, monsieur le duc, les habitants de cette petite ville du vice et du crime exploitent, de leur mieux, une foule de petites professions, de petits talents, qu'ils auraient bien fait d'exploiter librement, innocemment, dans les rues de la grande ville. Si le *marchand de coco* de la geôle avait daigné vendre de l'eau de réglisse dans les promenades publiques ; si *le peintre* avait consenti à badigeonner des enseignes ; si *le fabricant de corbeilles et de boîtes en papier* avait pris la peine de travailler chez les cartonniers et chez les papetiers des faubourgs ; si *l'écrivain public* avait appelé à son aide, dans une modeste échoppe, les plus belles fleurs de la rhétorique pour traduire la pensée intime des bonnes d'enfants, des fantassins, des amoureux illettrés et des lorettes, — tous ces malheureux auraient peut-être un peu d'argent, un peu de repos, un peu d'air, un peu d'innocence, et la liberté par-dessus le mar-

Dessiné par Français. Gravé par Rouget.

LE PARLOIR.

ché! N'est-il pas bien singulier qu'ils aient renoncé, de gaieté de cœur, aux bénéfices du travail libre, pour venir travailler sans profit dans l'esclavage de la prison?—Je vais bien vous surprendre, monseigneur : d'ordinaire les prisonniers n'ont rien, ne possèdent rien; il y a pourtant des voleurs qui trouvent encore le moyen de voler quelque chose à la misère de leurs camarades.

« Quant à *l'argot*, dont l'origine se perd dans la nuit des coupe-gorges, dans le sang des repaires, dans la boue de la cour des Miracles, je ne veux pas blesser, par quelques exemples d'un pareil langage, la chasteté de vos oreilles de gentilhomme; s'il vous plaît absolument de connaître cet énergique et horrible vocabulaire, voici un petit livre, intitulé : *Dictionnaire de l'argot moderne*; emportez-le, monseigneur, pour l'édification des honnêtes gens de l'autre monde.

« Il se fait tard, monsieur le duc,... je me trompe, il se fait tôt; le jour ne va point tarder à paraître; le premier rayon de lumière effacera cette espèce de *mirage* que j'ai fait miroiter devant vous, sur les murs enluminés de cette salle; d'ici là, monseigneur, un mot encore, à propos d'une des plus tristes consolations des prévenus : il s'agit des *visites du parloir*. Le parloir de la prison reçoit les visiteurs officieux trois fois par semaine; le parloir est coupé, en deux compartiments, par une double cloison, c'est-à-dire par une double grille : c'est là une précaution gratuite qui ne sert qu'à intercepter l'échange des regards, des sourires et des paroles, entre les prisonniers et les visiteurs. Je ne sais rien de plus désolant que le spectacle de ces malheureux, — malheureux des deux côtés, — qui prennent tant de peine, qui se donnent tant de mal, pour recevoir ou pour donner de loin, à travers les grilles et les barreaux, un mot de tendresse, de résignation et d'espérance! Le parloir de la Force est condamné à écouter de bien larmoyantes confidences, de la bouche de pauvres gens qui viennent visiter les prévenus : c'est la misère de la liberté qui console, en gémissant, la misère de la prison! »

Un brin de lumière se glissa dans la salle du *Petit-Saint-Vincent*: la décoration et les personnages qu'un pouvoir mystérieux avait jetés sur les murs du dortoir disparurent aussitôt; les guichetiers commencèrent à marcher dans les corridors; le duc de la Force ne songea plus qu'à sortir de ce purgatoire, de cet enfer de la prévention. Le duc de la Force joua de bonheur : en s'enfuyant au hasard, à travers le labyrinthe des guichets, des promenoirs et des préaux, il passa de nouveau dans la petite *cour des Poules*; près de reprendre son vol pour le meilleur des mondes, il entendit chanter, par une voix qu'il reconnut à merveille, ce couplet d'une chanson de Béranger, inspirée au poëte populaire par la folle du logis de la prison :

> Dans mon vieux carquois où font brèche
> Les coups de vos juges maudits,
> Il me reste encore une flèche;
> J'écris dessus : Pour Charles-Dix !
> Malgré ce mur qui me désole,
> Malgré ces barreaux si serrés,
> L'arc est tendu, la flèche vole...
> Mon bon roi, vous me le paierez !

III

SAINT-LAZARE.

Vers les premières années de la Restauration, le lendemain de la fête patronale d'un des villages qui avoisinent le mont Valérien, une grande rumeur se répandit. Des paysans se rendant à leurs travaux, dès le crépuscule du matin, venaient de découvrir dans un des champs de roses communs dans ces environs, le cadavre d'un soldat assassiné. Le couteau était demeuré dans la plaie mortelle.

Près de la victime, se trouvait une jeune fille connue de tous les habitants du pays; à l'approche des deux arrivants, elle avait fait un mouvement pour regagner le village, mais n'ayant pu donner aucune explication satisfaisante sur le motif qui l'avait retenue hors de son domicile à cette heure matinale, elle venait d'être remise entre les mains des autorités.

La justice chercha bientôt à rapprocher du crime l'incident de la présence de la paysanne sur le lieu du meurtre.

La prévenue disait : « J'étais le soir de la fête avec mes com-
« pagnes, j'ai pris part à leurs jeux et à leurs danses, je suis re-
« venue parmi elles, jusqu'à la demeure de mon père. Là, je me
« suis assise seule un moment sur le banc de pierre, respirant
« l'air du soir qui apportait dans la direction du Calvaire des
« bouffées d'odeur de roses ; je me suis levée, je suis rentrée, je
« crois, car à partir de ce moment, je ne me rappelle rien. Je ne
« comprends pas pourquoi on m'a trouvée au point du jour au-
« près d'un cadavre. »

En cette circonstance, si la fatalité avait enlacé de ses réseaux cette destinée de jeune fille, elle eût pu la briser sous le mirage des faits accusateurs, et le nom de Marie M.... eût été s'adjoindre à celui de la servante de Palaiseau ou bien encore à celui de Marie Salmon, pauvre victime dont nous avons dit ailleurs le long martyre ; mais heureusement pour la jeune fille du mont Valérien, la vérité se présenta d'elle-même en témoignage; on sut bientôt que le soldat trouvé mort était tombé, à l'heure où la fête avait cessé, sous les coups d'un de ses camarades enivré.

L'accusée sortit de prison. La curiosité publique n'était qu'à moitié satisfaite, elle demandait encore : Comment Marie M.... se trouvait-elle près du cadavre?

Une année s'écoula ; la prison Saint-Lazare s'ouvrit un jour pour recevoir la jeune fille que les magistrats avaient rendue précédemment à la liberté.

Alors elle était coupable ; son écrou la disait convaincue de vol de nuit avec effraction et escalade.

Elle avait volé des roses!

Plusieurs fois on avait pardonné à sa jeunesse, et on ne comprit pas qu'il fallait pardonner encore à sa raison, ou peut-être à sa santé.

Élevée au milieu des champs où s'exerce en grand la culture des roses, l'état intellectuel de Marie avait acquis une particularité exceptionnelle de ces circonstances extérieures. Cette atmosphère de parfum avait agi, par sa pression, sur la délicatesse de ses organes, au point d'y causer la perturbation; l'idée fixe de la fleur s'était portée à son cerveau, sa possession était devenue un besoin, une incitation despotique, une manie. Cette passion, cette infirmité avait fait invasion précisément le soir où le meurtre du soldat avait été commis, et la jeune fille, sous l'influence de son mal, avait probablement été témoin insensible et aveugle de ce sanglant épisode.

Marie M.... raconta de bonne foi à ses camarades de prison que plusieurs miracles s'était opérés pour elle. Les rosiers du mont Valérien se déracinaient sans rien perdre de leur feuillage et de leur fraîcheur; ils venaient, sur le seuil de la porte, agacer la jeune fille et comme l'inviter à les suivre. Un d'eux, plus grand que les autres, lui enseigna à escalader le mur, à briser une clôture, et une fois en plein champ, elle était dans le paradis, elle faisait une moisson abondante... Ce fut au milieu de ces joies qu'elle fut saisie.

La pauvre enfant se garda bien de raconter cela aux juges, ils ne l'auraient pas cru. Pour eux, elle ne fut qu'une effractionnaire, une voleuse, les roses dérobées de la marchandise, et ils envoyèrent la coupable dans cette grande infirmerie morale où le régime est le même pour tous les maux. Le code n'a pas d'autre remède. La pauvre enfant, après avoir payé sa dette à la justice, aurait probablement eu une nouvelle prise à partie avec elle; une seconde, même une troisième fois, elle eût obéi à la voix des roses, jusqu'à ce qu'elle eût atteint machinalement le dernier degré de la peine; mais pour le bonheur de sa vie, pour la sauvegarde d'honneur de sa famille, Saint-Lazare fut un hospice pour la folle, elle y retrouva la raison; je vous dirai comment, et vous verrez que ce régime des prisonniers en commun, contre lequel tant de voix aujourd'hui se réunissent, a produit souvent d'heureux résultats que le système cellulaire lui enviera peut-être plus d'une fois.

Marie reçut de ses compagnes de captivité le surnom de la Rose, et cette fois, le sobriquet donné à un être faible dans la prison, fut plutôt un hommage de la pitié qu'un signe de dérision.

Saint-Lazare était à cette époque, encore plus qu'aujourd'hui, le grand exutoire où la fange sociale va chercher son niveau : c'était un pêle-mêle de toutes les souillures qui se pétrissaient ensemble. Comment se faisait-il donc que tout ce rebut humain s'épurât, pour ainsi dire, à un rayon de charité, au profit d'une compagne d'infortune? Celle qu'on appelait la Rose était devenue coupable par le défaut notable de liberté morale. La jeune fille du mont Valérien ne pouvait aller de pair pour l'organisation avec les impures qui trônaient en ce lieu ; pour elles c'était un pauvre et chétif être, et vous allez voir tout ce que firent en sa faveur ces femmes, escrocs de haute et de basse classes qui avaient dépouillé l'homme du monde au tapis vert ou l'homme du peuple sur la borne ; ces prostituées qui en achetant une licence de débauche, avaient fait vente de leur liberté à la police ; ces complices de meurtres que la pitié du jury avait envoyées sécher dans les geôles leurs mains teintes de sang ; ces industrielles éhontées qui avaient exercé, au profit de la vieillesse blasée, le rapt et la séduction dans les greniers et dans les mansardes ; car c'était là le résumé de la collection immonde que renfermait Saint-Lazare : eh bien ! toute cette population eut une même pensée honorable et bienfaisante. Toutes les bourses et toutes les intelligences se cotisèrent ; il ne s'agissait rien moins que de prolonger le rêve heureux de la jeune fille qui trouvait le bonheur dans la possession d'une rose. On avisa au moyen de multiplier ses joies en multipliant les fleurs ; ce fut à qui, parmi toutes ces femmes ferait le plus vite son apprentissage de fleuriste ; le papier, la gaze, la batiste, la soie se teignirent, se tordirent, se découpèrent, devinrent roses. L'émulation fit faire des prodiges d'adresse : de la plupart de ces doigts rebelles jusqu'alors au travail, il sortait d'abondantes et de délicieuses fleurs dont on jonchait la chambre, les vêtements, le lit de Marie M.... C'était à qui lui ferait la plus abondante offrande.

La jeune captive recevait ces dons avec ivresse, elle semblait jouir d'une vie nouvelle.

Un entrepreneur des travaux de la prison, homme humain et éclairé, seconda puissamment l'ardeur des prisonnières ; il ouvrit à Saint-Lazare un atelier pour la fabrication des fleurs, il admit à l'apprentissage Marie M..., qui se livra avec ardeur à cette occupation. La maladie atteignit-elle naturellement son terme, où advint-il de la passion de la jeune fille ce qu'il en est de bien des illusions qui s'évanouissent à l'analyse? Au bout de six mois de travail, Marie avait recouvré toute la plénitude de sa raison et de son intelligence.

Il faut ajouter que la jeune fille conserva toujours un culte mystérieux pour la plante qui avait été l'objet de sa condamnation; après sa mise en liberté elle se livra à sa reproduction imitative et devint bientôt une des plus célèbres fleuristes de Paris[1].

Nous avons cru devoir isoler ce fait, et le placer comme préambule à l'histoire de la prison Saint-Lazare. Marie M..., quoique coupable suivant la loi, ne nous a jamais semblé devoir être sérieusement enregistrée sur le tableau des criminels.

Avant d'enfoncer plus avant le pied dans cette localité, une des plus limoneuses à sonder dans les temps passés et présents, nous prendrons la liberté de mettre encore hors rang une individualité. Celle-là, cependant, a eu à répondre à une terrible accusation. Vingt années de fers, moins quelques jours retranchés par la clémence royale, ont pesé sur sa vie, mais l'expiation a racheté la faute; la femme courageuse s'est relevée par son repentir et sa persévérance dans le bien; avant d'enchaîner les anneaux des générations de coupables qui tiennent au sol de Saint-Lazare, faisons comparaître sur le seuil de la porte, quand ce ne serait que pour la montrer comme un exemple à imiter dans son repentir, à ceux que la loi frappe, Angélique DELAPORTE, plus connue sous le nom de mademoiselle Morin.

---

[1] C'est à M. Achille de Bernardière, à qui Louis XVIII avait commandé une collection des fleurs indigènes de France, en baleine, projet resté sans exécution, que nous devons le récit de la cure de Marie M.... Un des auteurs de ce livre a eu souvent occasion de voir cette personne après sa mise en liberté.

Madame Adèle Daminois, une de nos femmes de lettres les plus spirituelles et les plus aimables, a raconté romanesquement dans un ouvrage et en plaçant la scène en Suisse, cette anecdote que nous lui avions communiquée; nous l'avons rétablie ici dans toute son authenticité. (Note des auteurs.)

Au commencement de l'année 1806, la vente de l'hôtel Saint-Phar, boulevard Poissonnière, était poursuivie au tribunal de la Seine. Deux adjudicataires se présentaient, M. Ragouleau, ancien avocat, et la veuve Morin, propriétaire; cette dernière resta propriétaire de la maison au prix de 96,000 fr. Ragouleau prêta plus tard 100,000 fr., emprunt onéreux, fait par la veuve Morin, à dix pour cent, sur les têtes du vieillard, de sa femme et de deux enfants.

La veuve Morin, obligée de rembourser dans un bref délai plusieurs rentes viagères hypothéquées sur l'hôtel Saint-Phar, ne put faire face à cet engagement. Ragouleau acheta adroitement le titre d'un de ces créanciers, et sa rente à lui-même n'étant pas religieusement servie, madame Morin ne tarda pas à se voir dépossédée de l'hôtel Saint-Phar, qui devint la propriété de Ragouleau. Madame Morin établit une modeste laiterie pour exister elle et ses deux enfants ; cependant ses relations de bon rapport ne parurent pas cesser entre elle et M. Ragouleau : un jour même elle vint engager ce dernier à déjeuner chez elle et à l'accompagner avec sa fille à une maison de campagne qu'elle désirait acheter. Ragouleau avait accepté ; il se rendit chez madame Morin, le déjeuner était servi, il refusa d'en prendre sa part sous prétexte d'indisposition et proposa de partir sur-le-champ pour la campagne. Un carrosse de place avança, et l'ordre fut donné au cocher de se diriger sur Clignancourt.

A la barrière de la Villette, la voiture est cernée par des agents de police ; la veuve Morin et sa fille, surprises à la vue d'un magistrat qui les interroge, répondent qu'elles vont avec un de leurs amis visiter une maison de campagne située près de Montmartre.

Ragouleau avait été prévenu que madame Morin et sa fille avaient formé le projet de l'assassiner et de le dépouiller. Il avait averti l'autorité.

Le commissaire de police fit conduire la veuve Morin et sa fille à Clignancourt, dans la maison indiquée ; les soupiraux de la cave avaient été bouchés, l'avant-veille, par ordre de madame Morin, et on assura que des coups de pistolet y avaient été précédemment tirés afin d'expérimenter si la détonation pourrait être entendue du dehors.

MADAME ET MADEMOISELLE MORIN.

Dans une chambre, on trouva de la poudre fine et des balles pour pistolets.

Dans le caveau, tout avait été préparé pour la mise en scène du drame lugubre qu'on devait y jouer.

Dans le fond, à gauche du premier caveau, se trouvait une petite table sur laquelle étaient deux chandelles allumées dans leurs flambeaux; un encrier, des plumes, du papier, une corde, un lacet en soie étaient posés sur la table.

Le sable fonçant sous le poids du corps, il fut découvert deux pistolets chargés à balles et amorcés.

Au fond du second caveau, se dressait un poteau de deux pieds et demi de hauteur, butté dans le sol avec des moellons; une chaise était adossée au poteau, auquel pendait une chaîne.

Mademoiselle Morin, à peine âgée de seize ans, assume sur elle toute la criminalité de l'action, elle confesse que tout est disposé pour contraindre Ragouleau, l'auteur de la ruine de sa famille, à opérer forcément une restitution, en souscrivant des billets; les pistolets et le lacet serviront à l'effrayer, la chaîne à l'attacher au poteau, les cordes à lier ses jambes, de manière à ne lui laisser libre que l'usage des mains pour sa signature; on ne veut exiger de lui que l'équivalent du dommage qu'il a causé. Mademoiselle Morin dit que, seule, elle a formé la résolution de reprendre par la force ce que Ragouleau avait enlevé par la ruse à sa mère; c'est elle qui a médité et ordonné tous les moyens d'exécuter le complot. Par son ordre, un domestique a acheté les pistolets, la poudre, les balles; elle a voulu qu'on lui montrât à charger les armes et à s'en servir. A son tour la mère a voulu prendre sur elle la responsabilité de tous les faits, rejetant les aveux de sa fille sur son amour filial; mais, devant les magistrats, la jeune fille, offrant en holocauste ses seize ans, demanda que la condamnation la frappât seule; elle prit la parole; le président des assises, M. Cholet, réclama lui-même l'intérêt pour cette jeune fille qui s'avança au prétoire comme adversaire de l'avocat général Girod de l'Ain; elle émut fortement l'assemblée quand elle parla des soins dont sa mère entoura son enfance et quand elle chercha à combattre les funestes préventions que son complot avait pu faire naître sur les qualités de son cœur; elle déroula un tableau effrayant des séductions auxquelles son âme avait été livrée par une femme adroite, agent provocateur perfide qui l'avait poussée au crime. Cette femme était un agent secret de la police, chassée pour infidélité, cherchant d'une part à rentrer en grâce en révélant un grand complot, et d'autre part à être richement récompensée par Ragouleau en se montrant comme son sauveur. « Ce « fut elle, dit mademoiselle Morin, qui la première me parla « de vengeance, m'en fit naître l'idée, la nourrit, l'encou- « ragea, fit taire les scrupules, aplanit les difficultés et nous « entraîna dans l'abîme; je me trompe, ce fut principalement sur « moi qu'elle exerça ses séductions; jeune, sans expérience, ayant « de l'exaltation dans la tête, de l'amour filial au cœur, ne voyant « que ma mère, ses larmes, son avenir, en me parlant d'elle on « était sûr que mon sang, ma vie, aucun sacrifice ne m'eût coûté; « chaque jour j'avalais le poison de la séduction, chaque jour la « misérable contemplait ses progrès, et bientôt elle eut la satisfac- « tion de ne me voir plus respirer que la vengeance. »

Mademoiselle Morin protesta hautement qu'elle n'avait jamais eu l'intention d'assassiner M. Ragouleau, mais seulement de l'effrayer; elle a persisté à soutenir que tout ce qui avait été fait était son ouvrage, et que seulement à la dernière extrémité elle avait fait parler ses prières, ses larmes, elle avait peint leur avenir affreux à elles deux et qu'alors, seulement, sa mère avait consenti à la laisser accomplir ce qu'elle regardait comme un devoir. « Vous « connaissez mon âme tout entière, a dit la jeune fille en termi- « nant, je ne vous ai rien caché, je n'ai rien déguisé, ni ma faute, « ni sa gravité, ni mon repentir; si vous me jugez coupable et « qu'il faille un exemple, que votre sévérité retombe uniquement « sur moi, je ne connais de la vie que les peines, je ne tiens pour « ainsi dire à rien, je n'ai rien à perdre, rien à regretter, mais « épargnez ma mère. »

L'accusée est interrompue par ses larmes et par ses sanglots; elle va prendre un moment de repos, quand elle croit s'apercevoir que sa mère veut revendiquer une part de la culpabilité. Elle semble reprendre alors sa force, et d'un éclat de voix déchirante, s'écria en se tournant vers les juges : « Par pitié, messieurs, ne « l'écoutez pas ! Par pitié, soyez incrédules ! Il lui reste un fils en « bas âge, qu'elle vive pour lui !... »

La mère et la fille furent condamnées à vingt ans de travaux forcés et à une heure d'exposition ; Saint-Lazare les reçut. A cette époque, cette prison était divisée en plusieurs sections qui contenaient, l'une, les détenues pour dettes ; l'autre, les filles publiques, une autre les voleuses condamnées pour récidive à une longue captivité.

Ce fut par faveur que madame et mademoiselle Morin furent gardées dans cette localité. Le séjour de la mère fut marqué par la résignation passive ; mais sa jeune fille, qui débutait dans la vie par la prison et qui ne voyait la liberté que dans un horizon bien lointain, porta son activité et son imagination vers une existence nouvelle qu'elle se créa dans ce lieu où tant d'autres végètent en léthargie ; elle éveilla la sympathie de ses compagnes de captivité par les soins assidus qu'elle ne cessa de prodiguer à sa mère. Le travail étant obligatoire pour toutes les prisonnières, la jeune Angélique n'était jamais plus heureuse que lorsqu'elle pouvait obtenir des chefs de l'administration la faveur de remplir la tâche de l'auteur de ses jours. On vit éclore les qualités de l'enfant comme une fleur hâtive dans une atmosphère qui d'habitude étouffe tous les bons germes. Quelques années s'écoulèrent, et mademoiselle Morin était devenue contre-maîtresse d'atelier ; en contact incessant avec la population gangrenée au milieu de laquelle elle vivait, elle imposait le respect aux plus éhontées, l'affection aux plus perverses ; en donnant des conseils, des leçons ou des exemples, elle semblait accomplir un saint apostolat ; ce qu'elle gagnait par l'étude en instruction ou en qualités personnelles, elle en offrait le tribut à celles qui au départ de la vie avaient été livrées à l'ignorance ou égarées dans de mauvaises voies. Ce n'était point l'expiation d'une faute que la prisonnière semblait accomplir à Saint-Lazare, mais bien une pieuse mission comme celle de ces quakeresses qui portent dans les prisons de la Grande-Bretagne l'instruction et la charité. Un grand nombre de jeunes filles égarées, vouées par leur naissance ou par l'abandon de la famille au vol ou à la prostitution, ont dû leur conversion à l'empire que prit sur elles la contre-maîtresse captive.

Cette bienfaisance circonscrite dans la prison, ce dévouement qui prenait de la force dans les occasions fréquentes de se manifester, n'eurent d'écho que dans l'enceinte de Saint-Lazare. Ce ne fut qu'après de longues années que l'expression de la reconnaissance perça les murs de la geôle, et qu'on apprit au dehors les actes méritoires de la détenue dont le nom et le trait audacieux avaient jadis jeté l'effroi parmi le peuple, qui ne recevait pas alors comme aujourd'hui, en pâture quotidienne, la révélation des drames de la cour d'assises.

L'intérêt s'attacha, quoique tardivement, à mademoiselle Morin, et quelques années avant la révolution de 1830, une lettre de grâce la rendit ainsi que sa mère à la liberté.

Depuis l'époque où mademoiselle Morin fut enfermée à Saint-Lazare, cette prison a subi des changements dans le classement de son personnel; mais avant de dire ce qu'elle est aujourd'hui dans son ensemble et dans son détail, jetons un coup d'œil rapide sur ses souvenirs des temps passés.

Le bâtiment qui porte le nom de Saint-Lazare est en partie édifié sur l'emplacement où saint Vincent de Paul éleva le chef-lieu de sa congrégation si féconde en œuvres de charité. Avant que Vincent de Paul fût appelé à occuper cette localité, elle était une maladrerie où se retiraient les personnes atteintes de la lèpre. Le directeur à l'âme fervente, signala le début de son administration en appelant au partage des bienfaits de l'hospice les malades qui habitaient au delà des murs de la capitale; c'était un noble exemple de reconnaître comme enfant d'une même famille les malades de la ville et ceux qui vivent en dehors. De nos jours, la philanthropie a pensé autrement: l'hospice de Paris est fermé aux infirmes que l'octroi sépare de la capitale [1]; la banlieue n'a en partage avec la ville que la prison. La femme du peuple qui tombe

---

[1] Au bureau central du parvis Notre-Dame, ce n'est que par faveur qu'on donne au malade de la banlieue de Paris un billet d'hôpital; mais jamais il n'obtient l'admission à l'hospice.

sous la vieillesse ou la misère à Belleville ou à Vaugirard, n'a pas le droit d'asile à la Salpêtrière; mais si elle commet un délit, elle a, sans conteste, ses grandes entrées à Saint-Lazare !!!

Sous la régence, Saint-Lazare devint l'école où plus d'un roué vint prendre ses degrés, au sortir du logis paternel. Le fameux chevalier de La Morlière, l'acolyte du chevalier d'Arc et du fier-à-bras Saint-Georges, avait fait trois retraites à Saint-Lazare avant son entrée dans le monde. « Saint-Lazare est le genre de prison qui classe un homme, disait-il. Si l'on m'eût mis à la Bastille, j'aurais été, à ma sortie, prendre rang parmi les gens de bien; mais en quittant Saint-Lazare, j'ai dû naturellement prendre mon rang à la tête des mauvais sujets. » C'est après sa mise en liberté qu'il écrivait au prince de Conti :

« Monseigneur, il est des démarches, des recherches, des mar-
« chés, des soins que ne peut faire, tenter, passer, Votre Altesse
« Sérénissime; elle serait dépistée trop vite, et on lui prendrait
« trop cher. Il y a dans la vie mille occasions bonnes à désavouer,
« et il est commode de trouver sous sa main un répertoire de
« toutes les jolies filles, de tous les beaux garçons de Paris, des
« juifs, des usuriers, même des revendeuses à la toilette, des fri-
« piers, des astrologues, acteurs, actrices, chanteurs, chanteuses,
« danseuses, danseurs. Il faut quand on est prince avoir une espèce
« de bouc auxiliaire, d'endosseur, de prête-nom, d'homme de
« paille, qu'on puisse mettre en avant et désavouer sans consé-
« quence, qui ait un nom à présenter et une réputation perdue ou
« à perdre. Cet homme, monseigneur, si utile, si complet, qui a
« tout vu, tout su, tout lu, tout fait, qui frise la potence et hante
« les bonnes maisons, qui ne recule devant aucune mauvaise ac-
« tion, qui ne craint ni Dieu, ni le roi, ni la police, ni un coup
« d'épée, ni la Bastille, ni le bâton, cet homme enfin, unique,
« spécial, c'est moi. Vous devez chercher quelque chose d'appro-
« chant : vous ne trouverez ni mon second ni mon pareil. Je suis
« un bourreau d'argent; mais vous trouverez de l'économie à
« m'avoir sous la main. Je vous suis nécessaire; il faut que vous
« me soyez utile. Arrangeons-nous. »

L'effronterie sans pareille de ce développement aurait dû indigner le prince; l'effet contraire eut lieu, et de ce moment, le chevalier de La Morlière eut un appartement gratis au Temple.

Un matin, se trouvant en velléité d'honneur, vint un étranger qui se recommandait à lui.

— Monsieur, lui dit-il, quels sont vos projets pour l'avenir?
— Comment?
— Oui, voulez-vous finir en honnête homme ou en coquin?
— En honnête homme, sans contredit.
— Dans ce cas, monsieur, je vous défends de me revoir; je ne travaille qu'à la perte des gens. Décampez.

Le personnage obéissait tout surpris; de La Morlière le rappela.

— Monsieur!... monsieur! le prêtre vit de l'autel, même quand il fait bonne mesure; songez que je pouvais vous dévaliser, vous ruiner, vous perdre, et que je m'en prive; en vous trompant, vous m'auriez rapporté cent mille livres. Il n'est pas juste que ma probité me porte dommage : j'ai deux créanciers qui m'obsèdent; je vous les enverrai; disputez bien mes intérêts avec eux, que je ne les revoie plus. Avec cent louis vous en serez quitte.

Voilà comme on sortait corrigé de la maison de correction de Saint-Lazare.

Plus tard, sous la lieutenance générale de police de M. de Sartines, à l'imitation de ce qui avait été fait sous Berryer, un de ses prédécesseurs, les cellules de Saint-Lazare reçurent plus d'une fois des religieux, brebis égarées dans les pâturages trop mondains où les loups de la police allaient les saisir.

Ces réfractaires à la loi de chasteté ne se doutaient pas que leur capture était opérée moins dans l'intérêt de la morale, que pour varier le bulletin du scandale, journal du soir de madame de Pompadour.

Manuel a inséré dans sa *Police dévoilée* la mention de deux cent quatre-vingt-seize religieux dont la plupart durent faire pénitence à Saint-Lazare, victimes d'un espionnage que le cynisme de l'époque peut seul expliquer.

Voici, parmi les notes dont le texte est le moins cynique et les réflexions les moins indécentes, celle qu'il nous est permis de citer comme un exemple des écrous de Saint-Lazare, que le complaisant lieutenant général de police mettait sous les yeux du roi.

« 27 octobre 1763. — Charles-Marie-Thibault-de-Monsauches
« (clerc tonsuré), a été conduit à Saint-Lazare, parce que c'est la
« troisième fois qu'il se levait avec *l'Aurore*[1] ; on trouva dans leur
« char une épître en vers où l'abbé Tithon est ce que voudraient
« voir les rois, si,

« Pour aller chercher le plaisir
« Ils montaient au cinquième étage.

« Ce qui enfin, selon le clerc tonsuré, devait avoir *tabouret à la
« cour*. *Commissaire*, Mutel ; *inspecteur*, Marais. »

C'était un grand plaisir, dit-on, pour M. de Sartines, de pouvoir dire au roi, tous les dimanches, à l'heure de son travail, de ces petites histoires dans le genre de celle-là.

Au dix-huitième siècle, Saint-Lazare était la bastille des fils de famille, et plus d'un y fut mis en charte privée par l'autorité paternelle, instruite à temps des désordres d'une vie ruineuse ou d'un projet de mésalliance avec quelque fille d'opéra.

De tous les pères incarcérateurs qui ont eu recours aux moyens extrêmes pour ramener leurs fils à la raison, à l'économie ou à la chasteté, il en est peu qui aient éprouvé plus de résistance de la part de la victime que le munitionnaire des vivres Tolosan. De tous les enfants prodigues qui ont soutenu la lutte contre l'autorité paternelle, il en est peu qui aient fait une résistance plus aventureuse que celle du jeune Tolosan.

M. de Tolosan père, au nom de cette loi, ou plutôt de ce droit paternel dont les diverses législations ont si souvent déplacé les limites, se présente un jour chez le baron de Breteuil, ministre ; il lui représente que son coquin de fils ayant promis le mariage à une jeune fille, et ne pouvant trouver à Paris un curé qui bénît cette union, s'en allait chevauchant par les provinces avec sa fiancée et ses père et mère, demandant de presbytère en presbytère un pasteur qui prêtât son ministère.

Quelques jours après, en vertu d'un ordre du ministre, le voyageur se promenait dans la cour de Saint-Lazare.

---

[1] Courtisane connue.

Le père du captif n'avait qu'un but en exerçant sa sévérité, c'était de maintenir son héritier dans le célibat, et pourvu qu'il ne trouvât pas dans la captivité des moyens de recevoir le sacrement du mariage, il permettait tous les adoucissements possibles à sa position. Le captif avait obtenu de se promener dans le clos de la maison, suivi d'estafiers; mais un beau jour il trompa la surveillance, franchit les murs et s'évada.

Tous les limiers de la police furent en chasse. On chercha le fugitif partout où il y avait des jeunes filles susceptibles de donner asile à un jeune et joli garçon dont la figure et l'esprit avaient le don de fasciner; mais la police était en mécompte avec ses calculs. Au moment où elle accusait Tolosan fils d'essayer sa puissance de séduction sur les femmes faciles, il déployait avec succès tous ses moyens pour gagner le grave bourgmestre d'une ville située au delà du Rhin où il s'était réfugié, si bien que lorsque le ministre lui-même, le comte de Montmorin, demanda l'extradition de l'étourdi, il reçut un refus formel du magistrat allemand.

La chose était grave, comme on le voit; le ministre de France regardait comme une mesure importante qu'on empêchât un dissipateur de grossir le bilan de ses dettes; il envoya un officier supérieur de police chargé d'exécuter ses ordres; le magistrat d'Offembourg, pris par les sentiments, refusa de livrer son favori.

Il fallut que le roi Louis XVI lui-même s'en mêlât. Un officier et un maréchal des logis partirent munis d'une lettre revêtue de la signature du monarque, portant ordre à tous gouverneurs et lieutenants généraux des provinces, commandants des villes et places, ambassadeurs, ministres, justiciers, etc., etc., de laisser passer les deux émissaires allant à Offembourg, et de les laisser repasser accompagnés du jeune Tolosan, en leur donnant et procurant secours, facilité et main-forte. Cette lettre requérait le magistrat de la ville impériale d'Offémbourg de rendre le jeune homme aux soins de sa famille, qui regardait Saint-Lazare comme beaucoup plus favorable à sa santé que le climat d'Allemagne.

C'était là une belle partie engagée par l'évadé de prison; il allait être cause d'un duel d'État à État; faute d'avoir trouvé un curé pour être fait mari, il allait devenir un boute-feu de guerre, car il avait pris une telle puissance sur l'esprit du magistrat d'Offembourg, il l'avait tellement gagné à la cause des jeunes gens qui mangent par avance leur patrimoine et courent les champs avec les jeunes filles ayant le père et la mère en croupe, qu'aucune concession n'aurait été faite à son préjudice.

Tolosan voulait cependant avoir remporté une victoire glorieuse; il avisa un moyen qui mit le droit et les rieurs de son côté. Quand l'officier et le sous-officier viennent montrer au conseil de la ville d'Offembourg le réquisitoire portant ordre d'appréhender le jeune dissipateur, on répond que le fugitif s'est engagé au service du roi de Prusse, et que ce serait agir contre la constitution de l'Empire et manquer aux égards dus au prince, si l'on rendait le jeune homme devenu son soldat.

Le magistrat déclare qu'il remettra l'évadé de Saint-Lazare au roi de France quand il en aura reçu l'agrément du roi de Prusse.

Les rigoristes purent soupçonner le protecteur du mauvais sujet d'en être un lui-même en se prêtant à cette ruse qui lui parut une excuse suffisante à un refus temporaire.

Le soldat du roi de Prusse resta deux années encore en Allemagne; le ministre s'occupa peu de donner suite à cette *grave* affaire; des négociations de famille terminèrent le différend entre le père et le fils; le jeune Tolosan eut la permission de revoir la France sous la condition expresse de ne plus prendre domicile à Saint-Lazare.

Quand Beaumarchais entra dans la grande collaboration des vaudevillistes qui firent feu roulant de couplets sur le chancelier Maupou, on ne lui fit pas l'honneur d'une place à la Bastille; peut-être fut-ce pour humilier l'orgueil du poëte qu'on l'envoya à Saint-Lazare, ou peut-être craignit-on que dans la prison d'État où l'on encageait les vendeurs de libelles, l'écrivain homme d'affaires ne se livrât à son goût pour la spéculation et ne trouvât moyen d'alimenter, malgré la vigilance de la police, les presses de Hollande et d'Angleterre. Ce qui parut le plus dur à supporter dans la captivité, à l'auteur du *Mariage de Figaro*, ce fut d'être accusé de la paternité de mauvais vers qu'il n'avait pas enfantés.

Incarcéré le soir même où il avait fait le premier couplet d'un vaudeville contre la cour, il reniait énergiquement les additions poétiques qui s'y étaient glissées en s'écriant : « Saint-Lazare « prouve assez que je suis un imbécile d'avoir mis les gens en « train ; mais je ne me soucie pas de passer, par ces couplets, « pour une f..... bête. »

La torche révolutionnaire de 93 jeta sur la prison de Saint-Lazare un de ses reflets sinistres : nous retrouverons quelques souvenirs à sa lueur ; mais auparavant, nous allons esquisser l'aspect de cette localité, tel qu'il est de nos jours.

Le crime a cédé sa place au vice ; la cour d'assises a fait la police correctionnelle son héritière, et si, à de rares intervalles, on trouve de grands coupables dans la prison habitée jadis par mademoiselle Morin, c'est que la faveur a ses asiles et ses oasis, c'est que les grandes dames frappées par la loi semblent être d'un autre sang que les filles du peuple, et qu'on établit pour elles un privilége dans les lieux d'expiation. Aujourd'hui, à Saint-Lazare, on rencontre de temps en temps des condamnées à de longues peines,

qui ont trouvé merci à l'aide d'un nom nobiliaire ; elles forment la minorité, et la majorité des recluses se compose d'escrocs de haut et bas étage, de dames de bouillotte et de lansquenet, dont les salons ont été découverts par les argus de la police, de filles mineures atteintes correctionnellement, de prostituées enfermées administrativement, population dont le chiffre s'élève ou peut s'élever à quatorze cents prisonnières.

Près de l'entrée principale de cette maison, une baraque d'écrivain public sans doute privilégiée, est adossée au mur; elle a pour enseigne une plume monstre, au-dessous de laquelle on lit :

> Par mon utile ministère,
> Ici, sous le sceau du mystère,
> On sert et chante tour à tour
> Mercure, Thémis et l'Amour.

On ne peut pas offrir plus mythologiquement ses services au vol, à l'adultère et à la prostitution; les clients de ce bureau de correspondance se composent des amis restés fidèles au malheur[1].

Cette cabane est le lieu des rendez-vous, quand l'heure d'une mise en liberté sonne. Nous verrons plus loin les scènes variées dont ce lieu est le théâtre.

[1] En termes de prison, *tomber dans le malheur* signifie subir une condamnation.

Il faut dire à la louange de l'administration, qu'à Saint-Lazare une ligne de démarcation existe entre les catégories de criminalité qui composent le personnel.

La prévenue a le privilége de louer une chambre de pistole… c'est le seul bienfait qui l'atteigne : encore ne se fait-il sentir que lorsque l'accusée peut satisfaire à l'impôt mobilier, autrement il faut qu'elle habite en commun avec les autres prisonnières.

La prévenue, aux termes des règlements de la prison, n'a pas droit à la ration alimentaire qu'elle obtiendrait si elle était condamnée ; la seule distribution à laquelle elle ait part est celle du pain et de l'eau. Il y a de chauds vêtements d'hiver pour les femmes qui subissent leur peine ; mais en vain la prévenue demanderait-elle qu'on couvrît sa nudité ou qu'on protégeât ses membres contre le froid ; les vêtements qu'elle portait le jour de son arrestation doivent lui suffire jusqu'au jour où la loi l'aura frappée.

Cependant si aucun secours ne vient du dehors à la prévenue, la pitié administrative lui accordera un demi-litre de bouillon maigre et un tiers de litre de légumes cuits.

Pour les prévenues sans ressources, la prison est un lieu de grandes souffrances : et cependant que de malheureuses femmes, sans famille, sans autre appui dans le monde que l'avocat d'office qui a bien voulu dire quelques paroles en leur faveur, ont été déchargées de l'accusation après un long séjour dans la geôle. Elles emportent innocentes le souvenir de misères que, coupables, elles n'auraient pas subies.

Pour la femme pauvre et honnête qui a subi la prévention, une pensée poignante s'attachera encore à la mémoire des tristes jours de la prison. Cette femme aura vécu, nous l'avons déjà dit, dans une localité séparée de celle habitée par ces êtres dégradés que la prostitution livre à des lois exceptionnelles, et cependant, le croira-t-on, elle aura été soumise comme eux à la honte de ces visites sanitaires exercées par des hommes ; il aura fallu, malgré la résistance et les pleurs, qu'elle subît les investigations médicales qui révoltent même la pudeur des plus impudiques ; en un mot, elle aura été assimilée à la fille publique en ce que son contrat d'immoralité a de plus répugnant.

Dessiné par Eustache-Lorsay. Gravé par Laisné.

LA PRÉVENTION. — SAINT-LAZARE.

Demandez à celles qui ont vécu dans ces lieux de reclusion combien de pauvres filles, de jeunes femmes coupables d'un délit, ou seulement accusées, ont supplié les gardiens de les soustraire à cette affreuse mesure.

Interrogez, on vous dira que plus d'une a offert en vain, pour se racheter de cette humiliation, l'argent que sa famille lui envoyait pour subvenir à ses plus pressants besoins; on vous dira qu'un jour, une prévenue fit un instrument de mort d'un de ses vêtements, et que dans les tortures de la strangulation à laquelle on voulait l'arracher, elle capitulait, et marchandait la vie au prix de l'exemption de la fatale visite.

Quand les femmes subissent une condamnation, dit mademoiselle Joséphine Mallet, qui a fait de consciencieuses études sur les prisons et dont les travaux activeraient davantage l'œuvre de moralisation, si l'auteur n'appartenait à cette classe d'écrivains bien intentionnés mais aveugles, qui ne voient de salut pour l'être égaré que dans la vie cellulaire; quand les femmes, au lieu d'être absoutes, subissent une condamnation, leur condition dans la prison est aussitôt améliorée, on les revêt chaudement selon l'uniforme de la maison [1] : le travail est pour elles organisé; désormais elles peuvent à l'aide du denier de poche, se procurer à la cantine un supplément de nourriture, et la retenue faite chaque jour sur le produit de leur travail leur composera une masse de réserve d'autant plus considérable qu'elles auront eu une faute plus grave à expier, c'est-à-dire que le temps de leur détention aura été plus long. On leur fait apprendre un état quelconque. Si elles montrent de l'aptitude au travail, qu'elles évitent de se faire punir, on les admet à participer aux bienfaits de l'instruction.

Sous le rapport de l'ordre, de la propreté, de la salubrité, la maison de Saint-Lazare est presque à comparer à une maison centrale. Pour toutes, à l'exception des prévenues ou accusées, le

---

[1] L'uniforme consiste en une chemise de toile changée tous les huit jours, une cornette noire sans garniture, un fichu bleu, un tablier de même couleur, une robe tramée laine et fil, serrée à la taille par une ceinture de cuir, une paire de bas de laine renouvelée deux fois par an, et une paire de sabots donnés neufs tous les trois mois.

régime physique ne laisse rien à désirer, mais on n'en peut dire autant du régime moral.

C'est un étrange pêle-mêle, un contraste indicible, que cette agglomération de femmes de natures physiques et morales si diverses, parquées ensemble sous la dénomination générique de *condamnées*, travaillant au même atelier, mangeant au même réfectoire, cherchant l'air dans le même préau : l'humanité et la raison demanderaient qu'on divisât cette masse, qu'on l'éclaircît avec intelligence, sans qu'il soit cependant besoin, selon nous, de réduire chaque catégorie à une unité ; que la prison ressemble à l'hospice, que les mêmes plaies soient réunies dans les mêmes localités, afin que la gangrénée ne soit pas près du fiévreux, et que le convalescent soit isolé de l'incurable... Le reste sera l'affaire du médecin et du temps, croyez-le. Mais à défaut de Saint-Lazare tel qu'il pourrait et devrait être, peignons-le tel qu'il est encore. Voyons ces condamnées qui vivent en communauté.

D'abord, nous retrouvons cette nombreuse famille vouée par affiliation à la filouterie, au vol, à l'ivrognerie, que le laborieux et profond publiciste Fregier a divisée en deux classes, l'une se composant de femmes entraînées par la misère et par l'occasion, l'autre, de femmes que la cupidité et l'esprit de rapine excitent à s'approprier le bien d'autrui.

Les méfaits qui procèdent de la première classe sont de purs accidents qui cessent avec le dénûment des femmes malheureuses auxquelles on peut les attribuer. Il n'en est pas de même des méfaits commis par des voleuses de profession : ce sont des attentats qui ont leur source dans des penchants dépravés et hostiles à la société.

Parmi les condamnées de Saint-Lazare, vous trouverez côte à côte, travaillant au même métier, la femme qui a dérobé un pain dans la hotte d'un boulanger, et la prostituée de bas étage qui aura entraîné un ouvrier dans un repaire de la banlieue, pour le dépouiller.

La donneuse de bonjour, qui a volé un étranger en s'introduisant le matin dans un hôtel, est [1] *chambriste* de la *détourneuse*, qui ca-

---

[1] Compagne de chambre ou de dortoir.

chait naguère ses vols de magasin sous les grossiers vêtements de villageoise, ou sous la robe traînante d'un nourrisson d'emprunt. Sous la même tunique de bure que la recéleuse, une jeune femme du monde rachète par le travail une faute conjugale qu'un pardon eût pu couvrir, qu'un saint asile aurait pu cacher. La prison, en matière d'adultère, ne peut qu'amener la récidive. Il n'y a guère que dans la classe moyenne que l'adultère s'expie par la prison; l'aristocratie et le peuple brisent sans scandale, et de gré à gré, des liens souillés. Le bourgeois a trop d'orgueil pour les rompre ainsi; il veut qu'il y ait de l'écho quand la chaîne se brise, dût-il même être atteint par un éclat, et subir ce rire satanique que la corruption jette aux oreilles de l'homme trahi.

Au nombre de ces escrocs féminins qui se sont targués d'un crédit imaginaire pour exploiter les crédules et les ambitieux, et qui sont nombreux à Saint-Lazare, vous pourrez reconnaître sous la cornette de captive que l'art et la coquetterie savent façonner, quelques-unes de ces dames que vous avez entrevues dans les hautes régions du monde, et dont les noms illustrés d'une particule souvent frauduleuse ont plus d'une fois retenti à vos oreilles. Si jamais il vous est passé par le cerveau une idée d'ambition, vous avez envié, rêvé, cherché la protection d'un de ces anges de Paris. L'une était comtesse, l'autre baronne; à tort ou à raison, un blason ornait les panneaux de leurs brillants équipages. Fallait-il une douce parole d'un grand personnage, la prise en considération par un fort capitaliste d'une commandite industrielle, vous obteniez tout quand vous étiez protégé par ces puissantes... Comptez-les, il y en a jusqu'à quatre dans un atelier de couture : ce sont des escrocs, de grands escrocs... Ces corsaires ont fait main basse, pendant de longues années, sur la fortune privée et commerciale; en cela, ces individualités n'offrent rien de bien excentrique, mais elles ont une position exceptionnelle qui peint mieux la moralité du temps que toutes les statistiques; voilà pourquoi je m'arrête devant elles. Ces dames, par intervalles, font des apparitions dans les maisons d'arrêt, sans rien perdre au dehors de leur prestige : quand elles reparaissent, le monde élégant les reçoit comme de pauvres exilées qui reviennent à la patrie commune; on les accueille comme d'imprudents enfants prodigues qui ont failli ; on les regarde comme de coquets scarabées demeurés quelque temps à l'état de chrysalide.

Quelquefois, dans l'intérieur de la geôle, une lutte d'amour-propre s'est élevée entre plusieurs de ces illustres dames ; elles ont invoqué les souvenirs de la vie libre ; on a compté de chaque côté, avec la précision d'un changeur qui fait son inventaire, le nom des amis illustres qu'on possède ; il a fallu des preuves, et les pensionnaires de Saint-Lazare ont été convoquées en jury ; on a joué cartes ou plutôt lettres sur table, et ce fut, pour toutes ces femmes avides de scandale, un curieux spectacle que cette initiation intéressante à des mystères de la société ; que ce dépouillement, fait par chaque comtesse ou baronne, des archives de la correspondance intime ; que la confession de noms de ces hommes qui, à la tribune, au prétoire, dans les chaires académiques et ailleurs, professent la vénération la plus sainte pour la vertu et les mœurs.

En contraste avec cette aristocratie du vice qui glorifie ses patrons, ses protecteurs, qu'on pourrait dire ses complices, se heurtent ces réprouvés de la vie sociale, qui ont déjà subi une ou plusieurs condamnations ; ces affiliées à l'organisation du crime, qui gravitent comme satellites autour des grandes planètes de la haute pègre, qu'elles aident par l'espionnage ou le recel. L'une de ces vaincues ouvre des noix avec le couteau qui a servi ses transports jaloux et a fait couler le sang. Cette arme est devenue l'objet d'un culte, depuis que l'homme qu'elle a frappé est allé cacher ses cicatrices sous la casaque du bagne. Parmi ces femmes, grand nombre portent sur la poitrine et sur les membres d'ignobles tatouages autour desquels serpentent de tendres légendes signées du nom d'une célébrité des maisons centrales. Au nombre de ces créatures, on en cite une, qui arriva bien fière à la prison ; elle avait à montrer à ses compagnes une rare parure, témoignage de ses affections et de son passé : ses oreilles étaient ornées de boucles, et dans chacun de ces bijoux était enchâssée avec art une dent de supplicié, legs d'amour fait à la barrière Saint-Jacques, par-devant l'exécuteur des hautes-œuvres, et dont l'héritière vint réclamer la délivrance à l'amphithéâtre de Clamart.

Puis dans cette foule de condamnés, vous reconnaîtrez à l'amaigrissement de leur corps, à la teinte plombée de leur chair, ces malheureuses dont le délit est la misère, ces parias d'Occident, qui, suivant l'expression d'un avocat philanthrope, n'ont pas le désert pour se cacher ; qui toujours suivent la même route, celle de la prison à l'hôpital, de l'hôpital à la prison ; auxquelles le matin on ouvre la prison où elles rentrent le soir même, sans qu'on les laisse respirer, sans qu'on les laisse regarder autour d'elles, et découvrir une main qui prenne la leur.

Il en fut ainsi de Constance Clugny.

Au mois de novembre 1843, une femme de quarante ans, Constance Clugny, sortait de la prison Saint-Lazare avec une masse de 1 fr. 25 c.; le soir même elle était arrêtée sur la voie publique, et bientôt elle comparut en police correctionnelle sous la prévention de vagabondage.

— Ne deviez-vous pas, lui a-t-on dit, conserver l'argent que vous aviez pour vous procurer un gîte ? Qu'avez-vous fait de cette somme ?

— Ce que j'en ai fait, messieurs ; je n'en sais rien. Je sortais de prison, où j'avais passé trois mois ; j'étais libre ; je rencontrais l'une, je rencontrais l'autre ; nous autres femmes de prison, nous n'avons pas d'amis, mais nous avons des compagnes de misères ; cela fait du bien de les revoir, et pour se serrer la main, pour se raconter ses malheurs, on n'a pas de salon, on va chez le marchand de vin. Le soir venu, je n'avais plus rien de mes vingt-cinq sous.

— Au lieu de perdre votre première journée à dépenser votre argent, vous auriez dû chercher de l'ouvrage.

— Nos pareilles en trouvent avec peine. Est-on bien criminel de prendre un jour de repos après trois mois de prison ?

Le ministère public a requis contre Constance Clugny l'application de la loi.

Déjà le tribunal délibérait. Un avocat avait écouté ces tristes débats : il se lève, demande au tribunal qu'il lui soit permis de dire quelques mots en faveur de cette malheureuse. Il attendrit les magistrats.

M. le président, après avoir prononcé le renvoi de Constance Clugny, lui annonce qu'une lettre va lui être remise de la part du tribunal pour être reçue pendant huit jours dans une maison où elle sera logée et nourrie.

Alors elle se lève, et d'une voix basse et concentrée elle répond :

— Je n'en veux pas de cette lettre, je suis presque toujours malade ; après ces huit jours passés, si je n'ai pas la force de travailler, si je n'ai pas d'ouvrage, je redeviendrai vagabonde, on me remettra en prison, autant y rester tout de suite. Pourquoi cet avocat a-t-il pris ma défense? est-ce qu'il sait ce que je veux, ce qu'il me faut? Pourquoi veut-il qu'on me renvoie dans la rue pour m'y coucher sur le pavé? Vous ne savez pas, vous autres, qu'on se lasse de tout, même d'être libre : belle liberté que celle de mourir de faim !

En finissant, la voix de cette femme s'était élevée, son teint était animé, ses yeux brillaient. L'auditoire a cru folle celle qui refusait d'être libre, qui demandait la prison ; et l'auditoire s'est mis à rire.

Elle n'est pas folle pourtant, la malheureuse femme; elle est lasse de lutter contre la misère, contre les mauvais penchants qu'elle enfante. Le dernier usage qu'elle fait de sa raison est de préférer la prison au crime; elle renonce à ce combat de tous les jours, qu'il lui faut livrer pour manger, pour dormir; elle accepte comme dernière destinée la honte et le mépris qui lui donnent du pain et un lit. Dans ce procès si simple, mais si gros de tristes pensées et d'alarmes, tout le monde a fait ce qu'il a pu. N'est-ce pas à déplorer avec larmes de voir tant de cœurs chauds groupés autour d'une malheureuse femme et se trouver impuissants à lui offrir plus de huit jours d'avenir? Le vice social qui pèse sur elle doit être bien lourd, puisque tant de mains généreuses ne peuvent l'arracher de son front [1].

Dulaure dit, en parlant de la prison Saint-Lazare :

« On remarque dans les détenues des affections désordonnées, des passions féminines qui, contenues par la surveillance, n'en

---

[1] *Démocratie pacifique.*

sont que plus violentes. De là naissent des jalousies, des haines qui éclatent avec une fureur que la crainte des châtiments ne peut pas toujours arrêter : tranquilles en apparence pendant le travail, leurs animosités ou leurs passions se manifestent aux heures de la promenade, aux jours de dimanche; elles offrent alors l'image de bacchantes enivrées. »

Ce tableau, comme le récit qu'on a fait souvent des déréglements dans les bagnes et les maisons centrales, est exagéré. A l'époque où Dulaure écrivait, il est trop vrai que l'administration, se croyant comptable seulement du corps des prisonniers et de leur tranquillité respective, se préoccupait peu de leur moral ; il peut être vrai encore, que souvent, en protégeant les vices les plus honteux, on dompta et l'on réduisit à la résignation des hommes dont l'indiscipline menaçait la sécurité intérieure des geôles. C'était un système administratif bien honteux... Mais aujourd'hui, il est constant pour tout observateur de bonne foi qu'il n'y a désordre moral que là où la surveillance est mal organisée, et là où il y a vice dans la distribution des localités.

Lors de son inscription à la police, on exige de la prostituée une déclaration par laquelle elle s'engage à se soumettre aux règlements sanitaires, ainsi qu'aux mesures exceptionnelles de surveillance, et c'est sur cette déclaration, signée du nom de la prostituée, ou revêtue d'une marque quand elle ne sait pas signer, que repose toute la légalité des punitions qu'on lui inflige et de l'incarcération qu'on lui fait subir; c'est en vertu de ce singulier contrat qu'on amène à Saint-Lazare de nombreuses caravanes de ces malheureuses, qui ont perdu presque toute espèce de droits civils et qui se trouvent réunies dans la geôle au nombre de près de trois cents, sous la dénomination de *condamnées administrativement*.

C'est à Saint-Lazare aussi que l'autorité fait faire le stage aux filles mineures qui ont sollicité leur inscription sur le contrôle des femmes publiques. Là elles attendent la réponse à la demande qu'elles ont rédigée, ou que l'autorité a adressée en leur nom à leurs familles, tendant à l'incorporation dans cette milice maculée. Quand les parents gardent le silence, la jeune fille reçoit son diplômé ou plutôt sa carte de prostituée, et les portes de Saint-Lazare lui sont ouvertes. Elle est émancipée de fait pour le vice et a le droit de libre industrie, aux conditions acceptées par elle. Ces sortes de prisonnières forment la catégorie des femmes mises au séparé.

Dans le quartier des femmes condamnées administrativement, on voit encore la cellule de saint Vincent de Paul ; cette chambre est occupée par quatre lits de prostituées. N'est-ce pas là, comme le dit mademoiselle Joséphine Mallet, plus qu'un outrage fait à la mémoire du saint fondateur ? C'est une profanation ! C'est une impiété !!! Voici le tableau que l'écrivain que nous venons de nommer fait d'une de ses visites au réfectoire des femmes de mauvaises mœurs :

« J'étais dans le réfectoire. D'abord je ne vis que cette immense salle, où les lazaristes s'assemblaient pour prendre leurs repas, dont les voûtes, supportées par de larges piliers, ne retentissaient naguère que de chants sacrés ou d'actions de grâces. Je cherchai la place où s'était assis saint Vincent de Paul. Il me semblait que la dalle devait avoir conservé l'empreinte de ses pas, que je la retrouverais pour m'y agenouiller et prier le pieux et zélé serviteur de Dieu de répandre sur moi, du haut du ciel, sa bénédiction. Tout à coup, je fus arrachée à cette douce contemplation par un bruit étrange ; je me trouvais debout au milieu de trois cents prostituées, auxquelles on avait servi pour dîner des légumes qu'elles ne trouvaient pas assez cuits ; elles criaient, s'appelaient, se les jetaient au visage, en proférant d'horribles imprécations. Combien n'y avait-il pas là, parmi ces misérables, de ces vieilles femmes si hideuses à voir, qui, après s'être traînées de débauches en débauches, se sont associées, les unes à des voleurs, les autres à des assassins ; qui ont leur part dans les produits du crime, mais qu'atteignent rarement les châtiments qui y sont attachés !

A côté de jeunes filles aux joues pâles et amaigries, au front sillonné avant l'âge, portant déjà l'empreinte de longues souffrances, et qui, par leur attitude abattue et découragée, m'inspiraient un vif sentiment de pitié, je vis se dessiner des physionomies infernales. Une de ces femmes ramassées dans les égouts du vice, attira particulièrement mon attention : elle était borgne et boiteuse; son regard était flamboyant, son sourire avait une expression satanique qui me faisait frissonner; elle s'adressait tour à tour à ses jeunes compagnes, comme pour les encourager et leur dire qu'on peut être heureuse encore sous le poids de soixante années d'infamie. Horreur! Je détournai les yeux et, quand je vins à penser que ces femmes étaient encore plus affreuses au moral qu'au physique, j'éprouvai le besoin de revoir le soleil, de respirer un peu d'air pur. Je sortis tout en laissant tomber un regard de compassion sur les jeunes filles dont elles étaient entourées, et qu'il serait possible de transformer en autant de Madeleines repentantes, si ces femmes n'étaient pas sans cesse à les aiguillonner par leurs sarcasmes, leurs conseils et les infâmes marchés qu'elles leur font souscrire au sein même de la prison. »

Mademoiselle Joséphine Mallet, qui, dans l'intérêt du système d'isolement cellulaire, recherche tous les abus du régime en commun, dit que les vieilles femmes dont il vient d'être question ne commettent de contraventions que dans le dessein de passer quelques semaines à Saint-Lazare, afin d'y engager, pour l'époque de leur sortie, les plus jeunes et les plus belles de leurs codétenues, aux noms de personnes dont elles sont les pourvoyeuses, et l'écrivain ajoute que ce sont là les tristes et inévitables conséquences du système actuel de l'emprisonnement.

Nous comprenons la répugnance qu'une femme du monde, telle charitable qu'elle soit, éprouve à la pensée de venir répandre ses conseils au milieu d'un grand nombre d'êtres dont la moitié, peut-être, n'aura pour elle que des sourires insultants ou des sarcasmes; nous comprenons qu'elle espère plus de fruit de ses conférences en particulier dans l'isolement; mais penser que, sous le régime cellulaire, la jeune fille échappera aux piéges et aux séductions que lui tend le vice expérimenté, c'est se bercer d'un vain espoir et bien peu connaître l'affiliation immorale et puissante qui circonvient les lieux où il y a quelque proie à espérer pour la prostitution.

La gravure que nous avons placée plus haut est une laconique formule, un résumé précis des incidents de la libération de la jeune fille.

Lors de son élargissement, la détenue trouve quelquefois à la porte de la geôle la philanthropie ou la charité qui lui donne de bons conseils; mais souvent aussi une protection plus efficace se présente sous les traits d'une courtière du vice; elle offre des vêtements à la jeune fille couverte de haillons, du pain à celle que le jeûne atteindra le soir, un gîte à celle que l'atelier repoussera. Si les regards de la libérée se tournent d'un autre côté, ils tomberont sur un de ces bas agents que la justice emploie dans l'exécution de ses arrêts correctionnels; peut-être même la coupable reconnaîtra-t-elle l'homme qui l'aura précédemment capturée.

Croyez-vous qu'il se place là en argus pour suivre dans sa vie nouvelle la libérée, et la tenir, au nom de l'autorité, en surveillance officieuse? Non, c'est une séduction que cet homme vient tenter. Il sait à quel jour, à quelle heure, un jugement correctionnel a séparé une jeune fille de la société; il a calculé le temps qui s'est écoulé depuis l'incarcération, et quand la porte de Saint-Lazare s'ouvre, il se présente, ce don Juan de la rue de Jérusalem, comme protecteur de la libérée... Il faut que la voleuse se fiance à l'espion, ou bien le voile qui cache sa vie passée sera chaque jour déchiré; sa faute expiée sera sans mystère; toutes ses compagnes de travail auront la confidence de son séjour à Saint-Lazare; le logeur qui lui aura donné asile recevra un avis confidentiel ou anonyme qui le tiendra en garde contre sa locataire; tout cela sera l'œuvre d'une basse vengeance. Les faits ne manquent pas à l'appui de ce que nous avançons.

Eh bien! la cellule ne préservera pas la libérée de ces honteuses spéculations. La prostitution et le libertinage, les courtières du vice non autorisées, bien plus dangereuses que celles que la loi tolère, sauront au jour de la délivrance s'emparer de leurs victimes, et les hommes dont nous venons de parler continueront à recruter devant la porte de la prison.

Quelle que soit la rigoureuse consigne du régime cellulaire, elle sera insuffisante pour empêcher ces fiançailles mystérieuses dont la forme varie à l'infini. Donnons un exemple[1]:

---

[1] Ce fait est consigné dans *Les Prisons de Paris,* par un prévenu.

Cinq prisonniers de la Force ou de la Roquette sont à la veille de leur sortie; mais l'état de libéré célibataire les effraie d'avance; ils ont besoin d'une compagne et souvent d'une complice dans la vie de débauche et de crime qu'ils vont recommencer. Où trouveront-ils une fiancée? à Saint-Lazare, parmi les femmes qui doivent recouvrer en même temps qu'eux la liberté. C'est au moyen d'un dessin colorié sur papier qu'ils transmettront leur demande et l'expression de leurs désirs. Ils vont trouver un détenu qui

vit d'une de ces nombreuses industries de prison, parmi lesquelles la peinture tient une des premières places.

— Il nous faut un bouquet.
— De combien de fleurs?
— Cinq.

Le dessinateur trace aussitôt sur une feuille de papier à lettre cinq fleurs différentes avec des numéros de renvoi. Chaque individu s'est identifié avec une des cinq fleurs composant le bouquet. On plie la lettre et, par un moyen mystérieux, elle est remise à une de ces malheureuses que la police envoie faire pénitence dans le faubourg Saint-Denis.

La lettre est à peine arrivée à Saint-Lazare, que la destinataire convoque par devers elle cinq de ses amies d'infortune qui n'ont plus à subir que quelques jours de captivité; elle leur fait part de la confidence, puis chacune d'elles choisit une fleur; c'est-à-dire l'amant représenté par cette fleur. Ensuite on adresse aux détenus qui ont composé le bouquet une réponse qui donne un nom de femme correspondant à chaque fleur ou à chaque numéro. Ce sont autant de fiancées qui s'enchaînent ainsi à des hommes qu'elles n'ont peut-être jamais vus, qu'elles ne connaissent point et auxquels elles sont parfaitement inconnues. Devenues libres, elles assistent ces misérables, encore plus dégradés qu'elles.

Les détenues auxquelles sont adressés ces messages d'amour les regardent comme d'un heureux augure pour l'avenir; dans l'esprit de cette classe de femmes, les teintes de religion qui ne sont pas encore effacées, sont presque toujours mélangées de superstition. La population des prisons a mille moyens d'obtenir la révélation de l'avenir. Il n'est pas un objet qui, pour les détenus, ne soit un signe de chance heureuse ou malheureuse.

« Personne n'est plus superstitieux qu'un voleur de profession; il croit aux songes, aux présages, à l'influence des jours; il ne volera pas un vendredi, il ne le fera pas davantage s'il a renversé une salière ou s'il a rencontré un prêtre. Si, au contraire, il trouve un morceau de fer, il sera audacieux et entreprenant.

« Pour bien juger de leur propension à la superstition, il faut les voir hommes et femmes, la veille de leur jugement, faire mille épreuves pour connaître à l'avance le sort qui les attend. Tout leur est augure; mais l'épreuve favorite des femmes est celle des trois boulettes.

« Voici en quoi elle consiste : trois boules d'égale grosseur sont faites avec de la mie de pain; dans chacune d'elles on introduit un petit papier portant écrit *liberté*, condamnation au minimum, condamnation au maximum; puis le tout est jeté dans un verre d'eau, et l'accusée se met en prières jusqu'à ce que l'action du liquide ait fait ouvrir l'une des boules; alors elle se hâte d'interroger la sentence qui s'en échappe, et je doute qu'elle y ait moins de confiance qu'au prononcé de l'arrêt qu'elle doit bientôt entendre dans la bouche des magistrats. Tout récemment, j'ai vu dans sa prison la femme Simonnet, maîtresse de Poulmann, renouveler cette

Dessiné par Jules David. Gravé par Laisné.

UNE SUPERSTITION A SAINT-LAZARE.

épreuve à satiété. Les trois billets portaient **20** *ans*, *perpétuité*, *mort*, et constamment celui portant vingt ans s'est dégagé le premier de son enveloppe[1]. »

Dans le quartier réservé aux jeunes filles détenues correctionnellement, en vertu des articles 66 et 67 du code pénal[2], une classification est établie. Les détenues comme voleuses sont séparées de celles qui le sont comme prostituées. Trompé par quelques physionomies jeunes et candides, vous croiriez que ce sont là de pauvres orphelines sans asile ou de jeunes mendiants qui ont tendu la main pour assouvir leur faim ; mais si vous interrogez le livre d'écrou, vous saurez que telle qui n'a pas quinze ans est déjà vieille d'expérience dans le vol, telle autre compte autant d'arrestations que d'années. Presque tous ces enfants de la grande ville ont sucé avec le lait de leurs mères le vice et la corruption. Est-ce bien l'enfant qu'on devrait frapper? La société n'est-elle pas plus coupable que lui ? Cette question si souvent agitée devient banale, et cependant bien des générations passeront encore avant qu'on ait trouvé le remède à cette épidémie morale; cependant, il faut le dire, à côté des paroles des utopistes, il s'est trouvé des intelligences saines qui ont accompli de belles œuvres, et ont sauvé quelques victimes dans ce grand naufrage de mœurs.

En présence de tant de maux, on ne peut oublier un nom illus-

---

[1] *Quelques mots sur une question à l'ordre du jour.*

[2] « Lorsque l'accusé aura moins de seize ans, s'il est prouvé qu'il *a agi sans discernement*, il sera acquitté ; mais il sera, selon les circonstances, remis à ses parents, ou conduit dans une maison de correction pour y être élevé et détenu pendant tel nombre d'années que le jugement le déterminera, et qui toutefois ne pourra excéder l'époque où il aura accompli sa vingtième année. (Art. 66.)

« S'il est décidé que l'accusé a agi sans discernement, les peines seront prononcées ainsi qu'il suit :

. . . .

« S'il a encouru la peine des travaux forcés à temps, de la détention ou de la reclusion, il sera condamné à être enfermé dans une maison de correction pour un temps égal au tiers au moins, et à la moitié au plus, de celui pour lequel il aurait pu être condamné à l'une de ces peines, etc. (Art. 67.)

« Dans tous les cas où le mineur de seize ans n'aura commis qu'un simple délit, la peine qui sera prononcée contre lui ne pourra s'élever au-dessus de la moitié de celle à laquelle il aurait pu être condamné s'il avait eu seize ans. » (Art. 69.)

tre qu'une femme au cœur noble a glorifié encore davantage par les actes nombreux de sa charité. Madame de Lamartine prend la libérée sur le seuil de la prison, lui montre la maison hospitalière que l'aumône a édifiée, elle accorde une place à la jeune fille, à la seule condition qu'elle accepte l'apprentissage d'une profession industrielle, et le jour où la repentie peut suffire honorablement à ses besoins, la porte de ce temple-école s'ouvre et rend au monde celle qui peut désormais marcher d'un pas ferme dans la vie.

C'est là une belle institution ; mais l'œuvre isolée d'une femme éclairée et bienfaisante ne suffit pas... Ce noble dévouement mourrait à la tâche. Il faut plus pour guérir cette large plaie sociale.

Nous avons fait l'inventaire moral de Saint-Lazare ; son histoire politique aura sa place dans le chapitre réservé à la prison de *l'Abbaye*. Le drame révolutionnaire s'est joué en même temps sur cette double scène ; les épisodes ne peuvent être disjoints.

IV

LE DONJON DE VINCENNES.

Le premier pas de l'historien, du penseur ou du poëte, sur les dalles du château de Vincennes, éveille en même temps deux mystérieux échos de l'histoire, qui répètent à la fois le grand nom de Condé. — Ces deux échos ne se ressemblent guère : l'un retentit

à nos oreilles comme un coup de fusil : on se rappelle soudain la mort sanglante du duc d'Enghien ; l'autre résonne dans le lointain comme un cri de victoire : on se souvient aussitôt de la captivité du prince de Condé, au dix-septième siècle ; on croit le voir arroser les fleurs de son petit jardin, en se moquant de ses deux nobles compagnons d'infortune, le prince de Conti qui pleure et le duc de Longueville qui se désole. — Le duc d'Orléans disait, à propos de l'infortune de ces trois illustres prisonniers : « Oh ! le beau coup de filet !... on a pris du même coup un lion, un singe et un renard. »

Le lion ne se laissa point abattre aux pieds du chasseur qui l'avait blessé : le prince de Condé appela à son aide la musique, la stratégie, la dévotion et l'horticulture ; il fit des plans de bataille... contre la France ou contre les étrangers ? Il chanta des psaumes et des refrains équivoques ; il jeûna trois fois par semaine, et il cultiva des œillets, les plus vilaines fleurs du monde. On ne parla dans tout Paris que du jardin du grand Condé ; la flatterie anonyme écrivait au noble prisonnier : « Vous plantez des lauriers dans le parterre de la victoire. » — Une belle dame de la cour, une précieuse sans doute, lui disait le plus ridiculement qu'il lui était possible : « N'oubliez pas de jeter quelques roses parmi vos lauriers. » Mademoiselle de Scudéri lui adressait un madrigal :

> « En voyant ces œillets qu'un illustre guerrier
> « Cultiva d'une main qui gagna des batailles,
> « Souviens-toi qu'Apollon a bâti des murailles,
> « Et ne t'étonne plus que Mars soit jardinier. »

Le donjon de Vincennes au dix-septième siècle... mais, nous n'en sommes pas encore aux prisonniers d'État de Louis XIII et de Louis XIV : nous saluerons un peu plus tard le maréchal d'Ornano, le cardinal de Retz et le ministre Fouquet.

Nous étions à Vincennes durant une belle soirée du mois de juillet de l'année dernière ; — c'était bien peut-être le 13 juillet. — Assis au pied de la plate-forme du château, nous pouvions voir se dérouler autour de nous un vaste et magnifique panorama : la Marne et la Seine, Conflans, la succursale mondaine de l'archevêché de Paris, et Bercy, le riche entrepôt d'un vaste commerce, l'avenue de Bel-Air et le cimetière de Saint-Mandé, où repose l'illustre Carrel.

Nous cherchions à découvrir, à deviner, à vol d'oiseau, à travers les accidents du paysage, Montreuil-aux-Pêches et Fontenay-sous-Bois, Saint-Maur, qui se souvient encore des bénédictions de Rabelais et des *mystères* dramatiques du règne de Charles VI ; Créteil, autrefois habité par Odette, et Charenton-Saint-Maurice, maintenant habité par la folie. — Odette tout près de Charenton ! ne dirait-on pas que cette pauvre favorite d'un roi insensé a posé la première pierre de ce triste édifice où l'on rencontre à chaque pas la mort de l'intelligence ?

La nuit vint nous surprendre sur la plate-forme du château ; nous regardions encore dans la direction de Paris, et il nous sembla vraiment ! que les huit tours de la Bastille se relevaient, dans une espèce de pénombre, sur le seuil de la porte Saint-Antoine... Oui, c'était bien la Bastille !... La colonne de Juillet venait de disparaître pour lui céder la place ; la Bastille ne disparut, à son tour, qu'au premier bruit d'un orage qui n'était pas loin.

Cette singulière apparition, qui avait pour nous, ce soir-là, — un TREIZE JUILLET, — quelque chose de terrible et de mystérieux, signifie aujourd'hui, dans notre pensée, quelque chose de bien simple et de bien naturel : c'est qu'il est impossible de visiter le donjon de Vincennes, l'histoire à la main, sans toucher au donjon de la Bastille.

« La Bastille !... Elle était à Vincennes ce que la bourgeoisie était à la noblesse. Vincennes était la grande prison et la prison des grands ; à la Bastille, il y eut plus de criminels d'antichambre et de boudoir que de criminels d'État.

« Ayez de l'esprit, et faites une épigramme contre un ministre, contre une courtisane titrée ; soyez un chansonnier, et rimez un couplet politique ; soyez un philosophe, et hasardez une théorie sociale : à ces causes, vous irez à la Bastille ; mais, soyez un gentilhomme puissant, et osez regarder en face la royauté, l'épée à la main ; soyez le frère d'un roi, et refusez d'obéir à votre auguste maître ; soyez un cardinal audacieux, et avisez-vous de perdre votre bréviaire dans la mêlée chantante de la Fronde ; soyez un chef de parti, un chef de secte, un chef d'école entreprenant, un ennemi redoutable : à ces causes, vous aurez l'honneur d'aller à

Vincennes. Encore une fois, si vous n'avez que de l'imprudence et que de l'esprit, vous coucherez à la Bastille ; si vous avez de la volonté et de la force, voilà le donjon de Vincennes [1]. »

Oui, le donjon de Vincennes, c'est la prison d'État de l'audace, de la puissance, de la noblesse et du génie : les fers que l'on y forge dans l'intérêt de la royauté, ne peuvent enchaîner que des prisonniers d'élite ; il faut se nommer, pour mériter le poids d'une pareille chaîne, Henri IV ou Henri de Bourbon, Bassompierre ou le cardinal de Retz, l'abbé de Saint-Cyran ou Jean de Werth, Rantzaw ou le prince Casimir, Fouquet ou Lauzun, Diderot ou Mirabeau... Nous en passons, et des meilleurs !

Du reste, le donjon de Vincennes et le donjon de la Bastille sont tout à fait dignes l'un de l'autre : il n'y a pas un seul règne de la monarchie française qui ne leur ait donné un immense et déplorable contingent de prisonniers célèbres et de misères illustres. L'arbitraire, la persécution, l'esprit de parti, la haine, le despotisme, ont peuplé en même temps les cachots de la Bastille et les cachots de Vincennes ; seulement, le donjon de Vincennes l'emporte sur la hideuse prison du faubourg Saint-Antoine, par de certains mystères dont la tristesse a manqué peut-être à l'histoire de la Bastille : « C'est à Vincennes, disaient naguère deux spirituels écrivains, que les gouverneurs faisaient leur apprentissage de ce métier de bourreaux. La plupart passaient de la lieutenance du donjon au gouvernement de la Bastille. Comme les apprentis chirurgiens et barbiers, ils faisaient ruisseler le sang et taillaient aveuglément dans les plaies vives ; ces féroces noviciats leur étaient comptés pour de bons et d'intelligents services.

« De temps en temps, l'histoire qui n'apparaît à la Bastille que les fers et une hache à la main, se montre à Vincennes parée du fard des royales courtisanes qui, derrière les tours massives, trouvaient des taillis impénétrables et de doux gazons pour les orgies. Parfois, du sein de ces solitudes embaumées, s'échappe un long gémissement, et le sang rougit les fleurs ; c'est Messaline qui se venge ou dont on se venge. »

[1] *Les Environs de Paris*, 1844, sous la direction de Charles Nodier et Louis Lurine.

L'histoire nous offre souvent des contrastes d'une plaisante cruauté; là, dans les environs de cette horrible geôle, dans le bois de Vincennes, saint Louis disait à ses justiciables, dans un prétoire de verdure : « Approchez-vous tous, petits qui avez affaire au roi, venez à lui..., aucun huissier ou autre ne vous en empeschera. »

Le donjon de Vincennes a, surtout, un bien triste avantage sur la Bastille : il est encore debout!... Il domine Paris, il le défie, il le menace, en regardant à ses pieds, avec un secret mépris, une statue de la liberté sur les ruines de la Bastille.

Le donjon de Vincennes, préservé d'une ruine imminente par les modérés de 91, n'a pas trop à se plaindre des gouvernements et des peuples du dix-neuvième siècle; jugez :

Le gouvernement de 1830 lui a donné une trentaine de millions, répartis de la manière suivante :

Six millions pour un complément de fortifications.

Un million pour un arsenal d'artillerie.

Un million pour une fonderie.

Un million pour une manufacture d'armes.

Un million pour un arsenal du génie.

Trois millions pour des casernes.

Douze millions pour des hôpitaux militaires.

Quatre millions pour une manutention de vivres, destinés à une armée de cent mille hommes.

Deux millions pour l'établissement de magasins. — Tout cela ne fait-il pas, en effet, un peu plus de trente millions? — Que d'argent pour réédifier une forteresse féodale, une *forteresse d'État!* Il en faudrait si peu pour la démolir!

La révolution de juillet a donné au donjon de Vincennes des hôtes malheureux qui n'étaient rien moins que les derniers ministres du roi Charles X; l'empire lui a confié une centaine de prisonniers politiques[1], dont la réunion résumait assez tristement les vic-

---

[1] L'on a dit avec raison, qu'à cette époque, le commandant du donjon était lui-même un prisonnier. Il devait obéir à des instructions impériales qui commençaient ainsi : Art. 1er. *Je vous préviens que vous ne devez point passer le pont de votre château, sans en avoir obtenu une permission de moi par écrit.*

toires et les conquêtes de l'Empereur; l'opposition française et la coalition européenne sont représentées dans le donjon de l'empire, par les Polignac, le baron de Kolli, le cardinal Gregorio, Mina, Esménard, Dudon, Lahorie, Odonnel, Wernene de Reder, l'abbé de Fontana; de Broglie, évêque de Gand, Bertazzoli, aumônier du pape, de Boulogne, évêque de Troyes[1], et bien d'autres ennemis de la France, qui ne veulent rien apprendre ni rien oublier; enfin, à ne parler encore que des bonnes fortunes du donjon de Vincennes au dix-neuvième siècle, n'a-t-il pas reçu de la république, c'est-à-dire du consulat, ce qui est bien différent, un prisonnier presque royal, un héros qui avait le tort de vouloir faire de l'héroïsme contre sa patrie, un Bourbon qui se nommait le duc d'Enghien?

Certes! le donjon de Vincennes était une prison admirablement choisie pour un pareil prisonnier d'État : avec un peu de science ou de mémoire, le duc d'Enghien aurait pu coudoyer dans son cachot de nobles compagnons d'infortune, condamnés autrefois, à tort ou à raison, par le bon plaisir de la royauté; en ce moment solennel, rien n'empêchait le proscrit promis à la mort du lendemain, de recevoir avec l'aide de l'imagination les tristes et suprêmes hommages d'anciens prisonniers de Vincennes, qui avaient porté les plus beaux noms de la gentilhommerie française ou étrangère : le duc d'Alençon, le roi de Navarre; le maréchal de Montmorency, La Môle, de Cossé-Brissac, le duc de Vendôme, Sigismond, roi de Pologne, le duc de Beaufort, le cardinal de Retz, le prince Charles-Édouard, le duc de Longueville, le prince de Conti, le prince de Condé... oui, le prince de Condé que nous avons déjà vu, celui-là même dont la captivité faisait dire à Cromwell, le futur protecteur anglais : « C'est un mauvais coup que cette arrestation... Il ne faut « frapper les princes qu'à la tête!. »

Les ministres du consul Bonaparte se souvinrent, en 1804, de

---

[1] L'évêque de Troyes avait dit, quelques années avant son arrestation, dans un mandement assez ridicule : « Puisse le souverain maître des rois veiller d'une manière par- « ticulière sur la nouvelle dynastie, et rendre son trône immuable comme le soleil! » — Cet *immuable comme le soleil* méritait, à coup sûr, la peine de l'emprisonnement.

l'énergique parole de Cromwell, et nous savons tous comment ils se hâtèrent de la mettre en action sur la personne du malheureux duc d'Enghien.

Quelques historiens, qui cherchent le merveilleux dans les réalités de l'histoire, ont aperçu plus d'un triste présage dans les premières années de la vie du duc d'Enghien : s'il faut les en croire, une étincelle faillit brûler, pendant une nuit, le berceau du jeune prince; dans son enfance, il demeurait à Saint-Maur, tout près de Vincennes, et il se prenait bien souvent à visiter le parc de cette vieille prison qui lui réservait un tombeau.

A dix-neuf ans, le duc d'Enghien quitta la France, avec les fils du comte d'Artois, avec les chefs de file de l'émigration royaliste. En 1790, il s'en allait visiter le village de Salzbach, où l'armée française pleura le maréchal de Turenne : le duc d'Enghien salua l'ombre de l'illustre maréchal qui n'avait pas toujours été fidèle à la France, en se préparant à combattre les Français dans les rangs de l'armée de Condé.

En 1792, le duc d'Enghien dut sortir, bon gré, malgré, des États de Wurtemberg et de Trêves, pour se réfugier dans les bailliages du cardinal de Rohan; il quitta sa tranquille retraite pour se mêler encore aux soldats de l'émigration royaliste, et il se réfugia de nouveau, en 1802, dans la petite ville d'Ettenheim; il n'y avait pas bien loin d'Ettenheim à Strasbourg : pour un proscrit, pour un prince, pour un Bourbon, Strasbourg était bien près de Vincennes.

Le 2 mars 1804, le ministre de la police, à Paris, reçut un rapport daté d'Offembourg, et qui se terminait ainsi :

« Des officiers de l'armée de Condé s'occupent à s'organiser : ils
« s'entendent à cet égard avec le duc d'Enghien, et ils doivent se
« réunir prochainement avec lui, soit à Offembourg, soit à Fri-
« bourg, soit dans tout autre lieu qui serait indiqué dans les in-
« structions que l'on attend de l'Angleterre. »

Ce fut un simple rapport de police qui perdit le duc d'Enghien, en le dénonçant au premier consul et en le calomniant peut-être. Fouché, et Talleyrand surtout, demandèrent à Bonaparte le droit de violer le territoire de Bade, pour y arrêter un conspirateur qui ne songeait sans doute à conspirer contre la France que les armes à la main, sur un champ de bataille. Enfin, l'enlèvement du prince eut lieu le 15 mars 1804 : cinq jours plus tard, le duc d'Enghien était à Vincennes.

Le drame de Vincennes est un des plus tristes mystères de l'histoire de nos révolutions ; tout est mystérieux dans cette tragédie, dont le prologue même commence par un secret.

Le duc d'Enghien s'était marié secrètement, dans sa retraite d'Allemagne, avec la princesse Charlotte de Rohan. Les précautions dont il croyait devoir entourer ses galants rendez-vous dans la demeure de la princesse, provoquèrent les premiers soupçons de la police française ; on s'imagina qu'il passait chaque jour de longues heures dans la maison d'un émigré, d'un complice : il était tout simplement en bonne fortune chez sa femme ; on se persuada qu'il faisait de la contre-révolution : il ne faisait que du sentiment, des phrases d'amour et des châteaux en Espagne.

Le mystère continue de plus belle : on accusait le duc d'Enghien de recevoir dans son intimité politique le général Dumouriez : il fallut constater, un peu trop tard, que le général Dumouriez n'était que le général Thumery ; la prononciation allemande avait rendu ces deux noms presque identiques à l'oreille des agents de police.

De Strasbourg à Paris, le mystère voyage avec le duc d'Enghien ; le ministre Réal attachait une importance d'État au secret de l'arrestation, du voyage et du jugement d'un prince de la maison de Bourbon. Le noble proscrit voyagea sous le nom de Plessis. — Le ministre écrivait à M. Harel, commandant du château de Vincennes, les instructions suivantes :

« Un individu, dont le nom ne doit pas être connu, sera con-
« duit dans le château dont le commandement vous est con-
« fié. L'intention du gouvernement est que tout ce qui lui sera
« relatif soit tenu très-secret, et qu'il ne lui soit fait aucune
« question ni sur ce qu'il est, ni sur les motifs de sa détention.
« Vous-même devez ignorer qui il est. Le premier consul compte
« sur votre discrétion et sur votre exactitude. »

Le 20 mars, à cinq heures du soir, le duc d'Enghien traversait

Dessiné par Eustache-Lorsay.   Gravé par Laisné.

LA MORT DU DUC D'ENGHIEN.

Paris ; il disait, avec une noble assurance : « Que l'on me per-
« mette de voir le premier consul, et tout sera terminé, tout sera
« arrangé ! »

Chose bien triste et bien étrange ! en arrivant à Vincennes, le prince ne songea qu'à demander un jour de liberté, sur parole, pour chasser dans la forêt !

Le mystère ne cesse pas encore : près de condamner ou d'absoudre un accusé, la commission militaire, nommée par le gouverneur de Paris, était dans l'ignorance la plus complète sur le nom et la qualité du justiciable qu'elle allait juger. Enfin, elle apprit par un aide de camp de Murat que les juges avaient affaire à la tête du duc d'Enghien.

Dans la nuit du 20 au 21 mars, à l'issue de la délibération du conseil de guerre, le commandant Harel fit descendre son prisonnier jusque dans le fossé du *Pavillon de la Reine*; le duc d'Enghien entendit la lecture du jugement qui le condamnait à mort ; il confia au lieutenant Noirot, à l'adresse de la princesse de Rohan, une boucle de cheveux et un anneau d'or ; la lumière blafarde d'une lanterne servit de point de mire aux soldats de l'adjudant Pélé, sur la poitrine du malheureux prince ; l'officier commanda le feu... et le sang du duc d'Enghien arrosa les fleurs de son aïeul le grand Condé [1].

En ce moment-là, une seule personne se prit à pleurer dans le château de Vincennes : c'était la femme du commandant Harel ; par une singularité qui ne manque pas d'un intérêt vraiment poétique, madame Harel était la sœur de lait du duc d'Enghien.

Le mystère continue toujours, en dépit de la mort du prince : le 21 mars, de grand matin, M. Réal monte dans sa voiture pour se rendre en toute hâte de Paris à Vincennes ; il rencontre Savary un peu au delà de la barrière, et il apprend le jugement, la condamnation, l'exécution d'un accusé qu'il avait l'ordre d'aller interroger au nom de Bonaparte !...

On a longtemps accusé Napoléon de la *mort illégale*, de l'assas-

---

[1] L'épouvantable accessoire de *la lanterne attachée par Savary sur la poitrine du duc d'Enghien* n'est heureusement qu'une invention de l'esprit de parti, l'exagération dramatique d'un préjugé populaire.

sinat juridique d'un Condé ; voici la justification du premier consul, écrite dans les premières années de la restauration, par le général Hullin, celui-là même qui avait présidé la commission militaire de Vincennes :

« ...La lecture des pièces donna lieu à un incident : nous remar-
« quâmes qu'à la fin de l'interrogatoire prêté devant le capitaine
« rapporteur, le prince, avant de signer, avait tracé de ses propres
« mains quelques lignes où il exprimait le désir d'avoir une ex-
« plication avec le premier consul. Un membre fit la proposition
« de transmettre cette demande au gouvernement ; la commission
« y déféra ; mais, au même instant, le général (Savary) qui était
« venu se poster derrière mon fauteuil, nous représenta que cette
« demande était INOPPORTUNE.

« De toute manière, il ne pouvait pas être procédé de suite à
« l'exécution du jugement ; on ne pouvait pas y procéder sur la
« première minute, car elle était incomplète, quoique signée de
« nous ; elle contenait des blancs non remplis, et n'était pas signée
« du greffier. Ainsi, le rapporteur et l'officier chargés de l'exécu-
« tion n'auraient pu, sans prévarication, voir là un véritable juge-
« ment. Et quant à la seconde rédaction, la seule vraie, comme
« elle ne portait pas l'ordre *d'exécuter de suite*, mais seulement *de*
« *lire de suite* le jugement au condamné, l'exécution de suite ne
« serait pas le fait de la commission, mais bien de ceux qui au-
« raient pris sur leur responsabilité propre de brusquer cette fa-
« tale exécution.

« Hélas ! nous avions bien d'autres pensées ! A peine le juge-
« ment fut-il signé, que je me mis à écrire une lettre dans laquelle,
« en me rendant en cela l'interprète du vœu unanime de la com-
« mission, j'écrivais au premier consul, pour lui faire part du
« désir qu'avait témoigné le prince d'avoir une entrevue avec lui,
« et aussi pour le conjurer de remettre une peine que la rigueur
« de notre position ne nous avait pas permis d'éluder.

« C'est à cet instant qu'un homme qui s'était constamment
« tenu dans la salle du conseil, et que je nommerais si je ne ré-
« fléchissais que, même en me défendant, il ne me convient pas
« d'accuser... «Que faites-vous là ? me dit-il, en s'approchant de

« moi. — J'écris au premier consul, lui répondis-je, pour lui ex-
« primer le vœu du conseil et celui du condamné. — Votre affaire
« est finie, me dit-il en prenant la plume ; maintenant, cela me
« regarde. »

« J'avoue que je crus, avec plusieurs de mes collègues, qu'il
« voulait dire : *Cela me regarde, d'avertir le premier consul*.

« Je m'entretenais de ce qui venait de se passer, sous le vesti-
« bule contigu à la salle des délibérations ; des conversations
« particulières s'étaient engagées ; j'attendais ma voiture, qui
« n'ayant pu entrer dans la cour intérieure, non plus que celle
« des autres membres, retarda mon départ et le leur ; nous étions
« nous-mêmes enfermés, sans que personne pût communiquer au
« dehors, lorsqu'une explosion se fit entendre !... bruit terrible
« qui retentit au fond de nos âmes et les glaça de terreur.

« Oui, je le jure au nom de tous mes collègues, cette exécution ne
« fut point autorisée par nous ; notre jugement portait qu'il en se-
« rait envoyé une expédition au ministre de la guerre, au grand
« juge, ministre de la justice, et au général en chef, gouverneur de
« Paris. L'ordre d'exécution ne pouvait être régulièrement donné
« que par ce dernier. Les copies n'étaient point encore expédiées ;
« elles ne pouvaient pas être terminées avant qu'une partie de la
« journée ne fût écoulée. Rentré dans Paris, j'aurais été trouver
« le gouverneur, le premier consul, que sais-je ?... Et tout à coup,
« un bruit terrible vient nous révéler que le prince n'est plus !...»

Ainsi, le dernier mystère de ce drame politique est un crime
commis à l'insu de Bonaparte par quelque confident de tragédie,
qui s'avise de réaliser à coups de fusil cette parole révolutionnaire : Il n'y a que les morts qui ne reviennent pas !

Deux hommes d'une grande éloquence, d'un grand génie, précédèrent le duc d'Enghien, à la distance de quelques années, dans
le donjon de Vincennes : Diderot et Mirabeau. L'on pourrait presque dire, avec la mystérieuse logique de l'histoire, que ces deux
illustres adversaires de l'ancien régime ne furent pas tout à fait
étrangers à l'infortune du dernier des Condé : l'un prépara la révolution française dans l'*Encyclopédie* ; l'autre commença la révolution française au Jeu de paume de Versailles !

Nous n'avons point à raconter, dans ce livre, la vie littéraire et philosophique de Diderot ; nous ne rappellerons ni la hardiesse, ni l'originalité, ni l'admirable passion qui distinguent les écrits de ce philosophe, de ce critique, de ce romancier, de ce polémiste; il ne s'agit pour nous que de Diderot en prison : Diderot vint expier à Vincennes la publication de sa *Lettre sur les aveugles, à l'usage de ceux qui voient.*

Après avoir été, pendant plus d'un mois, bien gardé, bien surveillé, bien maltraité dans le donjon, Diderot obtint pour prison le château et le parc de Vincennes ; on lui donna des livres, du papier et des plumes ; on lui permit de recevoir sa femme tous les jours, ses amis assez souvent, et sa maîtresse quelquefois : cette maîtresse, un peu légère, un peu équivoque, un peu bien infidèle, se nommait madame de Puisieux ; ce fut à l'intention de madame de Puisieux que Diderot composa plusieurs de ses ouvrages : comme il avait plus de génie que d'argent, le philosophe amoureux tâchait de satisfaire, à grands flots d'esprit et d'éloquence, aux caprices coûteux de sa maîtresse, qui jouait le rôle d'un trait d'union entre un écrivain et un libraire.

Le devoir, l'amitié, le sentiment de la famille, inspirèrent Diderot beaucoup mieux que les extravagances de l'amour, du plaisir, de la passion : pour suffire aux besoins modestes de son ménage, il composa sa belle part de collaboration dans l'*Encyclopédie*, *Jacques le Fataliste*, *le Neveu de Rameau*, *la Religieuse*, *les Pensées philosophiques*, *le Père de Famille* ; pour complaire aux fantaisies ruineuses de sa maîtresse, il écrivit l'*Essai sur le mérite de la vertu*, l'*Interprétation de la nature*, *les Bijoux indiscrets*, et bien d'autres pages que le vent a bien fait d'emporter ; madame Diderot fut assurément une meilleure et plus poétique Égérie que madame de Puisieux.

Diderot, prisonnier à Vincennes, aimait surtout à recevoir la visite de Grimm et de Rousseau ; ce fut en se promenant dans le parc, avec ses deux amis, que Diderot donna à Jean-Jacques le conseil d'écrire un *Mémoire* sur une question de morale proposée par l'Académie de Dijon : le discours du philosophe gagna le prix académique ; on a prétendu aussi que la pensée première du *Con-*

trat social était née à Vincennes, d'une discussion entre Diderot, Grimm et Rousseau.

La superstition est presque toujours la religion des incrédules : ne faut-il pas, bon gré mal gré, que les hommes les *plus forts* croient à quelque chose? Une fois à Vincennes, Diderot devint assez plaisamment superstitieux; il écrivait, après avoir quitté le donjon : « J'avais un petit Platon dans ma poche, et j'y cherchai
« à l'ouverture quelle serait encore la durée de ma captivité,
« m'en rapportant au premier passage qui me tomberait sous les
« yeux. J'ouvre, et je lis en haut d'une page : *Cette affaire est de*
« *nature à finir promptement.* Je souris, et un quart d'heure après
« j'entends les clefs ouvrir les portes de mon cachot : c'était
« le lieutenant de police Berryer, qui venait m'annoncer ma dé-
« livrance pour le lendemain [1] »

Dans l'ordre des idées, sinon dans l'ordre des dates, Diderot, qui vient de passer trois mois dans le château de Vincennes, n'est peut-être pas bien loin de Mirabeau, qui va passer deux ans dans le donjon [2].

Mirabeau avait déjà fait un rude apprentissage de la réclusion : à dix-sept ans, il fut arrêté et conduit à l'île de Ré, sur la demande expresse de son père, et sous le prétexte, assez frivole en ce temps-là, de quelques duels, de quelques folies, de quelques aventures.

Plus tard, Mirabeau expia dans la petite ville de Manosque, — une véritable prison, — le tort charmant d'avoir satisfait, avec l'aide des emprunts, à tous les menus plaisirs de son jeune ménage.

Un jour, à la fin de l'année 1774, Mirabeau apprend que sa sœur a été insultée par le baron de Villeneuve : il oublie qu'il n'a point le droit de sortir de Manosque; il arrive à Grasse; il provoque l'insolent gentilhomme, qui ne veut pas se battre : il

---

[1] Cette délivrance signifiait pour Diderot le droit de séjourner librement, sur parole, dans le château de Vincennes.

[2] Le père de Mirabeau, *l'ami des hommes*, avait lui-même séjourné dans le donjon pour avoir publié un *traité* ou une *théorie des impôts*. — Le surnom de *l'ami des hommes* était le titre d'une de ses brochures.

l'insulte à son tour, il le soufflette... Et une nouvelle lettre de cachet, sollicitée par *l'ami des hommes*, envoie Mirabeau dans la prison du château d'If, où il écrit son *Essai sur le despotisme*. L'amitié du commandant de ce château valut à Mirabeau le triste avantage d'être transféré dans la citadelle de Joux.

Il y avait à cette époque, dans la ville de Pontarlier, une jeune et très-jolie femme, madame la marquise de Monnier, qui figure surtout, dans l'histoire de Mirabeau, sous le nom de Sophie. Madame de Monnier était mariée à un honnête homme de soixante ans, amoureux, exigeant et jaloux; Mirabeau devint l'amant de la belle marquise, et le scandale ne se fit pas attendre.

Menacé par son père, qui avait toujours une lettre de cachet au service de sa colère; menacé par M. de Monnier, qui voulait confier à des juges criminels le soin de son honneur et de sa vengeance, Mirabeau résolut de mettre à profit un avis confidentiel de M. de Malesherbes : il prit la fuite; il se réfugia d'abord en Suisse; il quitta bientôt cette retraite, où il vivait seul, pour passer en Hollande où il allait vivre avec Sophie. — Mirabeau apprit à Amsterdam que, sur la plainte de M. de Monnier, il avait été condamné, par contumace, à la peine de mort[1].

Qui le croirait? les juges s'étaient contentés de faire exécuter leur sentence en effigie; M. de Monnier, bien sûr d'être malheureux et ridicule, de par le roi et la loi, n'en demandait pas davantage contre le coupable; ce fut le père de Mirabeau, cet impitoyable *ami des hommes*, qui réclama l'extradition de l'amant de Sophie. — Les agents de la police française arrêtèrent Mirabeau et la marquise de Monnier, à Amsterdam, le 17 mai 1777. Les deux fugitifs furent relégués, quelques jours plus tard, l'un dans le donjon de Vincennes, l'autre dans le couvent de Sainte-Claire.

Mirabeau à Vincennes, c'est le génie de la liberté populaire qui s'essaie à lutter contre la raison du plus fort, contre le caprice d'un gouverneur, contre l'arbitraire d'un geôlier, contre le bon plaisir d'un ministre. On lui a tout enlevé, ses livres, ses habits, son linge, son argent... mais on lui a laissé une plume, et il laisse

---

[1] Cette condamnation fut exécutée en effigie.

Dessiné par EUSTACHE-LORSAY. Gravé par ROSE.

ARRESTATION DE MIRABEAU.

tomber sur la tête du despotisme, du haut du donjon, son fameux livre des *Lettres de cachet.*

Voilà déjà un audacieux tribun qui ose dire au peuple et à la royauté, à travers les barreaux d'une prison d'État, dans une sorte d'ivresse prophétique :

« Hommes ! ne serez-vous donc jamais las d'appeler la tyrannie
« par vos maximes inconsidérées, par votre fol enthousiasme, par
« vos lâches flatteries, par votre stupide crédulité ? Vous vous ven-
« dez vous-mêmes ; vos maîtres sourient de vos erreurs : ils les fo-
« mentent et ils en profitent ; ils s'habituent à l'usurpation ; ils
« l'étendent sur tout ; ils mettent le fait à la place du droit ; ils
« prennent les moyens pour la fin ; ils en viennent à se persuader
« eux-mêmes qu'ils peuvent impunément vous opprimer. *Cette il-*
« *lusion les perdra sans doute ; mais vous souffrez, en attendant la ca-*
« *tastrophe, et vous souffrirez encore lors de ce terrible dénoûment !...* »

Quand il ne s'évertue pas à lutter contre l'inflexible gouverneur de Vincennes, dans des lettres *ab irato* qui sont des chefs-d'œuvre de persiflage, de raison et de finesse, Mirabeau se jette tout entier dans l'étude des plus hautes questions de morale, de religion et de politique ; après avoir arraché à la mauvaise grâce de M. de Rougemont un livre, un chiffon, un couteau, un miroir, une chaussure, un bain, une misère qu'on lui refuse au nom du roi, Mirabeau oublie sa captivité, son père, ses ennemis, et il se met à écrire sur les *Prisons d'État* et sur l'*Intolérance religieuse.*

Lorsque Mirabeau, dans le donjon de Vincennes, ne donne pas à la liberté ses regards les plus ardents, toute son attention, son esprit et son cœur, il se souvient de madame de Monnier, et il improvise les *Lettres à Sophie*, ce roman d'un amour vrai, d'une passion réelle, dont on pourrait dire, avec bien plus de raison que de la *Nouvelle Héloïse* : « La jeune fille qui lira ce livre est perdue. »

N'est-ce pas un spectacle tout rempli d'un singulier intérêt, que de voir ce prisonnier indisciplinable, ce philosophe, cet économiste, cet apprenti tribun, ce gentilhomme révolutionnaire, s'agenouiller en pleurant sur les dalles de son cachot, pour exprimer à une femme absente tout ce que la passion peut inspirer de tendresse, de douceur, d'humilité, de grâce, d'esprit, de coquetterie, de désespoir, d'enfantillage, d'extravagance et de folie[1]?

L'écho mystérieux de cette correspondance amoureuse ne dut-il pas faire tressaillir, dans les bosquets de Vincennes, l'ombre plaintive de mademoiselle de La Vallière?... Ce n'est point à Versailles, en effet, mais dans le petit parc de Vincennes, que Louis XIV a eu le bonheur d'entendre le premier soupir de sa plus charmante maîtresse; oui, la fleur la plus douce et la plus poétique de la galanterie du grand roi est née sous les ombrages de Vincennes : c'est le soleil étincelant de Versailles qui l'a tuée !

La pluie, les éclairs, le tonnerre, prirent la peine de jouer un

rôle dans le poëme sentimental de cette passion naissante : triste présage pour mademoiselle de La Vallière! triste souvenir, un peu plus tard, pour Louise de la Miséricorde!

Un jour, Louis XIV, qui commençait à ressembler à un paon qui fait la roue au soleil, se promenait dans le parc de Vincennes,

---

[1] Il y a quelque chose d'assez curieux dans l'histoire des *Lettres à Sophie* : ce fut un lieutenant de police, le célèbre Lenoir, qui se chargea de les faire parvenir en secret à madame la marquise de Monnier. — Mirabeau recouvra la liberté au mois de décembre 1780, grâce à la puissante intervention de la princesse de Lamballe.

au milieu d'un cortége de grands seigneurs et de belles dames. Tout à coup, un orage éclate... Mais il s'agit bien de la pluie, et des éclairs, et du tonnerre!... Le roi ne daigne prendre garde qu'à mademoiselle de La Vallière, qui se hâte lentement, la pauvre fille, en boitant le plus coquettement qu'il lui est possible, en maudissant ses petits pieds qui ne peuvent faire que de petits pas...—La flatterie chassa l'étiquette; la complaisance des courtisans eut pitié de l'amour timide de Louis XIV : tout le monde se prit à fuir à travers les sentiers du parc de Vincennes; les grands seigneurs et les belles dames disparurent, comme par enchantement : le roi et mademoiselle de La Vallière n'avaient point peur de l'orage, et ils attendirent le beau temps derrière un massif de fleurs et de verdure. — Mademoiselle de La Vallière était déjà sur le chemin des Carmélites.

Au moment où Louis XIV et la fille d'honneur de *Madame* rentraient au château, la pluie recommença de plus belle; une précieuse de la cour se mit à dire à M. le comte de Guiche, en lui montrant mademoiselle de La Vallière, qui pleurait encore : « Il pleut à chaudes larmes!... » Mot prétentieux, mais ravissant, et qui devait faire envie à M. de Benserade.

En 1664, Louis XIV quitta le château de Vincennes pour aller inaugurer sa nouvelle résidence de Versailles : ce n'est plus un roi, c'est un sultan qui va régner en France. Versailles, c'est le sérail de Sa Hautesse, aux portes de Paris; la chambre des filles de *Madame* sera le harem du grand roi : il aura pour sultanes favorites mesdames de La Vallière, de Fontanges et de Montespan; il aura des enfants illégitimes, légitimés par la grâce de son souverain caprice; il aura, pour eunuques, de nobles amis qui ont passé par la main de Richelieu et qui ne possèdent plus qu'une stérile noblesse; les muets de cette nouvelle cour orientale seront des gentilshommes assez faibles, assez dévoués, ou assez égoïstes pour se taire : par malheur, la véritable Roxelane du harem de Versailles sera une femme triste, prude et sévère que l'on appelle madame de Maintenon; mais, qu'importe? la veuve du poëte Scarron n'appartient qu'à la vieillesse du sultan.

L'orient de Louis XIV nuisit, à coup sûr, aux intérêts publics de la royauté française : le jour où le souverain se renferme, se relègue, se cache dans le palais de Versailles, la nation ne peut plus crier : *Ah! si le roi le savait!* le roi ne peut rien entendre, ni rien savoir, au fond de son *île enchantée;* désormais, il ne doit vivre que pour les menus plaisirs de sa puissance et de son orgueil, loin de Paris qui l'ennuie, qui le fatigue ou qui l'effraie ; si bien que Paris osera s'en aller, tôt ou tard, chercher la majesté royale à Versailles, pour la ramener de l'Orient en France, au bruit du tambour révolutionnaire.

En 1664, mademoiselle de La Vallière emporta, dans un pan de sa belle robe de favorite, tous les plaisirs, tous les amours, tous les caprices galants du château de Vincennes : elle inaugura, par une douce faiblesse, le siècle de la galanterie spirituelle, un siècle qui eut le bonheur de découvrir le *pays de Tendre ;* le roi ne songea qu'à aimer et qu'à plaire toujours ; les courtisans suivirent l'exemple du maître : ceux-là mêmes qui ne faisaient plus l'amour l'achetaient tout fait, plutôt que d'avoir des yeux, un cœur et un boudoir pour n'en rien faire. — Le palais de Versailles enleva à Vincennes sa résidence royale ; il ne daigna lui laisser qu'une prison d'État.

Un ministre de Louis XIV, qui avait osé prendre pour devise *quo non ascendam?* et que les chroniqueurs ont soupçonné d'avoir voulu s'élever jusqu'à la galante couronne de mademoiselle de La Vallière, tomba tout meurtri, du soir au lendemain, dans le donjon de Vincennes : il s'agit du surintendant Fouquet.

Fouquet était pourtant, d'une certaine façon, le meilleur courtisan de France : le roi aimait tout ce qui avait de l'éclat ; le ministre se prit à aimer tout ce qui brillait. Le roi était prodigue jusqu'à l'extravagance ; le ministre devint généreux et magnifique jusqu'à la folie. Le roi puisait à pleines mains dans la richesse publique ; le ministre plongeait volontiers ses deux mains dans les coffres de l'État. Le roi offrait à ses serviteurs des fêtes splendides ; le ministre offrait à ses amis des divertissements superbes. Le roi jetait le mouchoir aux filles d'honneur de *Madame ;* le ministre ne craignit point de s'attaquer à l'honneur de ces jolies filles.

Fouquet faillit expier sur l'échafaud cette orgueilleuse manie de vouloir toujours marcher sur les traces brillantes de son maître ; Louis XIV se contenta de lui prendre ses biens et sa liberté : Fouquet fut emprisonné tour à tour à Vincennes, à Angers, à Amboise, à Moret, à la Bastille et à Pignerol ; il s'était dit bien des fois : *quò non ascendam?* et ce malheureux, qui voulait monter jusqu'au soleil de Louis XIV, s'en alla mourir bien bas, bien bas, dans le fond d'un misérable cachot.

La devise de Fouquet aurait pu figurer dans les armes parlantes du célèbre duc de Lauzun : voilà un cadet de Gascogne qui a tout à fait ce qu'il faut pour monter et descendre, pour briller au firmament de la royauté et pour s'abîmer ensuite parmi les hommes. Lauzun avait de l'esprit, de la figure, et surtout de l'audace : il fut assez spirituel pour amuser Louis XIV, qui le nomma son capitaine des gardes ; il fut assez beau pour plaire à mademoiselle de Montpensier, à qui des princes et des rois avaient essayé de plaire ; il fut assez audacieux pour s'attaquer à la fois au cœur et à la main d'une cousine du grand roi.

Un jour, notre capitaine des gardes se présente devant Louis XIV qui ne lui a pas fait l'honneur de le mander ; c'est à peine si le cadet de Gascogne daigne s'incliner devant la majesté royale... Il ose regarder en face le soleil qui l'a fait éclore de la poussière, et il n'en est point ébloui...

— Sire, s'écrie le gentillâtre parvenu, vous m'avez promis la grande maîtrise de l'artillerie ?...

— C'est vrai ; mais votre orgueil me force de retirer ma promesse.

— Sire, répond M. de Lauzun, j'avais promis de vous servir... mais votre injustice m'oblige à retirer mon serment ; vous n'êtes plus mon maître... Je ne suis plus votre serviteur... et je brise mon épée !

Il la brisa, comme il le disait. Louis XIV leva sa canne sur cet insolent valet... mais il la rejeta presque aussitôt, en murmurant :

— Je ne veux pas que l'on puisse me reprocher d'avoir frappé, d'avoir déshonoré un gentilhomme !

Cette incroyable gasconnade valut à M. de Lauzun quelques jours d'emprisonnement : il recula jusqu'à la Bastille, pour mieux sauter à la cour de Versailles avec le titre de premier gentilhomme de la chambre ; Louis XIV aurait dû lui dire en le revoyant : *Audaces fortuna juvat!*

M. de Lauzun avait encore quelque chose à faire contre l'honneur de la royauté : il imagina tout simplement d'épouser mademoiselle de Montpensier, une petite-fille de Henri IV, rien que cela !... Et mademoiselle de Montpensier consentit à devenir la femme, la maîtresse, la servante de ce misérable cadet de Gascogne ! Elle commença par l'adorer publiquement, scandaleusement, honteusement, avec toute l'extravagance, toute la folie, tout le triste dévouement de la passion la plus romanesque : elle s'agenouilla aux pieds de son amant ; elle l'appela son maître ; elle le supplia de lui commander en tout ; elle réclama le droit de le servir... Et s'il faut en croire la chronique du dix-septième siècle, le maître ne fut point assez doux pour ménager la bonne et charmante volonté de l'esclave.

Une petite-fille de Henri IV qui en est venue jusqu'à pouvoir dire, avec un personnage de comédie : *Et si je veux qu'il me batte, moi !...*

La GRANDE MADEMOISELLE laissa tomber aux pieds de son amant quatre duchés et une vingtaine de millions.

Lauzun se hasarda, par anticipation, jusqu'à prendre pour signature le nom de *Montpensier*.

La cour et la ville saluaient déjà le bienheureux cousin du roi de France, le nouveau petit-fils de Henri IV par alliance... ou plutôt par alliage.

Madame de Sévigné, l'admirable caillette, écrivit à propos de ce singulier mariage une de ses lettres les plus spirituelles.

Le prince de Condé se prépara tranquillement à brûler la cervelle à M. de Lauzun.

En pareil cas, madame de Maintenon aurait peut-être conseillé à Louis XIV de protéger la mésalliance de mademoiselle de Montpensier ; madame de Montespan, qui ne songeait pas à devenir une reine de France par la grâce d'un mariage secret, supplia son royal amant de prendre garde à l'honneur de sa maison, qui allait être le prix d'une bonne fortune; la favorite fut impitoyable pour l'étrange faiblesse de mademoiselle de Montpensier : le roi condamna sa cousine à s'en aller pleurer sous les ombrages du château d'Eu; le prince de Condé tira sa poudre aux moineaux; la cour se moqua de M. de Lauzun; la ville se moqua de la grande mademoiselle, et l'audacieux gentilhomme expia, dans le donjon de Vincennes, une nouvelle insolence adressée à Louis XIV.

La chambre de M. de Lauzun, à Vincennes, avait reçu, entre autres prisonniers célèbres, le cardinal de Retz et le maréchal d'Ornano. Le souvenir de la captivité du fameux coadjuteur n'avait rien de bien effrayant pour le courtisan de Louis XIV : le cardinal de Retz joue, à Vincennes, le rôle d'un petit prince; il a des valets, de l'argent, une bonne table et un bon lit; de grandes dames viennent le distraire; des amis viennent le flatter; des comédiens viennent le divertir. Il s'occupe librement de tout, de politique, d'histoire, de littérature, de galanterie, de théâtre, et même de religion. Parfois, il se souvient de sa qualité de prêtre, et il obtient la faveur de dire la messe dans la chapelle du château, en ayant le soin de cacher le bout de sa chaîne sous les étoffes les plus précieuses, sous les ornements les plus magnifiques; mais, tel est le poids de la chaîne la plus légère, que le cardinal se fatigua bientôt d'être heureux... dans une prison. Il résolut de s'évader; il imagina pour sa délivrance une foule de petits moyens que n'aurait point désavoués le prisonnier le plus patient, le plus habile, le plus audacieux; le coadjuteur avait compté sans les jeux de la pluie et du beau temps : l'orage conspira contre lui; un coup de vent ferma, pendant la nuit qui devait protéger l'évasion, un grosse porte qui restait presque toujours ouverte; le cardinal en fut encore pour ses frais d'imagination et d'audace. Transféré au château de Nantes, notre prisonnier se rappela le plan qu'il avait imaginé pour s'évader de Vincennes, et cette fois, il réussit à sortir secrètement de sa prison, par la grâce de son courage et de son esprit.

Quant au maréchal d'Ornano, sa captivité ne ressemble guère à celle du cardinal de Retz : il n'a point affaire à Mazarin; il est le prisonnier de Richelieu.

Lauzun dut tressaillir, en songeant à ce favori de Louis XIII, étouffé dans la pourpre du cardinal-ministre; sans doute, il connaissait à merveille les détails qui se rattachaient à la mort du maréchal : d'Ornano avait d'abord été l'objet des prévenances les plus généreuses de son geôlier; des officiers du roi le servaient à table; le gouverneur s'inclinait devant lui; ses désirs signifiaient des ordres; la richesse, le luxe, la magnificence, cachaient à ses yeux les fers et les barreaux de la prison... Un jour, les gens du gouverneur remplacèrent les officiers du roi; on cessa de s'incliner devant lui; on ne daigna plus satisfaire à ses caprices, ni obéir à ses ordres; le prisonnier s'effraya d'un pareil changement, et il eut raison : il entrevoyait dans l'ombre de son cachot la main de son puissant ennemi, la main de Richelieu, qui lui versait du poison, et il résolut de se laisser mourir de soif et de faim...

— Mangez et buvez sans crainte, lui dit le gouverneur; est-ce que le cardinal-ministre a besoin d'employer le poison? Est-ce que je ne suis point là, au service de son Éminence? Est-ce que je n'ai pas un poignard pour vous tuer, si mon maître me l'ordonne? Si vous devez mourir à Vincennes, vous n'y mourrez point empoisonné...

— Y mourrai-je? demanda le maréchal.

— Vous êtes bien curieux! aurait pu lui répondre le geôlier.

Le maréchal consentit à ne pas mourir de faim. Il mangea... et il mourut d'une fièvre pourprée; la fièvre *pourprée*!... une véritable fièvre de cardinal.

Lauzun oublia le maréchal d'Ornano et il se souvint du maréchal de Bassompierre, de spirituelle et galante mémoire. Bassompierre avait passé douze ans en prison, à la Bastille ou à Vincennes; mais, enfin, il avait recouvré sa liberté après la mort du cardinal Richelieu : il avait échappé à l'épidémie politique de la fièvre pourprée.

Bassompierre sortit de Vincennes le jour même des funérailles du grand ministre de Louis XIII; il disait, à ce sujet : « Je suis entré dans ce château pour le service de M. le cardinal; j'en sors pour son service. »

Le séjour de la prison lui avait donné un embonpoint assez remarquable; la reine lui demanda :

— Quand accoucherez-vous?

— Quand j'aurai trouvé une sage-femme, répondit le maréchal.

Louis XIII, à son tour, lui demande compte de son âge :

— Je n'ai que cinquante ans, sire...

— Vraiment?...

— Oui, sire, déduction faite des douze années que l'on ne m'a point permis d'employer à votre service.

La nièce de Richelieu, madame d'Aiguillon, offrit à Bassompierre cinq cent mille livres pour le réconcilier avec la mémoire du cardinal-ministre :

— Madame, lui répondit le maréchal, votre oncle m'a fait trop de mal pour que je reçoive de vous tant de bien.

— On assure, lui disait mademoiselle de Balzac, que vous feuilletiez beaucoup de livres, à Vincennes?...

— C'est vrai; j'ai longtemps cherché, dans un tas de volumes, un passage que je n'ai jamais trouvé... une porte pour sortir de ma prison.

Mademoiselle de Balzac, que nous venons de nommer, avait été la maîtresse de Bassompierre; elle lui disait, un jour, qu'elle le tenait pour un sot...

— Il n'a pas tenu à vous, répliqua le maréchal, que je ne le fusse...

— Comment cela?

— J'ai failli vous épouser.

Les bons mots, les réparties, les épigrammes, ne coûtaient pas grand'chose au maréchal de Bassompierre; il fut aussi prodigue de son esprit que de son argent, et c'est beaucoup dire[1].

M. de Lauzun aurait pu trouver à Vincennes, sans trop le chercher, le fantôme d'un favori de cour, d'un amant de la reine Marguerite, d'un gentilhomme qui avait osé s'attaquer à la puissance et à l'honneur d'une maison royale : il se nommait La Môle.

Charles IX fit expier à La Môle et à Coconas une trahison qui

---

[1] Bassompierre écrivit, à Vincennes et à la Bastille, des mémoires remplis d'intérêt, de malice et de finesse; ce livre, un peu hasardé, fut imprimé à Cologne.

aurait pu faire tomber la tête de deux princes : le duc d'Alençon et le roi de Navarre en furent quittes pour la peur ; la conspiration des *mal contents* fut dénouée, à Vincennes, par la hache du bourreau. Près de mourir, Coconas disait à ceux qui l'entouraient : « Vous voyez que les petits sont pris, et les grands demeurent, eux qui ont fait la faute. » La Môle ne s'inquiéta, en se préparant à la mort, ni de la politique, ni de ses complices, ni des grands, ni des petits ; il ne songea qu'à la reine Marguerite.

Laissons là, pour un instant, les hôtes célèbres qui ont souffert dans le donjon de Vincennes : il ne faut pas que le spectacle des prisonniers nous empêche de regarder la prison.

En 1784, les prisonniers de Vincennes furent transférés à la

Bastille : les tours, les grilles, les fers, les cachots du donjon cédèrent à la geôle féodale de Paris des malheureux qui ne devaient revoir le soleil de la liberté que le 14 juillet 1789 ! — Oui, en 1784, sous le règne de Louis XVI, la monarchie elle-même brise les chaînes de la grande prison d'État. N'est-il pas bien étrange que soixante ans plus tard, après la ruine de la Bastille, après des révolutions qui ont abattu les hommes et les choses de l'ancien régime, le donjon de Vincennes soit encore debout, toujours armé, toujours superbe, toujours menaçant!... le voilà.

Une des premières constructions élevées dans le bois de Vincennes par les rois de France fut une ménagerie : les bêtes féroces précédèrent les gouverneurs, les geôliers et les bourreaux. La ménagerie suivit la cour de Louis XIV à Versailles.

Les cerfs, les daims et les chevreuils qui commencèrent à peupler le bois de Vincennes sous le règne de Philippe-Auguste, étaient un magnifique présent de Henri II d'Angleterre ; le roi chasseur du douzième siècle ne se doutait guère que les Anglais viendraient un jour, sous le règne de Charles VI, chasser dans son parc royal, par droit de conquête, et surtout par droit de trahison.

Le donjon de Vincennes s'éleva sur les ruines du misérable château de Philippe-Auguste par l'ordre de Philippe de Valois ; les travaux furent continués par le roi Jean le Bon ; ils furent terminés par Charles V, le roi sage. La part de chacun de ces trois princes, dans la fondation du château, se trouve fidèlement exprimée dans cette inscription gravée sur une table de marbre de la tour du donjon :

> « Premièrement, Philippe roys,
> « Fils de Charles, comte de Valois,
> « Qui de grand prouesse habonda,
> « Jusque sur terre la fonda,
> « Pour s'en soulacier et ébastre,
> « L'an mil trois cent trente trois quatre.
> « Après vingt et quatre ans passé
> « Et qu'il était jà trépassé,
> « Le roi Jean, son fils, cet ouvrage
> « Fit lever jusqu'au tiers étage ;
> « Dedans trois ans par mort cessa,
> « Mais Charles roy son fils laissa
> « Qui parfist en brèves saisons
> « Tours, ponts, braies, fossez, maisons. »

Le manoir royal de Charles V était composé de dix tours : la tour du donjon, plus élevée, plus massive, plus vaste que les autres, servait d'habitation particulière au roi et à la famille royale ; Vincennes, à cette époque, n'était encore que le théâtre des *esbattements princiers*. La prison d'État ne commence véritablement qu'avec le règne de Louis XI, et vraiment! il serait impossible, pour une prison, de commencer sous un meilleur maître.

« Le parc de Vincennes, d'une étendue de 1467 arpents, est planté de futaie de chênes, de charmes et d'ormes. Les arbres du bois primitif furent abattus dans l'année 1419. — En 1754, comme l'indiquent les inscriptions de l'obélisque placé au centre des neuf routes du bois, les arbres anciens furent arrachés, et la nouvelle plantation eut lieu.

« Deux ponts-levis, un très-petit pour les gens à pied, un plus grand pour les voitures, s'abaissant l'un et l'autre sur des fossés de quarante pieds de profondeur, laissaient pénétrer dans le donjon; deux portes s'ouvraient par le concours nécessaire du porte-clefs et du sergent de garde; mais nous ne sommes pas encore dans les tours : pour y arriver, il fallait franchir trois nouvelles portes; puis trois portes encore conduisaient auprès des détenus, et la seule que ces malheureux pouvaient toucher était en fer. Les murs ont seize pieds d'épaisseur, et les voûtes trente pieds d'élévation; les lucarnes étaient gardées par de triples barreaux et par de forts grillages. Autour du donjon se multipliaient les précautions vivantes, garde-clefs, officiers et sentinelles, rondes de demi-heure en demi-heure... Et le curieux, l'étranger, ne pouvaient s'arrêter en dehors même du château... la sentinelle leur criait de sa rude voix : « Passez votre chemin! »

« Le donjon est carré, divisé en cinq étages, composé d'une grande salle dont la voûte est soutenue, au centre, par un pilier; les cachots sont autour; le comble du donjon forme terrasse; au rez-de-chaussée est la salle de la question : des anneaux de fer, des sièges de douleur, un lit de charpente où le patient reprenait haleine pour souffrir plus longtemps, s'y voyaient encore en 1790. D'ordinaire les prisonniers d'État y étaient amenés la nuit; au bruit solennel du pont-levis, à la voix rauque des verrous, au ronflement des portes tournant sur leurs gonds solides, aux pas répétés par les échos des voûtes, à la vue des escaliers longs et tortueux, à la clarté pâle et vacillante de la lanterne qui allait devant, à la contemplation du cachot meublé de deux chaises et d'un grabat, à la visite honteuse du guichetier, enfin à ses dernières paroles : *C'est ici la maison du silence!* combien de malheureux, coupables ou innocents, ont dû dire, à peine tombés dans l'isolement : *Que n'est-ce ici l'asile de la mort!*

« Neuf tours, servant aussi de prison, environnaient le château; une seule subsiste : *la tour du diable;* les autres sont rasées jusqu'à la hauteur du mur d'enceinte. Cette enceinte forme un parallélogramme régulier d'une grande étendue. L'aspect du château, sous Charles V, était très-pittoresque; des gravures nous sont restées qui le représentent dans son intégrité. Catherine de Médicis y apporta de grands changements : elle fit dresser, en 1560, le plan du nouveau château. Marie de Médicis fit construire, en 1610, les bâtiments du côté du Paris. Louis XIV éleva les deux grands corps de bâtiments du côté du parc. Napoléon y exécuta quelques changements [1]. »

Un prisonnier, qui a recueilli les impressions de sa captivité à Vincennes, nous a laissé le tableau suivant :

« C'était ordinairement la nuit qu'on introduisait un prisonnier dans la forteresse. La faible lueur d'une lampe sépulcrale éclairait ses pas. Deux conducteurs guidaient sa marche. Des verrous sans nombre frappaient son oreille et ses regards. Des portes de fer roulaient sur leurs gonds énormes, et les voûtes retentissaient de ce bruit effrayant. Un escalier tortueux, étroit, escarpé, allongeait le chemin et multipliait les détours. On parcourait de vastes salles; la lumière tremblante qui perçait dans cet océan de ténèbres laissait apercevoir partout des cadenas, des barres de fer et des grilles, et augmentait l'horreur d'un tel spectacle. Le malheureux arrivait enfin dans son repaire : il y trouvait un grabat, deux chaises de paille, un pot presque toujours ébréché, et une table sale et dégoûtante. Le commandant ordonnait alors aux porte-clefs de fouiller le nouveau venu, et leur en donnait l'exemple en commençant lui-même, afin qu'ils le fissent avec plus de zèle et d'exactitude. Le malheureux patient était dépouillé de tous ses effets : argent,

---

[1] Ét. Arago.

montre, bijoux, dentelles, portefeuilles, couteau, ciseaux, tout lui était enlevé. Ensuite il recevait une injonction laconique et hautaine de ne pas se permettre le bruit le plus léger.

« Après qu'on avait été dépouillé avec le plus grand soin, vous attendiez que le gouverneur décidât de votre sort, c'est-à-dire de la vie qu'on vous réservait. Si le papier et les livres vous étaient interdits par ordre supérieur, rien ne venait vous détourner de vos réflexions, ni détruire l'affreux ennui qui vous consumait. Si la permission de lire et d'écrire était accordée, il fallait passer par de nouvelles épreuves; il n'y avait pas de bibliothèque attachée spécialement au donjon; le commandant, homme peu lettré d'habitude, n'avait que peu de livres et les prêtait aux prisonniers favorisés, en sorte que tous les autorisés n'en avaient pas, ou les attendaient longtemps, et encore fallait-il que le porte-clefs les demandât vingt fois. Quant au papier, on le donnait par cahiers soigneusement numérotés, afin que le prisonnier rendît compte de tous les feuillets; aucune lettre ne sortait du donjon sans avoir été lue par le commandant.

« Le porte-clefs venait trois fois par jour, plutôt pour espionner ou par nécessité, que par prévenance; il semblait toujours un messager d'infortune. Sa physionomie sèche ou insolente, son silence imperturbable, son cœur blasé sur les souffrances, voilà le portrait de la plupart. En vain le prisonnier interrogeait-il : une simple négation était l'unique réponse qu'il recevait; *Je n'en sais rien*, composait l'éternelle formule des porte-clefs.

« Les plus favorisés des prisonniers se promenaient une heure par jour dans un jardin qui avait trente pieds de long, en tête-à-tête avec leurs porte-clefs, qui ne devaient ni les quitter, ni cesser de les observer, ni leur adresser une parole. Dès que l'heure sonnait, on regagnait le donjon.

« Ceux qu'un destin propice rendait à la société, à leurs amis, à leur famille, recevaient en sortant de leur prison un traitement pareil à celui qu'ils avaient éprouvé en entrant : ils étaient fouillés d'une manière outrageante, et le commandant exigeait du captif sur lequel il exerçait cette dernière indignité qu'il fît serment de ne jamais révéler ce qui se passait dans cette prison d'État, sous peine d'encourir la colère du roi ; on comprend que cette dernière insinuation rendait les gens plus circonspects que la religion d'un serment arraché par une si cruelle tyrannie. »

Nous n'avons pas besoin sans doute d'apprendre à nos lecteurs que les horribles tortures dont parle cette note n'étaient pas infligées également à tous les prisonniers de Vincennes : les ignobles traitements du gouverneur ne s'adressaient qu'aux détenus sans importance.

Le tarif, pour l'entretien et la nourriture des prisonniers, était le même à Vincennes et à la Bastille; le gouverneur du donjon recevait :

Cinquante livres, par jour, pour un prince du sang.

Trente-six livres pour un maréchal de France.

Vingt-quatre livres pour un général.

Quinze livres pour un conseiller au parlement.

Dix livres pour un juge, un prêtre, un financier, un capitaine, un haut employé.

Cinq livres pour un gros bourgeois, pour un avocat.

Trois livres pour un petit bourgeois.

Deux livres pour un garde, pour un valet.

A de pareilles conditions d'argent, rien ne devait empêcher les hôtes de Vincennes d'être nourris, chauffés, éclairés, entretenus à merveille; mais le roi avait compté sans l'odieuse rapacité des gouverneurs, qui trouvaient dans le tarif de la prison un moyen de battre monnaie sur le dos des prisonniers. Un commandant de Vincennes un peu habile, c'est-à-dire un peu ignoble, pouvait gagner ou voler trois cents livres par jour : plus de cent mille livres par an.

Le donjon de Vincennes a perdu, en 1832, sa lieutenance et son gouvernement; et à vrai dire, il n'a plus besoin ni d'un lieutenant ni d'un gouverneur : Vincennes est désormais, non pas un château, non pas une prison d'État, mais une caserne, un arsenal, un musée d'artillerie, une fortification; on lui a donné un simple lieutenant-colonel : c'est tout ce qu'il lui faut.

Vincennes a vu mourir plusieurs rois de France; la mort de Charles IX, dans le donjon, fut affreuse : il pleurait, il criait, il sanglotait, il se frappait le front, il s'agenouillait aux pieds de la reine mère, il demandait pardon au roi de Navarre; il s'écriait les mains jointes : « O ma nourrice, ma mie, que de sang et que de meur« tres!... ah! que j'ai suivi un mauvais conseil... O mon Dieu! par« donne-le-moi et fais-moi miséricorde, s'il te plaît!... O nour« rice! tire-moi de là... Je ne sais où j'en suis, tant ils me ren« dent perplexe et agité... Que deviendra tout ceci?... que ferai« je?... Je suis perdu, je le vois bien!... O nourrice, j'étouffe, « j'étouffe!... »

Henri de Navarre aurait eu le droit de répondre au moribond : « C'est le sang de Coligny qui vous monte à la gorge! »

La reine Marguerite aurait eu le droit de lui dire, en lui reprochant la mort d'un de ses amants : « C'est le sang de La Môle qui vous étouffe! »

Ce malheureux La Môle s'était avisé d'une singulière volonté suprême : il légua sa tête à la reine Marguerite, et la reine Marguerite accepta ce triste et odieux héritage. Elle ramassa elle-

même la tête de La Môle; elle l'emporta dans son oratoire pour l'admirer encore et pour l'adorer; elle s'agenouilla des journées entières devant cette relique sanglante... Elle baisait, en pleurant, la tête de La Môle!

Les mémoires et les chroniques ne sont pas tout à fait d'accord sur cet épilogue, ajouté par la reine de Navarre à la tragédie des *Malcontents*. S'il faut en croire M. le duc de Nevers : « La Môle et Coconas « étaient aimés de deux princesses qui portèrent leur affection si « avant, qu'après leur mort elles firent embaumer leurs testes, et « chacune garda la sienne parmi les autres marques de leur amour; « on pourrait deviner qui étaient ces princesses, mais ce serait « une cruauté d'en avoir seulement la pensée[1]. » S'il faut en croire l'auteur du *Divorce satirique* : « Le temps pourvut Marguerite de « divers serviteurs, dont l'un toutefois, à savoir La Môle, s'en « trouva marry; car, sous prétexte de tremper dans une conspira- « tion, il laissa sa tête à Saint-Jean en Grève, accompagnée de « celle de Coconas, où elles ne moisirent ni ne furent longtemps « exposées à la vue du peuple, car, la nuit venant, ma prude « femme[2] et madame de Nevers, sa compagne, fidèle amante de « Coconas, les ayant fait enlever, les portèrent, dans leurs carros- « ses, enterrer de leurs propres mains dans la chapelle Saint- « Martin, qui est sous Montmartre. »

Si l'on veut savoir à quoi s'en tenir sur le caractère de La Môle, *fort aimé des dames*, voici ce qu'en ont écrit les chroniqueurs de ce temps-là : « Ce gentilhomme était meilleur cham- « pion de Vénus que de Mars; au reste, grand superstitieux qui ne « se contentait pas d'une messe tous les jours, mais en oyoit trois « et quatre, et quelquefois cinq et six, même au milieu des armées, « et lui a-t-on ouï dire que s'il y eût failli un jour, il eût cru être « damné; le reste du jour, et la nuit, le plus souvent, il l'employait « à l'amour, ayant cette persuasion que la messe entendue dévo- « tement expie tous les péchés. De quoi le feu roy, bien averti, a dit « souvent, que qui voulait tenir registre des débauches de La Môle « n'avait qu'à compter ses messes. »

Catherine de Médicis, le véritable juge, le véritable bourreau de Coconas et de La Môle, fit servir plus d'une fois les tours de Vin-

---

[1] La seconde de ces deux princesses était madame de Nevers.
[2] C'est Henri IV qui parle.

cennes à la réussite de ses projets politiques; Cossé-Brissac et Montmorency, le duc d'Alençon et le roi de Navarre furent emprisonnés par son ordre dans le donjon, sous le prétexte que son fils Charles IX était haï à la fois des protestants et des catholiques. Elle donnait en même temps, à Vincennes, le spectacle de la magnificence et de la tyrannie, des fêtes et des supplices; le bruit des chansons et des plaisirs étouffait les plaintes des malheureux qu'elle avait condamnés; souvent, un adversaire de Catherine sortit du pavillon de la reine, où il venait de danser, pour tomber dans un cachot, où il allait mourir. Vincennes a dû entendre les confidences les plus secrètes de Catherine, l'aveu de ses faiblesses et de ses crimes, de ses désirs et de ses passions, de ses grandes idées et de ses misérables sentiments.

« Catherine, dit Varillas, avait la taille admirable; la majesté de son visage n'en diminuait pas la douceur; elle surpassait les autres dames de son siècle par la vivacité de ses yeux et la blancheur de son teint; le beau tour de ses jambes lui faisait prendre plaisir à porter des bas de soie bien tirés, et ce fut pour les montrer qu'elle inventa la mode de monter mi-jambe sur le pommeau de la selle, en allant sur les haquenées, au lieu d'aller, comme on disait, à la *planchette*. Elle inventait également, de temps en temps, des modes galantes et superbes; elle était avare et prodigue, magnifique mais non généreuse. Avant tout, elle aimait la puissance, et pour régner elle ne mettait aucune difficulté entre les moyens légitimes et ceux qui sont défendus. Malheur aux princes, aux courtisans, aux ministres qu'elle appelait *mon ami !* c'était, dans sa bouche, l'expression de la haine et de la vengeance. — « Madame, lui dit un jour Bois-Février, qu'elle venait d'appeler *mon ami*, obligez-moi de m'appeler votre ennemi. »

Bois-Février avait raison : le donjon de Vincennes lui prouva, un peu plus tôt, un plus tard, qu'il n'avait pas trop mal apprécié la ténébreuse amitié de la reine Catherine.

Ce fut à Vincennes que Catherine de Médicis consulta un astrologue florentin pour savoir quel serait le lieu de sa mort; Côme Ruggieri promena sa baguette de sorcier autour de cette reine, qui tremblait aux pieds d'un sorcier; il traça dans une salle du donjon des cercles magiques; il se prit ensuite à compter les étoiles, et il dit à Catherine : *Saint-Germain!*

Dès ce moment, la reine ne voulut plus habiter ni le château des Tuileries, qui appartenait à la paroisse de Saint-Germain-l'Auxerrois, ni son palais de l'Abbaye, qui touchait à Saint-Germain-des-Prés; à plus forte raison ne voulut-elle plus visiter Saint-Germain-en-Laye. Elle s'ingéniait à lutter contre l'influence des astres; l'hôtel de la Reine, à Paris, et le donjon de Vincennes, devinrent le séjour habituel de Catherine de Médicis.

L'astrologue n'avait pas tout à fait menti : Catherine mourut, quatorze ans après la prédiction de Ruggieri, dans les bras d'un confesseur du roi qui se nommait *Saint-Germain.*

Il ne faut oublier dans cette rapide histoire ni Henri III, et ses orgies et ses mignons; ni Henri IV, qui assiége Vincennes en 1590; ni le grand prieur de Vendôme, qui naît à Vincennes et ne revient au donjon que pour y mourir; ni Puylaurens, qui a le tort d'être protégé par Gaston d'Orléans; ni Marie de Gonzague, qui a commis le crime de vouloir épouser un prince du sang; ni la duchesse d'Aiguillon, qui a le malheur de déplaire à Marie de Médicis; ni le duc de Beaufort, le fameux roi des halles, dont le père a passé par le donjon comme pour y préparer la place de son fils; ni Jean de Werth, le vaincu de Rheinsfeld; ni le maréchal de Rantzaw, le vainqueur de Dôle, de Lens et de Gravelines. Rantzaw avait si bien payé de sa personne devant l'ennemi, qu'il ne lui restait plus qu'un œil, une oreille, un bras, une jambe, enfin, suivant une expression qui n'est pas la nôtre, *un de tout ce que les hommes ont double;* à ces causes glorieuses, l'illustre maréchal, qui venait de mourir à la chaîne, était bien digne de cette épitaphe :

> « Du corps du grand Rantzaw tu n'as qu'une des parts;
> « L'autre moitié resta dans les plaines de Mars.
> « Il dispersa partout ses membres et sa gloire;
> « Tout abattu qu'il fût, il demeura vainqueur.
> « Son sang fut, en cent lieux, le prix de sa victoire,
> « Et Mars ne lui laissa rien d'entier que le cœur! »

Les ministres du régent et de Louis XV sont prodigues de lettres de cachet en faveur de l'insatiable donjon : les complices de la conspiration de Cellamare, les jansénistes, les convulsionnaires, les philosophes, les princes étrangers, les romanciers, les économistes, les poëtes, se pressent dans la geôle de Vincennes; il n'y a peut-être plus de place pour eux dans les cachots de la Bastille.

Un des plus célèbres prisonniers de Vincennes, au dix-huitième siècle, est assurément le malheureux Masers de Latude ; c'est là une histoire populaire que nous raconterons, à notre tour, en peu de mots.

Jeune, et passablement naïf pour un ambitieux, Latude avait inventé, à son premier pas dans Paris, une singulière façon d'arriver à la fortune : il ne trouva rien de mieux à faire, pour s'enrichir, que d'aller révéler à madame de Pompadour un complot imaginaire : il s'agissait tout simplement, dans la fable du révélateur, de la mort très-prochaine de la favorite.

En cherchant les conspirateurs anonymes imaginés par Latude, la police de Paris ne découvrit que le mensonge du dénonciateur, qui fut condamné à passer tour à tour de la Bastille à Vincennes et de Vincennes à la Bastille ; nous n'avons à nous occuper, en ce moment, que de sa longue captivité dans le donjon.

Un ordre de M. le duc de Layrillière fit transférer Latude, au mois d'août 1764, de la prison d'Etat de Paris à la prison d'Etat de Vincennes, sous la garde de M. de Sartines. « Le prisonnier fut « attaché par le cou à une chaîne de fer, dont on fit passer le bout « sous le pli de ses genoux ; un des gardiens lui mit une main sur la « bouche et l'autre derrière la tête, pendant que son camarade ti- « rait fortement la chaîne ; la douleur qu'il éprouva fut si vive, qu'il « crut avoir les reins brisés [1]. »

D'un esprit ingénieux, habile, patient, infatigable, Latude ne tarda point à s'échapper de Vincennes ; mais il avait compté sans la vigilante obstination de M. de Sartines ; et il rentra bientôt dans le donjon, dans un cachot affreux, dans une espèce de tombeau.

« J'ignore combien de temps je restai dans ce cachot ; je ne pouvais y distinguer les jours des nuits, et je n'avais plus, pour y calculer les heures, que mon imagination. Je sentais la mort s'approcher ; je la redoutais peu sans doute, mais ses lentes horreurs m'accablaient. Un jour je vis entrer le chirurgien du château ; il

---

[1] *Mémoires de Latude.*

me trouva dans l'état le plus affreux : j'étais prodigieusement enflé; il remarqua que toutes les parties de mon corps retenaient l'empreinte du doigt quand on l'y appliquait : il jugea qu'à moins d'un très-prompt secours j'allais périr; ce chirurgien, nommé Fontelliau, effrayé de ce spectacle, prononça qu'il fallait à l'instant même me transférer dans une chambre[1]. »

Latude, ayant trouvé le moyen de se procurer, en passant de son cachot dans une chambre, un tronçon d'épée et une verge de fer, résolut de se servir de ces misérables outils pour communiquer, pour correspondre avec ses compagnons d'infortune :

« Les murs du donjon ont au moins cinq pieds d'épaisseur; ma verge de fer en avait à peine trois de longueur; j'avais eu soin de l'aiguiser sur du grès, et elle pouvait me servir à percer la pierre; mais il était impossible qu'elle la perçât de part en part. J'employai à faire ce trou vingt-six mois; enfin j'en vins à bout : ce trou était situé dans la cheminée, à l'endroit que l'ombre du manteau rendait le plus obscur. J'arrangeai avec du plâtre et du gravier une espèce de mastic dont je fis un bouchon; il fermait le trou si hermétiquement, qu'il était impossible de rien soupçonner, avec quelque attention qu'on eût examiné le mur. Ce grand œuvre étant achevé, je réunis plusieurs morceaux de bois, au moyen d'une ficelle que m'avaient procurée les fils de mes chemises et de mes draps, et je m'en fis un bâton long de six pieds.

« Je connaissais l'instant où l'on conduisait les prisonniers au jardin; je saisis le premier moment où j'aperçus un prisonnier seul à la promenade; je passai dans le trou mon bâton, au bout duquel j'avais attaché un ruban : le prisonnier l'eut bientôt aperçu. Il approche, il regarde, tire la ficelle et le bâton qui débordait le trou. Je le retenais fortement de mon côté; il sent la résistance... N'osant pas même soupçonner qu'un prisonnier eût percé ainsi le mur de sa chambre, il ne savait ce que cela pouvait signifier. Je lui dis de s'approcher : « Est-ce le diable, s'écria-t-il, qui me parle? » Je calmai ses frayeurs; je lui appris quel était mon sort. Il me dit à son tour qu'il se nommait le baron de Vénac, capitaine au régi-

---

[1] *Mémoires de Latude.*

ment de Picardie, natif de Saint-Chéli, précisément du même pays que moi. Depuis dix-neuf ans, il expiait le tort d'avoir donné à la marquise de Pompadour un avis qui, en intéressant son existence, pouvait aussi humilier son orgueil [1]. »

Avec ce trou, cette ficelle et ce bâton dont il parle, Latude parvint à communiquer avec la plupart des prisonniers du donjon, à l'heure habituelle de la promenade; mais son esprit, son courage, sa patience, ses évasions ou ses tentatives d'évasion ne lui valurent que le nouveau malheur de tomber, du haut de Vincennes, dans le cloaque des misères de Charenton et de Bicêtre.

À la fin, pourtant, le hasard vint au secours de Latude : le vent, qui soufflait autour du donjon, emporta jusque dans un coin de Paris un chiffon de papier, le simple récit des infortunes du prisonnier. Cet écrit tomba dans les mains d'une femme, d'une honnête marchande, qui se mit à pleurer sur le sort d'un malheureux qu'elle ne connaissait pas encore : madame Legros se promit aussitôt de sauver Latude ; et à compter de ce jour, elle ne songea qu'à réaliser son admirable promesse. Dieu merci! la noble femme n'en fut ni pour ses frais d'argent, ni pour ses démarches, ni pour ses prières, ni pour ses larmes : madame Legros lutta si bien contre la colère posthume de madame de Pompadour, qu'elle obtint en 1784 la grâce, c'est-à-dire la liberté, la raison, la vie de son protégé, Masers de Latude.

Il n'y avait pas loin, à Vincennes, de la chambre de Latude au cachot de Le Prevôt de Beaumont. Le Prevôt était coupable d'un immense délit : il avait eu le courage de dénoncer le fameux *pacte de famine*. On le condamna à laisser les vingt plus belles années de sa vie, la toison de sa jeunesse, de son intelligence et de sa force, aux broussailles de fer de cinq ou six prisons d'État. La captivité de Le Prevôt de Beaumont dans le donjon dura quinze ans, et il prit lui-même le triste soin de rendre au peuple de la révolution le compte des privations et des tortures qu'il avait endurées dans la geôle de la monarchie.

« Englouti, enchaîné douze fois, à Vincennes, dans les cachots,

---

[1] *Mémoires de Latude.*

sans qu'on m'en déclarât le motif; dérobé à mes emplois, à mes parents, à mes amis, à mes connaissances, au monde entier; sans ressources, privé d'air et de lumière; périssant, mourant, agonisant tous les jours d'inanition, dans le supplice et l'horreur des ténèbres, des chaînes, de la nudité et de tous les maux réunis, pouvais-je éloigner le désespoir, l'effroi, la mort, lorsque je ne voyais jamais de fin à ces douleurs? Rouge-Montagne, mon geôlier (le gouverneur de Rougemont), avait carte blanche du scélérat Sartines pour me perdre à quelque prix que ce fût. Si Dieu, qui est partout, ne m'eût soutenu, j'aurais péri mille fois au lieu d'une, pour avoir découvert, pour oser dénoncer une ligue insigne des ministres conjurés contre la France.

« Il n'est pas, dans le *Martyrologe de la vie des saints*, de tourments si longs, de tribulations si insupportables à la nature, que celles que l'on m'a fait endurer dans l'espace de quinze ans au donjon de Vincennes. Que l'on sache donc que, pendant dix-huit mois, couché nu, les chaînes aux pieds, sur un grabat en forme d'échafaud, couvert d'un peu de paille réduite en fumier puant, la barbe longue de plus d'un demi-pied, je n'ai reçu, pendant ces dix-huit mois, que *deux onces de pain par jour et un verre d'eau pour tous aliments*. J'accusais Sartines d'être le procureur général des famines de 1767, 1768, 1769, et ce démon voulait me faire périr de faim[1]. Joignez à cela la privation de toutes les choses nécessaires à la vie, comme l'air, l'eau, le feu, la lumière. Un jour, je dis au porte-clefs qu'il me trouverait mort de faim quelque matin, puisque je n'avais pas la force de me traîner jusqu'au guichet pour recevoir ma pitance. Le porte-clefs rapporta à Rouge-Montagne mes paroles; celui-ci répondit : « Que voulez-vous que je fasse? Cependant, allez tout à l'heure chez Fontelliau, chirurgien, pour qu'il examine la situation de ce prisonnier. »

« Fontelliau arrive dans mon cachot, me tâte le pouls, et n'en trouve pas; il me tâte le corps, qu'il trouve presque froid, débile,

---

[1] Nous reviendrons, dans notre *Histoire de la Police de Paris*, sur le rôle odieux que Le Prévot prête à M. de Sartines, à propos du *Pacte*; — ce qu'il y a de certain, c'est que M. de Sartines mourut pauvre, après avoir remué cent cinquante millions pour le compte de l'État.

et décharné comme un squelette; mes yeux ne pouvaient soutenir la lumière de la chandelle; mon sang était si appauvri et si raréfié, que je ne paraissais au chirurgien qu'une image de la mort. On me baigne dans de l'eau chaude, on me donne des bouillons restaurants, on me fait prendre l'air dans la cour, traîné par les bras; et peu à peu je reprends graduellement de la nourriture légère, qui me ranime avec un coup de vieux vin, ce qui dura quinze jours. »

Les tortures et les privations de toutes les sortes n'avaient point empêché Le Prevôt de Beaumont de penser et d'écrire au fond des cachots; il écrivit, entre autres ouvrages, *L'art de régner, ou la science, d'après l'Écriture sainte, du vrai gouvernement de la monarchie française, dans ses soixante-six branches.* Quelques imprudences du prisonnier firent connaître au gouverneur et au ministre l'existence de ce travail. La police de Paris reçut l'ordre d'arracher, à tout prix, à Le Prevôt de Beaumont, un manuscrit dont le titre avait déjà quelque chose de suspect. Un officier, des soldats et des geôliers furent chargés, à cet effet, d'entreprendre véritablement le siége d'un cachot; et nous allons entendre l'assiégé lui-même raconter de quelle façon il sut repousser les efforts des assaillants :

« Malgré ce que je dis, la porte s'ouvre; mon porte-clefs, nommé Bertrand, se tient derrière, et les assaillants se tiennent cachés dans une salle qui servait de cuisine en 1715. Je suis bien armé; leurs flambeaux m'éclairent; personne ne peut approcher que je ne le touche de près. On garde le silence; puis on examine le local. Pour entrer chez moi, il fallait descendre entre mes deux portes un degré, ensuite en monter deux autres, et franchir mon lit de quatre pieds de hauteur, outre que deux chaises, couvertes de carreaux de brique, défendaient encore l'entrée de ma chambre à droite et à gauche. Le fier-à-bras qui avait tenté de me saisir le poignet, s'avançant jusqu'à la seconde porte, reçoit aussitôt une large brique sur l'estomac, et n'attend pas la seconde pour se retirer. Le prétendu officier ordonne qu'on ferme ma porte pour prendre d'autres mesures avec mes geôliers, les porte-clefs et les soldats.

« Viennent cette fois trois hommes, à couvert d'une paillasse qu'ils présentent, agenouillés derrière ; le projet était fou : ils ne pouvaient franchir les deux degrés, ni déranger mon lit, sans se découvrir à droite ou à gauche. Cette paillasse n'atteignait pas le haut de la porte : je leur jette d'abord, par-dessus, mes deux cruches de grès pleines d'eau, lesquelles, tombant d'aplomb sur leurs jambes, les blessent encore en les inondant, et ils se retirent. L'officier, que je désirais de joindre, s'avise de prendre leur place un moment, persuadé peut-être que je n'avais plus rien, et il reçoit sur la tête, couverte de son chapeau, le grand vase de ma chaise percée, qui gâte et infecte son habit bleu de haut en bas, ainsi que l'un de ses estafiers, qui tenait la paillasse avec lui. Il m'apprend lui-même aussitôt mon succès, en se plaignant du mal qu'il ressentait à la tête. Il donne ordre, en se retirant, de fermer mes portes ; mais, avant qu'elles se ferment, je lance dans la salle une brique dont un éclat frappe au front le nommé *Lavisé*, l'un de mes porte-clefs, qui avait conseillé la paillasse.

« Je passe néanmoins la nuit à veiller, de peur qu'ils ne s'avisent de revenir pour me prendre, remerciant Dieu de n'avoir tué personne, mais d'avoir bien étrillé tout le monde dans ma juste défense. »

Le Prevôt de Beaumont eut à repousser un assaillant d'une nouvelle espèce, *un chien dogue de la plus haute taille qui se voie nulle part*. Les gens du lieutenant de police se mirent à provoquer le dogue contre le prisonnier, qui se préparait à se défendre, *derrière un mur sec, bâti des débris d'un poêle et de briques*. Le chien aboya, en faisant mine de vouloir franchir le mur de défense ; mais, *voyant les carreaux pleuvoir sur lui, il s'éloigne rapidement... Il reçoit un éclat de brique qui l'oblige de s'en aller. En vain Surbois le rappelle ; plus sage que son maître, il lui désobéit.*

Un peu plus tôt, un peu plus tard, Le Prevôt de Beaumont dut céder à la force, tempérée par les plus belles promesses du monde ; on lui promit de ne plus songer à déchirer une seule page de ses manuscrits, pourvu qu'il consentît à se soumettre paisiblement à un ordre du roi : cet ordre, contre-signé par le baron de Breteuil, autorisait le lieutenant de police à transférer le prisonnier dans la maison de charité de Charenton.

Il sortit de Vincennes..... et il *perdit* ses manuscrits sur la route de l'hospice. — Nous le reverrons à Bicêtre.

L'injustice distributive du dix-huitième siècle a parfois quelque chose d'horriblement singulier : elle ne s'attaque pas seulement à la liberté et à la vie d'un homme, elle en veut aussi à son esprit, à son intelligence, à sa raison. Quand un prisonnier d'État devient dangereux par sa résignation, par son courage, par sa patience, on le conduit à l'hospice, on le jette dans un cabanon, on le rive à une camisole de force, on le traite d'insensé, on le saigne sous le prétexte de le guérir, et voilà une conscience qui s'abîme dans le néant de la folie.

Louis XI, ce véritable et terrible fondateur de la prison d'État de Vincennes, prenait un certain plaisir à torturer ses prisonniers d'élite : au besoin, il les enfermait dans une de ces cages de fer qui

étaient, aux yeux de Commines, un admirable *moyen de gouvernement ;* en pareil cas, il venait souvent se placer devant la victime, pour l'interroger, pour l'accuser, pour l'insulter peut-être ; mais, du moins, Louis XI ne s'avisa jamais d'un *moyen de gouvernement* qui consistait, au dix-huitième siècle, à laisser vivre le corps d'un homme en assassinant sa conscience et sa raison.

Louis XI, qui après tout était le roi du peuple bien plus que le roi de la noblesse, essayait déjà, au quinzième siècle, d'élever le trône de la bourgeoisie sur les ruines des petites royautés féodales; il invitait les habitants de Paris à manier les armes de guerre et à jouer le rôle d'une véritable armée. *La garde nationale* de Louis XI présenta, le 20 avril 1474, un effectif de quatre-vingt mille hommes. Ce fut dans la plaine de Vincennes que le roi passa la revue des bourgeois armés de Paris.

Louis XI était cruel, mais il était dévot; la dévotion lui inspira parfois de bonnes capitulations de conscience; souvent il venait humilier, dans le donjon de Vincennes, la puissance devant la vertu, la politique devant la religion, qui lui parlait par la bouche de François de Paule.

Nous avons dit que le donjon n'était devenu une prison d'État que sous le règne de Louis XI; il faut être juste envers les geôliers de tous les temps : en 1276, un ancien serviteur du roi saint Louis, Pierre de La Brosse, fut enfermé à Vincennes, et nous croyons qu'il y fut pendu. — Sous le règne de Louis X, Enguerrand de Marigny, que nous rencontrerons tout à l'heure sur le chemin de Montfaucon, trouva, dans un cachot de Vincennes, *de bons liens et anneaux de fer*. — Ce fou couronné, que l'on appelle Charles VI, eut un jour un accès de raison, et il en profita, le malheureux roi, pour se venger des infidélités d'Isabeau de Bavière : il fit enfermer dans le donjon un gentilhomme qui venait de remplacer le duc d'Orléans dans les grâces galantes de la reine.

Nous allons commencer à parler d'Isabeau de Bavière par la fin de sa déplorable histoire; toute sa vie est dans cette épitaphe de La Place :

« Reine, épouse coupable, et plus coupable mère,
« Après avoir livré le royaume aux Anglais,
« Objet de leur mépris, exécrable aux Français,
« Ci-gît Isabeau de Bavière! »

Telle était l'horreur qu'avait inspirée la méprisable femme de Charles VI, même au milieu de la cour de France, que son fils Charles VII dédaigna de l'honorer après sa mort par des funérailles dignes de la majesté de la couronne : on envoya son corps à Saint-Denis, dans un petit bateau, sous la garde d'un prêtre et d'un valet. Plus tard cependant, une statue d'Isabeau de Bavière vint prendre place dans l'abbaye royale, à côté de l'image de Charles VI; « mais on prétendit, rapporte le P. Daniel, que dans ce monument d'honneur, la figure de louve qu'on avait mise aux pieds de la reine n'y était que comme un symbole de sa méchanceté. »

Quelle est donc cette femme, cette reine, qui salit à la fois l'infortune de son mari et l'innocence de son fils; qui vend un royaume à des princes étrangers; qui mérite aussi bien le mépris de l'Angleterre que l'exécration de la France?

Isabeau de Bavière, c'est l'hypocrisie, c'est la débauche, c'est le scandale, c'est la convoitise, c'est la luxure, c'est la trahison sur le trône de France; le donjon de Vincennes en sait quelque chose.

Nous nous souvenons d'avoir lu dans une histoire prétentieuse, à propos du *grand esprit* d'Isabeau de Bavière, un méchant parallèle entre l'épouse de Charles VI et Catherine de Médicis. Il faut y mettre bien de la mauvaise volonté pour comparer ces deux esprits, ces deux politiques, ces deux femmes d'État. Ne feignons pas d'oublier, par respect pour le préjugé populaire, que Catherine défendit contre tout le monde la royauté française, la couronne de François II, de Charles IX et de Henri III.

Le donjon présentait, sous le règne de Charles VI et d'Isabeau, le spectacle d'un roi qui laissait tomber son sceptre dans la boue, et d'une reine qui laissait tomber sa couronne dans la fange; un peu plus loin, autour du château, des traîtres ou des étrangers, qui s'ingéniaient à ramasser, dans cette boue, dans cette fange, une couronne pour Catherine d'Angleterre, un sceptre pour Henri V, le roi des Anglais.

Les vices, les crimes, les orgies d'Isabeau de Bavière n'étaient un secret pour personne, dans le donjon : le roi seul hésitait encore à comprendre, à deviner quelles ruines la main de la reine faisait autour de son trône avec l'honneur d'un roi de France. Charles VI avait peut-être fermé les yeux jusque-là sur les galanteries scandaleuses, sur les amours publiques d'Isabeau de Bavière avec bien des princes et des gentilshommes. Un jour, le cœur où l'esprit du roi se réveilla : on prit la peine de lui dire que le véritable roi de France était un jeune seigneur nommé Louis de Bois-Bourdon ; pour la première fois, Charles VI résolut de se venger.

Un soir, le roi se promenait dans le bois de Vincennes : tout à coup, au détour d'un massif, le royal promeneur aperçoit un cavalier qui, au lieu de mettre pied à terre pour s'incliner devant son maître, passe fièrement sur son cheval tout près de Charles VI, le salue de la main, et se dirige vers le château où l'attend la reine de France... qu'il ne doit pas revoir. Un ordre du roi enjoignit aussitôt à Tanneguy-Duchâtel de courir sus à Bois-Bourdon, de le prendre, de lui mettre les fers aux pieds, et de le jeter dans un cachot du donjon : Bois-Bourdon passa des mains de Tanneguy-Duchâtel dans celles des geôliers ; on le mit à la question sur le chevalet ; on lui demanda, à chaque torture, l'aveu des tendres faiblesses qu'il avait inspirées à la reine ; mais le patient dédaigna de répondre à ses bourreaux, qui le condamnèrent à mort, pour *différents crimes*.

La nuit suivante, deux hommes entrèrent dans le cachot du con-

damné : l'un était Tanneguy-Duchâtel ; l'autre était le tortionnaire : il portait un sac de cuir qui allait jouer un rôle dans la dernière scène de ce drame. Le prévôt de Paris montra du doigt le malheureux Bois-Bourdon : en un clin d'œil, le patient, qui se mourait déjà, fut étranglé ; le tortionnaire se hâta de pousser la victime dans le sac qu'il avait apporté, et sur lequel étaient écrits ces mots : *Laissez passer la justice du roi!*

Ensuite, lorsqu'il eut bien cousu le cadavre dans cet horrible linceul, le tortionnaire s'en alla le précipiter dans la rivière.

Isabeau de Bavière, exilée à Tours, continua de conspirer contre Charles VI et contre la France.

Plus d'un illustre conseiller des rois de France baissa la tête sous le niveau du donjon de Vincennes ; la chaîne des ministres, si nous pouvons nous exprimer ainsi, a deux bouts qui ne se ressemblent guère : l'un, forgé en 1315, est bien lourd aux mains d'Enguerrand de Marigny; l'autre, forgé en 1830, est bien léger aux mains des ministres de Charles X.

Enguerrand de Marigny tomba de haut!... Il était premier ministre de Philippe le Bel, comte de Longueville, chambellan, châtelain du Louvre, grand maître d'hôtel, surintendant des finances, et, suivant le texte de la *grande chronique de Saint-Denys*, coadjuteur au gouvernement du royaume. Louis X accusa le premier ministre de Philippe le Bel d'avoir dilapidé les finances, altéré les monnaies, accablé le peuple d'impôts, dévasté les forêts royales : il fut arrêté, enfermé au Temple, transféré à Vincennes, où une commission le condamna, sans même consentir à l'entendre, au supplice de la potence.

Enguerrand, condamné bien plus par la haine du comte de Valois que par la conscience de ses juges, voulut aller à pied jusqu'à Montfaucon, jusqu'à l'immense gibet qu'il avait fait construire lui-même, sous le règne de son premier maître. Il monta les échelons de la fourche patibulaire, en souriant au peuple qui lui jetait des pierres et de la boue; enfin, Enguerrand de Marigny, comte de Longueville, premier ministre de Philippe le Bel, chambellan, châtelain du Louvre, grand maître d'hôtel, surintendant des finances, coadjuteur au gouvernement du royaume, fut pendu au gibet de Montfaucon : « Comme maître du logis, dit Mézeray, il
« eut l'honneur d'être mis au haut bout, au-dessus de tous les autres

« voleurs. » — L'impitoyable et plaisant historien ajoute : « Il
« protesta de son innocence jusqu'à la mort; mais, ses richesses
« prouvaient assez la justice de cet arrêt. Son corps ayant été long-
« temps au gibet la pâture des corbeaux, le roi Charles-le-Bel le
« rendit aux prières de Philippe, archevêque de Sens, son frère,
« qui l'inhuma dans l'église des Chartreux de Paris, où peu après
« il alla lui tenir compagnie. »

Il n'en a pas été ainsi, fort heureusement pour la gloire de la
révolution de juillet, avec les derniers ministres emprisonnés dans
le donjon de Vincennes. MM. de Polignac, Chantelauze, de Guernon-Ranville et de Peyronnet n'avaient point affaire à des bourreaux présidés par un comte de Valois. — M. de Polignac connaissait déjà le donjon : on lui donna pour logement de prisonnier
la chambre même qu'il y avait déjà occupée. M. de Peyronnet fut installé dans la chambre autrefois habitée par M. le
marquis de Rivière, le complice de M. de Polignac, dans sa haine
contre Bonaparte. — Les ministres de Charles X n'eurent à subir,
à Vincennes, aucune des injures, aucun des outrages qui avaient
abreuvé, qui avaient torturé le malheureux ministre de Philippe
le Bel.

Trois commissaires du peuple, trois députés, reçurent l'honorable et difficile mission d'interroger les prisonniers d'État de
1830; nous trouvons, dans le livre populaire de *l'Histoire de dix
ans*, le souvenir fidèle de cet interrogatoire :

« L'interrogatoire des anciens ministres, a écrit M. Louis Blanc,
fut solennel et plus grave que sévère. Seul, M. Mauguin donna des
signes de sensibilité. Il avait jadis obtenu de M. Peyronnet une
amnistie pour des Français réfugiés en Espagne; il avait connu
M. de Guernon-Ranville, et plus intimement M. de Chantelauze.
Quand ce dernier, pâle, malade, atterré, se présenta tout à coup à
lui, il ne put s'empêcher de lui tendre la main, et fondit en larmes; M. de Chantelauze, en effet, paraissait plier sous le poids de
son infortune. M. de Peyronnet, au contraire, déployait une assurance qui n'était pas exempte de bravade; il expliquait sa coopération aux ordonnances, par son dévouement absolu pour un roi
qui l'avait comblé de bienfaits. Le courage de M. de Guernon-Ran-

ville était mêlé de mauvaise humeur. Quant à M. de Polignac, son attitude étonnait au plus haut point les commissaires : calme et presque souriant, il avait l'air de regarder tout ce qui se passait comme une comédie de mauvais goût. — « La responsabilité des ministres, disait-il, n'est qu'un corollaire de l'inviolabilité royale ; on n'a pas respecté l'inviolabilité de Charles X : donc, ses ministres ont cessé d'être responsables. » — C'était dire à la victoire de fléchir sous des subtilités de légiste. Mais, à l'abri de ces conséquences d'une fiction qui n'avait sauvé ni Charles Ier ni Strafford, M. de Polignac se croyait inattaquable. « Quand me mettra-t-on en liberté ? » répétait-il sans cesse ; on entendait pourtant retentir autour de la prison des rumeurs sinistres.

« Les commissaires eurent soin de tempérer par beaucoup d'égards l'autorité de leur mission. Ils coupaient court aux réponses des anciens ministres, lorsqu'elles devenaient compromettantes. Les interrogatoires firent place très-souvent à des entretiens, pendant lesquels les accusés purent oublier l'amertume de leur position ; on apportait des rafraîchissements, la conversation s'égarait sur des sujets frivoles, et l'image de l'échafaud disparaissait. »

Le général Daumesnil eut à défendre les accusés confiés à sa garde contre le peuple de Paris, qui demandait la tête des ministres de Charles X ; mais le nouveau gouverneur de Vincennes, qui se souvenait d'avoir résisté à bien d'autres assaillants, fit baisser le pont-levis, et menaça les Parisiens de faire sauter le château.

Les ministres furent transférés à la prison du petit Luxembourg, le 10 décembre 1830 ; leur procès, à la cour des pairs, commença le 15 décembre. Nous assisterons plus tard, dans un chapitre spécial, à ces mémorables débats, dont le résultat dut bien étonner l'exécuteur des hautes œuvres de Paris. — Quelle leçon pour la royauté de 1815 ! ! !

Nous avons déjà cité un spirituel chapitre d'histoire, de notre ami E. Arago, sur le donjon de Vincennes ; nous avons lu, dans cet excellent travail, les lignes suivantes que nous ne saurions approuver : « Détruisons ici, quoiqu'à regret, une erreur populaire ; on a dit, et l'écho public a répété qu'en 1814, le général Daumesnil, dont la *jambe de bois* attestait les glorieux services, résista en sa qualité de gouverneur de Vincennes aux menaces d'un assaut et à des offres d'argent considérables qui lui auraient été faites par l'ennemi. Certes, le brave général eût vaillamment défendu son poste militaire, et repoussé, sans nul doute, une proposition déshonorante; mais il ne fut mis à même de prouver ni la fermeté de son courage ni son désintéressement : la place de Vincennes ne valait pas qu'on l'achetât, car elle ne valait même pas qu'on la prît. Pourquoi, dira-t-on peut-être, pourquoi détruire une erreur glorieuse? Parce que l'erreur est toujours funeste; c'est en laissant circuler ce qu'il est facile de contredire, qu'on arrive à faire douter de la vérité même; grâce au ciel, la France est assez riche en hauts faits authentiques, pour qu'elle puisse rejeter l'erreur sans appauvrir son histoire. »

Encore une fois, nous ne sommes pas d'un pareil avis; à quoi bon donner un démenti brutal aux naïves et louables admirations du peuple? A quoi bon dépoétiser le courage et le désintéressement de Daumesnil, comme l'on a déjà tenté de dépoétiser l'éloquence militaire de Cambronne? Non, non, il n'est jamais dangereux de montrer à tout le monde, aux grands et aux petits, un brave soldat qui répond à l'insolence d'une invasion étrangère : « Vous voulez mon épée?... Venez la prendre! »

Le général Daumesnil fut le dernier gouverneur de Vincennes.

Pourquoi n'a-t-on pas donné à la mémoire de Daumesnil une statue colossale sur la plate-forme du donjon? — Le sentiment des grandes choses, matérialisé par l'image des grands hommes d'autrefois, est une leçon que la reconnaissance publique doit donner à tous les hommes d'aujourd'hui. Il est bon de pouvoir adorer publiquement au pied d'une statue, d'un trophée, d'une colonne triomphale, tout ce qui a été beau, noble et utile dans notre histoire : il en restera toujours quelque chose! — Jetons à plaisir de notre main la plus prodigue, d'un bout du pays à l'autre, sur toutes les places de nos villes et de nos villages, des figures historiques, des royautés glorieuses, ressuscitées par le bronze, le marbre et la pierre. Les statues que la foule admire sont les fantômes de la gloire, les revenants du génie, des morts illustres qui reparaissent dans ce monde pour inspirer les vivants, en ayant l'air de leur dire : *Et nunc erudimini...* Et maintenant instruisez-vous, *petits* de la terre. C'est ainsi, par le travail, par le courage, par la vertu, que les hommes de rien deviennent quelque chose !

Une statue à Daumesnil sur la plate-forme de Vincennes !...

V

SAINTE-PÉLAGIE.

Nous circonscrivons en trois périodes bien tranchées l'histoire de Sainte-Pélagie : la première substitue la prison révolutionnaire au cloître : cette source nouvelle alimente le fleuve sanglant qu'on put croire un moment intarissable. La seconde époque est celle où le sabre de l'étranger se jette en France dans la balance de la justice, et où le trop plein de la geôle politique parisienne est versé, en la personne de Magallon, dans les cachots de Poissy.

La troisième époque commence quand la grande bataille de 1830 finit.

C'est à la fois commettre un anachronisme et un solécisme que de conserver sur la façade de quelques prisons de Paris les noms des saints hommes sous l'invocation desquels s'élevèrent autrefois les asiles de la prière.

A l'époque où les églises, les casernes et les monastères se transformèrent en geôles, la pique révolutionnaire, dans la crainte sans doute de s'émousser, épargna les inscriptions et le temps les transmit intactes à la génération présente, étonnée de retrouver encore les noms de Saint-Lazare et de Sainte-Pélagie comme enseignes de ces cloîtres que le code pénal a conquis sur l'Évangile.

A peine le couvent de Sainte-Pélagie, qui devait son nom antique à une comédienne d'Antioche, célèbre au quatrième siècle par sa folle vie et son repentir, fut-il fermé sur les courtisanes converties qui jusqu'alors y trouvaient asile, à peine le cloître fut-il devenu prison, que trois femmes vinrent successivement s'inscrire sur les registres du concierge Bouchotte, qui en 1792 fut nommé gardien de ces lieux, où tant de victimes allaient être prises en compte.

Une des cellules, qui pendant deux cents ans avait reçu d'impures prostituées, devint l'habitation de la citoyenne Roland, cette belle et noble républicaine qui fut la moitié d'un ministre de Louis XVI, la Du Deffant et la Geoffrin de la Convention, comme la nomme M. Raspail, et dont la Montagne se vit forcée de se débarrasser comme d'une reine, avec les mêmes précautions et avec le même appareil.

Madame Roland connaissait déjà la gêne de la prison ; elle s'était familiarisée avec elle à l'Abbaye, lorsqu'elle y fut enfermée avec son mari quelque temps après que Roland eut offert à la Convention ses comptes, sa démission et sa tête. C'est de là qu'elle écrivait :

« J'ai quelque plaisir à exercer mes forces dans les privations. L'envie m'a pris de faire une expérience et de voir jusqu'où la volonté humaine peut réduire les besoins. J'ai commencé au bout de quatre jours par retrancher les déjeuners et substituer au café et au chocolat du pain et de l'eau ; j'ai établi qu'on ne me servirait qu'un plat de viande commune avec quelque herbage à mon dîner; le soir un peu de légumes, point de dessert. J'ai bu de la bière pour me déshabituer du vin; puis je l'ai quittée elle-même. Cependant comme ce régime a un but moral, et que j'aurais autant d'aversion que de mépris pour une économie inutile, j'ai commencé par donner une somme pour les malheureux à la paille, afin d'avoir le plaisir, le matin, en mangeant mon pain sec, de songer que de pauvres diables me devront de joindre quelque chose au leur pour leur dîner. Si je reste ici six mois, je veux en sortir grasse et fraîche, n'ayant plus besoin que de soupe et de pain, et ayant mérité quelques bénédictions incognito. J'ai fait aussi, mais dans un autre esprit, quelques présents aux gens de service de la prison. Quand on est ou paraît sévèrement économe dans sa dépense, il faut être généreux à l'égard d'autrui pour se faire pardonner, surtout dans une situation où ceux qui vous entourent comptent leur gain sur cette dépense. Je ne demande ni soins ni marchandises; je ne fais rien venir; je n'emploie personne. »

Détenue à Sainte-Pélagie comme suspecte, madame Roland se trouva confondue avec des filles publiques, des voleuses, des faussaires, des assassins; elle se fit une société de quelques fleurs grimpantes qu'elle cultiva dans une caisse de bois placée au bas de sa fenêtre; un historien de Sainte-Pélagie affirme qu'on voit encore aujourd'hui la table sur laquelle madame Roland écrivit une partie de ses mémoires, lorsque interrompue par le bruit des orgies auxquelles se livraient des filles de joie et des administrateurs leurs amants, elle fermait les oreilles au tapage, trouvait même plaisant de continuer ses notices, et d'en écrire quelques tirades vigoureuses sous les yeux pour ainsi dire de ces misérables, qui l'auraient massacrée s'ils en eussent entendu une phrase.

D'autres fois, au milieu d'un récit enjoué, madame Roland s'arrêtait tout à coup et s'écriait : Ah! je reviendrai sur ces douces scènes si on me laisse vivre; le lendemain elle apprenait qu'elle était comprise dans l'acte d'accusation dressé contre les Girondins, et elle s'écriait :

« Je ne crains point d'aller à l'échafaud en si bonne compagnie; il y a honte à vivre au milieu des scélérats!

« Je vais expédier ce cahier, quitte à suivre sur un autre, si on m'en laisse la faculté. Vendredi 4 octobre, anniversaire de ma fille, qui a aujourd'hui douze ans. »

Puis elle reprenait sa tâche, jusqu'à ce que désespérant de son pays, voyant ses amis proscrits ou égorgés, elle laissât tomber sa plume, dont elle avait tracé avec peine les dernières lignes et disait :

« Je ne puis vivre sur les ruines de ma patrie ; j'aime mieux m'y ensevelir. Nature, ouvre ton sein !... à trente-neuf ans ! »

La captive refusa constamment de profiter d'un plan d'évasion concerté par quelques-uns de ses amis, malgré beaucoup de chances de succès ; et comme ils insistaient au nom de son mari et de sa chère Eudora : « De grâce, épargnez-moi, leur disait-elle, vous m'attendririez inutilement ; j'aime mon mari, j'aime ma fille, vous le savez, mais je ne fuirai pas. »

Enfin voulant assurer à sa fille son héritage, dont la confiscation, qui accompagnait toujours la peine capitale, l'eût dépouillée, madame Roland voulut d'abord se laisser mourir de faim ; puis elle tenta d'employer le poison. Déjà même elle avait fait ses dispositions dernières, lorsque les représentations de l'homme vertueux auquel elle avait demandé de l'opium, la décidèrent à vivre.

Le 31 octobre 1793 la hache du bourreau fit tomber les vingt têtes des Girondins, et le même jour, quelques heures après, madame Roland fut transférée de Sainte-Pélagie à la Conciergerie.

Nous avons déjà signalé, dans le chapitre de la Conciergerie, le court séjour que madame Roland fit dans cette geôle que Fouquier-Tinville nomma l'antichambre de la guillotine. Nous compléterons cet épisode, un des plus saisissants du drame de 93, par le récit que nous en a laissé Riouffe, qui a survécu aux tortures pour dire le courage des martyrs avec lesquels il a vécu quelques instants.

« Lorsque la citoyenne Roland arriva à la Conciergerie, le sang des vingt fumait encore : bien éclairée sur le sort qui l'attendait, sa tranquillité n'en fut point altérée. Sans être dans la fleur de l'âge, elle était encore pleine d'agréments ; elle était grande et d'une taille élégante. Quelque chose de plus que ce qui se trouve ordinairement dans les yeux de femmes, se peignait dans ses grands yeux noirs, pleins d'expression et de douceur. La section des fem-

Dessiné par Lorsay.   Gravé par Baudouin.

MADAME ROLAND.

mes était séparée de celle des hommes, à la Conciergerie, par une grille; madame Roland venait souvent à cette grille parler avec la liberté et le courage d'un grand homme. Ce langage républicain sortant de la bouche d'une femme dont on préparait l'échafaud, était un des miracles de la révolution. Nous étions tous attentifs autour d'elle, dans une espèce d'admiration et de stupeur.

« Quelquefois aussi son sexe reprenait le dessus, et on voyait qu'elle avait pleuré au souvenir de sa fille et de son époux. Ce mélange d'amollissement naturel et de force la rendait plus intéressante.

« Le jour où elle monta à l'interrogatoire, nous la vîmes passer avec son assurance ordinaire. Quand elle revint, ses yeux étaient humides; on l'avait traitée avec une telle dureté, jusqu'à lui faire des questions outrageantes pour son honneur, qu'elle n'avait pu retenir ses larmes, tout en exprimant son indignation : on avait outragé froidement celle qui à la barre de la Convention nationale avait forcé, par les grâces de son éloquence, ses ennemis à se taire et à l'admirer.

« Le jour où elle fut condamnée, elle s'était habillée en blanc et avec soin : ses longs cheveux noirs tombaient épars jusque sur sa ceinture; elle avait choisi cet habit comme un symbole de la pureté de son âme. Après sa condamnation elle repassa dans le guichet avec une vitesse qui tenait de la joie; elle indiqua par un signe qu'elle était condamnée à mort. A la place du supplice elle s'inclina devant la statue de la liberté, et s'écria : *O liberté! que de crimes on commet en ton nom!*

« Elle avait dit souvent que son mari ne lui survivrait pas. Nous apprîmes dans nos cachots que sa prédiction était justifiée, et que le vertueux Roland s'était tué sur une grande route, indiquant par là qu'il avait voulu mourir irréprochable envers l'hospitalité généreuse. »

Quelques jours avant que madame Roland fût transférée à la Conciergerie, Fouquier-Tinville annonçait avec emphase qu'on venait d'opérer l'arrestation de Jeanne Vaubernier, qu'il qualifiait d'ex-surintendante des honteuses débauches de Louis XV. Sainte-Pélagie reçut la comtesse Dubarry.

Si les faits rapportés dans l'acte d'accusation de Fouquier-Tinville étaient prouvés, ils seraient de nature à réhabiliter la courtisane qu'il voulait avilir; ils révéleraient de nobles instincts dans cette femme qu'un seigneur ambitieux et libertin éleva pour la prostitution; ils témoigneraient en elle de cette ferveur d'âme qui, non-seulement nourrit le souvenir du bienfait, mais qui s'exalte jusqu'au besoin de le rendre.

Jeanne Vaubernier, oubliée du peuple et de la cour, se serait-elle rappelé dans sa demeure de Luciennes ce qu'elle devait au monarque; aurait-elle voulu payer sa dette de reconnaissance à la monarchie quand les temps furent orageux?

Cette femme, qui après sa chute s'était trouvée abandonnée des grands, se rapprocha d'eux à l'heure du péril. Elle conspira pour une cour qui, en cas de triomphe, aurait payé son dévouement en mépris.

Au dire même du président Dumas, qui demanda et obtint la tête de Jeanne, la courtisane pouvait, au sein même de l'opulence *acquise par ses charmes*, vivre heureuse dans une patrie où était enseveli avec son amant le souvenir de sa protection.

Et cependant, s'il faut en croire l'acte d'accusation, Jeanne Vaubernier conspira ouvertement contre la république; elle donna courageusement asile à des émigrés mis hors la loi. Usant d'un stratagème et feignant d'avoir à poursuivre les auteurs d'un vol commis à son préjudice, elle trouva le moyen de faire plusieurs voyages en Angleterre et de porter des secours à des proscrits. Elle sacrifia des sommes considérables au soulèvement de la Vendée; elle tenta de faire de sa propriété un petit château fort, pour protéger des réunions, et fut assez habile pour enlever à la municipalité de Paris des fusils qui servirent à armer non pas la municipalité, mais le château de Luciennes.

La version de Fouquier-Tinville peut être admissible, et l'historien pourrait l'accepter, comme l'ont fait les juges révolutionnaires; elle compenserait, nous l'avons dit, bien des actes de la vie antérieure de la comtesse Dubarry. Mais toute cette énergie de révolte n'a peut-être existé que dans l'imagination de l'accusateur et dans la crédulité réelle ou feinte des membres du tribunal... Il faut penser que la favorite ne fut pas conspiratrice, sa nature se refusait à ce qu'elle jouât ce rôle.

Dessiné par CH. Pinot.   Gravé par Mlle Adèle Laisné.

MADAME DUBARRY.

Sainte-Pélagie dira que Jeanne Vaubernier fut la plus faible, la plus pusillanime de ses recluses. Elle pleure, la pauvre femme, quand le guichet s'ouvre pour la recevoir. Pendant les deux mois qu'elle est captive, elle ne cesse de demander au ciel qu'il prolonge une vie non encore lasse des joies du monde; et quand la favorite doute si le ciel exaucera ses vœux, on la voit recourir aux pratiques superstitieuses, interrogeant les cartes, consultant les lignes naturelles qui forment un réseau dans la paume de sa main... Elle demande : Mourrai-je ?

Le jour fatal arriva... La voix du greffier appela : Jeanne Vaubernier !...

Sa parole donna la mort à un corps qui tomba lourdement sur les dalles de la geôle, puis ce corps se ranima comme par un effet galvanique, quand la voix répéta : Jeanne Vaubernier !...

Une pensée de résistance avait peut-être réveillé l'âme. Un sourire glissa sur les lèvres des geôliers. La lutte ne pouvait être longue. Un bras robuste étreignit les membres fragiles de Jeanne, des doigts de fer serrèrent sans pitié cette main que les lèvres d'un roi avaient pressée, et la victime fut arrachée à la prison et portée à l'échafaud.

Quelques jours après le succès de Fouquier-Tinville et du président Dumas, un citoyen nommé Dubarry, à qui la commune de Paris avait permis de prendre le nom de Brutus, adressa une pétition à un club, dans le but d'obtenir la sanction de son changement de nom.

Dubois Grancé demande la parole et dit :

« Je regarde comme des lâches ceux qui veulent changer de
« nom et qui croient par là se donner un brevet de patriotisme;
« il vaudrait mieux illustrer le sien par des actions de patriotisme
« que de se charger d'un nom qu'on n'a pas la force de soutenir
« et qu'on déshonore. Je propose de déclarer l'homme qui en chan-
« gera à l'avenir, lâche, traître à la patrie[1]. »

Revenons à Sainte-Pélagie, dont nous avons déjà nommé le concierge Bouchotte.

---

[1] *Société des Amis de la liberté et de l'égalité*, séance aux Jacobins de Paris. Présidence de Montaut. Séance du 8 brumaire an II.

Cet homme, placé par les circonstances dans un poste où tant d'autres ont conquis l'exécration et la souillure, a forcé l'estime et la reconnaissance de venir à lui. Il s'est placé sur la même ligne que son collègue Richard, qui, à la Conciergerie, eut le courage d'être humain envers Marie-Antoinette. Plaindre les victimes et les sauver était alors crime du même degré. Bouchotte et Richard jouèrent aussi gros jeu l'un que l'autre.

L'heure des massacres de septembre était venue ; les égorgeurs s'étaient partagé la besogne ; il n'avait pas fallu frapper deux fois aux portes des geôles pour les voir s'ouvrir. Ceux qui tenaient les clefs au dedans se trouvaient dans la confidence, et les exécuteurs officieux qui se présentèrent, le bonnet rouge en tête, et le bras nu et armé, à l'Abbaye, aux Carmes, à la Force, à la Conciergerie, n'eurent pas besoin de donner un signe de reconnaissance pour obtenir les grandes entrées. Les guichetiers les saluèrent comme les fossoyeurs saluent le bourreau.

Une bande de meurtriers était en retard ; elle avait fait halte dans une taverne du district Marcel, et préludait par l'orgie et les chansons à l'œuvre de concurrence que le sabre et le pistolet allaient faire à sainte guillotine.

La troupe s'était remise en route à travers les rues étroites où le peuple se ruait, curieux de connaître la mission sanglante confiée à cette milice enivrée. La bande gravissait la rue de la Clef. Un hourra de joie signala l'approche de la prison de Sainte-Pélagie.

La porte de la geôle est fermée.

Le chef de la bande donne un coup de heurtoir.

Rien ne témoigne qu'on ait entendu au premier guichet.

Les piques, les crosses de pistolets exécutent sur la porte un roulement ; des vociférations l'accompagnent...

Le silence continua à régner dans la prison.

« Aurait-on déjà fait la besogne ? » dit un de la troupe.

« Le citoyen Bouchotte, dit un autre, nous aurait-il devancés ? sa geôle est muette comme un charnier... Le vent n'apporte pas même par-dessus les murailles une voix d'aristocrate. »

Les plus impatients de la troupe avaient avisé à des moyens ex-

Dessiné par JANET-LANGE. Gravé par LAISNÉ.

LE CONCIERGE DE SAINTE-PÉLAGIE.

péditifs pour savoir à quoi s'en tenir sur la surdité ou l'immobilité du porte-clefs. Les habitations avoisinant la prison furent mises à contribution des outils et des instruments propres à obtenir l'entrée.

Bientôt les portes volent en éclats. Les égorgeurs se précipitent en foule dans la geôle, la parcourent, entrent au greffe et y trouvent le concierge Bouchotte et sa femme étroitement garrottés.

« Vous arrivez trop tard, citoyens! s'écria Bouchotte... Les prisonniers ont eu avis de votre venue, ils se sont révoltés; et, après nous avoir traités comme vous le voyez, ils ont pris la fuite. »

Les assassins furent dupes. Ils ne soupçonnèrent pas que l'évasion des prisonniers était l'œuvre du généreux concierge, et qu'après avoir fait échapper ces malheureux par une porte secrète, il avait donné ordre aux guichetiers de lier lui et sa femme, afin de faire prendre le change aux égorgeurs.

Bouchotte et sa digne épouse furent délivrés, et les assassins, avides de vengeance, se dirigèrent au pas de course sur Bicêtre, où ils prirent une sanglante revanche.

Le troisième nom de femme qui appartient à l'histoire et se rattache aux chroniques de Sainte-Pélagie, est Joséphine La Pagerie Beauharnais. En 1793, la belle et bonne Joséphine fut enfermée dans une des tristes cellules de la rue de la Clef. Joséphine, qui aimait à se rappeler la prédiction qui lui avait été faite dans son enfance, qu'elle deviendrait reine d'un grand empire, dut plus d'une fois subir avec tristesse les événements qui la conduisaient à sa destinée par la prison. M. de Jouy a affirmé avoir retrouvé sur la muraille d'une cellule qu'une bande de papier avait mise à jour, quelques lettres majuscules tracées au crayon, formant le monogramme de la captive qui un jour devait être la compagne de Napoléon. C'est une précieuse découverte pour un prisonnier que la preuve acquise du passage d'un hôte illustre dans les lieux qu'il occupe. La cellule cesse d'être déserte quand on peut évoquer la mémoire de ceux qui l'ont occupée.

« Je vois au milieu d'une nuit affreuse, dit M. de Jouy, une jeune femme, belle encore de sa frayeur et du simple appareil dans lequel elle a été surprise, amenée sous ces voûtes obscures par quelques forcenés que ses pleurs n'ont pû fléchir. On a refermé sur elle les terribles verrous; je la vois assise et muette auprès de la fenêtre grillée, elle parle, je l'écoute : Pourquoi cette prison?... femme d'un guerrier, patriote dont l'échafaud vient de payer la gloire et les services, quel crime ai-je commis... m'a-t-on arrêtée sur la terre étrangère ? ai-je lié ma destinée aux ennemis du nom français... non, non, j'avais placé mes douces affections où la patrie avait marqué mes devoirs; et pourtant je suis arrachée mourante du sein de ma famille, et je viens attendre dans les fers l'heure d'une mort affreuse qui a déjà sonné pour tant de victimes innocentes. Elle pleurait, et ses regards si tendres tombaient avec effroi sur les objets sinistres dont elle était entourée. Insensiblement le trouble de son cœur s'apaise; elle a l'air de prêter l'oreille à une voix intérieure qui la console, et le sourire d'une lointaine espérance vient d'effleurer ses lèvres.

« L'aimable captive tire de son sein une espèce de talisman où

sont gravés ces mots en caractères hiéroglyphiques : *Tu gémiras, tu souffriras; espère, attends, tu seras reine d'un grand empire.*

Pauvre Anica! s'écria-t-elle, après avoir relu cet oracle, bonne mulâtresse qui m'as nourrie de ton lait, la moitié de ta prédiction est accomplie, mais quelle puissance au monde pourra jamais réaliser l'autre? Espérons cependant, attendons.

« On sait par quelle série d'événements prodigieux la fortune a pris soin d'accomplir l'oracle de la mulâtresse et de conduire en quelque sorte par la main la créole de la Martinique de Sainte-Pélagie sur un trône. »

Sainte-Pélagie reçut quelques-unes des victimes des proscriptions sourdes et muettes du régime impérial ; mais le plus grand nombre fut jeté, sans que le journal en parlât, dans les fonds de basses-fosses, témoin le Corse Bocchiambe, qui alla mourir à la plaine de Grenelle avec Mallet, Lahorie et Guidal. Cet homme gémissait depuis dix ans au secret, et il y était arrivé de loin, par une nuit obscure, dans une charrette close. Le peuple disait en se pressant sur son passage : « Qu'a donc celui-ci à regarder autour de lui? Hélas! le malheureux regardait les rues et les maisons de Paris, car il ne les avait jamais vues.

Si Joséphine La Pagerie trouva une distraction, sous le régime révolutionnaire, à crayonner son monogramme sur les murs de sa cellule, à une époque plus proche de nous, le fameux chef de guérillas Mina, captif à Sainte-Pélagie de par l'empereur et roi, cherchait à dépenser l'activité dévorante de sa nature. Il se faisait le décorateur officieux de sa prison ; et après avoir transformé en salle de paume une des parties couvertes de la maison, qui s'étend sur un des côtés du parallélogramme, il promenait son pinceau sur les murailles et les couvrait d'une coquette draperie qu'on eût pu prendre pour une tenture d'étoffes. Napoléon, à son retour de l'île d'Elbe, ayant appris que Mina était à Paris, l'avait fait arrêter sans aucune forme de procès. Le grand homme avait des moments de bouderie, et bien que ses historiens aient voulu le blanchir de tout esprit de rancune, il n'en est pas moins présumable que Mina paya par son séjour à Sainte-Pélagie le tort qu'il avait eu de faire des troupes invincibles, même pour les soldats français. 1815 rendit Mina à la liberté, et bientôt le héros de la Catalogne reparut sur les bords de l'Èbre, le sabre à la main ; le pinceau du captif resta à ses compagnons d'infortune, qui le conservèrent longtemps comme un monument de la captivité du général.

Sous l'empire, Sainte-Pélagie compta au nombre de ses prisonniers M. Franchet, suspect à Napoléon. Plus tard, M. Franchet devint directeur de la police : on assure qu'il conserva parmi ses agents ceux qui avaient fait main basse sur lui. Ses amis ont dit que le souvenir de l'acte arbitraire exercé contre lui l'avait sans cesse maintenu, pendant son administration, dans la voie de la légalité. S'il en est ainsi, il serait à désirer que tous les fonctionnaires qui disposent de la liberté des citoyens fissent leur stage administratif à Sainte-Pélagie.

Dans les premiers jours de la restauration, la cellule qu'avait occupée Mina reçut le général Bonnaire, une des premières victimes de l'aveuglement de la justice politique et de la haine des partis. Enfant soldat, sorti en 92 d'un village, le mousquet sur l'épaule, Bonnaire avait traversé la glorieuse période de l'empire, en gagnant successivement tous ses grades sur les champs de bataille. 1815 le trouva général commandant la place de Condé, que Napoléon lui avait confiée pendant les cent-jours. Déjà Bonnaire avait refusé de rendre la citadelle aux étrangers, quand un matin on vit aux avant-postes un individu seul, dans un cabriolet à deux chevaux, conduit par un paysan, et cherchant à passer pour s'introduire dans la ville.

Cet homme paraissait plutôt un bourgeois qu'un militaire; sa redingote montante et boutonnée, ornée d'un ruban blanc et rouge, ne laissait voir aucune marque distinctive d'un grade; son chapeau se trouvait alors soit entre ses jambes, soit posé dans la voiture, de manière à ne pas être vu. Il était impossible de reconnaître en ce personnage qui se présentait ainsi un parlementaire, qui d'ordinaire est accompagné d'un officier d'ordonnance.

Cet homme était un certain colonel Gordon, Hollandais de naissance, naturalisé Français; il avait servi sous Napoléon; mais, après la bataille de Mont-Saint-Jean, il avait quitté l'armée française pour prendre place dans l'état-major du prince d'Orange; et, en cette qualité, il se présentait pour demander la reddition de la place de Condé.

Le colonel Gordon n'ayant rempli aucune des conditions prescrites par les lois de la guerre, fut arrêté aux avant-postes. Sa tenue, ses réponses, le défaut de justification de son caractère, le rendirent suspect; l'exaspération s'empara de la troupe; et, sans l'arrivée du général Bonnaire sur les lieux, le parlementaire officieux eût été massacré.

Après quelques mots échangés entre le colonel Gordon et le général commandant, Bonnaire ne se contentant pas des explications données par l'officier hollandais, lui enjoignit de s'éloigner sur-le-champ.

La fermentation était à son comble dans les avant-postes, et le fait ayant transpiré dans l'intérieur de la ville, les troupes demandaient qu'on leur livrât celui qu'elles regardaient comme un espion.

Le général avait promis la vie sauve à l'homme dont il ne pouvait reconnaître le caractère légal; il resta sourd à toutes les prières, et il protégea le départ du colonel Gordon.... Celui-ci se retira.

Le commandant Bonnaire le croyait déjà arrivé à un village voisin, quand deux coups de fusil tirés par des soldats, étendirent mort le colonel étranger.

Le général Bonnaire, convaincu que cet officier hollandais avait usurpé son mandat de parlementaire, après avoir appris l'événement, mit à l'ordre du jour que le nommé Gordon, adjudant-commandant hollandais, déserteur de l'armée française, ayant été arrêté aux avant-postes, comme traître, espion et embaucheur, venait de subir le châtiment auquel il s'était exposé.

Quand Bonnaire, qui refusait de rendre aux étrangers la place de Condé, l'eut remise au roi de France, la justice politique fit un acte de servilisme envers les vainqueurs en offrant un holocauste au colonel hollandais.

Miston, aide de camp du commandant de la place, fut chargé de la plus grande part de culpabilité. On l'accusa d'avoir ordonné le meurtre; on prouva que les pièces sans aucune valeur trouvées sur le colonel Gordon après sa mort, et dont il avait cru lui-même ne devoir pas se servir, suffisaient pour certifier sa mission.

Le général Bonnaire, qui, au milieu de soldats mutinés avait défendu au péril de sa vie l'officier qu'il croyait hors la loi, eut à rendre compte de cet acte de courage, que les juges d'alors qualifièrent crime.

La voix éloquente de Chauveau-Lagarde réclame l'acquittement du général; elle est couverte par la voix de l'accusateur militaire, qui demande que Bonnaire soit traîné au pied de la colonne de la grande armée, et que, sous le relief des faits d'armes si nombreux auxquels il a pris part, il entende dire qu'il est indigne de l'honneur et de la gloire, et que l'épée soit arrachée à cette main qui l'a si noblement portée pendant vingt ans.

Bonnaire fut condamné à la déportation.

Après l'affreuse dégradation qu'il subit, le général ne trouva pas dans son âme la force qu'il fallait pour supporter le martyre. Il mourut après deux mois de séjour dans une cellule de Sainte-Pélagie.

A toute époque de réaction, le parti vainqueur a donné à l'application de son code pénal une élasticité qu'il a fait jouer dans l'intérêt de ses rancunes : la condamnation à cinq années de reclusion qui frappa, sous la restauration, le colonel Duvergier, est une preuve des influences variables que les temps orageux font subir à la balance de la justice.

La restauration n'avait pas, dans l'origine, de localités spéciales pour les condamnés politiques. Poissy ne fut inventé que plus tard, comme plus tard aussi le mont Saint-Michel.

Sainte-Pélagie recevait dans ses cellules ceux que les cours prévôtales, les conseils de guerre, les tribunaux criminels n'envoyaient pas à la Grève, à la plaine de Grenelle, ou à Toulon.

Duvergier, parvenu aux premiers honneurs de la carrière militaire, à un âge où d'autres ont à peine gagné les premiers grades, prévenu d'excitation à la révolte, voyait son avenir s'arrêter aux murs de la prison. A défaut de la gloire dont le chemin venait de lui être brusquement fermé, il rêvait la liberté, et nourrissait l'ardent désir de la conquérir, et il réussit. Ce complot, ingénieusement conçu, spirituellement conduit, et exécuté avec bonheur, mérite une mention méritoire dans l'histoire des évasions. Le colonel Duvergier et un de ses compagnons de captivité en eurent le profit, mais la plus grande part de gloire en resta à un jeune écrivain qui, depuis, se fit un nom célèbre parmi les poëtes improvisateurs.

A l'époque de l'incarcération du colonel Duvergier, un des bâtiments de Sainte-Pélagie renfermait les prisonniers pour dettes. Le corps de logis habité par les débiteurs était séparé de celui occupé par les prisonniers pour délits politiques. Un préau commun servait, à des heures différentes, à la promenade des deux classes de reclus, qui jamais ne pouvaient s'y rencontrer.

Au nombre des débiteurs tenus sous clef par la sévérité d'un créancier, se trouvait le jeune poëte Eugène de P...... Il établit, malgré les difficultés, une correspondance suivie avec l'officier; et, après un mois de dispositions prudentes, l'écrivain avertit le colonel de se tenir prêt : toutes les voies pour la liberté étaient ouvertes.

Une dépêche secrète apprit alors à l'homme de lettres que le colonel ne se sentait pas le courage de quitter la prison, s'il devait y laisser un de ses compagnons d'armes et de captivité, le capitaine Laverderie.

Eugène de P..... répondit par ce quatrain improvisé qu'il écrivit sur une feuille de papier à musique, avec indication de notes mises au hasard :

> Pour chercher des rives nouvelles,
> Oiseaux, le ciel aide à vos vœux,
> Afin que vous voyagiez deux,
> A tous deux il vous fit des ailes.

Un porte-clefs ne vit aucun inconvénient à remettre cette romance au colonel, et il fredonna même en l'emportant le refrain :

> A tous deux il vous fit des ailes.

Deux jours après, les oiseaux étaient envolés. Voici comment :

Le premier obstacle à vaincre était, pour les deux détenus du corridor rouge (nous donnerons tout à l'heure l'explication de ce nom), de passer du corps de logis où ils étaient détenus dans celui qu'habitaient les prisonniers pour dettes...

Un jour, à une heure après midi, c'était celle où les détenus pour dettes venaient remplacer au préau les condamnés politiques, le colonel Duvergier et le capitaine Laverderie parviennent à se soustraire à la vigilance du gardien, et restent cachés dans le jardin, qui s'ouvre aux prisonniers du commerce un moment après que les autres en sont sortis. Au signal convenu, ils se glissent dans le bâtiment de *la Dette*, et vont se réfugier dans la chambre d'un prisonnier, mis dans la confidence.

Jusque-là, les deux fugitifs n'avaient encore changé que de gardiens et de verrous. Sur-le-champ, on procède à leur déguisement; les énormes favoris du colonel disparaissent sous le rasoir. La métamorphose est complète; les deux prisonniers sont méconnaissables et peuvent sortir sous les traits de deux visiteurs supposés, au nom desquels M. Eugène de P..... s'est procuré les permissions qu'on délivrait alors, en les payant à la préfecture de police.

Ces permissions, déposées en entrant par les visiteurs entre les mains du guichetier de l'intérieur, leur étaient remises à la sortie; l'embarras était de placer les permissions des deux personnes qui n'étaient pas entrées au nombre de celles que le gardien avait reçues, et sans la remise desquelles toute évasion devenait impossible... Eugène de P..., qui depuis quelques jours s'était rendu familier avec les gardiens, moins encore par de petites largesses de vin et de cigares, qu'en leur montrant quelques dessins qu'il avait achevés dans la prison, descend cette fois son album sous le bras, le tire de son étui, et pique si vivement la curiosité du gardien chargé des permissions, que celui-ci prie de lui permettre de parcourir ce recueil : le poëte y consent de fort bonne grâce ; et tandis que l'argus admire les petits chefs-d'œuvre qui passent sous ses yeux, de son côté Eugène de P... paraît surpris du grand nombre de personnes qui sont venues en visite, et dont cet amas de permissions atteste la présence. « Il s'étonne que le gardien les laisse ainsi sur la table, au risque d'en égarer quelques-unes ; à sa place il aurait un portefeuille, ou plutôt un étui comme celui de cet album,... » et en disant cela, il prend les permissions et les fait couler dans l'étui, où il fait glisser en même temps celles des deux inconnus. Le gardien trouve l'invention parfaite, et se promet bien de demander un portefeuille à l'administration, et même de l'acheter à ses frais, si on le lui refuse. Gardez le mien, dit Eugène, en lui frappant l'épaule amicalement. Le gardien se confond en remercîments. Dans cet instant Duvergier et Laverderie se présentent au fatal guichet; ils demandent leurs permis sous les noms qu'ils indiquent; le gardien les examine un moment, mais comme ces messieurs ne font pas partie du personnel qu'il voit habituellement, il ne peut les reconnaître... leur cœur bat, cependant aucune émotion ne se trahit sur leur figure. La permission de chacun est trouvée; on la lui remet : les trois guichets s'ouvrent, et les deux captifs respirent enfin l'air si doux de la liberté.

L'évasion des deux prisonniers de Sainte-Pélagie, dont l'auteur était ignoré, compromettait le concierge et le gardien de la prison; elle pouvait motiver des mesures de rigueur contre ses compagnons de captivité : Eugène de P... se nomma, et trois mois d'une prison plus étroite, auxquels il se vit condamné, satisfirent la loi.

A l'époque de la restauration, la localité réservée à la détention politique occupait tout le second étage du principal bâtiment de Sainte-Pélagie; elle formait un grand et un petit corridors, tous deux fort sombres, qui communiquaient ensemble et se confondaient sous la dénomination de corridor rouge. L'obscurité du lieu eût justifié davantage la désignation de corridor noir.

C'est là que se promenèrent tour à tour une partie des quatorze cent trente-cinq reclus qui expièrent les délits politiques pendant un espace de quinze années[1].

---

[1] La commission des condamnés pour causes politiques pendant la restauration a publié, en 1832, un compte rendu dont voici le résumé :

Condamnés à mort et exécutés, 118; contumaces, 114; commués, 57.

Aux travaux forcés à perpétuité, 17; aux travaux forcés à temps, 19.

A la déportation, 72; à la réclusion, 18; au bannissement à perpétuité, 72; au bannissement à temps, 35.

A l'emprisonnement de quinze jours à trois mois, 129; de trois mois à six et plus, 434; de un à deux ans, 167; de deux à cinq ans, 253.

A la surveillance seule par arrêt ou jugement, 45.

Le pouvoir d'alors fut sourd aux paroles de M. Dupin aîné, qui disait : « Ce n'est point par la prison que l'on convertit et que l'on persuade. C'est un homme de lettres qui répondit au tyran de Syracuse : «Qu'on me ramène aux Carrières. » On ne commande pas à la pensée avec des fers. »

La restauration ne tint pas compte de ce conseil. Béranger, Cauchois Lemaire, Châtelain, Jay, Jouy, Bert, Lapelouze, élite de cette milice d'opposition qui combattit avec tant d'esprit et de courage, courbèrent la tête sous le guichet de la rue de la Clef. Si le souvenir de Magallon et de Fontan ne reste pas comme un monument de la brutalité des représailles politiques d'alors, c'est que les temps postérieurs ont semblé prendre à tâche de l'effacer par des actes d'une plus froide cruauté.

Ce fut cependant un fait qui eut un bien triste retentissement, que cet épisode de l'enlèvement de Magallon ; et quand, un matin, au réveil, les détenus de Sainte-Pélagie apprirent qu'un de leurs compagnons de captivité, coupable de quelques pages caustiques, venait d'être envoyé à Poissy, parmi des hommes chargés de vices et de crimes, ce fut à la fois un cri d'indignation et de douleur.

Ce cri franchit les murs de la geôle, et la ville apprit bientôt les détails de cette barbare exécution, dont elle accusa la cour.

Magallon avait été saisi dans sa cellule au point du jour; amené au greffe, il avait trouvé des gendarmes qui l'attendaient : l'un d'eux prit les mains du jeune écrivain, et lui serra fortement les pouces avec des ficelles.

Le jeune homme demanda en quel lieu on allait le conduire.

« A la prison de Poissy, » répond-on.

De Paris à Poissy, la distance est de sept lieues. Magallon espère qu'on lui permettra de prendre à ses frais une voiture.

L'ordre est donné de le conduire à pied à travers les rues, de faire de son passage un spectacle pour la foule.

A des amendes ou à des confiscations seules, par arrêts ou jugements, 49.
Par mesure administrative, 125.
Prévenus et acquittés après détention, 462.
Total général, 2184.
Le nombre des condamnés flétris est de 18.

Magallon se résigne.

D'autres humiliations étaient réservées au captif; il ne devait pas faire seul le voyage. Un compagnon de route allait lui être adjoint ; cet homme était un reclusionnaire; il portait l'habit de la prison ; il fut accouplé à l'écrivain.

Et quand le voyage fut terminé, quand Magallon eut épuisé tout ce que la résignation put lui donner de force pour accomplir cette affreuse étape, on apprit que l'homme auquel on avait accouplé pendant la route l'écrivain, avait été exprès choisi parmi les malades atteints de cette lèpre dont le nom même ne se prononce qu'avec dégoût.

Magallon fut adjoint à la nombreuse population des malfaiteurs, et son camarade de route fut mis entre les mains des infirmiers.

La presse s'émeut de ce raffinement de cruauté ; elle en demande compte à l'autorité ; la tribune parlementaire retentit de paroles sévères et énergiques ; on reproche au ministère cet acte d'inhumanité, qu'il cherche vainement à justifier.

Un homme dont la vie a laissé de nobles souvenirs, Alexandre de Laborde, se rend à Poissy pour prononcer avec connaissance de cause entre ceux qui accusent et ceux qui repoussent le blâme. Il trouve Magallon, couvert de l'habit de la prison, jeté au milieu des voleurs; il s'informe de l'homme qui a été le compagnon de route de l'homme de lettres... il le découvre à l'infirmerie, où il se fait traiter du mal qu'on a signalé, et dont tout son corps est souillé...

Magallon fut contraint de travailler dans un atelier, à des ouvrages manuels.

Il faut dire, à l'avantage des hommes de la prison, qu'ils furent plus humains que les agents du pouvoir. L'infortune de Magallon éveilla en eux un sentiment honorable de compassion.

L'homme de lettres fut l'objet des égards de cette population gangrenée parmi laquelle on le condamnait à vivre ; il n'est sorte d'égards que les condamnés n'eurent pour son infortune. Un d'eux, qui était en possession du privilége de raser ses camarades, métier qui procure quelques douceurs à son titulaire, offrit à l'écrivain de se démettre de sa charge en sa faveur. Magallon sourit à la proposition, et remercia le *barbero*[1] de son offre généreuse ; il préféra continuer à tresser des chaussons.

Quelques années après, Marie Fontan, auteur d'un article dans le journal l'*Album*, était assis à Poissy devant un métier à la Jacquart.

La France eut plus d'une fois à gémir, dit M. Moreau Christophe[2], des indignes traitements dont quelques-uns des condamnés politiques furent victimes, et quand la grande semaine du peuple fut venue, plus d'une barricade s'éleva dans les trois jours au souvenir de Magallon ; car, ces écrivains, ces poëtes, ces jeunes hommes de la charte nouvelle qu'on jetait alors dans les prisons communes avec les reclusionnaires et les forçats, c'étaient les plus chers enfants de la France ; c'étaient le fruit de ses entrailles, la chair de sa chair, le sang de son sang ; et leurs écrits, leurs actes, leurs discours, c'étaient pour elle le flambeau dans les ténèbres, l'éclair

---

[1] Barbier de prison.
[2] Inspecteur général des prisons.

avant l'orage, et la vigie criant dans la tempête : Malheureuse France ! malheureux roi !

Si la mémoire des injustices et des cruautés peut avoir une action telle qu'elle soit un levier puissant dans les bouleversements dynastiques, les pouvoirs qui gagnent des trônes au jeu des révolutions devraient réprimer cet instinct d'imitation qui les pousse dans les voies battues ; et nous nous étonnons que M. Moreau Christophe, dont les paroles énergiques flétrissent les actes du régime passé, n'élève pas un blâme courageux contre les mêmes faits, que l'histoire et l'humanité auront à reprocher à l'époque présente.

Ce serait peut-être le moment d'évoquer les souvenirs du mont Saint-Michel et de Doullens, mais ces épisodes appartiennent à une autre division de l'histoire que nous écrivons[1]. Renfermons-nous, pour le présent, dans les faits qui se sont passés à Sainte-Pélagie, et puisque nous avons fait le procès à la restauration, évoquons un épisode qui appartient à 1831. Le nom de Zanoff peut être placé, dans le martyrologe politique, près de celui de Magallon et de Fontan.

Magallon s'est fait l'historien de ses souffrances ; un écrivain qui a un grand renom comme homme de cœur et comme publiciste a mis sous le patronage de sa plume les tortures du pauvre Zanoff. Zanoff, Suisse d'origine, avait été impliqué dans une de ces nombreuses accusations de républicanisme qui enveloppèrent tant de jeunes hommes ardents, après la révolution de 1830. Nous empruntons à M. Marrast ce récit :

Zanoff avait été arrêté au mois de juillet 1831, bien loin de Paris ; on lui fit faire deux cents lieues à pied et avec les menottes. Souvent sur sa route il entendait dire derrière lui : *C'est quelque grand voleur !* et tout son corps devenait froid de colère. Il arriva enfin harassé, brisé. On le jeta sur la paille, à la Conciergerie d'abord, puis à la Force... Il obtint pourtant, après six mois, d'être placé avec ses camarades à Sainte-Pélagie.

---

[1] *Les Prisons des Départements et de l'Étranger*, par MM. Maurice Alhoy et Louis Lurine.

Zanoff avait une femme qu'il adorait, et un enfant tout jeune, dix-huit mois à peine. Tant qu'il avait été libre, son travail avait suffi amplement à les nourrir. Il avait même fait quelques économies ; mais l'enfant fut malade, bientôt la mère aussi, lui en prison !... tout fut dépensé ; comment faire?

Parmi les détenus à Sainte-Pélagie, un ancien garde du corps, M. de Laplain, paraissait surtout avoir la confiance de tous les Suisses. On l'avait impliqué dans le même complot. C'était une raison pour qu'il partageât souvent sa bourse avec ceux dont il partageait le malheur.

Zanoff avait reçu de lui quelque argent ; mais il n'osait pas lui exposer de nouveau à quelle misère sa femme était réduite. Celle-ci dissimulait aussi son affreuse position. Elle avait sollicité de l'ouvrage partout, mais partout elle avait été repoussée. « *Les temps sont si durs*, disait-elle, *on ne trouve pas d'ouvrage* ; ou bien : *on voudrait que je me sépare de ce pauvre enfant !... il mourrait sans moi !* » Et elle pleurait, et l'enfant pleurait aussi... Zanoff se déchirait la poitrine.

Cette scène s'était plus d'une fois renouvelée au parloir... On a su tout après.

Chaque jour cette femme revenait, et le malheureux Suisse l'attendait pour partager avec elle le pain noir de la prison et la nourriture dont il se privait pour sa famille. Mais cette abstinence le pâlissait ; et sa femme, qui s'en aperçut, aimait mieux souffrir la faim... Lui se désolait !

Tout cela était insupportable. Zanoff aborde M. de Laplain, et lui demande s'il espère que le jour du jugement arrivera bientôt...

« Eh mon Dieu ! répondit-il, on vient encore de retarder d'un mois !...

— Oh ! il y a trop longtemps que cela dure, je n'y tiendrai pas... »

Puis après un moment de silence :

« Monsieur, reprit-il, si l'un d'entre nous mourait, est-ce que notre parti abandonnerait sa femme et ses enfants ?

— Allons donc !... quelle pensée avez-vous là, Zanoff ! vous savez bien que les hommes de cœur n'abandonnent jamais leurs amis... Mais seriez-vous malade?

— Beaucoup, capitaine !

— Eh bien ! couchez-vous, reposez-vous, et dites-moi ce dont vous avez besoin. »

Zanoff se coucha en effet...; il eut la fièvre toute la nuit. Le lendemain matin, à cinq heures, il fit appeler M. de Laplain. Il était agité, il renouvela encore sa demande :

« Si je mourais, ma femme aurait-elle du pain ?

— Mais oui, soyez tranquille.

— Oh ! je vous en réponds, dit-il alors d'un air ferme et résolu... Je suis tranquille ! »

Deux heures après, le jour commençait, ses camarades sortaient du lit. Zanoff se dirige vers la planche sur laquelle étaient ses habits; il fouille, retire aussitôt un rasoir à large lame et se coupe la gorge... Ses camarades courent à lui... Il était nu, brandissant encore le rasoir : le premier coup n'avait pas bien porté; il s'en donne un second avec plus de force, et refait le mouvement pour se frapper une troisième fois... On le saisit, et pour le désarmer, on est obligé de le jeter par terre. Il mordait alors ceux qui le retenaient : « Mais je veux mourir ! » leur disait-il...

Cependant le sang jaillissait de son cou ouvert à la profondeur de trois pouces... Le bruit se répand dans la prison; nous accourons tous... Zanoff se débattait sur le carreau; mais ses forces s'épuisaient. On le replace sur la toile grise-noire de son matelas. Un interne de la Pitié fait un premier pansement. La blessure était affreuse; mais pourtant la mort n'avait pas suivi immédiatement, il y avait une lueur d'espoir... Le malheureux prisonnier recevait de chacun des témoignages d'intérêt et des consolations... Il paraissait plus calme ; pourtant une sourde agitation roidissait sa face et cavait ses yeux... A peine le pansement est-il terminé, que Zanoff, recouvrant un peu de force, dégage ses bras retenus sous une couverture, et arrache le bandage et tout l'appareil... On fut obligé de le garder à vue et de lui mettre une camisole. Il parlait peu, pourtant il dit à son meilleur ami : « Enfermé ici, je ne peux pas travailler pour nourrir ma femme, ni mendier toujours de l'argent ; mais, moi mort, on aura pitié d'elle, c'est pour cela que je me suis tué... »

Voilà le peuple! Cherchez dans votre société abâtardie, blasée, ossifiée d'égoïsme, une telle moralité et un tel dévouement!

La femme de Zanoff se présenta à l'heure ordinaire. On lui dit que son mari était malade.... Elle voulait entrer; elle se jette aux pieds de cet excellent docteur Bourgeoise, qui pleurait comme elle, et qui fut obligé de fuir pour ne pas céder.

Le malheureux suicidé souffrit encore quarante-huit heures; au bout de ce temps il expira... Le spectacle de la mort est toujours triste, mais la mort, et cette mort dans une prison, quelle froide horreur!... Carlistes et républicains visitèrent religieusement ce corps privé de vie. Tous sortaient de là animés de la même douleur, et, il faut le dire, pleins de la même colère.

La haine des partis s'éteint auprès d'un cadavre!... C'est le propre des grandes calamités de la nature de nous replonger tous dans le gouffre commun de notre misère! mais ce n'est pas du néant que la conscience; et jugez quelle fut la surprise de tous, quand on trouva sur la poitrine de Zanoff une fleur de lis d'or, débris d'un ancien drapeau, et d'une valeur considérable, que cet homme n'avait pas voulu vendre, même afin de venir au secours de sa femme, pour laquelle, cependant, il se donnait la mort...

Sous l'empire et la restauration, l'organisation administrative de Sainte-Pélagie laissait beaucoup à désirer. Il n'était pas rare que des prévenus demeurassent six et sept mois sans subir un interrogatoire. Un M. Poulain d'Angers demeura, dit-on, un trimestre dans cette prison, sans qu'il pût deviner le motif qui l'avait fait incarcérer. Une autre personne, M. Guillon, qui avait été attaché au cabinet de l'empereur, fatigué des tracasseries que la police de la restauration faisait subir à lui et à ses amis, prit le parti de venir se constituer prisonnier sans avoir subi de jugement. Il demeura deux mois captif sans écrou, et un beau matin on le mit à la porte malgré lui.

Une aventure assez plaisante, arrivée à ce prisonnier, prouve le désordre qui régnait alors dans toutes les parties du service des prisons.

M. Guillon, assez gravement indisposé, obtint du médecin une carte de bains; ne sachant dans quelle partie du bâtiment se trouvait l'infirmerie, il présente sa carte à un porte-clefs ivre, et celui-ci ouvre aussitôt le guichet qui donnait sur la rue du Puits-de-l'Ermite. M. Guillon se trouve, sans le savoir, en liberté et prend cette ruelle étroite pour un chemin de ronde, il fait quelques pas, et ne rencontrant personne à qui s'adresser, il revient sur le factionnaire et lui demande où sont les bains.

« Quels bains ? dit la sentinelle. — Ceux de la prison. — Eh bien ! ils sont probablement dans la prison, mais vous ne pouvez plus entrer. — Comment je ne puis plus entrer, mais je suis donc dehors ? — Vous êtes dans la rue, vous devez bien le savoir. — Je ne m'en doutais pas, et ça ne fait pas mon compte. »

M. Guillon frappe au guichet et avertit en riant le porte-clefs de sa méprise ; celui-ci rendu subitement à son bon sens, remercie le prisonnier de n'avoir pas profité de sa faute, et le supplie de garder le secret sur ce qui vient d'arriver.

On raconte que sous le Directoire un condamné à la déportation se cacha à Sainte-Pélagie, persuadé qu'on le chercherait partout ailleurs que là. Son espérance ne fut pas trompée.

L'organisation administrative de Sainte-Pélagie ne fut guère régularisée que vers 1828 ; et en 1831 cette prison s'agrandit, et un bâtiment neuf fut exclusivement réservé aux détenus politiques.

La prison subit trois divisions : l'aile droite pour les prévenus des délits de la presse, de complots contre la sûreté de l'État et de tous autres délits politiques ; — l'aile gauche pour les condamnés pour les mêmes causes ; — le centre pour les jeunes condamnés correctionnels, au-dessous de 16 ans ; et comme la prison n'a qu'une seule cour, les détenus enfermés dans les trois sections n'ayant entre eux aucune communication, jouirent, à tour de rôle, de la cour à des heures déterminées.

L'administration, en bâtissant sa Sainte-Pélagie politique, avait compté sans ses hôtes et sans le procureur du roi ; elle supposait que trente-six lits répartis dans dix chambres, et un petit dortoir, devaient suffire à l'avenir pour contenir le maximum de la population des *prévenus* politiques ; que les *condamnés* n'occuperaient jamais plus de vingt-deux lits, et que quatre-vingt-dix lits, répartis dans six dortoirs, seraient plus que suffisants à la population des jeunes apprentis voleurs ou vagabonds, qui, des bancs de la police correctionnelle, viendraient à l'école de Sainte-Pélagie.

M. Moreau Christophe, que sa position d'inspecteur place très-avant dans les pensées secrètes de l'administration, nous initie[1] à une intention assez bizarre, qu'il assure avoir été celle du pouvoir. Il s'agit d'un essai de moralisation pénitentiaire, tenté en faveur des jeunes condamnés.

Le gouvernement avait pensé, dit M. l'inspecteur, que le mélange des jeunes détenus avec les politiques tournerait à l'amélioration morale des premiers, autant qu'à la distraction bien entendue des seconds. Il faut convenir que, si l'administration se montrait dans ses rêves pénitentiaires peu éclairée, en ce qui touche les enfants, elle était du moins très-paternelle en cherchant à préparer des distractions aux hommes qu'elle mettait sous les verrous.

Mais cette illusion, M. Moreau Christophe lui-même l'avoue, ne tarda pas à se dissiper.

Le nombre des détenus politiques grossissant de jour en jour, il ne fut plus question de leur procurer des *distractions bien entendues*, ni d'en faire des maîtres ès morale. Il fallut songer d'abord à trouver gîte pour les nouveaux venus. On exila les jeunes détenus.

Puis les arrivages de reclus doublant encore, on refoula les condamnés correctionnels, dont nous ne parlerons dans ce chapitre que pour mémoire, attendu que nous aurions à répéter ce que nous avons déjà dit en écrivant l'histoire d'autres prisons, on les parqua dans cette partie du bâtiment qui avant 1830 renfermait les débiteurs, et on augmenta encore Sainte-Pélagie politique d'une cour et d'une partie de bâtiment.

Sainte-Pélagie politique devint alors un monde que chaque colon apprécia suivant son plus ou moins de philosophie ou d'humeur.

L'un d'eux s'écrie :

« Sainte-Pélagie, c'est le supplice par la langueur, la torture

[1] M. Théodore Muret.

par l'ennui, l'homicide par la consomption. — C'est une espèce de machine pneumatique appliquée au cerveau, qui pompe goutte à goutte toute sa séve, et l'hébète, et l'alanguit, et l'épuise. — Ce n'est pas l'agitation et ce n'est pas la paix. — Ce n'est pas Paris et ce n'est pas la solitude. — C'est un mélange de toutes choses : de l'air, un peu ; de l'espace, presque pas ; des amis, quelques-uns ; des importuns, à foison. C'est une prison qui tient du monde ; c'est un monde qui n'est pas fait pour une prison ; c'est un directeur humain qui a des formes aimables ; ce sont des gardiens qui ressemblent à des ouvreuses de loges ; ce n'est pas dur et c'est triste ; c'est une espèce de police civilisée ; c'est quelque chose de perpétuellement faux... Sainte-Pélagie est insupportable ! »

Concevez-vous Sainte-Pélagie ?

Un autre écrivain apprécie ainsi la prison politique[1] :

« Sainte-Pélagie, c'est le pêle-mêle de toutes les idées, l'entassement de toutes les opinions ; c'est une espèce de pandémonium politique. La *Caricature* heurte la *Quotidienne*, le *Courrier de l'Europe* coudoie la *Révolution*, la *Gazette* pivote entre la *Tribune* et le *Courrier Français*, l'ami du peuple frôle le Suisse, le décoré de juillet fume à côté du garde du corps ; les chouans y rencontrent de vieux soldats ; toutes les couleurs et toutes les races, tous les âges, toutes les langues s'y trouvent : c'est une Babel, c'est un camp d'amis et d'ennemis après une déroute ; c'est un asile, après la tempête, à des corps qui ont toutes les formes. — C'est singulier à voir comme une absurdité, c'est curieux comme une anomalie ; mais c'est triste comme un monstre ! »

La période qui s'écoula pendant les premiers mois de l'établissement de la prison politique est empreinte d'un caractère particulier ; et, au dire même de M. Moreau Christophe, qui s'est fait l'historien plus sévère que juste des actes des détenus, qu'il eut quelquefois à enregistrer comme inspecteur, il y avait dans la conduite et jusque dans les jeux des détenus quelque chose qui sentait encore la grande semaine du peuple. Le respect pour les lois, qui les avait fait s'insurger, leur faisait sentir le besoin de l'ordre,

[1] A. Marrast.

même en prison; ils faisaient la police eux-mêmes, et s'étaient constitués sur un pied militaire. Un jeune officier instructeur leur faisait faire l'exercice chaque jour; le soir, avant la fermeture, ils se réunissaient tous dans la cour, formaient le cercle, plaçaient leur drapeau tricolore au milieu et entonnaient en cœur la prière du soir. Cette prière c'était *la Marseillaise* et *la Parisienne*. Lorsqu'à genoux, inclinés et têtes nues, ils chantaient à voix basse ce couplet qui faisait tressaillir le cœur, *Tambour du convoi de nos frères*, l'aspect de la prison prenait un autre aspect, et l'on se croyait sur les tombes du Louvre.

Si par la suite les hôtes de Sainte-Pélagie se montrèrent moins soumis à l'ordre, moins résignés à la position de vaincus, il ne faut pas, n'en déplaise à M. Moreau Christophe, en chercher la cause dans cet esprit d'opposition systématique qui tout à coup aurait surgi contre les actes d'un pouvoir sur lequel rejaillissait la désaffection; c'est l'anarchie qui régna dans l'administration de la prison, qui amena le désordre parmi les prisonniers; c'est que, s'il y a eu haine, elle tomba plutôt des administrateurs sur les administrés, autrement dit, des hauts geôliers sur les détenus, qu'elle ne rejaillit des administrés sur les administrateurs; c'est précisément ce que M. Moreau Christophe nomma *le gré ondoyant et divers du libre arbitre*, autrement dit l'arbitraire en matière de règlement, qui fit renverser la barrière derrière laquelle se tenait d'abord résigné le prisonnier politique.

Si l'administration avait été ferme et juste, vigilante sans cruauté; si les rares faveurs accordées aux détenus et qui étaient de nature à ce qu'on ne pût pas les refuser sans être accusé de servir d'instrument à la vengeance plutôt qu'à la justice; si ces faveurs eussent été accordées sans arrière-pensée et sans intention de les voir souvent amener le désordre pour justifier la répression et faire de l'interdit une nécessité, les repas qu'on permit aux détenus de prendre en commun n'eussent pas été transformés en galas bruyants; le vin n'eût pas subi au guichet le miracle de la transformation en alcool; les chants patriotiques auraient continué, comme par le passé, de frapper les voûtes de la prison et de rappeler à ceux qui avaient profité, sans courir de chances du grand coup de dé révolutionnaire, quel était le lot de ceux qui avaient mis leur vie comme enjeu; si l'administration avait respecté l'homme dans le détenu, le détenu eût respecté les murs de la geôle, et ne les eût pas salis d'inscriptions menaçantes ou de figures coupables; si l'administration, comprenant l'égalité, n'eût pas accordé à la prière ou aux larmes d'une femme du monde ce qu'elle refusait à une prière ou aux larmes d'une femme du peuple, on n'eût jamais renouvelé à Sainte-Pélagie l'épisode romain de l'enlèvement des Sabines [1]. Si l'administration n'avait pas voulu faire du travail une peine, chaque détenu se fût fait avec joie ouvrier ou industriel. On en avait eu la preuve : le prisonnier Collot n'avait-il pas fabriqué un fusil de munition à l'aide seulement d'un couteau et d'un fleuret rompu? M. Moreau Christophe a vu l'œuvre, rien n'y manquait; les ressorts de la batterie étaient un chef-d'œuvre d'adresse.

Les corbeilles de fleurs en perles du sous-officier Dutillet, condamné à la détention perpétuelle dans l'affaire des Prouvaires, étaient recherchées dans le faubourg Saint-Germain parmi ses coreligionnaires politiques, comme saintes reliques. M. de Fleury, gérant de *la Gazette de France*, s'était fait tourneur et horloger; le docteur Gervais était devenu maître d'école; M. Raspail quittait la plume à laquelle la science allait bientôt devoir de nouvelles révélations, pour faire des études sur les êtres infimes que la loi correctionnelle avait placés dans une des divisions de la maison; un militaire détenu avait pris en pitié les élèves commencés par Grisier et Bertrand, et il s'était fait professeur d'escrime : les épées étaient des joncs. Si l'administration n'avait eu hâte d'amener le désordre, Sainte-Pélagie politique eût pu toujours être ce qu'elle avait été au temps où M. le vicomte Sosthènes de La Rochefoucauld donnait, sous les verrous, ces délicieux routs auxquels était conviée l'élite de ses compagnons de captivité, quelle que fût la couleur de leur cocarde.

---

[1] Un dimanche, les détenus ne pouvant plus recevoir de visites qu'au parloir, brisèrent la grille et emportèrent de vive force les visitantes dans leurs chambres; cet événement est connu, dans les traditions de la prison, sous le nom de *l'enlèvement des Sabines*. — *De l'état actuel des Prisons en France* par M. Moreau Christophe.

Le grand souterrain de trente pieds qui donna passage à de nombreux fugitifs n'eût pas été ouvert si la captivité n'était pas devenue la torture, et peut-être alors les prisonniers politiques auraient pu réaliser la pensée de M. Moreau Christophe et imiter M. Raspail, qui a consacré dans ses écrits le souvenir des essais qu'il fit sur la classe des malheureux enfants détenus correctionnellement, et connus alors sous la désignation de mômes, croûtons, etc.

« Lorsque nous sommes entrés à Sainte-Pélagie, ces petits mômes, dont grouillait notre basse-cour, restaient dans une grande réserve avec nous; ils n'avaient pas appris à nous connaître, et ils ne savaient pas trop s'ils devaient se méfier de nos rapports; ils causaient peu, et ne se parlaient qu'à l'oreille; ils nous répondaient avec beaucoup de politesse, mais brièvement et sans s'arrêter; ils avaient leurs jeux à part et leurs conversations particulières, dans les coins les plus retirés, et aussi loin qu'ils pouvaient se placer des groupes formés çà et là par les plus grands. On en voyait toujours un dans chaque cercle, qui tenait le haut bout de la conversation, et que tous les autres écoutaient, sans mot dire, assis à terre, l'œil fixe et l'oreille attentive; l'orateur faisait une pause à l'approche d'un grand, et l'auditoire retournait la tête comme pour dire au voisin : Vous êtes de trop ici. Ces petits conciliabules portaient l'empreinte du mystère et de la discrétion; il s'y faisait sans doute des communications de la plus haute importance, et rien n'en transpirait au dehors; l'œil de la police, qui perce les murailles et les voûtes des plus profonds souterrains, rencontrait une atmosphère opaque et imperméable à sa puissance, autour de ces petites réunions qui se tenaient en plein air. On peut se douter de ce qui s'y disait, parce que le hasard m'a mis un jour à même d'y voir faire : Je trouvai sur mon palier un groupe de ces marmots qui jouaient aux billes; ils se rangèrent tous pour me laisser passer, et reprirent leur jeu dès que j'eus fermé ma porte. Il faisait beaucoup de vent ce jour-là; tout à coup je sens un courant d'air assez vif, qui ne pouvait provenir que de la fenêtre ouverte du carré; effectivement à la fenêtre qui était fermée, il manquait une vitre, ce que je n'avais pas remarqué en montant. Il n'y avait pas d'autre remède à cet inconvénient que de transporter sa table de travail dans un autre angle de la pistole. Un instant après, le courant d'air avait le double d'intensité, et le vent ne paraissait pas souffler plus fort que tout à l'heure. Je rouvre ma porte pour boucher ce maudit carreau, mais au lieu d'un, j'en trouvai cette fois deux qui manquaient de verres, et mes petits gamins paraissaient quatre fois plus affectionnés au jeu qu'auparavant. Je leur marchai sur les pieds tant ils faisaient peu d'attention aux talons de mes bottes! Je soupçonnai alors ce que vous devinez déjà, et j'en acquis la certitude en observant de plus près; ces lutins s'étudiaient à faire la vitre (c'est le terme de leur argot) sans laisser la moindre trace de mastic, et sans que le voisin, si éveillé qu'il fût, pût entendre tinter le verre et frémir le châssis. Où passait cette lame de verre ? Je l'ignore. Quels instruments si délicats employaient-ils à une opération si délicate ? Ils devaient les loger dans le bout de leurs ongles, car pour sûr, ils n'en avaient pas vestige entre les mains. Mais enfin mon palier n'en était pas moins une école mutuelle, dont mes joueurs aux billes étaient déjà de fort habiles industriels dans l'une des principales branches du grand art des *caroubleurs*.

« Et puis ensuite ils me l'ont avoué d'un signe de tête, lorsqu'ils ont conçu un peu plus de confiance en ma prudence et en mes bons conseils. La toute-puissante loi dépense beaucoup d'argent, et autre chose de pire pour obtenir des révélations qui ne me coûtaient que quelque marque d'intérêt; mais la loi ne voudrait pas de ma recette, qui est trop simple; car tout le monde pourrait être la loi et les prophètes à ce prix : ce qui serait désastreux pour notre ordre de choses et ruineux pour une foule d'intérêts matériels et de droits acquis. Voyez donc un peu, si l'on s'adressait à ces petits apprentis du vice, en ces termes : « Mon enfant, tu viens de malfaire, avoue-le-moi franchement et en preuve d'amitié, non pas que je veuille t'en faire subir la moindre peine, et te donner des verges, parce qu'une mauvaise pensée t'aura trouvé faible et malappris. Oh mon Dieu, non ! tu n'as rien à craindre de moi ; je ne suis pas assez sot que de me montrer méchant envers toi, dans l'idée de vouloir te rendre bon ; pourquoi ne te pardonnerais-je pas ce que tu as commis, puisque Dieu m'a pardonné à mon tour tant de choses? Parle-moi à cœur ouvert : la franchise d'un aveu soulage d'un grand poids la conscience fautive, et désarme le bras le plus violent. Dis-moi ce qui t'a porté au mal, afin que je cherche avec toi à conjurer ce mauvais génie : Est-ce la faim? Tiens, voilà du pain blanc, avec quelque autre chose. Est-ce le froid? Tiens, voilà des vêtements aussi propres et élégants que chauds et légers. Est-ce la haine et le ressentiment? Laisse donc là ces mauvaises pensées : elles vous font tant de mal! Le méchant est bien plus malheureux que sa victime; il souffre deux fois plus qu'elle, puisqu'il se tourmente à faire souffrir; rien n'est facile comme de pardonner; rien n'est terrible comme de méditer et de préparer un guêt-apens, et de combiner l'exécution d'un projet de vengeance. Est-ce l'oisiveté? Tu n'as donc pas trouvé un travail qui te plaise; viens avec moi et choisis parmi tous ceux-là : tout travail a des charmes pour quiconque en a le goût. Mon pauvre enfant, si tu pouvais t'imaginer le bonheur qu'on éprouve à se rendre utile, tu mendierais comme une aumône l'occasion de faire une bonne action. Ainsi, ne crains rien, tu parles à un de tes semblables; avoue-moi tout, quand tu auras commis une faute; tout encore quand tu en auras commis une autre et puis une autre : peut-être à la quatrième, je finirai, à force de bonté, par me faire comprendre. Tout sera effacé dès que nous serons parvenus à réparer le dommage; je n'aurai pas perdu mon temps, si mes bons conseils te ramènent; et si je n'y réussis pas, j'aurai du moins appris à mieux m'y prendre une autre fois. »

Nous avons dit qu'une partie de la localité de Sainte-Pélagie avait été, pendant un certain laps de temps, consacrée à la garde des prisonniers pour dettes. A cette époque on faisait de cette geôle comme on fit depuis de certains territoires conquis ou cédés par protocoles : quand la population des délits politiques grossissait, on perçait un mur qui permît au trop-plein de se vider dans les cellules de la dette, et on reculait de quelques toises la frontière de plâtre qui divisait les deux États; si, au contraire, la dette grossissait de pensionnaires, on faisait refluer le sujet politique.

En France, le fisc fait nid partout, et s'il rançonne les portes et fenêtres de la demeure du citadin libre, il fut un temps, proche de nous, où il soumettait à la dîme les barreaux et les verrous derrière lesquels vivait le captif. A cette époque, il fallait que la curiosité, l'amitié ou la philanthropie désireuse de visiter la prison, payât à la préfecture de police un passe-port spécial, sans lequel la brigade des porte-clefs ne laissait pas franchir le guichet.

Après avoir gravi un escalier sombre et escarpé, à la lueur d'un demi-jour qui tombait d'une lucarne, on pouvait lire sur une porte cette inscription : *Bureau des prisons*, et on entrait dans une salle enfumée. On se trouvait là face à face des variétés les plus bigarrées de physionomies, coude à coude avec les contrastes les plus saillants de costumes ; la même main délivrait les permis de circulation pour la Force, Saint-Lazare, Bicêtre et Sainte-Pélagie ; à la même règle étaient soumis l'escroc, le faussaire, l'infanticide et le débiteur.

Ce bureau était, depuis nombre d'années, le centre commun où venaient aboutir toutes les demandes ; c'était d'usage consacré par une routine dont la tradition se perdait dans les cartons de M. de Sartines. Ce mode réglementaire n'était pas en désaccord avec la vétusté de la loi de la contrainte par corps, qui a traversé, presque vierge, les refontes successives des codes, depuis les arquebusades de Charles IX.

Quand je visitai la section de la dette de Sainte-Pélagie, j'accomplis les formalités préliminaires et le guichet s'ouvrit. C'était vers l'année 1827.

Je me trouvai dans un monde dont se font une bien fausse idée ceux qui en parlent en air libre. Où sont les peintures si gaies que les feuilletonistes et les chansonniers ont esquissées de cette demeure ? où sont les nombreux essaims de femmes qui, dit-on, viennent colorer par leur joie insouciante la triste teinte de ces murs ? J'ai beau prêter l'oreille, je n'entends pas ces concerts bachiques, ces bruyants éclats de l'orgie qu'on trouve dans les romans.

Je jetai d'abord sur le préau un coup d'œil de géomètre, je calculai l'espace dont chaque pensionnaire pouvait profiter dans le seul lieu de la maison où il circulât un peu d'air vital, et je pus me convaincre que, vers le soir, lorsque isolés des amis qui les ont visités, tous les détenus venaient à la fois s'y grouper, chacun ne pouvait disposer, pour sa part, que d'une fraction de quatre-vingt-dix centimètres carrés de terrain.

Messieurs, à la paie! cria dans les corridors une voix glapissante, et cent voix firent écho. Le comptable, suivi d'un garçon de service porteur d'une sacoche, alla prendre place dans une cellule où la foule impatiente se précipita sur ses pas.

C'était le moment de voir de près tout le personnel de la prison et de faire quelques observations.

Toute la population se mit en rang pour passer au bureau, et chacun toucha un sixième de la taxe de vingt francs que le créancier donnait alors chaque mois au prisonnier, pour se nourrir et payer le loyer de son mobilier.

Après avoir vu défiler une peuplade d'artisans et d'ouvriers, dont le costume, le langage, contrastaient singulièrement avec le titre de négociant en vertu duquel ils étaient enlevés aux ateliers, aux chantiers et aux achalandages qui les réclamaient, il parut quelques physionomies d'hommes du monde, quelques individus de la moyenne bourgeoisie, un grand nombre de jeunes étourneaux.

Un des détenus qui se présenta des premiers, était, en terme de prison, un cheval de retour : c'était pour la quatrième fois que cet officier, décoré et couvert de blessures, revenait pour purger la même dette. Après cinq mois de captivité, il fit un arrangement avec son créancier à qui il devait deux mille francs ; il se reconnut débiteur de cinq cents francs de plus, qu'il promit de payer à quatre-vingt-dix jours. L'écrou fut levé. Le paiement manqua ; le capitaine revint prendre ses quartiers. Un an écoulé, il reconnaît devoir au même incarcérateur trois mille francs, et obtient six mois pour les payer. Il donne un à-compte de mille francs, ne peut, au délai fixé, solder le restant; il revient à Sainte-Pélagie pour la troisième fois. Ainsi, après avoir fait près de trois années de prison, ce débiteur doit un tiers de plus qu'il ne devait en entrant, et il a payé mille francs qui ne sont en compte que comme prime d'encouragement au profit de son créancier.

Le vieillard qui le suivait était un monument de l'esprit spéculateur d'une certaine classe de créanciers. Débiteur presque aveugle, et perclus du bras gauche, il doit cinq cents francs à un receveur de rentes. Huit jours avant la fête du roi, l'homme de finance avait jeté dans le cachot le pauvre invalide, espérant que les bienfaits de la liste civile descendraient sur son vieillard. Malheureusement les prévisions ne s'étaient pas accomplies. Le créancier espérait beaucoup pour l'année suivante.

Au nombre des détenus, je reconnus mon ancien porteur d'eau, et il ne fallut pas le presser beaucoup pour apprendre l'histoire de son incarcération.

Léonard était Auvergnat; après avoir porté de l'eau dans des seaux et à bras, pendant quelques années, il étendit son ambition jusqu'au tonneau-charrette, et le voilà qui élargit le cercle de ses pratiques de la rue du Faubourg-Poissonnière au Marais; mais, malheureusement, Léonard n'était que locataire de l'instrument de son travail. Le propriétaire du tonneau était un autre Auvergnat qui, chaque mois, venait recevoir le prix du marché; il avait laissé grossir les arrérages : l'usure enfla le chiffre de la dette aux époques de renouvellement, et quand le billet offrit une somme *exploitable*, comme disent les huissiers, le débiteur fut cité au tribunal de commerce.

Léonard ne fut plus un porteur d'eau; il fut condamné à être négociant, par conséquent passible de la contrainte par corps. Léonard voulut avoir recours à la faillite; il se présenta au greffe pour y déposer son bilan, mais l'aréopage commercial déclara alors que Léonard était porteur d'eau et non pas négociant.

Quinze jours après, l'Auvergnat était habitant de la prison de la rue de la Clef.

Léonard aurait voulu appeler de cette sentence; son frère consentit à faire les frais, mais Léonard ne devait que trois cents francs, et l'avocat qu'il consulta lui apprit qu'il fallait, pour jouir de la faveur de la révision, devoir au moins la moitié d'un billet de mille francs. Le code des Osages ne contient probablement pas d'aussi burlesques dispositions.

Quand je demandai à Léonard ce qu'était devenue sa famille

pendant l'absence du chef, une larme courut dans ses yeux. La mère s'est sauvée, me dit-il ; pauvre Jeanne ! elle est retournée à la montagne : autrement, elle était comme moi dans la cage. Est-ce qu'ils n'ont pas déclaré qu'elle était aussi *négociante*, et ils allaient me la fourrer à Saint-Lazare, et mettre les *petits* sur le pavé ou à l'hospice.

Léonard, à qui je fis don de quelques pièces de monnaie, me quitta pour aller faire une partie de siam et boire le vin blanc. C'est le seul passe-temps de ces malheureux, me dit un captif, et la plupart, abrutis avant le temps de leur élargissement, ne reportent dans leurs familles que la paresse devenue habitude, et l'ivrognerie dégénérée en premier besoin.

Un autre, que je vis émarger, était commerçant. Voici son histoire : il envoie son commis toucher mille écus pour faire ses paiements. Le messager viole le dépôt, perd l'argent au jeu. Le marchand ne peut faire honneur à ses engagements ; il est condamné *à faire* cinq ans ici, et de la croisée de sa chambre il voit, dans la section correctionnelle, celui qui l'a volé, condamné *seulement* à six mois de détention.

Un prisonnier fend la foule d'un air joyeux ; il touche sa dernière paie : dans quelques jours il sera en liberté. Une lettre anonyme a brisé ses fers en lui apprenant que son créancier est mort depuis un an, et qu'un huissier spéculateur prolongeait une captivité dans l'espoir de la voir finir par un paiement à son profit. L'avertissement donné au débiteur venait probablement d'un clerc mécontent de son patron.

Dans le défilé de débiteurs, à un homme victime de la loi en succédait un autre qui l'avait rendu dupe.

Là, c'était un officier qui s'était fait écrouer, parce qu'il éprouvait de l'antipathie pour une expédition en Morée. Près de lui, un marchand se tenait lui-même captif, et chargeait un compère de venir chaque mois déposer le prix des aliments. Il spéculait, le commerçant, sur l'article du code qui donnait un acquit général de prise de corps à celui qui a passé cinq années consécutives dans la geôle.

Un balafré, nouvellement arrivé, contait les détails du siége qu'il avait eu à soutenir dans son logis contre les gardes du commerce. Ce détenu, qui portait sur la joue gauche une blessure à peine cicatrisée, preuve de sa résistance, avait d'abord voulu se constituer prisonnier. Il s'était présenté au greffe ; là, on lui avait dit que le condamné pour dettes n'avait pas la faculté accordée au condamné pour crime, qui, dans l'état de contumace, est admis à la prison dès qu'il frappe au guichet ; mais le débiteur doit être appréhendé au corps avec brutalité, jeté dans un fiacre, à la vue des oisifs et des curieux qui, la plupart du temps, imaginent assister à la capture d'un grand criminel promis au banc des assises. Il faut qu'il paie au poids de l'or l'expédition judiciaire que les recors et leurs chefs ont entreprise contre lui, et dont souvent la voie publique a été le champ de bataille.

Dans ce parc aux débiteurs, il y avait alors bien des misères ; nous les comparerons avec celles qu'engendre l'application inintelligente de la contrainte par corps depuis qu'elle a subi des amendements. Le parallèle appartient à l'histoire de la prison moderne de Clichy. Nous verrons ce que la raison a gagné à la révolution de 1830. Ici nous dirons que l'humanité lui a dû la fin d'une grande infortune.

Au second étage des bâtiments réservés aux dettiers, une cellule, modestement meublée, était la demeure d'un colonel américain, M. Swann, qui, après de longues contestations d'intérêt avec un de nos compatriotes, avait préféré lui donner son corps en otage, à payer une somme que sa conscience lui disait ne pas devoir. La loi française d'alors ordonnait l'arrestation provisoire du débiteur étranger ; et, vingt ans après l'incarcération, le provisoire durait encore.

Le colonel Swann, compatriote et ami de Washington, avait servi dans les guerres de l'Indépendance avec La Fayette, et souvent on vit le vieux républicain français plier sa tête blanche sous le guichet de la geôle qui retenait son frère d'armes.

La fortune personnelle, l'assistance de riches amis, peut-être même l'évasion projetée ou achetée, auraient pu rendre l'Américain à la liberté ; il était tellement accoutumé à son supplice, qu'on pourrait croire que cette pensée ne lui vint jamais.

Ce n'était pas sans émotion qu'on voyait ce beau vieillard, dont les traits semblaient le calque de ceux de Benjamin Franklin, se promener dans les couloirs étroits de la prison et chercher un peu d'air pur aux meurtrières qui donnaient sur le jardin des plantes; sa longue robe de chambre de molleton ou de basin blanc annonçait de loin sa venue, et c'était alors un curieux et attendrissant spectacle que de voir les groupes de détenus se dissoudre pour laisser passage à l'Américain, les uns nettoyant, à son approche, le corridor souvent encombré de meubles, d'autres rentrant les modestes fourneaux sur lesquels ils apprêtaient leurs aliments, de crainte que l'odeur du charbon ne fût désagréable au prisonnier.

Cet amour de tous, le colonel Swann l'avait justement conquis; le vétéran de la prison avait marqué chaque jour de sa détention par des bienfaits, la plupart mystérieux et anonymes.

Jamais le détenu misérable n'avait en vain frappé à sa chambre, et souvent en y venant chercher du pain, il y avait trouvé la liberté.

Deux classes de détenus se partageaient alors le bâtiment de la dette : les débiteurs qui avaient encore des ressources pécuniaires à ajouter au faible secours alimentaire donné par leurs créanciers, et les nécessiteux sans d'autres moyens d'existence que les quelques centimes reçus tous les cinq jours au bureau de paie. Ces derniers se faisaient domestiques des autres détenus pour un modique salaire, et avaient reçu le surnom de *bonnets de coton*.

Un de ces hommes, informé que le colonel Swann n'avait plus *son bonnet de coton*, vint s'offrir pour le remplacer. L'Américain fut bientôt au courant de la position de ce détenu, incarcéré pour une somme de quelques cents francs et père d'une nombreuse famille. Le détenu demanda six francs par mois pour salaire à M. Swann.

« J'y consens, dit l'Américain. » Il ouvrit un petit coffre, compléta quelques piles d'écus qu'il avait sur une table, et dit au bonnet de coton :

« Voilà le paiement de cinq années d'avance; » et il ajouta en souriant :

« Si votre travail vous empêche de venir, vous m'enverrez votre femme. »

Ces faits-là se renouvelaient souvent.

Une pauvre jeune fille, étant venue souhaiter la fête à son vieux père, prisonnier, reçut au greffe un petit papier qu'un employé la chargea de remettre au détenu en même temps que son bouquet.

Le vieillard déroula le papier et lut ces mots : « Je reconnais avoir reçu de M. *** (le nom du prisonnier), la somme de cinq cent quatre-vingt-sept francs, montant du capital, intérêts et frais de la somme pour laquelle il est écroué à Sainte-Pélagie, et je donne, par cette présente, procuration à M⁰ Papin de lever le plus tôt possible l'écrou du susdit. »

Ce billet était signé du créancier du vieillard insolvable. Inutile de dire que le colonel Swann s'était mystérieusement substitué au débiteur dans l'envoi de l'argent au créancier.

Un seul créancier retenait captif le vieillard, et chaque année ce créancier espérant voir fléchir la forte volonté du détenu, le faisait appeler au greffe, et lui offrait une transaction.

Le directeur, les employés du greffe pressaient le vieillard d'accepter les propositions qui le rendraient à sa patrie, à sa famille.

Il souriait tristement, et se retournant vers le porte-clefs, il lui disait :

Allons, mon ami, ramenez-moi à ma chambre.

Il saluait le débiteur et lui disait : Au revoir, monsieur, à l'année prochaine...

Vers l'année 1829, les habitués du jardin des plantes pouvaient apercevoir du labyrinthe un vieillard se promenant pendant quelques heures chaque jour, près du factionnaire, sur la galerie qui domine la prison de Sainte-Pélagie ; ce vieillard était le colonel Swann. Le médecin avait demandé qu'il fût permis au doyen de la prison de respirer dans une atmosphère plus pure que celle dans laquelle il vivait depuis si longtemps.

Le colonel avait profité avec reconnaissance de cette faveur ; mais comme s'il eût été averti par un pressentiment secret, il avait dit au docteur : « L'air vif de la liberté tuera mon corps, habitué à la lourde atmosphère de la prison. »

Quelques mois après, le canon du 27 juillet grondait.

Le 28, les portes de la bastille commerciale s'ouvrirent; tous les détenus sortirent.

Le colonel Swann devint libre quand allait sonner la dernière heure de sa vingtième année de captivité.

Après le triomphe populaire, il voulut serrer contre son cœur son vieil ami La Fayette; et, sur les marches de l'hôtel de ville s'est réalisée cette prédiction que le captif de Sainte-Pélagie s'était faite à lui-même : « L'air vif de la liberté tuera mon corps, habitué à la lourde atmosphère de la geôle.

Le lendemain, le vieillard de Sainte-Pélagie s'éteignit et ferma les yeux sur notre sol si longtemps inhospitalier pour lui.

VI

CLICHY.

La révolution de 1830 s'était accomplie; on devait attendre une réaction législative dans l'institution de la contrainte par corps.

Depuis longtemps les esprits les plus élevés, des hommes intelligemment philanthropes, d'honorables et hauts financiers, avaient élevé la voix contre la loi qui donne sans profit à un créancier le corps de son débiteur. M. Hyde de Neuville était le chef de cette croisade au profit de la raison et de l'humanité.

Jacques Laffitte avait dit à la tribune : « Les besoins du commerce ne réclament point l'exécution de la contrainte par corps;

elle ne s'exerce qu'au profit de l'usure, et elle protége la paresse et la débauche quand elle ne l'enfante pas. »

Le comte Alexandre de Laborde demandait à chaque session, à propos de la prison de Sainte-Pélagie : « Quand donc anéantira-t-on ce mont-de-piété des créatures humaines? »

Un écrivain appelait cette mesure : « Une législation outrée, blasée, paradoxale, qui met un débiteur en prison afin qu'il ne rende jamais l'argent à son créancier. »

« La loi de la contrainte par corps, disait un légiste distingué [1], frappant indistinctement le cultivateur qui fertilise les champs, le militaire qui s'est voué à la défense de son pays, celui dont l'industrie active travaille sans relâche à découvrir de nouvelles sources de richesses, le savant qui consacre ses veilles à reculer les limites de la science, l'écrivain qui travaille à étendre les bienfaits de l'instruction, le jurisconsulte en qui la veuve et l'orphelin trouvent un défenseur généreux, et dont les conseils soulagent bien des infortunes, la société, dont le bien-être et la prospérité sont entretenus par la coopération de chacun de ses membres, éprouve, elle aussi, un préjudice notable du retranchement qui lui est fait de l'un d'eux, et, dès lors, elle a intérêt à demander la réforme d'une loi qui ne respecte ni l'âge, ni le sexe, ni la gloire acquise, ni les services rendus, et qui lui ravit sans ménagement ceux qui la nourrissent, qui la protègent et la défendent. »

On avait tout dit contre la contrainte par corps, que M. Hyde de Neuville nommait une cause facile à défendre, difficile à gagner. Les bons esprits l'avaient déclarée illégitime, immorale, anti-sociale, et attentant à la dignité humaine, et presque toujours inutile dans sa cruauté [2].

La législature procéda enfin à la réforme, et voici la satisfaction qu'elle donna à la raison et à l'humanité.

Le débiteur resta la propriété du créancier, mais la durée de l'esclavage fut calculée sur le chiffre de la dette; de telle sorte

---

[1] M. Crivelli.

[2] Il résulte de tableaux statistiques de la prison pour dettes du département de la Seine, qui renferme à elle seule plus de dettiers que toutes les prisons du royaume, que, sur 2,566 détenus sortis pendant le cours de six années, 307 seulement ont obtenu leur élargissement par le paiement du montant de leur dette.

qu'un franc de plus ou de moins, fit varier l'incarcération de trois cent soixante-cinq à sept cent trente jours.

Le nouveau code reconnut bien qu'il était inhumain de garder sous les verroux un homme qui ne pouvait pas payer, mais seulement quand il avait soixante-dix ans bien accomplis.

Il fut avoué par les législateurs que le captif, privé de tout moyen de travail, et quelquefois chargé de famille, ne pouvait vivre avec la somme que l'ancienne loi contraignait le créancier à payer à son débiteur sous la dénominations d'*aliments*, elle ajouta 18 *centimes* par jour.

La rapacité du créancier fut modérée quelque peu, et la loi lui refusa une double proie, faveur que l'ancien code avait établie ; et désormais le créancier ne put prendre qu'un corps dans un ménage ; il eut le choix entre le mari et la femme solidaires.

L'infortune du colonel américain Swan[1] était encore trop récente pour que le souvenir en fût éteint. Les législateurs eurent à cœur de conserver à la nation française cette vieille renommée de terre hospitalière qui avait traversé les siècles ; et, afin qu'on ne dît plus qu'un homme était resté vingt ans captif dans la bastille commerciale, la loi nouvelle établit qu'à l'avenir un étranger qui devrait quelques mètres de draps à un tailleur français, ou quelques mois de loyer à un hôtelier indigène, ne pourrait être retenu, dans la prison pour dettes, plus de *dix années*.

Lorsqu'on discuta la loi, on disait dans les couloirs de la chambre des députés : « Bientôt *Sainte-Pélagie sera fermée.* »

La prévision s'est, en effet, réalisée.

Sainte-Pélagie s'est fermée, mais on a ouvert *Clichy*.

---

[1] On a conservé au fort du Hà, près Bordeaux, dans le quartier de la dette de cette prison départementale, le souvenir d'un Anglais qui fut comme le Swan de cette autre Sainte-Pélagie. Écroué pour une dette de 6,000 francs, qui s'accrut successivement jusqu'à 60,000 francs par les recommandations d'autres créanciers, il se refusa, pendant dix-sept ans, à les acquitter. Ce débiteur récalcitrant, mais non pas insolvable, jouissait de 25,000 francs de rente. Tous les trois mois, un des surveillants de la prison allait recevoir un quartier de ses revenus. L'Anglais appelait des chanteurs ambulants sous sa fenêtre, et leur faisait largesse comme un vrai seigneur du moyen âge. (Description du fort du Hà, par Léon Faucher.)

Sur l'emplacement de l'ancien hôtel Saillard s'est élevé, rue de Clichy, la nouvelle prison pour dettes.

Cette prison est partagée en deux quartiers distincts : — Quartier des hommes, — quartier des femmes.

Le quartier des femmes se compose de dix-huit chambres à cheminée, d'un parloir, d'un préau.

Le quartier des hommes est placé dans le bâtiment principal, qui précède le bâtiment d'administration, précédé lui-même d'une grande cour d'entrée.

Le bâtiment principal se compose de trois étages ; chaque étage contient une double rangée de cellules partagées par un long corridor.

Au rez-de-chaussée règne une vaste galerie, carrelée en briques, qui sert de promenoir d'hiver aux détenus ; elle est bordée de cellules d'un côté, et, de l'autre, elle offre, par de hautes fenêtres, la vue de la cour-jardin que le goût et le travail des détenus ont embellie.

Chaque cellule a 3 mètres de longueur et 2 mètres 50 centimètres de largeur. Le mobilier de chaque détenu consiste en une petite armoire, un porte-manteau et un lit en fer que l'administration des prisons donne gratuitement. Pour compléter l'ameublement du logis, l'administration vient encore à l'aide du dettier, mais elle accomplit un acte de commerce et se fait loueuse : à raison de 30 centimes par jour, elle donne des draps, deux légers matelats, un oreiller, deux couvertures, deux chaises de paille et une petite table en bois blanc.

Dans le budget du prisonnier pour dettes, les frais de mobilier entrent donc à peu près pour un tiers de la somme qui lui est allouée pour aliments.

Nul n'est contraint de prendre le mobilier de l'administration: mais le plus grand nombre des prisonniers pour dettes ont fait ressource de tout ce qu'ils possédaient, avant de se laisser amener à la maison de Clichy ; d'autres ont vu leur mobilier vendu au profit des créanciers, ou plutôt des huissiers ; le lit que la loi accorde, malgré saisie et exécution, est resté à la mère de famille ou aux enfants. Les prisonniers plus aisés pourraient avoir un mobilier à eux, mais l'architecte, en bâtissant les cellules, a sans doute eu la pensée d'aider l'administration dans son industrie; il a été si économe de l'espace, qu'un matelas de grandeur ordinaire envahirait toute la localité. Force est donc de revenir aux effets mobiliers de la location.

Quelques détenus d'élite ont cependant quelquefois préféré traiter avec des tapissiers des environs pour orner leur cellule. On cite un marchand du quartier, qui donna en location un fauteuil Voltaire d'occasion, à raison de 18 francs par mois. Le locataire resta trois années prisonnier, et quand on leva son écrou, il devait au tapissier 630 francs; il avait payé le premier mois d'avance.

En entrant par cette porte monumentale de la prison pour dettes, et en parcourant les vastes antichambres de la localité, le greffe, assez spacieux pour mettre les archives de toutes les prisons de Paris, la première pensée qui se présente, c'est qu'il doit y avoir une juste distribution de l'espace, et que les vestibules sont l'enseigne de l'intérieur ; il n'en est rien : on dirait que le constructeur n'a pensé qu'à l'effet pittoresque des grilles et au bien-être des porte-clefs. Le visiteur a plus de chemin à faire de la porte d'entrée à celle qui sert de limite au quartier des détenus, que de cette dernière aux plus lointaines extrémités de la prison.

La cour *d'honneur* ne sert absolument qu'à faire parader les fiacres dans lesquels les gardes du commerce et recors amènent les débiteurs.

Un grand nombre de restaurateurs de Paris envieraient l'espace donné par l'architecte aux fourneaux du cantinier de Clichy.

Une observation assez singulière se présente ici : on ne peut nier que parmi les nations ce ne soit la France qui aime le plus les spectacles et qui fasse le plus grand usage de l'emprisonnement, et c'est chez elle cependant que les théâtres et les prisons sont le plus mal construits.

Nous avons eu souvent occasion de contredire l'inspecteur général des prisons, M. Moreau Christophe, dans l'appréciation administrative ou morale des faits relatifs aux prisons. A propos de la maison pour dettes, nous aurons encore à opposer quelquefois nos opinions aux siennes.

Écoutons-le, nous répondrons :

« Les prisons pour dettes ne sont plus aujourd'hui ce que les écrivains de journaux et de romans se plaisent à les faire encore, d'horribles monts-de-piété de chair humaine, où le débiteur expie dans les larmes et dans les cruels tourments de la plus dure captivité, le tort souvent involontaire d'un défaut de paiement à échéance.

« Ces prisons, appelées autrefois du nom de *carcer tœdialis*, parce que la tristesse et l'ennui y consumaient les jours du malheureux dettier, peuvent recevoir aujourd'hui celui de *carcer gaudialis*, parce que la vie du prisonnier s'y passe pour lui plus joyeusement que dans le monde. »

M. Moreau Christophe invite ceux qui douteraient de son assertion à visiter avec lui la prison de Clichy; langage métaphorique à part, à lire ce qu'il a écrit sur ces lieux, qu'il juge en inspecteur enthousiaste.

« La maison possède, dit-il, un immense préau-jardin, où l'eau, les fleurs, les arbres et le gazon ne laissent au sable que l'espace nécessaire pour la promenade et les jeux de course des détenus... et mieux que tout cela, de l'air pur en abondance, du soleil en toute saison, une vue admirable sous tous ses points, des portes sans verroux, des grilles peintes en gris.

« C'est dans cette commode et riante retraite que le créancier de Paris a la simplicité grande de faire enfermer son débiteur, et de croire pouvoir le contraindre, par ce moyen, à racheter les plaisirs de sa vie libre contre les ennuis de sa vie en prison.

« Simplicité grande en effet! car les ennuis de la captivité, dans une telle prison, coulent mille fois plus doux pour lui, pour peu qu'il sache en jouir, que les plaisirs d'une telle liberté, dans le monde. »

On peut renvoyer à M. Moreau-Christophe le reproche qu'il adresse aux écrivains qui ont parlé de la maison de Clichy.

Ce tableau de la prison pour dettes de Paris sent le feuilleton et le roman, un peu plus qu'il ne convient peut-être à la gravité d'un administrateur; on croirait que M. Moreau Christophe n'a visité Clichy que par une de ces belles journées d'été où l'arbre de Judée, ornement du préau, jette sur le banc de gazon qui lui sert de ceinture, ses belles grappes pourpres; on dirait qu'il a pris pour son inspection quelques heures à son choix moins tristes que les autres, où les visiteurs de toutes les classes viennent s'asseoir pêle-mêle avec les détenus à la grande table du loto; en voyant ces troupes d'enfants, dont les uns sont coquettement parés, jouer dans la salle de verdure ou sous les platanes près du chef de famille qui, le soir, ne rentrera pas sous le toit conjugal; en entendant peut-être, dans les couloirs, l'écho de quelque toast inspiré par le champagne prohibé, échappé à la surveillance du guichet, l'écrivain que nous réfutons a pu croire la prison pour dettes une commode et riante retraite. Il ne l'a regardée que sous un seul aspect.

Sans doute, dans ce monde exceptionnel, il y a des types curieux et même comiques, des incidents nombreux qui peuvent amener le sourire aux lèvres; on y rencontre la joie, l'insouciance, quelquefois même l'orgie... Mais n'y a-t-il que cela?

Les chroniques de Clichy sont riches de faits en tous genres.

On vous montrera une cellule où fut détenu pendant deux ans un homme de quarante ans, écroué pour ses frais de nourrice. Voici comment la chose s'était passée : les parents du prisonnier devaient à la nourrice, à l'époque du sevrage, une somme de quatre cents francs; ils firent un billet, ne le payèrent pas et moururent. Arrivé à vingt et un ans, le nourrisson connut cette dette; il voulut y faire honneur, et souscrivit un billet avec les intérêts. Le mari de la nourrice, qui faisait des élèves en bestiaux, tomba en déconfiture; le billet, renouvelé plusieurs fois, vint des mains des syndics entre celles d'un agent d'affaires... Le chiffre grossit par l'usure, et le nourrisson, à l'âge de quarante et quelques années, vint à Clichy comme débiteur de dix à douze mille francs.

Un jour, une partie de dominos s'engagea dans une cellule entre un jeune détenu pour dettes et une jolie visiteuse. L'enjeu était d'abord insignifiant; mais la mauvaise fortune poursuivant la joueuse, elle alla jusqu'à proposer de jouer sur parole la dette de son partner. Le débiteur accepta en riant, et il gagna partie et revanche... A ce moment, la cloche, qui donne le signal de la sortie, se fit entendre. Le débiteur reconduisit jusqu'au guichet la dame, qui demanda, avec un sang-froid comique, vingt-quatre heures à son créancier pour le payer.

Le lendemain, on entendait un porte-clefs crier : M. Cl... au greffe ; et un moment après, le jeune homme était en liberté.

Voici ce qui s'était passé.

La visiteuse appartenait à cette classe de femmes insouciantes, après lesquelles la fortune semble courir sous toutes les formes. Un vieillard riche lui avait plusieurs fois offert sérieusement le mariage ; elle avait ajourné la proposition, et elle venait de temps en temps à Clichy dépenser ses heures de célibat.

Le vieillard reçut un matin cette lettre :

« J'ai contracté hier une dette au jeu ; j'ai perdu trois mille francs, que j'ai promis payer ce matin ; voulez-vous faire honneur à ma parole comme ami ou comme mari ?... je vous laisse le choix du titre. »

La réponse ne s'était pas fait attendre. Le jeune détenu fut forcé d'accepter la liberté qui lui était acquise. Quand il se rendit au greffe, son créancier avait donné quittance, et n'était pas homme à rendre l'argent. La joueuse de dominos devint bientôt comtesse.

On vous parlera du singulier décompte qu'un débiteur, réduit à l'impossibilité de solder pécuniairement, fut obligé de faire moralement au moins pour l'acquit de sa conscience, et qu'on vit longtemps écrit dans une cellule :

« Je dois à mon créancier, avec les frais, mille huit cent trente-six francs, plus cinq ans de prison, suivant le Code. Supposons que j'aie à entreprendre un voyage de neuf mille deux cent quatre-vingts lieues, et qu'il me faille rester cinq ans en route. C'est, si je compte bien, en divisant mon compte de lieues par le nombre de jours, cinq lieues qu'il me faut faire entre chaque soleil. Cinq lieues me représentent le paiement de vingt sous par jour, puisqu'en restant en prison, je suis censé donner à mon créancier trois cent soixante-cinq francs par an, ou mille huit cent trente-six francs pour cinq ans ; donc, quand j'aurai terminé mon voyage, j'aurai payé légalement ma dette, et je retournerai dans ma famille comme si j'arrivais d'Amérique ou de Saint-Pétersbourg. »

Les anecdotes curieuses ne manquent pas ; un historien de la prison pour dettes a raconté le fait suivant :

« En 1838, un tailleur de la rue du Helder avait mis à Clichy, pour une somme de 6,000 francs, un noble Dalmate, le comte B..., lequel n'en est sorti qu'en 1843. Or, ces cinq ans, moins quinze jours, le comte B... les a littéralement passés dans sa chambre. Pas une fois il n'est descendu dans le jardin, pas une fois on ne l'a vu se promener dans les corridors. Bien qu'il fût d'une politesse exquise, lorsque, par hasard, on lui adressait la parole, jamais il n'a mis le pied dans la cellule d'un de ses compagnons, jamais il n'en a invité un à entrer dans la sienne. Pendant cinq ans on ne l'a pas vu ouvrir un livre, ou parcourir un journal, ou faire œuvre quelconque de ses dix doigts. Il passait ses journées entières debout, devant sa fenêtre, toujours cravaté, colleté, boutonné jusqu'au haut. A la fin, il n'avait plus de linge ; mais ses bottes étaient vernies chaque matin par un détenu qu'il payait à cet effet. Pendant cinq ans, le comte B... n'a pas pris un bain ; mais sa belle barbe noire a toujours été peignée et ambrée, comme s'il eût dû aller au bal. Pendant cinq ans, il n'a reçu que deux lettres et n'a reçu que deux visites.

« La première fois, deux ans environ après son incarcération, on vit arriver le tailleur de la rue du Helder, et la conversation suivante s'engagea au greffe (les créanciers ne pénètrent jamais dans l'intérieur) : « Monsieur le comte, vous m'avez fait l'honneur de m'appeler, que puis-je pour votre service ? — Monsieur, j'ai épuisé mes ressources personnelles ; un homme comme moi ne saurait vivre avec 83 centimes par jour. Puisque vous me croyez bon pour vous payer 6,000 francs, je vous paierai aussi bien une somme plus forte quand j'aurai vendu mes domaines en Dalmatie. — Cela me paraît juste, monsieur le comte ; combien désirez-vous ? — Je voudrais 50 francs par mois en sus de mes aliments. — Vous les aurez ; trop heureux de vous être agréable ! Est-ce tout ce que vous désirez ? — Absolument tout, et je vous suis fort reconnaissant. — Ne parlons pas de cela, je vous prie ; je suis bien votre serviteur, mon cher monsieur le comte. » Et pendant les trois autres années les 50 francs de supplément furent versés tous les mois au greffe aussi régulièrement que les 30 francs d'aliments.

« En 1843, on vit revenir le tailleur, suivi de deux commissionnaires portant une lourde malle. « Monsieur le comte, dit-il, j'ai reçu la lettre dont vous m'avez honoré, et j'accepte toutes vos propositions. Je vous rends la liberté, je vous apporte une masse d'effets en rapport avec votre rang ; j'y ai joint montre, chaînes, épingles, bagues, lorgnon, tout ce qui se fait de plus élégant. Voici dans cette bourse 500 francs en or pour les quinze jours que vous désirez passer à Paris pour vous décarêmer un peu, ou plutôt pour faire votre carnaval. Ces 500 francs sont uniquement pour vos menus plaisirs, car j'ai pris la liberté de payer à l'avance le logement et le domestique que je vous ai retenus à l'hôtel des Princes. Mon notaire va venir, et nous passerons un petit acte qui m'assure le recouvrement de toutes mes avances, s'élevant aujourd'hui à 18,000 francs, auxquels il faudra, il conviendra d'en ajouter 3,000, que je remettrai à son second clerc, qui veut bien partir avec vous en poste dans quinze jours, se charger de payer partout et de me rapporter mon argent. »

« Le notaire vint, l'acte fut dressé, la main-levée de l'écrou donnée. M. le comte s'amusa fidèlement quinze jours, ainsi qu'il s'y était engagé ; le seizième, il partit avec le deuxième clerc, qui n'avait jamais fait un aussi agréable voyage ; mais qui, à son retour, annonça au magnifique tailleur, que, soit à cause des majorats ou des hypothèques qui grèvent les domaines de M. B..., il est plus que douteux qu'il retire jamais cent écus de ces 21,000 fr. »

Le séjour de la dette a eu quelques soirées joyeuses à l'époque de l'incarcération d'un célèbre chef d'orchestre. J....., qui avait gagné aux concerts du Casino une renommée qui menaça d'éclipser celle de Musard, devint pendant quelques mois l'hôte de Clichy. La chambre de l'artiste dominait de quelques mètres le mur de ronde qui donne sur l'emplacement où alors était Tivoli.

J....., captif, ne put entendre sans émotion la brise du soir lui apporter dans sa cellule l'écho des jolies contredanses qu'il avait composées en des temps de liberté, et dans l'exécution desquelles il s'était réservé une partie brillante de flûte qui inspirait toujours l'enthousiasme.

Ces soirs-là, d'autres instrumentistes que lui, captif, exécutaient son quadrille favori.....

L'heure de la clôture des chambres n'est pas venue; J..... conçoit une pensée. — Il parcourt les cellules, enrégimente tous les détenus de bonne volonté qui sont musiciens ; le hasard veut qu'il s'en trouve un nombre suffisant pour former à propos un orchestre..... On se rend en silence dans la cellule du maestro, qui fait face à une grande allée du jardin de Tivoli, à vingt mètres au-dessus du niveau du gazon ; on approche les tables sur lesquelles chacun prend place..... J....., la tête appuyée contre les barreaux de fer, place en dehors ses bras et sa flûte, qu'il rapproche de ses lèvres..... et il prélude par un chant que Tulou et le rossignol auraient pu seuls imiter... Mille bravos partent du jardin... J..... continue, la foule séparée de la prison devient compacte. Quand J..... a terminé, il profite des nouveaux applaudissements, et reculant d'un pas sur les tables qui lui servent de théâtre, il s'écrie comme un ménétrier de fête patronale :

Dames et cavaliers à vos places ! et aussitôt il commence un quadrille. Tous les instrumentistes de Clichy remplissent à qui mieux. mieux leur partie; la grosse caisse faisant défaut, un exécutant la remplace par l'armoire en sapin de la cellule qu'il a à sa portée et qui se trouve dans l'accord... des coups de clefs frappés en mesure par d'autres détenus sur leurs flambeaux de cuivre, imitent les clochettes d'harmonie et le triangle.....

Le quadrille se forme dans le jardin ; jeunes hommes et jolies filles prennent place en riant et la salle de danse de Tivoli devient déserte.

On n'avait pas tardé à reconnaître J..... dans le chef d'orchestre de la prison.

Le dimanche qui suivit, le concert de Clichy se renouvela, et la danse eut encore lieu au delà du mur de la prison ; mais le troisième jour, les détenus, voulant parodier la ridicule fête pyrotechnique que les entrepreneurs de Tivoli annonçaient sous le titre d'*Embrasement de la terre*, incendièrent un demi-kilo d'allumettes chimiques... Un de ces paquets tomba sur un factionnaire ; il porta plainte : l'orchestre de Clichy fut condamné à rester muet.

Quelques jours après, J... partit pour diriger les bals d'une cour étrangère.

Et le directeur des bals de Tivoli fut délivré de la concurrence redoutable que lui faisait l'orchestre de la prison pour dettes, qui avait conquis la sympathie des danseuses.

On ne gardera jamais son sérieux en pensant à ce pauvre diable de débiteur qui, cherchant diversion aux ennuis de sa position, s'avisa de faire joyeux mardi gras sous un travestissement. Malheureusement pour lui, il fut trahi, et dès l'aurore du mercredi des Cendres, en descendant du bal, il se vit appréhendé au corps et conduit dans une cellule de Clichy en habit d'arlequin.

Quand les débiteurs habitaient Sainte-Pélagie, la prison ressemblait à une petite ville marchande ; chacun avait sa boutique, son comptoir, son échoppe. Le matin, à la pointe du jour, dès que les portes étaient ouvertes, les cellules se changeaient en cafés, en restaurants, en boutiques d'épicerie ou de fruiterie, en bureaux de correspondance. Les enseignes dirigeaient le nouveau venu dans ce dédale industriel. Sur une porte on lisait : *Café de l'Univers*. Souvent le comptoir était occupé, jusqu'aux premières heures de la nuit, par de gracieuses et jeunes limonadières. On trouvait parmi les consommateurs des indigènes de toutes les parties du globe. La France, la Russie, l'Amérique, l'Angleterre avaient là de nombreux représentants, et la Perse elle-même vint s'associer aux toasts fraternels en la personne du neveu du grand sofi.

Nadir-Mirza-Scha visita Paris sous l'empire. Jeune, aimant le plaisir, et d'une figure agréable, il courait les spectacles, les bals, les promenades, et surpassait en folies tous les incroyables du temps. S'étant permis d'administrer des coups de bambou à son cocher, qui connaissait les droits de l'homme, il fut condamné à trois mois de prison et à des dommages-intérêts qu'il refusa de payer ; il fut enfermé comme débiteur civil à Sainte-Pélagie ; il y passa quelque temps, et traitait avec luxe ses compagnons de captivité et quelques jeunes Françaises qui compatissaient à son infortune. Le prince était aussi intraitable sur le chapitre de l'étiquette asiatique, qu'il voulait qu'on observât, que sur celui de l'indemnité qu'il se refusait à payer au cocher. Des matelas, étendus sur le carreau, servaient de tables et de siéges. On s'asseyait à

la turque, on mangeait avec les doigts, et, comme le vin n'était point banni de ces repas, Nadir, à chaque rasade, levait les yeux au ciel, en suppliant Ali de fermer les siens sur son impiété.

Les évasions de la maison pour dettes sont rares, et le fait s'explique beaucoup moins par la douceur du régime de la prison que par le manque de ressources qui attend le fugitif au delà des murs qu'il aurait franchis. Si le débiteur avait pu fuir quand il était sous le coup de la contrainte par corps, il ne se serait pas exposé à être pris en restant à Paris. S'il n'a pu se mettre à l'abri des poursuites avant l'incarcération, il n'a pas plus d'espoir de s'y soustraire après l'évasion. Il faut rendre à l'architecte de Clichy la justice de dire que c'est une chose qu'il a comprise en construisant la maison des débiteurs de telle sorte, qu'un élève de gymnastique puisse franchir les murs en un clin d'œil, malgré porte-clefs et sentinelles.

Sainte-Pélagie présentait plus de difficultés à l'évasion. Cependant un débiteur, nommé L..., parvint jadis à recouvrer sa liberté par la ruse. A cette époque on croyait, à tort ou à raison, le directeur de la prison responsable, vis-à-vis du créancier, du dommage réel ou fictif que lui causait la perte de son gage, en d'autres termes, la fuite de l'incarcéré. Le directeur d'alors se croyait lui-même garant du dépôt vivant confié à sa garde.

Voici le double tour qu'un débiteur joua; il n'est pas marqué au coin d'une scrupuleuse délicatesse, mais il donna à rire au dedans et au dehors de la prison, et c'est comme épisode tenant à l'histoire de la prison que je l'enregistre.

L... n'avait recouvré la liberté que pour faire une spéculation; il attendit la nuit, et il se présenta chez son créancier, qui allait se mettre à table. Celui-ci recula de trois pas; il crut voir l'ombre de son débiteur, dont il avait lieu de supposer le corps sous les verrous.

L... dit au créancier étonné qu'il venait lui proposer une opération; elle était facile à comprendre : — Je vous dois dix mille francs; si je reste libre, ce qui ne dépend que de ma volonté, vous changez de débiteur, et, au lieu d'un fort mauvais, vous avez le directeur de la maison pour dettes, qui s'acquitte dans le plus bref délai. Donnez-moi cinq cents francs, et je prends la diligence à l'instant même.

Le créancier, dont nous n'avons pas non plus ici à justifier la probité, trouve le moyen ingénieux, l'accepte; mais, comme il est méfiant, il veut embarquer lui-même le débiteur dans la voiture publique : il l'accompagne, lui remet les espèces, et la diligence roule. Le lendemain, dès le point du jour, le directeur de la prison pour dettes est réveillé par le créancier.

— Monsieur, je suis désolé d'interrompre sitôt votre sommeil, et surtout pour une mauvaise nouvelle; mais la gravité de l'événement...

— De quel événement monsieur veut-il parler? demande avec calme le directeur.

— Monsieur le directeur se rappelle-t-il ma figure ou ma qualité?

— Parfaitement; vous êtes le créancier de mon pensionnaire, M. L....

— De votre ex-pensionnaire..., car vous devez être au courant des faits et savoir que M. L... s'est évadé hier, et qu'aujourd'hui je ne connais que vous pour mon débiteur.

Le directeur se prit à rire, assurant au créancier que M. L... continuait, comme par le passé, à habiter sa cellule.

A son tour, le créancier, qui était certain du fait qu'il avançait, plaisanta croyant que le directeur voulait lui faire prendre le change.

On se rendit au greffe, et le créancier commençant à réclamer énergiquement son argent, ou la présentation de son nantissement, le directeur sonna un surveillant:

— Faites descendre au greffe M. L...

Le créancier s'apprêtait à jouir du désappointement du directeur quand le gardien allait annoncer la disparition du détenu.

Mais la surprise et la colère furent le partage du créancier, quand il vit paraître M. L..., qui le salua ironiquement.

Voici ce qui s'était passé: le débiteur voyageur avait quitté la diligence à la barrière; il était revenu à Paris, et avait écrit cette lettre, qu'il avait expédiée par un exprès à l'administrateur de la prison de Sainte-Pélagie:

« Monsieur le directeur, si vous voulez gagner six mille francs, dont je suis la valeur représentative, veuillez vous transporter en personne chez Véry, ce soir à 11 heures, j'accepterai de vous avec plaisir à souper, et après, je vous donne ma parole de revenir prendre place dans votre volière.   Signé L... »

Le directeur fut curieux de vérifier le fait; il trouva l'évadé, paya le souper, et ramena son convive coucher à la prison pour dettes.

Quelques oisifs peuvent s'amuser un moment du récit des transformations que la misère et la captivité engendrent dans le personnel de la prison. Si la nécessité est mère de l'industrie, nulle part elle n'est plus ingénieuse dans ses créations que dans la prison pour dettes.

Un pauvre diable venait d'être amené à la prison dans le dénûment le plus affreux; il se trouvait là dans un monde dont aucun des habitants ne lui était connu. Il avait faim et ne pouvait apaiser le besoin, car, par une imprévoyance réglementaire qui existe encore, on ne donnait alors au détenu nouvellement arrivé la fraction de son dividende de paie qu'après quelques jours expirés. La vapeur des fourneaux sur lesquels se préparaient les repas de quelques prisonniers, venait renouveler pour le nouveau pensionnaire de la maison pour dettes, le supplice de Tantale.

Tout à coup, une de ces pensées protectrices et fécondes qui changent le désespoir en espérance, saisit le détenu; il a aperçu dans la boutique-cellule du fruitier un superbe melon et une dinde rôtie dont le double parfum est un excellent prospectus pour la vente. Le détenu se hasarde à les marchander, comme eût fait un gastronome ayant l'escarcelle garnie. Le prix est convenu. L'acquéreur met une condition à l'achat, c'est qu'il ne prendra livraison qu'après une demi-heure écoulée.

Le détenu entre dans une cellule-cabinet de lecture, coupe en quatre-vingt-dix carrés égaux une feuille de papier qu'il obtient de la fraternité du chef de l'établissement, et rédige quatre-vingt-dix billets de loterie dont la formule assure au numéro sortant le dixième un cantaloup exquis, et au numéro sortant le dernier une volaille délicieuse. Un nota portait que les objets mis en loterie étaient déposés chez le détenu fruitier, où le public était admis à les voir.

Alors on entendit dans les corridors une petite voix flûtée qui n'était encore connue de personne, crier : Grande loterie gastronomique et philanthropique qui va être tirée à l'instant même par le pauvre Félix, père de trois pauvres petits enfants en bas âge... »

Et le fermier de la loterie ajoutait : « Qu'est-ce qui veut faire un bon dîner et une bonne action pour six sous? »

En moins de dix minutes les billets furent placés. Quand le pauvre Félix eut fait son compte avec le marchand fruitier, il se trouva riche de dix-neuf francs.

Le lendemain il ouvrait un petit établissement; et on lisait sur son enseigne : *A la reconnaissance* : *Félix, restaurateur : ses trois enfants portent en ville... dans les corridors.*

Le pauvre Félix a eu des imitateurs ; il y a en ce moment à la maison de Clichy un père de famille qui s'est improvisé marchand de galette et s'est assuré un débit prodigieux de sa pâte ferme, autant par la bonne qualité de la marchandise que par la bonne humeur et l'esprit jovial du marchand.

« Il est inutile, disait cet homme à son créancier, de me faire des propositions ; si vous me rendiez à la liberté, je me remettrais en prison à mon propre compte pour continuer mon commerce. »

La tradition conserve aussi quelques anecdotes dans lesquelles les gardes du commerce jouent un rôle.

Quelquefois, dans les causeries de la prison, en s'initiant mutuellement aux règles de précaution que le débiteur poursuivi pour dettes doit observer dans l'intérêt de sa liberté, on a raconté la façon particulière dont un certain agent des arrêts du tribunal de commerce exécutait son mandat.

Ce garde du commerce, renonçant au moyen vulgaire d'attendre de pied ferme, à l'ardeur du soleil, le débiteur au passage, s'avisa de recourir à l'optique pour venir en aide à ses jambes fatiguées. Il loua un appartement dans un des quartiers les plus fréquentés de la capitale ; et dans son salon, il fit établir un jeu de miroirs qui reproduisait en raccourci, sur une table ou tambour, toutes les personnes qui circulaient.

Dans l'antichambre du garde du commerce, plusieurs recors étaient de planton.

Quand passait un débiteur contre lequel le garde du commerce avait un dossier, l'alerte était donnée aussitôt, les aides de la loi se mettaient en campagne et suivaient, ou, en termes de praticien, filaient le débiteur. Plus d'un élégant jeune homme dut à une promenade dirigée par fatalité sous les fenêtres du garde de commerce, un séjour plus ou moins prolongé à Clichy.

Un jeune homme est appréhendé au corps par un agent de la justice commerciale. Il sollicite la faveur d'être conduit en fiacre chez toutes les personnes qu'il espère pouvoir intéresser à son sort[1]; aucune ne peut le libérer, et il va se rendre à la prison pour dettes quand il aperçoit un de ses anciens compagnons d'étude; il l'appelle et lui fait part de sa position. — J'habite la campagne, dit l'ami sollicité, je n'ai pas d'argent sur moi, mais si monsieur le garde du commerce veut accepter ma montre en garantie de ma parole, je la lui offre.

— Monsieur, répond le garde du commerce, gardez votre montre, mais seulement veuillez attacher une simple petite épingle sur ma manche pour me rappeler que je dois aller après demain en recette chez vous.

Et le jeune homme fut libre.

Le garde du commerce qui a agi aussi courtoisement a depuis longtemps vendu sa charge; son nom est Legrip.

Un garde du commerce écrouait pour une somme de 576 francs un pauvre diable de petit marchand qui, suivant l'usage, s'en prenait à l'officier ministériel et lui reprochait sa dureté.

— Vous avez tort, répondait celui-ci, je ne suis pas plus coupable en cette affaire que le président qui a signé votre jugement; c'est fâcheux, mais c'est mon état.

— Je vais manquer ma vente du premier de l'an; j'aurais payé, bien sûr, car je suis honnête homme.

— J'en suis persuadé; mais je suis responsable. Croyez-vous que cela m'amuse de vous arrêter? Donnez-moi une bonne caution et je vous mets en liberté.

— Et où voulez-vous que j'en trouve, une caution? Quand on est dans le malheur, on n'a plus d'amis. J'aurais pourtant payé, si on m'avait laissé libre pour ma vente du premier de l'an. Mon Dieu! mon Dieu!

Et le pauvre marchand pleurait. D'aventure se trouvait là un huissier, qui venait signifier je ne sais quel acte à un détenu.

— Mon cher monsieur, dit-il au garde du commerce, si ce brave homme vous offrait une caution, quel délai lui accorderiez-vous?

---

[1] Dans ces sortes de visites, le débiteur appréhendé au corps reste dans le fiacre; le garde du commerce va solliciter la personne en laquelle le prisonnier espère, ou la prier de venir à la portière de la voiture.

— Un mois.

— Ce n'est pas assez; si vous trouvez la mienne bonne, accordez-lui-en trois; puis, passez au besoin à l'étude et je vous paierai.

Le pauvre marchand croyait rêver, il ne savait comment remercier le compatissant huissier, qui lui dit avec bonhomie : « Assez, c'est bon, tâchez de payer ; mais surtout ne parlez de cela à personne. Si l'on savait que je fais de ces choses-là, je serais un homme ruiné. »

Ajoutons que le garde refusa d'accepter la garantie que M. N..... voulait lui donner par écrit, en lui disant : « La parole d'un homme capable d'un pareil trait vaut mieux que toutes les signatures du monde. »

Nous pourrions grouper encore un grand nombre de faits qui présenteraient la prison pour dettes sous un aspect riant et quelquefois comique ; mais, nous le répétons, ce serait mal apprécier l'institution et la localité que de prendre pour documents des détails isolés.

A côté de ces tableaux ne faut-il pas placer les contrastes? Au fond de ces cellules dans lesquelles se dessinent les excentricités de l'épicurisme, où souvent l'insouciance s'endort, savez-vous quelles sont les douleurs muettes, les misères profondes qui se cachent? Tous ces hommes ne supportent pas de même l'isolement de la famille; il y en a que cet exil conduit au désespoir, à la folie, au suicide par le fer ou par l'orgie.

Si les statistiques étaient dressées dans un but de moralisation intelligente, plutôt que dans une intention de stérile curiosité, on serait effrayé des effets de cette captivité qui réduit le débiteur à l'état de chrysalide; on saurait combien d'intelligences se sont éteintes dans cette lourde atmosphère, combien de bonnes qualités se sont transformées en pernicieux penchants.

Si le débiteur est pauvre, au dire de M. Moreau Christophe, les trente francs qu'il reçoit *maintenant* par mois de son créancier *suffisent pour payer avec sa nourriture la location des effets* de pistole.

Sans doute si le débiteur est célibataire, il peut avec cette somme se procurer les objets de la plus stricte nécessité; nous ferons le décompte par jour.

	fr.	c.
Loyer du mobilier	»	30
Taxe volontaire pour avoir le droit de faire chauffer de l'eau au fourneau commun et pour subvention aux garçons appelés auxiliaires, qui veillent à la propreté de la maison	»	05
Au perruquier, 30 centimes par semaine . .	»	05
Blanchissage de linge de corps.	»	10
Luminaire	»	05
Pour se procurer des aliments, non compris le prix de la course du commissionnaire qui va les acheter	»	45
	1	»

Le débiteur célibataire a donc tout au plus quarante-cinq centimes ou neuf sous pour ses aliments quotidiens. M. l'inspecteur des prisons assure que la cantine peut satisfaire l'appétit dans la proportion de ce budget. Si M. Moreau Christophe a résolu le problème de l'alimentation économique, il serait bien qu'il proposât au profit de la classe ouvrière libre la formation de pareils établissements.

Admettons donc sur parole d'inspecteur qu'un célibataire puisse vivre en prison pour quarante-cinq centimes; mais malheureusement il est prouvé par les relevés des registres du greffe que le chiffre des détenus mariés ou veufs avec enfants dépasse de beaucoup la classe des célibataires [1].

Pour se rendre un compte exact de la position des familles que décime la contrainte par corps, il faut visiter la prison pour dettes les jours où le comptable fait la paie. Ce jour-là on voit, longtemps avant l'heure de l'entrée des visiteurs, des groupes se former devant la grande porte de la rue de Clichy. Là, vous rencon-

---

[1] Les entrées et les sorties se balancent presque avec une régularité pour ainsi dire mathématique. Il entre annuellement de 580 à 600 débiteurs dans la prison pour dettes de Paris, et voilà quel en est l'état civil, à quelque différence près :

Célibataires,	157
Veufs sans enfants,	10
Veufs avec enfants,	27
Mariés sans enfants,	101
Mariés avec enfants,	385

trez de ces figures hâves et fatiguées par le jeûne, de frêles enfants portés sur les bras de pauvres mères qui ont tâché de déguiser la vétusté de leurs vêtements..... C'est le jour de paie à la prison de la Dette. Le chef d'une pauvre famille donnera quelques livres de pain à ses enfants, car la mère est fière, elle a préféré le jeûne à la mendicité ; elle sait, la pauvre femme, qu'il y a des sociétés charitables qui veillent au soulagement des familles dont le chef est sous les verrous, elle ne recourra à leurs bienfaits qu'à la dernière extrémité.

Le signal de l'entrée est donné. A peine la mère de famille a-t-elle embrassé le détenu, qu'elle va se placer en faction devant la cellule où se fera la paie [1]; elle retient une place à la queue qui se

forme, ou bien si elle est connue du comptable, elle y reste pour recevoir en l'acquit du chef de la communauté trois francs cinquante

---

[1] Dans l'ancienne prison de la Dette (Sainte-Pélagie), les débiteurs nécessiteux recevaient chaque jour gratuitement une pitance. La fondatrice de cette œuvre de bienfaisance était la duchesse de Berri, qui subvenait de ses deniers au soulagement des mi-

ou quatre-vingts centimes qui doivent l'alimenter pendant cinq jours...[1].

Et parmi tous ces détenus déclarés par jugement négociants, qui viendront à tour de rôle chercher leur solde, on a compté dans une seule année :

Tailleurs d'habits.	17
Employés	27
Propriétaires, rentiers	55
Voituriers	24
Industriels	53
Hommes de lettres	9
Militaires	15
Ouvriers	30
Sans profession	12
Mécaniciens	8
Charbonniers et porteurs d'eau	3
Étudiants	10
Professeurs	24
Courtiers	3
Artistes	12
Ingénieurs, architectes	6 [2]

Cette maison de Clichy, si coquette, qui, au dire de M. Moreau Christophe, est un Eldorado, a été marquée dès les premiers jours de sa création par le sang : un jeune Suédois s'est soustrait à dix années d'esclavage par la mort. A une autre époque, l'infortuné comte Rob..... perdait la raison dans sa cellule, et on le vit errer silencieux, le rire ironique sur les lèvres, dans les longs corridors de Clichy ; il conservait encore le souvenir de ses

sères de la prison. Il serait à désirer qu'une société de charité s'instituât pour dégréver le prisonnier pour dette de l'impôt du mobilier.

Il existe à Paris une société de secours appliqués spécialement aux prisonniers pour dettes nécessiteux. L'honorable M. Desglageux en est un des principaux administrateurs.

[1] La retenue de la location du mobilier s'exerce au bureau de paie. Le mobilier de seconde classe coûte par jour 50 centimes de moins que le mobilier de première classe.

[2] Statistique de la prison pour dettes, par M. B. M.

affections et l'intelligence de ses droits... S'il adressait la parole à un compagnon d'infortune, c'était pour lui dire les affreux épisodes d'un drame de famille dans lequel la contrainte par corps agissait comme instrument de vengeance. Un soir, le malheureux prisonnier s'approcha du guichet du cantinier, se saisit, sans être vu, d'un large couteau, et un moment après, le comte R..... n'était plus qu'un cadavre.

La prison pour dettes a d'autres noms à inscrire sur son registre mortuaire : au barreau d'une de ses fenêtres se pendit le jeune M..., fils d'un honorable et sévère magistrat ; l'affection de la famille s'était retirée d'un fils prodigue. L'enfant, connaissant la sévérité de son père, avait demandé grâce au créancier ; le créancier fut intraitable, et le débiteur solda la dette par un meurtre sur lui-même.

Un malheureux ouvrier nommé Chanterelle avait vu vendre à l'encan, pour une dette de trois cents francs, ses modestes meubles de ménage, et les vêtements de sa femme et de ses enfants. Il n'avait plus que ses bras pour venir au secours de sa famille. La contrainte par corps vint les paralyser. L'ouvrier fut écroué à la prison pour dettes.

Pendant une nuit, on entendit d'affreux hurlements dans une cellule. Les gardiens s'éveillent, se dirigent vers la chambre d'où part le bruit, ils entourent le guichet et aperçoivent Chanterelle ou plutôt un être qui n'avait plus l'aspect humain.

Le sang ruisselait de plusieurs parties de ce corps qu'un tronçon de bouteille avait profondément entamé ; la figure était un tatouage de sang ; et sur les murs, un nom, sans doute celui du créancier auteur des maux de la famille, était écrit d'une façon illisible, en immenses lettres qu'une main sanglante avait grossièrement tracées.

Chanterelle avait perdu la raison, et dans son accès de manie furieuse il avait sans doute approché la lumière de sa tête. Le feu s'était communiqué à sa chevelure.

Il fallut l'intervention de plusieurs gardiens pour se rendre maître de cet homme dans le paroxysme de la rage.

Quelques jours après, une pauvre famille remettait à l'économe de Bicêtre une modique somme pour donner une bière à un aliéné décédé qu'on allait jeter dans la grande fosse de Clamart.

A la date de ce jour, le registre de l'hospice portait : Jean Chanterelle, ouvrier, extrait de Sainte-Pélagie sur un ordre de M. le préfet de police.

Dans cette loi de la contrainte par corps telle que le code de la révolution de Juillet l'a modifiée, il y a de ces dispositions moitié humaines, moitié barbares, qui sont encore empreintes du cachet des temps reculés dans lesquels elle fut enfantée, et que l'époque moderne a respectées religieusement.

N'est-ce pas une insulte flagrante à la civilisation que l'organisation de ce corps d'*officiers* nommés gardes du commerce, corps d'exécuteurs payé par exécution et par corps d'homme, qui n'est soumis à aucun contrôle sérieux, à aucune discipline réglée, espèce de corps franc qui s'en va guerroyant sur la voie publique, ou livre le combat à domicile, furetant, rôdant de la cave au grenier, violant avec impunité la couche de la vierge et celle de la femme dans les douleurs de l'enfantement, accordant, suivant sa bonne ou mauvaise humeur, répit au pauvre diable sans argent, vendant, si bon lui semble, au poids de l'or, quelques heures de soleil, et finissant par devenir électeur, éligible, officier de la garde nationale!

Et que dire de cette sorte d'*inviolabilité* et de sauf-conduit que la loi accorde le dimanche au débiteur poursuivi? Est-ce une mesure d'humanité? Si c'est ainsi, qu'il soit donc défendu pendant ce jour de suivre à la piste le débiteur, de lui tendre des piéges pour le faire sortir de sa retraite, qu'on ira fouiller le lundi. C'est presque toujours la foi que le débiteur a dans le jour férié, pendant lequel il est défendu de l'appréhender au corps, qui perd le malheureux frappé par la loi commerciale. C'est le dimanche, que les agents chargés des arrestations redoublent d'activité et de vigilance; ils envoient leurs aides dans les spectacles, dans les foules, dans les jardins publics, partout où ils espèrent trouver la proie dont ils ont pu perdre la piste pendant la semaine. Et le lendemain, au lever du soleil, le débiteur est victime de la confiance qu'il a eue dans le privilége de liberté concédé pour vingt-quatre heures.

Dessiné par EUSTACHE-LORSAY.   Gravé par LAVIEILLE.

ARRESTATION POUR DETTES.

Dans l'intérieur des palais et des jardins royaux, les arrestations commerciales s'exécutent rarement. Plus d'un réfugié a été dupe de la protection qu'il croyait trouver sous les vieux arbres des Tuileries. — Les hommes d'exécution commerciale n'ont point demandé l'extradition du débiteur, mais ils ont ameuté des compères et ont désigné audacieusement comme *voleur* quelque pauvre diable qui n'était coupable que de pauvreté. L'arrestation a eu lieu, et sur le pavé municipal le garde du commerce a pris sa proie.

Sous une administration aussi intelligente que celle de M. Delessert, il est regrettable de voir subsister encore le bureau des permissions tel qu'il était organisé depuis que le Directoire a rétabli l'exercice de la contrainte par corps. La personne du débiteur, étant un gage qu'on peut à chaque instant du jour retirer, ne peut être assimilée, sous aucun rapport, aux régime et règlements de police des prisons de Paris. Et s'il y a quelque inconvénient à laisser pénétrer le visiteur dans la maison pour dettes, sur un simple laissez-passer du directeur ou du greffier, ce qui rendrait les transactions et les relations plus faciles, du moins devrait-on établir une localité spéciale pour les personnes qui sollicitent les permissions, et ne pas les laisser confondues dans les salles de la préfecture de police, avec les visiteurs de la Force et de la Roquette.

La loi a fixé, comme nous l'avons démontré, une somme alimentaire en disproportion avec les besoins des débiteurs ; mais la règle administrative semble encore avoir agi avec moins d'intelligence que la loi. Nous avons vu que, compte fait de quelques dépenses essentielles, il restait au détenu indigent à peine quelques centimes pour ses vivres. L'association alimentaire a son mérite comme toutes les associations bien dirigées, et un grand nombre, réunissant leur faible pécule, pourraient vivre à peu près, si les règlements aidaient à l'insuffisance des moyens. Il en était ainsi dans l'ancienne maison de Sainte-Pélagie ; l'entrée des aliments et des boissons était protégée. A Clichy, il y a interdiction ; cependant, un acte de tolérance, auquel on devrait donner plus d'extension, permet d'introduire la viande blanchie à l'eau bouillante. L'administration a pris une marche oblique ; elle a hésité entre le bien-être du débiteur sans ressource et le confort du débiteur riche ou qui reçoit des secours ; elle a établi une cantine où le débiteur aisé s'approvisionne ; mais, pour soutenir l'industrie du marchand de comestibles, il a fallu restreindre la faculté laissée au détenu pauvre de faire entrer des vivres. Il arrive de cette mesure mal calculée que les riches se plaignent, que les pauvres murmurent, et que presque toujours le cantinier se ruine et se retire à temps pour ne pas franchir la grille de son guichet et prendre place parmi ses anciens clients.

M. Moreau Christophe, qui paraît avoir été le rédacteur du règlement aujourd'hui en vigueur [1], dans l'énumération des bienfaits administratifs dont jouit la maison de Clichy, parle d'une salle d'infirmerie de trente lits, et d'une pharmacie. « Jamais, dit-il, la salle d'infirmerie n'est occupée par des malades. » Il y a une bonne raison pour cela, c'est que si l'on a eu soin de bâtir une pharmacie, on n'a pas poussé l'humanité jusqu'à nommer un pharmacien, et à l'exception de quelques rares visites que le débiteur reçoit du médecin de la prison, en payant, aucuns soins ne lui sont donnés en cas de maladie. De graves accidents ont cependant plus d'une fois fait sentir la nécessité d'une infirmerie organisée.

Une mesure cruelle est l'isolement imposé aux femmes prisonnières pour dettes qui occupent à Clichy un corps de logis séparé. Un mari, un fils majeur, un parent du sexe masculin, n'obtiennent pas l'entrée dans la cellule d'une femme. Il faut que la douleur, les affections s'épanchent en présence d'un gardien, dans un parloir commun. Pourquoi la femme est-elle placée dans une position exceptionnelle? Où est la loi qui autorise cette violation du droit de l'époux, ce brisement des liens de famille?

Nous aurions encore bien d'autres reproches à faire au règlement modèle de M. Moreau Christophe, mais les bornes de cet ouvrage ne laissent pas l'espace nécessaire à nos observations.

---

[1] Je fus chargé par le préfet de police, en 1833, de lui présenter un projet de règlement nouveau pour la prison de la rue de Clichy ; le projet a été converti en arrêt définitif et remplace aujourd'hui l'arrêté de M. de Belleyme du 31 mars 1828.

MOREAU CHRISTOPHE : *De l'état actuel des Prisons en France.*

Un incident tout récent a mis sérieusement en question la responsabilité des directeurs de maisons pour dettes, à l'égard des créanciers, dans le cas d'évasion. Un Anglais a gagné des surveillants, et il s'est soustrait à la captivité. Le créancier a réclamé du directeur, par la voie judiciaire, le remboursement de la somme que l'étranger lui devait. L'affaire est encore pendante, et il sera curieux de savoir comment les magistrats apprécieront le cas. Cette décision peut avoir une grande influence sur l'avenir de Clichy. Si le tribunal n'établit pas que le directeur soit purement et simplement responsable moralement des prisonniers, de deux choses l'une, Clichy deviendra une maison de force, on rehaussera ses murs, on rendra ses abords difficiles, on écartera le plus possible les visiteurs, enfin, on gênera cruellement une classe de détenus que la loi a voulu mettre non pas en prison, mais en dépôt, ou bien on ouvrira un champ nouveau à la spéculation, et le jour où le créancier pourra changer le chef de la maison en débiteur, vous verrez une foule d'escrocs ou de reclusionnaires, maîtres en évasions, se faire placer sous l'écrou par un compère. Quand ils auront étudié la maison et les facilités qu'elle présente pour la fuite, ils auront bientôt reconquis leur liberté, et partageront avec le compère la somme qu'il se sera fait restituer comme incarcérateur.

M. de Belleyme, préfet de police, disait à un directeur de la section de la dette à Sainte-Pélagie, « que la loi le déclarait responsable pécuniairement des évasions. » — « Monsieur le préfet, répondit M. G....., je puis matériellement répondre de quelques mille francs, et je satisferai à l'obligation si l'évadé est un petit débiteur ; mais si, malgré ma surveillance, un homme, débiteur de cent mille francs, m'échappe, j'ouvre immédiatement la porte à tous les autres détenus. Autant vaut être responsable de plusieurs millions que de cent mille francs, quand on ne peut pas plus payer une somme que l'autre. »

Nous ne partageons pas l'opinion de ceux qui croient à la prochaine abolition de la contrainte par corps en France. L'agiotage, l'usure, l'industrialisme, sont trop enracinés dans nos mœurs pour qu'on leur enlève un des moyens qui les protégent.

Aujourd'hui ceux qui font des lois font des affaires ; n'attendez pas d'eux qu'ils sacrifient une des chances sur lesquelles la spéculation peut opérer. On joue sur la fortune publique, pourquoi ne jouerait-on pas sur la liberté privée? Le corps de l'homme a la valeur d'un coupon industriel : l'un se cote à Clichy l'autre à la bourse.

Attendons d'autres hommes, d'autre temps, pour que cette pensée de M. Pastoret soit comprise :

« Condamner à la prison un débiteur qui ne peut pas payer, est un attentat contre la loi, l'infortune et l'humanité. »

VII

LE LUXEMBOURG. — LES CARMES.

« J'ai découvert une fente dans ma prison; j'ai appliqué mon
« oreille; j'ai entendu gémir; j'ai hasardé quelques paroles, et j'ai
« encore entendu la voix d'un malade qui souffrait. Il m'a de-

« mandé mon nom, et je le lui ai dit... — O mon Dieu! s'est-il écrié
« à ce nom, en retombant sur son lit d'où il s'était levé. — Et j'ai

« reconnu distinctement la voix de Fabre d'Églantine. — Oui, je
« suis Fabre, m'a-t-il dit en soupirant; mais toi, ici!... la contre-
« révolution est donc faite?... »

C'est le tribun improvisé du Palais-Royal, au 12 juillet 1789, l'ami de Danton et de Robespierre, Camille Desmoulins qui s'exprime ainsi, dans la prison du Luxembourg, en adressant à sa femme sa dernière lettre, sa lettre testamentaire.

Quelle entrevue et quelle singulière reconnaissance! Après la scène des girondins qui s'exercent au jeu de la guillotine, afin de s'essayer à mourir, quelle scène d'une tragédie incroyable dans ce rapprochement de deux prisonniers qui se nomment Fabre d'Églantine et Camille Desmoulins!

En un pareil moment, qui avait pour eux toute la solennité lugubre de l'heure suprême, Fabre et Camille ne laissèrent tomber de leurs lèvres mourantes aucun reproche, aucun murmure contre les amis de la veille, qui étaient devenus les accusateurs et les juges du lendemain; leurs premières paroles furent calmes, un peu tristes, mais froides et résignées; ensuite, ils entamèrent un long entretien qui devait durer toute la nuit, et qui ressemblait à un dernier adieu adressé par deux écrivains, par deux poëtes, à la littérature, à l'imagination, à la poésie.

Qui le croirait? dans cette prison qui touchait presque aux marches de l'échafaud, les deux captifs se prirent à deviser des belles choses littéraires de leur siècle et de leur pays; ils s'avisèrent d'évoquer, par la pensée, toutes les illustrations, tous les chefs-d'œuvre, toutes les gloires de la France poétique. De l'histoire des livres ils passèrent à l'histoire des hommes; des drames écrits, aux drames réels; des tragédies imaginaires du théâtre, aux tragédies vivantes de la scène révolutionnaire; des héros de la rampe, aux personnages de la place publique; des tribuns de Rome, aux tribuns de Paris; de Cicéron, aux girondins; de Catilina, à Robespierre; du sénat, à la convention, et de la mort de César, à la mort de Louis XVI.

— Ami! s'écria Fabre d'Églantine, ce que nous disons là, à propos de la chute retentissante du dernier roi de France, me rappelle une singularité secrète qui se rattache à la triste destinée de ce malheureux prince, une aventure simple et terrible à la fois, un mystère qui est, à mon sens, un exemple et une preuve de la grande loi des expiations humaines!

— Quel est ce mystère? répondit Camille Desmoulins; parle, et parle vite... il est déjà tard; encore quelques heures peut-être, et une voix souveraine criera derrière nous : Laissez passer la justice du peuple!

« — Eh bien! Camille, reprit Fabre d'Églantine, il y avait en 1788, aux environs de Sainte-Menehould, je ne sais plus quel grand village dont le bien-être ressemblait à de la richesse, et voici pourquoi : la pêche était abondante et heureuse; le commerce d'échange, de frontière à frontière, produisait chaque jour de bons petits résultats; et souvent il se mêlait, aux chances du travail et du trafic quotidiens, quelque chose qui avait toutes les apparences de la maraude et de la contrebande.

« A ce difficile et dangereux métier, parmi les maraudeurs les plus adroits et les contrebandiers les plus intrépides, un jeune homme se faisait surtout remarquer dans le village par son intelligence et son bonheur : ce paysan se nommait Pierrot Dubourg.

« En 1789, les épargnes, les économies équivoques de Pierrot étaient déjà considérables. Jeune, brave, et presque riche, Pierrot s'ennuyait d'être seul dans sa jeunesse et dans sa fortune; il se mit donc à chercher une bonne âme charitable qui consentît à le débarrasser de la moitié de son argent et de la moitié de son bonheur. Un soir, il rencontra à Varennes une belle et innocente fille qui se nommait, je crois, Geneviève-la-Brune. Pierrot et Geneviève s'aimèrent à la première vue, comme des héros de roman, ou comme les oiseaux, qui sont les amoureux les plus romanesques de ce monde.

« Quelques mois après cette amoureuse rencontre, Pierrot se prit tout à coup d'une grande passion pour les voyages. Il supplia sa jolie fiancée d'attendre encore et de patienter le moins tristement qu'il lui serait possible; il quitta sa maîtresse, ses camarades, sa famille, pour venir visiter Paris avec beaucoup d'argent, beaucoup de curiosité et beaucoup de jeunesse : charmants trésors qu'il appelait, en riant, ses provisions de voyage.

« A Paris, les grands et les petits trouvent toujours, sans trop de peine, des conseillers, des conducteurs, des amis complaisants qui les exploitent et qui les perdent : les chevaliers d'industrie sont de toutes les tailles, de tous les rangs et de tous les états. Le pauvre Pierrot fut introduit dans les meilleures antichambres du Faubourg et de la Chaussée ; il eut chaque soir un tabouret d'honneur à l'office de ses nouveaux amis, et pour comble de gloire, il reçut un jour, du cocher de M. le comte de Fersen, l'invitation d'aller faire à l'hôtel une partie de lansquenet.

« Nul, dans son village, n'aurait su reconnaître le bienheureux Pierrot : il portait, pour son agrément personnel, une livrée *officieuse* qui n'appartenait à aucune maison de Paris, mais qui lui donnait tous les dehors d'une servitude passablement dorée : habit cousu de galons, veste de velours, des flots de dentelles, une perruque poudrée, des aiguillettes et une épée ; n'était-ce point là un brillant gentilhomme de la cour ou un beau valet de comédie ? Je crois même que M. Pierrot s'avisa d'acheter une tabatière toute pleine de tabac d'Espagne, et dont il se servait le plus ridiculement du monde, sans doute afin qu'on le prît tout à fait pour un véritable gentilhomme : il va, sans le dire, que notre paysan endimanché fut dupé, volé, conspué par tous les petits marquis, par toutes les petites comtesses de l'antichambre, du grenier et de l'office.

« Le matin, le soir, la nuit, Pierrot allait se clouer à une chaise crasseuse, en tête à tête avec des laquais et des servantes, avec Mascarille et Marton ; l'on jouait gros jeu dans les salons de la livrée, et en peu de temps, Pierrot perdit une bonne portion de ses épargnes, l'argent qui devait servir à des emplettes amoureuses, à sa corbeille de mariage, au luxe et à l'orgueil de Geneviève.

« Et puis, ce n'est pas tout : des festins par-ci, des spectacles par-là, et de jolies caméristes un peu plus loin. Un jour, de carte en carte, de cornet en cornet, de verre en verre, et de camériste en camériste, Pierrot trouva dans le fond de sa bourse de quoi payer tout juste les frais de son retour au village... Mais, il eut peur d'un pareil retour auprès de Geneviève, sans fortune, sans bonheur, sans corbeille de mariage : l'humiliation et les guenilles de l'enfant prodigue l'épouvantèrent aussitôt, comme s'il n'y avait pas; au bout de cette histoire, des larmes, des embrassements et un pardon, sans compter le festin et le sacrifice du veau gras.

« Pierrot pensa qu'il était plus facile de se venger que de se repentir : il résolut bravement de se venger de tout le monde; et pour entamer le chapitre de ses vengeances, il commença par bâtonner publiquement, aux yeux de son maître, le misérable cocher de M. le comte de Fersen. En ce moment-là, le comte s'était embossé déjà dans sa voiture; l'automédon galonné se disposait à faire claquer son fouet... Et soudain, le forcené Pierrot frappe sur le cocher; le cocher tombe violemment du haut de son siége; M. de Fersen s'élance dans la cour de l'hôtel; on appelle la garde; on relève la victime; on s'empare de l'agresseur, et voilà Pierrot dans le fond d'une prison criminelle, dans un cachot de la Force, accusé d'avoir voulu donner la mort à un de ses semblables, à l'aide de cent coups de bâton.

« Un mois plus tard, une jeune fille se présenta dans un hôtel garni du faubourg Saint-Antoine, et demanda instamment à visiter M. Pierrot Dubourg... — Cette jeune fille était Geneviève! Seule et amoureuse, fatiguée d'attendre son amant, son mari, qu'elle accusait d'inconstance, Geneviève s'était mise en route pour venir à Paris, pour y chercher et y surprendre un infidèle; l'hôtesse du faubourg lui annonça la faute, l'accès de colère, tout le malheur de Pierrot, et la jeune fille en eut presque de la joie : dans sa pensée, le crime et l'emprisonnement valaient encore mieux que l'inconstance!... »

— Tais-toi, d'Églantine!... murmura Camille Desmoulins, en interrompant le récit de son compagnon d'infortune... voici le porte-clefs du Luxembourg qui vient nous chercher... adieu!

— Non! répliqua l'auteur du *Philinte*; je ne vois plus, à travers les fentes de la cloison, le pâle reflet du fallot... je n'entends plus le bruit des clefs... Encore une fausse alerte, Camille! Il me paraît que les Saturnes de la révolution ne sont pas décidés à nous dévorer, à leur premier appétit de demain. Ecoute-moi donc, Camille... je continue.

— Parle vite, mon pauvre Fabre, parle vite!... Au cadran tout rouge de l'horloge révolutionnaire, les heures, les minutes, les secondes, se suivent et ne se ressemblent pas.

« — Camille, reprit tristement Fabre d'Églantine, les femmes sont nées pour protéger, pour défendre tour à tour les innocents ou les coupables qu'elles aiment! Geneviève réussit à sauver Pierrot de la prison, de l'infamie, de la mort peut-être ; et si une pareille victoire coûta quelque chose à la vertu de la jeune fille, elle coûta bien cher aussi à l'avenir d'un roi de France...

« — D'un roi de France!

« — Oui, Camille, du roi Louis XVI !... Dans l'intérêt de son amoureux bien-aimé, Geneviève s'adressa d'abord à la police et aux juges : on eut la bonté de lui dire que justice serait faite; et on la mit à la porte.

« Geneviève s'adressa au souverain lui-même, par voie de supplique : le souverain eut la bonté de ne pas lui répondre.

« Geneviève s'adressa à l'*Autrichienne* de Paris. Un matin, elle se précipita sous les pieds des chevaux de la reine, en lui demandant la vie et la liberté d'un homme ; hélas! le moyen, pour Marie-Antoinette, de relever en courant cette jolie malheureuse, elle que l'on attendait peut-être ce jour-là dans le palais de Versailles; pour procéder à l'orgie contre-révolutionnaire des gardes du corps!

« Geneviève s'adressa, à tout hasard, à un officier suisse, à un puissant personnage dont il te souvient sans doute, et qui se nommait le baron de Besenval. Tu le sais comme moi, Camille : M. de Besenval était à cette époque le camarade, le familier du comte d'Artois, le protégé de Louis XVI, le confident flatteur de la reine, le bouffon cynique de toute la cour ; à ces causes, il n'était guère difficile pour M. de Besenval de délivrer un obscur prisonnier recommandé par les plus touchantes prières, par les regards les plus doux, par les plus belles larmes du monde.

« M. de Besenval résista bien longtemps aux pleurs et aux supplications de Geneviève, sans doute afin de prendre une cruelle revanche contre la résistance désespérée de la jeune fille.

« Enfin un beau jour, ou plutôt un vilain jour, après bien des stations inutiles dans les petits appartements de M. de Besenval,

Geneviève s'élança de l'hôtel de son noble protecteur, avec les apparences d'une émotion singulière : elle était pâle, agitée, toute tremblante ; elle baissait honteusement la tête ; elle pleurait !... mais entre nous, Camille, elle pleurait peut-être à force de reconnaissance et de joie... car, désormais, elle était bien sûre de la vie et de la liberté de son amant !..

« La semaine suivante, Pierrot Dubourg était libre ! — Comme il venait à peine de franchir le dernier seuil, le dernier obstacle de sa prison, Pierrot fut abordé par une vieille femme qui lui demanda son nom et lui ordonna de le suivre. Je ne sais pourquoi ni comment Pierrot se hasarda sur les pas de cette femme, au travers des rues d'un faubourg, et à une heure déjà fort avancée. Ils arrivèrent à l'angle d'une petite maison isolée ; la vieille ouvrit une porte en faisant jouer un ressort caché dans la muraille ; elle entraîna Pierrot par un escalier couvert de tapis moelleux ; elle le poussa dans une chambre mystérieuse, en lui disant à voix basse : « Attendez ! »

« Pierrot attendit, sans trop de frayeur, dans cette chambre qui ressemblait au boudoir d'une Parisienne à la mode. Bientôt la devanture d'un meuble s'ouvrit avec une façon de mystère... ce meuble masquait une porte : Une femme brillamment vêtue, jolie, belle, mais triste et les yeux baissés, s'approcha tout doucement du jeune homme ; elle murmura le nom de Dubourg ; elle lui tendit sa main ; elle s'avança, peut-être pour l'embrasser... Et Pierrot poussa un cri terrible, un cri de désespoir, à cette magique apparition de Geneviève...

« Oui, c'était bien elle, c'était Geneviève ! Et en la retrouvant ainsi, riche et brillante, Pierrot ne voulut comprendre qu'une chose douloureuse : Geneviève était à jamais perdue pour l'amour et pour le bonheur de toute sa vie ! — Alors, sans daigner attendre de sa bouche une confidence ou un aveu, l'infortuné se mit à lui reprocher ce luxe d'emprunt, cette richesse équivoque, toute cette splendeur de la veille, qui étaient à ses yeux la récompense honteuse, la preuve accablante d'une faute de Geneviève. Furieux, hors de lui, Pierrot s'avisa de vouloir briser les meubles, déchirer les dentelles, éparpiller sous ses pieds tous les charmants trésors du boudoir, et je crois même qu'à la façon de Desgrieux chez Manon Lescaut infidèle, il essaya de frapper Geneviève...

« Geneviève se contenta de le plaindre au fond du cœur, et de se taire.

« Pressée de questions, d'excuses et de larmes par son amoureux d'autrefois, la jeune fille consentit à lui raconter l'histoire aventureuse de son voyage à Paris, l'histoire de ses pas chancelants dans la grande ville, de ses démarches, de ses prières, de ses instances; et lorsque la pauvre Geneviève eut parlé, en rougissant, de son protecteur M. le baron de Besenval, de cette puissance intéressée, inexorable, qui ne donnait rien pour rien, elle ajouta bien bas en pleurant :

« — Tuez-moi, Pierrot..... mais enfin, à tort ou à raison, c'est ainsi que je vous ai sauvé !

« Étrange retour de tous ceux qui savent aimer!... Si, comme je le disais tout à l'heure, Pierrot avait toute la violence jalouse de Desgrieux, il en avait aussi toute l'amoureuse faiblesse : après avoir bien crié, bien juré contre Geneviève, il s'agenouilla devant elle ; il la supplia de son mieux, et il ne disait plus un seul mot qui n'adorât; il semblait lui demander pardon pour la douleur qu'elle lui avait causée, pour le mal qu'elle lui avait fait, pour l'infidélité qu'elle avait commise; il essaya de l'envelopper, de la cacher dans ses bras, comme s'il eût voulu jeter un voile amoureux sur le passé... — Mais Geneviève n'avait rien de l'esprit, du cœur, de la conscience de Manon Lescaut : elle valait encore, à ses propres yeux, le caprice, la fantaisie, la prodigalité galante d'un grand seigneur; mais elle ne se croyait plus digne, l'innocente! de la tendresse, du dévouement, de la vie tout entière d'un honnête homme ; il lui manquait, pensait-elle, l'unique dot, l'unique opulence des filles pauvres qui se marient au village !

« Geneviève repoussa les tendres et sincères paroles de Pierrot; il eut beau faire, et beau dire, et beau revenir à ses pieds : elle fut inflexible; elle renonça à son amour, à ses amis, à sa famille, à son honneur, à tout ce qu'elle avait adoré jusque-là ; elle remit aux mains de Dubourg ses hardes, ses bijoux de paysanne, en le chargeant de les porter à sa vieille mère... — Et quelques jours plus tard, à son arrivée au fond de sa province, Pierrot n'hésita point à répondre à ceux qui lui demandaient des nouvelles de Geneviève : « Elle est morte! » — N'était-elle pas morte pour lui?...

— Mais qu'y a-t-il de commun entre l'histoire de Pierrot et l'histoire du dernier roi de France? demanda Camille Desmoulins.

— Nous y voici, répliqua Fabre d'Églantine.

« Dès ce moment, au souvenir de son ancienne maîtresse, Pierrot Dubourg détesta, d'une haine sans pareille, tout ce qui tenait de près ou de loin à la grandeur, à la noblesse, à la royauté. Louis XVI avait naguère dédaigné les humbles suppliques de Geneviève : Pierrot haïssait Louis XVI. Marie-Antoinette avait dédaigné les prières et les larmes de Geneviève : Pierrot haïssait Marie-Antoinette. Le baron de Besenval avait séduit et corrompu Geneviève : Pierrot haïssait le baron de Besenval et tous les nobles corrupteurs de son espèce. Pierrot aurait incendié la France tout entière, pour voir s'abîmer dans les flammes d'une immense fournaise un roi, une reine et un courtisan!

« L'année suivante, le 21 juin 91, une voiture, qu'escortaient mystérieusement deux ou trois gardes du corps, se dirigeait à la hâte vers la frontière; la voiture s'arrêta un instant sur une place publique. Un homme, un passant, Pierrot Dubourg, regarda le cocher qui conduisait ce mystérieux carrosse, et il reconnut aussitôt son camarade de Paris, celui qu'il avait si bien maltraité, le cocher de M. le comte de Fersen. Il s'avança vers la portière de la voiture, et, à sa grande surprise, à sa grande haine, il crut reconnaître le roi de France, la reine de France, toute la famille royale!... Pierrot en parla bien vite à Drouët, le maître de poste de Sainte-Menehould, Drouët en parla à la municipalité locale, et tous les deux furent chargés de se mettre à la poursuite de Louis XVI. — Pierrot et Drouët réussirent à devancer le roi; ils firent barricader le pont de Varennes; ils assemblèrent la garde nationale, et déjà c'en était fait du monarque et de la monarchie!

« Le 25 juin, Latour-Maubourg, Pétion et Barnave ramenèrent leurs tristes majestés à Paris. Tu sais le reste, Camille... Et tout cela, parce qu'il avait plu à un homme de la cour d'échanger la justice du roi contre l'innocence d'une jeune fille. On peut le dire, même à propos de Geneviève et du baron de Besénval : Ce ne sont pas les rois... ce sont les royalistes qui perdent les royautés ! »

— Et Pierrot? demanda Camille Desmoulins.

— Il est devenu plus tard un aide du bourreau de Paris, sans doute afin d'assister encore à la vengeance du peuple contre la noblesse. Je l'ai vu bien des fois dans l'exercice de ses sanglantes fonctions, et demain peut-être tu pourras le voir et lui parler de près, à ton tour !

.... Telle fut, nous a-t-on dit, la dernière nuit, la nuit suprême de Fabre d'Églantine et de Camille Desmoulins, dans la prison du Luxembourg. Le 5 avril 1794, les deux amis se trouvèrent de nouveau côte à côte sur la charrette qui les portait au supplice...

— Fabre! balbutia Camille, en touchant aux premières marches de l'échafaud, où est donc Pierrot Dubourg?

— Le voilà, murmura le poëte... il nous regarde !

— Pierrot ! reprit Camille Desmoulins en s'adressant à un aide de l'exécuteur, qu'as-tu fait de Geneviève?

À cette singulière question, en un pareil lieu, dans de pareilles circonstances, Pierrot se troubla tout à coup, et il devint pâle; une larme glissa sur sa joue flétrie, et le malheureux répondit à voix basse :

— Elle était la courtisane d'un aristocrate : elle est morte avec la Dubarry ! »

Nous avons donné, dans un de nos précédents chapitres, la nomenclature des maisons d'arrêt de Paris, pendant le règne de la terreur : au nombre des prisons instituées spécialement pour les besoins trop nombreux de la justice révolutionnaire, se trouvaient bien près l'une de l'autre la prison du *Luxembourg*, la prison de la *Caserne-Vaugirard*, et la prison des *Carmes*, que les massacres de septembre recommandent tout d'abord à notre plus triste attention.

Les moines, attachés à l'ordre des carmes, jouent un grand rôle dans notre histoire politique et religieuse. Partout où les opinions ont besoin d'appeler à leur aide l'éloquence et la résolution du fanatisme, elles peuvent compter sur le langage mystique et sur le zèle extravagant des carmes. Ce fut un carme qui souffla dans Paris, sur le théâtre de la Ligue, les inspirations les plus sombres, les plus ridicules ou les plus odieuses ; ce fut un carme qui exalta, du haut de la chaire, le courage chrétien de l'assassin de Henri III.

Au dix-huitième siècle, les carmes se mêlent au monde, de la noblesse, de la finance et de la royauté. Ils s'émancipent, en entendant le dernier soupir de Louis XIV, et ils n'attendent même pas, pour jeter le froc aux orties, la mort édifiante de madame de Maintenon. Ils président aussitôt à une déplorable réaction dans les mœurs religieuses, et ils enseignent aux premiers roués de la régence l'art de corrompre les mœurs publiques. Les carmes de cette époque raffolent de tout ce qui plaît aux riches, aux heureux de la terre, et ils se prennent gaiement à courir après la fortune, après le bonheur, au risque d'aller se perdre dans un abîme, avec l'Église, avec la noblesse, avec la royauté !... Par quelle fatalité de l'histoire, par quelle mystérieuse logique, faut-il que les massacres du mois de septembre commencent précisément dans l'ancienne demeure de ces moines fanatiques, dissipés, prodigues, égoïstes et vicieux !

Nous avons déjà dit, en peu de mots, à propos de la prison de la Force, quel était au mois d'août 1792 l'état des esprits révolutionnaires à Paris et dans toute la France ; certes! les journées de septembre sont un des épisodes les plus tristes de la révolution française... Mais, songez donc que l'ennemi était à nos portes, avec une émigration royaliste dans ses bagages ; songez donc qu'il ne s'agissait plus que de sauver la patrie à tout prix ; songez donc que l'on avait crié vingt fois au peuple, prêt à marcher vers la frontière, de ne point laisser derrière lui des ennemis cachés qui voulaient tuer les femmes et les enfants ; songez donc que l'on entendait encore l'insolent écho du manifeste du duc de Brunswick ; songez donc que les prisonniers trouvaient le moyen de conspirer avec les adversaires de la république ; songez donc que les girondins eux-mêmes effrayaient chaque jour Paris et la France tout entière, en parlant de la coalition étrangère qui s'avançait, de la famine qui était imminente, du châtiment impitoyable qui nous attendait peut-être sur les ruines de la cité... Et vous comprendrez à la fin, à votre grande douleur, que le peuple ait eu le triste courage de réaliser, dans un accès de désespoir et de colère, ces provoquantes paroles de Danton : *Il faut terrifier les royalistes!*

Nous empruntons le récit des massacres de septembre, dans ce qu'il a de particulier à la maison des *Carmes*, à un ouvrage de M. Barthélemi Maurice, que nous ne saurions trop vivement recommander [1] :

« Le catholicisme, encore qu'ébranlé, n'était pas proscrit, persécuté, comme il le fut depuis. Le repos du dimanche, naguère ordonné par la loi, était resté dans les mœurs; le peuple ne travaillait donc pas le dimanche 2, et comme le temps était beau, circonstance toujours si importante dans les événements dont Paris est le théâtre, il était presque tout entier dans les rues. D'ailleurs, d'étranges spectacles l'y attiraient : le drapeau rouge flottait à l'hôtel de ville et à la porte des quarante-huit sections; des échafauds ornés de feuillages s'élevaient dans tous les carrefours, sur toutes les places publiques, et des commissaires y recevaient l'engagement des soixante mille Parisiens qui allaient, dès le lendemain, partir pour la frontière; de deux en deux minutes, le canon d'alarme tonnait pour annoncer le danger de la patrie.

« En ce moment, quatre fiacres partant de la commune, longeaient les quais, se rendant à l'Abbaye, sous l'escorte des fédérés marseillais. Les quatre fiacres renfermaient vingt-quatre prêtres insermentés, précédemment arrêtés aux barrières, et destinés à la déportation. Le peuple s'enquit de ce qu'étaient ces prisonniers, et ceux-là même qui les escortaient répondirent : « Ce sont des aristocrates, des scélérats, des traîtres, des hommes qui se vantent qu'ils égorgeront vos femmes et vos enfants, quand vous serez partis pour aller combattre les tyrans, les Prussiens et les émigrés. » Jugez des cris de mort, des injures que le peuple dut pousser contre ces pauvres prêtres! Ceux-ci voulurent lever les glaces de leurs voitures; l'escorte s'y opposa, et affecta de ralentir

---

[1] *Histoire politique des Prisons de la Seine.* — 1840.

le pas, à mesure que le danger devenait plus imminent. C'est alors que, fou de douleur ou de crainte, un des prêtres que renfermait la dernière voiture, passant le bras par la portière, porta un coup de canne sur la tête d'un fédéré ; celui-ci, montant sur le marchepied, lui passa trois fois son sabre dans le corps, et ses compagnons l'imitant, il ne resta dans cette voiture que des cadavres.

« Arrivés devant la porte de l'Abbaye, non pas la grande porte de la prison actuelle, mais une petite porte basse donnant sur la rue Sainte-Marguerite, que l'on a murée depuis, mais que l'on distingue encore presque sous la tourelle, les malheureux prêtres veulent se jeter dans le comité civil... deux sont massacrés avant d'y parvenir, dix le sont dans l'enceinte même du comité, et l'horloger Monnot sauve à grand'peine l'abbé Sicard et deux de ses compagnons d'infortune.

« C'est alors que paraît Billaud-Varennes, substitut du procureur de la commune, et que, revêtu qu'il était de l'écharpe municipale, il prononce ces odieuses paroles : « Peuple, tu immoles tes ennemis... tu fais ton devoir ! — Une voix plus terrible encore lui répond, c'est celle de Maillard : « Il n'y a plus rien à faire ici ; allons aux Carmes ! » — Et la foule y court sur ses pas. Ce n'était encore qu'aux prêtres qu'on en voulait ; Maillard ignorait donc que l'Abbaye en renfermait trente qui y avaient été écroués la veille.

« Nous n'avons plus les registres des *Carmes* ; peut-être même n'a-t-il jamais existé que des listes ou feuilles volantes d'appel. M. Thiers porte au chiffre rond de 200 le nombre des ecclésiastiques qui y furent égorgés ; Peltier dit 252 ; Roch Mercandier, 244 ; MM. Berville et Barrière, 2,313. Ce dernier chiffre, publié en 1826, ne demande pas une rectification sérieuse. Ce qui est certain, c'est qu'il n'y eut pas là l'ombre même d'un jugement ou d'un tribunal ; ce fut une horrible boucherie de deux cents hommes au moins, qui n'essayèrent pas de résister ; on les tua à coups de fusil dans le jardin, sur les arbres, sur les murs ; puis on continua à coups de sabre et de baïonnette, *par égard pour les citoyennes du quartier, que tant de bruit alarmait.* Notez qu'au dire de Peltier, la gendarmerie à pied qui gardait les prisonniers était aussi nombreuse que les assassins, et que, suivant Mercandier, pendant cette horrible exécution, trois cents hommes faisaient tranquillement l'exercice dans le jardin du Luxembourg. On avait commencé par demander collectivement à tous les prêtres, et on demanda individuellement à presque tous, s'ils consentaient à prêter le serment prescrit par la loi ; ils s'y étaient refusés : *Potius mori quàm fœdari!* Cette réponse est grande et belle.

« Un petit nombre se sauva en escaladant le mur de la rue Cassette ou celui qui les séparait des jardins voisins. Six ou sept, qui étaient parvenus à se cacher dans une petite chambre et dans des latrines, s'échappèrent le lendemain sans rencontrer aucun obstacle. Les plus distingués entre ces malheureuses victimes sont : l'archevêque d'Arles, les évêques de Beauvais et de Saintes, et François-Louis Hébert, général des eudistes et confesseur du roi. »

La vieillesse et les infirmités ne trouvaient point de grâce devant cette terrible justice du peuple. L'évêque de Saintes, un pauvre paralytique, était presque étendu sur le carreau : deux hommes prirent la peine de le soulever ; ils le portèrent jusqu'au bas de l'escalier ; ils le portèrent encore dans le jardin... et au moment où le prêtre allait remercier ces deux hommes, on le tua!

A la prison des Carmes, on exécuta les prisonniers sans autre forme de procès ; le peuple ne songeait encore qu'à frapper : des prêtres ne valaient, à ses yeux, que la peine qu'il faut prendre pour tuer un homme. Dans d'autres prisons, à Bicêtre, à l'Abbaye, à la Force, le peuple imagine une sorte de tribunal : il accuse, il interroge, il juge ; ses prisonniers ne sont que des justiciables ; et nous verrons plus tard le tribunal des septembriseurs absoudre des innocents et peut-être des coupables.

Les municipalités de France reçurent au mois de septembre, très-peu de jours après les massacres, la circulaire suivante :

« La commune de Paris se hâte d'informer tous les départements
« qu'une partie des conspirateurs féroces détenus dans les prisons
« a été mise à mort par le peuple, acte de justice qui lui a paru
« indispensable pour retenir par la terreur les légions de traîtres

Dessiné par LÉCURIEUX.   Gravé par ROUGET.

LES MASSACRES AUX CARMES.

« cachés dans ses murs, au moment où il allait marcher à l'en-
« nemi ; et sans doute la nation entière, après la longue suite des
« trahisons qui l'ont conduite sur les bords de l'abîme, s'empres-
« sera d'adopter ce moyen si nécessaire de salut public, et tous
« les Français s'écrieront avec les Parisiens : Nous marchons à
« l'ennemi, mais nous ne laisserons pas derrière nous des bri-
« gands pour égorger nos femmes et nos enfants ! »

Cette incroyable circulaire, qui faisait d'un accès de colère du peuple un calcul de la politique officielle du comité de salut public, fut contre-signée par Danton, ministre de la justice, et nous ne comprenons pas que Danton lui-même ait parafé un pareil acte, qui érige en système national ce qui n'était pour lui que la nécessité d'un moment.

Danton ne calcule pas longtemps ; il ne prémédite pas l'action révolutionnaire : il ne sait que sentir avec une prodigieuse énergie ; il s'inspire de ce qui le frappe ; il s'enflamme, il tonne, et il éclate : c'est la révolution faite homme, vivant et agissant au jour le jour. Danton a peut-être conseillé, inspiré les massacres de septembre ; mais, à coup sûr, il n'a jamais songé à écrire, à formuler, avec le sang des prisonniers de Paris, un programme qui provoque, pour les mois suivants, la mort des prisonniers de toute la France. Danton n'a ni programme, ni système pour le lendemain : il improvise la révolution ! Et lorsqu'il voit des hommes d'État qui jouent aux échecs politiques, en combinant, en calculant ce que doit produire dans l'avenir une tête qui tombe, Danton s'écrie : « Dans les révolutions, une saignée de vingt-quatre heures est parfois nécessaire ; mais tuer les hommes à coups d'épingle est une fausse et horrible mesure ! »

Danton est le seul homme public de la révolution qui représente fidèlement, dans son caractère et dans sa vie, le peuple révolutionnaire de 91 et de 93. Il commence par être pauvre, comme l'était le peuple de 89 ; comme le peuple, il s'élance instinctivement à la conquête de la liberté, à travers les hommes et les choses du temps passé ; comme le peuple, il a été maltraité par les nobles, et il se voue désormais à l'anéantissement de la noblesse ; comme le peuple, il met au service des idées nouvelles bien plus d'intelligence que d'instruction, bien plus de fermeté que de calcul, bien plus de force que d'esprit, bien plus de hardiesse et d'originalité dans le langage que d'éloquence proprement dite, plus de résolution que d'adresse, plus d'audace que de vrai courage, plus de passions que de principes, plus d'espérances que d'idées, plus de haine que d'ambition ; comme le peuple enfin, dont il a la stature athlétique, les traits énergiques et la voix formidable, Danton cesse parfois d'être violent et brutal : il aime sa femme et ses enfants ; il oblige ses amis, quand il est dangereux de les obliger ; il sauve des prêtres, après avoir proscrit l'Église ; il se fait généreux, au risque de porter la peine de sa générosité qui est un crime.

Lorsque Prud'homme fait observer à Danton que le code criminel ne donne pas aux membres de la Convention le droit d'être en même temps les accusateurs, les jurés et les juges de Louis XVI, le tribun du peuple se hâte de lui répondre, non pas avec un argument, un commentaire, mais avec un fait : « Vous avez raison : nous ne jugerons pas non plus Louis XVI ; nous le tuerons ! »

Lorsqu'il s'agit, pour Danton, de motiver son vote dans le procès du roi de France, il ne s'empare pas de la tribune pendant une heure, à l'exemple de plusieurs de ses collègues ; il aime mieux agir que parler, comme le peuple ; il se contente de dire à la Convention : *On ne compose point avec les despotes ; on ne frappe les rois qu'à la tête : je vote la mort du tyran.*

Robespierre, qui cherchait à expliquer ce que Danton se contentait de sentir, se crut obligé d'envelopper dans un long discours la boule noire qui condamnait Louis XVI. Danton ne demandait pas mieux que d'assommer, d'un coup de massue, les ennemis de la révolution ; mais il ne songeait guère, — pas plus que le peuple, — à couronner les victimes avec des fleurs de rhétorique.

Danton trouvait parfois les idées, en courant après les mots ; souvent il lançait à son auditoire des images dont le soudain éclat illuminait l'avenir ; un jour, il disait aux Jacobins : « Le métal bouillonne, mais la statue de la liberté n'est pas encore fondue ; si vous ne surveillez le fourneau, vous serez tous brûlés ! » En ce moment, Danton ne prévoyait pas, sans doute ; mais il donnait, sans le savoir peut-être, des pressentiments à son éloquence.

En 93 et 94, le fourneau dont parlait Danton était tout en feu ; le peuple y avait jeté, pour fondre la statue de la liberté, les richesses les plus précieuses de l'ancien monde monarchique : la royauté, la religion et la noblesse ; tous ces *métaux* bouillonnaient au milieu du peuple, et Danton, qui présidait à ce grand œuvre, se laissa tout à coup surprendre par un ennemi... la main de Robespierre le précipita dans la fournaise.

Arrêté dans la nuit du 31 mars 1794, sur le rapport de Saint-Just, Danton fut écroué au Luxembourg, où il eut pour compagnons d'infortune des adversaires qu'il avait lui-même proscrits. Il comparut le 5 avril devant le tribunal révolutionnaire, qui était bien un peu son ouvrage ; il répondit aux juges qui lui demandaient son nom :

— Je suis Danton ! Je me suis fait assez connaître dans la révolution ; ma demeure sera bientôt le néant, mais mon nom vivra dans le panthéon de l'histoire !

Danton mourut sur l'échafaud le jour même de sa condamnation, ce qui fit dire à ses amis et à ses partisans que Robespierre l'avait *escamoté*.

L'on écrirait une vigoureuse histoire de la révolution française, si l'on s'ingéniait à personnifier le peuple dans ce colosse que l'on appelle Danton.

Fabre d'Églantine, que nous avons vu mourir tout à l'heure avec Camille Desmoulins, occupait dans la prison du Luxembourg un cachot habité en 1792 par Caron de Beaumarchais ; oui, Beaumarchais, qui s'était si souvent et si bien moqué des rois, des nobles, des juges, des prêtres, de tout le monde qui était quelque chose, Beaumarchais, qui avait envoyé des fusils à l'insurrection américaine ; Beaumarchais, qui avait dévoré une partie de sa fortune dans sa magnifique édition de *Voltaire* ; Beaumarchais, qui avait commencé la révolution française dans une salle de spectacle ; Beaumarchais fut emprisonné par la justice révolutionnaire au Luxembourg et à l'Abbaye ! N'oublions pas que ce fut Danton qui rendit la liberté à l'auteur du *Mariage de Figaro*, précisément la veille des massacres de septembre.

Le hasard fit preuve d'un certain esprit d'appréciation littéraire, en donnant le même cachot à Fabre d'Églantine et à Beaumarchais. Mêlés à l'histoire des lettres et de la politique, ils y avaient laissé tous les deux une trace et des souvenirs; ils avaient su faire entendre plus d'une fois des accents et des révélations prophétiques; ils avaient combattu dans un but commun, avec une fortune et des chances diverses; chacun d'eux, enfin, avait jeté un peu de son métal littéraire dans la fournaise de Danton où allait se fondre la statue de la liberté moderne. Le *Philinte de Molière*, par Fabre d'Églantine, et le *Mariage de Figaro*, par Beaumarchais, ne sont-ils pas deux ouvrages politiques, deux pamphlets, deux comédies révolutionnaires?

Sans doute, il y a loin de la colère de Figaro à la colère d'Alceste, de l'égoïsme d'Almaviva à l'égoïsme de Philinte, de l'hypocrisie de maître Basile à l'hypocrisie de maître Rolet; mais c'est toujours la même tendance, c'est toujours la même pensée, avec deux formes tout à fait différentes. Vif et bavard chez Beaumarchais, l'esprit populaire se montre sérieux et entêté chez Fabre d'Églantine. L'un a de la verve et de la gaieté; l'autre a de la raison, de la sévérité et du bon sens. L'un nous plaisante et se moque; l'autre nous plaint et nous blâme. L'un s'adresse à nos ridicules; l'autre s'adresse à nos mauvaises passions. L'un nous effleure d'un trait et s'esquive; l'autre nous inflige une leçon et poursuit. L'un raille; l'autre juge. Figaro est léger, mordant, joyeux et caustique; Alceste est triste, éloquent, exagéré. C'est en riant que le premier nous critique et nous blesse; c'est en criant que le second nous condamne et nous tue!

Faut-il plaindre ou faut-il blâmer, quand on parle de la révolution française, ce malheureux Fabre d'Églantine? pauvre comédien de province qui veut jouer un rôle sur le théâtre politique de Paris; littérateur improvisé qui compose l'*Intrigue épistolaire* et le *Philinte*; homme d'État qui invente le *Calendrier révolutionnaire*; Montagnard bonhomme, proscrit, condamné, presque mourant, presque mort, qui reconnaît la voix de Camille dans la prison du Luxembourg, et le salue en murmurant: *La contre-révolution est donc faite!...*

Un savant illustre, que nous avons déjà vu dans un cachot de la Conciergerie, le malheureux Lavoisier, fut écroué d'abord dans la prison du Luxembourg, que le peuple appelait le *réservoir de la guillotine.* Lavoisier avait réussi à se dérober, pendant quelques mois, à la colère du tribunal révolutionnaire, dans le voisinage du Luxembourg, dans une petite maison de la rue Férou. M. Arago de l'Institut, dans son éloge de Lavoisier, a raconté d'une façon bien touchante l'histoire de la fuite et de l'arrestation de ce pauvre grand homme. Une excellente et courageuse femme l'avait accueilli dans sa petite maison de la rue Férou ; elle se fit la gardienne de son hôte, elle le cacha, elle l'emprisonna, pour le défendre, pour le sauver. Lavoisier ne craignait plus rien pour sa propre personne ; mais il tremblait à chaque instant pour la personne de son amie : vingt fois il résolut de s'enfuir, au risque d'aller mourir sur un échafaud, et vingt fois il dut se résigner à espérer et à vivre, grâce à l'infatigable amitié de sa vigilante protectrice.

Un soir, Lavoisier parvint à tromper cette précieuse vigilance : il se donna, pour courir à sa perte, toute la peine, tout le mal, toute l'impatience, toute l'inquiétude, que se donnent parfois les prisonniers pour courir à la liberté ; Lavoisier craignait surtout de compromettre sa généreuse hôtesse, et, quoiqu'il eût du génie, il ne comprit pas, l'honnête homme ! que sa fuite devait coûter bien des larmes à une femme qui avait voulu le sauver. Lavoisier quitta sa *prison* hospitalière de la rue Férou, pour tomber le lendemain dans les cachots du Luxembourg, et plus tard dans les cachots mortuaires de la Conciergerie.

Ce fut au Luxembourg, et non pas à l'Abbaye, que l'ex-ministre des finances Clavière se frappa de trois coups de couteau dans le cœur pour se soustraire à la honte de l'échafaud, qui n'avait rien de honteux à cette époque. Les suicides sont assez rares parmi les proscrits de la révolution française : dans leur secrète pensée, les victimes de la terreur, grandes ou petites, jouaient un rôle héroïque dans une tragédie réelle, dans la tragédie républicaine. En prison, au tribunal, sur l'échafaud, chacun se drapait fièrement dans son infortune, dans sa vertu, dans son innocence, dans son courage, prêt à mourir en héros sur un champ de bataille qui était la place publique. On a de la peine à comprendre que des proscrits d'élite, des personnages principaux dans le drame révolutionnaire, comme Valazé, Clavière et Condorcet, n'aient pas eu assez de force ou assez d'esprit pour regarder en face le bourreau, ce terrible *Deus ex machinâ* du dix-huitième siècle.

Condorcet n'appartient point à l'histoire des prisons de Paris; mais il fut une des plus glorieuses victimes de la colère du peuple, et le souvenir de sa mort n'est peut-être pas déplacé dans ce livre. Condorcet, en quittant Paris, se réfugia dans les bois de Verrières; il avait pris l'humble costume d'un maçon; il avait jeté du plâtre sur ses mains et sur son visage; il portait une truelle et un marteau. Après avoir passé tout un jour et toute une nuit dans les bois de Verrières, sans boire, sans manger, sans se reposer, il entra dans une méchante auberge et demanda une omelette...

— Combien d'œufs? lui dit la servante.

— Douze, répondit le philosophe.

— Une omelette de douze œufs pour un seul homme! s'écrièrent des paysans attablés dans l'auberge.

Douze œufs! le maçon qui avait un pareil appétit et assez d'argent pour le satisfaire ne pouvait être qu'un suspect... On commença par interroger Condorcet, et on finit par l'arrêter au nom de la loi. Il fut conduit à Clamart, de Clamart à Bourg-Libre, et celui qui avait tant contribué à la ruine de la royauté, vint s'empoisonner et mourir dans un village qui portait naguère le surnom de *la Reine*.

Au mois de septembre 1793, la duchesse d'Orléans, la vertueuse mère de Louis-Philippe, fut écrouée au Luxembourg en vertu de la loi des *suspects*. Au mois de juin suivant, on ordonna de transférer la duchesse à la Conciergerie. Elle comprit aisément qu'elle n'allait changer de prison que pour monter sur l'échafaud. Dieu merci! il se trouva dans la geôle du Luxembourg un homme qui avait de la pitié et du courage. Le concierge Benoît refusa de livrer sa noble prisonnière aux agents du comité de salut public, en protestant qu'elle était malade, mourante, presque morte.

Un peu plus tard, grâce à de hautes protections, la duchesse d'Orléans quitta le Luxembourg, pour se retirer, sur parole, dans une maison de santé de la rue de Charonne.

Le concierge Benoît n'était pas le seul employé, le seul fonctionnaire de la prison du Luxembourg, qui fût charitable et courageux, quand il s'agissait d'un malheureux, d'un proscrit. Il y avait, en 1794, dans la prison du Luxembourg, une femme, une *suspecte*, plus heureuse peut-être que la duchesse d'Orléans elle-même : Jeanne Faurie,—c'était le nom de cette femme,—avait eu l'insigne bonheur d'*apprivoiser* sans le vouloir, sans le savoir, le plus sévère, le plus rigide, le plus intraitable porte-clefs de la geôle ; ce porte-clefs, nommé Jean-François Rifaut, avait consenti à donner à sa prisonnière une plume, de l'encre, du papier, un livre de messe, quelques chiffons, deux ou trois volumes de poésies, et un peu d'argent... tout ce qu'il possédait ; il avait eu la bonté de lui dire :

— Il y va de ma réputation, de mon honneur, de ma vie peut-être ! mais qu'importe ? Parlez toujours, ordonnez, dites à votre humble serviteur : Debout !... et je me lèverai ; à genoux !... et je m'agenouillerai ; marche !... et je marcherai ; obéis !... et j'obéirai ; meurs.... s'il le faut ! et je mourrai !

Un soir, Jean-François entra précipitamment dans la chambre de Jeanne Faurie ; il était pâle, blême, éperdu ; il tremblait, il pleurait presque, en regardant sa prisonnière...

— Qu'avez-vous ? lui demanda la jeune femme ; est-ce le bourreau qui m'appelle ?

— Le bourreau arrivera trop tard ! s'écria le porte-clefs ; le bourreau vous appellera demain... et vous partirez cette nuit... Allons ! du courage, de l'audace, et suivez-moi ! Vite, vite, un déguisement sur vos épaules, de l'argent dans vos poches, et que Dieu vous conduise ! Je suis accouru ce soir pour vous sauver, et je vous sauve !... Pardonnez-moi de trembler et de pleurer ainsi comme un enfant, comme un insensé... Il me semble que je vous regarde, que je vous parle pour la dernière fois !... Adieu donc ! et pensez au guichetier du Luxembourg quand vous n'aurez rien de mieux à faire.

Jeanne monta sur un escabeau ; elle se leva sur la pointe du pied jusqu'au bord d'une fenêtre garnie de barreaux; elle cueillit une petite fleur, une giroflée qui se balançait tristement dans les fissures extérieures de la muraille; elle dit à son gardien, à son geôlier :

— Voici une pauvre et innocente giroflée, un beau joyau, n'est-ce pas? Acceptez cette fleur, monsieur Rifaut... et gardez-la comme un souvenir de votre malheureuse protégée!

— Je vous jure que je la garderai! répondit le porte-clefs; et il serra soigneusement la petite fleur de sa prisonnière.

L'évasion de Jeanne Faurie fut un mystère pendant plus de huit jours. Le matin et le soir, le porte-clefs continua de monter, comme pour y faire sa visite habituelle, dans la chambre qu'avait habitée Jeanne Faurie. L'aspect de cette misérable cellule inspirait au pauvre Jean-François des enfantillages amoureux qui tenaient de l'ivresse, de la folie; il se plaisait à toucher, à baiser un à un les chiffons, les livres, les papiers de son ancienne prisonnière ; il se prenait à jouer avec des fleurs de la croisée, que Jeanne avait oublié de cueillir; il se prenait à écouter le chant des oiseaux qui avaient déjà chanté pour elle; il regardait l'horizon qu'elle avait contemplé tant de fois, les étoiles qu'elle avait adorées sans doute, et les beaux nuages qu'elle avait vus passer dans le ciel.

Jean-François s'en allait tous les jours se souvenir, pleurer et perdre la tête, au ravissement d'une pareille extase, si bien qu'il en devint presque fou, le malheureux! Et vous pouvez en juger : un soir, à l'issue d'une de ces visites qu'il aimait à rendre à son amie absente, le porte-clefs aborda le concierge du Luxembourg, et, après avoir raconté l'histoire innocente de son amour, il réclama le châtiment qui était dû à un gardien convaincu d'avoir favorisé l'évasion de Jeanne Faurie, une prisonnière d'État, une suspecte, une aristocrate.

Par bonheur, l'excellent concierge Benoît prit en pitié ce pauvre diable qui voulait absolument mourir; il condamna le porte-clefs à vivre, et l'évasion de Jeanne Faurie continua d'être un mystère jusqu'à la réaction de thermidor.

Voici une anecdote qui contraste assez plaisamment avec l'histoire de Jean-François Rifaut, et que rapporte M. Barthélemi Maurice, suivant le récit de Héron, secrétaire particulier de Fouquier-Tinville :

« Un ami de collège vint trouver Héron au parquet; il l'aborde en se frottant les mains, le front rayonnant, le sourire du bonheur sur les lèvres. — Bravo, citoyen! bravo! ça va bien! cinquante-quatre aujourd'hui !... En as-tu autant pour demain ? — Pas tout à fait, mais guère ne s'en faut. — Ta liste est-elle close, est-elle signée par le citoyen accusateur public? — Non; pourquoi ? — J'aurais un petit service à te demander... mets-moi ma femme sur ta liste ! — Ta femme ! Allons donc, tu veux rire ! — Non, mon ami... tu me rendras, je te jure, un signalé service. — Impossible, mon cher; pas plus tard que duodi dernier, nous avons dîné ensemble, et tu m'as semblé enchanté de la citoyenne. — Eh bien ! j'ai changé d'idée... — Mais la citoyenne est bonne sans-culotte. — Pas du tout; elle est aristocrate, et je le prouverai. — Tu es fou! — Non, écoute : une fois, deux fois, veux-tu me faire guillotiner ma femme ? — Non, certes, je ne le veux pas ! — Comptez donc sur les amis de collège ! s'écria le visiteur, et il se retira mécontent, comme si l'ami Héron lui eût refusé le prêt d'un assignat de cent livres ou la signature d'un certificat de civisme. — Le bon de l'histoire, c'est que ces gens ont continué trente ans à faire bon ménage, et que la pauvre femme n'a jamais soupçonné la petite démarche que son mari s'était permise à son sujet. »

Les exigences matérielles de ce livre nous empêchent de demander aux échos des prisons de Paris les noms de tous les prisonniers qu'elles ont reçus, qu'elles ont torturés. A ne parler ici que de la prison du Luxembourg, le cadre de ce chapitre nous suffirait à peine pour nommer tout simplement les malheureux de toutes les classes, innocents ou coupables, qu'elle a renfermés durant la période révolutionnaire. Il y a pourtant, dans la galerie républicaine de cette geôle, un nom que nous devons recueillir, une image que nous devons retracer, quoiqu'elle ait déjà paru dans notre tableau de *Sainte-Pélagie* : Joséphine de Beauharnais n'est-elle pas bien digne de figurer plus d'une fois dans l'histoire des prisonniers de la révolution française ?

Joséphine de Beauharnais, la future impératrice, passa plus d'une année à Sainte-Pélagie et au Luxembourg; elle ne devint libre que grâce à l'amitié de mesdames Tallien et Récamier. — « Joséphine de Beauharnais, disait naguère un écrivain qui n'est pas tout à fait étranger à la rédaction de ce livre, avait un charme auquel il était difficile de résister : elle n'était pas précisément belle, mais elle était charmante ; elle avait de la grâce, ce quelque chose que La Fontaine trouve plus beau que la beauté ; elle avait le mol abandon, la souplesse élégante, la gracieuse négligence des créoles. Quant au caractère et à l'esprit de Joséphine, tout le monde les connaît en France : elle avait une humeur toujours égale, un cœur excellent, une indulgence inépuisable, une politesse exquise, un grand usage des salons et de la cour d'autrefois, une façon délicieuse de se faire obéir de tous, sans jamais commander à personne ; elle possédait véritablement tout ce qu'il faut à une femme pour être une reine sur le trône ou une reine dans le monde : Dieu et l'Empereur la firent monter au rang d'impératrice.

« Le général Bonaparte visita souvent madame de Beauharnais; il la voyait aussi dans les salons à la mode du directeur Barras. Napoléon se surprit à admirer, à étudier le beau langage, les belles manières de cette aimable femme : l'on eût dit qu'en prévoyant son noble, son royal avenir, il cherchait à recevoir de Joséphine des leçons de noblesse et de royauté. »

Le mariage de Napoléon avec madame de Beauharnais eut lieu le 8 mars 1796. L'illustre prisonnière du Luxembourg était déjà sur la route du palais des Tuileries.

Bonaparte, devenu consul, habita pendant six mois le Petit-Luxembourg. En attendant qu'il lui fût possible d'aller occuper l'ancienne demeure de la royauté, il s'installa dans l'ancienne résidence du cardinal de Richelieu et de Henri de Bourbon-Condé. En brillant à son tour dans les salons où avaient brillé la duchesse d'Aiguillon et la princesse Anne de Bavière, Joséphine eut assez de cœur et d'esprit pour ne point s'efforcer d'oublier la misérable chambre qu'elle avait occupée dans la prison du Luxembourg : madame Bonaparte était fière de madame de Beauharnais.

Un matin, Joséphine, qui était toujours coquette, spirituelle et charmante, s'avisa de prodiguer à son mari plus d'esprit, plus de charme, plus de coquetterie qu'elle n'en avait dépensé peut-être dans le plus beau jour de sa vie, c'est-à-dire le jour de son mariage avec le général Bonaparte... et tout cela, pour arracher à Napoléon la singulière faveur de visiter avec lui la chambre que la veuve du général Beauharnais avait arrosée de ses larmes dans la prison du Luxembourg.

Bon gré, mal gré, Bonaparte se laissa conduire par le caprice de Joséphine : il consentit à la suivre jusque dans un misérable galetas qui devait être le point de départ d'une glorieuse impératrice. Joséphine avait en même temps des larmes dans les yeux et dans la voix; en montrant à son mari la place où elle avait si souvent prié Dieu de conserver une mère à deux pauvres enfants, à Hortense et à Eugène. Joséphine se baissa tout à coup ; elle s'a-

genouilla dans un coin de la chambre, elle posa sa main toute tremblante sur un carreau, sur une méchante dalle...

— Bonaparte! s'écria Joséphine, prête-moi ton épée!...

L'épée de Bonaparte servit à desceller, à soulever ce carreau, cette dalle qui cachait peut-être un grand secret... Joséphine fouilla dans la poussière de cette mystérieuse cachette, et bientôt elle poussa un cri, un cri de joie... elle venait de retrouver son joyau le plus précieux, une richesse inestimable, une bague, un simple anneau qu'elle avait caché autrefois dans un vilain trou de sa prison.

— Quelle est cette bague? d'où vient-elle? demanda Bonaparte.

— Mon ami, répondit Joséphine, cette bague ne vaut rien pour personne... excepté pour moi; elle vaut à mes yeux tous les trésors de ce monde... elle me vient de ma mère!... Près de sortir de cette prison, je m'imaginai qu'il ne me restait plus qu'à mourir sur l'échafaud; eh bien! mon ami, j'arrachai cette bague de mon doigt, je la baisai cent fois en pleurant, je me pris à l'ensevelir dans la poussière, sous ce carreau, sous cette dalle, et il me sembla que je venais d'enterrer ma mère!

— Et pourquoi donc cachiez-vous ainsi cette bague? reprit Bonaparte.

— J'avais peur de mourir, te dis-je... et je ne voulais pas que l'anneau de ma mère fût touché par la main du bourreau!

Quelle surprise! quel affreux regret! quelle douleur pour le général Bonaparte, si, en un pareil moment, dans cet ancien cachot de madame de Beauharnais, une voix prophétique lui avait raconté certains drames judiciaires qui devaient se passer dans la prison et dans le palais du Luxembourg : — le maréchal Ney! — le prince Louis Napoléon!

A l'époque de l'avènement consulaire de Bonaparte, Michel Ney était déjà un des plus braves généraux de l'armée française. Fils d'un simple artisan, clerc de notaire ensuite, simple soldat en 1787, dans le régiment de colonel-général-hussards, il avait été nommé capitaine après les deux premières campagnes de la guerre de la révolution, adjudant et général de brigade en 1796, et général de division en l'an VII.

Michel Ney, dévoué à la fortune du premier consul, fut nommé par Bonaparte ministre plénipotentiaire près la république helvé-

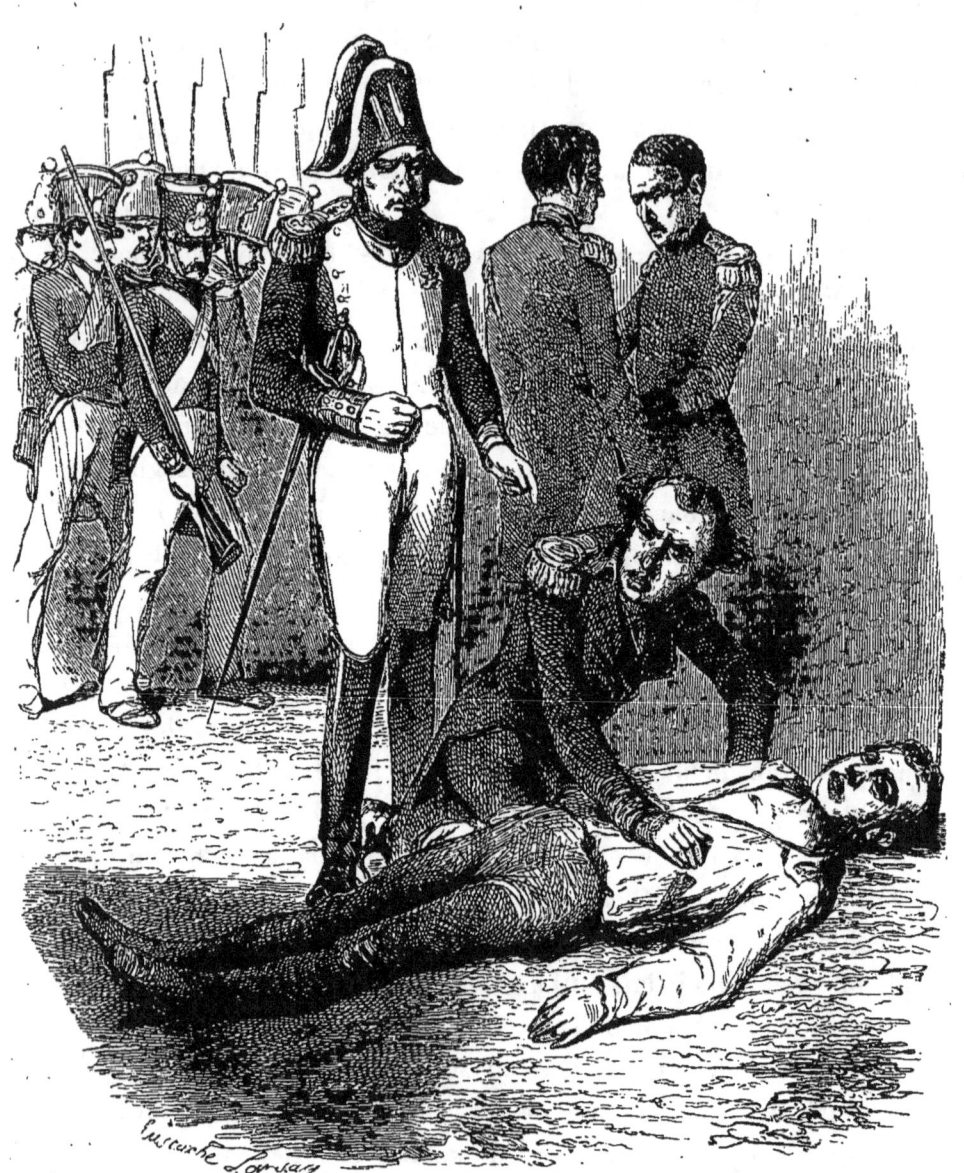

Dessiné par LORSAY.   Gravé par LAISNÉ.

MICHEL NEY.

tique. Napoléon, devenu empereur, lui donna le bâton de maréchal de France, le grand-aigle de la Légion d'honneur, et le commandement de la 7e cohorte. A Elchingen, dans le Tyrol, à Iéna, à Erfurt, à Magdebourg, au passage de la Vistule, à la prise de Thorn et dans la journée d'Amskendorf, dans la Galice, dans les Asturies et en Portugal, à la prise de Smolensk et à la bataille de la Moskowa, dans la retraite de Russie et au passage de la Bérésina, à Lutzen, à Bautzen et à Dresde, à Brienne, à Champaubert et à Montmirail, partout où il y a des ennemis à combattre, le maréchal Ney ne veut pas déchoir de sa glorieuse grandeur, et il est toujours pour tout le monde le *brave des braves!*... Mais il faut tout dire dans une page d'histoire : après la première abdication de l'Empereur, le prince de la Moskowa ne craignit point d'accepter de Louis XVIII un titre et une épée, la pairie et un commandement militaire; le maréchal osa promettre à un Bourbon, couronné par la coalition étrangère, d'aller combattre, d'aller vaincre, d'aller garrotter de ses propres mains son ancien ami, son ancien maître, son ancien empereur!...

Le prince de la Moskowa avait plus de cœur que de tête : à son premier pas contre Napoléon qui revenait de l'île d'Elbe, le maréchal Ney recouvra tout à coup la mémoire; il cria de nouveau *Vive l'Empereur!* et il s'en alla rejoindre avec ses troupes la petite armée impériale.

Le maréchal Ney se couvrit de gloire à la bataille suprême de Waterloo; son admirable conduite dans cette dernière campagne de l'empire était un nouveau titre de proscription, aux yeux de la politique réactionnaire : arrêté le 5 août 1815, il fut cité d'abord devant un conseil de guerre qui se déclara incompétent; écroué dans la prison du Luxembourg, il dut comparaître devant la chambre des pairs, qui consentit à le juger. MM. Berryer père et Dupin aîné invoquèrent en sa faveur les articles 11 et 12 de la convention militaire du 3 juillet, qui impliquaient une amnistie politique; on passa outre, et le prince de la Moskowa fut condamné, A UNE IMMENSE MAJORITÉ.

Michel Ney mourut avec toute sa fermeté, avec tout son courage; sa mort fut digne de sa vie. Il fut fusillé le 7 décembre 1815, dans l'avenue de l'Observatoire, derrière le Luxembourg.

L'ordre chronologique sépare, à la distance de bien des années, ces deux prisonniers du Luxembourg : le maréchal Ney et le prince Louis Napoléon ; mais il nous a paru tout simple de rapprocher ces deux noms, ces deux souvenirs, à propos du général Bonaparte visitant l'ancien cachot de Joséphine de Beauharnais.

Tout le monde sait à quoi s'en tenir sur l'échauffourée de Strasbourg et sur l'audacieuse tentative de Boulogne. La volonté royale empêcha le prince Louis de comparaître devant le jury de Strasbourg, qui, en l'absence du principal accusé, se hâta de rendre la liberté à ses complices. La seconde folie du prétendant impérial devait être jugée par la cour des pairs : le neveu de l'empereur Napoléon fut écroué dans la geôle du Luxembourg, qui se souvenait encore de Joséphine.

En se voyant ainsi dans une prison qui touche à la résidence

habitée autrefois par le consul Bonaparte, le prince Louis se prit sans doute à rêver tout éveillé ; il dut voir Napoléon lui-même qui daignait venir visiter un héritier de son nom, assez naïf ou assez ambitieux pour vouloir hériter de sa gloire et de son empire ; Napoléon, revêtu de son manteau impérial, ne fit qu'exalter le courage, l'enthousiasme, l'ambition du prisonnier, et le rêveur entendit peut-être une voix auguste qui lui disait : « Tu seras empereur!... » Le prince Louis se réveilla devant ses juges, au bruit d'un arrêt qui le condamnait à réfléchir, à penser, à travailler dans une forteresse de l'État.

Il y a aujourd'hui cinq ou six *prétendants* qui prétendent au droit de ceindre des couronnes et de gouverner les nations. Il faut les plaindre : dans ce monde, qui est-ce donc qui n'a pas eu sa petite passion malheureuse? — On a dit avec raison que les prétendants d'aujourd'hui ne savaient point satisfaire aux conditions de leur titre et de leur état. Comment s'y prendre, en effet, pour découvrir bien près ou bien loin les traces de leurs exploits? Quel est le nom de leur épée? Avez-vous jamais entendu l'écho de leurs généreuses paroles, le bruit éclatant de leur éloquence, le retentissement de leur enthousiasme? Vous est-il arrivé de voir étinceler, à leur approche, le reflet lumineux de la puissance et du génie? Notre siècle n'a point à se louer de ces quasi-rois sans couronnes ; que dirons-nous de ce noble jeune homme qui a de l'esprit et du cœur, et qui est tombé deux fois vivant sous cette armure héroïque et fabuleuse qu'il a fabriquée avec le nom de Napoléon ? Parlerons-nous de cette espèce d'abbé libertin que l'on appelle don Miguel, et de ce moine sans tonsure que l'on appelle don Carlos? Il est encore de par le monde deux petits prétendants modestes et bien élevés, que l'on nomme Henri de Bourbon et Gustave Wasa, deux grands et nobles débris dont on peut dire ce que Voltaire disait des femmes honnêtes et des académies de province.

Interrogez le prétendant portugais !... voici tout ce qu'il pourra vous répondre : « Je me nomme don Miguel ; j'ai conspiré contre mon père pour le détrôner ; je l'ai assiégé dans son propre palais, et l'on assure que Jean VI est mort empoisonné. Tôt ou tard, je serai roi! D'ici là, je me promène, je bois, je fume, je chasse, je mendie, je voyage et je conspire pour mon agrément. »

Interrogez le prétendant suédois !... voici tout ce qu'il pourra vous répondre : « Je me nomme Gustave Wasa ; je ne suis qu'un petit général aux gages de tous les gouvernements d'Allemagne ; j'ai été détrôné par un soldat heureux, que je veux détrôner à mon tour ; tôt ou tard, je serai roi de Suède et de Norwége !... D'ici là, je me promène, je bois, je fume, je dors, je voyage et je conspire pour le roi de Prusse. »

Interrogez le prétendant légitimiste !... voici tout ce qu'il pourra vous répondre : « Je suis Henri V, roi de France et de Navarre ; mon père est mort assassiné ; mon grand-père a perdu, avec une ordonnance, le sceptre que Henri IV avait gagné avec une messe. Tôt ou tard, je veux imiter le Béarnais ; j'assiégerai ma bonne ville de Paris, et je me vengerai !... D'ici là, je me promène, je bois, je chasse, je ne fume pas, je voyage et je conspire pour mon instruction. »

Interrogez le prétendant espagnol !... voici tout ce qu'il pourra vous répondre : « Je suis don Carlos, roi des Espagnes et des Indes ; ma jeunesse a été obscure, ignorante, paresseuse et fanatique ; j'ai voulu détrôner ma légitime souveraine, et l'on m'a chassé... Tôt ou tard, je ferai mon entrée solennelle à Madrid, monté sur la mule de Zumalacarréguy, une innocente bête qui n'en peut mais ; d'ici là, je me promène, je bois, je fume, je dors, je me confesse, et je conspire en me moquant des hommes et de Dieu. »

Interrogez le prétendant napoléonien !... voici tout ce qu'il pourra vous répondre : « Je suis Napoléon III !... dans les hallucinations de ma pensée, le nom de Napoléon est comme la noblesse d'autrefois : il oblige ! Avec l'héritage de sa gloire, il m'a paru que je devais accepter aussi l'héritage de son pouvoir, de son épée et de sa couronne. Des ingrats ont détrôné ma famille ; j'ai recouru à la violence des armes pour redemander au peuple, qui est l'exécuteur testamentaire de l'empire, le sceptre, les conquêtes et les royaumes de l'Empereur. Une voix mystérieuse me crie sans cesse : « Sois grand comme lui ! » et j'ai cru qu'il était digne de moi de chercher à grandir, en m'élevant sur le pavois impérial !

Je me suis trompé, voilà mon tort ; j'ai cédé à un accès de regret et de désespoir... le désespoir, c'est l'enthousiasme du malheur ! Plaignez-moi. »

L'histoire de chaque *prétention* royale devrait être une belle Odyssée, toute pleine de choses merveilleuses, de prouesses héroïques ; lorsqu'un chef de parti se résout à livrer au hasard d'une guerre civile les chances de ce qu'il intitule son bon droit, il devrait, ce nous semble, obéir à de certaines exigences essentielles, sous peine de n'être plus qu'un pauvre diable de guerroyeur et d'aventurier. Il lui faut d'abord de la résolution, de l'esprit, de la conduite, une certaine puissance de volonté, de prévision et d'initiative ; il lui faut ce prestige que donne le courage personnel, cette influence que donne la parole, ce crédit populaire que donne une vaillante épée ; il lui faut cette auréole presque divine qui rayonne sur le front des hommes d'élite, grands esprits, nobles cœurs, fiers génies, qui sont, après tout, les véritables représentants de Dieu sur la terre !... Y a-t-il là quelque chose que l'on puisse appliquer raisonnablement au caractère, à l'intelligence, à la vie tout entière des prétendants d'aujourd'hui ?...

Quelle curieuse et plaisante histoire on pourrait écrire avec la grandeur et la décadence des PRÉTENDANTS du dix-neuvième siècle !

Les ministres de Charles X, ceux-là mêmes qui venaient de créer, par une mesure ultra-monarchique, un petit prétendant à la couronne de France, séjournèrent, au mois de décembre 1830, dans la prison du Luxembourg ; ils allaient comparaître devant la justice politique de la pairie.

Le procès des ministres fut à la fois un grand spectacle et une grande leçon. Au point de vue de la philosophie de l'histoire, il ne s'agissait de rien moins que du dernier acte de cette immense tragédie qui avait commencé, en 1789, entre le peuple et la royauté légitime ; au point de vue de l'intérêt, de la curiosité dramatique, il s'agissait de voir, sur la sellette, des accusés qui commandaient naguère à tout le royaume ; il s'agissait de voir sur le siège du ministère public la personnification du peuple traitant de puissance à impuissance avec les superbes de la veille ; il s'agissait de voir parmi les juges d'honnêtes gens qui avaient à juger leurs anciens amis, leurs anciens protecteurs ; il s'agissait de voir au banc des témoins des hommes d'élite qui avaient joué un grand rôle dans les trois journées de la révolution ; il s'agissait de voir au banc de la défense des avocats célèbres qui allaient essayer de laver, à grands flots d'éloquence, le sang que les ministres de Charles X avaient répandu sur les pages fleurdelisées de la charte constitutionnelle.

Chacun, dans ces débats solennels, fut digne de la grandeur d'une pareille circonstance. Les commissaires du peuple accusèrent sans haine et sans crainte ; les témoins furent calmes ; les accusés se montrèrent éloquents et courageux lorsqu'ils se défendaient par la voix de M. de Peyronnet ; M. de Martignac trouva le moyen d'attendrir son auditoire, en laissant tomber à la fois de sa bouche et de son cœur les paroles les plus douces et les souvenirs les plus touchants : c'était l'éloquence du sentiment. M. Crémieux improvisa la défense de son client avec cette fougue, cette force, cet entraînement que nous connaissons tous : c'était l'éloquence de l'inspiration. M. Sauzet ne craignit point de lutter corps à corps avec le vainqueur, avec le peuple, en expliquant, en commentant, en pressurant un article de la charte de Louis XVIII, pour en faire sortir le droit de la royauté déchue et l'innocence des ministres accusés : c'était l'éloquence du paradoxe, de l'esprit, de la hardiesse, avec les semblants les plus heureux de la dialectique. Enfin les juges eurent le courage d'être indulgents : les conseillers de Charles X furent condamnés à courir après la liberté en passant par le chemin le plus long, c'est-à-dire par le donjon de Vincennes et par le fort de Ham.

En 1835, la distribution du palais et de la prison du Luxembourg eut à subir des modifications importantes ; la cour des pairs était appelée à juger les nombreux prévenus de Paris, de Lyon et de Lunéville. « L'emplacement réservé aux accusés, rapportent les journaux du temps, peut contenir deux cents personnes : cent vingt prévenus et quatre-vingts gardes municipaux ; à leur droite se trouvent des banquettes pour cent témoins à charge, et à leur gauche le même nombre de banquettes pour cent témoins à décharge. Les pairs occuperont trente-six bancs largement espacés.

Le public ne pourra guère disposer que d'une centaine de places. On a compté sur la présence d'environ trente journalistes. Des loges sont réservées aux spectateurs privilégiés, aux membres du corps diplomatique et aux députés. Les avocats seront placés entre les accusés et les juges.

« Une annexe essentielle de la salle d'audience, c'est la prison : l'architecte a tiré parti, avec une certaine habileté, de la caserne de la rue de Vaugirard. Un couloir en planches conduira chaque jour les accusés à l'audience. La principale distribution de la prison a consisté à établir trois divisions parfaitement distinctes pour les prévenus de Paris, de Lyon et de Lunéville. Les trois divisions ont chacune leurs cellules pour deux ou pour quatre habitants, et leur préau d'à peu près quatre-vingts pieds carrés. Un guichet central et un chemin de ronde donnent accès aux trois préaux à la fois. Un vaste emplacement pour la cavalerie domine toutes ces constructions, et en outre, l'ancienne église qui touche au Petit-Luxembourg est disposée pour recevoir un bataillon tout entier de troupes de ligne. »

Bien des gens ont exprimé quelque violente surprise en voyant la chambre des pairs s'ériger en cour de justice : ce n'est là pourtant, dans les attributions de la pairie, qu'un droit fort ancien, qui se rattache à l'origine même de cette institution politique. Sous le régime féodal, la pairie, qui résultait de la possession d'un fief, conférait le droit d'exercer la justice dans les assises du fief dominant ; les possesseurs des fiefs secondaires pouvaient juger, indépendamment du seigneur suzerain ; les femmes elles-mêmes, héritières d'une pairie, conservaient le privilége de s'asseoir au tribunal des pairs, et de juger avec eux. Au couronnement de Philippe le Long, la veuve du comte d'Artois soutint, avec les autres pairs, la couronne royale, et prit part à tous leurs jugements.

Un des procès les plus importants et les plus célèbres dans la juridiction de l'ancienne pairie, est assurément celui de Jean Sans-Terre, duc de Normandie et *pair de France*. Jean Sans-Terre, accusé d'avoir assassiné Arthur, comte de Bretagne, fut condamné à la peine de mort ; l'arrêt de la pairie ordonnait en outre la confiscation de la Normandie au profit du roi de France, et Philippe-Auguste s'empara bien vite de cette province, sans doute pour *obéir à justice.*

Plus tard, la cour des pairs fut réunie au parlement ; chacun de ses membres représenta en même temps la double qualité de feudataire et de magistrat ; seulement, quand il s'agissait de magistrature, la pairie n'avait plus le droit de siéger avec des armes ; ce ne fut que sous le règne de Henri II que les juges de la cour des pairs reçurent l'autorisation d'effleurer du bout de leur épée la balance de la justice.

« Bien longtemps avant la révolution de 1789, a dit un historien, l'institution de la pairie n'était plus qu'un vain titre, et bien que, dans les arrêts du parlement il fût toujours énoncé que *la cour avait été suffisamment garnie de pairs*, cependant ceux-ci s'abstenaient de prendre part aux délibérations, et ne partageaient pas les disgrâces encourues par le parlement de Paris pour résistance à la volonté royale. Un pair de France exerça pourtant ses droits d'une manière éclatante, peu de temps avant la catastrophe qui anéantit tout à la fois le parlement, la pairie et le trône : ce fut Louis-Philippe, duc d'Orléans, père du roi actuel. On sait que Louis XVI ayant voulu faire enregistrer de force par le parlement les *édits bursaux* que ce corps refusait d'admettre, le duc d'Orléans protesta hautement contre cet arbitraire et engagea les membres de la cour à passer outre ; cette levée de boucliers ne contribua pas peu à enhardir l'opposition qui commençait à se former contre la cour. »

Abolie par l'assemblée constituante, rétablie en 1814, écourtée par la révolution de Juillet, la chambre des pairs a reçu trop souvent, depuis quelques années, la triste et difficile mission de rendre la justice au milieu des discussions, des troubles et des excès politiques : l'émeute, la polémique, l'insurrection, le régicide, ont été les justiciables de la pairie de 1830.

Le procès de Fieschi, Morey et Pépin, figure au premier rang dans l'histoire des drames judiciaires qui se sont dénoués sur les bancs de la cour des pairs. Nous avons entendu raconter un épisode qui se rattache au dénoûment de cette cause célèbre, et dont nous n'avons pas le courage de garantir l'affreuse authenticité : Pépin reçut, après sa condamnation, dans la prison du Luxembourg, la visite de sa femme et de ses enfants ; il portait déjà la camisole de force ; il était pâle, tremblant, malade, presque mourant ; sa raison l'avait à peu près abandonné... Il ne devait la retrouver tout entière que sur la route de l'échafaud. A la vue de son malheureux père, la fille aînée de Pépin faillit devenir folle... elle devint folle tout à fait... elle ne vit plus qu'un fantôme... A ses yeux, celui qu'elle venait visiter était déjà mort... c'était un spectre qu'elle regardait en ce moment... Elle avait peur de son père !... La folie de cette enfant rendit un peu de raison au complice de Fieschi, assez de raison pour qu'il pût comprendre la scène horrible qui se jouait autour de lui... Et nous vous laissons à deviner quels sanglots, quels cris, quels gémissements se firent entendre dans ce cachot mortuaire !... Et à la fin de cette entrevue suprême, lorsqu'il fallut se dire un dernier adieu, un adieu éternel, lorsque la femme de Pépin se laissa tomber dans les bras de son mari pour lui arracher un dernier baiser, le gardien cria, d'une voix retentissante :

— Pas sur la bouche ! pas sur la bouche !...

Le sévère gardien craignait apparemment que la bouche tremblante de cette pauvre femme ne déposât sur les lèvres de Pépin quelque poison mystérieux, assez violent, assez prompt, assez subtil pour arracher le patient à la peine du lendemain. — Nous avons tremblé, à force d'émotion, rien qu'en entendant ces paroles : « Pas sur la bouche ! pas sur la bouche ! »

Nous avons déjà dit que la prison d'État du Luxembourg ne datait que de la période révolutionnaire ; mais la république y trouva des grilles toutes forgées, des chaînes toutes prêtes, des cachots qui n'attendaient plus que des prisonniers : depuis longtemps, la justice pénale des prêtres et des moines avait passé par là.

La hiérarchie symbolique du palais, du cloître et de la prison se retrouve dans presque toutes les anciennes résidences princières : le Luxembourg est à la fois, sous le régime monarchique, un château, un couvent et une geôle ; les religieux du Luxembourg pouvaient entendre les victimes de la justice ecclésiastique se plaindre et se débattre sous leurs pieds ; ils pouvaient mêler, du matin au soir, les airs les plus joyeux de leurs chansons équivoques aux gémissements et aux sanglots des prisonniers : la cellule dominait le cachot.

N'oublions pas un singulier souvenir qui appartient à l'histoire du Luxembourg au dix-septième siècle : Dans le petit jardin qui séparait le cloître de la prison, M. le Prince, le fils du grand Condé, venait donner assez souvent le spectacle d'une étrange folie : il se croyait plante, fleur, arbuste, et il se faisait arroser par le jardinier de l'endroit. — Le fils du grand Condé songeait sans doute, dans sa folie, à son illustre père arrosant les fleurs du donjon de Vincennes.

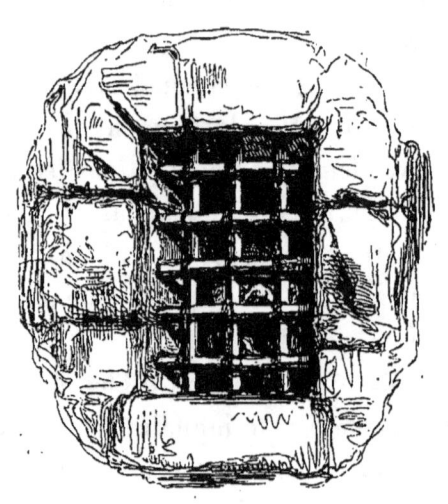

VIII

BICÊTRE. — LA SALPÊTRIÈRE.

Partout où il y a des moines, il y a des prisonniers ; la robe religieuse cache un gouffre que la justice monastique appelle un

vade in pace; le dernier grain du chapelet effleure les premiers anneaux d'une chaîne ensanglantée par les tortures du patient; à Bicêtre, comme au Luxembourg, de bienheureux cénobites boivent et chantent, — il y a longtemps de cela, — dans des cellules qui écrasent des cachots.

Une colonie de chartreux, sous le règne de saint Louis; un évêque anglais, sous le règne de Philippe-Auguste, Jean de Winchester, dont le nom étymologique a produit Bicêtre; Amédée le Rouge, comte de Savoie, sous le règne de Charles VI; les Bourguignons et les Armagnacs, au quinzième siècle; les chanoines de Notre-Dame de Paris, sous Louis XI; les routiers, les détrousseurs et les bohémiens, au seizième siècle; les Invalides, sous le cardinal de Richelieu, et les enfants trouvés de saint Vincent de Paul, ont précédé, à Bicêtre, les vagabonds, les *bons-pauvres*, les épileptiques, les vénériens, les galeux, les captifs et les aliénés; en devenant un hôpital et un hospice, Bicêtre devint aussi une prison horrible; c'était là, comme on l'a déjà dit, la Bastille de la canaille et de la bourgeoisie.

« La grande quantité de pauvres, rapporte Dulaure, de mendiants valides, et surtout de ceux qui demandaient l'aumône, l'épée au côté, *avec le collet empesé sur la peccadille*, était un des plus grands fléaux de Paris. Parmi eux, on comptait les *coupeurs de bourses*, les *tireurs de laine*, les *passe-volants* ou *militaires* sans paye, dont j'ai déjà parlé à propos du règne de Louis XIII. En 1612, on chercha à s'en débarrasser, en les renfermant dans diverses maisons qu'on établit au faubourg Saint-Victor.

« Les hospices, par la faiblesse et les désordres du gouvernement, ne purent se soutenir plus de six années. Le parlement rendait continuellement d'inutiles arrêts contre les mendiants et les vagabonds; il ordonna qu'ils seraient renfermés dans une maison construite exprès. Les bâtiments furent commencés; on y employa des sommes considérables; mais les arrêts de cette cour, surtout en matière de police, restaient presque toujours sans exécution.

« Le nombre de ces mendiants, de ces vagabonds, les désordres et les embarras que causait cette partie de la population, déterminèrent enfin les magistrats à prendre des mesures nécessaires. On consulta, comme à l'ordinaire, les anciens registres, pour y trouver des modèles à suivre ; mais le mal, quoiqu'il ne fût pas nouveau, était extraordinaire : il fallait imaginer un remède qui le fût ; le premier président du parlement détermina le roi à rendre un édit qui ordonnait l'établissement d'un hôpital général et prescrivait les règles qui devaient y être observées ; on céda, pour cet objet, le château de *Bicêtre* et la maison de la *Salpêtrière*.

« Dans la Salpêtrière, on plaça les enfants et toutes les femmes, quels que fussent leur âge et leurs infirmités ; à Bicêtre, on plaça des pauvres, des veufs, des garçons valides ou invalides, des jeunes gens débauchés ou bien atteints de la maladie vénérienne ; les chirurgiens, avant le pansement de ces derniers, étaient en usage de les faire fustiger. »

L'arbitraire ne tarda point à peupler l'hospice de Bicêtre, beaucoup plus que la misère, le vagabondage, la souffrance ou la folie ; les *ordres du roi*, les *lettres de cachet*, firent concurrence aux ordonnances des médecins ; l'aliénation mentale servit à cacher bien des fois l'injustice et la vengeance : les cabanons destinés à des malades reçurent de malheureux prisonniers qui n'avaient souvent que le tort d'avoir raison ; Bicêtre s'exécutait en conscience, et de la meilleure grâce du monde : on lui envoyait des hommes..., il en faisait des idiots, des maniaques et des fous furieux !

Les philanthropes et les criminalistes du dix-neuvième siècle n'ont pas eu à faire de grands frais d'imagination pour *inventer* le système de l'emprisonnement cellulaire : il ne leur a fallu que prendre la peine de fouiller dans l'histoire des anciens cabanons de Bicêtre. — Bicêtre-prison avait à la fois des cabanons et des cachots, des cellules et des culs de basse-fosse ; les cabanons réalisaient à merveille les conditions du programme pénitentiaire : l'isolement et le silence ; la vie tout entière du prisonnier se passait dans l'étroite enceinte de son cabanon : le captif était un mort qui vivait longtemps *en tête-à-tête avec Dieu et sa conscience*, comme disent aujourd'hui les inventeurs, ou plutôt les restaurateurs du système cellulaire ; les solitaires des cabanons, s'ils pouvaient entendre quelque chose de la vie humaine, n'entendaient guère que l'écho affaibli, étouffé, des gémissements de quelque compagnon d'infortune. L'isolement et le silence finissaient par valoir à ces prisonniers un peu d'air, un peu de bruit, un peu de soleil, un peu de liberté : d'ordinaire, ils devenaient fous, et en pareil cas, Bicêtre-prison renvoyait ses victimes à l'hôpital de Bicêtre. L'emprisonnement solitaire, tant prôné aujourd'hui, nous rappelle ce qu'un homme d'esprit disait à propos de certaines inventions et de certains progrès : il n'y a de nouveau que ce qui est oublié.

Quant aux cachots souterrains de Bicêtre, imaginez un long abîme *tuyauté*, et dans chaque tuyau une chaîne scellée au mur, et au bout de cette chaîne un innocent ou un coupable ; toutes les souffrances, toutes les privations, toutes les tortures de l'emprisonnement, se trouvaient en même temps dans les affreux cachots de Bicêtre... Eh bien! les prisonniers condamnés à y souffrir, à y mourir, étaient moins à plaindre que les prisonniers des cabanons : ils pouvaient quelquefois soulever la pierre de leur tombeau, pour aller ressusciter un instant dans les cours de la prison, à la lumière et à la chaleur du soleil; et pourtant, jugez un peu de ce qu'était l'agonie d'un homme dans les cachots de Bicêtre [1] :

« Dès que le temps devenait pluvieux, ou en hiver dans les moments de dégel, l'eau découlait de toutes parts dans mon cachot; j'étais accablé de rhumatismes; les douleurs qu'ils me causaient étaient si vives, que j'étais quelquefois des semaines entières, sans me lever...

« Quand le froid vint, ce fut bien pis! la fenêtre de mon cachot, armée d'une grille de fer, donnait sur le corridor, dont la muraille était percée précisément en face, à la hauteur de dix pieds; c'est uniquement par ce trou, qui était pareillement garni de barres de fer, que je recevais un peu d'air et de jour dans mon cachot; mais j'y recevais aussi la neige et la pluie. Je n'avais ni feu, ni lumière, et j'étais vêtu du costume misérable de la prison. J'étais obligé de casser avec mon sabot la glace de mon seau, et d'en mettre les morceaux dans ma bouche pour me désaltérer. Alors je bouchai la fenêtre, et ce fut bien autre chose! L'odeur des égouts et des tuyaux dont j'étais entouré m'étouffa bientôt; cet air fixe se con-

---

[1] Les plus affreux de ces cachots furent comblés, par l'ordre de Louis XVI; ils ne furent complétement détruits qu'en 1814.

densait et me causait dans les yeux, dans la bouche et les poumons, d'horribles cuissons. Depuis trente-huit mois que j'étais dans cet horrible cachot, je souffrais la faim, le froid, l'humidité; j'y succombai bientôt.

« L'odeur infecte me venait de ces tuyaux où les infirmeries, situées au-dessus, jetaient les déjections et les saletés des scorbutiques. Il était impossible que les parties volatiles de ces excréments n'altérassent pas mes poumons; je finis par être scorbutique moi-même.

« Le scorbut dont j'étais attaqué se déclara par une lassitude dans tous les membres, et des douleurs qui m'empêchaient de m'asseoir et de me lever. En dix jours, mes jambes, mes cuisses, étaient gonflées du double, depuis les reins jusqu'aux pieds; mon corps était noir; mes dents, ébranlées dans mes gencives, ne pouvaient plus broyer le pain. Déjà l'on ne me donnait plus de nourriture; depuis trois jours, j'étais à jeun; on me voyait mourir, et personne n'y faisait attention!...

« Mes voisins voulurent me parler, je ne pouvais leur répondre; ils me crurent mort, et appelèrent pour qu'on m'enlevât. On vint, j'expirais. Le chirurgien me fit porter à l'infirmerie [1]. »

Une des premières victimes des geôliers de Bicêtre, sous prétexte d'aliénation mentale, fut tout simplement un homme de génie qui se nommait Salomon de Caus. Béranger songeait peut-être à cet *insensé* du dix-septième siècle, quand il s'écriait dans une admirable chanson :

> Vils soldats de plomb que nous sommes,
> Au cordeau nous alignant tous,
> Si des rangs sortent quelques hommes,
> Tous nous crions : à bas les fous !
> On les persécute, on les tue...
> Sauf, après un lent examen,
> A leur dresser une statue
> Pour la gloire du genre humain !

A vingt ans, Salomon de Caus était déjà un architecte habile, un peintre distingué, un grand ingénieur. Après avoir été au ser-

[1] Mémoires de Latude.

vice du prince de Galles et de l'électeur de Bavière, il résolut désormais de vivre et de travailler en France, dans sa patrie et pour sa patrie. Il se vantait d'avoir deviné une véritable merveille scientifique : il avait eu l'idée singulière d'élever l'eau avec le secours de la force de la vapeur ; en d'autres termes, il avait imaginé d'employer la vapeur comme moyen de force active, dans les proportions d'une échelle immense ; il avait rédigé un livre manuscrit intitulé *Les raisons des forces mouvantes*, et le pauvre rêveur accourut à Paris pour soumettre au cardinal-ministre le plan d'une machine atmosphérique ; or, cette machine, sauf quelques légers détails de construction, était absolument semblable à celle qui fut inventée plus tard par le savant et illustre Papin.

Un jour, le surintendant des finances, Michel Particelli, un des adorateurs les plus prodigues, les plus magnifiques de Marion Delorme, amena Salomon de Caus au petit lever de la belle Aspasie de la place Royale. Il daigna le présenter à la maîtresse du logis, c'est-à-dire à la divinité mondaine de cet éden amoureux, et le protecteur parla ainsi à son jeune protégé :

— Monsieur Salomon, vous m'êtes vivement recommandé par mes amis les gentilshommes de Londres ; vous avez su réaliser des prodiges de magnificence dans le palais de son altesse le prince de Galles ; eh bien ! ces merveilles du goût, de la richesse et du génie, je veux et j'entends qu'elles se renouvellent à mes frais dans le palais de mademoiselle Delorme ; prodiguez à pleines mains l'or, l'argent, la couleur, le bronze, le marbre, les étoffes précieuses, tout ce qu'il vous plaira ; voyez, cherchez, inventez, imaginez à votre aise, et comptez sur moi !

Près de sortir, Salomon de Caus s'arrêta tout à coup sur le seuil de la porte, pour saluer de nouveau, pour contempler avec une admiration étrange, dans une véritable extase, Marion Delorme, qui lui souriait le plus malicieusement du monde ; la coquette s'aperçut aisément de son trouble, de son embarras, de son émotion ; elle le congédia, à la manière des Parthes, en lui perçant le cœur... Elle lui tendit sa jolie main, qu'il osa effleurer de ses lèvres... Et Salomon de Caus vécut huit jours avec ce baiser !

Singulière faiblesse ou singulière audace ! En une minute, en un

Dessiné par Eustache-Lorsay.   Gravé par Rouget.

UN FOU DE BICÊTRE.

clin d'œil, comme par enchantement, Salomon devint amoureux de Marion Delorme, amoureux à en perdre la tête, ni plus ni moins qu'un hardi Dangereux de la cour de Louis XIII; aussi, pour plaire à Marion, pour obéir à sa frivole fantaisie, pour contenter son goût difficile, nous vous laissons à deviner avec quelle ardeur, avec quelle noble passion, avec quel noble esprit, il se livra tout entier aux soins de cette fastueuse besogne que lui avait commandée Michel Particelli, à la décoration, à l'embellissement, — à la splendide métamorphose du palais de mademoiselle Delorme.

Rien n'échappa aux prévisions de son génie et de sa patience: après avoir réédifié la demeure de la célèbre courtisane, il se plut à l'embellir, à la décorer de ses propres mains; il se fit architecte, pour lui donner une distribution dont l'élégance et la richesse ne le cédassent en rien à la splendeur des petits appartements du Louvre et de Saint-Germain; il se fit peintre, pour couvrir les murailles de cette habitation de tableaux comparables aux plus belles créations des grands maîtres; il se fit artisan de Florence, pour répandre çà et là des chefs-d'œuvre de ciselure que n'aurait point désavoués le ciseau de Cellini; enfin, sur l'ordre de son protecteur, Michel Particelli, il consentit, bon gré mal gré, à dessiner et à peindre la figure bien-aimée de Marion Delorme.

Un matin, en tête-à-tête avec son délicieux modèle, debout devant un chevalet, l'artiste amoureux saisit en tremblant ses pinceaux et sa palette; il tourna doucement ses regards vers Marion Delorme; il se prit à l'admirer longtemps, bien longtemps, comme pour aller puiser dans ses yeux, sur ses lèvres, sur son front, dans toute sa beauté, la verve, le talent, l'inspiration, le génie!... Soudain, Salomon de Caus laissa tomber ses pinceaux et sa palette; il poussa du pied son chevalet et sa toile; il s'agenouilla et s'écria en pleurant:

— Madame, madame, ayez pitié de moi, de ma faiblesse et de ma douleur! ne m'obligez plus ainsi à vous regarder, à vous admirer de près!... Ma vue se trouble, ma main tremble, mon cœur se déchire, ma tête se perd... Je deviens fou, je vous aime, et je me meurs!

— Monsieur Salomon, lui répondit la courtisane, j'ai pitié de vous; je vous pardonne, et je vous condamne à vivre!... Qu'en dis-tu?

Vraiment, ce *Qu'en dis-tu* était adorable! Le pauvre artiste n'osa point se dérober à la douceur d'une pareille sentence; il ne mourut pas encore... Mais, entre nous, le nouvel amant de Marion Delorme aurait mieux fait de l'aimer sans retour, de se résigner et de mourir.

Une fois installé, par droit de conquête, dans le boudoir de Marion, Salomon de Caus essaya d'imposer à sa maîtresse d'étranges et cruels sacrifices : pour lui plaire, elle congédia Brissac et Saint-Évremont; elle repoussa les offres galantes de Cinq-Mars; elle eut le courage d'éconduire le cardinal de Richelieu.

Le bienheureux Salomon était bien malheureux! A chaque minute il découvrait, en soupirant, une trace, une empreinte, un souvenir des fautes et des plaisirs de la vie galante de Marion; les meubles, les bijoux, les étoffes lui rappelaient tour à tour de tendres faiblesses, des présents équivoques, une opulence douteuse et des principes un peu hasardés. Salomon aurait éprouvé une joie sans pareille à voir la fière Marion Delorme afficher tout à coup de la simplicité dans ses vêtements, de la modestie dans ses goûts, de l'ordre dans ses habitudes, de l'économie dans ses dépenses, de la retenue dans ses désirs, de la sagesse dans toute sa conduite. Le pauvre diable aurait eu sans doute un orgueil extrême à pouvoir dire aux genoux de sa bien-aimée : — Salut à Madeleine, pécheresse amoureuse et repentie !

Mais, hélas! Salomon de Caus n'était guère qu'un homme, et à Madeleine coupable il fallait un dieu.

Au bout de quelques mois d'une jalousie horrible, envenimée chaque jour par l'indifférence naissante, par l'ennui apparent de Marion Delorme, Salomon s'avisa d'une résolution désespérée, mais sublime : il résolut d'épouser sa maîtresse, et Marion lui répondit en souriant :

— Pour qui raffole de la liberté, le seul mariage possible c'est l'amour. On se plaît aujourd'hui, et l'on se dit Bonjour! On se déplaît demain, et l'on se dit Adieu!... Nous nous aimerons, voilà tout.

— M'aimerez-vous toute la vie? lui demanda naïvement Salomon.

— Le plus longtemps que je pourrai!... répliqua la courtisane.

Le plus longtemps de Marion ne devait durer que quelques jours. S'il ne vint pas à la cruauté de Marion Delorme l'idée d'abandonner Salomon de Caus et de le chasser comme un misérable, du moins elle trouva le courage de le trahir avec un sang-froid, avec un laisser-aller, avec une perfidie dont nous serons les témoins et les juges ; elle écrivit au cardinal-ministre le billet suivant :

« J'ai hâte de vous revoir, monseigneur, et je vous renvoie la
« petite clef qui ouvre la petite porte de mon hôtel : à tout péché
« miséricorde ! Je ne veux pas qu'il déplaise à Votre Éminence de
« rencontrer chez moi un jeune homme, un savant, que l'amour
« de la science et la science de l'amour ont égaré jusqu'à la plus
« complète folie : daignez, par amitié pour moi et par respect
« pour vous-même, monseigneur, me débarrasser au plus vite de
« ce pauvre fou qui m'ennuie. Du reste, il a de l'esprit et des
« idées; il a découvert, me dit-il, des merveilles, des montagnes,
« des mondes... que sais-je ? Il possède une foule de talents, entre
« autres, celui de m'attrister de sa belle passion et de sa furieuse
« jalousie. L'insensé que je vous recommande se nomme Salomon
« de Caus. »

La réponse à ce billet ne se fit pas attendre. Le lendemain, pas plus tard, Salomon de Caus fut mandé chez Son Éminence le cardinal de Richelieu.

Que dut-il se passer entre ces deux hommes, entre le savant et le ministre, entre le faible et le superbe? Sans doute l'humble sujet se hâta d'étaler aux regards sévères de son maître, des plans merveilleux, des théories scientifiques, des secrets admirables, qui devaient imprimer une impulsion nouvelle à la science, à l'industrie, à la civilisation. Sans doute Salomon de Caus se vanta, d'après sa pleine conviction, de pouvoir faire tourner des manéges, marcher des voitures, voguer des navires, enfin de pouvoir opérer des miracles, rien qu'avec la force mouvante de la vapeur. Sans doute il osa réclamer du cardinal l'autorité de son nom pour avoir le droit de se mettre à l'œuvre, et l'autorité de sa bienveillance presque royale pour avoir le droit de réussir.

L'audience ministérielle fut longue ; à la fin de cette singulière entrevue, le ministre appela un capitaine des gardes, et lui dit en montrant du doigt l'infortuné Salomon de Caus :

— Emmenez cet homme, qui pense et qui parle comme un insensé...

— Où me faudra-t-il le conduire, monseigneur? demanda le capitaine.

— Où loge-t-on les fous? répliqua vivement le cardinal.

— A Bicêtre, monseigneur.

— Eh bien! monsieur, qu'il soit logé sur-le-champ dans un cabanon de Bicêtre.

Salomon de Caus fut enchaîné, garrotté, bâillonné, enseveli tout vivant dans la tombe de l'hospice ; la tombe se referma sur sa tête, et tout fut dit.

Le soir même, le cardinal daigna se présenter chez Marion Delorme, et lui annonça le départ de son jeune *protégé*, qui venait de quitter Paris, disait-il, avec une mission scientifique. Cette fois encore, le ministre joua de malheur au jeu de l'amour et du hasard : à son retour dans le galant hôtel de la courtisane, il trouva la place déjà prise par un rival préféré, par un beau gentilhomme qui avait nom d'Effiat ou Cinq-Mars.

La haine de Richelieu contre Cinq-Mars commença ce jour-là, dans la maison de Marion Delorme, et cette aversion mortelle ne devait finir et s'éteindre que dans le sang d'un échafaud.

Deux ans plus tard, le 3 février 1641, Marion Delorme adressait à son cher d'Effiat, qui avait suivi la cour à Narbonne, une lettre remplie de grâce, d'esprit et de cruauté, une lettre charmante et affreuse, dont les détails authentiques nous ont appris le triste dénoûment de l'histoire de Salomon de Caus.

Chargée, en l'absence de Cinq-Mars, de faire les honneurs de Paris à un noble personnage anglais, le marquis de Worcester, Marion s'avisa de lui proposer une promenade d'observation à l'hospice de Bicêtre. Comme ils se promenaient en riant dans le quartier des fous, un homme, un maniaque, jeune encore, mais

Dessiné par Ch. Pinot. Gravé par Rouget.

LA FOLLE DU SOLEIL.

horrible à force de souffrance et de misère, leur apparut tout à coup derrière les grilles d'un cabanon, et se mit à crier d'une voix tremblante, d'une voix brisée :

— Marion ! Marion ! c'est bien moi... regarde !... Je te reconnais, et je t'aime !.. Marion ! Marion ! j'ai fait une découverte qui enrichira mon pays... Marion ! Marion ! viens briser les barreaux de ma prison, et délivre-moi... Je m'appelle Salomon de Caus !

Marion Delorme se prit à trembler, *plus morte que vive*, comme elle le dit elle-même dans sa lettre à Cinq-Mars.

— Vous connaissez donc ce malheureux ? lui demanda le marquis de Worcester.

— Je reconnais ce *laid visage*, milord, et je tremble rien que de le reconnaître... Sortons !

— Et qu'est-ce que la découverte dont il parle ? continua le marquis, en s'adressant à un gardien.

— Oh ! répondit le gardien en haussant les épaules, quelque chose de bien simple et que l'on ne devinerait jamais... c'est l'emploi de la vapeur de l'eau bouillante !...

Le lendemain, le marquis obtint l'autorisation de voir Salomon de Caus et de l'interroger ; l'interrogatoire dura deux ou trois heures, et en revenant de cette seconde et triste promenade à Bicêtre, le marquis de Worcester s'écria devant toute la petite cour de Marion Delorme :

— Au lieu d'enfermer cet homme, on l'aurait comblé d'honneurs et de richesses dans mon pays !.. Maintenant il est bien fou ; le désespoir et la captivité l'ont perdu à jamais ; oui, vous l'avez rendu fou ! quand vous avez jeté cet homme dans un cachot, vous avez assassiné le plus grand génie de notre siècle !

Ce qui précède sur la visite de lord Worcester à Salomon de Caus dans un cabanon de Bicêtre, nous explique assez tristement l'opinion des Anglais qui attribuent à ce gentilhomme l'invention des machines à vapeur ; les paroles et les écrits de Salomon de Caus ne furent point perdues pour lord Edward Sommerset, marquis de Worcester.

Dans le Bicêtre d'autrefois, l'hospice n'était pas même la circonstance atténuante de la prison ; les prisonniers et les malades étaient également des victimes : on assassinait les uns, on achevait les autres. Les malheureux qui avaient besoin d'être guéris et les malheureux qui avaient besoin d'être corrigés se disputaient de sales aliments; ils couchaient *quatre* sur le même matelas, dans une sentine que l'on avait l'audace d'appeler une infirmerie; on permettait à des idiots de se vautrer tout le jour dans des ordures, et plus d'une fois les gardiens s'amusèrent à confondre des fous et des prisonniers qui ne tardaient point à se battre, à se déchirer comme des bêtes fauves. En pareil cas, l'*infirmerie* n'était pas loin pour les mourants; la fosse commune n'était pas loin pour les morts.

Le nom seul de Bicêtre signifiait quelque chose d'épouvantable ; on tremblait en passant au pied de cette horrible demeure du crime, du libertinage, de la folie, de la misère... et de l'innocence. Quand on voulait épouvanter un accusé, on lui montrait de loin Bicêtre; quand il s'agissait de corriger par la terreur un fils de famille débauché, on le menaçait de Bicêtre; quand un gentilhomme rencontrait quelque résistance à des projets de séduction sur une petite bourgeoise, il étouffait les plaintes d'un père et d'une mère en leur parlant de Bicêtre; quand un honnête homme ou un homme d'esprit avait le tort d'avoir raison contre quelqu'un qui tenait à quelque chose, on lui volait à la fois sa liberté, son intelligence, sa raison, en le jetant du haut d'une prison d'État dans le cloaque de Bicêtre. Aux yeux du peuple, le Fort-l'Évêque, Vincennes, la Conciergerie, le Châtelet et la Bastille étaient de véritables lits de roses, à côté des cabanons et des cachots de Bicêtre.

Cet hospice et cette prison se dessinaient, se dressaient dans tous les esprits, dans toutes les imaginations, avec des couleurs si sombres, si horribles, que le préjugé populaire se prit à peupler Bicêtre de mauvais génies, de sorciers et d'animaux qui avaient les apparences les plus dégoûtantes, les plus monstrueuses. Le peuple voulut faire remonter jusqu'au démon l'origine de cette lugubre résidence : dans la croyance vulgaire, le diable en personne avait amené pendant une nuit, sur le plateau de Bicêtre, un *pauvre*, un *fou* et un *prisonnier*, attachés, cloués, rivés aux anneaux de la même chaîne; ces trois malheureux avaient inauguré l'hospice et la prison, pour les menus plaisirs de l'enfer.

A la fin du règne de Louis XIV, la maison de Bicêtre inspirait une telle horreur à tout le monde, que le préjugé populaire n'osa plus en faire le séjour habituel des sorciers, des mauvais génies et des monstres eux-mêmes : l'enfer ne pouvait pas vouloir de ce pied-à-terre épouvantable. Les rimeurs satiriques exprimaient ainsi la croyance et la terreur du peuple :

> Auguste château de Bicestre,
> Les lutins et les loups-garoux
> Reviennent-ils toujours chez vous,
> Faire la nuit leurs diableries?
> Et les sorciers, de suif graissés,
> N'y traînent-ils plus les voiries
> Des pendus et des trépassés?
> Ils n'ont garde, les pauvres diables,
> D'y venir remettre leur nez,

> Depuis que vous emprisonnez
> Les quaimants et les misérables ;
> Depuis qu'on vous nomme hôpital,
> Il n'en est point d'assez brutal
> Pour aller y choisir un gîte !.....

Lorsque le double exutoire de la prison et de l'hospice eut inondé le château de Bicêtre de boue, de fange, de bave et de sang, l'administration supérieure finit par se mettre à la recherche de quelques gouttes d'eau, pour laver toutes ces dégoûtantes souillures. — L'eau manquait pour les besoins de Bicêtre ; Arcueil ou la Bièvre lui en fournissait à grand'peine et à grands frais. Il fallut aviser, et Boffrand, architecte des hospices, fit creuser, en 1733, un puits gigantesque, un puits dans le roc vif, à une profondeur de *cent soixante et onze pieds sur un diamètre de quinze*, et qui conserve en tout temps neuf pieds d'eau intarissable. Boffrand dut inventer une machine pour tirer l'eau de ce puits : la force de l'homme était au-dessous d'une pareille besogne. La machine fonctionna durant quelques années, avec l'aide d'un manége attelé de quatre chevaux ; mais on ne tarda pas à s'apitoyer sur le sort de ces pauvres bêtes : on les remplaça par des fous, des prisonniers et des aveugles ; on économisa quatre chevaux pour *utiliser* trente-deux hommes, qui n'étaient pourtant condamnés qu'à mourir dans un hospice ou qu'à souffrir dans une prison. Aujourd'hui encore, la machine de Bicêtre est mise en mouvement par des idiots et des épileptiques. Nous lisons dans un travail spécial que « le manége dépose au fond du puits et ramène à son ori-
« fice deux seaux pesant chacun douze cents livres et de la conte-
« nance d'un muid ; au choc de bascule que leur imprime un
« crochet, ils déversent l'eau dans un réservoir de cinquante pieds
« carrés, et que quatre mille muids d'eau remplissent en toute
« saison. »

L'ancien Bicêtre eut beau creuser un puits, qui est un prodige du travail et de la patience de l'homme ; il attela vainement à son appareil hydraulique des chevaux, des fous et des prisonniers ; il trouva inutilement une nappe d'eau inépuisable, assez vaste, assez abondante pour alimenter un réservoir immense : l'ancien Bicêtre n'avait point encore assez d'eau pour laver le sang et la boue de sa prison et de son hospice.

Pendant tout le dix-huitième siècle, c'est-à-dire jusqu'à la révolution française, Bicêtre continua de traiter la misère par l'esclavage, la douleur physique par les châtiments, la folie par la violence, l'infortune par l'assassinat. Jusqu'à la réforme des prisons, opérée ou du moins entreprise par le gouvernement de Louis XVI, aux premières lueurs du soleil révolutionnaire, Bicêtre continua courageusement, honteusement, à jeter de simples prisonniers dans une véritable fosse aux lions, parmi les fous de la pire espèce; il continua de prêter au roi, aux nobles, aux favorites, à la police, au clergé, à toutes les puissances de ce temps-là, les cabanons de la folie, pour y abîmer la raison et la conscience des innocents ou des coupables.

En 1789, il y avait dans Paris trente-deux prisons d'État; quatre ans plus tard, la terreur elle-même devait se contenter de vingt-huit geôles! Un des premiers actes de l'assemblée nationale fut de confier à quatre de ses membres la salutaire mission de visiter les prisons de Paris : elle choisit pour commissaires, Fréteau, Barrère, de Castellane et Mirabeau; Mirabeau! le gentilhomme qui avait passé par les mains de presque tous les geôliers du royaume, allait visiter les pauvres prisonniers, au nom du roi... et surtout au nom du peuple.

Les commissaires de l'assemblée nationale trouvèrent dans le château de Bicêtre environ trois mille détenus, en comprenant dans ce nombre les pauvres, les enfants, les paralytiques et les fous. Le personnel de l'administration se composait de trois cent quarante employés.

Mirabeau et ses collègues voulurent visiter, en dépit de l'odieuse résistance du directeur, toutes les divisions, tous les cabanons, tous les cachots, tous les abîmes de Bicêtre; ils *déterrèrent* des malheureux qui expiaient depuis vingt ans le double tort du courage et de la pauvreté; des innocents qui n'avaient contre eux que l'arrêt d'une lettre de cachet; des imprudents qui avaient commis un crime tout aussi grand que celui de Latude; des enfants accouplés à des scélérats ou à des fous; des insensés de vertu qui avaient dénoncé, comme Le Prévôt de Beaumont, un complot contre le peuple, contre l'humanité.

Au mois d'avril 1792, le château de Bicêtre reçut la visite d'une nouvelle commission; cette fois il s'agissait, non pas de constater, au fond des cabanons et des cachots, les horribles abus de la justice monarchique, mais les tristes avantages d'un nouvel instrument de supplice : on allait procéder au premier essai *officieux* de la guillotine.

Nous avons déjà parlé, dans notre chapitre de la *Conciergerie*, de l'invention du docteur Guillotin; nous avons oublié d'emprunter aux journaux du temps des couplets de circonstance qui prouvent encore une fois qu'en France tout finit par des chansons :

I

Air : *Paris est au roi.*

Monsieur Guillotin,
Ce grand médecin
Que l'amour du prochain
Occupe sans fin,
S'avance soudain,
Prend la parole enfin,
Et d'un air benin
Il propose
Peu de chose
Qu'il expose
En peu de mots ;
Mais l'emphase
De sa phrase
Obtient les bravos
De cinq ou six sots...

Air : *En amour, c'est au visage.*

Messieurs, dans votre sagesse,
Si vous avez décrété
Pour toute humaine faiblesse
La loi de l'égalité ;
Pour peu qu'on daigne m'entendre,
On sera bien convaincu,
Que s'il est cruel de pendre
Il est dur d'être pendu.

Air : *De la baronne.*

Comment donc faire ?...
Quand un honnête citoyen,
Dans un mouvement de colère,
Assassinera son prochain...
Comment donc faire ?

En rêvant à la sourdine,
Pour vous tirer d'embarras,
J'ai fait faire une machine
Qui met les têtes à bas.

Air : *Quand la mer Rouge apparut.*

C'est un coup que l'on reçoit
 Avant qu'on s'en doute ;
A peine on s'en aperçoit,
 Car on n'y voit goutte.
Un certain ressort caché,
Tout à coup étant lâché,
 Fait tomber, ber, ber,
 Fait sauter, ter, ter,
  Fait tomber,
  Fait sauter,
 Fait voler la tête...
 C'est bien plus honnête.

II

SUR L'INIMITABLE MACHINE DU MÉDECIN GUILLOTIN, PROPRE A COUPER LES TÊTES, ET DITE DE SON NOM GUILLOTINE.

Air : *Du menuet d'Exaudet.*

 Guillotin,
 Médecin
 Politique,
Imagine un beau matin
Que pendre est inhumain
Et peu patriotique ;
 Aussitôt,
 Il lui faut
 Un supplice
Qui, sans corde ni poteau,
Supprime du bourreau
 L'office.

C'est en vain que l'on publie
Que c'est pure jalousie
D'un suppôt
Du tripot
D'Hippocrate,
Qui d'occire impunément,
Même exclusivement,
Se flatte.

Le Romain
Guillotin,
Qui s'apprête,
Consulte gens du métier,
Barnave et Chapelier,
Même le coupe-tête [1],
Et sa main
Fait soudain
La machine,
Qui simplement nous tûra,
Et que l'on nommera
Guillotine !

La guillotine fut donc essayée pour la première fois, à Bicêtre, le 17 avril 1792; triste présage!... Quatre mois plus tard, Bicêtre paya son tribut de sang aux déplorables journées de septembre; nous parlerons tout à l'heure de cet affreux épisode qui ensanglanta, du même coup de hache, une prison et un hospice.

La maison de Bicêtre et la maison de la Salpêtrière dépendaient l'une de l'autre, dans la création de l'Hôpital-Général de Paris.

« En 1662, la misère était excessive; on comptait à l'Hôpital-Général *neuf à dix mille pauvres*. Les directeurs de cet hôpital, dans une assemblée qui se tint le 21 et le 24 avril de cette année, déclarèrent qu'ils seraient forcés d'ouvrir les portes de cette maison, si l'on ne pourvoyait promptement à leur pressant besoin. Le parlement ordonna que les communautés religieuses des deux sexes seraient invitées à contribuer à la nourriture et à l'entretien des pauvres de cet hôpital, jusqu'à la somme de cent mille livres. Cet appel à l'humanité des maisons religieuses ne produisit rien.

« La misère augmentait toujours; les habitants des campagnes

---

[1] Sobriquet donné au sévère lieutenant de police Machault.

venaient en foule mendier à Paris. On ordonna que ces nouveaux pauvres seraient répartis dans les maisons dépendantes de l'Hôpital-Général; ces maisons dépendantes étaient celles de la Pitié, de Bicêtre et de Scipion.

« On voyait à la Salpêtrière, en 1720, deux salles habitées par huit cents petites filles occupées à divers travaux. On y trouvait trois grands dortoirs contenant deux cent cinquante cellules, destinées aux époux âgés qui ne pouvaient plus subsister par leur travail : c'est ce qu'on nommait les Ménages. Dans une cour séparée était la maison de force pour les filles et les femmes débauchées [1]. »

La Salpêtrière a subi toutes les désolantes vicissitudes de Bicêtre : elle a dû recevoir sa part des misères et des souillures de la grande ville; elle a prêté ses vastes constructions, ses cabanons, ses chaînes, ses guenilles et ses cachots à la pauvreté, au vice, à la folie, au libertinage, au crime et à l'innocence; mais aussi, à la Salpêtrière comme à Bicêtre, la science et la justice ont fini par faire entendre la voix de l'humanité.

En 1777, deux femmes, bien différentes l'une de l'autre, furent jetées le même jour dans les cabanons de la Salpêtrière : l'une était la veuve et la complice du fameux empoisonneur Desrues, qui venait d'être roué en place de Grève; l'autre était une jeune fille que l'on disait atteinte d'une incurable folie.

Cette pauvre folle se nommait Jeanne de Montil; elle était noble, elle était riche, et nous en sommes à comprendre pour quelle cause, sous quel prétexte, une famille puissante avait consenti à faire traiter dans le gouffre de la Salpêtrière la plus douce et la plus charmante folie de ce monde.

La folie de Jeanne avait commencé par être bien calme, bien tranquille, chaste, réservée, muette, comme la mélancolie; Jeanne souriait, au lieu de parler : pour sa famille, pour ses amis, c'était là un sourire dont l'éloquence était remplie de tristesse et de larmes.

Les parents de Jeanne ne pensaient pas encore, en ce moment,

---

[1] Dulaure. — *Histoire de Paris.*

à confier cette jolie folle aux geôliers de la Salpêtrière : on appela les docteurs et les charlatans les plus célèbres ; un d'eux, renommé pour le traitement de la folie, qu'il avait la mauvaise coutume de ne point guérir, montra par extraordinaire de la franchise et de la probité ; il recommanda l'usage de trois remèdes uniques, les seuls qui réussissent parfois en pareil cas : le temps le grand air et la liberté. On permit donc à la folle de courir si bon lui semblait, de sourire, de se taire, de souffrir et de pleurer.

On espérait beaucoup, pour la jeune malade, de la douce influence du printemps, qui se faisait bien attendre ; le printemps fut de retour enfin, et voici de quelle étrange façon il influa sur la raison de cette jeune fille.

Par une des premières et belles journées du mois de mai, la folie de Jeanne sembla prendre tout à coup un caractère d'une singularité remarquable : au lieu de sourire, elle se mit à rire tout à fait ; au lieu d'aller se cacher dans un coin, immobile et muette, elle se mit à danser, à chanter, à jaser avec tout le monde ; au lieu de négliger sa parure, elle se plut à revêtir ses plus beaux habits d'autrefois... Elle était presque raisonnable.

Le soir, elle dit à sa mère :

— J'ai vu le soleil !...

Sa mère lui répondit en l'embrassant :

— Hélas ! Jeanne, le soleil s'est montré aujourd'hui assez beau, assez éclatant, pour que chacun ait pu le voir tout à son aise !...

— Oui, répliqua la folle ; mais je l'ai vu de près, comme je vous vois en ce moment, et je lui ai parlé !

— Et qu'a-t-il daigné te dire, ma pauvre fille ?

— Il m'a juré de se marier avec moi.

— A quand le mariage, mon enfant ?

— Dès que ma corbeille sera prête... Et le printemps commence à la faire déjà !

Le lendemain, nous ne savons trop pourquoi ni comment, cette ravissante folle entrait à la Salpêtrière, où elle fut coudoyée peut-être par la veuve de Desrues.

Le directeur de l'hospice eut pitié de Jeanne et de sa poétique folie ; il essaya de la traiter avec deux de ces remèdes dont nous parlions tout à l'heure : le grand air et la liberté ; par précaution seulement, par prudence, on ne permit à Jeanne d'être libre que sous l'œil d'un gardien.

En se promenant chaque jour dans les jardins et dans les environs de la Salpêtrière, Jeanne s'imaginait que le radieux fiancé, l'époux étincelant rêvé par sa folie, avait commandé à la nature tout entière l'écrin magnifique de la mariée : Jeanne voyait déjà, dans tous les biens de la terre, dans toutes les beautés du ciel, dans tous les trésors naturels de ce monde, une splendide richesse qui allait vraiment lui appartenir; chaque matin, elle épiait, dans les moindres détails de sa tâche divine, ce mystérieux artiste qu'elle appelait le printemps, ce magicien admirable que le soleil avait chargé de lui fournir une merveilleuse corbeille de mariage ! Les plantes, les gazons, qui commençaient à verdoyer sous l'haleine printanière; les arbustes et les arbres qui allaient recevoir leur parure de feuillage et de fruits; les fleurs qui allaient s'épanouir; les roses qui entr'ouvraient déjà leurs cassolettes de parfums; les insectes qui étincelaient déjà dans l'herbe; les papillons qui s'apprêtaient à redorer leurs ailes; les oiseaux de la veille qui essayaient de s'envoler et de chanter; enfin, tout ce qui naît, tout ce qui brille, tout ce qui embaume, tout ce qui verdoie, tout ce qui vole, tout ce qui chante avec le retour du printemps, — tout cela était un présent de noces pour Jeanne, pour la fiancée du soleil !

Une pareille hallucination, qui nous paraît, après tout, une fantaisie bien douce et bien consolante, servit à rendre Jeanne un peu plus folle, mais aussi un peu plus heureuse; elle se laissa vivre joyeusement, dans l'attente de ce qu'elle appelait, comme toutes les jeunes filles à marier, le plus beau jour de la vie; elle continua de rêver délicieusement de sa puissance surnaturelle, et de son futur époux, qui était encore dans le ciel ! N'est-ce point là une belle et poétique folie, préférable cent fois à cette inflexible et inhumaine raison, qui attriste, qui enlaidit et qui gouverne le monde?...

Un poëte fort inconnu, à qui nous racontions cette charmante histoire de Jeanne de Montil, interrompit, il y a quelques jours, notre récit, pour improviser une espèce de complainte, de chanson, de romance ou de ballade, qui rappelle assez heureusement, selon nous, la bienheureuse folie de notre héroïne :

> Moi, la pauvre délaissée,
> Que le monde a repoussée,
> Oui, je suis la fiancée
> Du soleil, qui m'aime tant !
> Chaque rayon de lumière
> Qui vient du ciel à la terre
> M'apporte avec du mystère
> Un baiser de mon amant ;
> Chaque feuille, chaque rose,
> Chaque fleur nouvelle, éclose
> Sous les caresses du jour,
> Jusqu'au papillon qui vole,
> Tout est pour moi sa parole,
> Son regard et son amour !
>
> Quand la nuit est moins profonde,
> Il me quitte pour le monde
> Qu'il réveille et qu'il inonde
> A grands flots d'or éclatant !
> Et moi, la bouche posée
> Sur les fleurs de ma croisée,
> Je cueille et bois la rosée...
> Pleurs qu'il verse en me quittant !
> Et de sa part, pour me plaire,
> Les oiseaux viennent me faire
> Des chants qui ne cessent pas,
> Jusqu'au soir, où dans ma couche
> Le soleil revient, se couche,
> M'embrasse et dort dans mes bras !

Nous ignorons quelle fut la destinée tout entière de Jeanne de Montil ; peut-être mourut-elle dans un beau soir d'été, au milieu des fleurs, des papillons et des oiseaux, aux derniers rayons du soleil qui semblait lui sourire ; peut-être, hélas ! tomba-t-elle, dans les journées de septembre 1792, sous la hache révolutionnaire, côte à côte avec la veuve et la complice de Desrues.

La femme Desrues, fouettée, marquée et condamnée à la reclusion perpétuelle, par arrêt du parlement, périt en effet dans les journées de septembre ; du reste, la réaction populaire épargna la plupart des recluses de la Salpêtrière. On a prétendu que deux mille personnes avaient été tuées dans cette maison; remplacez un pareil chiffre par celui de QUARANTE-CINQ, ni plus, ni moins, et vous aurez encore à déplorer la mort de trop de victimes. Le souvenir des massacres de septembre à la Salpêtrière, nous ramène tout naturellement au château de Bicêtre.

Prud'homme, l'auteur du *Journal des révolutions de Paris*, rapporte que « le lundi, vers les trois heures, on se transporta à Bicêtre avec sept pièces de canon, parce que le bruit courait qu'il y avait des armes, ce qui ne se vérifia point. On procéda à l'apurement de cette maison de force, avec le même ordre qu'on avait observé dans celles de Paris; on y trouva une fabrique de faux assignats; on en tua sans rémission tous les complices. Les prisonniers pour dettes ou par jugement de la police correctionnelle furent élargis et s'en allèrent sains et saufs. Le fameux Lamotte, mari de la comtesse de Valois, se nomma : le peuple le prit sous sa sauvegarde[1]. Beaucoup de citoyens, que la misère avait relégués là, ne coururent aucun danger; mais tout le reste tomba sous les coups de sabre, de pique, de massue du peuple-hercule, nettoyant les étables du roi Augias. Il y eut beaucoup de monde de tué. »

M. Barthélemi Maurice fait observer que « l'attaque a eu lieu à dix heures du matin, et non à trois heures; que les canons n'ont pas paru; que la fabrique de faux assignats est un fruit de l'imagination de Prud'homme; qu'il n'y avait pas de prisonniers pour dettes à Bicêtre; que les malades ordinaires et les aliénés ne coururent pas plus de danger que les bons pauvres; que le fameux Lamotte ne figure sur aucun livre de Bicêtre. »

Dans son *Histoire de la Révolution*, M. Thiers s'exprime ainsi :

« A Bicêtre surtout, le carnage fut plus long et plus terrible qu'ailleurs. Il y avait là quelques mille prisonniers, enfermés, comme on sait, pour toute espèce de vices; ils furent attaqués, voulurent se défendre, et on employa le canon pour les réduire.

---

[1] La comtesse de Valois, écrouée à la Salpêtrière pour le fameux vol du *collier de la reine*, avait dû sa mise en liberté à la charitable intervention de Marie-Antoinette.

Un membre du conseil général de la commune osa même venir demander des forces pour réduire les prisonniers qui se défendaient; il ne fut point écouté. Pétion se rendit encore à Bicêtre, mais il n'obtint rien. Le besoin du sang animait cette multitude ; la fureur de combattre et de massacrer avait succédé chez elle au fanatisme politique, et elle tuait pour tuer. Le massacre dura, là, jusqu'au mercredi 5 septembre. »

Voici de quelle façon le royaliste Peltier a raconté le même épisode révolutionnaire :

« Cette prison était le repaire de tous les vices, l'hôpital où l'on soignait les maladies les plus affligeantes : c'était l'égout de Paris. Tout fut tué ; il serait impossible de fixer le nombre des victimes ; je l'ai souvent entendu évaluer à six mille personnes. La mort ne s'arrêta pas un instant pendant huit jours et huit nuits. Les piques, les sabres, les fusils ne suffisant pas à la férocité des assassins, ils furent obligés d'employer du canon. Deux sections leur laissèrent prendre celui qui leur était confié pour la défense de l'humanité. On y vit, pour la première fois, des prisonniers défendre leurs cachots et leurs fers ; la résistance fut longue et meurtrière. Enfin, voici de quelle manière on s'en rendit maître : on parquait dans une cour un certain nombre de malfaiteurs; on s'assurait des portes; des hommes qui y étaient postés repoussaient à coups de fusil ceux des prisonniers qui auraient tenté d'y faire une irruption pour s'échapper. On faisait venir un canon, et tandis qu'on avait l'air de le pointer sur celui des angles de la cour où l'on remarquait le plus de prisonniers, et que ceux-ci fuyaient d'un autre côté pour en éviter la direction, on le changeait de place avec vivacité, et l'on tirait à mitraille sur le groupe fuyard ; plus il tombait de ces malheureux, plus la joie barbare et les rires des bourreaux augmentaient. Ce n'était que lorsqu'il n'y avait plus qu'un petit nombre de prisonniers, qu'ils auraient été longtemps à détruire à coups de canon, que l'on en revenait aux petites armes ; en un mot, on avait imaginé un nouveau plaisir, celui de tirer à la course sur l'espèce humaine. »

Enfin, voici l'opinion de M. Barthélemi Maurice, exprimée par la bouche du père Richard, le doyen des employés de Bicêtre et le témoin oculaire des massacres de septembre; nous regrettons de ne pouvoir pas reproduire tout entières les pages remarquables auxquelles nous empruntons ce qui suit :

« Le père Richard se mit à tracer sur le papier les trois chiffres 166, 55 et 22. — Qu'est-ce que cela? lui demandai-je. — 166, C'EST LE NOMBRE DES MORTS. — Mais ce 55 et ce 22, qu'est-ce que signifient ces chiffres-là? — 55, c'était le nombre des enfants à la correction; il ne nous en est resté que 22... Ils en ont tué 33, les malheureux! Ils nous disaient, les assommeurs! que ces pauvres enfants étaient plus difficiles à achever que les hommes faits; vous comprenez... à cet âge, la vie tient si bien! On en avait fait une montagne là, dans ce coin où l'on démolit, à notre droite; le lendemain, quand il fallut les enterrer, c'était un spectacle à fendre l'âme; il y en avait un qui avait l'air de dormir comme un ange du bon Dieu! mais les autres étaient horriblement mutilés.

« Mais dites-moi, monsieur Richard, quel jour et comment cela a-t-il commencé? — Ils sont arrivés ici le lundi 3, à dix heures du matin. — Mais comment se sont-ils introduits? Comment avez-vous su enfin qu'ils venaient? — Ça s'est annoncé d'abord par un épouvantable silence; dans tout Bicêtre, où il y avait ce jour-là trois mille hommes, vous auriez entendu voler une mouche. — Mais vous aviez des canons, vous vous êtes défendus, votre directeur a été tué devant la grille? — Qu'est-ce qui vous a fait ces contes-là? Rien de tout cela n'est vrai; on n'a pas essayé un moment de se défendre; nous n'avions pas de canons; notre directeur n'a couru aucun danger. — Revenons, je vous prie, à vos assommeurs; combien étaient-ils? — Peut-être bien trois mille; mais il n'y en eut guère que deux cents qui prirent part aux affaires, soit comme juges, soit comme bourreaux. — Ils ont amené du canon? — On l'a dit; mais dans ce cas ils l'auraient laissé en dehors, car je suis allé maintes fois, pour mon service, jusqu'auprès de la grande grille, et je n'en ai pas vu. — Comment donc étaient-ils armés? — Quelques-uns, en petit nombre, avaient de méchants fusils, d'autres des sabres, des haches, des bûches, des crochets; mais ce qui dominait, c'étaient les piques. — Y en avait-il de bien habillés? — Oui, quelques-uns, dans les jugeurs surtout; mais les autres n'étaient guère élégants. — Est-ce qu'ils avaient l'air plus féroces que les autres hommes? — Non, mais ils étaient horriblement animés; ils disaient qu'ils ne voulaient pas que des scélérats égorgeassent leurs femmes et leurs enfants, tandis qu'ils iraient se battre à Verdun [1]. Et puis, quand il y en avait un d'acquitté, il fallait voir quels cris de joie ils poussaient, comme ils l'embrassaient!... — Et les juges, combien étaient-ils? — Une douzaine, mais ils se relayaient.

« Dites-moi un peu comment on procédait au jugement, à l'acquittement, aux exécutions. — Volontiers; ils s'établirent dans le greffe qui était là; une salle par bas à l'angle de l'église. Ils nous forcèrent de leur ouvrir le *livre* d'écrou; ils lisaient attentivement la colonne des motifs et les annotations; puis on allait chercher l'individu, tantôt dans une partie des bâtiments, tantôt dans une autre... Ceux que la peur empêchait de parler ou de se tenir debout, ceux-là étaient inévitablement condamnés. — Et alors? — Et alors le président disait : *Conduisez le citoyen à l'abbaye!* On savait ce que cela voulait dire. Deux hommes le prenaient par le bras, et l'entraînaient hors du greffe, à travers les assommeurs rangés sur deux files; quand il avait fait quelques pas, les plus à portée le piquaient dans le dos... on le lâchait... il tombait; de droite et de gauche, on le tirait avec des crochets, puis on l'assommait à coups de bûche, de crosse de fusil, on le lardait à coups de pique... c'était quelquefois bien long! — On n'en a donc pas tué à coups de fusil? — Pas un! Dès que tout était fini, on les tirait hors des rangs; on les déshabillait, et on rapportait exactement au greffe les montres, les assignats, l'or et l'argent. — Et les acquittements, monsieur Richard, comment cela se passait-il? — Au commencement, dès qu'il y en avait un d'acquitté, on le faisait sortir en triomphe par la porte du greffe, aux cris de *Vive la nation!* Mais ensuite, ils réfléchirent et se dirent : Voilà des gens qui n'ont pas mérité la mort, sans doute, mais qu'il serait peut-être dangereux de lancer tout de suite dans la société; d'ailleurs,

---

[1] On retrouve partout la preuve de cette panique, — terrible dans ses résultats, — qui s'était emparée du peuple de Paris en 1792.

il y en a qui, n'ayant ni feu, ni lieu, ni état, ne sauront où aller en sortant d'ici; il vaut donc mieux les garder provisoirement, et la commune avisera. — Ainsi, tous ont été jugés? — Ah! mon Dieu oui, tous y ont passé, pour être acquittés ou condamnés. Le soir du 3 venu, ils se sont arrêtés pour se reposer, et nous avons passé la nuit avec eux. Le lendemain, cela a recommencé, mais pas si fort; il n'y a guère que les enfants qui ont souffert ce jour-là.

« Ainsi, il n'y a pas eu d'aliénés, de vieillards ou de malades civils d'égorgés? — Certainement non ; au contraire, ils les avaient tous fait consigner dans les dortoirs et dans les chambres, de peur qu'il ne leur arrivât malheur par mégarde; les sentinelles les empêchaient même de se mettre aux fenêtres. Tout s'est concentré dans la prison. Le service s'est fait comme à l'ordinaire dans le reste de la maison. — Et quand se sont-ils en allés? — Le mardi 4, vers les trois heures de l'après-midi. Dès qu'on a pu se reconnaître, on a fait l'appel des survivants; vous avez remarqué une croix en marge de 188 écrous? On a fait cette croix le 4, à mesure que chacun d'eux répondait. — Et vos morts? — Après avoir reconnu tous ceux qu'on a pu, on les a enterrés, entre deux lits de chaux, dans notre cimetière. »

Il y a loin des résultats de ce récit, aux résultats qui sont constatés, pour les massacres de Bicêtre, par Peltier, Prud'homme et M. Thiers. Quelque tristes que soient encore les détails et les chiffres que donne M. Barthélemi Maurice, ils diminuent le nombre des victimes, ils enlèvent au spectacle de ces excès populaires quelque chose de l'horrible mise en scène qu'on lui avait prêtée dans les livres et dans la tradition : c'est toujours autant de gagné pour la révolution, pour l'histoire et pour l'humanité.

La justice révolutionnaire délivra, sans le savoir peut-être, un prisonnier honteusement célèbre, un malheureux, un véritable fou, qui trouvait encore dans son cabanon le moyen de s'enivrer de vin, de vice, de colère et de luxure : cet homme était le marquis de Sade, condamné à mort par le parlement d'Aix, et qui dut à l'honneur et à la noblesse de sa famille la grâce d'échapper à la main du bourreau, qui avait brûlé ses livres infâmes.

A Bicêtre, M. de Sade se livrait parfois à une récréation bien digne de son affreux génie : il faisait acheter des roses, les plus belles roses du monde ; il les prenait une à une, en ayant l'air de

les admirer, de les adorer ; il les éparpillait ensuite à ses pieds ; il se baissait comme pour les sentir de nouveau... et le malheureux se prenait à les jeter, à les plonger, en souriant, dans la boue ! N'était-ce point là une image ignoblement fidèle de tout ce qu'il avait fait de son esprit, de son imagination et de son cœur ?...

M. de Sade fut reconduit à Bicêtre par l'ordre de Bonaparte, peu de temps après le **18 brumaire** ; on le transféra plus tard à Charenton, où il mourut en **1814**. — Dieu merci ! le nom de cet horrible insensé a été lavé dans le sang d'un brave gentilhomme, Louis-Marie de Sade, qui combattait aux premiers rangs de l'armée française à Iéna et à Friedland.

Après les massacres de septembre, la terreur ne pénétra qu'une seule fois dans la prison de Bicêtre. Trente prisonniers, dont la liste avait été dressée par Fouquier-Tinville, furent transférés à Paris et condamnés par le tribunal révolutionnaire, pour « s'être « rendus les ennemis du peuple en complotant même dans la « maison de justice où les avait fait enfermer leur conduite cri- « minelle, formant le projet de forcer la garde de cette prison, « ainsi que les portes, se réunir aux agents de Pitt et de la faction « de l'étranger répandus dans Paris, se porter à la Convention et « aux comités de salut public et de sûreté générale, en égorger « les membres les plus marquants, leur arracher le cœur, le faire « rôtir et le manger, s'emparer des postes du pont Neuf, de l'Ar- « senal et d'autres, et enfin livrer Paris aux horreurs du pillage, « de l'assassinat, de l'incendie, pour servir l'infâme faction de « l'étranger et rétablir la royauté. »

Les juges de la révolution épargnèrent un accusé qui a joué un grand et admirable rôle dans le château de Bicêtre ; nous voulons parler du docteur Pinel. — Le comité de salut public accusait le célèbre médecin de faire servir sa généreuse science à la restauration de la monarchie ; on lui reprochait de vouloir soulager ou guérir des aliénés, pour avoir un prétexte de sauver des aristocrates. Pinel dédaigna de se défendre par des moyens oratoires : il expliqua sa théorie pour le traitement de l'aliénation mentale ; il rappela des faits qui témoignaient noblement en sa faveur, et le tribunal rendit à l'hospice de Bicêtre un bienfaiteur de l'humanité.

Le système de Pinel était bien simple : il préférait la douceur à la violence, la liberté à l'esclavage, le bien-être à la misère ; il traitait des malades : il ne châtiait pas des coupables. Grâce aux bienfaisantes réformes de Pinel, l'horrible hospice d'autrefois ne tarda point à se métamorphoser en une véritable maison d'asile. Le docteur Ferrus, qui succéda au docteur Pinel, compléta la merveilleuse transformation de l'hôpital de Bicêtre.

L'on a dit qu'avant Pinel et Ferrus, les galères valaient beaucoup mieux que les petites-maisons ; eh bien ! aujourd'hui, les anciennes galères de Bicêtre n'ont plus de chaînes, de geôliers, de gardes-chiourme, de bourreaux ; les aliénés... nous allions dire les condamnés, sont libres, dans les conditions d'une liberté qui puisse leur être favorable; ils se promènent dans des cours plantées d'arbres, ils se reposent dans des cellules propres, ils couchent dans des lits commodes, ils ont du linge blanc; enfin ils reçoivent, sans le savoir peut-être, quelque chose des douceurs de la vie humaine.

L'hospice de Bicêtre doit au zèle infatigable du docteur Ferrus une espèce d'école pratique de libre-arbitre, — si nous pouvons nous exprimer ainsi, — en faveur des aliénés : chaque matin, des groupes de malades sont conduits à la ferme Sainte-Anne, à une petite distance de Bicêtre, et la science préside à des travaux de jardinage ou de culture exécutés par la folie.

N'oublions pas de remercier M. Thiers, au nom de tout le monde, d'avoir aidé, encouragé plus d'une fois le docteur Ferrus dans ses louables tentatives en faveur des grandes infortunes de l'hospice.

La salutaire influence qui modifiait si heureusement, avec Pinel et Ferrus, le régime et le traitement des aliénés de Bicêtre, s'étendit bientôt jusque dans les cabanons de la Salpêtrière.

Aujourd'hui, dans l'une et dans l'autre de ces maisons, deux systèmes contraires essaient de venir à bout de l'idiotisme, de la monomanie et de la démence furieuse : l'un s'adresse surtout aux perturbations anatomiques; il emploie les moyens ordinaires de la thérapeutique, il traite le corps pour guérir l'esprit, sans renoncer entièrement à l'observation intellectuelle; l'autre, exclusivement spiritualiste, ne s'adresse qu'à l'intelligence, à l'imagination : il préfère l'influence d'une distraction morale à l'influence d'une douche, les sensations de la musique aux effets de la saignée, une forte émotion à un vésicatoire, un bain d'harmonie à un bain d'eau froide.

M. Leuret, un des médecins de la Salpêtrière, a poussé le système de la médecine des émotions jusqu'à vouloir faire chanter à des folles, des messes, des opéras et des vaudevilles. Nous croyons que la musique, non pas chantée par des aliénés, mais exécutée en leur présence, pourrait être profitable au traitement de la folie; dans ces représentations lyriques, la place des aliénés est tout entière dans l'auditoire, et non pas sur la scène. Du reste, l'exagération même du traitement moral ne peut qu'introduire, dans le régime de Bicêtre et de la Salpêtrière, de la douceur, du bien-être et de la liberté; mais, pour obtenir cette douceur, ce bien-être, cette liberté, il ne faudrait pas que l'administration fît la guerre au dévouement de la science, en continuant à justifier les plaintes exprimées par le docteur Trélat, dans cet extrait d'un rapport officiel :

« Quarante-quatre furieuses qui auraient besoin d'un vaste terrain pour courir et dépenser en mouvement leur fureur, sont resserrées sur un espace exigu de 59 mèt. 80 cent. de longueur et 33 mèt. 40 cent. de largeur, habitation et cours comprises. La demeure consiste en trois rangées de loges obscures et humides de 2 mèt. 16 cent. en long et en large, et 2 mèt. 8 cent. de hauteur, ne tirant le jour que d'une étroite fenêtre de 1 mètre de hauteur et 50 cent. de largeur, garnie de trois barreaux de fer. Ces quarante-quatre furieuses n'ont eu jusqu'au 1er novembre dernier, que *trois filles de service*, qui, ne pouvant suffire à la besogne, laissaient leurs malades les plus agitées continuellement renfermées. C'était retomber, après un demi-siècle, dans l'état barbare d'où la philanthropie éclairée de Pinel avait tiré les pauvres fous. Croiriez-vous qu'après tant de bienfaits de la part de ce médecin, on ait désappris à la Salpêtrière, qui fut comme Bicêtre le théâtre de sa gloire, le véritable usage du gilet de force, à l'aide duquel l'aliéné le plus violent, contenu dans ses mouvements de bras, garde le libre exercice de ses jambes, peut marcher, courir, se fatiguer, sans qu'il lui soit permis de frapper, de blesser, de briser? C'est un triste aveu qu'il faut laisser échapper.

« Dans la portion de cet asile qui m'est confiée, *il ne faudrait que des chaînes pour rappeler les violences de l'ancienne maison de Bicêtre : étroitesse et insalubrité des loges, nudité des malades, agitation provoquée et continuellement accrue par l'insuffisance des gens de service, rien n'y manque pour faire renaître, après cinquante ans, les monstrueux abus que Pinel avait déracinés avec tant d'éclat.* »

En 1803, il y avait encore, dans l'hospice de Bicêtre, un quartier destiné aux femmes; on supprima cet emploi, et les folles qu'il renfermait furent transférées à la Salpêtrière. Parmi ces malheureuses se trouvait une femme tristement célèbre, que la honte, les regrets, les remords peut-être, avaient précipitée dans une complète folie ; elle se nommait Théroigne de Méricourt.

Théroigne de Méricourt était née dans un village ; elle avait de la beauté, de l'intelligence, de l'ardeur, des passions et des vices : à ces causes, elle devait bientôt rougir de n'être qu'une simple paysanne; elle appartenait de droit à la grande ville. Un jour, l'ambitieuse villageoise entendit l'écho lointain d'une révolution qui commençait à faire de la terreur : Théroigne s'imagina que la révolution avait besoin d'une femme; elle se mit en route pour Paris, où elle arriva peut-être le même jour et par la même porte que Charlotte Corday.

Théroigne de Méricourt était jolie; elle commença par réussir, et le secret de sa réussite est tout entier dans ce surnom qu'elle avait reçu ou qu'elle avait choisi elle-même : l'*Aspasie du peuple*. Par malheur, elle ne se contenta pas de plaire et de se faire aimer : elle daigna vouloir servir la patrie ; elle voulut jouer un rôle révolutionnaire; elle adopta une espèce d'hermaphrodisme qui lui permettait à la fois d'être une femme pour le vice et un homme pour l'audace : elle endossa une tunique bleue qui retombait sur une robe de drap rouge; elle ceignit une écharpe tricolore, elle se coiffa d'un bonnet phrygien, elle prit une pique et un sabre, elle parcourut chaque jour les rues et les places de Paris, criant, jurant, blasphémant au bruit du tambour de Santerre.

Un matin, les femmes du peuple, qui valaient aisément beaucoup mieux que Théroigne de Méricourt, eurent peur de cette compagne qui faisait l'amour dans le sang, et qui embrassait la patrie sur les lèvres de tout le monde; elles arrêtèrent cette insensée : on la déshabilla publiquement, et on la fouetta comme une pécheresse, comme une vile criminelle. Eh bien! cette fille, qui n'avait rougi de rien jusque-là, eut honte du châtiment public qu'elle avait reçu; elle devint folle et on la jeta dans un cabanon.

Théroigne de Méricourt passa dix ans à Bicêtre, et dix ans à la Salpêtrière; parfois, quand elle pouvait échapper à la surveillance des gardiens, elle déchirait ses habits, elle se dénudait complétement, et comme si elle eût voulu continuer le châtiment qui lui

avait été infligé dans les rues de Paris, la folle se prenait à se rendre justice elle-même... elle se fouettait!

Retournons à Bicêtre, dans la prison, que nous avons oubliée un instant pour l'hospice.

Jusqu'en 1836, les prisonniers de Bicêtre reçurent de nombreux visiteurs que leur envoyait la curiosité parisienne, surtout lorsqu'il s'agissait de voir ferrer quelque bandit célèbre à la chaîne des galériens. Un jour de l'année 1818, toutes les classes de la grande ville étaient représentées dans la cour ou dans les environs de Bicêtre; chacun voulait assister au ferrage et au départ d'un criminel, dont la vie ressemblait à un véritable roman : Coignard, *comte de Sainte-Hélène*, allait partir pour le bagne.

La singulière odyssée de ce criminel est une histoire bien connue de tout le monde : Coignard s'était emparé, par l'entremise d'une femme, en 1805, des papiers de famille, des titres de noblesse, des états de service d'un émigré français, d'un gentilhomme qui venait de mourir en Espagne ; Coignard ne fut plus dès ce moment que le comte Pontis de Sainte-Hélène.

Le nouveau comte de Sainte-Hélène, quitta la France pour aller combattre dans les rangs de l'armée espagnole, sous les ordres du général Mina : Coignard devint tout simplement, à force de bravoure, chevalier de Saint-Wladimir et d'Alcantara.

En 1808, nous retrouvons le comte de Sainte-Hélène revêtu de l'uniforme de chef de bataillon, au service de la France ; il n'a plus voulu servir l'Espagne contre sa patrie : il demande à se battre pour l'Empereur, et il se bat à merveille contre les Espagnols jusqu'à la chute de l'empire.

En 1815, Coignard trouva le moyen de se faire ouvrir les portes du palais des Tuileries ; les Bourbons s'empressèrent d'accueillir un brave gentilhomme qui demandait à se rallier, et Louis XVIII accorda au comte de Sainte-Hélène le grade de lieutenant-colonel, le titre de chevalier de Saint-Louis et la croix d'officier de la Légion d'honneur. — Le rêve avait duré trop longtemps.

En 1818, pendant une revue que l'on passait sur la place Vendôme, Coignard fut reconnu par un de ses anciens camarades de chiourme, nommé Darius, et qu'il eut le tort de ne pas vouloir reconnaître.

Darius dénonça le comte de Sainte-Hélène au général Despinois. Coignard, convaincu de n'être qu'un forçat évadé, réussit à s'échapper ; mais il ne tarda point à être repris dans une bande de malfaiteurs, dont il était depuis longtemps le complice. Coignard fut condamné aux travaux forcés à perpétuité.

Au mois de mars 1828, le peuple de Paris se pressait aux abords de la prison de Bicêtre, pour voir ferrer deux prêtres, Molitor et Contrafatto. Le peuple avait compté sans les scrupules de la restauration : les abbés Contrafatto et Molitor n'étaient point des prisonniers politiques ; ils ne furent ni accouplés, ni enchaînés : ils partirent pour le bagne dans une voiture particulière.

Le dernier ferrage de Bicêtre eut lieu, le 3 octobre 1835, sur cent quatre-vingts condamnés : le bagne disait un dernier adieu à la prison qui avait été si longtemps la première étape sur la route de Brest, de Rochefort et de Toulon. Ce jour-là, par une sorte de miracle, il y eut quelque chose de consolant dans le départ de la chaîne : la plupart des patients portaient sur leur visage une tristesse qui ressemblait à l'expression du repentir ; ils ne criaient point, ils n'injuriaient personne, ils obéissaient aux soldats et aux gardiens, ils oubliaient de blasphémer contre les hommes et contre Dieu, ils pleuraient en écoutant la parole d'un prêtre, la touchante éloquence de l'abbé Montès !

L'opération du ferrage et le départ de la chaîne méritent un peu de notre curiosité, de notre attention, et il nous a paru assez intéressant d'assister à ces deux scènes de la vie de Bicêtre, avec un poëte, avec M. Victor Hugo, dans son *Dernier jour d'un condamné* :

« J'ai vu ces jours passés une chose hideuse.

« Midi sonna. Une grande porte cochère, cachée dans un enfoncement, s'ouvrit brusquement. Une charrette, escortée d'espèces de soldats sales et honteux, en uniformes bleus, à épaulettes rouges et à bandoulières jaunes, entra lourdement dans la cour avec un bruit de ferraille : c'étaient la chiourme et les chaînes.

« Au même instant, les spectateurs des fenêtres, comme si ce bruit réveillait tout le bruit de la prison, les spectateurs des fenêtres, jusqu'alors silencieux et immobiles, éclatèrent en cris de joie, en chansons, en menaces, en imprécations mêlées d'éclats de rires poignants à entendre ; on eût cru voir des masques de démons. Sur chaque visage parut une grimace ; tous les poings sortirent des barreaux, toutes les voix hurlèrent, tous les yeux flamboyèrent, et je fus épouvanté de voir tant d'étincelles reparaître dans cette cendre.

« Cependant, les argousins se mirent tranquillement à leur besogne. L'un d'eux monta sur la charrette, et jeta à ses camarades les chaînes, les colliers de voyage et les liasses de pantalons de toile. Alors, ils se dépecèrent le travail : les uns allèrent étendre dans un coin de la cour les longues chaînes qu'ils nommaient dans leur argot les *ficelles* ; les autres déployèrent sur le pavé les *taffetas*, les chemises et les pantalons, tandis que les plus sagaces examinaient, sous l'œil de leur capitaine, petit vieillard trapu, les carcans de fer qu'ils éprouvaient ensuite en les faisant étinceler sur le pavé; le tout, aux acclamations railleuses des prisonniers, dont la voix n'était dominée que par les rires bruyants des forçats pour qui cela se préparait, et qu'on voyait relégués aux croisées de la vieille prison qui donne sur la petit cour.

« Un moment après, voilà que deux ou trois portes basses vomirent, presqu'en même temps et comme par bouffées, dans la cour, des nuées d'hommes hideux, hurlants et deguenillés : c'étaient les forçats. A leur entrée, redoublement de joie aux fenêtres; quelques-uns d'entre eux, les grands noms du bagne, furent salués d'acclamations et d'applaudissements qu'ils recevaient avec une modestie fière.

« Quand ils eurent les habits de route, on les mena par bandes de vingt ou trente à l'autre coin du préau, où les cordons allongés à terre les attendaient. Ces cordons sont de longues et fortes chaînes coupées transversalement, de deux pieds en deux pieds, par d'autres chaînes plus courtes, à l'extrémité desquelles se rattache un carcan, qui s'ouvre au moyen d'une charnière pratiquée à l'un des angles et se ferme à l'angle opposé par un boulon de fer, rivé pour tout le voyage sur le cou du galérien.

« On fit asseoir les forçats dans la boue, sur les pavés; on leur essaya les colliers; puis, deux forgerons de la chiourme, armés d'enclumes portatives, les leur rivèrent à froid, à grands coups de masse de fer. C'est un moment affreux où les plus hardis pâlissent; chaque coup de marteau, asséné sur l'enclume appuyée à leur dos, fait rebondir le menton du patient; le moindre mouvement d'avant en arrière lui ferait sauter le crâne comme une coquille de noix.

« Après cette opération, ils devinrent sombres; on n'entendait plus que le grelottement des chaînes, et par intervalles un cri et le bruit sourd du bâton des gardes-chiourme sur les membres des récalcitrants. Il y en eut qui pleurèrent; les vieux frissonnaient et se mordaient les lèvres. Je regardais avec terreur tous ces profils sinistres dans leurs cadres de fer.

« ..... Un grand bruit me réveilla; il faisait petit jour. Ce bruit venait du dehors. Mon lit était à côté de la fenêtre ; je me levai sur mon séant pour voir ce que c'était.

« La fenêtre donnait sur la grande cour de Bicêtre. Cette cour était pleine de monde. Deux haies de vétérans avaient peine à maintenir libre, au milieu de cette foule, un étroit chemin qui traverversait la cour. Entre ce double rang de soldats, cheminaient lentement, cahotées à chaque pavé, cinq longues charrettes chargées d'hommes : c'étaient les forçats qui partaient.

« Les charrettes étaient découvertes ; chaque cordon en occupait une. Les forçats étaient assis de côté sur chacun des bords, adossés les uns aux autres, séparés par la chaîne commune qui se développait dans la longueur du charriot, et sur l'extrémité de laquelle un argousin debout, fusil chargé, tenait le pied. On entendait bruire leurs pas, et à chaque secousse de la voiture, on voyait sauter leurs têtes et ballotter leurs jambes pendantes.

« Il s'était établi, entre la foule et les charrettes, je ne sais quel horrible dialogue : injures d'un côté, bravades de l'autre, imprécations de toutes parts ; mais, à un signe du capitaine, je vis les coups de bâton pleuvoir au hasard dans les charrettes, sur les épaules ou sur les têtes, et tout rentra dans cette espèce de calme extérieur que l'on appelle l'ordre.

« Les charrettes, escortées de gendarmes à cheval et d'argousins à pied, disparurent successivement sous la haute porte cintrée de Bicêtre ; on entendit s'affaiblir par degrés dans l'air le bruit lourd des roues et des pieds des chevaux sur la route pavée de Fontainebleau, le claquement des fouets, le cliquetis des chaînes, et les hurlements du peuple qui souhaitait malheur au voyage des galériens. »

La prison de Bicêtre a été, jusqu'en 1836, l'avant-dernière étape des condamnés à mort, sur le chemin de la guillotine ; la dernière étape était à la Conciergerie. Il nous serait assez difficile de nommer tous les patients qui ont passé par le *pont des soupirs* de Bicêtre ; il ne s'agirait de rien moins que de compter les coups de hache que la guillotine a frappés pendant quarante ans. Seul, peut-être, le vénérable abbé Montès pourrait écrire un beau livre, tout plein d'un intérêt moral et religieux, sur les dernières heures des condamnés à mort.

Jusqu'en 1836, le crime a été le voisin de la folie dans la maison de Bicêtre : n'y avait-il pas, dans cet étrange voisinage ordonné par les hommes, un secret avertissement de Dieu qui révélait à la justice tout ce qu'il y a parfois de commun entre un fou et un criminel? Nous ne parlerons pas de Papavoine, dont la monomanie est acquise à la science; mais, voici plus récemment un malheureux insensé qui se nomme David : il aime sa belle-sœur, et devient jaloux de cette femme; il en perd la tête, il étouffe, il déraisonne, il a le délire... il prend un pistolet; il assassine sa belle-sœur, et il se hâte d'aller confier son crime à un sergent de ville qui passe sur le pont Neuf. — Cet assassin est-il un malfaiteur que le bourreau doive frapper? Le meurtrier n'avait-il pas le triste droit d'invoquer en sa faveur la circonstance atténuante d'un accès de fièvre chaude? Qu'importe la durée de la folie, si elle a eu le temps de briser le cerveau d'un homme? Le désespoir, comme l'ivresse, est une folie véritable.

David rédigea à Bicêtre des notes qui devaient servir à motiver sa demande en grâce; les voici telles que les rapporte M. Appert, dans son livre sur les *bagnes et les prisons.*

« Je désirerais que l'on voulût bien mettre sur cette pétition que je suis le fils d'un capitaine retraité, chevalier de la Légion d'honneur, âgé de soixante-seize ans, et que pour lui seul je sollicite ma grâce.

« Le 30 avril 1833, j'ai déjà obtenu de Sa Majesté une grâce sur la demande du général Duvernois, commandant la place de Rochefort, pour avoir sauvé les jours du docteur Allet, qu'un militaire, condamné comme moi, voulait assassiner.

« Parler de la passion de ma belle-sœur en termes les plus touchants, et que c'est à la suite de cette passion, par jalousie, par désespoir, que j'ai tué celle que j'aimais.

« On ne tue pas une personne, à dix heures et demie, dans un hôtel des Invalides couvert de soldats, et on ne se rend pas à la préfecture avouer son crime, pour le plaisir de le faire. — Il y a là délire, folie, enfin je ne sais quoi; je ne puis me rendre compte moi-même de ce moment.

« J'ai été militaire depuis 1813; j'ai manqué, à la vérité, aux devoirs que mon état m'imposait, mais je ne suis point un voleur.

« La mort, je ne la crains pas, je n'y pense même pas; la seule idée qui m'occupe, c'est le chagrin causé à ma famille, ce sont les cheveux blancs de ce vieux et respectable père qui a servi trente ans avec honneur. »

David fut guillotiné, comme Lacenaire.

Si Mercier visitait aujourd'hui la maison de Bicêtre, il aurait le droit de donner un démenti complet à ce passage de son *Tableau de Paris* : « Bicêtre, ulcère terrible sur le corps politique, ulcère large, profond, sanieux, qu'on ne saurait envisager qu'en détournant les regards; jusqu'à l'air du lieu que l'on sent à quatre cents toises, tout vous dit que vous approchez d'un lieu de force, d'un asile de misère, de dégradation, d'infortune. Le nombre des habitants de Bicêtre n'est point fixe; en hiver, il est plus considérable, parce que plusieurs pauvres qui trouvent à travailler en été sont obligés d'aller se réfugier dans cet hôpital en hiver, où l'on compte alors *quatre mille cinq cents* personnes environ. Si quelque chose peut inspirer de l'horreur pour la pauvreté et l'amour du travail aux fainéants, c'est Bicêtre : là, le pauvre est bien un être nul; on lui fait sentir que c'est la charité qu'on lui donne.

« Parlant à un de ces bons pauvres, je lui dis : Que désirez-vous, mon ami? — Oh! monsieur, si j'avais seulement un sou à dépenser par jour! — Eh bien? — Nous ne coucherions plus que trois dans un lit. — Et si vous aviez deux sous? — Oh! je boirais du vin deux fois la semaine. — Et si vous en aviez trois? — Oh! je mangerais un peu de viande tous les trois jours. — Un Anglais qui m'accompagnait lui donna de quoi boire du vin, manger de la viande et coucher seul pendant dix-huit mois.

« Ce nom de Bicêtre est un mot que personne ne peut prononcer sans je ne sais quel sentiment de répugnance, d'horreur et de mépris. Comme il est devenu le réceptacle de tout ce que la société a de plus immonde, l'imagination est blessée dès qu'on prononce ce mot qui rappelle des turpitudes. Il était naguère à Bicêtre une salle affreuse où cinq à six cents hommes, mêlés ensemble, s'infectaient mutuellement de leur haleine et de leurs vices, où le désespoir aigrissait sans cesse des caractères furieux; on n'y pouvait entrer, pour porter des aliments, que la baïonnette au bout du fusil. C'était bien le lieu le plus abominable, le plus pervers, le plus corrompu qui existât et qui ait existé peut-être sur toute la surface du globe.

« On est fâché de voir sur le même point, et tout à côté des vagabonds, — les épileptiques, les imbéciles, les fous, les vieillards, les gens mutilés ; il semble qu'ils devraient être séparés de cette foule de coquins qui inspirent encore plus d'indignation que de pitié. »

Les derniers jours des condamnés à mort se passent maintenant dans la prison de la Roquette, dont nous parlerons dans le dernier chapitre de cet ouvrage. Bicêtre n'a rien conservé des terribles apparences que lui avait infligées la pénalité du crime ; il s'est laissé reprendre, aussi bien que la Salpêtrière, ses chaînes, ses verrous et ses cachots ; il a renoncé aux coupables châtiés par la main des hommes : il n'a gardé que les innocents frappés par la main de Dieu.

IX

L'ABBAYE. — MONTAIGU.

C'était en 1635.

Le son de la cloche avait réuni tous les novices de la riche abbaye de Saint-Germain-des-Prés; d'après les ordres donnés la

veille, chacun s'était muni d'un instrument de travail, et l'abbé avait répété à haute voix :

« Mes frères, il faut accomplir l'œuvre que l'obstination de l'architecte Gomard voudrait laisser inachevée; il refuse de bâtir une geôle, et il élève ses prétentions jusqu'à empêcher aucune main profane d'entreprendre les travaux dont il a la direction..... Mettez-vous à l'ouvrage et que la geôle s'élève et complète notre saint édifice. »

Les frères avaient obéi.

En effet, il y avait eu convention faite entre l'architecte Gomard et l'abbé de Saint-Germain-des-Prés à Paris.

Par cet acte, Gomard s'était chargé de faire bâtir le portail de l'église et la geôle; mais, quoiqu'on ait dit que ces engagements eurent leur effet, des documents retrouvés par hasard, depuis quelques années, dans des démolitions, constatent que le bâtiment de la prison, de forme carrée, flanqué de petites tourelles à trois étages, grandit par les mains des moines.

Ce furent encore les moines qui creusèrent dans les profondeurs du sol ces affreux cachots dont la voûte surbaissée ne permettait même pas au patient d'élever les yeux vers le ciel, oubliettes où chacun des moines avait, en les construisant, la perspective de venir expier une infraction à la règle monastique, ou une faute contre l'obéissance disciplinaire.

L'abbé de Saint-Germain-des-Prés devait avoir à cœur la possession d'un *vade in pace;* une geôle était pour les moines du temps passé un symbole aussi essentiel que la croix.

Quel pouvoir spirituel ou temporel n'avait pas alors le privilége de placer sur son pilori à pivot les hommes déclarés coupables par ses lois spéciales? quelle corporation, sacrée ou profane, n'avait pas son code, ses juges, ses bourreaux, ses échelles patibulaires, ses bûchers? La capitale, fractionnée aujourd'hui par divisions municipales, avait alors pour signes de délimitation des gibets. Le vieil historien Sauval nous a laissé la liste de vingt-quatre juridictions qui avaient à Paris le droit d'engraisser les hommes pour la potence.

Le supérieur de l'abbaye de Saint-Germain-des-Prés éprouva bientôt le désappointement que partagèrent avec lui tous ceux qui possédaient le droit de haute, moyenne et basse justice; l'édit royal de 1674 réunit toutes les justices particulières à l'unité, et confisqua toutes les cordes des gibets au profit de celui du Châtelet ; toutes les juridictions qui vivaient de la mort des larrons pris sur leurs terres, jetèrent les hauts cris, comme firent les braconniers, lors des édits de Henri IV qui les condamnait, par avant-goût de la hart, à être fustigés près des buissons autour desquels ils auraient exercé leurs métiers. Un mémoire éloquent émut le roi Louis XIV, qui consentit à laisser jouir l'abbé de Saint-Germain-des-Prés du droit de justice dans l'enclos du monastère, et dans les lieux occupés par les abbés et religieux de ladite abbaye et leurs domestiques : ainsi avait précédemment fait Henri IV, en permettant à ceux qui habitaient des propriétés closes de mutiler ou de tuer le gibier suivant leur bon plaisir.

On lit dans les mémoires de l'Étoile : « En 1607 fut constitué prisonnier à Paris, et mis aux prisons de l'Abbaye, le prieur des *fratti ignoranti* pour avoir forcé une petite fillette âgée de sept à neuf mois, fille d'un corroyeur du faubourg Saint-Antoine. L'historien ne dit pas quel châtiment ou quelle pénitence subit le justiciable de l'abbé de Saint-Germain-des-Prés.

« Quelque temps auparavant, ajoute l'historien, s'était commis un acte prodigieux, surpassant en abomination le précédent. Un homme étant en compagnie d'une jument, en avait eu deux enfants, pour laquelle horreur ayant été condamné à être brûlé tout vif avec sa jument, il en appela au parlement ; la sentence étant confirmée, il fut renvoyé sur les lieux pour être exécuté, et à l'égard des deux enfants du criminel et de la jument, il fut ordonné que la Sorbonne s'assemblerait pour résoudre ce qu'on aurait à en faire. »

Quand le droit de justice qu'exerçait l'abbé de Saint-Germain-des-Prés fut restreint dans les limites du couvent, les geôles de l'Abbaye se trouvant trop vastes pour la population de ses prisonniers, la royauté fit au cloître une concession comme celle octroyée précédemment aux lazaristes, et les fils de famille débauchés ou dissipateurs remplirent le vide que les restrictions faites à l'omnipotence abbatiale avaient causé. Il faut croire que le temps dans sa marche démolit les cachots à mesure que cette population de contrebande s'augmenta, car à l'époque où Howard visita les prisons de France, il écrivit à propos de l'Abbaye :

« On y trouve cinq petits cachots dans lesquels on entasse quelquefois jusqu'à cinquante hommes. »

Il est vrai, qu'à cette époque, cette prison n'était plus destinée aux fils de famille, mais aux soldats du régiment des gardes françaises, troupe d'élite qui, appréciée collectivement, formait un corps dont la monarchie pouvait tirer honneur et profit, mais qui, pesée individuellement à son poids moral, ne méritait, certes, ni l'estime ni la pitié du peuple, qu'elle rançonnait, battait et humiliait, buvant son vin, enlevant ses femmes et ses filles quand l'occasion se présentait bonne.

Le peuple perd facilement la mémoire, et c'est peut-être pour avoir oublié qu'il devait correction plutôt que protection aux gardes françaises, qu'il eut sous les yeux le drame sanglant dont la première scène fut la délivrance de quelques indisciplinés que leurs chefs avaient envoyés en prison.

Mais avant de mettre de nouveau le pied sur le terrain de la révolution, voyons ce qu'était la prison de l'Abbaye quand elle servait de maison de correction aux jeunes débauchés.

Les familles qui se montraient sévères pour leurs héritiers, demandaient bien leur transformation morale ; mais comme la secte qui croit à l'inoculation des nobles instincts par la torture de l'isolement, n'avait pas encore publié ses programmes, on se contentait de mettre sous clef les coupables qui pouvaient vivre en société quoique captifs, et menaient assez joyeuse vie ; les cellules ne se fermaient qu'à la nuit close.

Les parents payant rétribution aux gardiens, la pensée administrative devait se concentrer sur la surveillance, et voici un moyen assez ingénieux auquel elle avait eu recours, et que nous recommandons aux architectes pénitentiaires ; en matière de plagiat, autant prendre sur notre sol, que d'aller copier la maçonnerie cellulaire à Lausanne ou à Philadelphie.

Voici donc le moyen préservatif de l'évasion par escalade et effraction, en usage dans l'ancienne prison de l'Abbaye de Paris.

Chaque chambre était encadrée ou plutôt doublée d'une cloison

Dessiné par LÉCURIEUX. Gravé par ROUGET.

LE FAUX ONCLE.

faite de lattes et de plâtre et détachée du mur; dans l'intervalle de la cloison au mur le sol était à jour, de sorte que si le prisonnier faisait un trou, quelque petit qu'il pût être, le mortier, les petits éclats de bois, la sciûre ou poussière de la latte tombaient entre la cloison comme la poudre d'un sablier, et le geôlier, tranquille dans son logis, comprenait que l'heure de la surveillance était arrivée. Ce moyen, qui aurait dérouté Latude et le baron Trenck, préserva l'Abbaye d'évasions pendant de longues années.

Au sujet de l'Abbaye, nous empruntons une anecdote à un laborieux et fécond écrivain, M. Saint-Edme, à qui l'histoire de tous les temps a dit ses mystères, dont il a fait de nombreuses et intéressantes reproductions au profit de notre époque. Ce fait donne la mesure des *étourderies* plus ou moins excentriques auxquelles se livraient les pensionnaires de la prison dont nous reproduisons le tableau.

« Le général D... était lié dans sa jeunesse avec des jeunes gens assez débauchés; un jour qu'il y avait pénurie d'argent pour les plaisirs, ces *fous* imaginèrent un singulier moyen de s'en procurer.

« L'oncle de D..., malade depuis longtemps, laissait, dans ce moment-là, peu d'espoir de guérison à ses amis. D... annonça que son oncle se trouvait plus mal et demandait un notaire; on alla chercher aussitôt cet officier public, on l'introduisit sur-le-champ auprès du moribond, qui dicta un testament tout entier en faveur de D... Un emprunt alors devint fort facile.

« Mais bientôt on découvrit la supercherie : D... et son ami le chevalier de la C.., qui avait joué le rôle de l'oncle, furent envoyés à l'Abbaye ; peu de temps après, le chevalier de la C... fut consigné à la Bastille et exilé dans les colonies, où il fit un très-riche mariage.

« Dans des temps plus près de nous, un jeune médecin fit un tour d'escamotage qui peut servir de pendant à la donation dont nous venons de parler ; mais plus heureux que M. D..., il jouit de l'impunité.

« Une vieille douairière mourut, son médecin voulut servir les intérêts d'une des parentes de la défunte, et voici comment il opéra :

« Le docteur appela deux hommes de loi auprès du lit mortuaire, et tandis qu'il tâtait le pouls et que la parente s'adressant au cadavre que les assistants croyaient encore animé et doué d'intelligence, elle criait à tue-tête : « N'est-ce pas à madame *** que vous avez l'intention de laisser telle ferme ? » Le médecin, avec adresse, faisait exécuter à la tête de la morte le signe de négation ou d'affirmation.

« La parente continuait l'intérrogatoire : « N'est-ce pas à madame *** que vous laissez vos coffres d'argenterie et tous vos meubles ? »

« Le médecin continuait à faire jouer la tête. Les notaires écrivaient des donations posthumes sans s'en douter. Ce qu'il y a de mieux, c'est que les héritiers improvisés au chevet d'un cadavre furent reconnus vrais et loyaux propriétaires.

« L'auteur et le complice de ce tour de gibecière n'eurent aucun démêlé avec la justice d'alors... »

Revenons aux gardes françaises.

Au mois de juin 1789, quelques soldats de ce régiment, écroués disciplinairement à l'Abbaye, écrivirent à une espèce de club permanent qui tenait ses séances au café de Foi ; ils se dirent victimes de leur patriotisme. Cette lettre fut lue en public, et de nombreuses voix demandèrent qu'on marchât sur l'Abbaye pour délivrer les soldats patriotes.

On se met en route, la foule grossit en chemin, les portes de la prison sont enfoncées, les prisonniers délivrés et portés en triomphe dans Paris. Deux détachements de dragons et de hussards veulent réprimer cet acte de sédition, mais le peuple les gagne en leur versant du vin, et bientôt dragons et hussards crient Vive la nation! et abandonnent leurs armes.

Le peuple commença à apprécier sa force, et trois ans après sa première victoire de l'Abbaye, il en remportait une autre que l'histoire nomme les massacres de septembre.

Tous les meneurs de cette sanglante époque avaient agité la question de savoir s'il fallait mettre le feu aux prisons, ou s'il n'était pas préférable de réunir les prisonniers dans les caves et de les y noyer avec le secours des pompes. L'assassinat pur et simple fut adopté comme mesure d'indulgence. On feignit de le justifier par des espèces de formes juridiques. A l'Abbaye, un tribunal composé de douze monstres et présidé par *Maillard*, surnommé Tape-dur, jugeait les prisonniers.

Deux torches éclairaient le tribunal, le président, en habit gris, le sabre au côté, était presque toujours debout contre une table, sur laquelle on voyait des papiers, une écritoire, quelques bouteilles et des pipes.

Cette table était entourée par dix personnes assises ou debout, dont quelques-unes étaient en veste et en tablier, d'autres dormaient étendues sur des bancs ; deux hommes en chemise teinte de sang, le sabre à la main, gardaient la porte du guichet ; un vieux guichetier avait la main sur les verrous.

Après l'interrogatoire d'un détenu, les juges prononçaient la mise en liberté.

M. Journiac Saint-Meard, qui eut le bonheur d'échapper au massacre par un acquittement, raconte ainsi sa mise en liberté :

« Le président, après avoir ôté son chapeau, dit : « Je ne vois rien qui puisse faire suspecter monsieur, je lui accorde la liberté. Est-ce votre avis ? »

« Les juges approuvèrent cette décision.

« Le président chargea trois personnes d'aller en députation annoncer au peuple le jugement qu'on venait de rendre.

« Les trois députés rentrèrent et me firent mettre mon chapeau sur la tête ; ils me conduisirent hors du guichet. Aussitôt que je fus dans une rue, un d'eux s'écria : « Chapeau bas ! voilà celui pour lequel vos juges demandent aide et secours. » Ces paroles prononcées, le pouvoir exécutif m'enleva ; et placé au milieu de quatre torches, je fus embrassé de tous ceux qui m'entouraient ; tous les spectateurs crièrent : Vive la nation !

« Ces honneurs me mirent sous la sauvegarde du peuple, qui, en applaudissant, me laissa passer, suivi de trois députés que le président avait chargés de m'escorter jusque chez moi. »

Quand, après un interrogatoire, le président disait : *A la Force*, c'était une formule de condamnation. Le prisonnier croyait à un transférement dans une autre geôle, il se livrait à ses guides, et au moment où il franchissait le dernier guichet, il tombait sous le fer des massacreurs.

On lit dans *l'Histoire des Jacobins*, attribuée à Charles Nodier :

« Dans la journée du 2 septembre, l'infernal comité apprenant qu'on volait les victimes après les avoir assassinées, et ne voulant pas perdre le butin sur lequel il avait compté, envoie Billaud de Varennes aux prisons pour arrêter ce qu'il appelle le pillage. On vit alors cet homme de sang portant un habit brun, une petite perruque brune et l'écharpe tricolore, entrer dans la cour de l'Abbaye, monter sur un tas de cadavres et adresser ce discours aux égorgeurs :

« Mes amis, mes bons amis, la commune m'envoie vers vous pour vous représenter que vous déshonorez cette belle journée. On lui a dit que vous voliez ces coquins d'aristocrates après en avoir fait justice. Laissez tous les bijoux, tout l'argent et tous les effets qu'ils ont sur eux pour les frais du grand acte de justice que vous exercez. On aura soin de vous payer comme on en est convenu avec vous ; soyez nobles, grands et généreux comme la profession que vous remplissez ; que tout dans ce grand jour soit digne du peuple dont la souveraineté vous est commise. »

Trois jours après la harangue de Billaud de Varennes, l'ordre suivant, daté de l'hôtel de ville, était adressé aux égorgeurs :

Au nom du peuple.

« Camarades,

« Il est enjoint de faire enlever les morts, de laver et de nettoyer toutes les taches de sang, et particulièrement dans les cours, chambres, escaliers de l'Abbaye. A cet effet, vous êtes autorisés à prendre des fossoyeurs, charretiers, ouvriers, etc.

« Hôtel de ville, 4 septembre.

« *Signé* : Sergent Panis, administrateur ;
Méchée, secrétaire-greffier. »

Il y avait là rude besogne, qui demandait grand renfort de bras.

Les massacreurs avaient accompli la mission dont ils étaient chargés [1] par le ministre de la justice, Danton, le procureur-syndic de la commune, Manuel, qui en cette circonstance eurent communauté de pensée et d'intention avec Fabre d'Églantine, Tallien, Collot d'Herbois, Billaud et autres...

Le sang avait coulé par torrents : cent soixante cadavres formaient, sur la petite place de l'Abbaye, le trophée révolutionnaire.

En cherchant parmi les corps affreusement mutilés, on pouvait reconnaître le prince de Rohan-Chabot, dévoué à la révolution quand elle s'annonça comme une transformation pacifique, mais qui rompit avec elle, quand elle menaça de devenir un champ de carnage. Le vénérable abbé Chapt de Rastignac, Thierry, valet de chambre du roi, Montmorin, ministre des affaires étrangères, grand nombre de prêtres fidèles à leur foi, grand nombre de soldats suisses fidèles à leur parole, mêlèrent ensemble leur sang et passèrent tour à tour sous le fatal guichet de la rue Marguerite, comme on disait à cette époque.

Parmi les victimes réservées aux égorgeurs, quelques-unes eurent un moment l'espoir d'échapper à leur sort.

Un historien de cette période révolutionnaire, M. Nougaret, raconte ce fait :

« Pendant qu'on égorgeait les prisonniers à l'Abbaye, un ecclésiastique qui attendait dans les cachots de cette prison que son tour arrivât, imagina de quitter son habit et de se faire un vêtement de tous les haillons qui se trouvaient autour de lui. Lorsqu'il comparut devant le sanguinaire tribunal, on lui demanda la cause de sa détention ; il feignit d'être un pauvre mendiant, et dit qu'il avait été arrêté demandant son pain. Sur cette réponse, que son accoutrement rendait très-croyable, il fut élargi. Enivré de joie, il se lance dans la rue et se hâte de gagner son logis. En appro-

---

[1] L'ordre était ainsi conçu : « Au nom du peuple français, camarades, il vous est ordonné de juger tous les prisonniers de l'Abbaye sans distinction, à l'exception de l'abbé l'Enfant, que vous mettrez dans un lieu sûr. L'abbé l'Enfant avait été le confesseur de Louis XVI. Il fut assassiné le 3, suivant quelques biographes, à la prison des Carmes, et suivant d'autres, à l'Abbaye.

chant de son domicile, il rencontra deux de ses voisins, dont l'un était boucher; il leur sauta au cou, les serra étroitement dans ses bras et leur dit : « Félicitez-moi, mes bons amis, mes chers voisins, j'ai échappé au carnage. » Il leur raconta ensuite par quel stratagème il avait sauvé sa vie. Il parlait à deux scélérats : ces deux monstres, après l'avoir écouté tranquillement, lui dirent à leur tour : « Tu ne nous échapperas pas à nous. » Ils le saisirent au même instant, l'étendirent par terre, et l'égorgèrent au milieu de la rue. »

Voilà l'époque ! .

Quelques jours avant le 2 septembre, mademoiselle Cazotte, mise à l'Abbaye avec son père, fut reconnue innocente; mais elle ne voulut pas l'y laisser seul et sans secours; elle obtint la faveur de rester auprès de lui. Arrivèrent les journées de meurtre. La veille, mademoiselle Cazotte, par le charme de sa figure et la chaleur de ses discours, avait su intéresser des Marseillais qui étaient entrés à l'Abbaye; ce furent eux qui l'aidèrent à sauver ce vieillard : Condamné après trente heures de carnage, il allait périr sous les coups d'un groupe d'assassins, sa fille se jette entre eux et lui, pâle, échevelée : « Vous n'arriverez à mon père, dit-elle, qu'après m'avoir percé le cœur ! » Un cri de grâce se fait entendre, cent voix le répètent. Les Marseillais ouvrent le passage à mademoiselle Cazotte, qui emmène son père, et vient le déposer dans le sein de sa famille. Cependant sa joie ne fut pas de longue durée. Bientôt Cazotte fut réincarcéré. Les ennemis du vieillard trouvèrent enfin le moyen de neutraliser l'ascendant que la fille de l'homme de lettres savait prendre sur tous ceux qui avaient alors la puissance. Ils obtinrent que mademoiselle Cazotte fût mise au secret, et son père resta sans appui et fut perdu. Dans le chapitre de la Conciergerie, nous avons vu les portes de cette prison s'ouvrir pour laisser passer le tombereau dans lequel Cazotte alla à l'échafaud.

Quelques prisonniers furent plus heureux.

Déjà la pique des égorgeurs s'était levée sur la poitrine de l'abbé Sicard, lorsque l'horloger Monnot se précipita entre les assassins et leur victime :

« C'est l'abbé Sicard ! s'écrie-t-il, un des hommes les plus utiles à son pays : il faut passer sur mon corps pour aller jusqu'à lui ! »

Sicard prit alors lui-même la parole, et dit au peuple : « J'instruis les sourds-muets, et comme le nombre de ces infortunés est plus grand chez les pauvres que chez les riches, je suis plus à vous qu'aux riches. »

Cette harangue produisit son effet : les égorgeurs prennent Sicard dans leurs bras, l'embrassent, et lui proposent de le reconduire en triomphe chez lui ; mais, comme il le raconte lui-même dans la relation de son séjour à l'Abbaye, un scrupule de justice l'engagea à dire qu'une autorité constituée l'ayant fait prisonnier, il ne devait cesser de l'être que par un jugement légal d'une autorité constituée.

Ce scrupule faillit compromettre de nouveau la vie de l'instituteur des sourds-muets ; car, pendant deux nuits qu'il passa encore à l'Abbaye, il risqua plusieurs fois d'être massacré. Enfin, le 4 septembre, Sicard, dont le comité de sa section (l'Arsenal) voulait à tout prix la tête, fut tiré de prison au moment où il allait être sacrifié à l'aveugle haine de quelques ennemis personnels.

La muse de Legouvé s'est inspirée au dévouement de mademoiselle de Sombreuil. Le poëte prend la scène au moment où les égorgeurs se font, sur la voie publique, les exécuteurs des arrêts du tribunal révolutionnaire.

> Ils mêlent sous leurs coups les sexes et les rangs ;
> Ils jettent morts sur morts et mourants sur mourants.
> Tout frémit... une fille au printemps de son âge,
> Sombreuil, vient éperdue affronter le carnage :
> C'est mon père, dit-elle, arrêtez inhumains !
> Elle tombe à leurs pieds, elle baise leurs mains,
> Leurs mains teintes de sang ! C'est peu ; forte d'audace
> Tantôt elle retient un bras qui la menace,
> Et tantôt s'offrant seule à l'homicide acier,
> De son corps étendu le couvre tout entier.
> Elle dispute aux coups ce vieillard qu'elle adore,
> Elle le prend, le perd, et le reprend encore.
> A ses pleurs, à ses cris, à ce grand dévoûment,
> Les meurtriers émus s'arrêtent un moment :

Elle voit leur pitié, saisit l'instant prospère,
Du milieu des bourreaux elle enlève son père,
Et traverse les murs ensanglantés par eux,
Portant ce poids chéri dans ses bras généreux.

Le poëte a omis de dire qu'un des meurtriers mit à la délivrance de M. de Sombreuil la condition que sa fille boirait un verre de sang. L'héroïsme lui donna la force de céder à cette horrible proposition.

Plus tard, madame de Rosambo sortant de prison avec le vénérable Malesherbes pour paraître au tribunal, aperçut mademoiselle de Sombreuil. « Vous avez eu, lui dit-elle, la gloire de sauver votre père, et moi j'ai la consolation de mourir avec le mien. »

Le bruit courut que le célèbre comédien Larive avait épousé mademoiselle de Sombreuil. L'artiste démentit le fait dans le *Moniteur*.

Beaumarchais avait fait un grand mémoire pour l'assemblée générale, à qui il demandait des juges, relativement à un achat de fusils déposés en Hollande; et quelques jours avant le mois de septembre de l'année 1792, l'auteur du *Mariage de Figaro* dictait à des commis son mémoire justificatif sur cette opération commerciale, quand on vint l'arrêter sur l'accusation d'un refus d'amener en France les soixante mille fusils que des ennemis personnels assuraient lui avoir été payés d'avance. Parmi les dénonciateurs, se trouvait un certain monsieur Colmar, membre de la municipalité, homme qui, en plusieurs circonstances, s'était trouvé en concurrence industrielle avec l'écrivain-négociant. Les scellés furent apposés sur les papiers de Beaumarchais et on l'envoya coucher à l'Abbaye.

Le lendemain deux officiers municipaux vinrent prendre le prisonnier à l'Abbaye, pour assister à la levée des scellés et à la description de ses papiers, puis il fut conduit à la mairie où des explications suffisantes allaient le rendre à la liberté avec une attestation de civisme et de pureté, quand survint un incident dont nous laissons Beaumarchais faire le récit.

« Le secrétaire, dont les regards bienveillants me consolaient et me touchaient, écrivait cette attestation, lorsqu'un petit homme aux cheveux noirs, au nez brusque, à la mine effroyable, vint parler bas au président; vous le dirai-je, ô mes lecteurs? C'était le grand, le juste, en un mot le clément Marat.

Il sort. Le président en se frottant la tête, avec quelque embarras me dit : « J'en suis bien désolé, monsieur, mais je ne puis vous mettre en liberté. Il y a une nouvelle dénonciation contre vous.

— Dites-la-moi, monsieur, je l'éclaircirai à l'instant.

— Je ne le puis; il ne faudrait qu'un mot, un seul geste de vous à quelques-uns de vos amis, qui vous attendent là dehors, peut détruire l'effet de la recherche qu'on va faire.

— Monsieur le président, qu'on renvoie tous mes amis; je me constitue prisonnier dans votre bureau jusqu'à la recherche finie; peut-être donnerai-je les moyens de la raccourcir. Dites-moi de quoi il s'agit? »

Le président dit alors qu'il était instruit d'un envoi de cinq malles de papiers suspects, fait par Beaumarchais chez une dame de la rue Saint-Louis.

« Monsieur, répondit Beaumarchais, je donne aux pauvres avec plaisir tout ce qu'on trouvera dans les cinq malles qu'on indique, et ma tête répond de ce qu'on y verra de suspect. » Il déclara qu'il n'y avait aucune malle à lui dans la maison indiquée. On vérifia les malles, dont quelques agents mal informés avaient suivi la trace, et on les trouva pleines de vieux chiffons appartenant à des religieuses réfugiées au Marais.

Beaumarchais ne tarda pas à être reconduit à l'Abbaye, et il fut mis au secret avec défense expresse de lui laisser parler à qui que ce fût du dehors, sans un ordre écrit de la municipalité.

« Je me trouvai, dit Beaumarchais, à l'Abbaye avec MM. d'Affry, Thierry, les deux Montmorin, Sombreuil et sa vertueuse fille, qui s'était enfermée avec son père dans ce cloaque; l'abbé de Boisgelin, MM. Lally-Tollendal, Lenoir, trésorier des aumônes, vieillard de quatre-vingt-deux ans, enfin cent quatre-vingt-douze personnes entassées dans dix-huit petites chambres.

« Un jour, dans un de nos entretiens, l'un de nos compagnons d'infortune nous dit : « Les ennemis ont pris Longwy, s'ils peuvent entrer dans Verdun la terreur gagnera le peuple, et l'on en profitera pour nous faire égorger.

— Je n'y vois que trop d'apparence, répondis-je. »

« Le lendemain on me fit passer, en prison, le billet que je vais copier : « Colmar, officier municipal, et celui qui a dit en votre « présence avoir des preuves contre vous, est cause du nouvel « ordre qui vous tient au secret. Écrivez avec force au comité de « surveillance de la mairie. »

« Je profitai du conseil; j'adressai un mémoire au comité.

« Le lendemain 29 août, sur les cinq heures du soir, nous philosophions tristement. Un guichetier vint m'appeler.

« Monsieur Beaumarchais, on vous demande.

— Qui me demande, mon ami?

— M. Manuel avec quelques municipaux. »

« Il s'en va; nous nous regardons. M. Thierry me dit : « N'est-il pas de vos ennemis?

— Hélas! dis-je, nous ne nous sommes jamais vus; il est bien triste de commencer ainsi : cela est d'un terrible augure! mon instant est-il arrivé? » Chacun baisse les yeux, se tait; je passe chez le concierge, et je dis en entrant : « Qui de vous, messieurs, se nomme M. Manuel?

— C'est moi, me dit un d'eux en s'avançant.

— Monsieur, lui dis-je, nous avons eu, sans nous connaître, un démêlé public sur mes contributions. Non-seulement, monsieur, je les payais exactement, mais même celles de beaucoup d'autres, qui n'en avaient pas le moyen. Il faut que mon affaire soit devenue bien grave, pour que le procureur-syndic de la commune de Paris, laissant les affaires publiques, vienne s'occuper ici de moi.

— Monsieur, dit-il, loin de les laisser là, c'est pour m'en occuper que je suis dans ce lieu; et le premier devoir d'un officier public n'est-il pas de venir arracher de prison un innocent qu'on persécute? Votre dénonciateur, Colmar, est reconnu un gueux; sa section lui a arraché l'écharpe dont il est indigne. Il est chassé de la commune et je le crois même en prison. C'est pour vous faire oublier notre débat public, que j'ai demandé à la commune de m'absenter une heure pour venir vous tirer d'ici. Sortez à l'instant de ce lieu. Je lui jetai mes bras au corps, sans pouvoir lui dire un seul mot; mes yeux seuls lui peignaient mon âme : je crois qu'ils étaient magiques, s'ils lui peignaient tout ce que je pensais. »

Le dimanche 2 septembre, Beaumarchais libre apprend que la sortie de Paris est permise; fatigué de corps et d'esprit il va dîner à la campagne. A quatre heures on lui dit que la ville est refermée, qu'on sonne le tocsin, qu'on bat la générale et que le peuple se porte avec fureur vers les prisons pour massacrer les détenus...

Ce mélange d'affreuses et de louables actions, qu'on trouve dans la vie de Manuel, qui arracha Beaumarchais à la mort la veille de la sanglante exécution dont il était un des meneurs, s'offre chez plusieurs acteurs du drame révolutionnaire. Dans une autre circonstance Saint-Just sauva une jeune fille de la souillure, et peut-être de la mort, en jetant dans les cachots de Paris un homme qui faisait un abus infâme de la puissance qu'il avait conquise par l'apostasie.

L'abbé Schneider fut le digne émule des Lebon et des Fouquier-Tinville, ancien moine, puis accusateur public près le tribunal du Bas-Rhin ; il eut la part la plus grande à tous les crimes qui se commirent dans ces contrées au nom de la liberté. Son activité égalait presque sa cruauté méthodique : toutes les communes le voyaient, suivi de ses bourreaux, se contenter dans ses tournées de la dénonciation faite par deux de ses agents, pour livrer au supplice des citoyens des deux sexes, de tout âge, et même de toute condition. Les municipalités lui abandonnaient les têtes qu'il demandait, comme faisant partie des tarifs d'une sorte de réquisition générale.

Quelquefois Schneider s'invitait chez un propriétaire aisé, où l'on ne manquait pas d'aller au-devant de tous ses caprices ; mais, à la fin du repas, l'hôte complaisant était immolé avec appareil dans sa propre cour. Considérant que le fleuve du Rhin pouvait rivaliser avec la Loire, l'abbé alsacien se demanda pourquoi, de ce côté de la France, il se priverait des moyens dont jouissait bien Carrier ; mais le temps manqua pour l'exécution du projet.

Le prêtre défroqué, voulant donner des gages positifs à la révolution et balancer l'ascendant de Saint-Just, chercha à faire oublier que son début dans la vie publique datait d'une apostasie ; il se laissa persuader que le nom d'Euloge, qu'il avait pris nouvellement, et surtout un mariage, satisferaient l'opinion. L'abbé Schneider fit choix d'une fiancée.

Un homme riche du bourg de Brumath, peu distant de Strasbourg, était en jugement comme aristocrate et il avait une fille remplie de qualités ainsi que d'agrément. Schneider fit élargir le père, et, en dînant chez lui le lendemain, il lui déclara qu'il voulait sa fille ; elle comprit parfaitement ce qu'elle avait à faire ; les croisées donnaient sur la place où on dressait l'échafaud ambulant, et on y attendait son père en cas qu'il refusât. Elle parut donc flattée du choix d'un homme aussi redoutable, et pénétrée de reconnaissance pour l'ordre d'élargissement signé la veille ; elle supplia son père de l'autoriser à donner son consentement ; et, parlant aussitôt dans ce sens à Schneider, elle ajouta : « Il se mêle un peu d'orgueil à mon bonheur ; je demande que la cérémonie ait lieu dans la ville, afin que nul ne puisse me confondre avec les jeunes filles qui t'ont suivi, sans être la compagne légitime de notre premier citoyen; demain mes préparatifs seront faits. »

Le lendemain on ne put partir de Brumath assez tôt, il fallut que Schneider envoyât l'ordre de différer d'une heure la clôture des portes de Strasbourg. C'était enfreindre un arrêté de Saint-Just et encourir la peine capitale; mais Schneider s'aveuglait au point même de braver son antagoniste; le cortége se présenta sous le balcon de Saint-Just.

Les fiancés étaient dans une voiture à six chevaux, découverte, précédée de quatre coureurs, et entourée de cavaliers d'élite.

Le lourd char des exécutions s'avançait à la suite, et l'abbé paraissait ainsi dans sa gloire, avec les insignes de son autorité.

Cependant Saint-Just se montra sur le balcon, et il fallut s'arrêter. La jeune héritière de Brumath vit dans quelles mains était le pouvoir le moins précaire; elle s'élança de la voiture, et à genoux, sur le pavé, devant Saint-Just elle s'écria : « Justice, citoyen! j'en appelle à la convention. »

Elle s'expliqua en peu de mots, et ensuite à cette question : « Qu'aurais-tu fait? » elle répondit en laissant apercevoir un poignard : « Je l'aurais tué ce soir, maintenant je demande sa grâce. » Mais Saint-Just était irrité : « Point de grâce, dit-il, qu'on attache le moine de Cologne à la guillotine, cet avant-goût de supplice est une invention de ce monstre. » Ainsi exposé durant plusieurs heures à la risée publique, le 21 décembre 1793 il fut transféré dans les prisons de Paris et bientôt il subit la mort. Ce fut Fouquier-Tinville qui fit justice de Schneider.

Au nombre des noms célèbres qui figurent sur les registres de cette prison, où passa madame Roland, est celui de Charlotte Corday.

Le 11 juillet 1793, le bruit se répand dans Paris que Marat vient d'être assassiné. On n'ose confier une telle nouvelle qu'à ses amis. Elle est bientôt confirmée par les imprécations et la fureur de jacobins. Une femme a porté le coup; elle s'en glorifie; elle attend le supplice; elle n'a point cherché à s'y soustraire : c'est Charlotte Corday.

Elle était née dans le département de l'Orne, demeurait à Caen et possédait à un degré fort rare tous les dons de la beauté ; on était surtout frappé de l'élégance de sa taille, du pur éclat de son teint, et des éclairs qui partaient de ses yeux. Quelques personnes ont cru, et l'on a beaucoup répété, qu'elle avait aimé ce brillant et infortuné Belzunce, qui fut massacré à Caen avec tant de barbarie dans les premiers troubles de la révolution, et que dès lors elle avait juré de venger l'humanité sur Marat, qui dans ses feuilles avait provoqué le massacre de Belzunce. On a prouvé depuis qu'elle n'avait connu ni pu connaître cet officier.

Charlotte était âgée de vingt-cinq ans ; tout indiquait dans ses traits et dans ses manières, que s'élevant au-dessus des forces de son sexe, elle en avait conservé la modestie. Le soin de plaire lui paraissait frivole ; elle remplissait avec tendresse le devoir de la piété filiale, mais dans la vie domestique elle avait obtenu ou s'était réservé quelque indépendance. Peut-être la fierté de son âme l'avait-elle soustraite au sentiment qui a tant d'influence sur la destinée des femmes. Une seule passion l'occupait depuis longtemps, c'était celle de la liberté.

Quand les députés proscrits arrivèrent à Caen, elle plaignit leurs malheurs, elle vit tous ceux de sa patrie. Placée trop loin du théâtre des événements, elle en comprit mal la cause ; elle voyait des milliers de tyrans ; elle crut qu'ils se subordonnaient à un chef, et le plus féroce lui parut le plus habile d'entre eux.

Le dessein de Charlotte est pris ; elle goûte déjà toute la joie d'une grande action ; la sérénité de ses traits trompe ses amis et son père. Elle part pour Paris ; dans la voiture publique, elle montre à ses compagnons un aimable enjouement. Elle emploie le premier jour de son arrivée à s'acquitter de quelques commissions dont elle s'était chargée ; ces soins minutieux semblent occuper toute son attention. Le lendemain elle va au Palais-Royal acheter le couteau qu'elle doit plonger dans le cœur d'un monstre ; elle examine, elle emporte cette arme d'un air d'indifférence ; elle se fait conduire chez Marat.

Le dénoûment du drame dans lequel Charlotte Corday eut le principal rôle est trop connu dans ses détails, pour qu'il soit besoin de le reproduire. La jeune fille, après le meurtre, reste im-

Dessiné par Jules David.   Gravé par Rouget.

CHARLOTTE CORDAY.

mobile, en proie à la fureur des femmes qui assistaient au bain de Marat; elle se met sous la protection de la garde ; elle est conduite à l'Abbaye.

Bientôt la prisonnière écrit cette lettre :

*A Barbaroux, aux prisons de l'Abbaye,
le second jour de la préparation à la paix.*

« Vous avez désiré, citoyen, le détail de mon voyage ; je ne vous ferai pas grâce de la moindre anecdote. Quand je me suis mise en route, j'étais avec de bons *montagnards* que j'ai laissé parler tout leur comptant; et leurs propos, aussi sots que leurs personnes étaient désagréables, ne servirent pas peu à m'endormir.

« Le croiriez-vous ? Fauchet est en prison comme mon complice, lui qui ignorait mon existence ; c'est qu'on n'est guère content de n'avoir qu'une femme sans conséquence à offrir aux mânes du *grand homme*. O humains! pardon, ce mot déshonore votre espèce; c'était une bête féroce qui allait dévorer le reste de la France.

« Quatre membres se trouvèrent à mon premier interrogatoire. Chabot avait l'air d'un fou ; Legendre voulait m'avoir vue le matin chez lui, moi qui n'ai jamais songé à cet homme : je ne lui crois pas d'assez grands moyens pour être le tyran de son pays, et je ne prétendais pas punir tout le monde. Nous sommes si bons républicains à Paris, que l'on ne conçoit pas comment une femme inutile, dont la plus longue vie ne serait bonne à rien, peut se sacrifier de sang-froid pour sauver son pays...

« Je jouis délicieusement de la paix depuis deux jours; le bonheur de ma patrie fait le mien. Je suis on ne peut mieux dans ma prison : les concierges sont les meilleures personnes du monde ; on m'a donné des gendarmes pour me préserver de l'ennui; j'ai trouvé cela fort bien pour le jour et fort mal pour la nuit. Je me suis plaint de cette indécence, on n'a pas jugé à propos d'y faire attention. Je crois que c'est de l'invention de Chabot : il n'y a qu'un capucin qui puisse avoir ces idées. »

Chauveau-Lagarde, avocat de la jeune fille, crut devoir ne dire que ces mots pour sa défense :

« L'accusée avoue de sang-froid l'horrible attentat qu'elle a commis ; elle en avoue avec sang-froid la longue préméditation ; elle en avoue les circonstances les plus affreuses, en un mot, elle avoue tout et ne veut avoir recours à aucun moyen de justification ; voilà, citoyens jurés, toute sa défense : ce calme imperturbable, cette entière abnégation de soi-même et qui n'annoncent aucun remords, pour ainsi dire, en présence de la mort même ; ce calme et cette abnégation sublimes, sous un rapport, ne sont pas dans la nature ; c'est à vous, citoyens jurés, à juger de quel poids doit être cette considération morale dans la balance de la justice. »

Le fière républicaine remercia l'avocat avec grâce : « Vous avez, lui dit-elle, saisi le véritable côté de la question ; c'était la seule manière de me défendre, et la seule qui pût me convenir. Je vous en remercie, elle m'a fait concevoir pour vous une estime dont je veux vous donner une preuve. Ces messieurs viennent de m'apprendre que mes biens sont confisqués ; je dois quelque chose à la prison, je vous charge d'acquitter cette dette. »

Adam de Lux, député extraordinaire de Mayence, fit la proposition d'élever une statue à Charlotte Corday avec cette inscription : *Plus grande que Brutus.* L'Abbaye reçut l'auteur de cette motion. En passant le guichet il s'écria avec enthousiasme : *Je vais donc mourir pour Charlotte Corday !* Bientôt il porta sa tête sur l'échafaud. Son dernier jour venu, il déjeuna avec appétit, donna son manteau à un malheureux prisonnier en lui disant : « Plus heureux que vous, je n'aurai plus froid ; » et il partit pour l'échafaud.

Le tableau que Charlotte Corday fait de la douceur de la vie de captivité à l'Abbaye, trouve son contraste dans le récit que nous empruntons à une autre victime :

« J'arrive à l'Abbaye ; on me fouille avec la plus scrupuleuse exactitude ; je suis dépouillé et jeté dans un cachot. Une table vermoulue et dégoûtante de malpropreté, un amas de vieille paille hachée et un méchant grabat soutenu par une sangle à demi déchirée, formaient tout l'ameublement. Vingt-quatre heures s'écoulent, et mon énorme porte reste immobile sur ses gonds. Le silence de la mort m'environne ; il est tout à coup interrompu par l'arrivée d'un guichetier.

« — Tiens, me dit-il avec son accent rauque, voilà une cruche remplie d'eau; tu pourras boire à la santé de tes amis; voilà aussi un morceau de pain : ce n'est pas trop régalant; mais, que veux-tu, frère, nous sommes dans un temps de pénitence.

« Je demandai, comme une grâce, qu'on eût l'humanité de faire nettoyer mon antre; je réclamai une chaise, de l'encre, du papier et une chandelle.

« — Tu es au secret et tu ne peux rien avoir de ce que tu demandes, me répondit le guichetier.

« Aussitôt, les verrous se referment sur moi avec un bruit effrayant.

« Je restai deux jours sans nouvelle visite.

« Le troisième jour, mon guichetier parut s'attendrir sur mon sort : il retourna près du geôlier en chef, lui fit sans doute le tableau fidèle de mon triste état; il vint bientôt m'annoncer, comme une grâce insigne, que j'avais obtenu la permission de sortir de mon cachot. Je veux marcher : mes jambes, tout mon corps s'affaissent sous moi; mon guide me prête son aide, et je me trouve transporté dans une espèce de salon décoré du produit des dépouilles des victimes encombrées à l'Abbaye.

« Mis en présence avec le premier vizir, et déposé sur une chaise, j'entends bégayer quelques paroles, car ce despote était presque ivre mort.

« — Ah! ah! me dit-il, tu n'es donc pas accoutumé aux prisons.... Je suis concierge, je suis greffier, je suis magistrat, je suis tout ici... Mes gens m'ont rendu compte que tu ne voulais pas manger... J'en ai informé le comité; c'est mon devoir; on m'a répondu : « Eh bien! il faut le laisser crever ou le conduire à Bicêtre... » A cette heure, arrange-toi; mange, ne mange pas... cela m'est bien égal.

« Il baisse la tête; puis, la relevant :

« — Écoute; j'ai un bon chef dans ma cuisine, on trouve tout chez moi, tout ce qu'on désire (puis, comme s'applaudissant d'une saillie d'esprit), avec de l'argent, s'entend... Eh! que diable, tu pue la fièvre! retire-toi... Pouah!

« Il appelle le guichetier, qui me prend, me charge sur son dos, et se met en devoir de me reporter à mon cachot, lorsque les détenus, qui avaient entendu à la porte du salon, restée entr'ouverte, m'enlèvent de dessus les épaules de mon guichetier, et me rapportent au salon, où leurs témoignages de sympathie se manifestent, et où leurs vives instances me forcent, après huit jours d'une abstinence absolue, à prendre quelque nourriture. »

La vie était devenue un fardeau insupportable pour le malheureux dont nous retraçons les tortures, d'après ses Mémoires.

Bientôt remis au secret, il fit une vaine tentative pour correspondre avec sa femme ; une lettre, écrite avec du sang tiré de ses veines à l'aide d'un clou, parvint à destination, mais la réponse fut saisie, et le prisonnier devint la victime de la brutalité des gardiens. Il tomba bientôt dans un état de faiblesse voisin de la mort, sa volonté aida à la destruction qui se préparait : il essaie un suicide, les apprêts sont découverts, et, à partir de ce jour, le martyr fut placé sous une surveillance sévère.

Il y avait à peu près dix mois que ce citoyen luttait contre la mort; les tristes restes d'une santé robuste s'épuisaient dans une lente agonie; il demandait vainement des juges, et c'était un fait auquel on pouvait à peine croire, à cette époque où la procédure était si expéditive, que ce refus opiniâtre d'envoyer une victime de plus à l'échafaud.

Le prisonnier subit enfin une espèce d'interrogatoire, après lequel il fut incarcéré à la Conciergerie, où ses tortures continuèrent; de là, il passa à la prison du Plessis, demandant toujours qu'on le mît en jugement. Fatigué de tant de délais, ne prenant conseil que de son désir d'en finir avec la vie, comme moyen extrême, il écrit à Fouquier-Tinville, et adresse sa lettre : *Au citoyen exterminateur public...* Il espère enfin faire partie des fatales fournées; mais sa lettre était datée du 9 thermidor; le lendemain, la convention avait remporté la victoire qui arracha tant de victimes à l'échafaud.

Avant la réaction thermidorienne, l'Abbaye avait eu sa large part de victimes ; elle envoyait son trop plein à la Conciergerie, qui alors se remplissait sans cesse par les envois des départements, et se vidait par le massacre et le transfèrement dans d'autres maisons. Rioufle nous a laissé à ce sujet des matériaux authentiques :

« D'abord ils avaient entassé quinze personnes dans leur charrette meurtrière; bientôt ils en mirent trente, enfin jusqu'à quatre-vingt-quatre.

« J'ai vu, dit Riouffe, quarante-cinq magistrats du parlement de Paris, trente-trois du parlement de Toulouse, allant à la mort du même air qu'ils marchaient autrefois dans les cérémonies publiques. J'ai vu trente fermiers généraux passer d'un pas calme et ferme; les vingt-cinq premiers négociants de Sedan, plaignant, en allant à la mort, dix mille ouvriers qu'ils laissaient sans pain. J'ai vu ce Beysser, l'effroi des rebelles de la Vendée, et le plus bel homme de guerre qu'eût la France. J'ai vu tous ces généraux que la victoire venait de couvrir de lauriers, partir stoïquement pour la boucherie.

« Dans ce hachis d'hommes qu'on appelait fournées, on entassait des êtres diamétralement opposés de système et de parti. Plusieurs fois des générations entières ont été absolument détruites en un jour. Dans d'autres fournées, on voyait réuni ce que la nature avait de plus aimable : quatorze jeunes filles de Verdun, qui avaient l'air de jeunes vierges parées pour une fête publique, furent menées ensemble à l'échafaud.

« Vingt femmes du Poitou, pauvres paysannes pour la plupart, furent également assassinées ensemble. Je les vois encore, ces malheureuses victimes, étendues dans la cour de la Conciergerie, accablées de la fatigue d'une longue route et dormant sur le pavé. Leurs regards, où ne se peignait aucune intelligence du sort qui les menaçait, ressemblaient à ceux des bœufs entassés dans un marché, et qui regardent fixement et sans connaissance autour d'eux. Elles furent exécutées toutes, peu de jours après leur arrivée. Au moment d'aller au supplice, on arracha du sein d'une de ces infortunées un enfant qu'elle nourrissait, et qui, au moment même, s'abreuvait d'un lait dont le bourreau allait tarir la source. »

Quand nous avons écrit l'histoire de la prison de Saint-Lazare, nous nous sommes réservé de renouer les épisodes révolutionnaires dont cette geôle fut le théâtre, aux événements qui se passèrent à la même époque à l'Abbaye. Nous allons entrer dans quelques détails.

Le régime de la prison Saint-Lazare fut l'un des plus rigoureux.

Il n'était sorte d'humiliations ou de cruautés qu'on ne fît subir aux prisonniers.

Quelquefois il arrivait que l'attention des prisonniers était attirée par un grand bruit au dehors; c'était le retentissement de quelque fête civique, et alors on ordonnait aux captifs de prendre place aux fenêtres donnant sur la voie publique; ainsi il arriva un jour que la section du Bonnet-Rouge avait fêté la mémoire de Marat. Le cortége, à son retour, s'arrêta sous les fenêtres de Saint-Lazare; deux forges ambulantes, traînées à bras, firent halte à l'ordre d'un commissaire du comité révolutionnaire.

On forgea, sous les yeux des suspects, une pique de fer et des chaînes, et pendant l'opération, la foule jetait vers les fenêtres des cris de mort et d'affreux blasphèmes. La scène se termina par la ronde de la *Carmagnole*.

Il y avait péril pour un captif à se hisser à une fenêtre pour

Dessiné par Eustache Lousay.   Gravé par Baudoin.

LE CORDONNIER SIMON.

apercevoir, à travers les barreaux, un objet cher à sa tendresse. Des femmes, des enfants se plaçaient-ils à l'angle d'une rue, des agents apostés aux environs de la maison les frappaient avec des massues, et les traînaient devant la section du comité révolutionnaire du faubourg Poissonnière.

Les transfèrements et les fournées changeaient chaque jour l'aspect de Saint-Lazare. La première fois que les chariots se présentèrent, ils n'étaient qu'au nombre de deux; vingt-huit victimes furent transportées à la Conciergerie, au nombre desquelles l'abbesse de Montmartre, Laval de Montmorency, paralysée et octogénaire; elle était accusée d'avoir voulu tenter une évasion.

Les chars revinrent pour la seconde fois; André Chénier et Roucher, dont nous avons marqué le passage à la Conciergerie, complétèrent le chiffre de 40 martyrs qu'on enleva à la prison.

Puis on finit par ne plus compter; on entassa pêle-mêle les victimes, et Loizerolles père, vieillard de soixante et un ans, fut accepté sans difficulté à la place de son fils âgé de vingt-deux ans. Le vieillard fut conduit au tribunal, condamné et exécuté pour son fils, qui ignorait ce sublime dévouement, protégé par l'insouciante férocité des juges.

A cette époque si quelque curieux, attiré par l'appareil militaire qui régnait devant les portes de l'ancien collége du Plessis, s'informait si on admettait les hommes dans cette maison devenue geôle, on lui répondait: *l'on prend tout*, mot historique qui formule la destination donnée, pendant les orages révolutionnaires, à l'ancienne maison d'éducation qui devint pour la rive gauche la succursale des Carmes et de l'Abbaye. Une multitude de suspects de tout âge, de tout sexe, de toute condition y furent jetés. On perça les murs qui touchaient à l'ancien collége Louis-le-Grand, et ces deux édifices ne formèrent plus qu'une seule et même bastille.

Les femmes habitaient les bâtiments du Plessis; elles étaient renfermées dans des greniers: on les apercevait à travers des lucarnes presque entièrement bouchées. On leur accordait une heure par jour pour respirer l'air dans la cour.

Dès leur arrivée au Plessis, les détenues étaient soumises au rapiotage, c'est-à-dire à la visite la plus minutieuse sur toutes les parties du corps. Le prisonnier, aux termes du règlement, ne pouvait conserver ni boucles, ni ciseaux, ni or, ni bijoux, ni assignats; tout était pris; il pouvait garder seulement un écu de six livres. Il se trouvait nu et dépouillé. Cela se nommait rapioter. Et les agents de cette perquisition, quel que fût le sexe de la personne sur laquelle elle s'exerçait, étaient les geôliers, dont les propos obscènes ajoutaient encore à la torture morale que la pudeur avait à souffrir.

Les repas se prenaient en commun. On dressait chaque jour, au milieu de la cour, une longue table ou plutôt des planches mal unies sur des tréteaux; on y rangeait cent assiettes, on la couvrait de trois plats préparés avec la plus grande parcimonie; il fallait déchirer la viande avec les doigts, les couteaux étant prohibés. Quand les ongles, par leur longueur, devenaient incommodes, le gardien prêtait des ciseaux, et ne quittait pas le prisonnier que cette toilette ne fût achevée. Un barbier rasait ceux qui en avaient besoin. Un malheureux perruquier qui depuis un an courait les prisons, où il vivait comme suspect, avait eu l'adresse de soustraire un rasoir au rapiotage des geôliers; c'était pour lui plus qu'un gagne-pain, cet instrument lui rapportait beaucoup; on avait fini par permettre à cet homme d'en faire un usage public dans la prison, mais une sentinelle l'accompagnait partout où il allait faire œuvre de son ministère.

Les administrateurs de police venaient journellement visiter la prison, se faire rendre compte de l'esprit qui y régnait, insultaient aux prisonniers et ne sortaient jamais sans ordonner un traitement plus barbare.

On se résignait. On attendait la fin de la décade espérant que leurs successeurs seraient plus humains. Les successeurs arrivaient: mêmes formes, mêmes individus, mêmes bourreaux.

La prison du Plessis était administrée par Fouquier-Tinville, et immédiatement sous sa discipline; on était gouverné avec la plus sévère barbarie; on n'en sortait ordinairement que pour aller à la mort. Un prisonnier disait à un de ses compagnons d'infortune : « Nous sommes dans un tombeau; gardons-nous d'en soulever la pierre, mais creusons dessous. »

Malgré tout ce que la tyrannie fit pour briser l'attachement moral à l'existence, le mépris de la vie ne semble pas avoir été si prononcé à la prison du Plessis que partout ailleurs. Il résulte de documents positifs, que les prisonniers de cette geôle n'auraient pas livré leur tête sans résistance, si on avait renouvelé le drame des journées de septembre. Un témoin des événements qui se passèrent le 10 thermidor raconte ainsi les faits qui appuient cette opinion.

« Nous étions dans le plus morne abattement quand le tocsin se fit entendre. La cloche funèbre faisait retentir ses sons redoublés. Aux armes! criait-on de toutes parts. On se rappelle les boucheries de septembre. On convint de défendre sa vie, et de la vendre cher aux assassins. Nous ignorions absolument le prétexte des rassemblements. Depuis plusieurs jours, les défenses étaient devenues plus rigoureuses; rien ne nous était parvenu du dehors, les commissaires n'entraient plus. On avait élevé un mur transversal qui, coupant la cour en deux parties égales, laissait place pour les échafauds dans l'une, et pour les victimes dans l'autre.

« Dans l'ignorance totale des mouvements qui se faisaient entendre, abandonnés de nos gardiens, que la frayeur avait éloignés, nous convînmes que la prudence réglerait nos mesures, mais que la valeur et le désespoir nous feraient raison des bourreaux. Il fut décidé qu'au premier signe de danger, nous nous armerions des bois de nos lits; que réunis dans la cour, nous placerions au milieu de nous nos femmes, nos enfants; qu'un mur de matelats, porté par les hommes les plus forts, nous garantirait des premiers coups, et qu'ainsi nous chargerions les assassins. Le tocsin redoublait; les cris du peuple, les tambours, la traînée des canons, ajoutaient à la terreur que notre position inspirait. Quel parti triomphera? Que deviendront les prisonniers? nos enfants seront-ils massacrés? Il faut nous défendre, périr avec courage! Voilà quel fut l'entretien de toute la nuit. Enfin le jour parut. Une proclamation nous annonça la chute de Robespierre.

« Des habitants montèrent sur les toits des maisons du voisinage, et, par leurs signes, nous annoncèrent le succès des événements. C'était un étrange spectacle que celui de ces hommes et de ces femmes sympathiques à nos misères, qui, du haut des cheminées des mansardes, nous envoyaient la joie et l'espérance.

« Tout prit alors un aspect différent, le concierge fluta sa voix, sa femme miella la sienne, la sévérité des gardiens fléchit. Chaque représentant qui comptait un ami dans les fers vint l'arracher aux horreurs du tombeau.... »

L'Abbaye, rendue à la justice militaire après la révolution, eut ses cachots, qui ne le cédèrent en rien aux *vade in pace* de la prison monastique. Le soldat puni pour une faute légère sortit souvent de ces lieux souterrains pour aller à l'hôpital.

M. Appert cite, entre autres victimes, un soldat nommé Bouquet. Cet homme, qui avait commis un acte d'insoumission à Montaigu, fut transféré à l'Abbaye et le cachot fut sa demeure pendant plus d'un mois. Comme les règlements ne permettaient pas d'y laisser les prisonniers plus de quatre jours, on le faisait sortir le cinquième, quelques instants, puis il était replongé dans cet infâme souterrain. La santé de cet homme avait déjà été affaiblie naturellement par le chagrin et par l'ennui, car il était pendant tout ce temps au plus rigoureux secret. M. Appert ne put obtenir la permission de le voir, et pourtant il avait beaucoup d'influence sur le concierge.

Malgré la sévérité de cet ordre, les camarades de Bouquet trouvèrent moyen de lui faire remettre une petite somme, produite par une souscription ouverte dans la prison.

Bouquet revint à Montaigu après six semaines d'absence : ce n'était plus ce soldat vigoureux ; on avait peine à le reconnaître, il ne pouvait plus se tenir debout ; son esprit était aussi affaibli que son corps : c'était vraiment un mourant sortant de son tombeau.

Aucune mesure n'a été prise pour l'assainissement de cette localité.

Les murs sont sales et humides, la cour petite et entourée de maisons hautes qui empêchent la circulation de l'air ; les chambres contiennent trop de lits pour leur grandeur ; les croisées donnant sur la cour sont étroites, en sorte que les prisonniers respirent toujours un mauvais air. Un petit chauffoir est commun dans l'hiver à tous les détenus. L'escalier est étroit ; les corridors obscurs. Ceux des prisonniers qui ne peuvent se procurer la pistole, ni faire venir des aliments du dehors, s'y trouvent réduits au bouillon, au pain de munition et à la paille.

Les chambres réservées aux officiers prisonniers sont assez propres, mais ces détenus sont privés de promenade.

Sous l'empire, le général Mallet occupa quelques jours une des chambres de l'Abbaye, et la quitta pour aller dire aux juges qui lui demandaient quels étaient ses complices : Si j'avais réussi, j'aurais pour complices la France, l'Europe et vous-mêmes.

Condamné à mort, il revint à la maison d'arrêt, et le lendemain, dans la cour de la geôle, le calme sur les traits, le sourire aux lèvres, il invita tous les autres condamnés, dont quelques-uns quittaient avec regret la vie, à se réunir à un toast commun, qu'il porta à la santé des familles de ceux qui allaient mourir, aux armes françaises, au monde inconnu qui s'ouvrait pour eux.

Quelques heures après, la main sur son cœur, il donnait aux soldats qui devaient le tuer le signal de faire feu.

Dix années auparavant, un jeune émigré appartenant à une famille dont le chef avait servi dans les rangs de l'armée républicaine, fut plongé dans les cachots de l'Abbaye sous la prévention d'avoir combattu pour la cause vendéenne. Il fut traduit devant la commission militaire et avoua franchement l'action qui faisait le fond de l'accusation.

La loi de sang était précise, les débats ne furent pas longs.

Déjà le président se levait pour prononcer le jugement, lorsque l'avocat de l'accusé, prenant tout à coup la parole : Infortuné, s'écria-t-il d'une voix forte, je n'ai pas besoin de te défendre ! je lis d'avance ton arrêt dans les yeux de tes juges; demain tu dois mourir; demain je t'accompagnerai au lieu du supplice, je saisirai ta tête sanglante ; j'irai la porter au premier consul, et je lui dirai : Voici la tête du fils d'un vieux guerrier qui t'a sauvé la vie dans une bataille ! »

L'avocat avait à peine prononcé ces paroles, qu'un murmure général d'étonnement, de terreur et de pitié s'éleva parmi les spectateurs. Les juges se regardent avec autant de surprise que d'émotion et d'incertitude. L'émigré est acquitté.

Le trône impérial qu'un seul homme audacieux avait failli renverser en 1812, croulait en 1814, peut-être moins sous les efforts de l'étranger que par l'abandon du peuple; Napoléon partait pour l'exil; puis un jour il se présente sur le rivage de la patrie. Ses fautes étaient expiées par le malheur, et Napoléon, qui avait envoyé le général Mallet à la plaine de Grenelle pour avoir voulu porter la main sur sa couronne, pressa à Vizilles, sur son cœur, le

colonel Labédoyère, qui jouait contre Louis XVIII la même partie que celle dont la tête de Mallet avait été l'enjeu. Comme Mallet, Labédoyère perdit; comme lui, il habita quelques jours l'Abbaye, et comme lui il tomba frappé au cœur par des balles françaises.

Un souvenir douloureux a dû s'attacher à la catastrophe de Labédoyère, car il mourut à vingt ans, et sa faute ne fut peut-être qu'un élan irréfléchi de l'amour de la liberté. Un biographe qui nous semble avoir bien apprécié l'acte qui envoya à la mort le colonel dit : « Il ne servait pas Napoléon, mais il le suivait, afin de lui demander à la fois pour la France l'indépendance et la liberté. Il attendait d'un prince nouveau, instruit par les revers, ces institutions franches dont les lumières des temps modernes établissent la nécessité. »

Un incident ajouta encore aux émotions profondes que causa l'exécution de Labédoyère. Quand le colonel alla au supplice, on vit près de lui un vieillard vénérable avec lequel il s'entretenait sans doute des objets de son affection qu'il laissait en cette vie, et des consolantes croyances dont sa foi chrétienne s'était nourrie même au milieu des camps. Ce vieillard, qui accomplissait les derniers devoirs de la religion et de l'affection humaine, était l'abbé Duhandal de Caïn. Vingt ans auparavant, le même prêtre avait reçu entre ses mains Labédoyère naissant, il lui avait versé l'eau du baptême, et il venait assister comme prêtre et comme ami aux dernières heures de cette courte existence qui allait se briser dans un drame sanglant.

Lors des événements de 1814, l'ordre suivant sortit des bureaux du ministère de la police générale :

« Il est ordonné à toutes les autorités chargées de la police en France, aux commissaires généraux, spéciaux et autres, d'obéir aux ordres que M. de Maubreuil leur donnera, et de faire exécuter à l'instant même tout ce qu'il prescrira. (M. de Maubreuil était chargé d'une *mission secrète* de la plus haute importance.)

« Le ministre provisoire au département de la police générale,

« Le comte ANGLÈS. »

Le ministre de la guerre, le directeur général des postes, des généraux des armées coalisées donnèrent aussi à Maubreuil des ordres conçus à peu près dans les mêmes termes.

Une année après la remise de ces pièces, Maubreuil occupait une chambre à l'Abbaye... Jamais on n'avait vu prisonnier consommant plus de papier et d'encre ; il écrivait mémoire sur mémoire, factum sur factum.

Tous ces écrits pouvaient se résumer à peu près ainsi :

La haute mission donnée à Maubreuil par le gouvernement provisoire est l'assassinat de l'empereur Napoléon, de son fils, de ses frères, et l'autorisation de s'emparer de leurs trésors.

Tous les commentaires faits par le prisonnier se réduisaient à ces faits.

Maubreuil n'a rempli qu'une partie de sa mission, il a enlevé les caisses contenant les diamants de la reine de Westphalie, il les a fait transférer à Paris ; il a pris, mais il a pris pour d'autres, pouvant prendre pour lui ; il en avait le droit. Exécutée seulement en partie, cette mission a mécontenté ceux qui l'ont conçue, et ils ont résolu la perte de celui qui était leur instrument.

Une ordonnance royale signée Louis XVIII, et transcrite sur les registres de l'Abbaye, rendit la liberté à Maubreuil.

Les Bourbons quittent une seconde fois le sol français, Napoléon ressaisit la couronne, la procédure reprend avec une nouvelle activité, et Maubreuil est arrêté une seconde fois et jeté dans les cachots. Une évasion le soustrait aux persécutions qui l'attendaient, il gagne le pays où les princes s'étaient réfugiés. Les Bourbons rentrent en France. Mis en liberté par Louis XVIII, tout semble devoir être terminé ; pas du tout ; renvoi de M. de Maubreuil devant la cour d'assises ; un conflit de juridiction s'élève ; pendant que les tribunaux discutent, Maubreuil s'échappe. Enfin en treize années il est jeté dans douze prisons différentes, il compte dix arrestations, six mises en liberté, trois évasions, et six cent quatre-vingt-cinq jours passés au secret. Il arrivait devant ses juges couvert de boue et de sang, lié et garrotté avec des cordes. Se taisait-il, on lui liait les mains pour le forcer de parler ; parlait-il, des gendarmes lui mettaient la main sur la bouche pour l'empêcher de s'expliquer. Un autre fois, douze ou quinze hommes se précipitent à la tête des chevaux et aux portières de la voiture qui l'amenait de la prison au palais de justice, en criant : Sortez, sortez, et partez ! La police ne fit aucune recherche.

Le temps n'a pas encore levé entièrement le voile qui couvre les mystères de l'affaire Maubreuil.

Aujourd'hui, dans la classification des prisons, l'Abbaye est désignée comme maison d'arrêt militaire. Elle reçoit les prévenus qui attendent leur jugement et les condamnés jusqu'au moment où ils sont dirigés sur les lieux d'emprisonnement, de détention, de travaux publics ou d'exécution capitale.

Nous ne mentionnerons la prison de Montaigu que pour mémoire ; elle n'existe plus. Sa localité, située près le Panthéon, était destinée à la correction militaire, et recevait les militaires condamnés à moins de six mois d'emprisonnement. Depuis l'envahissement du régime pénitentiaire, que chacun applique à sa façon, la progression de la peine de l'emprisonnement suit la progression inverse de la gravité du délit : plus la faute est légère, plus la peine est lourde à porter ; tout militaire condamné à moins de six mois d'emprisonnement, même pour délit purement militaire et de discipline, est enfermé dans une prison correctionnelle ordinaire.

Le militaire condamné à plus de six mois d'emprisonnement, même pour crime ordinaire, si la faute est commise dans le ressort de la première division militaire, est admis au pénitentiaire de Saint-Germain-en-Laye, caserne modèle où le soldat coupable reçoit une nourriture que peut envier le soldat sous les armes, et où il jouit de onze heures et demie de sommeil par jour !

X

LE TEMPLE.

Au treizième siècle, l'ordre du Temple exerçait à Paris des droits juridiques tout à fait indépendants; l'échelle de justice des

Templiers s'élevait sur l'emplacement qui touche aujourd'hui à la rue du Temple et à la rue des Vieilles-Haudriettes. Un pareil privilége avait été, en 1279, de la part de Philippe III, la récompense des travaux gigantesques exécutés par cette milice religieuse.

En arrivant à Paris, au douzième siècle, les Templiers demandèrent à s'établir au fond d'horribles marécages, dont les exhalaisons pestilentielles valaient, chaque année, à la grande ville, des maladies épidémiques. Les Templiers durent se livrer, pour transformer ces marais en un séjour habitable, à d'immenses travaux de défrichement et de plantation ; les jongs, les algues, les roseaux, cédèrent la place, comme par enchantement, à des chênes, des ormes, des hêtres et des peupliers ; de vastes bâtiments s'élevèrent aussitôt, protégés par des tours, des tourelles, des ponts-levis, des murailles crénelées et des fossés. La *grosse tour* était destinée à renfermer le trésor et l'arsenal de l'ordre ; les quatre *petites tours* ou *tourelles* servaient de prison aux chevaliers qui avaient enfreint la discipline monastique ; l'esplanade du Temple était assez vaste pour laisser manœuvrer librement trois cents hommes, armés de leurs arbalètes et de leurs hallebardes.

Philippe III avait donc voulu récompenser royalement ces moines laboureurs qui venaient de réaliser d'admirables travaux agricoles, ces moines guerriers qui venaient de donner à la capitale de nouveaux moyens de défense. Le roi leur accorda, par une ordonnance du mois d'août 1279, *droit de moyenne et basse justice, depuis la porte Barbette, se réservant la haute jusqu'à la porte du Temple, et, au regard des lieux qui sont hors la ville, leur donne haute, moyenne et basse justice, depuis la même porte Barbette, tirant au chemin de la Courtille vers la porte du Temple, avec pouvoir de faire porter à leurs gens des armes et les autres attributions nécessaires pour faire exercer la justice.*

Au treizième siècle, l'ordre du Temple était une puissance, une souveraineté avec laquelle les princes eux-mêmes devaient compter, sous peine de se blesser à la pointe d'une longue épée religieuse et politique. Les Templiers étaient, de droit ou de fait, de toutes les entreprises, de toutes les guerres, de toutes les négociations ; ils gardaient, au besoin, les villes, les trésors et les archives de la royauté ; ils exploitaient le monopole du commerce des blés ; ils possédaient les plus belles terres du royaume ; ils percevaient les revenus de huit à dix mille manoirs; ils recevaient chaque jour la solennelle visite des hôtes les plus riches, les plus nobles, les plus illustres, sans en excepter les papes et les rois.

La résidence du Temple était plus brillante, plus somptueuse, plus splendide que la résidence même des rois. La chambre du grand maître était soutenue par ving-quatre colonnes d'argent massif, travaillées avec un art admirable, et représentant des feuilles de vigne avec leurs pampres, des oiseaux, des écureuils, des reptiles, si ressemblants que *moult gens avaient grand'peur d'y mettre le doigt.* La salle du chapitre général était pavée de mosaïques; les poutres étaient en cèdre du Liban, sculptées *comme dentelle de Flandre.* Il y avait, dans cette salle, soixante grands vases en or massif, et une si grande quantité d'armes arabes, mauresques et turques, enrichies de pierres précieuses, damasquinées, ciselées, bistournées, *qu'elles en suffoquaient les yeux;* chaque chambre de chevalier se distinguait *par quelque beauté d'art ou de nature;* les chambres des officiers et des commandeurs contenaient tant de richesses, tant de métaux, tant de trésors, *que c'était miracle.*

Il y avait loin assurément des Templiers de Paris à *ces pauvres frères du Temple, qui montaient à deux sur un cheval,* et qui faisaient dire à Pierre le Vénérable : « Ils vivent dans une société
« agréable, mais frugale, sans femmes, sans enfants, sans avoir
« rien en propre, pas même leur volonté. Ils ne sont jamais
« oisifs, ni répandus au dehors; quand ils ne marchent point
« contre les infidèles, ou ils réparent leurs armes et les harnais de
« leurs chevaux, ou ils sont occupés dans de pieux exercices, par
« les ordres de leur chef. Une parole insolente, une conduite im-
« modérée, le moindre murmure, ne demeure point sans une sé-
« vère correction. Ils détestent les jeux de hasard; ils ne se per-
« mettent ni la chasse, ni les visites inutiles; ils rejettent avec
« horreur les spectacles, les bouffons, les discours ou les chan-
« sons trop libres; ils se baignent rarement, sont pour l'ordi-
« naire négligés, et montrent un visage brûlé des ardeurs du so-
« leil, un regard fier et sévère. A l'approche du combat, ils s'ar-
« ment de foi au dedans, de fer au dehors; sans ornements ni sur

« leurs habits, ni sur les harnais de leurs chevaux, leurs armes
« sont leur unique parure. »

La première institution de l'ordre du Temple date de l'année 1118. Quelques gentilshommes obtinrent du roi Baudouin II la noble faveur de se consacrer à la garde des avenues de Jérusalem. Les Arabes, les Sarrasins, les Turcs et les soldats dégénérés de l'Europe chrétienne, dépouillaient chaque jour les dévots, les pèlerins qui s'aventuraient sur la route de la ville sainte. Les nouveaux religieux furent appelés tour à tour *Frères de la Milice du Temple*, *Chevaliers du Temple* et *Templiers*. Ils empruntèrent leur nom à la demeure que le roi leur avait donnée, dans le voisinage d'une église qui avait remplacé le temple de Salomon.

Le concile de Troyes, en 1128, confirma l'ordre religieux et militaire des Templiers; le pape Honoré II leur imposa une nouvelle règle préparée par saint Bernard; les Templiers revêtirent, par l'ordre du pontife, une longue robe blanche, ornée d'une croix rouge.

L'étendard de l'ordre du Temple, appelé le *Beaucéant*, était noir et blanc, comme un emblème de la mort et de la vie : la mort pour les infidèles et la vie pour les chrétiens de la terre sainte.

Au temps des croisades, les Templiers furent tout à fait dignes de la généreuse mission que l'on avait confiée à leur courage, à leur charité, à leur dévouement chevaleresque; ils protégèrent vaillamment les approches de Jérusalem, dans l'intérêt des visiteurs, des pèlerins de la chrétienté : ils contribuèrent ainsi à enrichir la ville sainte; enfin, ils surent donner à leur petite troupe une discipline qui contrastait utilement avec l'insubordination et la licence des armées chrétiennes.

« Bientôt, a dit Grouvelle, dans ses Mémoires littéraires sur les Templiers, cette milice monastique introduisit des changements utiles dans la tactique et dans l'armure; les Templiers étaient moins chargés de fer, plus lestement équipés que les chevaliers d'Europe. Une certaine mesure de bravoure leur fut prescrite par les lois, sans exagération, mais avec rigueur. Un Templier ne devait jamais fuir devant trois ennemis. Enfin, on dut à l'institution des Templiers une amélioration réelle dans le droit des gens : les premiers, on les vit faire une guerre moins inhumaine et se montrer fidèles aux traités qu'ils faisaient avec les ennemis de leur foi.

« La destination de l'ordre du Temple fut donc principalement militaire : la guerre était la fin, la religion n'était que le moyen. Ce caractère original, qui le distinguait de celui des Hospitaliers, longtemps simples religieux, il le conserva pendant toute sa durée; ce ne fut même que très-tard que ces monastères de soldats admirent dans leur sein des prêtres; encore ne le fit-on que par des vues politiques. Cette première empreinte de l'institution influa jusqu'au dernier moment sur l'esprit du corps, sur les mœurs de ses membres, sur sa réputation, sur les passions qui conjurèrent sa perte. »

Grouvelle a raison : une fois en Europe, après la grande épopée des croisades, les frères du Temple commencent à ne plus vouloir être des moines; ils ne veulent être que des soldats. Les Templiers de Paris, qui tinrent leur premier chapitre le 27 avril 1147, n'avaient plus rien de monastique ni de religieux; les moines du Temple ne se souvenaient que d'avoir été élevés sur le pavois, au milieu des batailles : leur *monastère* était une forteresse.

Pendant tout le treizième siècle, les Templiers ne voulurent relever, en France, que du grand maître de l'ordre; ils opposaient aux rois les prérogatives et les abus de leur juridiction souveraine; ils eurent des armes, des serviteurs armés et des chevaux de combat; ils affichèrent toutes les prétentions anarchiques de la noblesse féodale, et ils traitèrent avec la royauté de puissance à puissance : l'ordre du Temple avait compté sans le génie politique de Philippe le Bel.

Jusqu'au règne de ce prince, le Temple n'avait trouvé dans les rois de France que des courtisans de la richesse, de l'orgueil et de l'audace des Templiers : la royauté s'en allait humblement frapper à la porte du Temple, pour déposer dans la tour ses trésors et ses chartes; la royauté s'en allait frapper à la porte du Temple pour emprunter de l'argent aux chevaliers; la royauté s'en allait frapper à la porte du Temple, pour confier à ces moines-soldats les clefs de quelque grande ville; la royauté s'en allait frapper à la porte du Temple, pour présenter à cette orgueilleuse milice un illustre visiteur qui n'était rien moins que Henri III, roi d'Angleterre.

Félibien nous a conservé le souvenir du séjour de Henri III chez les Templiers : « Le monarque anglais fut logé au Temple ; comme cette résidence, quelque vaste qu'elle fût, n'était pas assez grande pour recevoir la foule des gens et des chevaux, les hôtelleries se trouvèrent encombrées depuis le château jusqu'à la Grève, et même beaucoup de personnes furent obligées de passer la nuit dans la rue. Quand les princes (Louis IX et Henri III) eurent visité les églises et honoré les reliques, on leur servit un beau festin, au palais, dans la grande salle, décorée à la manière des Anglais. Les portes restèrent ouvertes pendant le repas : Entrait au Temple qui voulait : dans les cours, dans les salles, des tables étaient dressées partout, et partout, malgré le maigre, il y avait abondance. Le roi mit à sa droite le roi d'Angleterre; à sa gauche le roi de Navarre ; douze évêques, vingt-deux ducs ou barons et dix-huit comtesses s'assirent à la même table. Après le festin, Henri III fit présent aux seigneurs français de coupes d'argent, d'agrafes d'or, de ceintures ou écharpes de soie. Saint Louis emmena de force son royal convive dans son palais, en disant qu'il était le maître dans son royaume. »

Cinquante-huit ans après le magnifique séjour du roi d'Angleterre au Temple, la *grosse tour* entendit les plaintes, les gémissements, les cris de douleur du dernier grand maître, Jacques de Molay, que l'inquisiteur faisait passer par l'horrible épreuve de la torture. Le 13 octobre 1307, les Templiers furent arrêtés en France, accusés et poursuivis dans toute la chrétienté.

Le palais du Temple, à Paris, était occupé à cette époque par le grand maître et cent trente-neuf chevaliers.

Tous les biens, toutes les terres, toutes les richesses de l'ordre furent confisqués.

Le roi Philippe le Bel publia un acte d'accusation qui qualifiait les proscrits de *loups ravissants*, de *société perfide, idolâtre, dont les œuvres, dont les paroles seules sont capables de souiller la terre et d'infecter l'air* [1].

---

[1] Circulaire de Philippe le Bel, du 14 septembre 1307.

Les habitants de Paris furent convoqués dans le jardin du roi : des commissaires, des moines, des grands de la cour, se mirent à prêcher le peuple contre les Templiers.

Les chevaliers du Temple, chargés de chaînes, furent *questionnés* par l'inquisiteur Guillaume de Paris. On leur refusa le droit de consulter leurs amis, leurs anciens protecteurs ou leurs créatures ; on leur refusa parfois le pain et l'eau ; on leur refusa les secours spirituels, et les juges répondaient au grand maître qu'il était hérétique, lorsqu'il demandait *ut posset audire missam et alia officia divina* [1].

Vingt-six princes consentirent à se déclarer leurs accusateurs, au nom de Philippe le Bel.

Le roi réclama et obtint l'adhésion de la plupart des archevêques, évêques, abbés, chapitres, communautés de villes, bourgs et châteaux.

Enfin, la volonté du roi et du pape infligea aux souverains la triste mission d'accuser, de poursuivre, de persécuter les Templiers dans tous les États de l'Europe.

Soixante-quinze Templiers essayèrent de se défendre, en disant à leurs juges :

« Les formes légales ont été violées.

« On nous a arrêtés sans procédure préalable.

« Nous avons été saisis comme des brebis que l'on mène à la « boucherie.

« Dépouillés tout à coup de nos biens, nous avons été jetés « dans des prisons affreuses.

« On nous a fait subir les épreuves de tous les genres de tour-« ments.

« Des chevaliers sont morts dans les tortures ou des suites de « ces tortures.

« Plusieurs ont été forcés de porter contre eux-mêmes un faux « témoignage, qui, arraché par la douleur, n'a pu nuire ni à lui « ni à l'ordre.

« Pour obtenir des aveux mensongers, on leur a présenté des

---

[1] Dupui.

« lettres du roi, qui annonçaient que l'ordre entier était con-
« damné sans retour, et qu'il promettait la vie, la liberté, la for-
« tune aux chevaliers assez lâches pour déposer contre l'ordre.

« Quant aux chefs d'accusation que la bulle du pape proclame
« contre nous, ce ne sont que faussetés, déraisons et turpitudes ;
« la bulle ne contient que des mensonges détestables, horribles et
« iniques.

« Notre ordre est pur et sans tache ; il n'a jamais été coupable
« des crimes qu'on lui impute, et ceux qui ont dit ou qui disent
« le contraire sont eux-mêmes faux chrétiens et hérétiques.

« Notre croyance est celle de toute l'Église ; nous faisons vœu de
« pauvreté, d'obéissance, de chasteté, et de dévouement militaire
« pour la défense de la religion contre les infidèles.

« Nous sommes prêts à soutenir et à prouver notre innocence
« de cœur, de bouche et de fait, et par tous les moyens pos-
« sibles.

« Nous demandons à comparaître en personne dans un concile
« général.

« Que ceux des chevaliers qui ont quitté l'habit religieux et ont
« abjuré l'ordre, après avoir déposé contre lui, soient gardés fidè-
« lement sous la main de l'Église, jusqu'à ce qu'on décide s'ils ont
« porté un témoignage vrai ou faux.

« Non ! les Templiers n'ont pas voulu corrompre les mœurs pu-
« bliques par d'horribles exemples.

« Non ! les Templiers n'ont pas voulu déshonorer la religion.

« Non ! les Templiers n'ont pas renié Jésus-Christ.

« Non ! les Templiers n'ont pas craché sur la croix [1]. »

Le bûcher des Templiers, allumé par un roi et par un pape, ne
cessa de brûler que le 11 mars 1313, dans l'île du Palais, pour le
supplice du grand maître et de son compagnon d'infortune, Gui,
dauphin d'Auvergne.

Jacques de Molay avait eu l'honneur de contribuer, en 1299, à
la nouvelle conquête de Jérusalem ; il s'était efforcé de réparer les
défaites des chrétiens, en combattant dans l'île d'Arad ; il avait

---

[1] *Processus contra Templarios.*

continué à combattre dans l'île de Chypre ; il avait été appelé en France par Clément V et Philippe le Bel ; ce proscrit, qui montait sur le bûcher de l'île du Palais, le 11 mars 1313, avait tenu sur les fonts de baptême le prince Robert, quatrième fils du roi de France !

Le grand maître, éprouvé par les menaces de l'inquisiteur et par les douleurs de la torture, avoua tous les crimes absurdes que l'on reprochait à l'ordre du Temple ; mais, à vrai dire, il ne tarda point à se rétracter, et cette solennelle rétractation lui valut d'être condamné à la peine de mort : il n'avait été condamné précédemment qu'à la prison perpétuelle.

Jacques de Molay et Gui, dauphin d'Auvergne, furent donc

brûlés vifs dans l'île du Palais, le 11 mars 1313. Du haut du bûcher, le grand maître harangua le peuple, pour protester encore une fois de son innocence : « Il est bien juste, s'écria-t-il, que, dans un si terrible jour et dans les derniers moments de ma vie, je découvre toute l'iniquité du mensonge et que je fasse triompher la vérité. Je déclare à la face du ciel et de la terre, quoiqu'à ma honte éternelle, que j'ai commis le plus grand des crimes... celui d'avoir accusé moi-même un ordre que je reconnais aujourd'hui pour innocent ! Je n'ai passé la déclaration que l'on exigeait de moi, que pour suspendre les douleurs excessives de la torture, et pour fléchir ceux qui me les faisaient souffrir. Je sais les supplices qu'on a infligés à tous les chevaliers qui ont eu le courage de révoquer une pareille confession ; mais l'affreux spectacle qu'on me présente n'est pas capable de me faire confirmer un premier mensonge par un second ; à une condition si infâme, je renonce de bon cœur à la vie, qui ne m'est déjà que trop odieuse !... »

Les flammes commençaient à s'élever autour des deux patients ; le grand maître reprit, dit-on, la parole pour ajourner le pape Clément V devant le tribunal de Dieu dans quarante jours, et le roi de France dans l'année.

Les flammes enveloppèrent les deux Templiers ; Gui et Jacques de Molay entonnèrent un cantique...[1] La foule, qui avait maudit l'ordre du Temple, se surprit à s'émouvoir, à trembler, aux accents inspirés de ces voix religieuses qui chantaient le Dieu des chrétiens !... Un long gémissement se fit entendre... Quelques hommes courageux crièrent : « Grâce ! grâce !... » Mais, pour nous servir d'un hémistiche heureux de M. Reynouard :

. . . . Les chants avaient cessé !

On peut affirmer hardiment que la mort des Templiers n'a rien de commun avec ce que les historiens appellent la cupidité de Philippe le Bel : presque tous les biens de l'ordre du Temple furent donnés par le roi aux chevaliers de Saint-Jean-de-Jérusalem ;

---

[1] Ils ne poussèrent pas un soupir ; et malgré ce qu'ils souffraient d'un si cruel supplice, ils témoignèrent une fermeté et une constance admirables, *invoquant le nom de Dieu*, le bénissant et le prenant à témoin de leur innocence. — *Histoire de l'abolition de l'ordre des Templiers.*

la politique royale ne se réserva, dans l'acte de donation, que *la propriété exclusive de la grosse tour et des tourelles, pour en faire ce que l'on jugera à propos pour la sécurité du trône et de la capitale.*

Après l'abolition de l'ordre des Templiers, la tour du Temple fit concurrence à la tour du Louvre pour fournir à la royauté des armes, c'est-à-dire des chaînes et des instruments de torture, contre les nobles, contre les grands feudataires de la couronne, contre les hommes puissants qui avaient eu le malheur de commettre quelque acte de félonie. La tour du Temple l'emporta sur la tour du Louvre, quand il fut question d'emprisonner les ducs d'Aquitaine et de Brabant, sous Philippe V et sous Philippe de Valois, les comtes de Dammartin et de Flandre, sous le roi Jean. — Le Temple et le Louvre préparaient la Bastille.

Les plus charmantes femmes du treizième siècle avaient peut-être visité mystérieusement la grosse tour où les Templiers gardaient leurs richesses les plus précieuses : au quinzième siècle, une femme, jeune et charmante aussi, visita secrètement la grosse tour.... Mais, cette fois, le Temple ne reçut que la visite d'une belle prisonnière, nommée Odette : Charles VI venait de mourir.

Nous connaissons tous l'aimable et singulière histoire d'Odette. Cette pauvre et jolie fille, dont le père était un marchand de chevaux, passant un jour sur le quai du Louvre, attira les plus doux regards de Charles VI. Le roi, qui était déjà presque fou, devint amoureux d'Odette; et cette seconde folie devait peut-être servir à calmer, à charmer la première. La *petite reine* fut introduite à la cour par Isabeau de Bavière elle-même, qui ne voulait plus continuer à être frappée par le roi. « Pour sa jeune maîtresse, rap-
« porte un contemporain, il l'aimait, et avait pour elle cette
« crainte que ceux qui se trouvent dans l'état où il était con-
« çoivent ordinairement pour quelque personne en particulier.
« Un des effets de la démence de ce malheureux prince était de
« s'obstiner à ne point changer de linge et à vouloir garder la
« même chemise et les mêmes draps, en quelque sordide état
« qu'ils fussent. La petite reine le menaçait de son indifférence
« ou de sa haine : dans la crainte de ne plus en être aimé ou de
« ne plus la voir, il devenait facile, et faisait ce que l'on exigeait

« de lui. Il en était de même pour le boire et le manger, et pour
« toutes les autres choses qui pouvaient contribuer à sa santé, et
« qu'il refusait de faire si Odette de Champs-Divers ne l'y obli-
« geait. Elle calmait son humeur, elle adoucissait son sang, et
« soulageait ainsi ses maux par ses charmes, sa douceur et sa
« complaisance. »

Dieu merci! cette bonne et belle héroïne ne fut châtiée de son dévouement à la personne du roi de France, que par la justice ou plutôt par l'injustice des Anglais. L'usurpation anglaise, qui avait bien le droit d'être absurde dans sa tyrannie, accusait cette innocente Odette d'avoir entretenu des relations avec le *roi de Bourges* (le dauphin, depuis Charles VII), et d'avoir *fomenté* dans l'esprit du feu roi des retours de tendresse pour son fils absent ; par bonheur, la petite reine ne passa que deux ou trois mois dans le Temple.

Charles VII, Louis XI, Charles VIII et Louis XII, semblèrent oublier la prison d'État que leur avaient léguée les Templiers : la grosse tour referma ses cachots, pour ne plus les ouvrir que le 10 août 1792.

Il était digne de François I*er*, le roi magnifique de la *renaissance*, de réparer le palais du Temple, de relever ces ruines historiques, d'embellir ces vastes jardins, de redorer cet illustre blason, de ressusciter enfin cette ancienne et brillante demeure des chevaliers de la croix : en 1540, le Temple devint le séjour somptueux des grands prieurs de France.

Dans les dernières années du dix-septième siècle, Philippe de Vendôme, prince du sang et chevalier de Malte, fut nommé grand prieur du Temple. Quelques années plus tard, Philippe de Vendôme voulut que son prieuré fût digne de la cour spirituelle et galante du Palais-Royal; le Temple répondit à la Régence, en conviant à ses fameux soupers les femmes les plus belles ou les plus aimables, les beaux esprits les plus vifs et les plus joyeux de ce temps-là.

Les vieux marronniers, qui avaient ombragé la croix de Jacques de Molay, prêtèrent leurs ombrages les plus mystérieux à tous les dieux de l'Olympe, évoqués dans l'enclos du Temple par la voix érotique de La Fare et de Chaulieu. Mademoiselle de Launay, plus spirituelle que sa maîtresse, la duchesse du Maine, qui avait pourtant bien de l'esprit, accepta plus d'une fois une place parmi les convives de M. de Vendôme. Jean-Baptiste Rousseau eut l'honneur et surtout le plaisir d'être admis aux galants soupers du grand prieur ; et le célèbre poëte se moquait sans doute de Chaulieu quand il lui disait dans une de ses épîtres :

> Par les vertus, par ton exemple,
> Ce que j'ai de vertu fut très-bien cimenté,
> Cher abbé, dans la pureté
> Des innocents soupers du Temple.

Au dix-huitième siècle, l'enclos du Temple était habité par une population de quatre mille âmes, qui se divisait en trois classes bien distinctes : la maison du grand prieur, les dignitaires de l'ordre et quelques gentilshommes ; — des ouvriers qui venaient mettre à profit, dans l'enclos, le droit de travailler sans maîtrise ; des débiteurs qui se dérobaient aux poursuites de leurs créanciers, en vertu d'une coutume du moyen âge, que la justice cessa de respecter en 1779.

A cette époque, le gouvernement de Louis XVI, — comme s'il eût pressenti ce que le Temple devait être tôt ou tard pour le roi de France, — ordonna la démolition de l'ancienne forteresse des Templiers ; mais les démolisseurs de 1779 ne renversèrent qu'une partie de la tour du Temple : le marteau ne voulut point abattre, d'un seul coup, ce triste donjon qui devait assister à la solennelle agonie d'une royauté.

Voilà donc, après la révolution du 10 août, Louis XVI et Marie-Antoinette dans la prison du Temple ! Marie-Antoinette, la femme la plus imprudente et la plus aimable, la plus malheureuse et la plus calomniée ; Louis XVI, ce pauvre honnête homme, dont l'intelligence passive arrachait un jour à Turgot cette prophétique parole : « Sire, un prince faible n'a que le choix entre le mousquet de Charles IX et l'échafaud de Charles Ier ! »

Certes, sans manquer au douloureux respect que l'on doit à une grande infortune noblement portée, on peut dire que si le peuple précipita dans le gouffre de la révolution le roi et la reine de France, Louis XVI et Marie-Antoinette avaient bien un peu pris là peine de se pousser eux-mêmes jusqu'aux bords de l'abîme.

Louis XVI avait choisi, protégé, soutenu le ministre Maurepas, cette espèce de maire du palais, que l'on surnomma l'Épicurien du pouvoir; Louis XVI avait cédé à l'influence de Marie-Antoinette, cette reine de France incapable de recevoir ou de donner une leçon de royauté; Louis XVI avait abandonné Turgot pour un de Calonne, et deux fois il avait congédié Necker, qui ne demandait qu'à sauver la monarchie; enfin, Louis XVI avait jeté la royauté française dans les bras d'un Loménie de Brienne, prélat sans vertu, ministre sans honneur, et dont on avait dit, sous le règne de Louis XV : « C'est un prêtre qui ne croit pas en Dieu ! »

« Le roi était sans force et sans prestige, n'ayant ni l'esprit, ni les formes de cour, taciturne, pesant dans le commerce intime, avec de brusques accès d'humeur ; aussi embarrassé de sa femme que de sa couronne, il n'avait avec la reine aucune conformité de nature ni d'éducation : tandis qu'elle vivait au sein de la société élégante, le roi partageait son temps entre la chasse et les travaux manuels ; s'il avait une aptitude marquée, c'était aux occupations d'artisan, et comme en lui tout tendait à descendre, son plus grand amour-propre était peut-être d'y exceller. Turgot trouva un jour Louis XVI méditant sur un projet de loi et le rédigeant lui-même; l'intention était excellente, mais l'ordonnance concernait les lapins! Il y avait en lui tous les penchants des âmes faibles.

« Quant à Marie-Antoinette, l'Autriche l'avait donnée comme le gage, la consécration d'une alliance impopulaire; elle se trouva placée en suspicion au milieu d'une réaction politique. Dévouée à Choiseul, que redemandait sa mère, elle se découvrait aux coups des Richelieu, des d'Aiguillon, du chancelier Meaupou, parti violent et immoral qui, dans la jeune reine, voulait atteindre l'ancien ministre. A la manière dont on l'assaillit dès qu'elle fut reine, il faut reconnaître une puissante cabale, décidée à la déshonorer.

« Mais ici la responsabilité commence pour Marie-Antoinette ; elle apportait de Vienne une éducation fort imparfaite : ce qui lui était échu de bon, elle le devait à la nature ; mais on n'avait rien développé, rien affermi de ses dispositions. Elle ne sut pas se faire une conscience de reine. A force de se sentir femme et de se savoir belle, elle perdit notion de toute autre chose. Jeune et charmante, amoureuse d'élégants plaisirs, avec un mari si peu fait pour elle, entourée d'hommes brillants qu'elle enivrait, elle fut livrée sans doute à bien des émotions brûlantes ; plus d'une fois elle oublia, au moins, sa fierté, cette pudeur des reines ; mais sa position était si fausse, si compliquée, si redoutable, qu'elle eût été peut-être accablée encore, quoi qu'elle eût fait.

« Rien au monde ne pouvait empêcher notre révolution, c'est-à-dire le développement équitable de l'esprit de la société française ; rien dans les combinaisons personnelles du talent, du génie même, si le génie pouvait voir à faux le mouvement de l'esprit humain, rien ne pouvait empêcher ce grand fait de justice divine [1]. »

Sans nier ce que la révolution française avait de fatal, d'inévitable, de supérieur à toutes les combinaisons de l'intelligence politique, on peut croire, avec quelque raison, qu'un peu de fermeté, de sang-froid et de courage, aurait pu sauver, sinon la couronne, du moins la tête de Louis XVI ; si le roi et la reine de France, durant les dix-huit années de leur règne, avaient mis au service de la royauté la grandeur et la résolution qu'ils montrèrent devant les juges, devant les geôliers, devant le bourreau, Louis XVI et Marie-Antoinette ne seraient peut-être pas morts sur l'échafaud de la place de la Révolution.

Après le 10 août, l'assemblée nationale avait résolu d'enfermer le roi et la reine dans le palais du Luxembourg ; mais, la commune ne voulut point approuver le choix que venait de faire l'assemblée : elle décréta ou fit décréter que la famille royale serait emprisonnée dans la tour du Temple, sous le prétexte de la dérober à la colère du peuple.

Louis XVI fut écroué au Temple le 14 août 1792 ; nous empruntons les détails qui suivent, sur la captivité du roi, à un livre

---

[1] *Histoire des Français*, par Sismondi, continuée par Amédée Renée, t. xxx.

qui manque peut-être de justice, mais qui ne manque pas d'intérêt :

« La tour du Temple fut destinée à servir de prison à Louis XVI, sa femme et ses deux enfants. Afin de les y recevoir, on abattit une partie du palais et tous les bâtiments qui se réunissaient à la tour, de sorte que celle-ci resta isolée. La portion du jardin qui devait d'abord servir de promenade aux prisonniers fut enfermée par une enceinte de murs excessivement élevée. Louis occupait le premier étage, et sa famille le second. On garnit toutes les croisées de barreaux de fer très-épais. Les fenêtres en outre furent masquées en dehors par des espèces d'abat-jour en planches, machine qu'on appelle soufflets, et au moyen desquels les prisonniers ne pouvaient voir de leur chambre ce qui se passait au dehors ; ils ne recevaient l'air et le jour que par l'ouverture que ces soufflets présentaient au haut des croisées. L'escalier qui conduisait à l'appartement de Louis était coupé par six guichets dont les portes étaient si basses et si étroites, qu'il fallait se plier en deux et se traîner sur le côté pour en franchir le seuil. Ces portes étaient de fer et garnies de verrous : elles faisaient un bruit lugubre et épouvantable quand elles tournaient sur leurs gonds. On les tenait fermées en tout temps. Lorsqu'on se présentait à l'une d'elles, il fallait attendre qu'on l'eût fermée, pour que la suivante s'ouvrît.

« A l'entrée de l'escalier on construisit un septième guichet, dont la porte, également de fer, était si épaisse, qu'il fallut cinquante hommes vigoureux pour la poser sur ses gonds. La première porte de l'appartement de Louis était aussi de fer. Ainsi, pour parvenir jusqu'à lui, il fallait se faire ouvrir huit portes. Une garde d'environ trois cents hommes veillait jour et nuit autour de cette prison.

« On conçoit qu'il fallut du temps pour faire les travaux convenables, qui coûtèrent des sommes immenses. En attendant qu'ils fussent à peu près terminés, Louis habita la partie du palais que l'on a conservée. Dans ses heures de promenade, il voyait travailler à sa prison ; il était témoin de l'empressement qu'on mettait à la terminer.

« Ce fut au milieu de septembre 1792 qu'il vint habiter cette tour.

En l'y faisant transférer, la municipalité autorisa les commissaires qu'elle tenait au Temple à lui ôter plumes, encre, papier, crayons; on ne lui en permit l'usage que lorsque la convention nationale décréta qu'il comparaîtrait à sa barre comme accusé.

« L'appartement qu'occupait Louis ne formait originairement qu'une seule pièce. On en fit pour lui quatre pièces; la première servait de salle à manger; il couchait dans la seconde, et son valet de chambre dans la troisième : on avait pratiqué en outre dans une tourelle un petit cabinet où il aimait quelquefois à se retirer. Sa chambre à coucher était ornée d'une tenture jaune, et meublée fort proprement. On lui avait donné pour lit celui du capitaine du comte d'Artois : ce lit fut transporté de l'appartement que ce capitaine occupait au Temple, dans la chambre de Louis.

« Sur sa cheminée on posa une pendule au bas de laquelle étaient gravés ces mots : Lepaute, horloger du roi. Lorsque la convention nationale eut décrété que la France serait désormais une république, les commissaires qui se trouvaient toujours auprès de sa personne collèrent un pain à cacheter sur le mot roi; ils placardèrent également dans la salle à manger la déclaration des droits de la constitution de 1792. Au bas on lisait : L'an premier de la république. C'est ainsi qu'on signifia à Louis qu'il était déchu de son titre de roi.

« Deux commissaires de la municipalité passaient la journée entière dans sa chambre à coucher, et le suivaient dans la pièce où il venait prendre ses repas. Le soir ces commissaires se retiraient dans la salle à manger, et fermaient en dehors à deux verrous la chambre à coucher. Ils fermaient également en dedans la porte de la salle à manger, qui l'était de plus en dehors. Ils mettaient les clefs dans leurs poches. Ils dressaient ensuite deux lits de sangle contre la porte de la chambre à coucher, et se jetaient sur ce lit tout vêtus.

« Il était défendu au valet de chambre qui restait auprès de Louis de lui parler bas pendant la nuit. Ainsi, aux questions qui lui étaient faites alors, le valet de chambre était obligé de répondre à haute voix. Il fallait pendant le jour se soumettre au même règlement : c'eût été un crime de se parler à l'oreille. Si durant les repas il arrivait, soit à Louis, soit à son épouse, soit à sa sœur, de faire à voix basse une demande au valet de chambre qui servait, les commissaires criaient: « Parlez plus haut! » Lorsque celui-ci était obligé de sortir de l'appartement de son maître, pour quelque chose de relatif à son service, il trouvait à la porte de la salle à manger un troisième commissaire qui le conduisait et le ramenait.

« Voici comment Louis employait sa journée. Il donnait ses premiers moments à la prière. Il lisait ensuite le petit office que les chevaliers de l'ordre du Saint-Esprit sont tenus de réciter tous les jours. A ces prières il en ajoutait d'autres prises dans le bréviaire des prêtres. Comme on lui refusait un ministre des autels pour célébrer la messe, c'était pour lui une privation bien sensible.

« La piété de Louis, au reste, n'était pas plus gênante pour les autres que pour lui-même. Il ne sondait ni ne gênait la conscience de personne, ainsi que le prouve le trait suivant : on ne servit un vendredi, sur sa table, que du gras. Il ne fit aucune plainte de cette singularité. Il prit un verre de vin, trempa dedans un morceau de pain, et dit en souriant : « Voilà mon dîner. » On lui représenta qu'il ne devait point être aussi rigide, et que, dans sa situation, l'on pouvait bien se passer de faire abstinence. Il répondit à ceux qui lui faisaient cette observation : « Je ne gêne point votre conscience, ne gênez point la mienne. Vous avez vos pratiques, et moi j'en ai d'autres ; chacun doit se tenir à celles qu'il sait être les meilleures. »

« La prière et la lecture conduisaient Louis jusqu'à neuf heures. Alors sa famille, pendant tout le temps qu'il eut la liberté de communiquer avec elle, se réunissait dans la salle à manger. Il allait l'y joindre, et la voyait déjeuner; car depuis son incarcération, il ne prenait jamais rien avant l'heure du dîner. Le déjeuner fini, il rentrait dans sa chambre, et donnait à son fils une leçon de latin, ensuite de géographie. Sa fille était, de son côté, instruite par Marie-Antoinette. Pendant que ces enfants écoutaient et répétaient ce que leur apprenaient leurs parents, la sœur de Louis s'occupait d'un ouvrage à l'aiguille.

« A midi, on donnait une heure de récréation aux enfants. A une heure, on se réunissait de nouveau dans la salle à manger, pour le repas. La table était assez abondamment servie. Louis était fort sobre ; il semblait ne prendre de nourriture qu'autant qu'il lui en fallait pour soutenir ses tristes jours ; lui seul mêlait un peu de vin à son eau : sa famille ne buvait que de l'eau.

« Après le repas, on donnait encore une récréation aux enfants. Toute la famille se réunissait ensuite autour d'une table, et s'amusait à de petits jeux.

« La conversation et la lecture succédaient au jeu. A neuf heures on soupait. Après ce dernier repas, Louis prenait congé de sa famille, bénissait sa fille, et emmenait avec lui son fils, du moins pendant tout le temps qu'il lui a été possible de le garder auprès de lui. Rentré dans sa chambre et fermé sous cent verrous, Louis faisait dresser pour l'enfant un lit à côté du sien, et lorsque cet enfant avait récité ses prières, il ordonnait qu'on le couchât. Quant à lui, après avoir lu encore quelque temps, il se prosternait devant Dieu, et se mettait au lit sur les onze heures.

« Lorsque Louis n'eut plus la liberté de communiquer avec sa famille, il donna à la lecture les moments qu'il consacrait à converser avec elle. Il avait une véritable passion pour l'étude. Il préférait les auteurs latins aux français, et il ne s'est jamais couché sans avoir lu quelques pages ou de Tacite, ou de Tite-Live, ou de Sénèque, d'Horace, de Virgile, ou de Térence. Parmi les livres écrits dans sa langue, il lisait volontiers des relations de voyages.

« Jusqu'au mois d'octobre, il lui fut permis de lire les feuilles périodiques. Le goût bien naturel qu'il avait de connaître la nouvelle tournure que prenaient les affaires de la France parut affecter ses geôliers : ils lui retirèrent tous les journaux.

« Louis se dédommagea de cette privation en recourant plus souvent à sa bibliothèque. Le nombre de livres qu'il a lus, dans le cours de cinq mois et sept jours qu'il a passés au Temple, est très-considérable. Lui-même en fit le calcul la veille de sa mort : il se trouva monter à deux cent cinquante-sept volumes.

« M. Cléry obtint la permission de remplacer M. Hue en qualité de valet de chambre de Louis, qui avait déjà eu précédemment, en cette même qualité, M. Chamilly : ces deux citoyens lui avaient été successivement enlevés, et faillirent à être massacrés dans les prisons où on les traîna. Cléry était peu connu de Louis; mais il avait été au service du ci-devant dauphin, et ce titre suffisait pour qu'il fût bien accueilli.

« Lors du massacre des 2 et 3 septembre, les cannibales mirent au haut d'une pique la tête de l'infortunée Lamballe; ils vinrent la promener autour des murs du Temple, en sorte que cette tête sanglante et défigurée frappa les yeux de Louis et de son épouse, et sembla leur annoncer le sort qui les attendait.

« Dès que la convention nationale eut laissé entrevoir l'intention de s'occuper du procès de Louis, les précautions à son égard redoublèrent, ainsi que la sévérité des mesures. Le concierge, un porte-clefs, tous les agents, tous les employés, toutes les personnes, en un mot, qui avaient charge de le garder et de le servir, furent constitués prisonniers dans la tour. Tous ceux qui le servaient et l'approchaient furent fouillés scrupuleusement; on leur enleva tout instrument, tout outil de fer et d'acier : on ne leur laissa pas même un couteau. Toutes les provisions de bouche qui entraient dans la prison étaient visitées avec soin. On ne servit plus aucun plat sur la table, que les cuisiniers et les valets subalternes qui aidaient à la cuisine n'y eussent goûté.

« Ce n'est pas tout : Louis et sa famille subirent d'exactes perquisitions. On ouvrit son secrétaire, ses armoires, ses tiroirs; on les dépouilla de leurs couteaux, de leurs ciseaux; on leur prit jusqu'à ces compas qui servent à rouler les cheveux.

« On pense bien que dans ce dépouillement général les rasoirs de Louis ne furent pas oubliés. On ne les lui rendit que plus de huit jours après sa première comparution à la barre des représentants du peuple français [1]. »

Louis XVI, qui ne trouva beaucoup de courage que pour souffrir et mourir, faillit céder un instant, dans la tour du Temple, à la douleur, au désespoir : en ce moment, il avait cessé de prier ! c'était le 21 janvier 1793, à neuf heures du matin : le roi de France s'était confessé; il venait d'ajouter quelques lignes à son

---

[1] *Éloge historique et funèbre de Louis, seizième du nom.* Neufchâtel, 1796.

testament religieux; les portes du Temple étaient entr'ouvertes : on attendait le roi de France pour le mener au supplice. Près de sortir de sa chambre, Louis XVI se prit à trembler; il se persuada qu'il avait entendu les plaintes, les gémissements, les cris de sa famille, et il eut peur d'être forcé de recevoir encore les adieux et les baisers suprêmes de sa femme, de sa sœur, de ses deux enfants. Louis XVI colla son oreille à une des cloisons de sa chambre; il

écouta longtemps... et il n'entendit rien qui lui annonçât la triste venue des personnes bien-aimées qu'il n'avait pas le courage de revoir et d'embrasser. Il recouvra toute sa force, toute sa résolution; il franchit le seuil du Temple, et s'il trembla sur la route de l'échafaud, ce ne fut sans doute que de froid, comme Bailly!

Après la mort de Louis XVI et de Marie-Antoinette, le jeune dauphin et sa sœur Marie-Thérèse continuèrent, dans la tour, la triste odyssée de la royauté française. La fille de Marie-Antoinette, qui n'avait pas le droit de porter une couronne, devait quitter le Temple pour aller en exil; le fils de Louis XVI, que l'émigration royaliste appelait déjà Louis XVII, devait mourir misérablement dans la prison de son père.

Tout le monde connaît l'histoire de ce malheureux enfant, de ce dauphin de France, dont l'éducation fut confiée au cordonnier Simon, et à qui la femme de ce singulier précepteur faisait répéter des propos obscènes et des chansons ignobles.

« Ce misérable enfant, dit M. Nougaret, avait une figure charmante; mais, il avait le dos courbé, comme accablé déjà du fardeau de la vie; il avait perdu presque toutes ses facultés morales, et le seul sentiment qui restait dans son âme, c'était celui de la reconnaissance, non pas pour le bien qu'on lui faisait, mais pour le mal qu'on ne lui faisait pas : sans proférer une seule parole, il se précipitait au-devant de ses gardiens, il leur serrait les mains, et il baisait le pan de leur habit.

« Après la retraite de Simon, deux membres de la commune veillaient jour et nuit autour de sa chambre. Cet infortuné, dans les derniers instants de sa vie, se félicitait auprès d'un commissaire municipal d'être mieux traité dans sa prison ; il exprimait en même temps des plaintes très-vives sur son ancien instituteur, le cordonnier Simon, qui le faisait couvrir de haillons et le maltraitait de toutes les manières. — Que lui feriez-vous, lui dit le commissaire, si vous deveniez roi? — Je le ferais punir pour l'exemple, répondit le jeune Capet. — Depuis deux ans, il n'avait eu des rapports avec Simon ; il ne savait pas qu'il avait péri sur l'échafaud. »

Plus d'un audacieux imposteur a essayé, depuis la mort du jeune dauphin, de prendre le masque royal du fils de Louis XVI : Hervagaut, Mathurin Bruneau, et, tout récemment, le fameux duc de Normandie, ont voulu jouer à la royauté en se drapant dans le linceul de Louis XVII; le premier fut condamné, en 1802, à quatre ans de prison, et mourut à Bicêtre en 1812; le second comparut, en 1818, devant le tribunal correctionnel de Rouen, qui le condamna à sept années d'emprisonnement; le troisième vient de mourir en Hollande, après avoir fait quelque bruit dans le monde... en se livrant à des expériences de pyrotechnie.

Il n'y a pas de fable, de mensonge, d'imposture, qui ne trouve à duper quelque esprit généreux, naïf et crédule. La mort du duc de Normandie a valu à un journal de Paris la lettre suivante, que nous reproduisons à titre de *curiosité historique* :

« Tous les journaux ont annoncé la mort du duc de Norman-
« die, le prétendu fils du roi Louis XVI.

« Si le duc de Normandie est le même personnage que j'ai vu
« à Rome, dans les premiers jours de mai 1810, en état d'arresta-
« tion, subissant un interrogatoire dans le cabinet de M. le géné-
« ral Radet, général de gendarmerie, il serait effectivement le fils
« de Louis XVI.

« Cette conviction, je l'ai puisée dans celle de M. le général Ra-
« det, qui venait d'interroger le prétendant, de lire les pièces dont
« il était porteur.

« M. le général Radet envoya ce prétendant à Paris. Qu'est-il
« devenu depuis ? Je l'ignore.

« M. le comte Miollis, gouverneur de Rome, a eu nécessaire-
« ment connaissance de cette arrestation : on en doit trouver la
« trace dans les papiers de sa succession ; elle doit aussi se retrou-
« ver dans ceux laissés par le général Radet.

« Il importe à l'histoire que le fait de la filiation du duc de Nor-
« mandie soit éclairci.

« Hébert,
« ex-directeur général des postes de l'armée d'Italie.

S'il faut en croire *le Miroir de Paris*, « c'est l'assemblée législa-
« tive, dont Brissot était membre, qui a fait enfermer au Temple la
« famille royale. La convention nationale y a fait enfermer les dé-
« putés, dits *brissotins*, et ceux-ci la faction dite de la *Montagne* ;
« après les conspirateurs du 9 thermidor an II, ceux de la jour-
« née de prairial an III. Le Directoire exécutif a envoyé au Temple
« les conspirateurs de la plaine de Grenelle, les conspirateurs de
« l'École militaire, ceux du 18 fructidor, dont deux membres du
« Directoire [1]. »

Nous ne pensons pas que la convention ait donné des prisonniers

---

[1] 1821. — Tome II.

politiques à la tour du Temple : la prison de la famille royale ne redevint une prison d'État que sous le directoire, le consulat et l'empire.

Le directoire fit transférer de l'Abbaye au Temple le célèbre commodore Sidney Smith, celui-là même qui devait tromper un peu plus tard la vigilance de ses geôliers, pour aller combattre le général Bonaparte en Égypte, au siège de Saint-Jean-d'Acre. Pour la première fois, sans doute, dans l'histoire du Temple, un soldat chrétien allait sortir secrètement de l'ancienne résidence des chevaliers du Christ pour secourir et sauver les infidèles.

Les livres d'écrou de la prison du Temple contiennent deux pièces officielles qui se rattachent à l'arrestation du commodore Sidney Smith :

« *Bureau central du canton de Paris.*

Du 15 messidor an IV.

« Conformément à la lettre du ministre de l'intérieur, en date
« du 13 de ce mois, le concierge de la maison d'arrêt du Temple
« recevra le ci-après nommé, venant de l'Abbaye :

« Sir William Sidney (Sidney Smith), commandeur, grand-
« croix de l'ordre militaire de l'épée de Suède, capitaine de
« haut-bord en Angleterre, chef de la division croisant dans la
« Manche, âgé de trente-deux ans, prisonnier de guerre.

« Signé Bréon. »

Paris, le 11 frimaire an V de la république française une et indivisible.

« Le directoire arrête que Sidney Smith, Anglais, et les autres
« individus qui ont été arrêtés avec lui au Havre à l'instant où ils se
« préparaient à incendier le port, seront interrogés par le juge de
« paix de la section de la place Vendôme, tant sur ce fait que sur
« les autres attentats aux droits des gens dont Sidney Smith est
« prévenu de s'être rendu coupable envers la république française,
« depuis le commencement de la guerre actuelle.

« Le présent arrêté ne sera pas imprimé.

« Signé Barras. »

Le 10 mai 1798, quelques amis du commodore, revêtus de l'uniforme français, présentèrent au concierge du Temple un ordre du ministre de la guerre, qui lui enjoignait de remettre Sidney Smith à des officiers, chargés de le transférer dans une autre prison ; le concierge se laissa prendre à cette ruse de guerre : il obéit à l'ordre du ministre, écrit et signé par des faussaires ; il dit adieu à son prisonnier, et, quelques jours plus tard, le commodore menaçait la république française au milieu de la populace de Londres.

Le 26 août 1796, le directoire jeta dans la tour du Temple cent trente-cinq prisonniers compromis dans l'affaire du *camp de Grenelle*, mystérieuse conspiration qui fournit à la faiblesse du gouvernement un prétexte pour massacrer deux cents citoyens.

Le directoire voulut donner à cette conspiration fantastique une sorte d'authenticité légale ; il fit juger et tuer les malheureux qui avaient survécu au massacre de Grenelle.

Le débile pouvoir de ce temps-là avait besoin de faire un peu de terreur pour donner les apparences de la vie au fantôme de la république ; après avoir ensanglanté le revenant de 93, dans un vaste guet-apens tendu au peuple et à l'armée, le gouvernement se mit à dresser des listes de proscription qu'il n'eut point le courage d'adresser au bourreau. Il se contenta de condamner à l'emprisonnement ou à la déportation des membres des deux conseils, des généraux, des ministres, des agents du parti monarchique, les rédacteurs ou les propriétaires des journaux qui ne voulaient pas servir de béquilles aux impotents du directoire.

Le 18 fructidor peupla de nouveau les prisons de Paris, et surtout la prison du Temple ; les condamnés à la déportation sur les bords de Sinnamari passèrent par la tour pour aller s'embarquer à Rochefort. Ces prisonniers étaient Barthélemy, Pichegru, Willot, Rovère, Aubry, Bourdon de l'Oise, Delarue, Ramel, Dossonville, Tronçon du Coudray, Barbé-Marbois, Lafont-Ladebat, Job Aimé, Blain, Brothier et Laville-Heurnois.

Le coup d'État dont nous parlons proscrivait toutes les feuilles qui osaient faire de l'opposition au gouvernement ; voici la liste des journaux condamnés par le directoire, avec les noms des écrivains qui les rédigeaient ; la plupart de ces rédacteurs furent détenus dans la prison du Temple :

L'Accusateur public.	Richer Serisi.
Les Actes des Apôtres	Baruel-Beauvert.
Les Annales chrétiennes . . .	L'abbé de Boulogne.
Le Censeur des Journaux. . .	Gallais.
Le Courrier républicain . . .	Poncelin.
Le Déjeuner	Fabien et Pillet.
L'Europe littéraire	Durand-Mollart.
La Gazette française.	Fiévée.
La Gazette universelle	Fiévée.
Le Journal général	Maître et Jolivet.
L'Invariable.	Royou.
Le Mémorial.	La Harpe et Fontanes.
Le Messager du soir	Langlois et Lunier.
Le Miroir	Beaulieu.
Les Nouvelles politiques . . .	Suard et Lacretelle.
Perlet	Lagarde.
Le Postillon des Armées. . .	Cretot.
Le Précurseur	Duval.
La Quotidienne.	Michaud.
Les Rapsodies.	Villiers.
Le Véridique.	Ladovèze.
Le Thé.	Ségur.

Dans les écrous de 1796 à 1804, dont le souvenir nous a été conservé sur les registres du Temple, et qui concernent toujours des *ennemis de la république...* la république du directoire et du consulat! on trouve les noms de : *Lavalette*, qui faisait en 1799 l'apprentissage de la prison; *Caraccioli*, le spirituel ambassadeur du roi de Naples à la cour de Louis XVI ; *Hottinguer*, le célèbre banquier de la rue de Provence ; *Hyde de Neuville*, le royaliste dévoué qui commençait à vingt-deux ans à se dévouer et à souffrir ; *Bertin*, qui devinait et pratiquait déjà, sous le consulat de Bonaparte, la puissance du journalisme ; *Fiévée* et *Marsollier*; *Donadieu* et *Rapatel*; *Toussaint-Louverture*, ce héros de Saint-Domingue qui écrivait à Bonaparte : *Le premier homme des noirs au premier homme des blancs;* les deux *Polignac*, le duc de *Rivière, Georges Cadoudal, Moreau* et *Pichegru.*

Arrêté le 28 février 1804, après avoir oublié en faveur des Anglais et des royalistes ce qu'il devait à la république française, le général Pichegru fut trouvé mort dans son lit le 6 avril suivant; le suicide de l'ex-général fut constaté en ces termes sur la marge du livre d'écrou : « Le nommé ci-contre s'est *suicidé* le 16 germinal, « an XII, dans son lit, dans la nuit, ayant mis une cravate de soie « noire autour de son col, qu'il a entortillée avec un bout de bois « jusqu'à ce qu'il soit mort. Son cadavre a été transporté dans la « grande salle du palais de justice, par ordre des juges du tribu- « nal criminel. »

Le surlendemain, un journal de Paris, semi-officiel, publia l'article suivant :

« Aux demandes réitérées qu'il en avait faites, et sur sa parole d'honneur de ne point attenter à ses jours, Pichegru avait obtenu l'éloignement de ses gardiens pendant la nuit. Tous les matins, un garçon de chambre venait allumer son feu avec un fagot; Pichegru, dans une des matinées précédentes, avait détourné une branche de fagot avec laquelle il médita dès lors de se donner la mort. Le 15 de ce mois, Pichegru, ayant pris un fort repas le soir, se coucha vers minuit; le garçon de chambre qui le servait étant retiré, Pichegru tire de dessous son chevet, où il l'avait placée, une cravate de soie noire dont il s'enlace le col; la branche de fagot qu'il avait mise en réserve l'aida alors à exécuter son projet de suicide; il introduisit ce bâton dans les deux bouts de la cravate assujettis par un nœud; il tourne ce petit bâton autant de fois qu'il sent qu'il est nécessaire pour clore les vaisseaux aériens; près de perdre la respiration, il arrête le bâton derrière son oreille et se couche sur cette même oreille pour arrêter le bâton et l'empêcher de se relâcher. Pichegru, naturellement replet, sanguin, suffoqué par les aliments qu'il vient de prendre et par la forte pression qu'il éprouve, expire pendant la nuit. Vers trois heures du matin, le factionnaire placé près de la chambre qu'il occupait avait entendu tousser et cracher plusieurs fois; à la manière de tousser et de cracher, il avait pensé que la personne était affectée d'oppression;

mais, n'ayant plus rien entendu, il n'avait pas cru devoir réveiller son prisonnier. A sept heures, le porte-clefs entre dans la chambre pour y allumer du feu, approche du lit, aperçoit une figure pâle, décomposée, agite le corps, et le trouve privé de mouvement. »

Le bruit de la mort de Pichegru ne tarda point à se répandre en France, dans toute l'Europe ; mais ce bruit fut si bien répété par les étrangers, par les factieux, par les ennemis du premier consul, que le suicide du malheureux prisonnier ressembla tout de suite à un assassinat. Bonaparte, disait l'esprit de parti, avait fait assassiner par ses mameluks un rival dont il avait peur. Pauvre traître!... Pichegru qui effrayait Bonaparte!

Napoléon s'écriait à Sainte-Hélène, en parlant de la mort violente de l'ancien ami de Fauche-Borel et du prince de Condé : « Je serais honteux de chercher à me défendre d'un pareil crime ; que pouvais-je y gagner? Un homme de mon caractère n'agit pas sans de grands motifs ; m'a-t-on jamais vu verser le sang par caprice? Tout bonnement, Pichegru se vit dans une situation sans ressource ; son âme ne put envisager l'infamie du supplice : il désespéra de ma clémence, ou la dédaigna, et il se donna la mort. »

Quant au général Moreau, dont l'ambition et la gloire étaient beaucoup plus à craindre, pour le premier consul, que le courage et le talent de Pichegru, il recouvra la liberté par la grâce de Bonaparte ; Moreau s'en alla combattre dans les rangs des ennemis de la France : il fut tué devant Dresde, en 1813, par un boulet français qui se chargea de faire justice à ce traître.

Le souvenir de Toussaint-Louverture détenu au Temple se rattache à un des épisodes les plus malheureux de l'histoire militaire et politique du consulat : l'expédition de Saint-Domingue, sous les ordres de Leclerc, beau-frère de Bonaparte. Après avoir reçu la soumission de Toussaint-Louverture, le général Leclerc eut peur de l'influence prodigieuse de ce grand homme noir : il lui tendit un piége, s'empara de sa personne, et le fit transférer en France ; débarqué à Landerneau avec sa famille, il fut conduit à Paris, enfermé au Temple, et un peu plus tard au fort de Joux, où il mourut le **27 avril 1803.**

La vie de Toussaint-Louverture a toutes les proportions d'un grand tableau historique, avec quelque chose qui tient du merveilleux. Né dans l'esclavage, Toussaint-Louverture se vante d'avoir dans les veines le sang d'un roi africain; esclave du comte Noé, il rêve de l'indépendance de son pays, en lisant un livre d'histoire dans la bibliothèque de son maître. Pouvant disposer de la colonie, devenue indépendante, en faveur de l'Espagne, qui lui offre la grandesse, ou de l'Angleterre, qui lui promet des millions, Toussaint-Louverture combat à la fois les Espagnols et les Anglais, dans le seul intérêt de la France : le Directoire le nomma successivement général de brigade, général de division, et lieutenant au gouvernement de Saint-Domingue.

On peut dire que les fautes reprochées à Toussaint-Louverture n'ont été commises que par les commissaires de la métropole et par les meneurs de l'assemblée centrale de Saint-Domingue; mais ce qui appartient au *premier homme des noirs*, c'est la gloire d'avoir combattu et vaincu les ennemis de la France ; d'avoir discipliné les plus tristes soldats du monde ; d'avoir obligé toute une population d'esclaves émancipés à reprendre les travaux de culture dans les plantations des anciens maîtres; certes, les biographes ont eu raison de le dire, ce fut un grand et admirable spectacle, de voir cet homme, cet esclave de la veille, qui daignait rendre solennellement aux créoles de Saint-Domingue tous leurs biens, toutes leurs propriétés, tous leurs esclaves[1]! Ce qui appartient encore à Toussaint-Louverture, c'est l'honneur d'avoir dédaigné une couronne qu'il lui était bien facile de prendre ou d'accepter, avec le titre de roi d'Haïti. Le général noir ne voulut être que le défenseur intrépide et le juge incorruptible de son pays ; c'est un beau caractère à étudier que celui de Toussaint-Louverture.

En 1796, un jeune capitaine de la marine anglaise, John Wesley-Wright, avait été enfermé au Temple avec le commodore Sidney Smith, dont il était le secrétaire. La paix d'Amiens rendit la liberté au capitaine Wright ; mais il fut écroué de nouveau dans la

---

[1] Toussaint voulut que les noirs se soumissent pendant cinq ans, au profit de leurs anciens maîtres, à toutes les conditions du travail de l'esclavage.

(*Le Blanc et le Noir*, Madrid, 1803.)

Dessiné par Ch. Pinot.   Gravé par Rouget.

TOUSSAINT LOUVERTURE.

prison du Temple en 1804 ; il figura comme témoin dans le procès de Moreau, et il se coupa la gorge avec un rasoir le 27 octobre 1805.

La mort du capitaine Wright inspira aux royalistes et surtout aux Anglais les accusations les plus absurdes et les plus horribles contre le gouvernement de Bonaparte : *Le malheureux prisonnier avait subi dans un affreux cachot le supplice de l'ancienne torture ; on lui avait brûlé les pieds, en les frottant de graisse et en approchant ensuite des plaques de cuivre rougies au feu, sans pouvoir obtenir de lui aucune révélation ; on lui avait coupé successivement, et tout aussi inutilement, un bras et une jambe ; enfin le capitaine Wright avait été étranglé* [1].

C'était l'Angleterre qui accusait ainsi, avec les plus sottes calomnies, la justice du gouvernement de Bonaparte ; c'était l'Angleterre qui, du haut de ses affreux pontons, reprochait au premier consul les souffrances fabuleuses d'un prisonnier anglais ! Que signifiait la prison du Temple, à côté de ces pontons anglais, de ces vastes abattoirs où l'on assommait à huis clos les hommes et les principes?... Les pontons anglais ! imaginez un gouffre, un abîme, un cloaque immense, tout rempli de sang et de boue ; imaginez un supplice perpétuel qui vous empêche de mourir et qui vous empêche de vivre ; imaginez l'enfer du Dante, mais l'enfer avec une sorte d'espérance... l'espérance d'être noyé, fusillé ou empoisonné ; imaginez des vaisseaux amarrés les uns aux autres, au milieu de vases pestilentielles dont l'exhalaison fétide vous donnait la fièvre tout d'abord, le délire ensuite, et un peu plus tard la pulmonie aiguë, ce mal cruel que les hommes d'État de Londres appelaient en riant, avec une sauvage ironie, le *rhume* des Français !... En songeant aux pontons anglais, que pensez-vous de la prison du Temple, où un serviteur entrait chaque matin dans votre chambre pour y faire du feu?...

On nous a raconté bien des abominables histoires à propos de la *tyrannie* de Bonaparte et de Napoléon. S'il faut en croire ces dramatiques souvenirs de la colère et de la haine, le consul-empe-

---

[1] Ces niaises turpitudes ont été recueillies dans un méchant livre, publié en 1814 sous le titre de *Histoire générale des prisons sous le règne de Buonaparte.*

reur ne savait que tuer des millions de soldats pendant la guerre, et persécuter des millions de citoyens pendant la paix. L'*ogre de Corse* n'aimait à entendre que le bruit du canon sur les champs de bataille, et le bruit des chaînes dans les cachots de ses prisons d'État. Eh bien! M. Barthélemy Maurice nous a prouvé par des raisons incontestables, c'est-à-dire par des chiffres, que le nombre des prisonniers politiques, pour les quatorze années du consulat et de l'empire, « ne s'élève qu'à 1262, dont il conviendra de re- « trancher au moins la fraction, eu égard au nombre des prison- « niers qui figurent sur les registres des deux prisons d'État. En « outre, ces 1262 ne supposent pas douze cent soixante-deux in- « dividus différents arrêtés, car plusieurs l'ont été deux, trois et « quatre fois : Fauche-Borel, entre autres, l'a été cinq fois. »

Voici, d'après les calculs de M. B. Maurice, la répartition officielle des prisonniers politiques, sous le règne de la *tyrannie* consulaire et impériale :

En 1800	267	
1801	223	— Transition du directoire au consulat.
1802	87	
1803	65	
1804	209	— Transition du consulat à l'empire.
1805	35	
1806	22	
1807	20	
1808	15	
1809	9	
1810	15	
1811	27	
1812	14	
1813	15	
1814	0	
	1028	
	254 à Sainte-Pélagie, 1811-1814.	
	1262	

Au mois de juin 1808, les prisonniers du Temple furent transportés dans le donjon de Vincennes, suivant un ordre de Fouché, ministre de la police générale de l'empire. Au nombre de ces détenus, se trouvait le général Malet, cet audacieux conspirateur, qui devait, en 1812, porter la main sur la couronne de l'empereur.

La tour du Temple fut démolie en 1811. A cette époque, les bâtiments qui avoisinaient le donjon furent restaurés, pour recevoir le ministère des cultes. La restauration fit planter des arbustes sur l'emplacement où s'élevait naguère la prison de Louis XVI et de sa famille; un saule pleureur remplaça la dernière pierre de la grande tour.

Louis XVIII institua, en 1815, sur les débris de l'ancienne résidence des templiers, une congrégation religieuse, à laquelle il

donna pour supérieure une fille du prince de Condé. Les pieuses pénitentes de ce monastère ont prié bien des fois, sans doute, pour le repos d'un roi et d'une reine de France ; elles ont oublié peut-être de prier pour les malheureux chevaliers du Christ, et pour les pauvres prisonniers de tous les temps qui ont souffert dans les tours du Temple.

En creusant, il y a quelques années, de nouveaux égouts dans la rue des *Enfants-Rouges*, dont le terrain dépendait autrefois de l'enclos du Temple, on trouva un cercueil qui renfermait le corps d'un homme revêtu de l'ancienne robe des templiers. La richesse de l'agrafe qui ornait la chlamide de ce chevalier fit supposer à des antiquaires que l'on venait de découvrir les restes d'un commandeur de l'ordre du Temple ; la science osa même affirmer que c'était là le corps de Jehan le Turc ; il nous semble pourtant que, sous Philippe le Bel, on exhuma, *pour le brûler*, le cadavre d'un templier nommé Jehan le Turc. La science est comme tout le monde : elle ne s'avise jamais de tout.

Dessiné par EUSTACHE-LORSAY. Gravé par TIMMS.

ÉMEUTE DE BOUQUETIÈRES.

XI

LES MADELONNETTES.

A l'époque où la faiblesse de la police fut appuyée, par ordonnance du roi Louis XV, sur la force militaire, les gardes françaises et les Suisses durent partager les fonctions difficiles du guet et des sergents du Châtelet. Le soldat contraint d'obéir à cette nouvelle consigne prit à cœur de se faire distinguer de l'agent habituel des arrestations, par l'urbanité et la modération avec lesquelles il ac-

complit son mandat, soit qu'il reçût ordre de conduire un débauché à Saint-Lazare, ou une jeune repentie aux Madelonnettes.

La maison des Madelonnettes, que le peuple regardait alors à tort comme un couvent de femmes perverties qu'on avait contraintes de se faire religieuses, était un asile ouvert par des âmes charitables à quelques victimes de la séduction qui avaient fait un retour sur elles-mêmes. Dans le principe, cette association s'était régie avec harmonie ; mais le bon ordre s'étant relâché, les protecteurs de l'œuvre appelèrent des religieuses de la Visitation, et leur donnèrent l'administration de ce cloître-refuge. Les sœurs admirent par la suite des recluses de bonne volonté, d'autres qui y vinrent contraintes et forcées pour y être retenues par ordre supérieur.

En 1759 les Madelonnettes reçurent, pour un temps plus ou moins long, un grand renfort de pensionnaires. En cette année parut une ordonnance de police portant défense à toute revendeuse publique et colporteuse, de vendre des fleurs ou bouquets en aucun endroit de Paris, et à tous marchands, bourgeois et autres, de leur donner asile contre la poursuite des officiers de la police.

Cette ordonnance peint l'esprit du temps, et les entraves singulières que l'autorité mettait à quelques industries fort innocentes.

Ces défenses furent motivées sur les réclamations de la communauté des maîtresses bouquetières de Paris, et sur ce que la vente des bouquets et fleurs occasionnait des attroupements.

Mais ce qu'il y a de plus remarquable, c'est d'y entendre le lieutenant général de police se plaindre de l'opposition apportée par les bourgeois à ce que les agents de police saisissent des marchandises et arrêtent des revendeuses. N'était-ce point chose toute naturelle qu'une pareille résistance ? et ne sait-on pas que pour défendre ses plaisirs contre les empêchements de l'autorité, le peuple a, de tout temps, montré une énergie sans égale ? Touchez à ses droits politiques, souvent il vous laissera faire ; mais n'entamez pas ses fêtes. On a vu des révolutions à propos de la suppression de processions ou de danses ; il s'en pourrait faire une à l'occasion des bouquetières. Toujours est-il que, selon l'ordonnance elle-même qui réglementait la vente des fleurs, les archers chargés de faire exécuter cette ordonnance étaient souvent mal-

Dessiné par E. de Beaumont. Gravé par Rouget.

LE CHIEN DU PRISONNIER.

traités par les gens ayant pignon sur rue, qui devraient leur prêter main-forte.

Quand les temps révolutionnaires furent venus, les nonnes et la clientèle tant soit peu gangrenée sur laquelle elles essayaient les cures morales durent céder la place aux suspects et à une population de malfaiteurs qu'on entassa dans les combles de la maison. Cet établissement, qui ne pouvait contenir que deux cents prisonniers, en renferma bientôt trois cents. Ceux des captifs qui ne trouvèrent pas place dans les chambres couchèrent dans les corridors.

Cette prison était la plus insalubre de Paris ; elle était la plus pleine, et l'air y manquait. Il existait cependant un préau, mais la justice d'alors ne voulut pas en permettre la jouissance aux détenus.

« Patience, disait le commissaire Marino à ceux qui se plaignaient, vous serez bientôt transférés ; votre séjour ici n'est que provisoire, vous irez ailleurs. De vastes prisons vous recevront, sachez attendre ; vous êtes dans l'antichambre. »

Chacun des captifs eût préféré le séjour de Saint-Lazare, au risque de servir de but aux projectiles que les tape-dru lançaient du dehors aux captifs qui prenaient l'air à leur fenêtre. On enviait encore le séjour du Luxembourg, où la consigne éloignait tous les visiteurs, et où le général Henriot s'escrimait de la dague contre les lévriers et les caniches fidèles à leurs maîtres, qui s'avisaient de venir japper sous les grilles de la prison.

Une odeur méphitique régnait incessamment dans cette localité. Chacun se précipitait vers une petite fenêtre qui, seule, livrait passage à un petit courant d'air vital. Ce méphitisme aurait décimé la population des détenus sans le secours et les soins infatigables du docteur Dupontet. Le célèbre comédien Fleury, dont nous allons parler, racontera les moyens employés par cet ami de l'humanité pour conjurer la mortalité qui menaçait de sévir contre les suspects.

Les premiers suspects qui furent incarcérés appartenaient aux sections de la Montagne et du Contrat social.

Les citoyens de la Montagne furent placés dans le corridor du troisième; les sections qui vinrent ensuite furent confinées dans le local qu'occupaient les pailleux. C'étaient des chambres de cinq pieds carrés, de neuf de haut, ayant chacune deux petites fenêtres et des grilles bien solides. Dans chacune de ces chambres se trouvaient douze crèches, accolées trois ensemble; chaque crèche avait un pied et demi de large sur six pieds de long, et était garnie d'une paillasse chargée de vermine.

Les commensaux les plus illustres de ces chambres furent l'ex-ministre de la marine Fleurieux, l'ancien lieutenant de police de Crosne, le général Lanoue, et plusieurs artistes de la Comédie-Française.

Après la représentation de *Paméla*, de François de Neufchâteau, le pouvoir révolutionnaire trouva que cette pièce tendait à faire regretter l'ordre de la noblesse. La commune de Paris, sur la dénonciation de la société des jacobins, fit arrêter les comédiens français dans la nuit du 3 au 4 septembre, et ils furent incarcérés à la prison des Madelonnettes.

Le célèbre comédien Fleury raconte cette arrestation et ses suites dans ses notes manuscrites, que la plume élégante et méthodique de M. Laffitte a transformées en mémoires historiques.

« Nous n'étions pas des victimes ordinaires, l'attention devait se porter sur nous; les comédiens appartiennent à un monde pour lequel le peuple éprouve une sorte de bon mouvement qui n'est ni le respect, ni l'admiration peut-être, mais qui est quelque chose où il entre un peu de ces deux sentiments avec une dose de reconnaissance. L'amour du peuple pour le spectacle est le gage de l'intérêt qu'il porte aux acteurs; il ne peut nous voir sans nous associer à la représentation théâtrale, à cette fascination qui le transporte; nous sommes pour lui le signal d'une fête, d'un plaisir vif, nous sommes les amis des yeux et des oreilles, si nous ne pouvons l'être de l'esprit et du sentiment. Dans les temps même où le peuple n'est pas souverain, c'est chez nous qu'il exerce sa souveraineté la plus réelle et la moins incontestée; aussi s'aime-t-il en nous : tuer un comédien, c'est tuer une illusion qui, peut-être, ne se représentera plus dans l'histoire de ses plaisirs. Si la foule n'approfondit pas ainsi la question, elle s'en rend bien compte;

et quand les esprits cultivés nous traitent en artistes, en interprètes habiles de la pensée du génie, auprès d'elle nous avons une popularité forte, parce qu'elle a quelque chose de celle des marionnettes qui l'amusent; aussi, à ce titre, pouvons-nous compter sur de vives sympathies.

« Disons en passant que Michot est là pour le prouver.

« Une foule en délire le poursuivait sur la place de Grève; qu'avait-il fait? On le prenait pour un fermier général, s'il m'en souvient : « A la lanterne! cria-t-on, à la lanterne! » Déjà le fatal cordon serrait à la gorge le pauvre comique, quand, au milieu des allées et des venues pour s'échapper et pour saisir, le hasard amène un homme qui le reconnaît : « Eh! c'est le polichinelle de la république! » dit-il aux autres. Ce mot suffit : on délivre Michot, on le rassure, on le caresse. Le citoyen allait être pendu : polichinelle fut porté en triomphe.

« Nous n'arrivions point là comme individus isolés, nous n'étions point M. Saint-Prix, M. Vanhove, M. Dupont, M. Larochelle ou Champville, M. Dazincourt ou Fleury; nous étions une corporation littéraire, menant avec elle dans l'exil tout le passé gracieux de la France; nous représentions, en petit format, tout ce qui charme, tout ce qui unit, tout ce qui rallie; on honorait en nous aussi une compagnie qui s'était montrée forte, courageuse, unie, dans un temps où, excepté le courage trivial de mourir, tout courage cessait, où toute union se brisait, où s'évanouissait toute force. La *Comédie-Française* en prison sembla une grande et triste apparition : en s'attaquant ainsi à l'art le plus aimable et le plus entraînant, les maîtres de la France semblaient jeter au monde leur mot le plus significatif. A nous se rattachaient mille souvenirs illustres, avec nous se réveillaient mille idées de gloire, notre incarcération en était le dernier convoi.

« En attendant le boucher qui, tôt ou tard, devait venir nous prendre, nous arrangeâmes notre petit intérieur; chacun de nous était en particulier un véritable Robinson, clouant, tapissant, faisant de la menuiserie, arrangeant des tablettes, etc.

« La menuiserie, l'ébénisterie, la tapisserie et la mécanique ont du charme, cela tient à l'ornement; mais, outre qu'il y eut bientôt ordre de nous ôter scies, clous et marteaux, ces occupations ont à peine trois jours, ce sont les travaux de premier établissement ; il en reste d'autres moins faciles ou qui répugnent davantage : ce sont les travaux quotidiens, ceux du matin surtout. Chaque prisonnier faisait sa chambre, balayait, nettoyait, aucun détail ne lui était épargné ; puis il avait ensuite à vaquer au service général ; Saint-Prix était plaisant à voir tenant le balai, à peu près comme on croise la baïonnette, nettoyant avec maladresse et dignité les étables d'Augias : « Pauvre Agamemnon, disait-il, à quoi te vois-tu réduit ! »

« Mes camarades furent parfaits d'abnégation, de courage et de bonne volonté ; plusieurs méritèrent l'amitié et la reconnaissance de leurs commensaux ; tout à l'heure je dirai ce que fit Vanhove, à présent je dois citer Dupont. Plein de zèle et de prévenances, il sut se faire tout à tous ; chose fort rare dans un jeune homme qui, ayant devant lui l'avenir, boude encore plus qu'un autre à ses espérances détruites ; chose inouïe dans un jeune premier, ordinairement enfant gâté de la famille théâtrale, et presque toujours petit-maître au dehors [1]. Dupont fut un vrai Spartiate ; et Champvelle ! ce brave Champvelle ! ce jovial garçon qui ne se démentit pas un instant, ne serait-ce pas un tort de l'oublier ? »

Voici le trait de Vanhove :

« Parmi les détenus sur lesquels pesaient les plus grands crimes, un de ces crimes que le tribunal devait le moins pardonner, attendu que la chose touchait à la bourse, se trouvait M. Boivin, marchand. Il avait, disait sa dénonciation, laissé vendre du numéraire chez lui ; déjà interrogé au tribunal, il allait y paraître de nouveau pour y être définitivement jugé. C'était une de ces bonnes natures dont le modèle se perd chaque jour ; véritable bourgeois de Paris, rond de toutes les manières, de ceux dont l'épitaphe doit dire en son temps, bon époux, bon frère, bon ami, sa veuve inconsolable, etc., et dont l'épitaphe n'est pas menteuse ; M. Boivin,

---

[1] Le jeune Dupont, dont il est question, est aujourd'hui un vénérable et spirituel vieillard, doyen des pensionnaires de la Comédie-Française, qui vit retiré dans une délicieuse solitude à Morsang, où il offre la plus gracieuse hospitalité aux écrivains et aux artistes.

trop adroit pour se laisser duper, trop bon pour ne l'avoir pas été quelquefois, zélé, serviable, n'offrant sa main et son cœur qu'à bon escient, mais ne la retirant plus ensuite, devait être aimé et l'était. Un matin on vient le chercher, il part; nos inquiétudes sont extrêmes. Le temps se passe; on désespérait, quand une voix se fait entendre c'est la sienne. Étonnement général; d'ordinaire, le tribunal suprême n'est pas si prolixe, mais joie générale aussi. Plusieurs prisonniers courent au-devant de lui, il leur apprend qu'il est acquitté.

« Mais alors, comment en prison encore ?

— J'ai été acquitté, mais sous caution. On m'a demandé mille écus : « Je ne les ai pas, ai-je répondu, mais j'offre de souscrire un engagement beaucoup plus fort, si l'on veut m'accorder du temps. »

— Eh bien ?

— Eh bien ! ils m'ont refusé; il me faut la somme demandée ou rester en prison. Dieu sait si c'est pour longtemps !

— Je sais, moi, que c'est seulement pour un quart d'heure, s'écrie le négociant Logette, qui se trouvait là.

— Comment ?

— Je vous dis que je le sais, et voilà ma preuve.

« A ces mots, Logette tire de son portefeuille mille écus. Boivin a les larmes aux yeux, il hésite : « Est-ce que vous croyez que je puis vous envoyer la maréchaussée pour vous obliger à les prendre? Allons, allons, et qu'il ne soit pas même question de billet, nous nous arrangerons plus tard. »

« Pendant que cette scène de générosité se passait, le bruit court que le brave Boivin doit garder la prison jusqu'à ce qu'il ait trouvé les trois mille livres de caution exigées par le tribunal révolutionnaire; j'étais dans ce moment avec Vanhove, fort engagé dans une partie de piquet; nous disputions chaudement un tout petit enjeu quand la nouvelle nous arriva. Aussitôt mon camarade se lève, court à sa tablette, défait quelque chose et revient : « Que je suis heureux ! dit-il, je puis faire sa somme, je possède 4,500 francs; 1,500 francs me suffisent pour le temps que je compte rester en prison. »

Et mon Vanhove de courir, comme pouvait courir Vanhove, et de crier : « Où est-il? où est Boivin? » Boivin venait de partir. Logette seul était là; Logette, qui faisait plaisamment devant notre père noble cette pantomime populaire dont la traduction la plus usitée est, je crois : « Je t'en ratisse! » le railla encore de lui avoir escamoté une bonne fortune.

La détention des comédiens français s'était déjà prolongée pendant sept mois, quand Collot-d'Herbois écrivit à Fouquier-Tinville pour hâter la mise en jugement de six d'entre eux. Il n'y avait point à se tromper sur l'issue probable de l'affaire.

D'après la coutume de la commission, chacun des dossiers envoyés à l'accusateur portait en marge, et en encre rouge, une lettre fatale, indication convenue avec la justice du docile tribunal. Un grand G c'était la mort, un D la déportation, un R ordonnait aux juges d'acquitter, et nos six dossiers envoyés étaient recommandés par un G, comme suit :

Dazincourt.	G,
Fleury.	G,
Louise Contat.	G,
Émilie Contat.	G,
Raucourt.	G,
Lange.	G.

Et non content d'avoir placé la lettre rouge, dont la monotone redondance marquait les six coups de glaive, le minutieux Collot y avait joint ce post-scriptum sans appel.
Voici ce modèle de précision dans le style épistolaire :

« Le comité t'envoie, citoyen, les pièces concernant les ci-devant comédiens français : tu sais, ainsi que tous les patriotes, combien ces gens-là sont contre-révolutionnaires; tu les mettras en jugement le 13 messidor. A l'égard des autres, il y en a quelques-uns parmi eux qui ne méritent que la déportation; au surplus, nous verrons ce qu'il en faudra faire après que ceux-ci auront été jugés.

« *Signé* Collot-d'Herbois. »

Un homme fut le sauveur de la Comédie-Française ; sans lui, bien sûrement, elle payait la dîme à Fouquier-Tinville. Cet homme se nommait Charles Labussière.

C'est pourtant un homme dont le nom n'était déjà plus prononcé à l'époque où Fleury en esquissait les mémoires. Il n'est pas un de nos nouveaux sociétaires, dit l'historien comédien, à qui l'on demande s'il connaît Labussière, qui réponde : Qu'est-ce que ce monsieur-là ?

Et si quelqu'un se le rappelle encore, à part nous ses obligés, c'est peut-être un vieil ouvrier tourneur du faubourg Saint-Antoine, une femme surannée, nouvelliste du quartier, jadis jeune et fraîche grisette ; celui-ci et celle-là se souviennent d'avoir vu, dans le temps de leurs joyeuses équipées, au théâtre Mareux, un niais charmant, bête à ravir, un homme d'une grâce infinie à recevoir le soufflet obligé, le coup de pied de tradition, d'une balourdise à citer, bredouillant de la langue et du geste, cassant les assiettes, mêlant les crèmes avec la matelotte, émule de Volange, rival de Beaulieu, et disant *C'en est* avec une expression si nouvelle, si bien comprise, qu'il fit oublier ses devanciers et désespère ses successeurs.

Eh bien ! ce niais, ce balourd, ce jocrisse qui vint faire rire de ses bêtises, qui s'enfarina pour plaire à la grisette, qui se jeannotisa pour divertir l'ouvrier, cet humble artiste d'un humble théâtre, est l'homme de France le plus courageux, le plus adroit et le plus audacieux. Nul dévouement n'égale son dévouement, nulle abnégation ne peut se comparer à son abnégation. Il n'est pas de finesse de diplomate qui ne baissât pavillon devant sa finesse.

Comme tant d'autres, quand la révolution eut bien dessiné sa marche, de Labussière avait perdu sa fortune. Il ne savait trop où donner de la tête, et un ami, le sachant assez suspect, lui proposa de lui faire obtenir une place auprès du comité de salut public. Ce poste devait lui paraître excellent : le meilleur moyen n'était-il pas d'entrer dans la caverne ? De Labussière répondit à ceux qui le pressaient d'accepter ce poste : « Allons, vous le voulez, il faut bien vous satisfaire ; je verrai le gâchis de plus près. »

Sa première installation eut lieu au bureau de la *correspondance*, bureau où arrivaient toutes les dénonciations des départements. Le dégoût s'empara bientôt de lui en voyant l'inhumanité de ces dénonciations et le style des dénonciateurs : il voulut s'en aller ; mais son protecteur lui prouva que, demander congé, c'était risquer sa tête, et, afin de le satisfaire en partie, on le fit passer au bureau des *pièces accusatrices*, où lui furent confiés les registres des détenus : circonstance heureuse pour la Comédie-Française et pour des milliers de victimes, que sa nouvelle place le mit à même de sauver.

De Labussière s'installa donc à cet entrepôt général des pièces relatives aux incarcérés. Les dénonciations suivies d'arrestations passaient par ses mains, ainsi que les états prétendus *raisonnés* des suspects et les notes dites *notes individuelles*. Là également étaient adressés les documents justificatifs : le nouvel employé devait faire, jour par jour, l'analyse de toutes ces pièces.

Il y avait quatre bureaux semblables à celui-ci, correspondant à un bureau général, où l'agent de la société populaire tenant ses séances au Louvre venait peser ses motifs de condamnation ; aussi de Labussière appelait-il ses registres *registres mortuaires*.

Mais il sut courageusement les alléger : c'est dans cette place dangereuse et difficile à la fois qu'il a sauvé tant de malheureux, en détruisant les pièces accusatrices et un grand nombre de dossiers.

La commission populaire prenait dans ces bureaux toutes les pièces qu'il lui fallait pour motiver les condamnations, et, tant il y avait d'ordre ! elle prenait sans compter et sans donner de reçu !

Tant qu'il ne fut pas bien certain de la marche de la funeste commission, il n'agit qu'avec la prudence nécessaire, tâtant le terrain, faisant glisser hors des cartons quelques papiers, laissant oublier ainsi quelques personnes, et ne se hasardant pas d'abord à anéantir entièrement les pièces. Mais quand il se fut bien convaincu du chaos [1], il travailla en grand.

---

[1] Qu'on juge de ce chaos. Joseph-Marie de Lespinard rapporte ce fait dans ses mémoires : « J'ai vu dans ma prison, et plus tard à la Conciergerie, des malheureux qu'on appelait pour briser leurs fers... ils venaient d'être guillotinés. Un jour on apporte plus de quatre-vingts mises en liberté de personnes acquittées par le comité de sûreté générale, et l'on trouve que le tribunal en avait fait égorger soixante-deux ! »

Il fallait l'entendre raconter lui-même, avec sa voix brusque et légèrement bégayante, avec ce mouvement perpétuel de son sourcil noir, qui, selon le besoin, semblait ouvrir ou fermer sa physionomie, avec son accent qui commençait *piano* et s'animait, se pressait, se grandissait, suivant qu'il était plus loin ou plus près de sauver son prisonnier; il fallait l'entendre lui-même, dis-je, racontant comment il trouva sa manière de soustraire et de faire disparaître ces pièces de conviction sans laisser aucune trace.

« Je m'attachai d'abord, dit-il, à sauver les pères et les mères de famille de toutes les conditions : j'espérais que ça me porterait bonheur... Sauver un père, c'est sauver toute une maison : le pain est là! Quand j'avais retiré les pièces de mes prévenus prédestinés, je les mettais à part dans mon bon tiroir de chêne, fermant parfaitement à clef; puis, comme il était nécessaire que le bourreau pût trouver son compte, que, sans cela, tout était perdu, et moi-même qui voulais sauver les autres, je remettais dans le funeste carton, ou plutôt dans l'horrible panier, toutes les têtes qu'il fallait bien laisser dévorer à l'hydre. Le travail allait fort alors, et je m'étais donné la réputation d'un zélé, pour qu'on ne fût pas étonné de me voir à des moments peu ordinaires. Nous étions dans l'été, et, à une heure du matin, je me présentais, ayant l'air de me rendre au comité de salut public, choisissant bien l'instant où ses membres étaient en délibération. Par bonheur, je n'étais pas connu de tout le monde, et les surveillants n'ayant affaire qu'à ma carte d'entrée, j'avais bien vite gagné mon bureau. Les clefs étaient déposées dans un endroit convenu entre le chef, le garçon de bureau et moi. J'entrais à pas furtifs, sans bruit, sans lumière; je tâtais dans le tiroir mon triage de la journée. Quelle joie, la première fois que j'arrachai ainsi plusieurs malheureux à une mort certaine! Mais, après ce premier moment, quel embarras aussi! Que vais-je faire de ce paquet de pièces? C'était bien d'entrer; mais à la sortie la plus rigoureuse surveillance vous attendait. Je tenais ce jour-là la vie de MM. de la Tour-du-Pin, de Villeroy, d'Estaing, de Jouvenay; de M. de Senechalles, de sa femme, de sa fille; de madame le Prestre et de ses deux demoiselles. Magnifique coup de filet! y renoncer!... il m'aurait semblé pousser moi-même mes protégés sur l'échafaud ! Que faire, cependant ? les dossiers étaient volumineux. Incendier, c'était impraticable : en plein été, du feu !... Je me tourmentais, je me creusais la tête ; mon cerveau s'enflammait ; j'étais pris d'une horrible migraine ; ma souffrance devenait intolérable, lorsque, pour attiédir mon front qui brûlait, je m'avisai de chercher du soulagement dans un seau d'eau destiné à rafraîchir le vin des déjeuners ; j'y porte ma main, je l'y plonge... ce fut une inspiration ! O mon Dieu ! mon Dieu ! ces papiers que je tenais, ne pouvais-je les amoindrir, les réduire à rien en les trempant ? Ah ! m'écriai-je, Carrier, le cruel, a ses noyades pour faire périr ; j'aurai mes noyades pour sauver ! Et me voilà à la besogne, rendant ductile le papier, le pressant de mes doigts, le mettant en pâte, et formant du dossier funeste plusieurs pelotes que je cachai facilement dans mes poches. Puis, comme une idée en amène une autre, je me fis, d'une seule fois, un système complet de destruction : j'allai aux bains Vigier ; là, je trempai mes grosses pelotes dans la baignoire, les subdivisant en petites boulettes, et je lançai ainsi ma petite flottille d'honnêtes gens, dont je suivais en idée la course nautique, longeant triomphalement les rives de la place de la Révolution, ayant en tête M. d'Estaing, le premier marin de l'époque.

Vers le 1er messidor de l'an II, étaient déjà coulés à fond et noyés plus de huit cents procès.

Fouquier-Tinville vint se plaindre dans les bureaux de la négligence des employés. Les dossiers n'en continuèrent pas moins à subir la noyade, malgré lui et la mercuriale écrite qui suit :

Paris, 3 thermidor an II de la république française
une et indivisible.

LIBERTÉ, ÉGALITÉ, OU LA MORT.

L'accusateur public près le tribunal révolutionnaire,

Aux citoyens membres représentants du peuple chargés de la police générale.

Citoyens représentants,

La dénonciation qui a été faite ces jours derniers à la tribune de la convention n'est que trop vraie : votre bureau des détenus n'est composé que de royalistes et de contre-révolutionnaires qui entravent la marche des affaires.

Depuis environ dix mois, il y a un désordre total dans les pièces du comité : sur trente individus qui me sont désignés pour être jugés, il en manque presque toujours la demie ou les deux tiers, et quelquefois davantage. *Dernièrement encore, tout Paris s'attendait à la mise en jugement des comédiens français*, et je n'ai encore rien reçu de relatif à cette affaire ; les représentants Couthon et Collot m'en avaient cependant parlé : *j'attends des ordres à cet égard.*

Il m'est impossible de mettre en jugement aucun détenu sans les pièces qui m'en indiquent au moins le nom et la prison, etc.

Salut et fraternité.

Signé : FOUQUIER-TINVILLE.

La présence d'esprit de celui qui s'était voué au salut des artistes le préserva dans cette circonstance, et dans une autre où tout autre moins bien avisé eût été victime.

Une nuit ayant paru favorable aux projets de Labussière, il pénétra, muni de sa carte, au pavillon de Flore, lieu des séances du comité où il avait un emploi. Il monte au deuxième, entre dans son bureau, se saisit des pièces, entre autres d'un petit paquet cacheté de trois cachets, qui a pour suscription : *Affaire des ci-devant comédiens français*; il les met dans la poche de côté de son habit, et redescend.

Après cette expédition, il se retirait à pas de loup et traversait un vaste vestibule ou sorte de salle de pas perdus, où venait aboutir le petit escalier conduisant aux bureaux de la police générale.

Labussière avait entendu du bruit... il écoute, et reconnaît enfin la voix de Saint-Just, bientôt celles de Collot-d'Herbois et de Fouquet-Tinville, l'une venant d'en haut, les autres d'en bas, de telle sorte que le commis se trouvait entre deux feux.

Un grand coffre, dans lequel on mettait pour l'hiver la provision de bois, était entr'ouvert : d'un saut, l'ange tutélaire des comédiens s'y précipite, non sans faire tomber l'une sur l'autre plusieurs bûches, et quelques instants après, Fouquier-Tinville, déclamant contre ses collègues, vient s'asseoir et bouder, sans doute, sur le coffre. Puis Collot-d'Herbois se rapprocha, prit place près de Fouquier, et battit machinalement la générale avec ses talons sur le bahut.

Enfin, après une assez longue conversation, le couvercle sous lequel était emprisonné le pauvre commis fut débarrassé... les interlocuteurs se levèrent, leur voix se perdit dans le lointain. Le prisonnier sortit avec précaution de sa cachette, et, après mille difficultés et incidents dont le récit ne peut entrer dans le cadre de notre ouvrage, il échappa à tous les périls, et envoya le *petit paquet* rejoindre tous ceux qui l'avaient précédé.

Le commissaire de section Marino, dont il a été parlé, avait mission d'établir une sorte d'égalité dans la maison. Il voulait que les repas fussent pris en commun et que le pauvre vécût aux dépens du riche; il voulait aussi que les prisonniers de la paille quittassent leurs affreuses demeures, pour occuper des chambres; et vice-versa, il voulait que les suspects allassent prendre la place des pailleux. Heureusement, ce projet n'eut pas lieu; on lui fit observer que la paille était presque entièrement composée de criminels, de voleurs, fabricateurs de faux assignats, et qu'il y aurait de l'inconvenance, malgré son grand système d'égalité, à favoriser des brigands en déplaçant des citoyens qui n'étaient que suspectés d'incivisme. Marino n'insista pas sur cet objet, mais il donna l'ordre d'organiser les tables communes; puis il parcourut toute la maison, interrogea tous les individus sur leur fortune, et assigna aux personnes aisées des pauvres à nourrir.

Arrivé à la chambre de la Montagne, où étaient ses cosectionnaires, ceux-ci voulurent l'entretenir des causes de leur détention; mais Marino, sans les écouter, alla chercher de Crosne, l'ancien lieutenant de police, détenu comme suspect, il l'amena dans cette chambre et lui dit : « Tiens, mon fils, voilà les hommes de ma section, il faut que tu en aies soin, entends-tu bien? — Oui, citoyen. — Assieds-toi là. — Oui, citoyen. » En le flattant sur la joue : « Ah çà, tu paieras le fricot, entends-tu bien? — Oui, citoyen. — La chambre, les frais, le vin? — Oui, citoyen. — Tiens, voilà le président, en désignant Jousseran, il fera la carte de toute la dépense, entends-tu? — Oui, citoyen. — Tu as de la fortune, ils n'en ont pas; c'est à toi à payer, entends-tu? N'y manque pas, et tu leur donneras le gigot à l'ail, la pomme de terre et la salade. — Oui, citoyen. »

Après ce colloque, il quitta de Crosne en lui donnant le petit soufflet sur la joue, et en passant près des artistes du Théâtre-Français, il dit qu'il leur enverrait un fermier général pour les nourrir, parce qu'il sentait le besoin qu'ils pouvaient en avoir.

Marino était ce jour-là en belle humeur, et sa visite avait égayé les prisonniers.

De Crosne s'exécuta de bonne grâce; qu'avait-il besoin d'économie? il savait qu'il n'échapperait pas à l'échafaud.

Nous allons revenir sur quelques faits qui peignent la physionomie particulière que le séjour des comédiens français donna à cette prison pendant l'époque révolutionnaire.

Nous avons dit que le docteur Dupontel combattait, par toutes les ressources de son art, la maladie que le défaut d'air et d'espace devait nécessairement engendrer. Il avait prescrit un exercice violent avant le dîner et le souper. Fleury raconte ainsi la mise en scène de cet exercice converti en promenade militaire.

« Nous choisîmes nos supérieurs parmi ceux qui avaient la plus belle voix et ceux qui connaissaient la stratégie; le général Lanoue et Saint-Prix réunirent tous les suffrages, et sous leur commandement, nous exécutions des marches et des évolutions dont se serait fait honneur le corps le plus instruit et le mieux discipliné.

« Les exercices du soir offraient du singulier et de l'original; la galerie, faiblement éclairée, ne donnant pas assez de jour, plusieurs de nos miliciens tenaient une bougie allumée : nous participions ainsi de la procession et de la marche guerrière. Ces corridors noircis, ces hommes pâles, ces ombres vacillantes, ces feux follets se croisant, se décroisant, se mettant en ligne, jetant des reflets incertains sur des robes de chambre à ramages, sur des surtouts de piqué blanc, sur des coiffes de nuit, sur des figures qui n'auraient pas ri pour un empire, et d'autant plus comiques à voir que la lumière, ainsi portée à la main, venant de bas en haut, semblait barbouiller de bistre tous les points saillants du visage pour ne faire ressortir que le regard ; tout ce pêle-mêle d'obscurité et de lumière, de marche et de repos, d'éclats de voix et de silence, aurait été d'un effet à saisir pour un peintre habile. La femme du concierge venait quelquefois nous voir ; elle prétendait que lorsque nous étions lancés, nous lui paraissions dignes du pinceau de Rembrandt ; je pense qu'elle nous flattait un peu, et le rire du petit Vaubertrand m'a fait croire plus d'une fois que nous ressemblions plutôt à des grotesques à la manière de Callot, surtout lorsque le bon M. d'Alleray, tenant son bougeoir à la main, allait brûler le menton ou le jabot de M. l'ex-lieutenant général de Crosne, lequel ne put jamais comprendre ce que c'était que de partir du pied gauche.

Dans le commun malheur, tout le monde fraternisait. Ceux qui jadis dans le monde avaient joué les personnages les plus brillants se trouvaient fort heureux de venir prendre leur café dans le passage d'un étroit corridor qui servait de chauffoir commun, modestement assis sur une mauvaise paillasse ou sur une pile de bûches.

Quand le petit ménage était fait, qu'on s'était seulement salué, qu'on avait déjeuné en écoutant les bons mots de Champville, artiste du Théâtre-Français, on voyait le ci-devant lieutenant de police, perruque bien poudrée, souliers bien cirés, chapeau sous le bras, se rendre chez les ci-devant ministres Latour du Pin, Saint-Priest, le frère de l'ex-ministre, et puis chez Boulainvilliers ; puis enfin chez les ci-devant conseillers au parlement.

De retour chez lui, venaient à leur tour Boulainvilliers, Latour du Pin, les ex-conseillers en grande cérémonie, qui rendaient la visite : c'était là l'occupation de la matinée. Fleury a légué à l'histoire quelques notes sur les derniers moments de l'ex-lieutenant de police.

M. de Crosne jouait au trictrac chez Fleury avec M. de Latour du Pin quand le nom de l'ex-lieutenant de police retentit dans le corridor et glaça chacun d'effroi ; on savait ce qu'un tel appel voulait dire : « Me voilà prêt, s'écria-t-il en se levant comme pour donner un ordre ; » puis s'adressant à M. de Latour et lui serrant la main :

« Adieu monsieur ; et se retournant vers ses compagnons d'infortune et les saluant de ce beau salut parlementaire, si plein de noblesse et de dignité : Adieu, messieurs, je vous remercie de vos soins, vous avez adouci mes derniers moments. » Puis il s'en alla du même visage qu'il devait avoir quand il se rendait à l'audience du roi.

Les Madelonnettes eurent un surcroît de population quelque temps avant le 9 thermidor de l'an III.

On venait de former à la plaine des Sablons le camp des élèves de Mars. Un membre se préoccupant beaucoup des dangers moraux que les jeunes soldats républicains pouvaient courir par suite de la liberté qui leur était laissée, prit la parole dans le conseil général de la commune, et déclara qu'il était à craindre que les filles publiques ne corrompissent les mœurs des jeunes élèves de Mars, et ne servissent ainsi les vues des ennemis de la patrie ; il fut décidé et ordonné qu'*attendu que la vertu était à l'ordre du jour*, des visites domiciliaires seraient faites de nuit, pour arrêter les femmes de mauvaise vie ou qui ne pourraient justifier de leurs moyens d'existence. Les comités des sections furent chargés de l'exécution de cette mesure, à laquelle ils apportèrent un zèle aussi ridicule que barbare.

Tout devint femme de mauvaise vie, les maisons garnies furent investies de commissaires, et l'on vit dans tous les quartiers conduire de nombreuses troupes de femmes ou filles dans les corps de garde. Et qui avaient été enlevées dans ces hideuses recherches ? des mères de famille, des femmes mariées, de jeunes ouvrières qui ne pouvant pas rendre raison de leurs ressources aux agents de cette odieuse police, furent impitoyablement arrachées à leurs foyers, traînées à la Petite-Force et aux Madelonnettes, jusqu'à ce que des réclamations jugées valables vinssent les en tirer.

La terreur, qui ne distingua dans son aveuglement ni l'âge, ni le sexe, ni le mérite, mit au nombre des victimes l'auteur du *Voyage d'Anacharsis*. La fortune attendait les dernières années du vieillard pour le frapper de sa disgrâce. La révolution française, après avoir réduit Barthélemy au plus étroit nécessaire, l'exposa encore à périr sous les coups des bourreaux.

Le 2 septembre, il fut traîné à la prison des Madelonnettes; les prisonniers qui s'y trouvaient apprenant son arrivée, descendirent tous en bas de l'escalier, et l'y reçurent avec une sorte d'attendrissement mêlé de respect. Cependant, il recouvra sa liberté seize heures après l'avoir perdue. Les hommes de tous les partis voulurent venger l'outrage fait à l'auteur d'*Anacharsis*. Paré, ministre de l'intérieur, vint lui offrir la place de bibliothécaire; Barthélemy la refusa en s'excusant sur son grand âge : il avait près de quatre-vingts ans et ne pouvait désirer que le repos. Ce fut alors qu'il se fit en lui un changement remarquable. « Désenivré de la gloire, dit Sainte-Croix, son amour pour elle s'affaiblit chaque jour; bientôt il ne s'embarrassa plus de l'avenir pour lequel il avait tant vécu. » Il disait, dans ses moments d'humeur, que la révolution était mal nommée, et qu'il fallait l'appeler une révélation, faisant allusion à la terrible expérience qu'elle donnait aux hommes.

En 1795, les Madelonnettes devinrent le dépôt des femmes sous prévention de délits. Plus tard, une partie des bâtiments reçut les femmes détenues pour dettes. Cette double destination fut conservée jusqu'en 1830. Aux journées de juillet, le peuple ouvrit les portes aux recluses des deux catégories, et leur donna la liberté provisoire, sauf reprise nouvelle quand les agents de police et les recors recommenceraient à instrumenter au nom d'une autre royauté.

Une demeure plus vaste et plus saine que celle qu'ils habitaient, ayant été disposée pour les débiteurs prisonniers, les femmes furent transférées des Madelonnettes à la maison de la rue de Clichy. Cette amélioration dans le sort des débiteurs était due en partie à la bienfaisance de la duchesse de Berri. Le budget de la ville de Paris ne pouvait subvenir à l'acquisition des terrains de l'ancien hôtel Saillard, sur lesquels on avait, depuis longtemps, le projet d'édifier une prison dans des conditions de salubrité jusqu'alors négligées. La duchesse de Berri prêcha l'exemple de la charité intelligente, en donnant cent mille francs sur sa cassette. Quand s'ouvrirent les larges préaux de la nouvelle prison, quand les cellules aérées reçurent les pauvres diables dont la vie s'épuisait dans le méphitisme des sombres chambres de Sainte-Pélagie, la fondatrice de Clichy était partie pour l'exil. La révolution hérita de la dotation, sans achever cependant l'œuvre de bienfaisance dans tous ses minutieux détails. La princesse eût continué de fournir aux pauvres de Clichy cette subvention alimentaire que, pendant de longues années, elle paya à Sainte-Pélagie aux malheureux détenus pour dettes. Chaque matin on eût vu arriver dans le préau deux hommes de peine pliant sous le poids de deux énormes vases de cuisine en cuivre. Ces deux vases, qu'on avait surnommés la *marmite du château*, quoiqu'ils sortissent des cuisines d'un entrepreneur honnête homme, qui secondait dignement l'acte de bienfaisance de la duchesse, contenaient, l'un du potage, l'autre des aliments gras, qui étaient distribués avec abondance et propreté aux malheureux sans ressources, ou aux détenus chargés d'une nombreuse famille.

Ce sont là de ces institutions qu'on aimerait à voir se perpétuer, malgré le déplacement des dynasties.

Quand la prison des Madelonnettes fut allégée de sa population de femmes détenues pour dettes, la maison de Sainte-Pélagie versa dans cette localité ses momes, ou jeunes détenus au-dessous de seize ans.

Les momes étaient divisés en deux classes, les grands et les petits. Cependant, cette distinction n'était que nominative ; ils vivaient ensemble, ils couchaient dans le même dortoir, soumis aux mêmes travaux ; seulement les grands, c'est-à-dire les plus âgés, faisaient aux petits une guerre continuelle : l'abus de la force se trouve partout.

Les momes étaient réveillés à la pointe du jour, comme les autres détenus. Un employé de la maison conservait, autant que possible, l'ordre et le silence parmi eux. La prière se faisait en commun, puis le travail commençait. Les enfants étaient occupés à faire des cardes de laine ou de coton. A dix heures et demie, ils descendaient dans la cour. C'est là qu'ils se dédommageaient du silence qui leur était imposé le reste de la journée.

Leurs jeux ont cependant quelque chose de triste et de cruel, a dit un écrivain qu'une condamnation politique a mis à même d'étudier ces jeunes captifs ; ils s'agitent en tous sens, se poussent l'un l'autre, se traînent sur la terre, et courent en riant barbouillés de fange. Leurs délassements les plus paisibles portent même une empreinte de ce mélange d'humeur brutale et de passions précoces qui les distingue. Ils jouent quelques petites pièces de monnaie avec l'énergie sombre et l'attention avide d'un joueur qui risque sur une carte fatale la fortune de sa famille et le repos de sa vie. De temps à autre on entend retentir dans la cour des mômes

d'épouvantables jurements. Le gardien, qui se promène au milieu d'eux, armé d'un nerf de bœuf, y fait peu d'attention. Son redoutable fléau ne tombe que sur les joueurs obstinés et sur les vainqueurs de la lutte.

Plus tard, la maison de la rue des Grès, qu'un magistrat avait ouverte dans un but d'expérimentation morale sur les enfants détenus, par mesure de correction paternelle, ayant cessé d'exister, les Madelonnettes recueillirent ces enfants; mais, comme la population moyenne de cette maison tomba, après plusieurs années, à quinze à vingt enfants au plus, et que sa vaste cour, sa chapelle, son réfectoire, ses ateliers, ses magasins, ses quarante-quatre cellules et ses quatre étages, pouvaient recevoir une destination plus appropriée à son étendue; comme, d'un autre côté, ce petit nombre de détenus coûtait plus de dix mille francs par an à la ville de Paris, quatre cents francs à peine étant portés au budget de ses recettes pour pensions payées par les parents ; comme enfin la maison pénitentiaire des jeunes détenus pouvait très-convenablement recevoir, dans un quartier séparé, les enfants de la correction paternelle, l'administration résolut de les placer dans cette maison.

Ainsi donc, aujourd'hui, c'est la Roquette qui est devenue le champ d'expérimentation. Ce pénitentiaire est défendu et attaqué avec chaleur par deux partis qui ne semblent pas prêts à se concilier. A ces deux camps opposés, on peut en joindre un autre et diviser en trois catégories tranchées les systèmes qui se disputent la puissance moralisatrice sur des enfants vicieux, soit qu'ils aient été atteints judiciairement, soit que la volonté paternelle soit venue au-devant des mauvais instincts qui se développaient, sans cependant avoir encore produit la criminalité : — système pénitentiaire, — système de patronage, — système de la colonisation agricole à l'intérieur : voilà les trois régimes en présence.

Les uns attendent des effets décisifs de la séquestration complète des jeunes détenus; leurs adversaires opposent des faits éloquents à des phrases sonores.

« Je ne sais pas si j'ai bien vu, disait à la tribune M. le marquis de La Rochejaquelein, mais j'ai vu des choses qui, si elles prouvent un grand zèle, prouvent aussi qu'on n'a pu arriver où l'on avait voulu atteindre. Dans ces tombeaux que vous nommez pénitentiaires, vous voyez des enfants rachitiques, scrofuleux, noués aux articulations, des enfants dont les jambes sont gonflées.

« Vous prétendez qu'on a amélioré singulièrement la condition morale des détenus; eh bien ! voici la réponse qui m'a été faite par des personnes de l'administration : on me citait tel numéro bon sujet, tel autre numéro bon sujet ; enfin, il y avait dans un des couloirs, dans un de ces longs corridors, sept ou huit enfants qu'on me signalait comme les plus sages, qui s'étaient amendés véritablement. Je fis cette question : Dans ce cas-là, puisque depuis trois ans vous avez pu les éprouver, pourquoi les soumettez-vous toujours à un régime aussi dur? pourquoi, avant de les faire rentrer dans la société, ne pas les préparer à cette vie en commun à laquelle ils vont être rendus? On m'a répondu que la chose était impossible. — Pourquoi impossible? — Parce que, plusieurs fois, on avait voulu les rapprocher deux ou trois mois avant leur sortie, que jamais on n'en avait éprouvé de bons effets.

« Les enfants qu'on m'a présentés étaient depuis trois ou quatre ans en prison ; ils allaient finir leur temps ; on devait compter sur eux plutôt que sur d'autres ; ils devaient sortir deux ou trois mois après, et l'amendement moral avait été si considérable, qu'on ne voulait pas même les faire communiquer entre eux, sous la surveillance immédiate du directeur de la prison ou de l'aumônier.

« Il me semble que, quand au bout de trois ou quatre ans d'une épreuve pareille, à laquelle ont été soumis des enfants de treize, quatorze et quinze ans, il n'est pas possible, même sous la surveillance immédiate d'un directeur ou d'un aumônier, de les rapprocher entre eux deux ou trois mois avant leur sortie, il me semble que, à leur sortie, ils doivent courir les plus grands dangers dans la société. Aussi m'a-t-on dit qu'il y avait des récidives en grand nombre ; aussi m'en a-t-on montré qui étaient revenus dans la prison. Et la raison en est bien simple, à mon avis : c'est que lorsque les enfants n'ont aucun bon exemple à suivre, lorsque les enfants sont toujours en présence d'eux-mêmes, rien ne peut les améliorer. »

A côté de ce sombre tableau, les partisans du système de l'amélioration morale par la colonisation, placent avec orgueil le récit de tous ceux qui ont visité la colonie naissante de Mettray.

D'après les dispositions de l'article 66 du code pénal, lorsque le prévenu d'un délit, ou l'accusé d'un crime, est déclaré avoir agi sans discernement, il est acquitté ; mais il est, selon les circonstances, remis à ses parents, ou conduit dans une maison de correction pour y être élevé et détenu pendant le nombre d'années que le jugement détermine, et qui, toutefois, ne peut excéder l'époque où il doit accomplir sa vingtième année. Cette recommandation de la loi protége l'enfant qui a failli contre sa propre faiblesse, et fait ce que l'indifférence de ses parents a négligé de faire. Malheureusement, ces maisons de correction, dont l'établissement devrait être l'objet de tant de sollicitude, n'existent que de nom. De fait, dans les maisons centrales tous les vices vivent dans une communauté déplorable. L'enfant qu'on y place pour le préserver des premiers écarts auxquels il a succombé, y apprend tout ce qu'il serait à désirer qu'il ignorât; d'apprenti dans le mal, c'est un mauvais sujet émérite quand il rentre dans la société.

Cependant quelques hommes de bien ont pris cette classe sous la protection de leur philanthropie éclairée. C'est dans le département d'Indre-et-Loire, sous le beau ciel de la Touraine, à Mettray, qu'a été établie une colonie de jeunes détenus. On les y admet jusqu'à concurrence de trois cents. Ils sont occupés aux travaux si variés des champs et des jardins. On n'y a d'abord admis qu'un

petit nombre d'enfants, de manière à discipliner plus facilement ceux qui sont venus ensuite. L'établissement a un médecin, un aumônier, des sœurs hospitalières, si bien appelées sœurs de charité, une infirmerie, une pharmacie, une lingerie. Chacun des reclus doit se soumettre avec exactitude à l'observation du règlement ; la moindre infraction est punie par la réintégration de l'enfant dans la prison dont il est sorti. A Mettray on trouve de jeunes enfants à la physionomie riante, enjouée, actifs, laborieux, travaillant parce qu'il y a plaisir pour eux à le faire.

Ailleurs une société de philanthropes, agissant sous l'inspiration d'une noble idée conçue par un magistrat, s'est constituée tutrice des enfants condamnés après l'expiration de leur peine : c'est ce qu'on nomme la Société de Patronage.

Quoique beaucoup de personnes applaudissent aux efforts de cette société, il est d'autres personnes, encore plus nombreuses, qui nient l'importance civile et les bienfaits de cette œuvre, tandis que les membres de celle-ci s'appliquent à répandre la connaissance de leurs travaux pour accroître leur nombre, et diminuer ainsi, par une coopération plus étendue, les chances de corruption qui menacent la population pauvre dans son service. Les adversaires, je ne dirai pas les détracteurs de leur œuvre, déversent le mépris sur les enfants qu'ils ont adoptés par un sentiment de commisération autant que de dévouement à la chose publique. Ils disent tout haut que le père de famille se doit tout entier à ses propres enfants ; que protéger des vagabonds, des mendiants, des voleurs en bas âge, c'est offrir une prime au vagabondage, à la mendicité, au vol : en un mot, ils contrarient par des discours imprudents, ou tout au moins irréfléchis, la propagande de charité entreprise par la Société de Patronage pour le maintien de l'ordre et des bonnes mœurs.

« La philanthropie, dit Me Frégier, est sujette sans doute à des illusions comme les affections les plus honnêtes de l'homme, mais ici les adversaires de la Société de Patronage n'ont pas envisagé sous son véritable point de vue l'objet qu'elle s'est proposé. L'amour de l'enfance, délaissée ou flétrie par des égarements passagers, n'est pas le seul mobile qui l'a fait agir ; elle en puise un autre, non moins puissant, dans l'intérêt de la grande famille, dont l'avenir dépend de la moralité de la population naissante ; c'est ce double levier qui caractérise ses actes et qui attire à elle les amis de la morale publique. Les enfants qu'elle appelle noblement sa famille, sont nés dans les dernières classes du peuple et livrés, dès l'âge le plus tendre, à toutes les angoisses du besoin, à toutes les humiliations de la misère, heureux quand ils n'ont pas été entraînés au vice par les mauvais exemples de leurs parents.

« Ceux-ci ne se font pas tous également un devoir de visiter leurs enfants dans la maison de discipline ; il en est qui leur tiennent rigueur, non-seulement durant tout le temps de leur captivité, mais qui, après leur libération, refusent de les recevoir. Que deviendraient ces enfants s'ils ne trouvaient pas un appui dans l'intervention du patronage ? Il est de ces enfants qui sont éloignés de leur père ou de leur mère par une répugnance née d'un sentiment honnête, et qu'ils confessent tout haut avec une sorte d'indignation ; cette répugnance vient de ce que le père est un ivrogne et vit en concubinage avec une femme qui, pour l'enfant, est une cause perpétuelle de chagrins ; elle vient de ce que la mère se livre à la prostitution. La société ne doit-elle pas s'applaudir de ce que des hommes de bien prennent en main les intérêts des enfants placés dans cette situation, ou dans une position analogue, et se substituent à leurs parents ? »

L'utilité du patronage est éminente, son institution est un rempart contre l'immoralité et la dépravation des enfants des classes nécessiteuses du peuple. Préserver la jeunesse de la contagion du vice, en la surveillant dès ses premières années, est un des services les plus signalés que les personnes bienfaisantes puissent rendre à leur pays ; mais tendre une main secourable à l'enfance égarée ou déchue, la relever de cet état de déchéance et d'abaissement par des paroles pleines de douceur et d'énergie, c'est, je crois, une œuvre sinon plus honorable, du moins plus difficile que la première, c'est la tâche, c'est l'œuvre sainte du patronage.

« Je crois à la moralisation par le travail, a dit un écrivain, quand le travail est bien choisi, bien dirigé. »

C'est justement là le point d'arrêt où devraient se rencontrer les partisans des diverses théories d'amélioration morale ; il en est de certains systèmes comme de ces machines pour la direction desquelles il faut une intelligence, c'est-à-dire qu'il faut autant d'intelligences qu'il y aura de copies de la machine. Et c'est précisément par le défaut de bonne direction, que nous sommes menacés de voir avorter toutes les tentatives pour l'éducation des classes perverties.

On a souvent attribué au système pénitentiaire des prodiges dont l'accomplissement n'était dû qu'à de certaines conditions provisoires et passagères, souvent même à certaines individualités exceptionnelles. On a attribué à un système le succès qui appartenait à quelques hommes d'élite qui le faisaient fonctionner. On ne saurait trop avoir en mémoire le fait relatif à M. Elam Lynds, fondateur du pénitentiaire de Sing-Sing, aux États-Unis d'Amérique, et le redire pour prouver que presque toujours le système de moralisation, c'est l'homme moral; lorsqu'il meurt, les grands résultats disparaissent.

Quand le pénitentiaire d'Auburn devint insuffisant pour le grand nombre de prisonniers qui l'encombraient, la ville de New-York se détermina à fonder un autre établissement et l'on choisit Sing-Sing, soit à cause des carrières de marbre qui s'y trouvent, soit à cause de la facile communication qu'offrait la rivière du Nord.

M. Elam Lynds, alors directeur de la prison d'Auburn, prit avec lui cent condamnés et les transporta à Sing-Sing, où il n'y avait ni bâtiments pour les loger, ni huttes pour les mettre à l'abri de l'intempérie de la saison. Dans cette solitude champêtre, sans autre moyen de défense que le respect qu'il s'attirait par la fermeté de son caractère, et comme s'il eût dirigé l'établissement d'une colonie pacifique, il entreprit la construction de l'édifice qui devait enfermer les prisonniers eux-mêmes. Les travaux durèrent quelques années, durant lesquelles le nombre des condamnés augmenta sensiblement; et pendant tout ce temps, où M. Lynds n'avait à sa disposition d'autres moyens de discipline que le silence et le travail, la volonté d'une seule tête a suffi pour conduire tant de repris de justice, sans qu'on ait eu à déplorer le moindre attentat ou le moindre excès.

Les seules institutions qui, jusqu'à présent, ont offert en France quelques bons résultats sont la Société de Patronage et la colonie de Mettray; mais qui peut promettre que l'avenir continuera le passé et le présent? L'engouement et la précipitation empêchent les institutions de venir à bonne maturité ; voyez Petit-Bourg, imitation imparfaite de Mettray, école pratique ouverte à la moralisation des enfants de la classe indigente. C'est un refuge pour les enfants des pauvres familles. Aucun de ses élèves n'a eu de compte à régler avec la police correctionnelle ni avec la magistrature paternelle; les élèves sont de jeunes enfants dont on promet de de faire des laboureurs instruits, de paisibles industriels. Il nous semble d'abord qu'en les enlevant à la famille on aurait dû les exporter dans quelque ferme isolée, asile tranquille et modeste, où l'apprentissage des bras se serait fait en même temps que celui de l'âme, loin de tout ce qui peut éveiller l'orgueil et l'ambition... Erreur; on a logé ces petits êtres dans une habitation presque princière, où les arts ont laissé partout encore le souvenir de l'hospitalité qu'un roi de la finance leur accordait. Le riche spectacle que la nature étale autour de cette orgueilleuse demeure est éclipsé par les ornements que l'intérieur présente aux regards.

Voyez venir à vous un des élèves élégamment vêtu d'une blouse de fantaisie et couvert d'un coquet chapeau de paille, vous vous croiriez près d'un fils d'un lord d'Écosse.

Entrez au réfectoire, et si vous vous rappelez le régime alimentaire des colléges et même des pensions dont vous avez été l'hôte, vous verrez que la comparaison serait tout entière au profit de la table des jeunes colons, étonnés eux-mêmes du régime savoureux qu'on leur octroie. Je ne connais point le budget de dépense de cette coquette colonie, je n'ai point droit de contrôle en cette matière, mais ce que j'ai pu apprécier en plusieurs circonstances, c'est le sentiment de vanité qu'exalte chez les jeunes colons ce bien-être, ce luxe qui contraste tant avec la position de la famille de chacun d'eux. L'enfant qui aura été élevé ainsi ne grandira-t-il pas avec des désirs de rechercher ce comfort auquel il aura été habitué? Croit-on qu'il se résolve volontiers à faire des souliers dans une mansarde, quand il aura fait son apprentissage dans un château? Quand il se rappellera son coquet plaid de campagne, d'une coupe si élégante qu'on croirait qu'un tailleur en renom a mis la main à la confection... vivra-t-il heureux sous la blouse de bure du laboureur ?

Quoique nous blâmions sévèrement le choix qu'on a fait de la propriété de feu M. Aguado pour cette colonie agricole, nous nous reprocherions de nous montrer opposants à la pensée qui a présidé à la formation de cet établissement. Les hommes qui l'administrent ont donné des preuves de dévouement à la cause de la classe pauvre ; ils se sont égarés un moment, nous le croyons, au milieu des difficultés d'une entreprise naissante ; mais aujourd'hui que la sympathie publique est acquise à la colonie, il est facile d'ouvrir une voie à la réforme. Avec la somme qu'aura coûtée en dix ans la location du château de Petit-Bourg, on aurait payé l'acquisition d'un sol aussi propice à la culture et le prix d'une vaste demeure convenable à la modeste position sociale des élèves.

C'est encore à l'engouement irréfléchi que nous avons dû l'édification de la maison cellulaire des jeunes détenus. On s'est trop hâté d'agir. A l'époque où cette classe de prisonniers habitait les Madelonnettes, cette prison offrait toutes les conditions voulues pour faire les épreuves de moralisation, avec quelque chance de succès. Une partie des bâtiments conservait comme elle conserve encore son architecture monacale. Quarante-quatre cellules pouvaient être disposées pour un égal nombre de patients.

Il y avait plus que des cellules pour expérimenter le régime de séquestration. Là était un homme doté de toutes les qualités requises pour tenter avec espoir les cures morales. Il possède au plus haut degré cette puissance qui force à la vénération et inspire la confiance. M. de Villars, encore aujourd'hui directeur de la prison des Madelonnettes, aurait pu renouveler les prodiges du fondateur de Sing-Sing. Sa haute intelligence descend aux plus basses portées de l'esprit, et une fois qu'il a saisi cette raison rebelle, il la redresse, la grandit, l'élève, au risque d'employer même pour se faire comprendre l'excessive vulgarité de langage, ou au besoin la démonstration matérielle ou mécanique. Il n'y aurait eu besoin ni d'architectes, ni de maçons ; on eût fait les épreuves en silence, en dehors des commentaires de la publicité, et si les quarante-quatre cellules avaient rendu seulement au monde dix convertis, c'est alors seulement qu'il eût fallu construire de grands hospices cellulaires pour la lèpre morale. On a préféré bâtir, au risque de démolir quand il sera démontré que la nouvelle science n'est qu'illusion ou empirisme.

Les Madelonnettes sont devenues aujourd'hui maison *d'arrêt*, c'est-à-dire que cette localité sert à l'incarcération provisoire des prévenus contre lesquels ont été décernés des mandats d'arrêt ou de dépôt. C'est une petite succursale de la *Force*.

Le tableau que nous avons tracé de cette dernière prison serait la peinture à peu près exacte de celle-ci : même population, mêmes types, mêmes mœurs. Voici quelques traits esquissés par un écrivain qui a vécu dans ces lieux [1] :

« Rien de plus hideux que le tableau de cette foule de prévenus. A l'exception d'un très-petit nombre, ils sont vêtus à faire pitié. Ce ne sont partout que des accrocs et des taches de graisse aux habits. Il y a de ces habits qui sont incomplets, dont on a coupé une des basques pour faire des chaussons dans les temps de gelée. Ce sont des pantalons qui pendent en loques, ou sont faits d'une cinquantaine de pièces liées entre elles par du fil de trois ou quatre couleurs ; des chapeaux qui n'ont plus de fond, des souquenilles trouées.

« Comment se fait-il, après cela, que la plupart des jeunes voleurs se présentent dans une tenue convenable sur les bancs de la police correctionnelle ? L'explication en est toute simple. — Il est rare qu'il n'y ait pas dans une maison d'arrêt deux ou trois personnes qui prennent soin de leurs vêtements et les conservent. Eh bien ! ce sont ces vêtements que l'on emprunte la veille de passer en jugement. Selon les voleurs, qui sont des esprits forts très-superstitieux, il y a tel de ces habits d'emprunt qui porte bonheur, et tel autre qui porte malheur. Selon eux aussi, la bonne tenue influe sur la décision des magistrats avec plus de force que les meilleurs antécédents imaginables.

---

[1] *Les Prisons de Paris* par un ancien détenu (1841).

Ces habillements plus ou moins complets, qui se promènent si souvent dans les tribunaux de première instance, ne paraissent jamais sur les bancs de la cour d'assises, à moins qu'ils ne soient endossés par ceux-là mêmes à qui ils appartiennent. En voici la raison : — Que les hommes poursuivis pour un délit soient acquittés ou condamnés, peu importe, on ne manque jamais de les reconduire le soir dans la maison d'arrêt d'où ils sont partis le matin. Or, la restitution des habits est inévitable, et on ne court aucun risque de les leur prêter. Mais il n'en est pas de même pour les hommes accusés de crimes. Ils ne rentrent plus dans la maison d'arrêt. Acquittés, on lève leur écrou à la Conciergerie, et, en moins d'une heure, ils sont élargis ; condamnés, on laisse s'écouler le délai du pourvoi en cassation, puis, d'un jour à un autre, on les transfère au dépôt de la Roquette. Dans l'un et l'autre cas, le prêteur d'habits ne serait donc pas certain de rentrer dans son bien, et, dans le doute, il s'abstient. »

Là aussi on est assourdi chaque jour par la voix ignoble de l'aboyeur [1] en titre, qui profère ce cri : *Hé ! un tel du 24, à l'instruction ! Hé ! un tel du 19, à l'instruction !* Faites halte devant la porte, vous verrez le défilé des paniers à salade qui vont se vider dans la cour d'entrée de la Conciergerie ; et, à ce propos, nous devons dire, à la louange de M. Moreau Christophe, avec lequel nous nous trouvons souvent en désaccord sur des faits et des principes, qu'il a été un des plus chaleureux et des plus persévérants adversaires du transport des prévenus à l'instruction. Pour parer aux inconvénients nombreux qui résultent de ce voyage continu des prévenus de toutes les classes, jetés pêle-mêle dans ces voitures, et de là dans les souricières, et aussi pour rendre à l'instruction sa dignité, sa célérité, ses formes protectrices, M. l'inspecteur général des prisons, dont nous venons de citer le nom, a proposé d'établir des chambres d'instruction dans l'intérieur même de la maison d'arrêt.

« Qu'on place donc à la geôle, dit M. Moreau Christophe, les

---

[1] On donne ce nom au prévenu le plus fort en voix, qui se charge d'appeler les autres, soit pour la distribution des vivres, soit pour le parloir, soit pour l'instruction.

chambres d'instruction; dépôt d'attente, prison ambulante, infâme souricière, gardes, menottes, rires insultants, longs jours passés au milieu des souffrances du corps, des angoisses de l'esprit, des douleurs de l'âme, enfin tous les abus disparaissent.

« Que si l'éloignement de chacune des prisons qui renferment des prévenus, et où, dès lors, la mesure serait appliquée, ne permettait pas aux juges de s'y rendre aussi facilement qu'au Palais, qu'on leur accorde des frais de course. Ces frais entreront dans les coûts du procès, et seront couverts, et au delà, par l'énorme économie qui résultera de la suppression des voitures de transport et du personnel attaché aux transférements. »

Nous pouvons ajouter à ces observations que des voitures particulières pourraient être établies pour le service de la justice, et qu'il serait plus digne de notre ordre social de voir sur la voie publique des magistrats en équipage, que des habitués de prison en chaise de poste.

XII

LE GRAND ET LE PETIT CHATELET. — LE FORT-L'ÉVÊQUE.

Un savant bibliothécaire de nos amis, qui a eu la bonté de nous fournir les meilleures notes de ce chapitre, nous disait, en

se souvenant à notre intention : « Je vous conseille de faire commencer l'*illustration* de cet article par une vignette qui représentera l'image et les attributs de la Justice sous la garde de deux sergents du guet : c'est la juridiction criminelle du Châtelet, qui a donné ses premières armes à la police de Paris. Du reste, interrogez-moi là-dessus tout à votre aise ; je vous répondrai le plus exactement qu'il me sera possible, et vous me remercîrez..... sur les ruines du Châtelet et du Fort-l'Évêque. »

Chacun de nous interrogea bien vite notre bienveillant antiquaire :

« Parlerons-nous, au début de ce travail historique, de l'origine militaire du grand et du petit Châtelet ?

— Cinq ou six lignes seulement, et vous aurez l'air d'en savoir beaucoup ; écrivez : L'île de la Cité a eu l'honneur de renfermer Paris tout entier ; la ville dut songer de bonne heure à se fortifier : les Romains lui donnèrent, pour se défendre, des murailles solides ; les Parisiens remplacèrent les constructions romaines par de grandes tours en bois ; enfin, dans les premières années du douzième siècle, Louis le Gros fit élever deux forteresses pour la défense de la Cité : le grand Châtelet, au nord ; le petit Châtelet, au midi. Je ne pense pas que les lecteurs des *Prisons de Paris* tiennent beaucoup à connaître l'histoire des deux Châtelets, sous le rapport militaire ; il ne s'agit point, dans cet article, des Parisiens assiégés par les Normands : vous n'avez à parler que de la justice et des prisonniers d'autrefois.

— Nous vous écoutons, comme si l'on vous nommait Félibien ou Sauval.

— La prison du grand Châtelet commence avec l'enceinte de Philippe-Auguste ; la juridiction de la vicomté et de la prévôté de Paris s'y établit, en vertu d'une ordonnance qui précisait, en même temps, le nombre des officiers, des auditeurs et des notaires qui devaient en dépendre. La cour du Châtelet se divisait en quatre sections : l'audience du *parc civil*, celle du *présidial*, la *chambre du conseil* et la *chambre criminelle*. Sur la porte de cette dernière chambre, on lisait, au dix-huitième siècle, ce distique du poëte Santeuil :

Hic pœnœ scelerum ultrices posuere tribunal ;
Sontibus undè tremor, civibus indè salus.

« Sauval, que vous rappeliez tout à l'heure, divise le grand Châtelet en huit parties, ou prisons particulières : le *berceau*, le *paradis*, la *griéche*, la *gourdaine*, le *puits*, les *chaînes*, la *boucherie*, les *oubliettes*. Au quinzième siècle, le grand Châtelet reçut un supplément de cachots, sans compter les *chartres basses* que lui avait déjà prêtées la prison supplémentaire du petit Châtelet.

Une ordonnance du mois de mai 1425 réglait de la manière suivante le prix de geôlage que devaient payer les prisonniers, selon l'état de chaque personne :

	liv.	sols	den.
Un comte ou une comtesse	10	»	»
Un chevalier banneret ou une dame bannerette .	»	20	»
Un simple chevalier ou une simple dame . . .	»	5	»
Un écuyer ou une simple demoiselle noble. . .	»	»	12
Un Lombard ou une Lombarde	»	»	12
Un juif ou une juive	»	44	»
Toutes autres personnes	»	»	8

« Vous pourrez lire dans l'*Histoire de Paris*, de Dulaure : « Il
« paraît que les prisonniers étaient descendus dans le cachot dit
« *la fosse*, par une ouverture pratiquée à la voûte du souterrain,
« comme on descend un seau dans un puits. Peut-être que cette
« fosse du Châtelet était celle qu'on nommait *chausse d'Hypocras*,
« où les prisonniers avaient les pieds dans l'eau, et ne pouvaient
« se tenir debout ni couchés ; sa forme devait être celle d'un cône
« renversé. Ordinairement, les prisonniers y mouraient après
« quinze jours de détention. Un autre cachot avait reçu le nom
« de *fin d'aise* : il était plein d'ordures et de reptiles ; au reste, la
« plupart des noms de ces prisons, et notamment celle qu'on
« appelait les *oubliettes*, en donnent une affreuse idée.

« Les officiers du Châtelet célébraient chaque année, le lundi
« après le dimanche de la Trinité, une fête ou cavalcade appelée
« la *montre*. La marche était ouverte par une musique guerrière
« composée de timbales, trompettes, hautbois, et par les attributs
« d'une justice militaire, tels que le casque, la cuirasse, les gan-
« telets, le bâton de commandement et la main de justice, emblè-
« mes dont chacun était porté par un individu. Puis, suivaient
« quatre-vingts huissiers, ou sergents à cheval, cent quatre-vingts

Dessiné par Ch. Pinot.   Gravé par Leblanc.

ÉVOLUTIONS DE PRISONNIERS.

Dessiné par Ch. Pinot. Gravé par Lavieille.

LA CÉRÉMONIE DES ROSES.

« sergents à verge, précédés de leurs trompettes et timbales, et
« portant leurs signes d'honneur.

« Ceux qui figuraient dans cette partie de la cavalcade étaient
« tous vêtus en habits courts et de diverses couleurs. Venaient
« ensuite cent vingt huissiers priseurs, vingt huissiers audien-
« ciers, couverts de leurs robes de palais ; douze commissaires au
« Châtelet, en robe de soie noire ; un des avocats du roi, un des
« lieutenants particuliers et le lieutenant civil : ces derniers se
« faisaient remarquer par leur robe rouge; puis des greffiers du
« Châtelet et quelques huissiers fermaient la marche. Cette caval-
« cade se portait successivement chez le chancelier, le premier
« président, le procureur général, et chez le prévôt de Paris.

« Elle avait sans doute la même origine, le même motif que les
« marches pompeuses que célébraient les clercs de la chambre
« des comptes et ceux du parlement ; mais elle s'est maintenue
« plus longtemps, et la montre du Châtelet n'a cessé qu'à l'épo-
« que de la révolution. »

— Puisqu'il s'agit d'une scène publique, d'une solennité qui se
rattache à l'histoire du Châtelet, ne serait-il pas à propos de rappeler, avec Sauval, la fameuse cérémonie des *Roses*?

— La présentation des roses appartient bien plus aux coutumes
du parlement qu'à celles du Châtelet ; mais, du reste, cette redevance intéressait toutes les cours du royaume, un peu plus, un
peu moins, et vous aurez raison de reproduire le récit de Sauval :
« Le roi paie tous les ans un droit de roses au parlement et à toutes
les cours souveraines. Les pairs de France des derniers temps devaient et présentaient eux-mêmes des roses au parlement, en avril,
mai et juin. Les princes étrangers, les cardinaux, les princes du
sang, les enfants de France, même les rois et les reines de Navarre, en faisaient autant.

« En 1541, le parlement de Paris, au mois de juin, ordonna
que Louis de Bourbon, prince du sang, duc de Montpensier, créé
duc et pair en 1536, lui présenterait des roses, avant François de
Clèves, duc de Nevers, pair de France depuis l'an 1505, et n'eut
point d'égard qu'en cette redevance il s'agissait de pairie, non de
sang et de naissance.

« Nous ne savons point ni la cause d'une telle sujétion, ni le temps qu'elle commença ; bien davantage, nous ne savons pas quand elle a cessé, quoique ç'ait été de nos jours, ou le siècle passé vers la fin. D'ailleurs, nous savons aussi peu comment elle s'observait à Paris ; si c'était de même qu'à Toulouse, voici en deux mots comment la chose se passait.

« On choisissait un jour qu'il y avait audience en la grand'-chambre ; ce jour-là, le prince présentait les roses, faisait joncher de roses, de fleurs et d'herbes odoriférantes toutes les chambres du parlement avant l'audience. Il donnait à déjeuner splendidement aux présidents et aux conseillers, même aux greffiers et huissiers de la cour ; ensuite il venait dans chaque chambre, faisant porter devant lui un grand bassin d'argent, non-seulement plein d'autant de bouquets d'œillets, de roses, et autres fleurs de soie et naturelles qu'il y avait d'officiers, mais aussi d'autant de couronnes de même rehaussées de ses armes. Après on lui donnait audience en la grand'chambre, puis on disait la messe ; cependant les hautbois jouaient incessamment, hormis pendant l'audience, et même allaient jouer chez les présidents durant leur dîner. »

« A cela, je puis ajouter trois choses pratiquées à Paris : que celui qui écrivait sous le greffier avait son droit de roses ; que le parlement avait son faiseur de roses, appelé le *rosier de la cour*, et que les pairs achetaient de lui celles dont ils faisaient leur présent.

— N'y avait-il pas autour du grand Châtelet une galerie que le luxe des marchands et les visites du beau monde rendaient célèbre ?

— Non ; cette brillante galerie n'a rien de commun avec les constructions du Châtelet ; elle était située dans la grande cour du Palais, tout près de la Sainte-Chapelle ; galerie superbe, en effet, tout à fait à la mode, et que les poëtes du temps n'ont pas dédaigné de chanter. Je me souviens d'avoir lu, au-dessous d'une gravure du dix-septième siècle, les vers suivants, inspirés par le spectacle de la *Galerie des Merciers* :

> Tout ce que l'art humain a jamais inventé
> Pour mieux charmer les sens par la galanterie,
> Et tout ce qu'ont d'appas la grâce et la beauté
> Se découvre à nos yeux dans cette galerie.
>
> Ici les cavaliers les plus adventureux,
> En lisant des romans, s'animent à combattre ;
> Et de leurs passions les amants langoureux
> Flattent les mouvements par les vers de théâtre.
>
> Ici, faisant semblant d'acheter devant tous
> Des gants, des éventails, des rubans, des dentelles,
> Les adroits courtisans se donnent rendez-vous,
> Et pour se faire aimer galantisent les belles.
>
> Ici quelque lingère, à faute de succèz,
> A vendre abondamment, de colère se pique
> Contre des chicaneurs qui, parlant de procèz,
> Empeschent les chalands d'aborder leur boutique.

— Le Châtelet n'avait-il point sa basoche, aussi bien que le parlement ?

— Oui ; cette basoche comprenait tous les clercs de la cour, employés par les notaires, les commissaires, les procureurs et les greffiers ; elle se qualifiait, même dans les ordonnances, de *basoche régnante en titre et triomphe d'honneur*. Le jour de Saint-Nicolas, les clercs du Châtelet assistaient à une messe solennelle ; ils offraient aux magistrats de leur cour des fêtes et des repas magnifiques ; les frais de cette journée solennelle étaient à la charge du domaine.

Dans les circonstances extraordinaires, la cour du Châtelet marchait après la cour des monnaies dans l'ordre suivant :

Le chevalier du guet, avec ses sergents et ses archers ;

Le lieutenant criminel de robe courte, avec ses lieutenants, ses exempts et ses archers ;

Le lieutenant de l'île, avec ses lieutenants, ses exempts et ses archers ;

Les sergents à verge, tenant à la main un bâton d'azur, semé de fleurs de lis d'or ;

Les notaires, en bonnet carré et robe de drap ;

Les sergents à la douzaine, en hoqueton de drap blanc, tanné ;

Les huissiers audienciers, en robe et bonnet;

Le greffier en chef, en robe de camelot noir, doublé de velours;

Le lieutenant civil;

Le lieutenant criminel;

Le lieutenant particulier;

Le lieutenant de police, — tous les quatre en bonnet carré et robe rouge;

Les conseillers, en robe, comme le greffier;

Les avocats et procureurs du roi, en robe rouge;

Les substituts, en robe noire;

Les procureurs du Châtelet, en robe noire;

Les sergents à cheval, avec un guidon, et le clerc de leur communauté ayant à la main un bâton d'azur, semé de fleurs de lis d'or, vêtu d'une robe à manches blanches, et couvert d'une toque de même étoffe.

—Quelles étaient les attributions judiciaires du prévôt de Paris, siégeant au grand Châtelet?

— Le prévôt de Paris rendait la justice au nom du roi; il connaissait de toutes les causes ordinaires, des crimes capitaux et des délits de simple police; il faisait arrêter et emprisonner, par ses sergents, les malfaiteurs, les vagabonds, tous les perturbateurs de la tranquillité publique. Sous le règne de Philippe-Auguste, le prévôt de Paris fut chargé de juger les Israélites, que l'on accusait à cette époque *de chercher à convertir au judaïsme des serviteurs chrétiens; de prêter à si gros intérêts, qu'ils obligeaient les débiteurs à vendre leurs biens; de profaner les vases sacrés que les églises leur donnaient en gage.*

Le prévôt de Paris représentait donc le roi, au *fait de justice*, et, à cette cause, il avait le droit d'élever un *dais* au-dessus de son siége.

Il était chef de la noblesse, au ban et à l'arrière-ban, sans jamais dépendre des gouverneurs.

Il était installé au Châtelet par un président à mortier et quatre conseillers de la grand'chambre. L'on y plaidait, le jour de son installation, une cause que l'on vidait par un arrêt.

La garde du parquet était confiée au prévôt de Paris, quand le roi tenait un lit de justice ; il siégeait, en pareil cas, au-dessous du grand chambellan.

Il sauvegardait les droits et les priviléges de l'Université.

Il donnait son nom au titre des sentences et des contrats en forme.

Il avait voix délibérative au Châtelet.

Le lieutenant civil, le lieutenant criminel et le lieutenant de police le secondaient, sans pouvoir rien dérober à son exorbitante autorité.

Le prévôt de Paris, disait Pasquier, est l'homme le plus puissant du royaume, après le roi.

L'exécuteur des arrêts criminels dépendait aussi de la juridiction du Châtelet ; il y avait dans la prison une petite chambre que l'on

appelait le *réduit aux gehennes* : l'exécuteur, chaque fois qu'il procédait à une exécution capitale, recevait dans cette chambre la sentence du prévôt et les ordres du lieutenant criminel. En 1418, le bourreau Capeluche fut lui-même condamné à mort : il demanda la faveur d'entretenir un instant, dans le *réduit aux gehennes*, l'aide qui l'avait remplacé dans ses terribles fonctions : il voulait donner à son successeur, dont il redoutait peut-être la maladresse, une leçon sur le grand art de couper une tête ; il la lui donna en effet, dans la prison, et il lui adressa les mêmes conseils, au moment de s'agenouiller devant le billot.

— Le grand Châtelet était-il la résidence officielle du prévôt de Paris ?

— Non ; il résidait officiellement dans le petit Châtelet, ou, du moins, il y résida jusqu'à la fin du seizième siècle. A cette époque, la prévôté de Paris s'installa magnifiquement dans l'*hôtel d'Hercule*, sur le quai des Augustins. Ce changement de résidence fut provoqué par certaine aventure qui ne manque pas d'une piquante originalité.

En 1564, le prévôt de Paris se nommait Hugues de Bourgueil ; brave, zélé, intègre, ce magistrat n'avait guère que deux défauts : une bosse et une femme ; sa bosse était horrible, et sa femme était charmante.

Un jour, le parlement fit jeter dans les cachots du petit Châtelet un Italien, convaincu « d'avoir établi dans Paris des tripots où « l'on enseignait à la jeune noblesse, aux clercs, aux écoliers de « l'Université, à jouer, à escrimer, à corrompre les mœurs, à faire « mille choses indignes de chrétiens et de Français. »

En sa qualité d'Italien, le prisonnier Gonsalvi essaya d'inspirer un peu de pitié à Catherine de Médicis. La reine mère daigna s'apitoyer sur l'infortune d'un compatriote ; elle respecta l'arrêt du parlement, mais elle prit la peine de recommander au prévôt de Paris un malheureux qui se vantait de porter le nom d'une illustre famille.

Hugues de Bourgueil s'empressa d'obéir à la reine : du jour au lendemain, Gonsalvi quitte son affreux cachot pour occuper une chambre qui touche à l'appartement du prévôt de Paris : Le voilà tout à fait l'ami intime de la maison ; il joue, il babille, il chante avec Hugues de Bourgueil, avec ses amis, avec sa femme... » et le dénoûment d'une pareille intimité ne se fait pas attendre.

Un soir, madame Marguerite, la femme du prévôt, s'empara fort adroitement de toutes les clefs que les geôliers venaient d'apporter à son mari. A trois heures du matin, elle ouvrit les guichets et les poternes, afin que la fuite de tous les prisonniers du petit Châtelet empêchât les sergents à pied et à cheval de courir sur les traces de Gonsalvi et de sa coupable maîtresse. Marguerite et le rusé Italien parvinrent à se dérober à toutes les recherches. Quant aux trois cents malheureux que les deux amants avaient délivrés, ils furent presque tous repris par les sergents du guet. Hugues de Bourgueil, dans cette périlleuse circonstance, oublia sa femme pour mieux remplir son devoir : il laissa partir Marguerite, mais il retrouva ses prisonniers.

Ce fut, dit-on, le scandaleux souvenir de cette aventure qui décida le roi à transférer la résidence de la prévôté dans l'*hôtel d'Hercule*, le jour même de l'installation de Nantouillet, successeur de ce pauvre diable de Bourgueil.

Le prévôt de Paris, Nantouillet, n'eut pas trop à se louer de ce beau changement de résidence, qui lui valut, en 1573, la malencontreuse visite de trois grands princes : « J'ai vu, rapporte Bran-
« tôme, j'ai vu hier trois rois, celui de France, celui de Pologne
« et celui de Navarre, qui mandèrent à Nantouillet, le prévôt de
« Paris, qu'ils voulaient aller prendre la collation chez lui,
« comme de fait, ils y allèrent, quelques excuses que fît Nantouil-
« let pour ses défenses. Après la collation, la vaisselle d'argent
« de Nantouillet et ses coffres furent fouillés, et disait-on dans
« Paris qu'on lui avait volé plus de cinquante mille livres, et qu'il
« eût mieux fait, le bonhomme, de prendre à femme la Château-
« neuf, fille de joye du roi de Pologne, que de l'avoir refusée ;
« qu'il eût mieux fait aussi de vendre sa terre au duc de Guise,
« que de se laisser ainsi piller à de si puissants voleurs. »

S'il faut en croire le *Journal d'un Bourgeois de Paris*, qui raconte également cette singulière équipée de trois princes, Nantouillet faillit tuer le roi de France, le roi de Pologne et le roi de Navarre, en s'opposant, avec ses serviteurs, à cet incroyable pillage de ses richesses. Le brutal prévôt de Paris arrêta plusieurs gentilhommes qui avaient aidé leurs maîtres à dévaster la demeure du premier magistrat de la ville; il les conduisit lui-même, pendant la nuit, aux flambeaux, jusque dans la prison du petit Châtelet, d'où ils ne sortirent que par l'intervention de la reine Catherine de Médicis.

Le lendemain, le parlement se présenta devant le roi, pour lui dénoncer le vol audacieux que *trois majestés* n'avaient pas craint de commettre dans l'hôtel du prévôt de Paris. Charles IX se contenta de répondre au premier président : « Ne vous en mettez pas en peine ; dites seulement à Nantouillet qu'il aurait trop forte partie, s'il en voulait demander raison ! »

— Sous le règne de Henri III, le petit Châtelet ne devint-il pas une prison politique ?

— Oui. « Le dimanche, 27 mars, dit l'Estoile, le roi fit empri« sonner au petit Châtelet, pour cause d'État, le moine Poncet, qui « prêchait le carême à Notre-Dame, parce que trop librement il avait « prêché contre la nouvelle confrérie des *Pénitents* (fondée par « Henri III), l'appelant la confrérie des hypocrites et des athéistes; « et qu'il ne soit vrai, dit-il en ces propres mots : J'ai été averti de « bon lieu qu'hier au soir, vendredy, jour de la procession, la « broche tournait pour le souper de ces bons pénitents, et qu'après « avoir mangé le gras chapon, ils eurent pour collation de nuit le « petit tendron qu'on leur tenait tout prêt. Ah! malheureux hypo« crites ! vous vous moquez donc de Dieu, sous le masque, et « portez pour contenance à votre ceinture un fouet ; ce n'est pas « là, de par Dieu, où il le faudrait porter, c'est sur votre dos et vos « épaules, et vous en étriller très-fort : il n'y a pas un de vous qui « ne l'ait bien gagné ! »

— Que faut-il admettre de tout ce que l'on a dit, de tout ce que l'on a écrit de l'influence de l'avidité royale sur les fonctions judiciaires des prévôts de Paris?

— L'avidité des princes donna aux fonctions prévôtales le dangereux bénéfice de la vénalité : en achetant le droit de dispenser la justice, plus d'un prévôt s'imagina qu'il avait acquis le droit de la vendre. Sous le règne de Philippe le Long, le prévôt Henri Caperel s'en alla proposer à un de ses prisonniers, un misérable fort riche, de se laisser corrompre si bon lui semblait. La proposition fut acceptée : le coupable redevint libre, et le prévôt de Paris fit pendre un innocent à sa place, tout simplement. A peu près à la même époque, Hugues de Cruzy trafiquait en plein Châtelet, la balance de la justice à la main, et les chroniqueurs prétendent que la royauté osait dire à son équivoque justicier : « Part à deux ! » Soyons justes : Henri Caperel et Hugues de Cruzy finirent par être pendus.

Voici un exemple de la faiblesse intéressée de certains prévôts de Paris : au quatorzième siècle, un malfaiteur de bonne maison, nommé Jourdain de Lisle, s'avisa de devenir le chef d'une bande de larrons, mauvais garçons et meurtriers ; Jourdain de Lisle se mit bravement à commettre des crimes de toutes les sortes, des vols, des assassinats, des sacriléges, des *esforcements de femmes et de vierges :* grâce à l'intervention du prévôt de Paris, le Châtelet ne voulut pas connaître de dix-huit crimes dont le moindre aurait valu à tout autre criminel une mort ignominieuse; mais, a dit un historien, *Jourdain de Lisle ne se put abstenir de sa damnée accoutumance, et fit pis que devant.*

Il fallut remplacer le prévôt de Paris, pour que la justice du Châtelet se décidât à frapper ce noble malfaiteur, qui menaçait la cour et le roi lui-même ; le nouveau prévôt lui envoya un sergent du guet, pour lui enjoindre de comparaître aux assises du Châtelet : Jourdain de Lisle assomma le pauvre sergent. Enfin, les archers de la prévôté réussirent à le surprendre et à le conduire en prison : Jourdain de Lisle fut traîné dans les rues de Paris, attaché à la queue d'un cheval, et pendu au gibet public.

Jourdain de Lisle avait épousé une parente, une nièce du pape Jean XXII, *à cause de la hautesse de son lignage ;* le curé de Saint-Merri s'empressa de réclamer le cadavre *de ce neveu bien-aimé du souverain pontife,* pour lui faire les honneurs de son église ; les funérailles furent magnifiques, et, le lendemain, ce bon curé de Saint-Merri écrivait au pape Jean XXII : « A peine votre neveu était-il pendu, qu'avec grand luminaire nous allâmes le prendre à la potence ; nous le fîmes porter à notre église, où nous l'avons enterré honorablement et gratis. »

— Le grand Châtelet avait-il une garde et un armement considérables?

— Dans les circonstances ordinaires, il n'était guère défendu que par les archers de la prévôté, avec de bien faibles moyens de résistance; aussi, le grand Châtelet fut-il souvent envahi par les flots de l'insurrection populaire. Guillaume de Nangis nous a conservé le souvenir de la prise du grand Châtelet par les *pastoureaux*, en 1320 : « Tout à coup éclata, sans qu'on s'y attendît, un mou-
« vement d'hommes impétueux comme un tourbillon de vent; un
« ramas de paysans et d'hommes du commun, en grand nom-
« bre, se rassembla en un seul bataillon. Ils disaient qu'ils vou-
« laient aller outre-mer combattre les ennemis de la foi, assurant
« que par eux serait conquise la terre sainte. Ils avaient, dans leur
« troupe, des chefs trompeurs, à savoir : un prêtre qui, à cause de
« ses méfaits, avait été dépouillé de son église, et un autre, moine
« apostat de l'ordre de Saint-Benoît. Tous deux avaient tellement
« ensorcelé ces gens simples, qu'abandonnant leurs troupeaux
« dans les champs, ils couraient en foule après eux, sans argent
« et munis seulement d'une besace et d'un bâton; enfin, ils se
« pressaient autour d'eux, en une telle affluence, qu'ils formèrent
« bientôt une grande armée. Ils employaient leur volonté et leur
« force, plutôt que la raison et l'équité. C'est pourquoi, si quel-
« qu'un investi du pouvoir judiciaire voulait punir un d'entre
« eux, ils résistaient à main armée, ou, s'ils étaient détenus dans
« les prisons, ils en enfonçaient les portes. Étant entrés dans le
« grand Châtelet, pour délivrer quelques-uns des leurs qui y
« étaient enfermés, ils écrasèrent sur les marches de cette prison
« le prévôt de Paris, qui voulait leur faire résistance, et, brisant les
« cachots où il détenait leurs amis, les en arrachèrent bon gré mal-
« gré. Tous les prisonniers profitèrent de cette circonstance pour
« recouvrer leur liberté; la plupart s'enrôlèrent dans les bandes
« des pastoureaux, et augmentèrent tellement leur audace, qu'on
« les vit se ranger en bataille sur le Pré-aux-Clercs, et défier toutes
« les forces de la ville. L'autorité n'osa se commettre contre eux et
« les laissa librement gagner les champs. Les pastoureaux s'achar-
« naient particulièrement contre les juifs, et par là s'assuraient

« l'approbation du clergé et du peuple ; ils égorgeaient impitoya-
« blement les vieillards et les femmes, mais ils épargnaient les en-
« fants, qu'ils faisaient baptiser aussitôt. »

— La juridiction des prévôts de Paris n'eut-elle pas à soutenir une longue lutte, sanglante quelquefois, contre la juridiction ecclésiastique de l'Université ?

— L'Université n'était justiciable que des tribunaux ecclésiastiques ; c'était là un privilége qu'elle défendait, avec le clergé, contre les empiétements de la justice séculière.

Le 2 septembre 1308, le prévôt Pierre Jumel fit pendre un jeune homme convaincu d'avoir volé sur une grande route ; par malheur, ce jeune homme était un écolier : l'official ordonna aussitôt aux curés, archiprêtres et chapelains de Paris de se rendre en procession à l'église Saint-Barthélemi ; on célébra la messe, et l'on se dirigea vers la demeure du prévôt, avec la croix et l'eau bénite. Chacun de ces religieux assistants prit une pierre et la jeta contre la maison de Jumel, en s'écriant : « Retire-toi, Satan maudit ; reconnais ton iniquité ; fais réparation à ta sainte mère l'Église, que tu as honnie, que tu as blessée dans ses priviléges... ou tu subiras la peine de Dathan et d'Abiron, que la terre a engloutis. »

Un messager, envoyé de la tour du Louvre, vint annoncer aux prêtres et aux écoliers que le roi venait de sacrifier un magistrat juste et courageux aux exigences de l'Université et du clergé.

Le prévôt Guillaume de Thignonville eut à subir, pour un semblable empiétement sur les priviléges universitaires, une peine plus humiliante encore que celle de Pierre Jumel : il fut dégradé, mené au gibet, contraint de détacher de la potence et de baiser les cadavres de deux écoliers qu'il avait fait pendre pour crime de vol.

Les humiliations ne sont pas le seul châtiment que le préjugé, la justice ou la vengeance aient infligé à la prévôté de Paris : Hugues Aubriot et Pierre des Essarts ne furent pas seulement destitués et humiliés ; l'un traîna les chaînes les plus lourdes du Fort-l'Évêque, l'autre porta sa tête sur le billot.

Pierre des Essarts avait eu la faiblesse de s'associer à la haine du duc de Bourgogne, son protecteur, pour accuser et pour perdre

Jean de Montagu, grand maître de l'hôtel, brave gentilhomme qui n'était assurément coupable que d'un seul crime, celui d'avoir toujours combattu les ennemis de la royauté. Le prévôt de Paris, par l'ordre secret du duc de Bourgogne, fit arrêter le grand maître, que les archers traînèrent jusque dans les cachots du Châtelet. Une feuille du temps, le *Journal d'un Bourgeois*, parle d'une espèce d'*esmeute* qu'une pareille arrestation provoqua dans Paris ; *comme si toute la ville fust pleine de Sarrasins, chascun s'enfuyoit et ne sçavoit nul pourquoi.*

Jean de Montagu fut mis à la question, et la violence des tourments lui arracha l'aveu de crimes imaginaires. Le 17 octobre 1409, il monta sur une charrette qui devait le porter aux halles, au milieu d'un cortège de musiciens ; on le déshabilla, et, quelques instants plus tard, le patient, couvert d'une chemise et chaussé de ses éperons d'or, — marque distinctive de la chevalerie, — était pendu à la fourche la plus élevée.

A l'issue de cette exécution, si horriblement injuste, Pierre des Essarts eut le courage et la sottise de paraître à la cour, la tête haute, l'œil brillant, le sourire sur les lèvres ; le frère du duc de Bourgogne, le duc de Brabant, lui dit en l'abordant : « *Prévost, Jean de Montagu a mis vingt-deux ans à soy faire couper la tête ; mais, vrayment, vous n'en mettrez pas trois à perdre la vostre !* »

Le duc de Brabant avait raison : le bourreau n'était pas loin pour l'accusateur, pour l'assassin du grand maître. Le prévôt de Paris fut traîné, à son tour, sur une claie, jusqu'à la Heaumerie ; et « depuis qu'il fut mis en ladite claye, rapporte un témoin oculaire, jusqu'à sa mort, il ne faisoit que rire comme en sa plus grande majesté ; mais tous ceux qui le veoient ploroient si piteusement, que oncques n'avez ouy de plus grands pleurs pour mort d'homme. Luy tout seul rioit, en ayant grand espoir d'une esmeute, car il ne commandoit rien qu'il ne fût promptement obéi, dont il avoit conçu grand orgueil et confiance sans bornes [1]. »

Notre naïf historien ajoute que fort heureusement Pierre des

---

[1] Jean de Troyes.

Essarts ne riait plus quand la hache du bourreau effleura sa tête. Mais n'allons pas plus loin dans la chronologie de l'histoire : Hugues Aubriot nous attend au grand Châtelet et au Fort-l'Evêque.

Les Parisiens ressemblaient presque tous aux *pastoureaux*, dès qu'il s'agissait de faire la chasse aux Israélites. Un soir de l'année 1330, des bandes de truands inondèrent la *rue de la Juiverie*, où le préjugé légal avait confiné, avait parqué les juifs de Paris. Le pillage et la dévastation durèrent toute la nuit. Les malheureux Israélites, craignant de perdre la vie après avoir perdu tous leurs biens, ne trouvèrent rien de mieux à faire que de se réfugier sous les murs du grand Châtelet, en demandant l'insigne faveur de pouvoir se cacher dans les plus sombres sentines de la prison... Le prévôt de Paris eut pitié de ces parias, et les portes du grand Châtelet s'ouvrirent pour les Israélites.

Par malheur, il y avait des femmes dans cette foule de proscrits, de pauvres femmes qui portaient ou qui traînaient leurs enfants; il n'y a point de mères, il n'y a point d'enfants pour l'intolérance religieuse, qui ne croit à rien en parlant de Dieu ! La populace osa porter la main sur ces enfants, qui n'en pouvaient mais : on les arracha aux douloureuses caresses de leurs mères, et on ne les déposa que sur le maître-autel de l'église.

Le lendemain, Hugues Aubriot rendit à leurs familles ces innocentes victimes d'une religion qu'elles ne connaissaient pas encore : c'était là un acte de justice et d'humanité, qui devait inspirer au clergé un acte d'accusation capitale contre le prévôt.

Hugues Aubriot avait rendu des services importants à la ville de Paris; une mesure d'ordre public, qui aurait dû l'honorer aux yeux de tout le monde, fit éclater les rancunes cléricales qui s'aigrissaient depuis longtemps contre lui : le prévôt résolut de s'opposer impitoyablement aux bruyantes et dangereuses incursions des écoliers dans la Cité; pour mieux contenir cette jeunesse turbulente, il releva les murs du petit Châtelet, et, en donnant à quelques-uns des cachots de cette prison les noms des principales rues du quartier de l'Université, il sembla désigner d'avance les prisonniers qu'il voulait poursuivre et châtier. Il n'en fallut pas davantage pour échauffer la bile de tous les pédants des quatre facultés, et la perte du prévôt de Paris fut résolue, au profit du corps enseignant et du clergé.

L'université se rendit partie contre Hugues Aubriot ; la juridiction ecclésiastique le condamna, pour crime d'*impiété* et d'*hérésie*, à être *prêché* et *mitré* publiquement au parvis Notre-Dame. « Là, « dit un moine de Saint-Denis, auteur de la *Vie de Charles VI*, il « demanda à genoux l'absolution à l'évêque, promettant de satis- « faire aux offrandes de cierges qui lui seraient imposées, en expia- « tion de ce qu'il avait rendu aux juifs leurs enfants baptisés. « Après lecture faite de ses crimes, par l'inquisiteur de la foi, l'é- « vêque lui infligea une pénitence perpétuelle, le pain de tristesse « et l'eau de douleur, comme à un fauteur de l'infidélité judaïque « et à un contempteur de la religion. »

Cette sentence fut exécutée : le prévôt de Paris, Hugues Aubriot, *descendit en l'oubliette* du Fort-l'Evêque.

— Où était donc située la prison du Fort-l'Evêque [1] ?

— Dans la rue Saint-Germain-l'Auxerrois. Un annaliste de Paris nous a légué un joli tableau de cette prison, qui était un des siéges de la juridiction épiscopale : on voit bien que le fanatisme religieux avait passé par là !... « Les cachots du Fort-l'Evêque, a « dit Germain Brice, étaient pratiqués dans le fond d'une pièce « souterraine, et séparés l'un de l'autre par de fort madriers. Les « prisonniers, attachés à la même chaîne, étaient retenus par des « anneaux fichés dans le mur, de manière à ne pouvoir s'appro- « cher. La seule ouverture par laquelle les vivres pussent être in- « troduits dans chaque cachot, avait un pied et demi de hauteur « sur cinq pouces de large. Cette ouverture était encadrée par des « barres, et le guichet par où l'on faisait descendre le prisonnier « n'avait que trois pieds environ de haut. »

— Qu'est-ce à dire ? nous parlez-vous, avec Germain Brice, de

---

[1] Le juge de l'Évêque y faisait sa demeure ; les diverses peines qu'il infligeait par ses jugements étaient, suivant la gravité du délit, subies dans des lieux différents. S'agissait-il de faire pendre ou brûler vifs les condamnés, l'exécution avait lieu hors la banlieue de Paris ; s'agissait-il de la bagatelle de leur faire couper les oreilles, le juge de l'Évêque avait alors le droit incontestable de faire exécuter le jugement sur la place du Trahoir. DULAURE.

Dessiné par EUSTACHE-LORSAY.   Gravé par BAUDOIN.

L'ABBÉ AGENT DE POLICE.

cette charmante prison que les mémoires du dix-huitième siècle ont peuplée d'élégants dissipateurs et de capricieuses comédiennes? Où est donc, s'il vous plaît, la chambre de mademoiselle Clairon? Quoi! les cachots de Germain Brice pour Brisard, pour Dauberval, pour Lekain et pour Molé! De grâce, rendez-nous le Fort-l'Evêque de la Comédie-Française ; nous reverrons plus tard le Fort-l'Evêque des inquisiteurs de Paris.

— Comme il vous plaira!... Au dix-huitième siècle, l'ancienne maison de justice ecclésiastique prit la peine de jeter quelques fleurs sur ses affreux cachots d'autrefois, pour ne pas trop effrayer les comédiens *réfractaires* ou *incivils ;* seulement, comme le Fort-l'Evêque tenait encore à quelque chose de religieux, il ne consentit à devenir la geôle de la Comédie, qu'à la condition d'être la geôle de l'Eglise; en d'autres termes, le Fort-l'Evêque se prépara, avec une louable tolérance, à recevoir en même temps des comédiens et des abbés.

Sous le règne de Louis XV, l'archevêque de Paris s'avisait assez souvent de faire arrêter les abbés trop galants, si galants qu'ils osaient aborder sur les places publiques, dans les promenades, ces malheureuses que l'antiphrase appelle des *filles de joie.* Cette chasse aux prêtres qui voulaient marcher avec le siècle inspira à un adroit filou une plaisante et audacieuse pensée : il prit le costume d'un exempt de police, et il se mit à parcourir les promenades qui servaient de théâtre à la galanterie publique. Voyait-il un abbé qui improvisait une sale intrigue avec une fille, vite, vite, il en appelait à ses meilleurs souvenirs pour ressembler à un exempt de police ; il abordait résolument le prêtre, et lui disait à voix basse, en lui montrant son bâton d'ivoire : « Vous connaissez les réquisitions de monseigneur l'archevêque?... Je vous arrête de par le roi! »

En pareil cas, l'abbé montait dans un fiacre qui devait le conduire en prison ; il priait, il suppliait, il offrait de l'argent, une montre, un joyau, tout ce qu'il possédait, le pauvre diable!... Et le filou travesti finissait par s'attendrir... au comptant. — N'est-ce point là une variété de cette ignoble espèce que l'on nomme aujourd'hui le chantage?

Cette anecdote a une suite, une contre-partie que nous allons emprunter au *Tableau de Paris* de Mercier : « Le lieutenant, instruit de ce tour, de ce déguisement d'un filou, fit déguiser un exempt en abbé, lequel joua dans les Tuileries le rôle convenable pour attirer le faux exempt. Quand celui-ci vint à montrer son bâton, l'abbé en tira un autre de sa poche en lui disant : — Voici le véritable; suivez-moi ! — On vit un exempt en manteau court arrêter un homme en habit bleu, et le conduire réellement au Fort-l'Evêque. Je prie quelque dessinateur en belle humeur de faire une estampe sur ce sujet ; il faudra qu'on y voie la physionomie d'un exempt en rabat transpirer sous la calotte ; l'imposteur qui en avait endossé l'habit ne doit avoir qu'une teinte de cette œil hardi et pénétrant qui devine et en impose aux escrocs. La surprise, les deux bâtons, l'audace terrassée, tout cela doit faire une estampe piquante. »

En 1765, toute la troupe de la Comédie-Française fut conduite à la prison du Fort-l'Evêque. Voici, d'après les *Memoires secrets* de Bachaumont, le commencement de cet épisode comique de l'histoire du Théâtre-Français :

« Il y a eu fermentation très-grande dans le tripot. Un acteur assez médiocre, nommé Dubois, s'est fait guérir d'une maladie honteuse par un chirurgien, qui s'est plaint à la compagnie de n'avoir point été payé par cet acteur, qui a nié sa dette. Mademoiselle Clairon, très-vive sur le point d'honneur, a ameuté sa cohorte ; on en a parlé à M. de Richelieu, gentilhomme de la chambre ; celui-ci a traité l'affaire comme une affaire de vilains ; il n'a pas voulu s'en mêler ; il en a remis la décision aux comédiens, disant qu'ils étaient les pairs de Dubois, et qu'ils pouvaient bien le juger. En conséquence, il a été chassé. Mademoiselle Dubois, fille de l'expulsé, prend la chose fort à cœur : elle met en œuvre tous ses charmes auprès de M. le duc de Fronsac, et elle se flatte de réintégrer son père. »

La fille de Dubois réussit en effet à rouvrir à son père les portes de la Comédie-Française ; mais les comédiens, résolus à ne plus jouer avec leur indigne camarade, interrompirent la représentation du *Siége de Calais*, qui venait d'obtenir une éclatante réussite. Les héros populaires de cette tragédie, qui prétendaient au droit de rendre la justice criminelle dans la coulisse de leur théâtre, se moquèrent du public, et M. de Sartines vengea le parterre en faisant arrêter Dauberval, Lekaïn, Molé, Brisard et mademoiselle Clairon. Ce jour-là, mademoiselle Clairon joua peut-être son plus beau rôle, le rôle d'une belle héroïne que l'on porte en triomphe ; les plus nobles dames de Paris se disputèrent l'honneur d'accompagner la célèbre tragédienne jusqu'au seuil de la

prison, et le théâtre improvisé de la *rue Saint-Germain-l'Auxerrois* fut inondé de madrigaux et de couronnes : le peuple et la noblesse faillirent étouffer mademoiselle Clairon sous le poids des roses et des fleurs de rhétorique.

— L'emprisonnement de ces comédiens ne dura qu'un seul jour, sans doute?

— Il dura vingt-cinq jours, ni plus ni moins ; enfin, une transaction termina cette aventure du tripot comique : le poëte du Belloy retira le *Siége de Calais*, afin d'enlever au parterre un prétexte de mécontentement contre la comédie ; l'acteur Dubois obtint une pension de retraite ; les prisonniers du Fort-l'Evêque recouvrèrent leur liberté, et mademoiselle Clairon se mit en route pour un voyage d'agrément, après avoir accepté de ses galants admirateurs de Paris le titre de *chef de l'ordre du médaillon.*

En recevant dans une chambre du Fort-l'Evêque les visites des gentilshommes, des grandes dames, des artistes, des beaux-esprits et des poëtes, mademoiselle Clairon n'avait guère soupçonné que, sous la litière de fleurs qu'elle foulait de son cothurne, l'ancienne prison ecclésiastique cachait encore, au fond des cachots, les ossements de bien des malheureux assassinés par le fanatisme, pour cause de magie, d'hérésie, de sacrilége.

Si mademoiselle Clairon avait prêté une oreille attentive aux mystérieux murmures des fantômes du Fort-l'Evêque, peut-être eût-elle entendu, à sa grande surprise, à sa grande terreur, des victimes de la juridiction ecclésiastique lui dire d'une voix défaillante :

« Nous avons expié dans les oubliettes du Fort-l'Evêque, sous le règne de François Ier, le tort d'avoir cru en Dieu sans croire à l'infaillibilité du pape; voyez... il y a du sang sur notre linceul ! »

« Nous sommes deux pauvres moines augustins; on nous accusait, sous le règne de Charles VI, d'être des *idolâtres, des invoqueurs d'ennemis, coupables de paroles diffamables;* on nous accusait aussi d'avoir fait un pacte avec les puissances infernales :. notre seul crime était de croire que notre science pouvait guérir la folie du roi; voyez... il y a du sang sur notre linceul ! »

« Je suis le sorcier du château de Landon ; j'avais promis à un abbé de Cîteaux de retrouver, par un moyen merveilleux, une somme d'argent qu'on lui avait volée : il s'agissait, pour y réussir, de renfermer un chat noir dans un coffre, et d'enfouir ce coffre dans une forêt, au pied d'un arbre; *si après trois jours, retirant le chat du coffre, on l'eût écorché pour faire, avec sa peau, des lanières tirées de telle sorte qu'en les nouant ensemble elles fissent un cercle au milieu duquel pût tenir un homme; si alors cet homme eût appelé le démon* BÉRICH, *ce démon serait arrivé, et, répondant à toutes les questions, aurait révélé le vol et les voleurs.* Hélas ! cette mauvaise plaisanterie me coûta cher !... les juges ecclésiastiques me condamnèrent à mourir sur la place de Grève; en m'attachant au fatal poteau, le bourreau plaça sur ma tête une *mitre à imagerie de couleur, représentant tout le mystère de mon maléfice.* La torture et la mort pour un chat noir!... voyez... il y a du sang sur mon linceul! »

« Je suis un pauvre fou : j'ai cru que le ciel m'avait confié la glorieuse mission d'encourager sur la terre les serviteurs de Jésus-Christ; je me suis présenté devant notre seigneur l'évêque, et je lui ai dit : L'envoyé de Dieu vous salue!... On m'a conduit au fond d'une oubliette, et je n'en suis sorti qu'avec le bourreau; voyez... il y a du sang sur mon linceul! »

« Je me nomme Marguerite Porrette; j'ai voulu prouver, dans un livre, que *l'âme anéantie dans l'amour de Dieu peut encore accorder à la nature tout ce qu'elle désire*. Mon livre a été brûlé, et je n'ai quitté mon cachot que pour marcher au supplice; voyez... il y a du sang sur mon linceul! »

« Je suis la femme du bourgeois Danglade, que son esprit et son élégance avaient rendu tout à fait digne des amitiés les plus nobles, les plus illustres. Nous demeurions autrefois dans l'hôtel même de M. le comte de Montgommery, sur la place Royale. Un jour, notre riche voisin partit pour la campagne; la nuit suivante, des voleurs s'introduisirent dans son appartement, — et à son retour à Paris, M. le comte nous accusa de lui avoir volé une somme considérable. Mon mari fut écroué au grand Châtelet par l'ordre du lieutenant criminel, et l'on me jeta dans un cachot du Fort-l'Evêque; la justice se persuada qu'elle nous avait jugés, en condamnant le malheureux Danglade aux galères perpétuelles, — sa femme à une réclusion horrible. — et la fille de ces deux innocents à l'abandon, à la honte, à la misère.

« Deux ans plus tard, m'a-t-on dit dans l'autre monde, le Châtelet reçut des lettres anonymes qui, en témoignant de l'innocence des époux Danglade, dénonçaient les véritables auteurs du vol qui nous avait perdus. On arrêta le valet de chambre et l'aumônier du comte de Montgommery, et ces deux hommes avouèrent le crime dont nous avions porté la peine.

« On envoya de Paris à Toulon l'ordre de délivrer le *galérien* Danglade : mon mari venait de mourir! — On accourut au Fort-l'Evêque pour me rendre la liberté : j'étais morte! — Ma fille vivait encore : on lui rendit l'honneur de sa famille, et la cour lui donna cent mille livres. Hélas ! j'ai bien souffert, entre les bras du tortionnaire, dans cette prison où vous jouez sur un lit de fleurs !... Voyez... il y a du sang sur mon linceul ! »

« Je me nomme Jacques de la Rivière ; j'étais chambellan du prince royal, duc de Guyenne, dans les premières années du quinzième siècle. Dans ce temps-là, il y avait à Paris un homme terrible, qui, à force de résolution et d'audace, *passionnait le gouvernement ;* il se nommait Hélion de Jacqueville. Créature dévouée, aveugle, du duc de Bourgogne, il ne cherchait dans le désordre, à l'exemple de son protecteur, qu'un moyen de combattre et d'humilier le prince royal, mon maître. Un jour, je dis à cet homme, à ce brigand politique : Le duc de Guyenne se décidera peut-être à ne plus laisser croître les vilaines herbes qui étouffent les plus beaux arbustes de son jardin ; il faut, tôt ou tard, que le prince royal en finisse avec toutes ces plantes parasites qui nuisent à l'éclat des fleurs de lis !

« Le lendemain, Hélion de Jacqueville, après avoir appelé à son aide une troupe de bouchers et d'écorcheurs, enfonça les portes des appartements du duc de Guyenne : les plus fidèles serviteurs du prince furent conduits au Châtelet ; on nous condamna, Michel de Vitry et moi, aux oubliettes du Fort-l'Évêque.

« Soutenu par la faveur intéressée du duc de Bourgogne, le bandit Jacqueville usurpa le titre et les fonctions de *capitaine de Paris ;* il s'installa tour à tour, avec ses écorcheurs, au Châtelet et au Fort-l'Évêque, pour se faire le juge et le bourreau de ses prisonniers. Après m'avoir forcé de comparaître devant lui, Jacqueville me livra à toutes les horreurs de la torture : ma bouche lui répondit en se plaignant, parce que je souffrais ; ma conscience ne daigna lui répondre que par le dédain et le mépris ! Il eut peur d'entendre ma voix l'accuser et le flétrir encore sur l'échafaud ; il voulut que l'instrument du supplice n'exécutât que mon cadavre : il prit un marteau... et, par trois fois, il le laissa retomber sur ma tête !... Voyez... il y a du sang sur mon linceul [1] ! »

---

[1] Jacques de la Rivière était, dit Gentien, de joyeuse humeur, de bonne compagnie ; son entretien avait quelque chose de doux et de charmant. La connaissance qu'il avait

LES MYSTÈRES DEVANT LE CHATELET.

« Je suis un ancien sergent au Châtelet, et je dois à la juridiction ecclésiastique le triste honneur d'avoir rendu le dernier soupir, en 1447, dans la prison de monseigneur l'évêque. Hélas! j'avais une jolie femme, trop jolie pour les menus plaisirs d'un sergent... Et je commence à comprendre son amoureuse préférence pour un jeune prêtre de l'église Saint-Paul. La jalousie est une mauvaise conseillère : un soir, je me glissai dans le logis de ce prêtre, je pénétrai dans sa chambre, je m'approchai de son lit, et j'osai porter la main sur un ministre de la religion ! Je saisis mon rival, je l'emportai dans mes bras jusqu'au seuil de sa maison, et je me mis à le traîner dans la boue de la *rue Saint-Pierre-aux-Bœufs*. Je le laissai... Il était mourant, peut-être mort.

« Mon procès ne fut pas long : la justice du roi me condamna à sortir du royaume ; la justice de l'Église me condamna à être battu de verges. On commença à me fouetter, à la porte du Fort-l'Évêque : dans la foule, qui me plaignait sans doute, je reconnus tout de suite ma femme, ma femme elle-même, qui criait aux bourreaux : *Battez, battez fort... car il a fait bien pis à l'homme de Dieu!* Cette malheureuse dut être contente : quelques heures après cette scène, mon corps ne formait qu'une plaie immense... Voyez... il y a du sang sur mon linceul ! »

« Je suis un pauvre clerc de la basoche du Châtelet. En 1431, les basochiens de cette cour voulurent donner une représentation théâtrale, à l'occasion de l'entrée de Henri VI, roi de France et d'Angleterre, à Paris. On improvisa un vaste théâtre devant la porte principale du tribunal, et j'acceptai un rôle dans *le Mystère de la passion de Saint-Georges*. Le spectacle commença au moment où les prisonniers du Châtelet sortaient de leurs cachots pour se rendre, sous bonne escorte, à Melun ou à Poissy ; nul ne devait souffrir dans une prison de Paris, lorsque le roi entrait dans sa grande ville : c'était là une des meilleures hypocrisies de la justice de notre temps.

« Les *farces*, les *sotties*, les *moralités* du quinzième siècle ne res-

---

des langues étrangères lui avait gagné le cœur de tous les étrangers qui venaient en France, et qui étaient ravis de trouver un homme si capable de leur entretien, si digne de leur amitié.

pectaient rien ni personne : les rois et les diables, les papes et les bourreaux, les prêtres et les nobles, les cardinaux et les moines, les saints, les anges, et Dieu même, passaient à la fois par le tribunal satirique des *mystères*. On parlait, à cette époque, de certains prélats hypocrites qui jetaient sur les difformités du vice le manteau de la religion : je m'avisai d'ajouter un peu d'esprit à la spirituelle satire de notre *moralité*, et je glissai dans mon rôle les vers suivants :

« Bien souvent dessous les courtines,
« Ont créatures féminines
« Tant de prélats irréguliers,
« Et tant de moines apostats!
« Il y a un tas d'asniers
« Qui ont bénéfices à tas. »

« La juridiction ecclésiastique eut un caprice : elle résolut de punir l'auteur de cette boutade, plus excusable cent fois que ce passage sacrilège d'un *mystère* du théâtre des confrères de la Passion :

L'ANGE.

« Père éternel, vous avez tort,
« Et devriez avoir vergogne ;
« Votre fils bien-aimé est mort,
« Et vous dormez comme un ivrogne !

DIEU LE PÈRE.

« Il est mort ?

L'ANGE

Oui, foi d'homme de bien !

DIEU LE PÈRE.

« Diable emporte qui n'en savait rien... »

« L'Église fut inexorable à l'endroit des *courtines* et des *créatures féminines* : elle me fit jeter dans les cachots du Fort-l'Évêque, où je fus assommé par un geôlier au moment où je récitais mes vers contre les moines apostats et les prélats irréguliers ; ce mauvais chrétien me tua, à grands coups de crucifix ! Voyez... il y a du sang sur mon linceul ! »

« Je suis une femme sans nom, et j'ose à peine vous dire ce que j'ai fait dans le monde : quand je vivais..., il y a longtemps de cela, au quinzième siècle !... j'étais belle, amoureuse, ardente...,

je ressemblais à Madeleine pécheresse, mais non pas repentie. Je chancelai pour la première fois, au milieu des ruines du *palais des Thermes*[1], et mon pied glissa dans les rues de Paris si mal et si vite, que je me laissai tomber du soir au matin dans les cachots du Fort-l'Évêque.

« La jalousie de la vertu avait imaginé un édit absurde, qui condamnait chez certaines femmes le luxe des vêtements et des bijoux : on en voulait à notre pain quotidien, que Dieu ne nous envoyait pas tous les jours. Ma foi ! je me pris à rire de cette vilaine réforme, et je continuai à porter des bagues et des habits somptueux ; par malheur, le prévôt de Paris fit arrêter cinquante *demoiselles*,

[1] L'ombre des murailles de ce palais, ses réduits obscurs, favorisent les fréquentes défaites d'une pudeur chancelante. — JEAN DE HAUTEVILLE.

qui s'obstinaient à ressembler à des princesses, et l'on nous jeta dans les prisons du Fort-l'Évêque... Une oubliette, le pain de tristesse et l'eau de douleur pour une ceinture dorée! Voyez... il y a du sang sur mon linceul! »

« Je ne suis qu'une religieuse coupable, une Fille-Dieu qui a péché parmi les hommes. J'ai été séduite par un bourgeois, par Etienne Carquelan, et entre nous, je l'ai bien un peu aidé à me séduire : il était si jeune, si amoureux et si beau! Une religieuse qu'on enlève, une religieuse qui se laisse enlever..., voilà deux grands crimes aux yeux de la justice du quatorzième siècle! Etienne et moi, nous fûmes traduits aux assises du Châtelet, et le prévôt de Paris, Hugues Aubriot, nous condamna à une prison perpétuelle dans le Fort-l'Evêque.

« Un soir, — deux ans après notre condamnation, — j'entendis tout près de moi, dans une oubliette, la voix d'un prisonnier qui criait, qui jurait, qui blasphémait contre la justice de Dieu et des hommes..., et je reconnus la voix du juge qui nous avait condamnés, la voix du prévôt de Paris!... Je lui dis, d'une voix mourante: Dieu et les hommes sont justes! bénie soit la main qui a frappé Hugues Aubriot, pour lui faire expier son inique sentence contre un bourgeois et une religieuse qui ne demandaient qu'à vivre et qu'à s'adorer! — Il me demanda, presque en tremblant : Qui êtes-vous? — Je recueillis toutes mes forces pour lui répondre : Je suis la femme bien-aimée d'Etienne Carquelan!...

« Je n'entendis plus rien..., par une raison bien simple... je tombai la face contre terre, pour ne me relever que devant Dieu Je sais que le prévôt de Paris, redevenu libre, se hâta de réhabiliter ma mémoire et celle d'Etienne : cet acte de réhabilitation fut inscrit sur les registres du Châtelet, en marge de la sentence que Hugues Aubriot avait rendue contre nous; à tout péché miséricorde! »

— L'histoire du bourgeois et de la religieuse nous rappelle qu'en effet Hugues Aubriot avait été condamné au *pain et à l'eau*, en une *oubliette* du Fort-l'Evêque; comment et par qui fut-il délivré?

— Le peuple brisa les portes de son cachot, dans un jour d'émeute, et le prisonnier devint le chef de l'insurrection des *maillotins*. Dans ce mouvement populaire, dirigé contre les percepteurs de l'impôt, les maillotins, qui devaient ce nom aux maillets de fer dont ils étaient armés, rendirent la liberté à plus de trois cents détenus, innocents ou coupables. Le Châtelet, que les prisonniers avaient déserté à la voix des maillotins, ne tarda point à se repeupler, non pas de malfaiteurs condamnés par les juges, mais d'honnêtes citoyens proscrits par la haine des princes et des factions : il me semble entendre déjà l'effrayant écho des luttes politiques des d'Armagnacs et des Bourguignons!...

Le 12 juin 1418, à onze heures du soir, on vint annoncer, à la porte Saint-Antoine, que les d'Armagnacs avaient attaqué le faubourg Saint-Germain : « *Le peuple*, rapporte un témoin oculaire, *s'esmeut vers la place Maubert et environs, puis après celui de deça les ponts, à la Grève et aux halles. Lors se leva la déesse de discorde et éveilla ire la forcenée, convoitise, enragerie et vengeance; et quand virent le commun de leur accort, si l'échauffèrent oultre mesure et le poussèrent aux prisons.* » — En ce moment, les prisons étaient encombrées de proscrits, qui étaient des d'Armagnacs.

A minuit, le peuple frappait à la porte du Châtelet, en criant : *Tuez, tuez ces chiens arminaz! Je renie Dieu, si jà pie un en eschappe en celle nuyt!...* Les gardiens essayèrent d'abord de résister; ils finirent par capituler avec le danger, et surtout avec leur conscience : ils refusaient de laisser entrer le peuple; mais ils contraignirent les prisonniers à sortir... Et le seuil de la prison se transforma en un échafaud où quinze cents malheureux furent assommés, comme dans un vaste abattoir.

Le vide immense que cette horrible boucherie avait fait dans la prison fut bientôt comblé par de nouvelles victimes : le 21 août, les Bourguignons attaquèrent encore le Châtelet, pour y recommencer les massacres du 12 juin. Le prévôt de Paris s'efforça d'invoquer, en faveur des prisonniers, la justice ou la pitié de leurs ennemis... Mais les Bourguignons lui répondirent en le menaçant : *Malgré bien, sire, de votre pitié et de votre justice, mauldit soit de Dieu, qui aura jà pitié de ces faulx traitres arminaz anglois, ne que de chiens!* Cette fois, les prisonniers ne voulurent pas se donner la peine de sortir pour aller à la rencontre des bourreaux qui les attendaient : ils résolurent de se défendre, en soutenant un véritable siége.

Au nord du Châtelet, c'est-à-dire du côté opposé à la rivière, une terrasse couronnait la muraille dans toute sa longueur : les d'Armagnacs y élevèrent des barricades avec des pierres, des poutres, des barres de fer, avec tous les débris qu'ils purent arracher aux constructions de la forteresse. Quoique la terrasse du Châtelet s'élevât à plus de soixante pieds au-dessus du sol, les Bourguignons n'hésitèrent point à l'attaquer : l'attaque et la défense furent longues, sanglantes, désespérées ; mais les assiégeants finirent par conquérir ce champ de bataille improvisé ; les impitoyables Bourguignons saisirent leurs ennemis vaincus, désarmés, et les lancèrent par-dessus les parapets de la terrasse ; les malheureux d'Armagnacs tombèrent sur les piques, sur les épées d'une troupe de Bourguignons.

Ce n'est pas tout : la Bastille renfermait aussi des d'Armagnacs ; le duc de Bourgogne ordonna de transférer immédiatement ces prisonniers dans le grand Châtelet : des historiens lui ont fait l'honneur de croire qu'il ignorait en ce moment le sort qui attendait les proscrits. Enfin, les prisonniers de la Bastille arrivèrent à la porte du Châtelet : les meurtriers, qui venaient de terminer leur horrible besogne, poussèrent des cris de joie à la vue de ces nouvelles victimes, et nulle d'elles ne fut épargnée.

— Vous avez nommé la *Bastille* : est-ce que la raison d'Etat de Louis XI, ce véritable maître de la prison Saint-Antoine, n'a point laissé passer sa justice par les cachots des deux Châtelets ?

— Je vais bien vous surprendre... Louis XI eut un jour une singulière pensée : en 1477, le jour de la fête de Saint-Denis, il fit mettre en liberté tous les prisonniers du grand et du petit Châtelet !... Il nous faut ajouter bien vite, qu'à cette époque, les deux Châtelets ne renfermaient que des voleurs, des assassins et des vagabonds ; Louis XI se gardait bien, même pour honorer la mémoire de saint Denis, de pardonner à ses prisonniers politiques de Vincennes et de la Bastille.

Puisqu'il s'agit du règne de Louis XI, n'oublions pas une cause criminelle de ce temps-là, l'histoire de Pierre Moynel, agent de police, condamné à être pendu pour crime de complicité avec une bande de voleurs; il y eut, dans cette importante affaire, un incident assez remarquable.

Le chef de la bande était un chaussetier, nommé Charlot Tonnelier, énergique bandit qui avait exigé de tous ses complices le serment solennel de ne jamais divulguer ni un seul nom, ni un seul crime de sa formidable association. Près de toucher au seuil de la chambre de la torture, Charlot douta de lui-même, de sa force et de son courage; il eut peur de trahir son secret, qui était celui de ses camarades : il aperçut un couteau dans les mains d'un geôlier... il se précipita sur cet homme, saisit son couteau, et se coupa la langue, qu'il jeta dédaigneusement aux pieds d'un de ses juges !

Un chroniqueur affirme que cette mutilation n'empêcha point un habile médecin de rendre la parole à Charlot Tonnelier : on trouva donc le moyen de le guérir, et le supplice de la question vint à bout de la fermeté de cet homme; il avait eu raison de douter de lui-même, de son énergie, de son audace : il promit de parler, *et lors déclara tout au long sa vie, et de moult grands et merveilleux larcins si accusa moult de gens coupables.*

Cette association de malfaiteurs aurait fait envie aux bandes organisées de notre époque : ces escarpes du quinzième siècle avaient pour complices, pour recéleurs, des marchands qui ressemblaient aux plus honnêtes bourgeois du monde. Charlot s'était assuré le mystérieux concours d'un serrurier pour ouvrir les portes, d'un orfévre pour dénaturer les matières d'or et d'argent, d'un joaillier pour vendre les bijoux vulgaires et les pierres démontées, d'un fripier pour utiliser le linge et les habits; tous ces gens-là tenaient boutique, avec *la commandite* de Charlot Tonnelier. Quant à l'agent de police dont nous parlions tout à l'heure, il fut convaincu d'avoir donné chaque soir au chef de la bande le mot de passe des sergents et des archers.

Le supplice de Pierre Moynel provoqua les applaudissements de la foule : le préjugé populaire s'attaquait déjà à tous ceux qui appartenaient, de près ou de loin, à la police de Paris. Le peuple poursuivait surtout, de ses plaintes et de sa haine, les sergents du Châtelet. Une des causes de cette aversion générale contre les sergents, était peut-être la façon dont ils en usaient eux-mêmes envers tout le monde, dans les fêtes et cérémonies publiques : armés de bâtons que l'on appelait *boulayes*, ils frappaient d'ordinaire les spectateurs, sous le prétexte de se frayer un passage ou de faire faire place à une procession, à un cortége, à une cavalcade.

Les sergents du Châtelet recevaient ces bâtons de bois vert, la veille des grands jours, des jours solennels; la ville en distribua *sept douzaines*, à l'occasion des obsèques du duc d'Orléans, sous le règne de Charles VI. Lorsque Isabeau de Bavière entra dans Paris, pour devenir reine de France, la bourgeoisie lui offrit des fêtes magnifiques : le roi, impatient de l'admirer tout à son aise, et curieux de connaître l'opinion des Parisiens sur la beauté de sa femme, se glissa dans la foule, sous les habits d'un simple bourgeois; immobile devant la porte du Châtelet, Charles VI ne daignait prendre garde qu'à la charmante figure de sa fiancée... lorsqu'un sergent vint chasser le beau rêve qu'il faisait sans doute tout éveillé, en frappant son souverain à coups de boulaye.

Ces pauvres sergents étaient parfois les tristes héros de fâcheuses aventures; leur mission leur valait presque toujours un danger ou un accident, lorsqu'ils avaient affaire à la noblesse. Un soir, une troupe de sergents conduisait un gentilhomme dans les prisons du Châtelet; elle fut attaquée par les amis du prisonnier, et dispersée à coups de sabre, après avoir laissé deux hommes sur le carreau. Le prévôt de Paris se promit de châtier un pareil attentat par une condamnation exemplaire : il fit arrêter le chevalier Berqueville, et le condamna à mort, sur le simple témoignage d'un des familiers de la prévôté, qui crut reconnaître l'accusé. Berqueville n'avait ni participé, ni assisté à la fin tragique des deux sergents; près de mourir, il dit au peuple, du haut de l'échafaud : « Deux jugements ont été rendus contre moi, l'un au ciel, l'autre sur la terre ; le jugement des hommes est inique, le jugement de Dieu est juste... car j'ai tué, il y a dix ans, un gentilhomme de mes amis, qui était devenu mon rival. »

Il y a un peu de tout dans l'histoire des prisons de Paris, et même un peu de science dans l'intérêt de l'humanité tout entière.

Au quinzième siècle, un de ces malheureux sergents du Châtelet, tant de fois maudits par le peuple, servit à réaliser une des plus belles découvertes de la chirurgie : la première opération de la taille de la pierre eut lieu sur un sergent, détenu au Châtelet et condamné à mort. L'opération réussit à merveille, et le patient reçut... en récompense de l'habileté de l'opérateur, de l'argent et la liberté.

Au dix-septième siècle, la justice du Châtelet condamna une femme, dont le supplice rappelle *ce jugement de Dieu* que le chevalier Berqueville révélait au peuple, du haut de l'échafaud. Un conseiller au parlement, du nom de Tiquet, fut assassiné dans la rue, à une petite distance de son logis. Le commissaire chargé des dépositions ayant demandé au blessé quels étaient ses ennemis, le conseiller répondit : « Je n'ai jamais eu peur que de l'inimitié de ma femme; elle m'a quitté pour se livrer aux déréglements de toutes les sortes, et je me suis laissé dire qu'elle avait plus d'une fois souhaité ma mort. »

Cette réponse de la victime décida de l'arrestation de madame Tiquet; conduite d'abord au petit Châtelet, et ensuite au grand Châtelet, elle commença par protester de son innocence, mais elle s'avoua coupable pour échapper au supplice de la question; elle fut condamnée par le prévôt de Paris, assisté de son lieutenant, à avoir la tête tranchée sur la place de Grève. Des amis fidèles, des protecteurs dévoués, des personnes de la plus haute distinction, M. Tiquet lui-même, qui avait survécu à ses blessures, demandèrent au roi la grâce de cette malheureuse. Le roi fut inflexible; il écouta, dit-on, dans cette circonstance, les conseils de l'archevêque de Paris; ce prélat avait jugé à propos d'apprendre à Louis XIV que chaque jour des bourgeoises et des dames de qualité venaient s'accuser, dans le confessionnal, d'avoir attenté à la vie de leurs maris.

Madame Tiquet, cependant, était innocente du crime dont elle subissait la peine; mais il fut acquis aux débats de ce procès qu'elle avait eu autrefois la secrète pensée de tuer son mari, et que ce projet avait manqué son effet par des circonstances indépendantes de sa volonté. — Y avait-il dans cette pensée, dans ce projet, de quoi rassurer la conscience des juges?

A peu près à la même époque, il ne fut question, dans tout Paris, que de la *résurrection* miraculeuse d'une pauvre fille que l'on venait de pendre, pour crime d'assassinat. Cette fille, — une paysanne des environs de Paris, — avait été accusée par son maître d'avoir tenté de l'assassiner pour mieux le voler ; le crime le plus probable de cette femme était tout simplement d'avoir résisté aux violences équivoques de son maître. Elle fut condamnée à mort et exécutée. Quelques heures après l'exécution, un chirurgien acheta le cadavre ; il le fit porter dans son cabinet de dissection, et c'est ici que commence le miracle : au premier coup de scalpel, la *morte* exhala un profond soupir !... le chirurgien posa la main sur le cadavre à la place du cœur, et il lui sembla que le cœur battait encore... Il plaça le cadavre dans un lit et s'en alla chercher un prêtre du voisinage ; le prêtre ne tarda point à suivre son voisin : il entra dans la chambre de la pendue, un goupillon à la main ; la morte ouvrit les yeux... elle se leva... et le naïf abbé se persuada peut-être qu'une seule goutte d'eau bénite avait ressuscité cette femme, parce que Dieu n'avait point voulu de la mort d'une innocente.

Les deux Châtelets furent, dans tous les temps de trouble, les deux geôles de la proscription politique ; ils ne furent point oubliés par les vengeances de la Ligue et de la Fronde. Dans les jours de calme, de tranquillité publique, c'était le vice, la débauche, le crime, qui avaient affaire aux geôliers de ces deux affreuses prisons.

Il faudrait beaucoup trop de courage, si l'on voulait chercher la trace de tous les grands criminels qui passèrent par les cachots du prévôt de Paris ; en fouillant du bout de notre plume, et à notre cœur défendant, au milieu de toutes ces misères et de tous ces crimes, nous avons trouvé deux noms qui doivent figurer dans ce chapitre, parce qu'ils rappellent deux des plus célèbres épisodes de l'histoire criminelle du dix-huitième siècle : le comte de Horn et Desrues.

En 1720, il y avait, à l'angle de la rue *Quincampoix* et de la rue de *Venise*, un cabaret qui portait pour enseigne : *à l'Épée de bois;* ce cabaret servait aux galants rendez-vous des Mississipiens...

> C'était la régence alors,
>   Et, sans hyperbole,
> Grâce aux plus drôles de corps,
>   La France était folle ;
> Tous les hommes s'amusaient,
> Et les femmes se prêtaient
> A la gaudriole, au gai,
>   A la gaudriole !

Trois hommes, trois assassins entraînèrent un jour, dans le cabaret de l'*Épée de bois*, un des plus riches agioteurs du règne de M. Law, sous le prétexte de lui acheter une terre, et le malheureux agioteur fut assassiné. Les auteurs de ce meurtre étaient : de Miles, gentilhomme piémontais ; Lestang, fils d'un banquier de Tournay ; et le comte Antoine de Horn, parent du régent. Un garçon du cabaret entr'ouvrit la porte de la chambre au moment où la victime tombait aux pieds des assassins, et la nouvelle du crime ne tarda pas à se répandre dans toute la maison. Lestang prit la fuite, et réussit à quitter Paris et la France ; de Miles se laissa glisser dans la *rue de Venise*, à l'aide d'une poutre qui étançonnait le cabaret de l'*Épée de bois* : il ne fut arrêté que dans le *marché des Innocents*. Le comte de Horn voulut s'enfuir par le même chemin que de Miles, mais il se foula le pied en tombant, et on s'empara de lui dans la *rue Quincampoix*.

La noblesse française et étrangère intervint auprès du régent, pour qu'il épargnât la mort, et surtout l'infamie, à un coupable qui était allié aux familles princières d'Allemagne ; le frère aîné du comte de Horn écrivit au duc d'Orléans des lettres remplies d'une généreuse et touchante sensibilité ; le régent repoussa courageusement tous les conseils, toutes les prières, en répétant ce vers de *Trancrède* :

> Le crime fait la honte, et non pas l'échafaud.

Le duc de Saint-Simon fit observer au régent que le comte de Horn avait l'honneur d'être son parent ; le prince lui répondit avec une énergique noblesse : « Quand j'ai du mauvais sang, je me le fais tirer ! »

Le comte de Horn et de Miles subirent le supplice de la roue.

Le 30 avril 1777, le Châtelet condamna François Desrues, marchand épicier, né à Chartres, « à faire amende honorable, nu
« en chemise, la corde au cou, tenant en sa main une torche du
« poids de deux livres, au-devant de la principale porte et entrée
« de l'église métropolitaine de Paris, où il sera conduit dans un
« tombereau par l'exécuteur de la haute justice, et être à l'instant
« jeté dans un bûcher ardent, pour y être son corps réduit en cendre,
« et ses cendres jetées au vent, pour avoir empoisonné, de dessein
« prémédité, la dame Delamotte et son fils, en abusant indigne-
« ment du droit d'hospitalité qu'il exerçait envers eux. »

Desrues écouta la lecture de cette sentence les yeux tournés vers le ciel, comme s'il eût voulu le prendre à témoin de l'iniquité de ses juges. Dès ce moment, le condamné ne cessa de demander et de lire des ouvrages de piété ; quand on lui parlait de son crime, il répondait avec un sourire qui grimaçait la joie douloureuse du martyre : « Dieu connaît le fond de mon cœur ; il m'absoudra ! »

La condamnation de Desrues, prononcée par le Châtelet, dut être soumise à la juridiction souveraine du parlement. Le condamné espérait beaucoup, sans doute, de ce dernier recours ; on l'entendit plus d'une fois s'écrier dans la prison : « Après mon acquittement, j'attaquerai M. Delamotte en réparation d'honneur, et je lui apprendrai à flétrir la réputation d'un honnête homme ! » Desrues pérora pendant plus d'une heure, avec une assez habile éloquence, devant le nouveau tribunal qui allait le juger : il parla des erreurs commises par la justice de tous les temps et de tous les pays ; il appela au secours de son innocence l'assassinat juridique de Calas, *victime de l'ignorance et de la prévention ;* il osa montrer à ses juges l'image du Christ, en leur disant : « Je vais donc souffrir comme lui ! » Le parlement confirma la sentence du Châtelet, et il ajouta à la peine prononcée contre Desrues le supplice de la question ordinaire et extraordinaire.

Le patient se livra aux mains du tortionnaire avec le courage, avec l'audace, avec le stoïcisme qu'il devait montrer le lendemain devant le bourreau ; à chaque épreuve de la question, il s'écriait sans se plaindre : « Dieu me voit ! »

Le jour même de sa mort, Desrues se mit à table, pour faire son dernier repas, avec une tranquillité surhumaine; il demanda la faveur d'embrasser sa femme, et il lui recommanda d'élever ses enfants dans la crainte de Dieu et l'amour de la vertu; enfin, il monta les marches de l'échafaud en criant au peuple : « Voici la mort du juste ! »

Qu'était-ce donc que ce criminel qui défiait ainsi, par une incroyable résignation, la justice des hommes et de Dieu? Qu'était-ce donc que ce Desrues, dont la mort inspirait naguère à un spirituel écrivain cette question paradoxale : « Est-ce que le stoïcisme du crime diffère peu de celui de la vertu, et le supplice d'un scélérat ressemble-t-il parfois à la glorieuse fin d'un martyr?... »

Nous avons vu mourir Desrues ; nous allons le voir vivre.

L'empoisonnement de madame Delamotte et de son jeune fils n'était pas le premier coup d'essai de Desrues dans la voie du crime. En 1767, il achète un fonds d'épicerie des mains d'une pauvre femme, dont il a fort habilement préparé la ruine; il lui succède, moyennant une rente viagère qu'il devra lui payer et une redevance de certaines fournitures pour son usage personnel : la malheureuse épicière mourut avant le premier mois de ce contrat de vente; elle mourut après avoir pris une tasse de thé dans l'arrière-boutique de son successeur. On s'étonna dans tout le quartier de cette mort si rapide, si violente, si mystérieuse... Mais le moyen d'accuser un homme aussi estimable que Desrues, un chrétien qui ne manquait pas un office et qui avait deux confesseurs à la fois!...

Quelques années plus tard, il rencontre un naïf provincial qui veut s'associer avec lui; Desrues lui demande un apport de *seize mille livres*, et le crédule jeune homme s'empresse de verser cette somme dans la caisse de l'association : le lendemain, l'associé de Desrues disparaît pour toujours, sans doute après avoir pris une tasse de thé dans l'arrière-boutique de l'épicier. On se préoccupe, on s'inquiète, on s'étonne d'une pareille disparition... mais le moyen de soupçonner un homme qui communie tous les dimanches, et qui a mérité les sympathies publiques du clergé!

En 1775, — le voilà bien près de l'échafaud! — Desrues décida

M. de Saint-Faust Delamotte à lui vendre la terre de Buisson-Souefve, pour la somme de cent trente mille livres, payable dans le courant de l'année 1776. L'acquéreur se hâta si lentement d'acquitter les termes du marché, que M. Delamotte lui demanda la résiliation de l'acte de vente ; Desrues promit de payer : son créancier, qui demeurait à Villeneuve-le-Roi, envoya à Paris, pour recevoir le prix de la terre de Buisson, sa femme et son jeune fils.

Madame Delamotte plaça son enfant dans une pension, et accepta pour elle-même l'hospitalité de Desrues : au bout de huit jours, elle était morte ! le cadavre, renfermé dans une malle, fut transporté dans une maison de la rue de la Mortellerie où Desrues avait eu le soin de louer une cave, *pour y mettre,* disait-il, *du vin de liqueur en bouteilles ;* en louant cette cave, Desrues avait pris le nom de Decoudray.

L'empoisonneur pénétra pendant la nuit dans ce caveau, où il se vantait d'ensevelir à la fois le corps de la victime et le secret de son crime ; il creusa une fosse, il y déposa la malle ; il jeta de la terre sur ce mystérieux cerceuil, et il rangea des bouteilles sur la *tombe* de madame Delamotte.

Le lendemain, Desrues emmène à Versailles le fils de sa victime, qu'il a fait sortir de la pension avec une prétendue lettre de sa mère : le jeune Delamotte prend une tasse de chocolat, et il meurt dans les bras de Desrues, qui *récite les prières des agonisants.*

Le résultat de ces deux crimes devait être bien simple pour le misérable qui les avait commis : il s'agissait de constater aux yeux de M. Delamotte, par un acte public, que le débiteur avait payé la plus grande partie de sa dette à la femme de son créancier. Cette pièce authentique fut produite, en effet, dans les débats du Châtelet et du parlement : madame Delamotte autorisait son mari, dans une procuration notariée, à recevoir le *solde* du prix de la terre de Buisson-Souefve ; le notaire, appelé en témoignage, se souvenait *d'une femme d'une taille avantageuse qui avait signé devant lui la minute de cet acte, sous le nom de Marie-Françoise Périer, épouse de Saint-Faust Delamotte ;* on le confronta avec Desrues, *habillé en femme,* et il déclara ne point le reconnaître.

Desrues, emprisonné au Fort-l'Evêque et ensuite au grand

Dessiné par Eustache-Lorsay. Gravé par Laisné.

DESRUE.

Châtelet, allait peut-être réussir à tromper la justice, lorsqu'une lettre anonyme vint fournir tout à coup un nouvel élément à l'instruction de cette mystérieuse affaire : une dame Lemasson, qui avait loué à *Decoudray* une cave dans la rue *de la Mortellerie*, s'avisa d'entrevoir, de deviner, dans l'accusé Desrues, ce locataire qui voulait mettre du vin de liqueur en bouteilles ; elle écrivit au magistrat instructeur ce qu'elle pensait, ce qu'elle craignait, ce qu'elle avait rêvé, et la justice ordonna une perquisition dans la rue de la Mortellerie.

Tout était bien à sa place dans le caveau mortuaire : les bouteilles, la malle et le cadavre ; Desrues finit par avouer que madame Delamotte était morte chez lui, mais *naturellement, après avoir bu une médecine*, et qu'il avait caché ce cadavre, de peur d'être compromis. Quant au jeune Delamotte, Desrues déclara qu'il était mort à Versailles, *d'une maladie honteuse ;* fidèle à son hypocrite dévotion, l'empoisonneur ajouta : « J'aimais cet enfant comme un fils ; j'ai du moins la consolation de l'avoir vu mourir avec les sentiments et les secours de la religion ! »

Voilà le martyr Desrues ! c'est Tartufe, doublé du chevalier de Sainte-Croix.

« Les jésuites du dix-septième ou du dix-huitième siècle n'ont-ils pas joué un rôle dans le prétoire du Châtelet, à propos d'un jeune homme, nommé d'Ombreval, neveu de M. de Novion, président au parlement de Paris ?

— Oui, vous avez raison... je me souviens d'avoir lu cette histoire ; le souvenir de ce procès pourra terminer, avec un certain à-propos, votre chapitre sur le *grand Châtelet* : les jésuites ne sont-ils pas à l'ordre du jour, pour les personnes et pour les principes ?... »

En 1698, le lieutenant de police, d'Argenson, fit conduire au Châtelet le jeune d'Ombreval et deux ou trois de ses amis, pour un *enfantillage* qui était bien un peu hasardé. Ces aimables vauriens aperçurent un jour, sur le seuil du collège Louis-le-Grand, deux jésuites qu'ils reconnurent tout de suite : cette rencontre leur rappelait certaines corrections qu'ils avaient reçues de la main de ces deux bons pères, et ils résolurent de se venger en infligeant aux deux robes noires la peine du talion... mieux valait tard que jamais! Une charrette, chargée de balais, stationnait dans la rue : nos écoliers de la veille s'arment de verges, saisissent les

deux jésuites, les dépouillent... d'une partie de leurs vêtements, et se prennent à les fustiger d'importance, à la grande joie des nombreux spectateurs qu'avait attirés la nouveauté d'un pareil spectacle. Tout le monde ne riait pas dans la foule : une jeune fille osa seule défendre très-sérieusement les deux jésuites, d'abord en criant contre les agresseurs, et puis en essayant de frapper d'Ombreval et ses camarades; la pauvre enfant joua de malheur : elle ne réussit tout juste qu'à recevoir le châtiment qu'elle avait voulu épargner aux deux jésuites.

Dès ce moment, les brocards de tout le quartier tombèrent sur cette bonne et courageuse jeune fille; son fiancé lui-même se moqua d'elle et refusa tout net de l'épouser. Comme elle avait une résolution et un courage à l'épreuve, elle brava le scandale d'un procès devant la chambre civile du Châtelet, pour se marier avec un jeune homme qui s'opposait ainsi à sa demande : « Je ne veux pas que l'on dise, en me voyant passer dans la rue : Voilà le mari de la fessée ! » Le défendeur gagna sa cause.

Les deux jésuites du collège Louis-le-Grand n'avaient point oublié de demander justice contre d'Ombreval et ses amis : M. d'Argenson leur promettait une sentence exemplaire, et l'ordre tout entier de saint Ignace frappait à la porte du Châtelet en criant : Vengeance ! — Les jésuites avaient compté sans l'intervention d'un président au parlement de Paris : M. de Novion lutta contre le lieutenant de police, contre le Châtelet, contre les jésuites, et les coupables furent rendus à la liberté. Les deux bons pères que vous savez ne dirent mot, par prudence, par précaution, comme il convenait à la politique de tous les membres de leur société ; mais, une nuit, ils trouvèrent le moyen d'aller effacer, au-dessus de la porte de la chambre criminelle, le distique du poëte Santeuil :

Hic pœnæ scelerum ultrices posuere tribunal;
Sontibus undè tremor, civibus indè salus.

Le dernier voyage de Voltaire à Paris, en 1778, valut à un jeune avocat de Genève, nommé Vernier ou Verdier, quinze jours d'emprisonnement dans les prisons du Châtelet. Voici comment. Le philosophe de Ferney passait un soir sur le Pont-Royal, dans la voiture de M. de Villette ; il fut reconnu : la foule se pressa autour de lui en criant « *Vive Voltaire ! vive l'auteur de Mérope ! vive le sauveur de Calas !* » Un jeune homme, — l'avocat de Genève, — ouvrit la portière de la voiture, baisa la main du patriarche, et s'écria, en ayant l'air de provoquer le peuple, « *A bas les rois ! vivent les philosophes !...* »

L'inspecteur de police Marais voulut saisir au collet cet imprudent enthousiaste de la philosophie à la mode : le peuple s'en mêla ; on se battit, on maltraita l'inspecteur, aux cris de *Vive Voltaire ! vivent les philosophes !* Mais, en dépit de l'intervention de la foule, Vernier fut arrêté et conduit à la prison du grand Châtelet.

Attaché au service spécial du Châtelet, l'inspecteur Marais mit à profit son autorité pour satisfaire sa rancune : insolent et brutal, cet homme insultait chaque jour le détenu Vernier, et plus d'une fois il osa le frapper. Le désespoir inspira au prisonnier une idée vraiment folle : il se promit d'être libre par la fuite ou de mourir en fuyant, et il trouva le moyen de réaliser cette promesse... Il s'évada.

Le ciel était sombre; la pluie, l'orage, les éclairs, le tonnerre, favorisaient cette difficile évasion; l'horloge paroissiale sonna dix heures, lorsque Vernier, devenu libre, se prit à courir au hasard, à travers les rues, les carrefours, les ruisseaux et les égouts de la ville. Tout à coup, il crut entendre le piétinement des chevaux et le cliquetis des armes : encore un moment, encore une minute, et c'en était fait peut-être de ses espérances, de sa liberté, de sa vie !... Par bonheur, au détour d'une place publique, il aperçut une vieille servante qui venait d'entr'ouvrir la porte d'une petite maison ; cette femme s'avança dans la rue, pour babiller chez quelque voisin sans doute... et Vernier se hasarda bien vite à pousser la porte entr'ouverte..., il se glissa dans le logis, à tâtons, à l'aventure, guidé seulement par une voix presque mélodieuse qui chantait un air de la comédie italienne; il pénétra, en chancelant, sans le vouloir, sans le savoir, dans un petit salon assez élégant, et il se laissa tomber aux genoux d'une femme jeune, jolie, et, ma foi ! très-distinguée.

Cette jolie femme eut pitié de Vernier : les soins les plus empressés, les attentions les plus délicates, les paroles les plus tendres, elle lui prodigua tous les trésors d'une hospitalité généreuse, avec une grâce charmante, sans lui adresser une seule question sur son origine, sur son état, sur son apparente misère. Cependant, le prisonnier ne voulut pas donner le change à la charité de cette excellente personne : il lui raconta l'histoire de son horrible captivité et de sa miraculeuse évasion; il se mit à maudire, d'une voix étouffée par la colère, le nom de l'inspecteur Marais... Et ce nom fit tressaillir la jeune femme, qui supplia son hôte de se calmer et de se taire. Au même instant, l'on frappa un violent coup de marteau à la porte extérieure de la maison ; une voix criarde, brutale, éclata dans les corridors et sur les marches de l'escalier; la jeune femme se leva toute tremblante, elle montra du doigt à Vernier une petite chambre qu'elle lui avait destinée jusqu'au lendemain... Elle le supplia, elle lui commanda de sortir, de se cacher. En la voyant si troublée, si pâle, si défaite, Vernier s'imagina que quelque chose d'extraordinaire allait se passer dans cette mystérieuse demeure : il se promit de veiller à son tour sur sa protectrice, de la servir, de la protéger, de la défendre.

Un homme entra dans le salon ; il s'approcha de la jolie maîtresse du logis et l'embrassa ; ensuite il se jeta dans un fauteuil, frappa du pied sur le parquet, et trouva fort plaisant de siffler dans l'appartement d'une femme. A la fin, le rustre se donna la peine de parler, de crier et de se plaindre... La voix de cet homme épouvanta Vernier : le pauvre détenu allait encore se trouver face à face avec un agent du Châtelet, avec un exécuteur des basses-œuvres de cette prison : Vernier venait de reconnaître la voix de l'inspecteur Marais !...

« Mon ami, demanda la jeune femme à l'inspecteur de police, qu'est-ce donc que ces petites taches que vous avez aux mains et jusque sur la dentelle de votre chemise? — Rien, ou à peu près rien, répondit Marais... quelques gouttes de sang. Un prisonnier d'élite s'est évadé, il y a deux heures, des cachots du grand Châtelet, et je me suis vengé sur ses compagnons d'infortune. »

Marais demanda de l'eau pour se laver les mains...

L'inspecteur embrassa de nouveau sa maîtresse ; il lui dit froidement :

« Bonsoir, Manon... bonne nuit ! J'ai besoin de m'étourdir... je vais boire, je vais jouer ; à demain ! »

En le voyant sortir, Manon ferma violemment la porte ; elle courut dans la petite chambre de Vernier, et s'écria d'une voix douloureuse :

« Je vous ai sauvé ; à votre tour, sauvez-moi ! Par pitié, que cet homme ne nous revoie ni l'un ni l'autre ; j'ai horreur de son amour... et ce soir, mon cœur lui a dit adieu pour jamais... partons ! »

Un mois plus tard, l'inspecteur Marais reçut une lettre datée de Genève : c'était une malédiction que lui adressaient à la fois Manon et Vernier. Ce jour-là, les prisonniers du grand Châtelet durent être bien à plaindre !

« Il vous reste à nous apprendre à quelles époques eurent lieu la suppression et la démolition du Fort-l'Évêque, du grand et du petit Châtelet?

— Le Fort-l'Évêque et le petit Châtelet furent supprimés en 1780, en vertu d'une ordonnance de Louis XVI, contre-signée par le ministre Necker; on transféra les détenus dans l'ancien hôtel de la Force. Quant aux bâtiments de ces deux geôles, qui menaçaient ruine, ils furent démolis en 1782. Les ouvriers trouvèrent dans les décombres du petit Châtelet des médailles, des armes, des ustensiles, qui nous avaient été légués par la civilisation romaine; on y découvrit une relique précieuse : l'aigle de la légion *l'Invincible* qui formait la garnison de Lutèce et qui accompagna Julien dans les Gaules.

Le grand Châtelet fut supprimé en 1792; les vastes bâtiments de cette forteresse furent complétement démolis en 1802 et 1804. Une colonne triomphale a remplacé le donjon du prévôt de Paris, et le Génie de la victoire plane sur ce coin de terre où l'on vit s'abattre plus d'une fois les aigles victorieuses des Romains.

XIII

LA BASTILLE.

Plus de cinquante années se sont écoulées depuis que s'est réalisée la prédiction écrite par Cagliostro sur le mur de sa prison :

« *La Bastille sera démolie, et sur l'emplacement on dansera ;* » et cependant le temps n'a pas encore éteint dans l'esprit des citoyens cette impression profonde et terrible que faisait éprouver le nom seul de la vieille citadelle, où la tyrannie, l'arbitraire et la force ont commis tant d'attentats contre les droits de la justice et de l'humanité.

Le château fort la Bastille s'éleva en 1369 pour protéger, contre les incursions des troupes des ducs de Bourgogne, la demeure royale de Charles V, et après quatre siècles, pendant lesquels chaque roi ajouta à la force de la citadelle, elle fut trop faible pour protéger la royauté, et la Bastille, conquise par les armes, croula sous la pioche et le marteau du vainqueur.

La description architecturale de la Bastille ne peut entrer dans notre cadre; la gravure a reproduit tant de fois le spécimen de cette forteresse prison d'État, que sa forme est devenue familière à chacun. Nous croyons inutile de conduire nos lecteurs à travers les nombreux *ponts-levis*, corps de garde, portes ferrées, qui précédaient la grande cour. Nous n'emprunterons aux historiens qui ont pris le calque de cette localité, que ce qui sera nécessaire pour l'appréciation de la situation des prisonniers et du régime exceptionnel de cette triste demeure.

Huit tours rondes, reliées par d'épais massifs de pierre, formaient l'enceinte de la Bastille.

Le château était entouré d'un fossé, large d'environ cent vingt pieds. Il n'y avait d'eau dedans que lors des grands débordements de la Seine et après les pluies abondantes. Ce fossé était entouré d'un mur de soixante pieds d'élévation, contre lequel était attachée une galerie de bois à rampe, laquelle régnait dans tout le contour du fossé, à l'opposite du château : on l'appelait *les rondes*. Deux escaliers placés à droite et à gauche, en face du grand corps de garde, conduisaient à ces rondes; des sentinelles y étaient placées; elles se promenaient sans cesse, examinaient si les prisonniers faisaient quelque tentative.

Le jour et la nuit, une sentinelle intérieure du château sonnait une cloche à toutes les heures, pour avertir qu'elle veillait. Outre cette cloche, la nuit on en sonnait une autre sur les rondes à tous les quarts d'heure.

Le gouvernement de la Bastille consistait en un gouverneur, un lieutenant du roi, un major, un aide-major, un chirurgien et une

Dessiné par EUSTACHE-LORSAY.   Gravé par ROUGET.

CAGLIOSTRO.

maîtresse sage-femme. La garnison était composée de 100 hommes commandés par deux capitaines, un lieutenant et des sergents.

Le lieutenant général de police de Paris était le subdélégué du ministre au département de la Bastille ; il y avait sous lui un commissaire en titre, nommé le commissaire de la Bastille.

En arrivant à la Bastille, chaque prisonnier était inventorié, on examinait ses malles, habits, linge, poches, pour voir s'il n'y avait pas de papiers relatifs à l'objet de sa détention.

Le nouveau venu, dit Linguet[1], est aussi surpris qu'effrayé de se trouver livré aux recherches, aux tâtonnements de quatre hommes dont l'apparence semble démentir les fonctions, de quatre hommes décorés d'un uniforme qui autorise à en attendre des égards, et d'un signe d'honneur qui suppose un service sans tache. Ils lui enlèvent son argent, de peur qu'il ne corrompe quelqu'un d'entre eux ; ses bijoux, par la même considération ; ses papiers, de peur qu'il n'y trouve une ressource contre l'ennui auquel on veut le dévouer ; ses ciseaux, couteaux, de peur qu'il ne se coupe la gorge ou qu'il n'assassine ses geôliers.

Après cet examen, souvent coupé par des plaisanteries sur chaque objet saisi, on conduisait le prisonnier vers la loge qui lui était destinée.

Ces loges étaient toutes pratiquées dans des tours dont les murs avaient au moins douze pieds d'épaisseur, et, dans le bas, trente ou quarante ; chacune avait un seul soupirail pratiqué dans le mur, mais traversé par trois grilles de fer, l'une au dedans, l'autre au milieu de la muraille, la troisième en dehors. Les barreaux étaient croisés, avaient un pouce d'épaisseur, et, par un raffinement qui prouve le génie malfaisant qui présidait à l'œuvre administrative, la partie solide de chacune de ces étranges mailles répondait juste au vide d'une autre ; ce qui laissait à peine à la vue un passage de deux pouces, quoique les mailles en eussent à peu près quatre de large.

En hiver, ces loges étaient des glacières ; en été, des poêles hu-

---

[1] Avocat qui s'est rendu célèbre dans l'ancien barreau. Il fut enfermé trois ans à la Bastille par le ministre Maurepas.

mides où l'on étouffait, parce que les murs étaient trop épais pour que la chaleur pût les sécher.

Les cachots, qu'il ne faut pas confondre avec les oubliettes, étaient enfoncés de dix-neuf pieds au-dessous du niveau de la cour, cinq pieds environ au-dessous du niveau des fossés. Ils n'avaient d'autre ouverture qu'une étroite barbacane donnant sur le même fossé. Le malheureux habitant d'un de ces lieux horribles, privé d'air et de la clarté du jour, plongé dans une atmosphère infecte et humide, au milieu d'un limon où pullulaient des crapauds, entouré de rats et d'araignées, ne pouvait vivre longtemps dans un pareil séjour.

On a prétendu que l'établissement de ces cachots n'avait pour but que d'effrayer les prisonniers récalcitrants, et qu'on ne prolongeait jamais le séjour dans ces lieux infects au delà de quelques jours. Une anecdote racontée par un des historiens de la Bastille, qui a écrit, preuves officielles en main et sous les yeux mêmes de ceux qui avaient assisté comme spectateurs, témoins ou martyrs, à ces scènes de cruauté enveloppées de tant de mystère, prouve que ces repaires servirent non-seulement de moyens d'intimidation, mais encore de lieux de tortures prolongées.

Dans le temps de l'affaire des parlements, un homme est arrêté: soupçonné d'avoir des complices qu'il ne veut pas faire connaître, on le précipite dans un cachot. Il résiste d'abord et reste sourd à toutes les demandes de révélation, mais son énergie ne put tenir longtemps contre les souffrances qu'il éprouva dans cette affreuse demeure... Il parle, et sur sa simple déposition, quatorze personnes sont conduites le lendemain à la Bastille, et tour à tour elles habitent les cachots.

John Howard et l'auteur des *Remarques historiques sur la Bastille* parlent de cette prison comme renfermant, outre ses cachots, une seconde espèce de geôles où étaient établies des cages faites de solives recouvertes de fer, longues de huit pieds sur six de large. L'auteur de *la Bastille dévoilée* dit à cet égard : Ne voulant calomnier personne, pas même les agents du despotisme, nous avouons qu'un de ces auteurs a copié l'autre, qu'ainsi ils n'offrent à eux deux qu'une seule autorité. Nous n'avons aucune connaissance de ces cages, non-seulement nous n'avons entrevu aucun de leurs débris, mais aucun des porte-clefs, des curieux, des ouvriers, qui ont fureté dans tous les coins et recoins de la Bastille après sa démolition, n'a rien trouvé qui y ressemblât. Nous en disons autant des oubliettes dont plusieurs auteurs ont parlé, qui ont pu exister sous Louis XI, du temps de Tristan, son prévôt, son compère et son ami, mais dont on n'a trouvé aucune trace ni à la prise, ni à l'examen, ni à la démolition de la Bastille.

En voyant à la Bastille une chambre qui avait conservé la dénomination de *Chambre de la question*, on a cru qu'on avait brisé ou enlevé tous les instruments de torture quelque temps avant 1789. Les mémoires de la Poterie attestent que sous le ministère du cardinal de Richelieu on appliquait à la Bastille la question ordinaire et extraordinaire; qu'un jour, un maître de requêtes mécontent de ses réponses le fit descendre à la chambre de la question, lui expliqua au long l'usage des ais, des coins, des cordages, lui dépeignit les cruelles douleurs, le tiraillement des chairs, le craquement des os, l'aplatissement des genoux, et le prépara ainsi par la terreur à l'interrogatoire; mais cet appareil de question disparut, et aucune preuve ne témoigne que plus tard on le rétablit.

La Bastille pouvait contenir environ cinquante personnes logées séparément. Elle pouvait en contenir jusqu'à cent en réunissant plusieurs captifs dans la même chambre. Quand il n'y avait pas d'appartements vacants, on donnait au nouveau prisonnier un simple lit de sangle, que l'on plaçait dans de petites cellules pratiquées autour des fosses d'aisances, jusqu'à ce que le commissaire de la Bastille en eût ordonné autrement.

Chaque prisonnier avait par jour une livre de pain, une bouteille de mauvais vin, une soupe sans goût, des viandes de la moindre qualité et mal apprêtées; en maigre, des mets au beurre fort ou à l'huile nauséabonde, le tout servi sur une vaisselle d'étain dont la saleté faisait soulever le cœur.

Cependant quelques prisonniers obtenaient de la faïence et des couverts d'argent. Quelques autres jouissaient de la faculté de se faire apporter leurs aliments par un traiteur du dehors, ce qui leur coûtait le double. Renneville prétend que de son temps, le gouverneur Bernaville avait un grand nombre de prisonniers à divers prix, jusqu'à vingt-cinq livres par jour, et ne dépensait pas plus de vingt sous, terme moyen, à la nourriture de chacun. Il y avait des prisonniers qui ne recevaient pas plus de quatre onces de viande par repas.

Le gouverneur tirait de sa place, au moins dans les derniers temps, outre ses appointements fixes, plus de soixante mille livres en profit sur la nourriture et l'ameublement des prisonniers. Selon Linguet, le gouverneur avait cent cinquante livres par jour pour quinze places de prisonniers fondées à dix livres, sans préjudice du prix journalier par tête de prisonniers effectifs, ce qui devait faire monter cette somme à près de cent mille livres, sans préjudice encore des revenus immenses qu'il tirait des locations des fossés de la Bastille et des boutiques qui les environnaient. Jamais la Bastille ne coûta tant au roi de France que sous l'administration du gouverneur Delaunay, et jamais les prisonniers ne furent plus mal traités, plus mal nourris. Il est vrai que le gouverneur avait acheté sa place fort cher, et il voulait se rembourser, dans la crainte que la vénalité des charges ne venant à tomber, il ne pût vendre la sienne avec profit.

Un tarif réglait la dépense des prisonniers pour la table, le blanchissage et la lumière, selon leur état.

Un prince du sang était à cinquante livres par jour.

Un maréchal de France à trente-six livres.

Un lieutenant général à vingt-quatre livres.

Un conseiller au parlement à quinze livres.

Un juge ordinaire, un prêtre, un financier, à dix livres.

Un bon bourgeois, un avocat, à cinq livres.

Un petit bourgeois à trois livres.

Et les membres des moindres classes étaient à deux livres dix sous.

Ce dernier taux était aussi celui des gardes et des domestiques.

Ceux qui n'avaient point de domestiques faisaient eux-mêmes leur lit et leur feu. On dînait à onze heures, on soupait à six. Dans les premiers temps, on n'avait ni livres, ni encre, ni papier ; on n'allait à la messe ni à la promenade ; on n'obtenait permission d'écrire à qui que ce fût, pas même au lieutenant de police, dont tout dépendait et à qui il fallait la faire demander par le major. Quand on avait obtenu la permission d'écrire au lieutenant de police, on pouvait lui demander celle d'écrire à sa famille, d'en recevoir des réponses, d'avoir avec soi son domestique ou un garde, etc. ; on ne pouvait rien obtenir que par ce canal. Les officiers de l'état-major se chargeaient de faire parvenir les lettres des prisonniers à la police; elles y étaient envoyées exactement à midi et le soir. A quelque heure que ce fût, si on le demandait, ces lettres étaient portées par des exprès, payés de l'argent des détenus. Les réponses étaient toujours adressées au major ; il les communiquait au prisonnier. Si l'on avait omis de lui parler de quelque objet de la lettre, c'était un refus.

Les gardes que l'on donnait à ceux auxquels on refusait leurs domestiques, ou qui n'en avaient point, étaient des soldats invalides ordinairement. Ces gens couchaient auprès des prisonniers et les servaient. Il fallait toujours être en défiance avec ces hommes, ainsi qu'avec les porte-clefs, parce que toutes les paroles étaient recueillies et rendues aux officiers, qui les reportaient à l'autorité. C'est ainsi que l'on étudiait le caractère des prisonniers.

Les prisonniers ne recevaient jamais aucune visite avant l'instruction consommée. Pour obtenir cette faveur après les interrogatoires, il fallait la demander avec instance et persévérance, et que des amis puissants la sollicitassent au dehors.

Les prisonniers restaient sous les verrous pendant tout le temps qu'ils passaient dans leurs chambres, les portes s'ouvrant seulement aux heures de la messe, des promenades ou des visites.

Pour visiter un prisonnier, il fallait avoir une permission écrite du lieutenant de police; ces visites étaient toujours reçues en présence des officiers ou porte-clefs. Le visitant était d'un côté de la chambre, le visité de l'autre, et l'officier porte-clefs écoutant au milieu. C'était la règle invariable; il n'était jamais permis de parler des motifs de la détention du prisonnier, ni de tout ce qui pouvait y avoir quelque rapport.

Un prisonnier pouvait être interrogé peu de jours après son

entrée à la Bastille ; souvent il ne l'était qu'au bout de plusieurs semaines. Quelquefois on l'avertissait du jour où il devait être interrogé ; souvent il ne l'apprenait qu'au moment où on le faisait descendre à la salle du conseil. C'était le lieutenant de police, un conseiller d'État, un maître des requêtes, un conseiller ou commissaire du Châtelet, qui remplissait cette commission. Quand le lieutenant de police n'interrogeait pas lui-même, il venait ordinairement à la fin de l'interrogatoire. Ces commissaires étaient des êtres purement passifs ; souvent ils tâchaient d'effrayer un prisonnier : ils lui tendaient des piéges, employaient toutes les ressources des ruses les plus basses pour lui arracher des aveux ; ils supposaient des preuves, représentaient des papiers, sans permettre de les lire, soutenant que ces interrogatoires (dit l'auteur des Remarques politiques sur le château de la Bastille) étaient des pièces de conviction invincibles.

Ces interrogatoires étaient toujours vagues ; ils roulaient non-seulement sur les paroles et les actions du prisonnier, mais sur ses pensées les plus secrètes, sur les paroles et la conduite des personnes de sa connaissance que l'on voulait compromettre. Ceux qui interrogeaient disaient à un prisonnier qu'il y allait de sa tête ; que de lui dépendait, en ce jour, de sa vie ou de sa mort ; que s'il voulait tout déclarer de bonne foi, ils étaient autorisés à lui promettre un élargissement prompt ; que, s'il refusait d'avouer, il serait livré à une commission extraordinaire ; que l'on avait des pièces décisives, des preuves acquises, plus qu'il n'en fallait pour le perdre ; que ses complices avaient tout découvert ; que le gouvernement avait des ressources inconnues dont il ne pouvait se douter. Ils fatiguaient les prisonniers par des interrogatoires variés et multipliés à l'infini. Suivant les personnes, ils employaient les promesses, les caresses, les menaces ; d'autres fois, ils insultaient les détenus et les outrageaient avec une insolence qui mettait le comble à la tyrannie dont ils étaient les vils instruments. Si le prisonnier faisait les aveux exigés, les commissaires lui déclaraient alors que, pour son élargissement, ils n'avaient pas d'autorisation précise ; mais qu'ils avaient tout lieu de l'espérer, qu'ils allaient la solliciter, etc. Les aveux du prisonnier, loin de rendre son sort meilleur, donnaient lieu à de nouveaux interrogatoires, prolongeaient souvent sa détention, compromettaient les personnes avec lesquelles il avait eu des relations, et l'exposaient lui-même à de nouveaux tourments.

La plupart des prisonniers interrogés pouvaient répondre au lieutenant de police par ce quatrain de Poultier d'Elmotte :

> Monsieur, la Bastille est pour moi
> Comme un fauteuil chez les Quarante ;
> L'on m'y conduit et l'on m'y plante,
> Mais, d'honneur, je ne sais pourquoi.

L'abbé Duvernet, qui fut mis à plusieurs reprises à la Bastille, où il égayait sa captivité en mettant en ordre la pauvre bibliothèque de la prison d'État, guérit pour quelque temps les lieutenants de police de leur manie de venir adresser des mercuriales aux captifs, et cette fois, un ministre put prendre sa part des sévères paroles qui flagellaient les agents du pouvoir.

Le ministre Amelot vint voir l'abbé avec intention de lui annoncer sa liberté, et sur quelques plaintes de l'abbé Duvernet, il lui dit : « *Monsieur l'abbé, pourquoi vous plaindre ? rien ne vous a manqué ici : vous avez eu des livres dans la bibliothèque.* —Quoi, monsieur le ministre, rien ne m'a manqué ? Eh ! tout ne manque-t-il pas à un homme de lettres, quand il n'est pas libre ? sans la liberté, tout ce qu'il peut avoir, tout ce qu'on peut lui accorder, ne sont que des jouissances insipides.

« Quant à la bibliothèque dont vous parlez, je la connais ; j'en ai fait le catalogue ; il ne s'y trouve pas dix volumes qui puissent servir à un homme médiocrement instruit. Un ministre veut-il se venger d'un homme qui aura eu le courage ou la maladresse de révéler au public quelques-unes de ses balourdises, rien n'est épargné pour le faire enlever ; l'or, l'argent, les pensions, tout est prodigué pour l'envoyer chercher en Angleterre, en Hollande, dans le fond de l'Allemagne. Souvent il en coûte mille, deux mille louis à l'État, pour avoir un auteur coupable d'avoir dit un peu de mal d'un ministre qui en avait beaucoup fait ; mais a-t-il fallu donner quelque consolation aux prisonniers de ce château en achetant des livres? tout a été refusé, et j'ose avancer que depuis que la Bastille existe, le gouvernement n'a pas dépensé dix louis pour des livres, qui sont des choses de première nécessité dans une maison où on se plaît à tourmenter un prisonnier, en le laissant dans une profonde ignorance de tout ce qui se passe au dehors, soit en politique soit en littérature. »

Le ministre écouta froidement cette tirade, et ne rompit le silence que pour demander : « *Monsieur l'abbé, pourquoi êtes-vous ici?* — Pourquoi je suis ici, monsieur le ministre? c'est parce que vous avez donné une lettre de cachet, à laquelle vous avez apposé ou peut-être à laquelle on a apposé pour vous deux noms, le vôtre, *Amelot*, et celui du roi, *Louis;* je suis bien sûr, monsieur, que le roi ne sait rien de ma détention ; mais ce qui m'étonne, c'est que vous, monsieur le ministre, en ignoriez le motif. Cela pourrait faire soupçonner que vous signez des lettres de cachet sans savoir ce que vous signez, et que vous y mettez le nom sacré de *Louis*, sans qu'il sache et sans que vous-même sachiez les raisons pourquoi vous le mettez. »

Après ce propos, l'abbé Duvernet s'adressant à M. Lenoir, qui était présent au colloque, lui dit : « Vous demandez donc au mi-
« nistre des lettres de cachet sans lui en dire les raisons? Au moins,
« monsieur, avant que je sorte d'ici, apprenez-lui les raisons pour-
« quoi je m'y trouve. » M. Lenoir rougit, s'embarrassa, et balbutia une sottise que l'abbé Duvernet ne releva qu'à demi : ayant déjà une querelle avec le ministre, il ne se souciait pas d'en avoir une seconde avec le lieutenant général de police, qui peut-être eût été plus dangereuse.

M. Amelot ne sachant que répondre à l'abbé Duvernet, et ne voulant pas rester court, lui reprocha ses liaisons avec l'abbé Raynal.
« Monsieur, je ne suis point en liaison avec lui, je le connais très-
« peu; mais je sais très-bien que dans le nombre des ministres qui ont
« bien ou mal gouverné la France, il n'en est aucun qui lui ait fait
« autant d'honneur, et qui lui ait été aussi utile que l'abbé Raynal. Il
« est, par son ouvrage, la gloire de notre nation, et ceux qui l'ont
« persécuté, qui ont forcé ce vieillard, accablé d'infirmités et d'an-

« goisses, à fuir sa patrie, en sont l'opprobre. — Mais, dit M. Amelot
« avec une espèce de vivacité, c'est le parlement qui l'a décrété. —
« Oui, monsieur, je le sais; mais je sais aussi que c'est M. de Mau-
« repas qui provoqua le décret du parlement qui, pour le dénoncer,
« donna des ordres à M. Séguier, lequel passe sa vie à dénoncer
« à tort et à travers tous les écrivains qui servent leur pays et qui
« éclairent leurs concitoyens. »

Enfin, M. Amelot reprocha à l'abbé Duvernet d'avoir fait *l'histoire de la Sorbonne*. « *Et de quel droit*, lui dit-il, *avez-vous fait cette histoire?* — Du droit, répond l'abbé Duvernet, qu'a tout homme
« qui pense de parler d'un corps qui fut autrefois très-dangereux à
« l'État, et qui n'est plus qu'inutile. »

Le lendemain de cette conversation, M. Lenoir fit dire à l'abbé Duvernet que M. Amelot était très-indisposé contre lui. Ce ministre, en effet, qui venait lui annoncer sa liberté, le tint encore sept mois à la Bastille.

La promenade avait lieu dans une cour formant un carré long de seize toises sur dix, fermé par une muraille de cent pieds de hauteur. Le prisonnier était seul, restait peu de moments, parce que les heures de la journée étaient partagées entre tous ceux qui jouissaient de cette faveur. S'il y avait quelque réparation qui exigeât la présence d'un ouvrier, si le gouverneur traitait, ce qui nécessitait le passage de ses laquais, *la promenade était suspendue;* car le principe du confinement solitaire, de l'isolement absolu, était en vigueur à la Bastille.

On prenait de grandes précautions pour que les prisonniers ne s'aperçussent ni ne se rencontrassent, et qu'ils ne fussent point vus par les étrangers qui étaient admis à en visiter quelqu'un. Si, pendant la promenade, quelque personne venait à passer, on faisait entrer le prisonnier dans un des cabinets pratiqués dans les massifs qui réunissaient les tours, et il ne pouvait en sortir qu'après que les passants étaient retirés.

S'il arrivait que la femme du gouverneur allât aux bains, situés dans une partie du bâtiment voisin de la cour de promenade, les sentinelles et les gardiens contraignaient les prisonniers qui avaient obtenu la faveur de se promener en compagnie, à se réfugier dans les loges de pierre, construites pour protéger l'incognito des captifs.

— De mon temps, dit Linguet, la sentinelle, dans un des passages de madame la gouvernante, qui n'était pas légère et dont la marche était un peu lente, ayant oublié de commander la retraite, la moderne Diane fut vue dans son déshabillé. J'étais l'Actéon du jour; je n'essuyai pas de métamorphose; mais le malheureux soldat fut mis en prison pour huit jours, j'en entendis donner l'ordre.

La faveur accordée à la promenade collective s'étendait quelquefois aussi sur l'habitation et les repas, et quelques prisonniers protégés obtinrent d'habiter et de vivre ensemble; mais c'était là une rare exception qui rendait encore plus affreuse la position de ceux qui ne pouvaient jouir de ce privilége.

Il fut un temps où la promenade sur les tours était accordée. Delaporte raconte que lorsqu'il commença à jouir de ce qu'on appelait *les libertés de la Bastille*, ayant appris que la reine Anne d'Autriche devait passer à la porte Saint-Antoine pour aller trouver le roi à Saint-Maur, il monta sur les tours pour la voir, qu'elle l'aperçut, se mit à la portière et lui fit, des mains et de la tête, tous les signes possibles pour lui faire entendre qu'elle était contente de sa conduite. Ceci se passait vers le milieu du dix-septième siècle, mais les prisonniers furent plus resserrés au commencement du dix-huitième; le fait suivant alarma les agents de la surveillance et servit de prétexte à la suppression de la promenade sur les tours, quand en 1704 on eut arrêté et mis à la Bastille le chevalier de Rohan, grand veneur de France, sur le soupçon qu'avaient donné des lettres surprises dans ses équipages, qu'il voulait livrer le Havre aux Anglais; on voulut saisir à Rouen un nommé de la Tuanderie, son entremetteur, mais il se défendit, fit feu, et fut tué sur la place. Des gens attachés au grand veneur allèrent plusieurs fois crier autour de la Bastille, dans des porte-voix : *La Tuanderie est mort et n'a rien dit;* malheureusement pour le chevalier de Rohan il ne les entendit pas. Les commissaires ne pouvant rien tirer de ce captif, lui dirent que le roi savait tout, qu'on avait des preuves, qu'on ne voulait que son aveu, qu'il aurait sa grâce s'il avouait, qu'il se fiât à cette promesse; il convint de son crime et *eut la tête tranchée.*

Dans le temps où madame de Staël (mademoiselle Delaunay) était prisonnière, elle parle de la promenade sur les tours comme d'une faveur accordée seulement à plusieurs et à certains jours fixes. La promenade aux tours fut supprimée et remplacée par celle au jardin du bastion; mais il passa des inquiétudes par l'esprit d'un gouverneur, et sous prétexte de donner les garanties de son zèle et de mettre les prisonniers à l'abri de la curiosité publique, il fit du jardin du bastion son potager.

En 1761 telle était la consigne sévère du corps de garde de la Bastille :

— Le commandant ne laissera entrer l'épée au côté que le roi, monseigneur le dauphin, les princes du sang et légitimés, les ministres qui sont secrétaires d'État, MM. les maréchaux de France, les capitaines des gardes du corps, les ducs, l'état-major, le directeur du génie, l'officier d'artillerie et les gardes des archives.

— Les bas officiers doivent s'appliquer à connaître la figure et le nom de tous les domestiques et autres personnes qui entrent et sortent journellement dans le château.

— Ils doivent aussi savoir le nom des tours, pour pouvoir quand ils sont en faction dans la nuit, dire positivement dans laquelle ils auront remarqué quelque chose de nouveau.

— La sentinelle (plusieurs postes désignés) doit au moindre doute arrêter toutes personnes qui se présenteront, et faire venir un officier d'état-major pour lever la difficulté. Elle sonnera l'heure tous les quarts d'heure pendant la nuit.

— La sentinelle ne doit pas perdre de vue les prisonniers qui se promèneront dans la cour. Il faut qu'elle ait attention continuelle à remarquer, s'ils jettent ou laissent tomber papier, billet, paquet ou autres choses quelconques; elle empêchera qu'ils n'écrivent sur les murailles, et rendra compte de tout ce qu'elle aura remarqué pendant sa faction.

— Les corps de garde fourniront quatre fusiliers pour poser au bas des escaliers, lorsqu'on servira les prisonniers à dîner et à souper.

— A l'arrivée d'un prisonnier, soit de jour ou de nuit, le commandant du poste fera entrer toute sa troupe dans le corps de garde, et aura attention qu'il ne soit vu ni ne parle à personne.

— Lorsque le caporal de garde ou autres bas officiers seront commandés pour aller au jardin, ou sur les tours, pour y accompagner un prisonnier, il leur est défendu très-expressément d'avoir aucun entretien avec lui. Ils sont seulement là pour prendre garde à ses actions, et qu'il ne fasse aucun signal au dehors.

— Lorsqu'il arrive des ordres du roi pour mettre un ou plusieurs prisonniers en liberté, la sentinelle de la cage ne les laissera point sortir absolument, sous quelque prétexte que ce puisse être, que ce ne soit un officier de l'état-major qui les fasse passer. Il en sera de même pour les prisonniers qui auront la promenade du jardin; s'il ne se trouve pas d'officiers d'état-major au château, les prisonniers ne se promènent pas.

La sévérité de la surveillance prise pour conserver les prisonniers ne fut pas toujours assez clairvoyante, et la ruse en plusieurs circonstances triompha de la précaution; en témoignage on a le souvenir des évasions de Latude, trop connues pour que nous nous arrêtions à les raconter.

Si quelque prisonnier parvenait à s'échapper; si l'on s'apercevait seulement qu'un seul eût fait une tentative, aussitôt toute la Bastille éprouvait une révolution. On appesantissait les fers de tous ses habitants, les privations se multipliaient dans tous les genres, et l'individu le plus résigné au fond de sa prison ou de son cachot éprouvait le contre-coup des vaines entreprises d'un étourdi, ou il était puni parce qu'un homme vigoureux avait eu de l'adresse ou du courage. C'est ainsi qu'en 1709, le gouverneur Bernaville fit abattre tous les grands arbres du jardin, arracher ou détruire les moindres saillies ou ornements qu'il pouvait soupçonner d'offrir des points fixes, aplanir tous les recoins des corridors, ôter les couteaux aux prisonniers auxquels on en avait donné; les moindres ferrements, jusqu'aux simples clous, les cannes, les manches à balai, tout fut enlevé au rapport de Renneville, parce que le comte de Bucquoit avait trouvé moyen de s'évader. A peu près vers le même temps, on sut qu'un prisonnier avait attrapé un pigeon entré par hasard dans sa chambre, qu'il lui avait attaché un billet sous les ailes, et l'avait ensuite lâché, comptant sur la possibilité que ce billet tombât entre des mains qui le fissent parvenir à son adresse. Aussitôt Bernaville fit tuer tous les pigeons et autres oiseaux qui nichaient autour de la Bastille [1].

Un nommé Darsant, qui attendait à la Bastille la fin d'une affaire criminelle dont le dénoûment devait être pour lui le gibet,

---

[1] Comme la conduite des agents du despotisme a été la même dans toutes les prisons nommées si gratuitement *prisons d'État*, nous pouvons citer un trait arrivé à la citadelle de Pignerol. Le comte de Lauzun y était confié à la garde du gouverneur Saint-Mars; voulant s'évader, il se fit apporter par son valet de chambre des cordes, des limes, etc. Ils furent surpris, le comte fut mis dans la plus horrible prison, le malheureux valet de chambre fut pendu, et son cadavre attaché, selon Renneville, à la lucarne de la prison de son maître, afin qu'il ne pût regarder le jour sans avoir cet horrible spectacle sous les yeux. C'est cet auteur qui a le premier rapporté l'anecdote si connue de la minutieuse cruauté du même gouverneur qui écrasa une araignée que le même prisonnier avait eu la patience de dresser à venir lui manger dans la main, en disant qu'un criminel comme lui était indigne du moindre divertissement.

donna une chaude alarme au major de la Bastille. Un matin, cet homme se lève, s'habille, se coiffe d'un bonnet blanc, place une serviette devant lui en guise de tablier ; ainsi accoutré, il se met au lit tout chaussé, tout habillé, et ferme bien ses rideaux. Le porte-clefs qui entre dans sa chambre pour le servir, voyant ses pantoufles devant le lit, et n'ayant aucune raison de se méfier de lui, se contenta de sortir en poussant une seule porte, et négligea de fermer les verrous. Darsant profitant du moment d'absence du porte-clefs, sort doucement de sa chambre. Au bas de l'escalier et à l'entrée de la tour il trouve un panier de bouteilles ; il met ce panier à son bras et se présente à la première sentinelle qui, le prenant pour un garçon de cuisine, lui ouvre la première porte ; la seconde sentinelle fut aussi sans défiance, et le laissa passer. Déjà il était dans la cour du Gouvernement, lorsque des bas officiers d'invalides, observant son habillement, et jugeant que c'était un prisonnier qui s'évadait, l'arrêtèrent.

On crie aux armes, tout l'état-major est en mouvement, les sentinelles sont relevées, on les crut séduites ; le porte-clefs est mis aux arrêts ; ils sont interrogés. Ont-ils été séduits par la famille du prisonnier ; ont-ils des intelligences avec sa famille ? On cherchait le secret de cette tentative de fuite dans des motifs qui lui étaient les plus étrangers, tandis que cet acte avait été inspiré tout naturellement à Darsant, par la crainte qu'il avait de se voir bientôt figurer sur l'échafaud. En effet, l'arrêt prononça la peine de mort contre Darsant ; mais la sentence fut adoucie, et le prisonnier de la Bastille fut relégué dans la prison de Saint-Yon pour y subir une détention à vie.

Quelquefois on vit de hauts seigneurs et même des princes du sang servir d'instrument à une fuite : c'est ce qui arriva sous le règne de Louis XIV, à l'époque de la détention à la Bastille d'une jeune femme dont les crimes eurent un grand retentissement. Ce chef de brigands portait entre autres noms celui de lady Guilfort, et se faisait passer pour Anglaise.

Cette créature, douée d'une beauté remarquable, renouvelait les scènes de lubricité qu'on a prêtées à Marguerite de Bourgogne. Elle attirait dans un lieu secret les jeunes gens qu'elle avait séduits, et après avoir assouvi ses ardeurs, elle les poignardait, livrait leurs corps à ses complices, qui faisaient commerce de cadavres avec les chirurgiens. On parla beaucoup du séjour de cette femme à la Bastille.

Le chevalier de Lorraine, le marquis d'Effiat se mirent en tête d'enlever cette femme et de lui offrir à souper; ils firent entrer dans leur projet Monsieur, frère du roi.

On se procura une lettre de cachet demeurée entre les mains d'un exempt, qui la vendit au chevalier. La lettre était en blanc. Dans les lignes destinées à contenir les pouvoirs conférés à l'exempt, on transmet un ordre de remettre au porteur la dame Guilfort, qui doit être conduite à Pignerol.

Le gouverneur de la Bastille, trompé par cette ruse, livra la détenue.

Lady Guilfort se trouva bientôt à la table où se placèrent le frère du roi, le chevalier de Lorraine et le marquis d'Effiat.

La soirée fut longue, dit l'écrivain qui a trouvé dans les archives de la police la preuve des faits que nous répétons d'après lui [1]; les courtisans s'étaient imaginé que leur maître la transformerait en nuit; mais Monsieur ne pouvant vaincre au fond l'horreur que lui inspira l'Anglaise, se contenta de la faire jaser; il trouva même que certes la chose ne valait pas le mécontentement du roi, si le roi venait à le savoir, et il proposa de renvoyer la prisonnière à la Bastille.

On lui fit honte de sa résolution; il fut convenu que lady Guilfort serait dirigée vers Bruxelles ou l'Angleterre, à son choix. Le prince se retira, car on se trouvait au château de Versailles, chez le marquis de la Fare, qui avait prêté son logement. Lady Guilfort, restée avec le marquis et le chevalier, leur tend un double piége, et feignant d'avoir une tendre confidence à leur faire séparément, les éloigne, alors au moyen des serviettes de la table, attachées l'une à l'autre, et fixées au balcon d'une fenêtre, l'étrangère descend dans les jardins : tapie entre des caisses d'orangers, elle attendit le jour, et aussitôt que les grilles du château furent ouvertes,

---

[1] *Mémoires tirés des Archives de la police*, par Peuchet.

elle s'esquiva; et jamais on n'entendit parler de lady Guilfort. Un procès-verbal de mort subite et d'inhumation mit à l'abri la responsabilité du gouverneur de la Bastille.

Nous avons dit qu'il fallait que toute la correspondance des prisonniers passât par les mains du gouverneur ou de son représentant. La chance d'une faveur ne pouvait être que dans l'humilité de la formule, et cependant beaucoup de suppliques étaient rejetées; de ce nombre fut celle-ci, adressée au lieutenant de police Berryer.

Monseigneur,

« Permettez que j'aie l'honneur de vous représenter très-res-
« pectueusement, qu'étant détenu à la Bastille, il m'est impossible
« de vaquer, ni même de faire vaquer à mes affaires. Oserais-je, dans
« cette triste situation, Monseigneur, espérer que Votre Grandeur
« voudra bien permettre que la lettre que j'écris à mon épouse lui
« parviendra. Elle contient le détail des payements et de la recette
« qu'elle a à faire; si Votre Grandeur n'a pas la bonté de m'accorder
« cette grâce, je me vois à la veille d'être ruiné, attendu que mon
« papier tombera en discrédit dans toutes les places de commerce;
« car notre fortune dépend de l'exactitude avec laquelle nous rem-
« plissons nos engagements envers nos correspondants. Mon épouse
« étant prévenue des échéances, elle se précautionnera soit pour
« y faire honneur, soit pour se faire payer. Si j'osais aussi deman-
« der à Votre Grandeur la permission de renvoyer à mon épouse
« deux mémoires de marchandises que j'ai fournies, et une paire
« de boucles d'oreilles, qui appartiennent à une dame de Saint-
« Germain; je les avais sur moi lorsque je fus arrêté, elles sont à
« la Bastille. Lesdits mémoires sont payables à présent, et cela
« m'en procurerait le payement; et je ne cesserai d'offrir mes vœux
« au ciel pour la santé et prospérité de Votre Grandeur.

« J'ai l'honneur d'être, Monseigneur, de Votre Grandeur, le très-
« humble, le très-obéissant, et le très-respectueux serviteur.

« Signé QUERET DÉMERY. »

« A la Bastille, le 7 octobre 1752.

« *P. S.* Si pour ma consolation, Monseigneur voulait m'accor-
« der, au nom de la sainte Trinité, la grâce que je puisse savoir
« des nouvelles de ma chère femme, seulement son nom sur une
« carte, pour me faire voir qu'elle est encore au monde, c'est la
« plus grande consolation que je puisse recevoir ; et je bénirai à
« jamais la grandeur de Monseigneur. »

Le lieutenant de police répondit par un refus à cette lettre si respectueuse ; le post-scriptum ne fut pas accueilli avec plus de bienveillance et de pitié que la lettre.

La lettre que le prisonnier écrivait en 1752 à sa femme, a été trouvée en 1789 à la Bastille.

La lettre et la réponse suivantes montrent à quel point la surveillance était minutieuse et tracassière.

A M. Berryer, lieutenant de police.

A la Bastille, le 31 mai 1756.

Monsieur,

« Le sieur *Pizzoni* demande à vous écrire ; nous attendons vos
« ordres en conséquence.

« Ce prisonnier n'a rien pour changer, nous lui prêtons du ma-
« gasin, chemises, mouchoirs, cols, bonnets, coëffes de nuit et
« chaussons.

« Le sieur Pizzoni est ici depuis le 17 du courant ; il n'a pas
« encore été rasé, il demande en grâce à l'être.

« J'ai l'honneur d'être, etc.

« *Signé* major CHEVALIER. »

En marge de cette même lettre se trouve, de la main du lieutenant de police, une note pour servir d'instruction à son secrétaire Duval, qui devait faire la réponse. Voici mot pour mot le contenu de cette note.

« *Je veux bien qu'on le rase et qu'il m'écrive.* — 3 juin 1756. »

Le successeur de Berryer continua cette sévérité cruelle. Il adressa la lettre suivante au major de la Bastille :

« Le sieur Winsfeld demande un almanach pour y voir le nom des

« ministres qui sont en place ; vous lui répondrez que le règlement
« de la Bastille et de Vincennes défend que l'on donne aux pri-
« sonniers des almanachs : c'est une loi faite pour tous indistinc-
« tement, ainsi le sieur Winsfeld ne doit pas se trouver plus blessé
« que tout autre de cette discipline. Qu'au reste peu lui importe
« de savoir le nom du ministre du département dans la dépendance
« duquel il est, parce qu'en écrivant au ministre du département,
« sa lettre va à sa destination naturelle. Cependant je consens que
« vous lui en disiez le nom, et que c'est M. le comte de Florentin
« qui a présentement le département de Paris.

Je suis, etc.

« Bertin. »

Après Bertin, Sartines ne se relâcha en rien de la minutie des précautions ; il écrivit cette lettre à l'officier d'état-major de la citadelle de Vincennes, prison dont le régime disciplinaire était le même que celui de la Bastille :

« Le sieur Dardet et sa femme, qui sont chargés, Monsieur, des
« affaires de famille et domestiques du baron de Vennac, détenu
« de l'ordre du roi, m'ayant demandé la permission de le voir
« pour lui porter des hardes et des pastilles d'althéa, et lui rendre
« compte au surplus de ses affaires, je vous prie de leur permettre
« de lui parler, et de lui remettre les effets en question, après
« toutefois que la visite et l'analyse des pastilles auront été faites
« exactement, suivant l'usage, le tout en observant les précautions
« ordinaires.

« Je suis, etc.

« De Sartines. »

Quelquefois cette extrême sévérité rendait l'autorité dupe elle-même de ses propres soupçons, et souvent elle fut mystifiée.

On trouva dans les papiers d'un libraire-colporteur, dont le frère était à la Bastille, une lettre de la veuve Boivin du 5 décembre 1775, qui finissait par ces mots « Je vous prie de m'envoyer « *ce que vous savez bien ; on attend après.* »

On crut avoir saisi la clef d'un secret d'État important : cette lettre à la main, on se présente chez lui, on l'interpelle, on le presse de répondre et de dire ce que la veuve Boivin entend par ces mots : *Ce que vous savez bien.*

Le colporteur, étonné de l'importance que l'on mettait à une phrase qui n'en était guère susceptible, répondit, sans être troublé, qu'il envoyait de temps en temps à la veuve Boivin *un petit pot de graisse* provenant de la cuisine d'un sieur Richeville, et que c'était ce pot de graisse qu'elle lui demandait.

L'organisation de la police par la Reynie servit peut-être moins les intérêts de l'ordre public que toutes les mauvaises passions des courtisans et des favoris. Quand il devint possible de faire servir comme instrument de ses vengeances et de ses querelles la puissance à laquelle la monarchie ne devait demander aide que pour se fortifier dans les moyens de faire bonne justice, la Bastille changea d'aspect; ce ne fut plus la prison où le roi envoyait ses ennemis, ce fut le lieu d'exil où les grands et les privilégiés déportèrent ceux qui les gênaient ou leur déplaisaient.

Avant de continuer le tableau de la prison d'État, remontons un peu dans les temps, afin d'avoir la preuve de ce que nous avançons.

La Bastille devint la prison des criminels d'État sous Charles VII. Thomas de Beaumont fut le premier gouverneur qui unit à ses fonctions militaires le métier de geôlier.

Fut-il témoin en 1418 du massacre des Armagnacs prisonniers, quand le peuple affamé se rua sur la prison, égorgea les captifs et se jeta sur leurs chairs sanglantes comme si elles devaient assouvir sa faim?...

Sous Louis XI, Philippe l'Huilier, gouverneur de la forteresse, fut sans doute ordonnateur d'affreux supplices; le prévôt des maréchaux, Tristan, dans sa précipitation d'esclave, se trompa plusieurs fois de tête quand il fallut devenir bourreau, et prit la première venue pour ne pas faire languir la vengeance du maître; il jeta souvent pêle-mêle l'innocent et le coupable à la Bastille, mais c'était toujours l'ennemi du roi qu'il cherchait, qu'il capturait, qu'il immolait; il eût cru commettre un crime de lèse-royauté en jetant dans les oubliettes du Plessis ou dans les cachots de la Bastille, des hommes qui n'auraient pas souffert au nom seul du roi son maître. Louis XI tint pour son propre compte les princes de la maison d'Armagnac dans les cachots de la Bastille ; là, comme au grand Châtelet, il fit creuser dans le milieu et revêtit en maçonnerie un cône ou grand pain de sucre renversé, au fond duquel la victime, retenue par son propre poids et ne trouvant aucune assiette, ne pouvait avoir un instant de repos. Ces infortunés étaient tirés deux fois par semaine de ces lieux, pour être fustigés en présence du gouverneur, et tous les trois mois pour se sentir arracher une ou deux dents.

Quand Henri IV nomma Sully gouverneur de la Bastille, *Je ne connais que vous, lui dit-il, qui puissiez bien me servir s'il m'arrive des oiseaux en cage;* et, sous Henri IV, cette grande volière ne reçut que les ennemis du roi. Une seule fois dans sa vie, le Béarnais manqua de pitié et de clémence ; Mayenne et d'Épernon avaient usé cette corde sensible du cœur du roi ; un maréchal de France, coupable, essaya vainement après eux de la faire vibrer.

Vers la fin de l'année 1601, un gentilhomme de haute vaillance et de grand nom, ambassadeur du roi de France près la cour d'Angleterre, était sur un des balcons du palais de la reine Élisabeth, la princesse tourna ses regards vers la tour de Londres, dont les murs étaient battus par un squelette que l'air avait promptement desséché... « Monsieur l'ambassadeur, dit la reine, en attirant vers ce spectacle l'attention du diplomate, voilà comment on punit en Angleterre la trahison. »

Le squelette qui se balançait au vent était celui du comte d'Essex. L'ambassadeur de France se nommait Charles de Gontaut, duc de Biron, amiral et maréchal de France.

Le 27 juillet 1602, cent vingt-sept juges attestaient dans la grand'chambre du parlement, que Charles de Gontaut, duc de Biron, *avait attenté à la personne du roi Henri IV, et entrepris contre ses États*, et le condamnaient à être décapité en Grève, à voir tous ses biens confisqués, sa pairie remise à la couronne, et à subir la dégradation de tous honneurs et dignités.

Le roi accorda que le maréchal fût exécuté à la Bastille, voulant en mémoire de l'amitié qu'il lui avait autrefois portée, l'exempter de l'infamie d'un spectacle public.

L'Étoile raconte ainsi les derniers moments du maréchal :

« L'exécuteur entra dedans la chambre, et dit que l'heure se passait, qu'il fallait aller.

« Comme il fut près l'échaffaut, dit l'historien, ceux qui étaient là pour voir ce spectacle, qui étaient environ soixante-dix, ayant fait quelque bruit à son arrivée, il dit : Que font là tant de maraux et de gueux? qui les a mis là? et quel bruit font-ils; et toutefois la vérité est qu'il n'y avait là que d'honnêtes gens. Puis il monta sur ledit échaffaut, suivi de deux docteurs, d'un valet de la garderobe du roy, qui lui avait été baillé pour le servir à la prison, et de l'exécuteur; lequel voulant mettre la main sur ledit sieur de Biron, et lui dit qu'il se retirât arrière de lui, et se donnât bien de garde de lui toucher d'autre chose que de l'épée; qu'il lui dît seulement ce qu'il avait à faire. Lors il dépouilla son pourpoint, et le donna audit valet de la garderobe.

« Après, le bourreau lui présenta un mouchoir blanc pour le

bander, mais il prit le sien, lequel s'étant trouvé trop court, il demanda celui de l'exécuteur; et s'en étant bandé et mis à genoux, il se leva et débanda aussitôt, s'écriant : N'y a-t-il pas de miséricorde pour moi ? et dit de rechef au bourreau qu'il se retirât de lui, qu'il ne l'irritât point et ne le mît au désespoir, s'il ne voulait qu'il l'étranglât, et plus de la moitié de ceux qui étaient là présents, desquels plusieurs eussent voulu être hors, voyant cet homme non lié parler de cette façon. De là un peu, il se remit à genoux et se rebanda, et tout incontinent se releva sur soi, disant vouloir encore voir le ciel, puisqu'il avait sitôt à ne plus le voir jamais, et qu'il n'y avait point de pardon pour lui. Pour la troisième fois, il se remit à genoux et se banda; et comme il portait la main pour lever encore une fois le bandeau, le bourreau fit son coup.

« Si le bourreau n'eût usé de cette ruse, ce misérable et irrésolu homme s'allait encore lever, et de fait il eut deux doigts offensés de l'épée du bourreau; comme il portait la main pour se débander pour la troisième fois, la tête tomba à terre, d'où elle fut ramassée et mise dans un linceul blanc avec le corps, qui le soir même fut enterré à Saint-Paul, sur lequel lieu on sema le quatrain suivant :

> Biron aimait tant les gens d'armes,
> Qu'avant qu'on eût coupé son col,
> Il donna son corps à Saint-Pol,
> Lequel avait chéri les armes.

Telle fut la fin de Charles de Gontaut, sieur de Biron, duc et pair et maréchal de France; grand guerrier, plus vaillant que son épée, hasardeux jusqu'au bout dans ses entreprises, conduites toutefois plus par témérité que par prudence; cupide de vaine gloire, ambitieux démesurément, fier et hautain, avec une superbe intolérable, qui lui causa enfin ruine et malheur. »

On vit longtemps dans la grande cour de la Bastille, à la tour du Trésor, les crocs de fer posés pour tenir l'échafaud du maréchal de Biron; cet échafaud était placé à la hauteur de sa prison, de sorte qu'il y arriva de plain-pied. Ces crocs existaient encore avant la démolition de la Bastille.

Le dernier maréchal de Biron, dans le temps de la guerre des farines, fut à la Bastille et demanda à y voir les crocs, cette tour et cette chambre où avait été renfermé un de ses ancêtres.

Le cardinal de Richelieu était trop jaloux du pouvoir souverain pour partager avec les courtisans et les mignons de cour le droit d'emprisonnement ou de liberté qu'il exerçait au nom de Louis XIII. Ennemi du roi ou de Richelieu, c'était tout un, et à aucun autre titre que ce fût, on ne pouvait mériter la Bastille pendant le règne du ministre-prêtre.

Quand Bassompierre, poursuivi par un vague pressentiment de la captivité, se leva devant le jour comme il est dit dans ses mémoires, et brûla plus de six mille lettres d'amour qu'il avait autrefois reçues de diverses femmes, il savait bien qu'il n'avait à redouter aucun ennemi de cour, et que son dévouement au parti de la reine mère pouvait seul le mettre en péril, si le moment n'était pas opportun pour le faire paraître.

Quand il alla trouver le roi pour savoir ce qu'il devait avoir à craindre, et que le roi lui eût répondu, Comment, Bastien, aurais-tu la pensée que je voulusse te faire emprisonner? tu sais bien que je t'aime, Bassompierre eût bien voulu qu'une autre voix fît écho à la parole de Louis XIII, il eût été bien certain alors de ne pas faire, pour le moment du moins, connaissance avec la Bastille; mais une voix manquait, et Richelieu se taisant, Bassompierre ne fut pas étonné d'entendre le lieutenant des gardes de service lui dire : « Monsieur, c'est avec la larme à l'œil et le cœur qui me saigne, que moi, qui depuis vingt ans suis votre soldat et ai toujours été sous vous, sois obligé de vous dire que le roi m'a commandé de vous arrêter. »

Richelieu sachant les paroles royales qui promettaient à Bassompierre la liberté, sut les concilier parfaitement avec l'ordre de l'arrestation; il envoya Dutremblay à la Bastille, dire au prisonnier, *de la part du roi*, qu'il ne l'avait point fait arrêter pour aucune faute qu'il eût faite, et qu'il le tenait son bon serviteur, mais de peur qu'on le portât à mal faire.

Bassompierre resta douze ans à la Bastille. Il est dit dans ses mémoires qu'il fut six nuits sans fermer l'œil, et toujours dans une agonie qui fut pire que la mort même.

En plusieurs circonstances, Louis XIV put appeler la grande prison ma Bastille. Dans l'affaire de Fouquet, elle servit la jalousie de l'amant de La Vallière plus que la justice du roi de France. Si le surintendant des finances se fût contenté de puiser dans les caisses de l'État pour subvenir à ses goûts princiers, le roi eût eu pitié de cet amour de la grandeur qui était un hommage rendu, quoique par des moyens peu licites, à son culte pour le faste, mais Fouquet voulut éblouir La Vallière, et dirigea imprudemment vers elle un des rayons de sa magnificence, et bientôt il fut relégué à la Bastille, où il eut le triste honneur de passer, aux yeux de quelques historiens, pour le prisonnier au masque de fer.

Le masque de fer... à ce nom se rattache le souvenir d'un grand drame politique, où le *moi* de Louis XIV joua un des rôles principaux. Malgré le mystère qui a couvert cet épisode romanesque, la réunion de toutes les circonstances prouve en faveur d'une supposition. Des faits racontés et discutés par Voltaire, Lagrange-Chancel, le père Griffet, Saint-Foix et autres, la solution logique est que l'homme au masque de fer était le fruit d'une liaison adultère entre la reine Anne d'Autriche et un amant dont le nom est resté inconnu, s'il n'est pas Buckingham. *L'homme au masque de fer* devait être l'aîné de Louis XIV; il avait droit à la couronne de France, malgré son illégitimité apparente. Voilà, dit l'auteur de *la Bastille dévoilée*, voilà la vérité, qui était terrible dans tous les temps, que Voltaire n'a osé dire, que le grand monarque a cherché à ensevelir dans la nuit du silence par toutes les voies imaginables, même les plus iniques.

Le premier écrivain qui parla en France de l'homme au masque de fer est l'auteur des *Mémoires secrets pour servir à l'histoire de Perse* (de France) publiés à l'étranger avant la première édition du *Siècle de Louis XIV*. Voltaire s'est flatté à tort d'avoir, avant tous, éveillé l'attention publique sur le prisonnier mystérieux.

Pendant vingt années, l'homme au masque de fer fut sous la surveillance du même gouverneur, de Saint-Mars, d'abord aux îles Marguerites, puis à la Bastille.

Le gouverneur servait lui-même son prisonnier; il prenait les plats à la porte de la chambre, des mains des domestiques, dont aucun n'a jamais vu le visage du captif.

Lagrange-Chancel [1] dit que le gouverneur de la forteresse des îles Marguerites avait les plus grands égards pour ce prisonnier; qu'il le servait en vaisselle d'argent, et lui fournissait des habits aussi riches qu'il paraissait le désirer; que dans les maladies où il avait besoin de médecin ou de chirurgien, il était obligé, sous peine de vie, de ne paraître en leur présence qu'avec son masque de fer ou de velours [2].

Voltaire raconte que le marquis de Louvois alla voir le prisonnier aux îles Sainte-Marguerite, et lui parla debout avec une considération qui tenait du respect.

Un barbier aperçut un jour sous la fenêtre du prisonnier quelque chose de blanc qui flottait sur l'eau; il l'alla prendre et l'apporta au gouverneur : c'était une chemise très-fine pliée avec assez de négligence, et sur laquelle le prisonnier avait écrit.

De Saint-Mars, après l'avoir dépliée et avoir lu quelques lignes, demanda au barbier, d'un air fort embarrassé, s'il n'avait pas eu la curiosité de prendre connaissance des choses écrites sur ce linge. Celui-ci protesta plusieurs fois qu'il n'avait rien lu; mais deux jours après il fut trouvé mort dans son lit.

Un jour de Saint-Mars s'entretenait avec le captif; en se tenant hors de la chambre, dans une espèce de corridor, pour voir de loin ceux qui viendraient, le fils d'un de ses amis arrive, et s'avance vers l'endroit où il entend du bruit : le gouverneur, qui l'aperçoit, ferme aussitôt la porte de la chambre, court précipitamment au-devant du jeune homme, et, d'un air troublé, il lui demande s'il a entendu quelque chose. Dès qu'il fut assuré du contraire, il le fit repartir le jour même, et écrivit à son ami que peu s'en était fallu que cette aventure coûtât cher à son fils, et qu'il le lui renvoie de peur de quelque autre imprudence.

Une autre fois le prisonnier grava son nom sur le dos d'un plat d'argent, avec la pointe d'un couteau. Un valet crut faire sa cour au gouverneur en lui reportant le plat. Ce malheureux fut trompé dans son espoir, on se défit de lui sur-le-champ, afin d'ensevelir

---

[1] Lettres de Lagrange-Chancel à Fréron au sujet de l'homme au masque de fer.

[2] Le masque qui cachait la figure du prisonnier était monté sur des bandes d'acier légères et flexibles, et garni entièrement de velours.

avec cet homme un secret d'une si grande importance. Voltaire a brodé ce fait et l'a paré d'une teinte romanesque.

L'aventure du plat d'argent se passa, selon quelques historiens, au château de Palteau, près Villeneuve-le-Roi, où le masque de fer fit une halte quand Saint-Mars, en 1698, passa du gouvernement des îles Sainte-Marguerite à celui de la Bastille.

A la halte au Palteau, le seigneur de cette terre assista à l'arrivée de l'homme au masque de fer, et il a recueilli et publié quelques circonstances du voyage de l'illustre prisonnier; il ne fait pas mention de l'anecdote du plat d'argent. Il dit que Saint-Mars mangea avec son prisonnier, que le captif avait été placé le dos tourné aux croisées de la salle à manger qui donnaient sur la cour, qu'on ne put voir s'il mangeait avec son masque, mais on remarqua que de Saint-Mars, qui était à table vis-à-vis de lui, avait deux pistolets à côté de son assiette.

Lorsque le prisonnier traversait la cour il avait toujours son masque noir sur le visage.

De Saint-Mars coucha dans un lit qu'on avait dressé auprès de celui du prisonnier.

A la Bastille, le gouverneur servait lui-même l'homme au masque de fer et lui enlevait son linge.

Quand il allait à la messe, le captif avait les défenses les plus expresses de parler et de montrer sa figure. L'ordre était donné aux invalides de tirer sur lui en cas de désobéissance.

Un ministre écrivait au gouverneur de la Bastille :

« Quand vous aurez quelque chose à me mander du prisonnier qui est sous votre garde depuis vingt ans, je vous prie d'user des mêmes précautions que vous faisiez quand vous écriviez à M. de Louvois. »

Tous les historiens s'accordent à dire que ce fut sous le ministère Louvois que s'accomplit ce grand acte d'iniquité.

Le journal de la Bastille, tenu par de Junca, gouverneur en 1703, porte à la date du 19 novembre de cette année :

« *Le prisonnier inconnu, toujours masqué d'un masque de velours noir*, que M. de Saint-Mars avait amené avec lui venant des îles *Sainte-Marguerite*, et qu'il gardait depuis longtemps, s'étant trouvé hier un peu plus mal en *sortant de la messe*, est mort aujourd'hui sur les dix heures du soir, sans avoir eu une grande maladie; M. *Girault*, notre aumônier, le confessa hier; surpris de la mort, il n'a pu recevoir ses sacrements, et notre aumônier l'a exhorté un moment avant que de mourir. Il fut enterré le mardi 20 novembre, à quatre heures après midi, dans le cimetière de Saint-Paul notre paroisse; son enterrement coûta quarante livres. »

L'homme au masque de fer fut inhumé sous le nom de Machiali.

Saint-Foix rapporte qu'après la mort de cette victime de la cruauté politique, il y eut ordre de brûler généralement tout ce qui avait été à son usage, comme linge, habits, matelas, couvertures, etc.; que l'on fit regratter et blanchir les murailles de la chambre où il avait été logé; et qu'on poussa même les précautions au point d'en défaire les carreaux, dans la crainte, sans doute, qu'il n'eût caché quelque billet ou fait quelque marque qui eût pu aider à faire connaître qui il était.

Le lendemain de son enterrement, une personne ayant engagé le fossoyeur à le déterrer et à le lui laisser voir, on trouva un gros caillou à la place de la tête.

Il y avait à la Bastille une grande pièce remplie d'armoires très-vastes distribuées par cases, étiquetées des numéros de tous les appartements du château. Les effets de chaque prisonnier étaient déposés dans la case correspondante au numéro de sa chambre. Lors de l'arrivée de chaque prisonnier, on inscrivait sur un livre ses noms et qualités, le numéro de l'appartement qu'il allait occuper, et la liste de ses effets déposés dans la case du même numéro. On présentait ensuite ce livre à la signature du prisonnier.

Un troisième livre en feuilles contenait les noms de tous les prisonniers et le tarif de leur dépense; le relevé de ce livre passait tous les mois sous les yeux du ministre.

Le quatrième livre était un in-folio immense, ou plutôt une suite de cahiers grossissant chaque jour.

Ces feuilles, distribuées en colonnes, portaient des titres imprimés à chacune. Première colonne, noms et qualités des prisonniers; deuxième colonne, dates des jours d'arrivée des prisonniers au château; troisième colonne, noms des secrétaires d'État qui avaient expédié les ordres d'arrestation; quatrième colonne, dates de la sortie des prisonniers; cinquième colonne, noms des secrétaires d'État qui avaient signé les ordres d'élargissement; sixième colonne, cause de la détention des prisonniers; septième colonne, observations et remarques.

Le livre de sortie contenait un protocole de serment et protestation de soumission, de respect, de fidélité, d'amour, de reconnaissance pour le roi, d'assurance que les faits qui avaient compromis le prisonnier avaient été l'effet de l'erreur seule de l'esprit, d'actions de grâces de ce que le monarque n'avait pas livré à des commissaires extraordinaires de promesse de ne rien révéler de tout ce qu'il avait vu et entendu pendant son séjour à la Bastille. Ce protocole, que tout prisonnier était obligé de signer avant sa sortie, était ainsi formulé :

« Le   , étant en liberté, je promets, conformément aux ordres du roi, de ne parler à qui que ce soit, d'aucune manière que ce puisse être, des prisonniers, ni autre chose concernant le château de la Bastille, qui auraient pu parvenir à ma connaissance.

« Je reconnais, de plus, que l'on m'a rendu l'or, l'argent, papiers, effets et bijoux que j'ai apportés ou fait apporter audit château pendant le temps de ma détention.

« En foi de quoi j'ai signé le présent, pour servir et valoir ce que de raison.

« Fait au château de la Bastille, le jour, le mois, l'année, à heures. »

La septième colonne contenait l'historique des faits, gestes, caractères, vie, mœurs et fin des prisonniers.

Ces deux colonnes étaient des espèces de mémoires secrets, dont l'essence et la vérité dépendaient du jugement droit ou faux, de la volonté bonne ou mauvaise du major et du commissaire du roi.

Un extrait de ce dernier registre montrera la grande variété d'individualités enfermées dans cette prison d'État. Nous prenons au hasard.

1686. — 1687.

Charles Combon, écuyer appelé le comte de Longueval. Tireur d'horoscopes, se mêlant de deviner, donnant des drogues aux femmes et aux filles pour les faire avorter.

Le sieur Dugas, ci-devant capitaine dans royal-infanterie. Sorti après deux ans de séjour à la Bastille, à condition de ne pas approcher de vingt lieues des endroits où le roi sera.

Lettre de M. de la Reynie pour qu'on ne parle à personne du prisonnier amené le matin à la Bastille, et que personne n'ait connaissance de son nom. Lettre du chancelier le Tellier pour faire garder à vue l'homme que M. de la Reynie a envoyé à la Bastille et dont il lui mandera le nom.

On trouve :

Le nommé *Desvallons*, pour avoir tenu des propos insolents contre le roi.

La dame *Desfontaines* et ses deux filles, pour la religion.

Le père de *Hanne*, jacobin irlandais, fou dangereux.

L'abbé Dubois, homme méchant et très-chicaneur.

Laurent Lemière, garçon cordonnier, et sa femme, pour discours dangereux contre le roi.

François Brindejoing, chapelain, pour mauvais discours contre l'État.

Marguerite Bocquet, accusée d'avoir pris des enfants.

1688. — 1689. — 1690. — 1691.

Rolland ; il voulait se donner au diable.

Joachim Girard, ci-devant valet de chambre et maître d'hôtel du maréchal d'Aumont, pour recherches de trésor.

Poupaillard, mauvais catholique.

Le nommé Saint-Vigor, travesti en ermite, mauvais sujet.

Jean Blondeau, ermite, tenu pour suspect.

Jean Moreau, détenu pendant cinq ans pour avoir fait passer des dentelles en fraude.

Le comte de la Vauguyon et le sieur de Courtenoy, pour démêlés entre eux.

Pierre-Jean Mère, professant la médecine, pour mauvais remède qu'il distribua ; transféré à Charenton après *trente* années de séjour à la Bastille.

Jonas de Lamas, boulanger, a vomi des exécrations contre le roi ; transféré à Bicêtre après vingt ans de séjour à la Bastille.

Jean Pardiac, prêtre du diocèse de Condom, pour libelles contre les jésuites.

On trouvait sur ces registres des notes ainsi conçues ; nous châtions un peu le style :

« Le sieur la Perche, maître en fait d'armes, accusé d'avoir dit
« que le roi ne songeait qu'à sucer ses peuples, à caresser le men-
« ton de sa vieille, et qu'il sera bientôt le roi des gueux… etc. »

1707. — 1730.

Fausse, sorcière, pierre philosophale, chercheuse de trésor, suspecte de poison, se mêlant de médecine.

François Barrois, libraire, pour avoir imprimé et débité des livres défendus et séditieux.

Jacques Crinon, dit Belair, ci-devant lieutenant de dragons, depuis soldat aux gardes, conduit à la Bastille pour avoir fait la contrebande à main armée et tué. Condamné à être pendu, sa peine fut commuée en trente-six ans de galères ; puis on commua sa peine en une obligation de servir toute sa vie dans les gardes.

Poupé, portier, pour avoir répondu insolemment à une dame amie de M. le comte de Charollais.

Le sieur Girault, pour avoir exposé des faux clercs à l'hôtel de Soissons.

Antoine Pasion, janséniste et convulsionnaire, condamné à deux heures de carcan.

Bourse, de Longchamp, pour avoir contrefait de fausses lettres de cachet.

Le sieur Pinault, avocat, sa femme, ses filles, porteurs de livres prohibés, cachés sous leurs jupes en entrant à Paris, arrêtés à la barrière.

1732. — 1734.

Fiel, cuisinier du collége de Navarre, un garçon boulanger, un apprenti bourrelier, une jeune ouvrière en dentelles, qui avaient des convulsions sur la   ; les professeurs de convulsions accusés d'avoir montré, les clercs accusés d'avoir répété leurs leçons.

Le sieur de la Faye, capitaine de dragons, pour avoir interrompu le spectacle de la Comédie italienne.

Le sieur Robert de la Mothe, gentilhomme servant S. A. R. monseigneur le duc d'Orléans, pour avoir assassiné Bruny, limonadier, pour jouir de sa femme (ce capitaine n'est resté que six mois à la Bastille).

Soudan, dit le frère Canard; on l'appelait frère Canard parce que, lorsqu'il était dans le monde, il barbotait dans toutes sortes d'impuretés.

La demoiselle Ollier, colporteuse du roman obscène *le Portier des Chartreux*.

Sur ce livre d'écrou, on lisait quelques noms de gens que le scandale de leur vie, l'improbité de leurs actions, rendaient dignes des geôles du Châtelet et du Fort-l'Évêque, auxquels ils avaient échappé par la faveur; et ces coupables que la loi n'avait pu atteindre pour un méfait, nous les trouvons à la Bastille expiant une peccadille, une phrase caustique, un mot piquant. On songeait moins à prêter force à la loi au nom de tous, qu'à protéger une haine, une vengeance ou un caprice individuel.

Une dame de Gotteville joua dans le dernier siècle un grand rôle parmi les femmes galantes : sa langue, disait-on, tenait de la griffe du singe; elle était à la fois espionne et pamphlétaire. Se trouvant sans ressources, elle écrivait au vieux maréchal de Richelieu, que son intention était de publier les soixante-quatorze aventures de Mathusalem; et le maréchal, qui voyait sous cette allégorie la batterie masquée que dressait contre sa réputation la folliculaire, lui faisait remettre vingt-cinq louis par Beaumarchais.

La dame Gotteville accusait réception de la somme en ces termes, à l'auteur du *Mariage de Figaro* :

« Monsieur,

« Je vous fais cette lettre qui vous dira que j'ai reçu les vingt-
« cinq louis du maréchal de Richelieu, et pour vous exprimer,
« monsieur, tout le mépris avec lequel je suis votre servante.

« Signé Gotteville. »

Cette femme, malgré ses nombreuses escroqueries, ses attaques diffamatoires, et plusieurs actions qui appelaient la sévérité de la loi, eût longtemps joui de l'air libre et de l'impunité, si elle ne se fût avisée d'avoir une discussion en Hollande avec la maîtresse d'un ambassadeur qui avait la main longue. On fit enlever madame de Gotteville du territoire hollandais, et elle fut pendant plus d'un an privée de sa liberté en France, pour s'être moquée en Hollande d'une Espagnole, maîtresse d'un ambassadeur. Pendant son séjour à la Bastille, madame de Gotteville eut plusieurs disputes avec le gouverneur. Un jour elle était aux prises avec lui sur la nourriture, dont elle se plaignait. Pour terminer la discussion, elle le regarda fixement et lui dit avec un très-grand sang-froid : « M. de Launay, je ne sais qui vous êtes, et cela m'embarrasse pour vous répondre. Avant tout, dites-moi, ne seriez-vous pas de l'espèce de ceux qui mangent du foin ? »

De Launay quitta la partie ; mais le plaisant de l'aventure, c'est que le soir même en se mettant au lit, il trouva au lieu de traversin, une petite botte de foin. Qui avait fait cette espièglerie ? Le valet de chambre, fortement menacé, soutint que c'était à son insu. Les recherches de de Launay furent inutiles. Il n'en fit qu'avec sobriété, tant il craignait que dans le monde on ne parlât de cette botte de foin.

En analysant cette liste, on voit la transformation que subit la Bastille, et comme elle s'éloignait de plus en plus du principe de son institution. Elle a cessé de renfermer les ennemis du roi, mais elle s'ouvre pour saisir les ennemis des jésuites ou des favorites ; elle fait crier au convulsionnaire, comme s'il s'agissait de courir sur des animaux hydrophobes ; l'hospice de ces pauvres fous est un cachot ou une tombe ; un enfant de sept ans, appelé Saint-Père, est incriminé à cause de son nom ; il est embastillé pour cause de religion.

Obligeante envers une société ou une académie, la police envoie à la Bastille les écrivains assez malavisés pour combattre l'ignorance ou chansonner les ridicules de ses protégés.

On met sous verrous les œuvres de l'esprit, et un marchand achète et enlève de la Bastille, à la condition de ne jamais leur laisser voir le jour, trois milliers quinze livres pesant de feuilles imprimées, signées Jean-Jacques Rousseau, Mably, Helvétius, etc...

Un compilateur demande que la Bastille punisse un autre compilateur qui, au lieu de prendre à la source première, s'est contenté de copier dans le livre du plaignant... Cette singulière lettre, adressée au lieutenant de police, est signée Saint-Foix.

Quand les nouvelles à la main se répandirent dans Paris, les grands et moyens gentilshommes qui se trouvaient mordus par l'épigramme, accablèrent la police de requêtes, *afin de faire* plonger dans les cachots les auteurs, distributeurs, colporteurs d'épigrammes à leur adresse.

Le jour où le peuple se rua contre la Bastille fut salué non-seulement par ceux qui avaient souffert ou souffraient encore dans cette affreuse citadelle, mais quand on porta le marteau et la pioche sur ce vieux monument du despotisme, à chaque pierre qui croula du temple de l'esclavage, chacun, de quelque condition qu'il fût, dut se sentir allégé d'un poids de terreur qui pesait sur lui. Dans le passé, la Bastille n'avait inspiré de crainte qu'aux grands du monde, aux puissants ennemis du trône; le temps avait marché, la Bastille était devenue le partage de tous; la lettre de cachet était un objet de négoce, un blanc seing de complaisance.

Nous empruntons à un des historiens des lieutenants de police[1] le trait suivant, qui donne une appréciation de l'usage des lettres de cachet à la fin du dix-huitième siècle.

« Entouré de ministres et de courtisans intéressés à cacher la vérité, Louis XVI, en 1787, crut enfin s'apercevoir qu'on le trompait. Ce prince pensa qu'il parviendrait à connaître l'opinion publique en lisant les nombreux pamphlets politiques que la circonstance faisait naître, et il chargea secrètement le libraire Blaizot de remettre chaque jour ce qui paraîtrait en un lieu indiqué.

[1] Saint-Edme.

« Depuis deux mois le roi pouvait juger à quel point ses ministres l'abusaient, et ceux-ci, trouvant le monarque mieux instruit qu'ils ne le désiraient, prirent l'alarme et mirent leurs espions en campagne pour savoir d'où partait la lumière. Blaizot fut bientôt connu pour le coupable qui se permettait d'éclairer le monarque sans l'aveu des ministres, et M. de Breteuil ne trouva rien de mieux que de le faire mettre à la Bastille, sous prétexte qu'il se livrait à un commerce de livres prohibés.

« Louis XVI, ne trouvant plus de brochures au lieu où le libraire avait habitude d'en déposer, s'informa du motif qui l'empêchait de faire ses dépôts quotidiens. Quel fut son étonnement, quand il apprit que, par son ordre, Blaizot gémissait dans les cachots de la Bastille.

« Blaizot fut bientôt libre, mais les fauteurs de cet emprisonnement arbitraire jouirent de l'impunité ! »

1789 arriva à temps pour mettre fin à tant de scandale et de barbarie. Qui peut dire jusqu'où l'arbitraire et la fureur de l'em-

bastillement eussent été poussés dans l'avenir ? Le roi de France courait risque de voir chaque jour ses serviteurs les plus dévoués isolés de lui par l'épaisseur des murailles de la geôle de l'État.

En 1789, la population de la Bastille était en baisse, les geôliers se reposaient un peu, et le peuple vainqueur ne trouva que sept prisonniers; en voici les noms :

Tavernier, Pujade, Laroche, le comte de Solage, de White, la Caurège, Bechade.

L'on a été obligé, pour les délivrer, d'enfoncer les portes des prisons; les guichetiers ne purent que les indiquer, ils n'avaient plus leurs clefs dans un moment où elles étaient devenues si nécessaires.

Tavernier était un fils naturel de Pâris Duverney. Ses facultés intellectuelles avaient été brisées par une longue détention. Voilà à peu près comment finissaient tous les prisonniers de la Bastille, il en est peu qui aient pu conserver leur tête saine jusqu'à la mort et jusqu'à la fin d'une captivité prolongée.

Ce Tavernier dont il est ici question avait été accusé, en 1749, d'un prétendu complot contre la vie du roi; il avait été déporté aux îles Sainte-Marguerite. Après un séjour de dix ans, le capitaine de la chaîne des galères l'avait amené à la Bastille, où il demeura trente années.

Quel siècle que celui où cet homme est né, où il vécut et où il est presque mort! Il était loin de savoir la cause des coups de canon qu'il entendait; il était si loin de prévoir le bonheur dont il allait jouir, que, lorsque ses libérateurs, couverts de sueur, de poussière et de gloire, les armes à la main, entrèrent dans son cachot, il les prit pour des assassins (dans le lieu qu'il habitait cette erreur était bien pardonnable), et se mit en devoir de leur résister. Ses gestes, ses manières, l'attitude de son corps, ses expressions, tout en lui portait, en 1789, l'empreinte d'un homme qui avait vécu quarante ans auparavant et qui reparaissait de nouveau sur la scène du monde.

Ce prisonnier a avoué que, pendant les trente années de son séjour à la Bastille, il en avait passé consécutivement dix-neuf sans sortir de son cachot.

Un nommé Augustin Le Charbonnier étant resté longtemps à la Bastille, y perdit l'esprit, et comme sa folie consistait surtout à injurier ceux qui lui apportaient à manger, on remportait les plats après avoir répandu ses aliments sur le pavé de sa prison, où il était obligé de les manger à la manière des chiens.

Quelques hommes d'une organisation exceptionnelle restèrent sains d'esprit, pendant de longues années, dans cette prison où le captif ne trouvait partout que le plus morne silence, la solitude la plus absolue et souvent la plus profonde obscurité, et où le croassement funèbre du porte-clefs qui précédait le détenu faisait disparaître au loin quiconque pouvait le voir ou être vu de lui.

On a trouvé encore sur quelques registres les noms du père Théodore Fleurand de Brandebourg, capucin, *suspecté* d'espionnage, qui resta de longues années à la Bastille; d'un nommé Lebar, arrêté à l'âge de soixante-seize ans et mort à la Bastille à quatre-vingt-dix ans; d'un sieur Leguay, mort à soixante-quinze ans, après un emprisonnement de trente années. Cet homme fut le dernier qui figurât sur les registres comme convulsionnaire; il était encore captif quand il y avait déjà longtemps qu'à la cour, aux ministères, à la ville, on ne croyait plus aux convulsions. On a affirmé qu'on avait offert à ce prisonnier sa liberté, et qu'il l'avait refusée. Mais, pourquoi? parce qu'habitué depuis longtemps à l'esclavage, il ne sentait plus assez de force pour supporter la liberté qui lui était présentée. A la Bastille, il était du moins à l'abri des besoins physiques; libre, il aurait été exposé aux horreurs de la mendicité, dans un monde pour lequel il était mort depuis longtemps. Il y aurait appris la perte de ses parents, de ses amis; personne ne l'aurait reconnu.

Si la crainte de la misère et de l'abandon empêcha ce prisonnier de profiter de la grâce qu'on lui offrait, il y eut en plusieurs circonstances des captifs qui préférèrent la servitude à une basse concession faite aux exigences du despotisme.

Quand un prisonnier connu et protégé perdait la santé et que l'on craignait pour ses jours, on ne manquait pas de le faire sortir: le ministère n'aimait pas que les gens dont le nom avait du retentissement mourussent à la Bastille. Si un prisonnier décédait, on le faisait inhumer à la paroisse de Saint-Paul, *sous le nom d'un domestique* [1], et ce mensonge était écrit sur le registre

---

[1] *Remarques politiques sur le château de la Bastille.*

mortuaire pour tromper la postérité. Il y avait un autre registre où le nom véritable des morts était inscrit, mais ce n'était qu'après bien des difficultés que l'on parvenait à s'en faire délivrer des extraits. Il fallait auparavant que le commissaire de la Bastille fût informé de l'usage que les familles voulaient faire de ces actes.

Tous les historiens témoignent de ces faits; mais il en est sur lesquels nous avons vainement cherché à nous éclairer, nous voulons parler des exécutions secrètes, et sans jugement, confiées à certains directeurs de la Bastille.

On trouve souvent sur les registres de la prison d'État des mentions de suicide et de mort subite; mais est-ce à tort ou à raison que les historiens ont accusé les gens du roi d'avoir rempli les fonctions de Tristan dans cette citadelle?

M. Saint-Edme, auteur d'une notice fort curieuse sur la Bastille, ouvrage assez rare aujourd'hui, a éveillé l'attention publique sur un recueil publié en 1789, sous le titre : *Copies des lettres originales manuscrites, trouvées dans les ruines de la Bastille le 15 juillet 1789.*

On lit dans ce recueil :

Lettre de M. de Sartines, lieutenant général de police, à M. de Launay, gouverneur de la Bastille.

« Je vous envoie, mon cher de Launay, le nommé F...; c'est un très-mauvais sujet : vous le garderez pendant huit jours, après lesquels vous vous en déferez.

— De Sartines. »

Note mise au bas de la lettre par M. de Launay.

« Le ... juin, fait entrer le nommé F...; et, après le temps fixé, renvoyé chez M. de Sartines, pour savoir sous quel nom il voulait le faire enterrer. »

Le même écrivain a publié dans un autre ouvrage[1] cette lettre extraite du même recueil :

---

[1] *Biographie des lieutenants généraux et de police.*

A la Bastille, le 13 septembre 1771.

« Monsieur,

« J'ai l'honneur de vous envoyer ci-joints les trois papiers que j'ai communiqués au sieur Billard, avec la réponse que ce prisonnier y a faite.

« Plus, vous trouverez, monsieur, un paquet du sieur Nérot.

« *La tête* du sieur de la Rivière est toujours fort échauffée, et je commence à désespérer que *sa pauvre tête puisse guérir sans qu'on lui fasse le remède.*

« Je suis avec un profond respect, etc.,

                            « Signé CHEVALIER. »

Sans m'arrêter au caractère de véracité que présentent ces documents, je demanderai, disait l'historien, comment il se fait que le gouvernement (de **1789** à **1792**), Chevalier ou les siens, la famille de Launay, Sartines, ou son fils, ou ses parents, n'aient, à aucune époque, dans aucune circonstance, rien dit, ni rien fait, pour défendre les coupables contre de pareilles accusations.

Quand la notice sur la Bastille parut, il y eut, entre l'écrivain qui avait fait connaître la brochure de **1789** et M. Colnet, un des rédacteurs les plus remarquables de la *Gazette de France*, une polémique vive, qui fut une preuve, déjà souvent donnée, de l'esprit des deux athlètes et de leur adresse à argumenter sur des hypothèses; mais la vérité historique ne gagna rien à la bataille : seulement, le journaliste ayant établi une preuve en faveur de sa cause, sur cette affirmation, qu'il n'eût pas été possible de trouver un bourreau à la Bastille, l'historien lui répondit par ces faits malheureusement acquis à l'histoire :

Des bourreaux? on en trouve toujours. Quand le duc de Guise, le duc de Montpensier, le bâtard d'Angoulême, le maréchal de Tavannes, couraient les rues en criant : *Saignez, saignez, c'est la volonté du roi!* Maurevel, Petruci, Brême, Crucé, et mille autres, hésitèrent-ils à tremper leurs poignards dans le sang de leurs concitoyens?

> Et leurs bras tant de fois de meurtres fatigués!

Et lorsqu'à cette terrible époque, on voulut se défaire de quelques-uns des commandants de province, qui avaient désobéi à l'ordre du massacre, ne trouva-t-on personne pour tendre au vicomte d'Orthe et au comte de Tendes la coupe empoisonnée?

Il est à regretter que l'écrivain patriote qui publia par livraisons les extraits des archives de la Bastille quelque temps après la destruction de cette prison d'État, ait été interrompu dans son travail par la susceptibilité de l'autorité municipale de cette époque. Quand la poudre des révolutions fume encore, les pouvoirs qui s'élèvent, quels qu'ils soient, se montrent déjà altérés de despotisme, comme si la liberté ne devait jamais être qu'une image plus ou moins bien coloriée, dont on amuse le peuple du haut d'un trône ou d'un balcon.

Le rédacteur des livraisons de la *Bastille dévoilée* aurait probablement trouvé des traces que le pouvoir provisoire qui remplaça la monarchie se crut obligé d'effacer.

Le publiciste regretta amèrement la perte de ces matériaux.

Depuis cinq mois, écrivait-il, les archives de la Bastille ont été transportées à l'hôtel de ville; elles n'ont fait que de passer d'un cachot dans un autre.

Le voile qui les couvre dans ce dernier lieu est aussi impénétrable que celui qui les dérobait à nos yeux lorsqu'elles étaient renfermées sous les triples verrous de la Bastille.

On n'abuse pas ainsi de la confiance de ses concitoyens; pourquoi les avoir invités à vous remettre les papiers qui étaient en leur possession, sous le prétexte spécieux qu'ils jouiraient dans peu de la totalité si vous n'aviez pas le projet de les publier? je vous l'ai déjà dit, et je ne cesserai de vous le répéter : ces papiers ne sont point à vous, ils appartiennent aux citoyens qui vous les ont remis, et à qui votre négligence a donné un droit de plus à vous les redemander. Croyez-vous que c'est pour vous seuls que l'on a conquis la Bastille, que c'est pour vous seuls que les citoyens de Paris, au péril de leur vie, ont arraché de ces abîmes ténébreux ces registres de mort, dont la publication devrait déjà être faite, pour assurer à jamais notre nouvelle constitution? Vous avez entre les mains les bases sur lesquelles portait notre ancien gouvernement, faites-nous-les connaître, nous en ferons la comparaison, et ce rapprochement sera un triomphe de plus pour nos nouvelles lois.

On resta sourd à cette voix, mais heureusement l'activité et le dévouement de l'écrivain avaient mis les premiers jours de liberté à profit, et son livre, que quelques bibliographes signent du nom propre de *Manuel*, est l'ouvrage le plus riche de faits authentiques. L'écrivain anonyme s'est expliqué le motif qui nous a longtemps privés d'une histoire de la Bastille. Si une sentinelle empêchait qu'un passant ne s'arrêtât pour fixer cette masse de pierres, quand elle était debout, quel eût été le sort d'un homme d'une trempe un peu courageuse qui se serait permis des réflexions contre un établissement dont le nom seul faisait trembler. A peine Voltaire lui-même, qui avait été la victime du pouvoir arbitraire, a-t-il osé en être l'accusateur. C'est un reproche d'autant plus fondé à lui faire, qu'il connut toute l'horreur de la Bastille.

Manuel, ou tout autre qui a rédigé les feuillets de la *Bastille dévoilée*, est entré par la brèche, et a mis, au nom de l'histoire, sa plume sur les registres confidents de nombreux secrets; seul avec une masse de papiers qui ne formait pas la millième partie de ceux déposés à l'hôtel de ville, il fit paraître six livraisons de son travail; il a révélé des mystères... nous les saurions tous si la révolution n'avait engendré sur le champ de bataille ce monstre accapareur et stérile qu'on nomme en langue parlementaire *une commission*. Il en a été des immenses matériaux de la Bastille, comme de tous les germes confiés à ce Titan bureaucratique. Trente commissaires n'ont pu donner aucune preuve qu'ils s'occupaient de remplir leur mandat.

Sur les sept prisonniers qu'on trouva dans les prisons lors de la prise de la Bastille, White, qui avait perdu la raison, fut promené par le peuple dans les rues de Paris; le comte de Solage, qui endurait depuis onze ans la captivité pour des étourderies de jeunesse, fut porté en triomphe, et excitait partout sur son passage la joie et l'enthousiasme.

Plusieurs historiens s'accordent à dire qu'on découvrit dans les cachots de la Bastille quatre squelettes humains encore enchaînés. L'auteur de la *Bastille dévoilée*, qu'on ne peut suspecter de partialité en faveur du régime de l'arbitraire, dit qu'on n'a trouvé que sept prisonniers tout vivants; point de cadavres, point de squelettes, point d'hommes enchaînés. Dans l'armoire du chirurgien, il y avait des pièces d'anatomie qui ont pu servir à accréditer cette erreur.

On a parlé aussi d'un comte de Lorges, trouvé le 14 juillet dans un des cachots de la Bastille, où il avait, disait-on, passé trente-deux ans. Ce fait n'est pas acquis à l'histoire; on le conteste.

L'écrivain que nous avons cité plus haut dit, au sujet du prétendu comte de Lorges :

« Je me suis transporté à la Bastille, où les ouvriers qui

travaillaient à sa démolition m'ont fait voir le cachot du soi-disant comte de Lorges. Je l'ai également vu représenté d'après nature, chargé de chaînes et dans une espèce de cachot, chez le sieur Curtius. Mais les registres de la Bastille, mais les dépositions faites par les porte-clefs à l'hôtel de ville et au district de Saint-Louis-de-la-Culture, n'en disent pas un mot; et j'ai cru, d'après des témoignages aussi forts, et d'après d'autres renseignements que je me suis procurés, pouvoir avancer que l'existence du comte de Lorges est un bruit populaire dénué de preuves et de fondement. Que ne peut-on ainsi mettre en doute la longue et affreuse captivité de Latude, la cruauté de ses bourreaux, qui le forcèrent à vivre, les fers aux pieds et aux mains, dans un humide cachot où les rats, par leurs morsures, venaient ajouter à son supplice!

Nous avons passé sous silence le nom d'un grand nombre de personnes illustres qui ont subi le séjour de la Bastille : le duc de Richelieu, Fouquet, Voltaire, Lally, Prévost de Beaumont, que nos lecteurs ont retrouvé à Vincennes, et d'autres encore dont chacun connaît la gloire, les fautes, l'innocence, le courage et les souffrances. Avant tout, nous avions à peindre les aspects de la prison d'État sous l'ancienne monarchie; notre cadre restreint ne nous a pas permis d'étendre la biographie au point de vue du drame.

Dessiné par N. Ferdinand. Gravé par Timms.

LE CACHOT DE LATUDE.

XIV

LA ROQUETTE.

De ces deux prisons jumelles, dont les massifs de pierre s'élèvent en regard du cimetière de l'Est, l'une est le dépôt des con-

damnés, le nouveau Bicêtre, la grande Roquette. Son architecture forme une anomalie choquante avec sa destination. Cloître pénitentiaire, ce devrait être, d'après le *programme*, un hospice où l'âme gangrenée subît un traitement ; une école où l'ignorance se dépouillât de ses langes... Provisoirement, les voitures cellulaires stationnent aux portes de la prison pour décimer le personnel et porter le chargement aux bagnes et à l'échafaud.

L'échafaud ! que n'a-t-on pas dit et écrit en France pour le renverser ? Dans la discussion de cette haute et redoutable théorie, l'assemblée Constituante a vu en présence de vigoureux athlètes, quand il s'est agi de savoir si la peine de mort formait ou non l'un des éléments de la nouvelle législation criminelle.

Peltier-Saint-Fargeau, tout en reconnaissant à la société le droit de frapper de mort un coupable, s'est demandé si la société devait faire usage de ce droit, et il a répondu : « La société ne peut légitimement exercer le droit de vie et de mort, que s'il est démontré impossible d'opposer au crime une autre peine suffisante pour le réprimer.

« Tout le monde, disait l'orateur, est d'accord que la peine de mort, si elle est conservée, doit être réduite à la simple privation de la vie, et que l'usage des tortures doit être aboli. Or, évidemment, la peine de mort, dans cette hypothèse, opère un grand mal pour les mœurs publiques, et n'a aucune efficacité pour arrêter le crime.

« C'est un remède violent, qui, sans guérir la maladie, altère et énerve les organes du corps politique. Rien de moins répressif que la peine de mort simple. La nature, il est vrai, a mis dans le cœur de l'homme le désir de conserver son existence ; mais à côté de ce sentiment, se trouve placée la certitude qu'il doit mourir un jour. La nécessité le familiarise avec cette idée ; il s'accoutume à envisager sans un grand effort le moment où il cessera de vivre. Les préjugés, les vices, le crime même, ont souvent avec la vertu cet élément commun, le mépris de la mort. Chaque nation, chaque caste, chaque profession, chaque individu est susceptible de ce sentiment.

« Le courage du soldat se compose de divers sentiments : de la gloire, du devoir, de l'espérance du pillage, de la force de l'exemple, de la crainte de la honte. Il combat ; il ne redoute pas la mort : et pourtant chaque soldat n'est pas un héros. Voyez finir l'habitant des campagnes, non pas celui pour lequel la misère et le malheur rendent souhaitable l'instant où il va cesser de souffrir, mais l'être dont l'existence a été la plus douce et la moins agitée, celui qui a vécu dans une chaumière qui lui appartient, et qui meurt entouré de sa femme et de ses enfants, que son champ a toujours nourris ; sa dernière heure approche : il subit la commune loi, et, dans son regard paisible, vous ne trouverez point l'expression de l'effroi ni l'horreur de la mort. Les criminels ont aussi leur philosophie. Dans les chances de leur destinée, ils calculent froidement ce qu'ils appellent le mauvais quart d'heure, et plus d'une fois, sur l'échafaud, ce secret leur est échappé. « Non, disaient-ils, l'idée de la potence ne nous a jamais détournés d'un seul crime ; la roue seule étonnait notre farouche courage... » Je prévois l'objection qu'inspireront quelques-uns des exemples que je viens de citer.

« Pourquoi, dira-t-on, tant de gens s'exposent-ils sans peine à la mort ? c'est que le danger n'exclut pas la possibilité et l'espoir d'y échapper. Pourquoi une mort certaine paraît-elle douce et supportable ? c'est parce que l'honneur, et non l'infamie, l'accompagne.

« Je réponds d'abord que, pour le criminel, l'espérance d'éviter la peine est à côté du crime, de même que le soldat qui monte à l'assaut voit l'espérance placée au haut des tours qu'il escalade. Je conviens ensuite qu'on ne peut comparer l'effroi d'une mort glorieuse à l'effroi d'une mort infâme. Mais voici l'argument que je tire de cette objection : c'est donc l'infamie, et non la mort, qui prête au supplice le plus d'horreur. Eh bien ! réservez le coupable pour une longue infamie, au lieu de le délivrer par la mort du sentiment pénible et salutaire de l'opprobre.

« La peine de mort simple, la seule que l'humanité nous permette de conserver, est donc une peine très-peu efficace pour la répression des crimes. »

Pétion se prononça contre les supplices.

« La justice, dans sa sévérité, peut-elle condamner un homme à perdre la vie, se demande-t-il ? La société a-t-elle ce droit sur un de ses membres ? L'intérêt public exige-t-il cet affreux sacrifice ?

L'âme est saisie d'effroi en descendant dans l'examen de ces sombres questions.

« Nous recevons avec la vie le besoin de la conserver.

« La fuite de la douleur est un besoin bienfaisant de la nature; la conservation des êtres est son grand but et la première comme la plus sacrée de ses lois, celle sans laquelle l'univers ne serait bientôt qu'une vaste solitude. C'est aussi la loi de toute société : les hommes ne se réunissent que pour se protéger et se défendre; ils ne mettent leur force en commun que par le sentiment de leur faiblesse individuelle, et le soin de leur existence est le puissant mobile qui les amène et les dirige sans cesse. Peut-on bien concevoir qu'un homme cède à un autre homme le droit de lui ôter la vie, qu'il consente librement à être puni de mort? Cette vie lui appartient-elle? Peut-il en disposer, ou, pour mieux dire, et sans agiter ce point si délicat, doit-il le faire? N'est-ce pas à la nature de reprendre dans son cours le dépôt précieux qu'elle lui a confié? Avancer ce temps est une folie ou un crime, et si l'homme ne peut pas violer cette loi immuable qui gouverne impérieusement tous les êtres, comment peut-il donner à la société un droit qu'il n'a pas lui-même? Et comment la société se prétend-elle investie de ce droit? Je sais, et c'est une objection mille fois répétée, je sais que l'homme risque sa vie dans les combats, qu'il se fait un devoir et un honneur de mourir les armes à la main; que cette condition du pacte social est regardée chez tous les peuples comme légitime et sacrée; que de là on induit que, si pour le salut de sa patrie il peut disposer de sa vie, rien ne l'empêche de la sacrifier pour la réparation des délits qui troublent l'ordre public. Cet exemple est sans force, et la conclusion est fausse; car ce n'est que pour sauver sa vie que l'homme s'expose à la mort; ce n'est que pour détourner le glaive qui menace sa tête qu'il perce le sein de son ennemi.

« Le pouvoir de disposer de la vie des hommes n'appartient donc point à la société, et la loi qui punit de mort blesse tous les principes de la raison, de la justice; c'est un abus criminel de la force; je l'envisage sous le rapport des individus, sous le rapport de la société, et enfin sous le rapport du dédommagement dû à celui qui a souffert ou à sa famille. Quel est le but essentiel des peines par rapport aux individus? De corriger l'homme et de le rendre meilleur. La loi ne punit pas pour le plaisir cruel de punir : ce serait une inhumanité. La loi ne se venge pas, parce qu'elle est sans passion et au-dessus des passions. Si la loi condamne à des privations, à des souffrances, c'est pour exciter le repentir dans l'âme du coupable, c'est pour le ramener à la vertu et l'empêcher, par le souvenir de ses maux, de retomber dans le vice; mais une loi qui tue est sans moralité et s'écarte évidemment de l'objet que le législateur doit se proposer. Elle ne laisse aucun retour au coupable, puisqu'elle l'assassine, et elle agit avec la fureur des meurtriers. On le traite, je le sais, cet espoir de retour, d'une vaine illusion; mais, de bonne foi, avons-nous jamais rien tenté pour ramener un coupable à la vertu? Nos prisons sont-elles des asiles propres à améliorer les hommes? Ne sont-elles pas, au contraire, des repaires de corruption? Quels sont les gardiens de ces sombres demeures? Comment sont-elles surveillées? Avons-nous jamais fait luire le moindre rayon d'espérance au repentir, présenté la plus légère récompense à une bonne action, offert du travail à l'oisiveté? enfin, qu'avons-nous fait? »

Les questions que Pétion adressait il y a un demi-siècle sont encore des questions de circonstance; et la science des prisons a marché bien lentement.

« Qu'on ne croie pas que l'homme assez barbare pour tremper sa main dans le sang de son semblable soit retenu par l'appareil éloigné d'une fin cruelle. Et qu'est-ce que la mort pour ceux à qui la vie est à charge, pour ceux qui ne tiennent à rien sur la terre, qui ne possèdent rien? Un moment de douleur que le courage fait supporter, que l'audace brave, que le fanatisme quelquefois embellit. Eh! combien de criminels marchent de sang-froid à l'échafaud! Il en est même qui vont jusqu'à répandre des lueurs de gaieté sur cette terrible catastrophe. Rappelez-vous ce mot effrayant de Cartouche, ce mot qui est dans le cœur de presque tous les scélérats : *Un mauvais quart d'heure est bientôt passé.* Les contrées où les supplices sont le plus cruels, sont celles où les crimes sont le plus fréquents. Jamais le nombre des malfaiteurs ne fut plus considérable dans l'Attique que lorsque les lois atroces de Dracon furent en vigueur. Il n'existe pas de lieux sur la terre où les tourments soient plus multipliés qu'au Japon, et ce pays pullule de voleurs et de meurtriers. L'Europe, où l'on compte tant de crimes qui se lavent dans le sang des coupables, fourmille de brigands.

« Vous menacez de la mort les grands crimes ; mais les grands crimes ne sont pas commis par des êtres ordinaires. L'atrocité en est le principe ; mais l'atrocité tient à la force, dont elle est l'abus. Ce sont des âmes d'une trempe peu commune qui animent les grands scélérats ; et si, en général, tout homme est aisément capable de courir le hasard d'une mort prompte et sans tourments, ou de la supporter sans désespoir, une farouche philosophie armera bien plus facilement un cœur vigoureusement féroce, qui, endurci par la vue du sang humain versé par son crime, a déjà remporté sur la nature une affreuse mais une bien pénible victoire. »

Que de faits viennent aujourd'hui donner de la force à cette opinion ; que la mort et l'infamie n'impriment aucune terreur à la classe des malfaiteurs !

Naguère n'a-t-on pas entendu battre des mains après une exécution capitale que le condamné avait subie avec résolution ? Les complices étaient satisfaits du succès d'un des leurs. Il avait bien joué son rôle jusqu'à la fin ; le public applaudissait.

Ailleurs encore n'a-t-on pas vu répandre de la fausse monnaie au moment et sur le lieu de l'exécution d'un homme condamné pour ce genre de crime ?

Combien de condamnés n'ont-ils pas avoué aux assises qu'ils étaient venus avant leur tour faire apprentissage de la mort à la place de Grève ?

A Montpellier, l'instrument du supplice était déposé dans une grange isolée en dehors de la ville ; une bande d'assassins, poursuivie par la justice, se réfugiait chaque nuit dans ce lieu, et chacun s'endormait insouciant près de la hache fatale et sur les monceaux de bois qui, assemblés, formaient l'échafaud.

Ces hommes savaient que tôt ou tard leur tête tomberait

sous le fer près duquel ils venaient reposer. L'idée de l'échafaud les effrayait-elle ?

Dans cette grave discussion, Duport prit aussi la parole au nom des deux comités de constitution et de législation criminelle.

« J'accorde, dit-il, qu'il faut établir la peine de mort, si elle est indispensable à la conservation de la société, ou, ce qui est la même chose, au maintien du droit naturel des hommes. Sans doute, on ne me contestera pas que, si cette peine n'est pas nécessaire à cet objet, elle doit être abolie. Ce principe, je le puise dans vos propres décrets : « La loi ne peut établir que des peines strictement et évidemment nécessaires. »

Qu'est-ce que la mort ? La condition de l'existence, une obligation que la nature nous impose à tous en naissant, et à laquelle nul ne peut se soustraire. Que fait-on donc en immolant un coupable, que hâter le moment d'un événement certain, qu'assigner une époque au hasard de son dernier instant? N'est-on pas déjà surpris qu'une règle immuable de la nature soit devenue, entre les mains des hommes, une loi pénale; qu'ils aient fait un supplice d'un événement commun à tous les hommes? Comment osera-t-on leur apprendre qu'il n'y a de différence matérielle entre une maladie et un crime, si ce n'est que celui-ci fait passer, avec moins de douleur, de la vie au trépas? Comment n'a-t-on pas craint de détruire la moralité dans les hommes, et d'y substituer les principes d'une aveugle fatalité, lorsqu'on les accoutume à voir deux effets semblables résulter de causes si différentes?

Les scélérats, qui, comme presque tous les hommes, ne sont guère affectés que par les effets, ne sont malheureusement que trop frappés de cette analogie; ils la consacrent dans leurs maximes, on la retrouve dans leurs propos habituels. Ils disent tous que la mort n'est qu'un accident de plus dans leur état; ils se comparent au couvreur, au matelot, à ces hommes dont la profession honorable et utile offre à la mort plus de prise et des chances plus multipliées. Leur esprit s'habitue à ces calculs, leur âme se fait à ces idées, et dès lors vos supplices perdent tout leur effet sur leur imagination. Législateurs, quoi que vous fassiez, vos lois n'empêcheront pas que la mort soit nécessaire pour l'honnête homme comme pour l'assassin. Que faites-vous de plus contre ce dernier? Vous rendez son époque un peu moins incertaine; et c'est de cette légère différence que vous attendez tout votre système de répression!

« Les hommes craignent tous la douleur; et si vous voulez consentir à prolonger la mort par ces tourments raffinés que renferment les lois actuelles, peut-être parviendrez-vous à inspirer aux assassins un véritable effroi. Sans aucun doute, vous rejetterez avec horreur cette idée, s'il était possible qu'elle vous fût présentée. Mais par là vous déciderez en même temps l'abolition de la simple peine de mort; car l'expérience a prouvé que la mort, lorsqu'elle n'est que la mort en perspective, est insuffisante

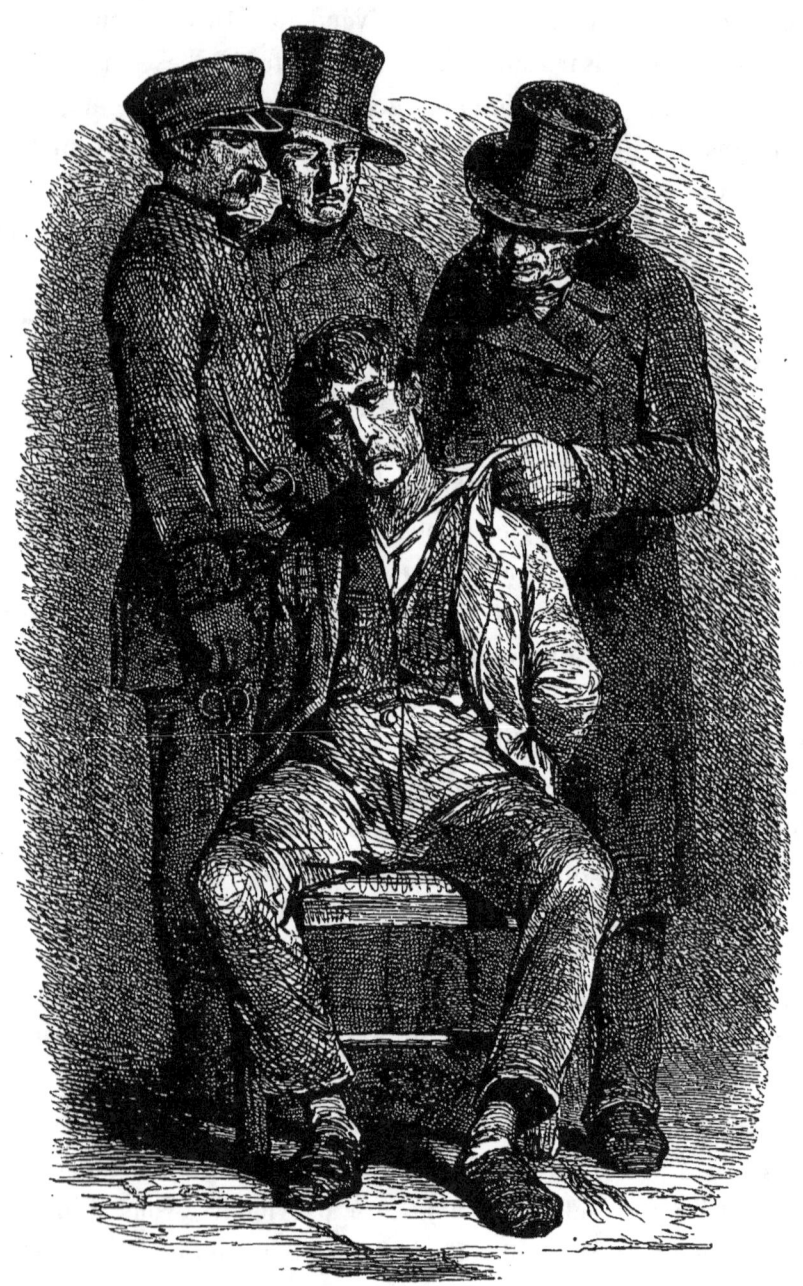

Dessiné par Eustache-Lorsay. Gravé par Rouget.

LA TOILETTE DU CONDAMNÉ.

pour réprimer, et qu'il faut y joindre pour cela des tortures, et cet appareil d'atrocité et de barbarie inventé contre des esclaves, lorsqu'on semblait avoir oublié qu'ils étaient des hommes.

« Cherchons donc ailleurs les moyens de réprimer les crimes.

« Je ne cesserai de la répéter, cette vérité qu'on semble mépriser, parce qu'elle est trop simple : le premier de ces moyens et le plus efficace, c'est la justice, la douceur des lois.

« Le second est dans ces institutions locales établies pour prévenir chez les hommes le désespoir ou l'extrême pauvreté, sources ordinaires des crimes. Je ne crains pas de le dire : tout cet appareil de peines, ces lois, ces tribunaux, tous ces remèdes qui s'appliquent aux effets, ne sont rien près de ceux qui vont à la source du mal. Fournissez aux hommes du travail, et des secours à ceux qui ne peuvent travailler, vous aurez détruit les principales causes, les occasions les plus ordinaires, je dirai plus, l'excuse de tous les crimes.

« Vous avez regardé avec raison l'établissement du code pénal comme un de vos principaux devoirs; mais j'ose vous déclarer que les trois quarts de ce code sont dans le travail que votre comité de mendicité doit vous présenter. »

Aux noms des orateurs que nous venons de citer, et qui se prononcèrent à cette époque de réorganisation sociale contre la peine de mort, il faut ajouter Tronchet, de Tracy, La Rochefoucauld.

Sous le règne de la Convention, Taillefer, membre de l'assemblée, demande que la peine de mort disparaisse de notre législation : « Que toutes les guillotines avec leurs échafauds soient détruites, brisées et brûlées par les exécuteurs des jugements criminels. »

« Que nous serions heureux, s'écriait Lanjuinais à la séance du 9 vendémiaire an IV, si, après avoir commencé notre session par l'établissement de la république, nous pouvions la terminer en abolissant le dernier supplice ! »

A la dernière séance de la Convention, Chénier se prononça énergiquement en faveur de l'abolition de la peine de mort.

Une voix ayant demandé : Quelle heure est-il ?

Une voix répondit : L'heure de la justice.

Un moment après, ce vote était proclamé :

« A dater du jour de la publication de la paix générale, la peine de mort sera abolie dans toute la république française [1]. »

La question de l'abolition de la peine de mort s'est reproduite à la tribune depuis la révolution de Juillet.

Après un long sommeil, la question se réveille à la voix de l'honorable M. de Tracy, fils de l'orateur qui, un des premiers, avait demandé que la Constituante déchirât le code de sang.

Il faut réunir dans la même mention historique le nom de M. le duc de Broglie, qui dit en parlant de l'abolition de la peine de mort : « Cette question nous semble assez mûre pour que le moment soit venu de la tirer de la sphère des utopies sans conséquence, et de l'établir sur le terrain des idées qui s'avouent, et des choses qui se font. »

Le nom de M. le marquis de Lally-Tollendal qui, en 1816, dit à la chambre des pairs : « Je voterai toujours pour restreindre la peine de mort, et j'appuierai quiconque en demandera l'abolition. »

Le nom de M. le marquis de Pastoret, qui a écrit : « Un homme m'attaque ; je ne peux me défendre qu'en le tuant : je le tue. Pour que la société fasse de même, il faut qu'elle ne puisse faire autrement. »

Le nom de M. Girod (de l'Ain), qui reconnut que le moment n'était pas éloigné où cette question ne serait plus discutée épisodiquement, mais introduite pour elle-même dans le sein des chambres.

Le nom de M. de Bérenger, le premier qui ait compris et révélé que la peine de mort étant matière indivisible, et ne pouvant se prêter à aucune des diversités innombrables des nuances morales des condamnés, est forcément une violation de la justice à l'égard de l'un ou de plusieurs suppliciés.

Le nom de Lafayette, qui déplora à la tribune que l'abolition de la peine de mort n'eût pas été votée par la Constituante.

---

[1] La proposition avait été présentée à l'unanimité par la commission, qui en confia le rapport à Peltier-Saint-Fargeau.

Le nom de M. Dupin aîné, qui promit solennellement son vote pour la prise en considération de la pétition de M. Charles Lucas [1].

Le nom de tous les signataires qui appuyèrent la pétition, ou plutôt le travail si remarquable adressé à la chambre sur cette question, et sous laquelle se lisaient les noms de MM. Mérilhou, Berville, Bernard (de Rennes), V. Lanjuinais, H. Carnot, Glais-Bizoin, Taschereau, Bailleul, Mermilliod, Lasteyrie, Appert, Léon Faucher, F. Flocon, J. Bastide, etc.

Si l'opinion de tant de publicistes éclairés, d'hommes d'État et de magistrats expérimentés, aux nomx desquels il faudrait joindre celui de M. Guizot, n'ont pas encore brisé l'échafaud, à une époque où, pour me servir d'une expression de M. de Bérenger, les bourreaux eux-mêmes se lassent, c'est qu'il est nécessaire de procéder avec une sage lenteur, et, par une abolition graduelle, de convaincre les plus incrédules que la société ne sera pas troublée, et que loin de là, elle se trouvera plus à l'aise lorsque cette réforme sera obtenue.

Une parole officielle, adressée à un homme qui occupe un rang honorable dans le barreau et dans la presse, a prouvé que cette suppression des supplices était appuyée par les sympathies du chef de l'État [2].

Mais jusqu'à ce que les temps qui se préparent soient arrivés, les malfaiteurs subiront les effets du provisoire, des expériences, du tâtonnement; semblables à ces moustiques que les vents, aux transitions des saisons, emportent, détruisent, le peuple condamné est versé de la Souricière à la Force, de la Force à la Roquette, de la Roquette à Poissy, à Melun, à Rochefort, à Brest, à Toulon, porté dans une souricière volante à la place Saint-Jacques, où le bourreau, étonné lui-même d'être encore armé du glaive de la loi, se demande avec inquié-

---

[1] Mon opinion sur la peine de mort est bien formée, écrivait M. Dupin ; je l'ai insérée dans mes observations sur la législation criminelle.

[2] M. Charles Lucas ayant porté la parole comme chef d'une députation et ayant manifesté le vœu personnel de voir la peine de mort abolie en France, S. M. Louis-Philippe répondit : « Quant à l'abolition de la peine de mort, j'y suis porté par une conviction qui est celle de ma vie entière ; votre vœu est le mien, et je ferai tous mes efforts « pour qu'il puisse s'accomplir. »

tude s'il ne commet pas un crime en remplissant ses fonctions.

En attendant la réforme, inspectons la Roquette.

Pénétrons dans cet entrepôt du bagne, sur cette avant-scène de l'échafaud.

Franchissons trois grilles de fer et quatre portes de chêne, et nous serons dans le grand préau de la prison. Des bâtiments à trois étages encadrent le préau au nord, à l'est et à l'ouest. La chapelle de la prison occupe la partie sud.

La Roquette est bâtie avec un luxe de précautions qui n'ont rien d'affecté, et qui rendent les évasions, sinon impossibles par les moyens ordinaires, tout au moins extrêmement difficiles; non-seulement les fondations sont en assises de pierre de taille qui ne laissent pas l'espoir d'ouvrir un souterrain, non-seulement les deux murs de ronde qui ceignent la prison sont solides et élevés, mais encore on a pris soin d'en effacer les angles au moyen de pierres arrondies, et le bruit court, parmi les détenus, que l'intérieur est rempli de sable, de telle sorte que si on imaginait de pratiquer une ouverture, elle serait obstruée à l'instant même par l'éboulement de ce sable. Du reste, pour qu'un pareil cas se présentât, il faudrait que les factionnaires des chemins de ronde fussent endormis ou étranglés dans leurs guérites.

C'est dans le grand préau que, deux fois par jour, les prisonniers exécutent leur promenade circulaire ; vous voyez se mouvoir pêle-mêle cette population vêtue du pantalon gris et de la veste de même couleur au collet vert; nulle variété dans le vêtement, parce qu'il n'y a nulle catégorie dans les individus et les moralités. Les catégories que l'administration se montre peu soucieuse d'établir, les prisonniers les forment quelquefois d'eux-mêmes, et il n'est pas difficile que ceux qu'une première condamnation a frappés, ceux qu'une faute peu grave, eu égard à ses résultats moraux, a conduits dans ce lieu misérable, ceux-là se recherchent, se comprennent et se respectent assez eux-mêmes pour fuir le contact des êtres tout à fait dépravés.

Au milieu de ces êtres si dégradés qui n'ont plus rien à perdre de liberté, d'honneur, car ils ont été condamnés à toujours, ils ont été attachés au poteau de l'ignominie ; au milieu de ces grands criminels se trouvent des hommes condamnés seulement à un an ou à quelques mois de prison pour une faute qui a eu pour cause première un accès de colère ; des hommes qui jusque-là avaient une place honorable dans la société, de jeunes intelligences de dix-sept ans, encore accessibles au sentiment du bon et de l'honnête, encore candides et susceptibles de recevoir les meilleures impressions de vertu.

Voici la distribution de la journée à la Roquette. — Le matin, au point du jour, on sonne le réveil des gardiens ; une demi-heure après, on sonne encore, et le surveillant de chaque corridor déboucle les détenus avec rapidité ; une soixantaine de portes, fermées à double tour et aux verrous, sont ouvertes en moins de trois minutes, et cela dans six corridors à la fois. On accorde une demi-heure aux détenus pour s'habiller, faire leurs lits et balayer leurs petits cabanons. Mais la plupart laissent cette besogne au brigadier de la section, qui s'en acquitte moyennant 15 ou 20 centimes par semaine.

Au troisième coup de cloche, les prisonniers descendent un à un, ils reçoivent un demi-pain en passant, et en cinq minutes le grand préau est rempli. Ils se promènent là autour de la fontaine pendant une demi-heure ; après quoi, on sonne l'entrée dans les ateliers.

A neuf heures précises, les grilles et les portes des ateliers s'ouvrent, les marmites de cuivre paraissent, et la distribution du bouillon a lieu. A neuf heures et demie la sortie des ateliers, et quatre ou cinq cents paires de sabots font un bruit étourdissant sur le pavé du préau jusqu'à dix heures.

Un gardien sonne la rentrée. Le travail se poursuit sans désemparer jusqu'à trois heures. C'est le moment de la distribution de la seconde moitié de pain, des légumes ou de la viande, selon les jours. Puis vient une nouvelle promenade, de trois heures et demie à quatre.

La sortie définitive varie suivant les saisons. C'est à sept heures en été, à six en automne, à neuf en hiver. Dans ce dernier cas, des auxiliaires promènent sur le préau deux torches qui répandent une clarté rougeâtre et laissent échapper des tourbillons de fumée noire.

Alors vous voyez les prisonniers se ranger sur deux files et se diviser en six sections; chacune de ces sections est conduite par un surveillant au corridor qui lui est propre. Les prisonniers se retirent ensuite dans une caserne de vingt lits, ou dans leurs cellules respectives.

Un gardien fait l'appel, le brigadier de la section pousse les portes et les verrous, un gardien de service les ferme à clef, et le bouclage est terminé.

Monsieur l'abbé Touzé, le digne aumônier de cette prison, a tracé en quelques pages un tableau de la Roquette, dans lequel il met bien des plaies à découvert. On trouve dans cet écrit l'émanation de l'esprit de charité, et l'intelligence administrative exempte de routine et de préjugé, qui indique franchement le mal et le remède. Nous suivrons avec intérêt le digne prêtre dans ses observations. Nous avons reçu de ses mains son intéressante brochure, et nous ne trouvons pas de meilleur moyen d'exprimer à l'auteur la sympathie que nous éprouvons pour ses idées, que de leur servir d'écho.

A propos des travaux de la prison, dont les produits se partagent entre les prisonniers travailleurs et l'administration, l'aumônier, rencontrant parmi les détenus des hommes qui excellent dans des professions exercées avec honneur et profit au sein de la société, se demande comment il se fait que des hommes qui peuvent se livrer à une profession qui fournit abondamment à tous les besoins de la vie, se condamnent d'eux-mêmes à la détention, où ils font le même travail, dont alors le produit devient presque nul pour eux! Comment surtout, dit-il, ces hommes sont-ils récidivistes? voici la solution.

Je posais cette question à un détenu. Il me répondit : Je suis un des meilleurs ouvriers de ma profession, j'aime mon état, c'est mon bonheur, et pourtant c'est lui qui est la cause de toutes mes infortunes. Après une première faute, j'ai été placé sous la surveillance de la police, on m'a désigné pour lieu d'habitation un village où il me fallait mourir de faim avec le secours d'une profession qui me produisait 12 francs par jour à Paris. J'ai rompu mon ban ; je suis venu travailler dans la capitale, et pour cette rupture de ban j'ai subi une nouvelle condamnation. A l'expiration de ma peine, j'étais encore en surveillance; je commençais à travailler dans une petite ville, lorsqu'un agent de la police vint dire à mon patron : N'accordez pas trop de confiance à cet ouvrier, il est placé sous la surveillance de la police. Le lendemain, j'étais sur le pavé. Trois jours après, je gagnais mes 12 francs par jour à Paris. J'ai été repris et me voilà.

Condamné à six mois de prison, pour avoir voulu travailler en honnête homme ! Que l'on change le système de la surveillance, qu'on la rende discrète, et les prisons ne seront plus aussi pleines.

La logique de ce détenu ne paraît pas mauvaise, et ce serait chose précieuse que les législateurs connussent un peu plus les détails des prisons : peut-être la législation serait-elle soumise à de nombreuses, à d'utiles modifications.

Sachant que la conviction arrive souvent à l'esprit par la voie du cœur, c'est dans ce sanctuaire que l'aumônier cherche à mettre à profit tous les moyens propres à émouvoir une population en laquelle il n'est pas facile de faire résonner des cordes sensibles. M. l'abbé Touzé convient de la difficulté de la tâche; mais sa persévérance, et ce quelque chose qu'il y a en lui d'attentif et de bienveillant, lui ont valu quelques victoires. Il en est une qu'il a racontée dans son intéressante brochure :

« Je m'étais étudié à chercher si, à ces hommes qui ont rompu l'anneau qui les rattachait à la chaîne sociale, il ne restait pas au moins un lien d'amour, un lien qui ne se fût pas rompu aux secousses violentes des passions arrivées à leur paroxysme funeste, et je me mis à leur parler de la piété filiale, du coup mortel qui avait frappé leurs mères à l'instant de leur condamnation, des tristes angoisses, des inquiétudes auxquelles était en proie la mère infortunée à laquelle il manquait un fils dont elle ignorait le sort. Alors les larmes coulèrent, et c'était un spectacle digne d'observations utiles. Les uns donnaient un libre cours à ces larmes; les autres, étonnés, mécontents peut-être de se surprendre dans un moment d'émotion, combattaient l'attendrissement qui se peignait dans leurs yeux par les contractions d'un sourire forcé qui avait quelque chose d'extraordinaire; mais le cœur avait été vivement ému; et, le jour même, je reçus plusieurs lettres dans lesquelles ces infortunés me priaient de leur favoriser une entrevue avec leurs mères. L'un me disait : Ah! ma mère m'aimait bien; qu'elle doit souffrir! depuis trois mois, elle ignore complétement ce que je suis devenu. Ah! Monsieur, *avant la nuit*, je vous en conjure, allez lui annoncer que je suis encore au monde... Triste mission!... dire à une mère Votre fils est retrouvé; mais, hélas! dix ans de travaux forcés vont l'arracher à vos doux embrassements. Et pourtant, messieurs, l'entrevue eut lieu, le fils promit à sa mère de revenir à elle honnête, vertueux. Il est au bagne, et jusqu'ici il n'a pas démenti ses bons sentiments. »

Voilà les résultats d'un entretien d'un moment. Eh bien! si ces instructions recevaient leur développement par l'action incessante d'hommes solidement vertueux toujours en contact avec les détenus, quels heureux fruits porterait la semence de la parole dans une terre préparée par leurs soins! Oui! alors nous verrions de nombreuses guérisons morales s'opérer au sein de la société.

Suivons l'abbé Touzé à l'infirmerie de la prison, qui se compose de quatre salles, où se trouvent ordinairement cinquante ou soixante malades. Il peint les prisonniers au moment où ils se voient abandonnés à leurs propres forces qui commencent à leur faire défaut, quand la prostration de leur énergie abat et détruit leur orgueil, quand la pensée de la mort qui les menace commence à se réaliser.

Alors le prisonnier se jette de lui-même au-devant de l'instruction religieuse et de la communion.

C'est alors un spectacle attendrissant, celui qu'offre une des salles de l'infirmerie des condamnés! il y a quelque chose d'imposant, de solennel dans ce profond silence qui n'est interrompu que par le bruit des verrous qui se tirent, des serrures qui crient, des portes qui s'ouvrent devant le prêtre.

« Ces infortunés en sont vivement émus; ceux auxquels il reste assez de forces physiques se lèvent spontanément, se jettent à genoux, et, la tête appuyée sur le lit de douleur, ils paraissent tous sous l'empire d'une émotion vive; et ceux dont la faiblesse a presque paralysé les membres, portent à leur tête une main défaillante, se découvrent avec respect, écoutent la parole de paix adressée aux malades, et répondent ensemble à la voix du ministre qui leur demande une prière pour le mourant. Il est à remarquer que pas un n'a oublié la prière divine que Jésus-Christ a enseignée à ses enfants.

« Après une scène si propre à bien disposer les esprits et les cœurs, si des hommes vivement désireux du salut de leurs frères s'approchaient de chaque lit, perpétuaient l'influence de cette émotion si vive, jetaient dans une terre préparée quelques semences de vertu, eh! messieurs, ceux de ces malades qui seraient rappelés à la vie en recouvrant la santé, jouiraient d'une convalescence morale qui ferait luire l'espoir d'une guérison parfaite, d'un retour permanent à la pratique de la vertu. »

Visitons avec M. l'abbé Touzé le lieu le plus sinistre de la prison, le *cachot du condamné à mort*; ce lieu dont l'aspect est moins effrayant que le mot qui le désigne, est une cellule bien aérée, où se trouvent un lit, une table et quelques chaises à l'usage du coupable et de ses gardiens.

Le condamné est constamment revêtu de la camisole de force, espèce de corset à manches dont les extrémités sont fermées, et dont l'action est d'entraver les mouvements des bras et de neutraliser toutes les fonctions des mains; précaution utile pour prévenir les excès auxquels pourraient se livrer ces malheureux, soit contre les surveillants, soit contre eux-mêmes.

Le condamné à mort qui s'est pourvu en cassation reste quelquefois plus de quarante-cinq jours dans son cachot. Les relations avec les condamnés à mort offrent les moyens d'examiner les problèmes dont la solution peut être bien utile dans l'ordre moral. Comment le coupable s'est-il déterminé à commettre le crime affreux de l'homicide? Par quels degrés est-il descendu à cet état exceptionnel d'une monstrueuse perversité? Par quelles voies le repentir est-il arrivé à son cœur, ou bien pourquoi est-il demeuré insensible à tous les cris de sa conscience malade, et a-t-il persévéré dans son dessein funeste d'endurcissement et d'impénitence?

« Il m'a été d'autant plus facile de me livrer à l'examen de ces questions importantes, dit M. l'abbé Touzé, que mes rapports avec les condamnés à mort ont toujours eu lieu en présence de témoins, et que le zèle de M. l'abbé Montès, aumônier de la prison de la Conciergerie, commençant avec eux des relations qui commandent le secret, les continue à la prison des condamnés, où les observations que j'ai pu faire sont du domaine public.

« Deux types de condamnés à mort se sont présentés cette année à la prison, et ont donné lieu à des observations utiles. Le premier était un de ces tempéraments lymphatiques en dehors de toute espèce d'émotion. L'indifférence présidait à la narration de son crime. «Il me fallait des papiers, disait-il, et j'ai tué pour en avoir.» Son repentir était sincère, et il l'exprimait avec la même froideur, la même indifférence; il ne soupçonnait pas même qu'il dût être sous l'empire d'une impression pénible, et il s'étonnait de ne pas avoir un sommeil aussi calme qu'à l'ordinaire. Sans doute, la constitution physique de cet homme concourait puissamment à l'atonie morale qui faisait le fond de son caractère; mais il était dans une ignorance complète des vérités catholiques; et si, de bonne heure, il en eût été imprégné, une énergie favorable se serait développée avec l'âge; alors, il aurait été plus capable de concevoir de l'horreur pour le crime. Ici le mal a eu évidemment pour cause le vice, ou plutôt le défaut d'éducation.

« Un caractère diamétralement opposé s'est révélé dans Poulmann, cet homme fameux par ses crimes : un tempérament sanguin très-prononcé, des formes athlétiques, une constitution pleine d'énergie physique et morale, une force herculéenne, tout en lui favorisait le développement d'un orgueil qui ne l'a jamais abandonné, ce qui l'a fait vérifier un mot terrible sorti de sa propre bouche : « On ne dira pas que Poulmann a changé. » Il se faisait, par orgueil, plus coupable qu'il ne l'était; il affectait un monstrueux athéisme, et cependant il disait qu'il avait prié pour sa misérable complice à l'instant de sa condamnation. « Il n'y a pas de Dieu, disait-il, puisque Louise a été condamnée. » Et quand on lui représentait que cette condamnation pourrait être favorable à cette infortunée, puisque dans sa prison elle allait trouver des amies, des sœurs chargées de raviver en elle les sentiments religieux ; qu'alors elle reviendrait à la vertu; qu'il allait empoisonner ses jours en refusant de recevoir les secours de la religion, puisque la nouvelle la plus fatale pour elle serait celle de l'impénitence de l'homme auquel elle avait sacrifié son honneur et sa vie, il paraissait rêveur, il hésitait, et puis, comme s'il eût secoué des pensées importunes, il relevait fièrement la tête et disait avec orgueil : « Non ! Poulmann ne changera pas. » Messieurs, si dans ces prisons que Poulmann avait habitées, il avait rencontré des hommes qui se fussent attachés à lui montrer que le crime est une faiblesse, une humiliation morale; des hommes qui eussent profité de toutes les circonstances pour lui indiquer l'abîme affreux où le conduisait son orgueil, peut-être aurait-on donné une bonne direction à cet amour de la louange ; peut-être aurait-on affaibli l'influence de ce fatal sentiment; ses derniers moments eussent donné, sans doute, plus de consolation, plus d'espoir sur son sort futur. »

« Il faudrait, a dit M. de Bérenger, fouiller bien avant dans le cœur de l'homme pour y découvrir l'origine, la cause des divers crimes qu'il est entraîné à commettre ; cette étude serait salutaire, c'est une de celles qui doit le plus activement occuper le législateur. Car selon le motif qui a produit le crime, le degré de perversité est plus ou moins grand, la peine doit être plus ou moins sévère. »

Depuis quelques années, quelques hommes secondés par leur position se sont livrés à des études psychologiques sur les condamnés; la presse elle-même a tiré de la nature des malfaiteurs des inductions qui peuvent être utiles dans le travail de la refonte du système pénal.

Mais il faut le dire, souvent on s'est égaré dans ces explorations humaines, et quelquefois même à dessein, pour satisfaire à ce besoin d'émotion et de terreur dont le public est travaillé. Quand il s'est agi de Lacenaire, combien de fictions n'a-t-on pas mises à la place de la réalité. Un seul observateur, M. le docteur Descuret a révélé cette nature basse, qui n'avait rien qui méritât la célébrité qu'on a voulu attacher au souvenir de ce criminel.

Parmi les exemples des tristes résultats que peut entraîner la paresse, il en est un, dit le docteur Descuret, auteur de l'intéressant ouvrage, *la Médecine des Passions*, il en est un qui mérite plus particulièrement de fixer l'attention : je veux parler de celui que nous a légué le trop fameux Lacenaire.

Cet homme qu'on s'est plu à représenter comme un inflexible logicien, qui se croyant malheureux par la faute de ses semblables, se fit voleur et assassin par système et non par dégradation; cet homme qui se posa sur les bancs des accusés comme sur un piédestal, et qui eut le talent d'exciter les plus étranges sympathies par son charlatanisme, fut bien moins conduit au crime par les raisons qu'il allégua que par son excessive paresse; chez lui, en effet, ce vice fut porté si loin, qu'il étouffa les plus heureuses dispositions, et qu'il devint la source d'où découlèrent tous ses forfaits.

On a dit à tort qu'il se montra dans sa jeunesse vif, ardent, hautain et frondeur. Un homme digne de foi et plus que personne à portée de le connaître, puisqu'il fut son professeur, m'a assuré au contraire qu'il avait un naturel assez doux, et que la paresse était le seul trait saillant de son caractère. « Il la poussait, m'a-t-il dit, jusqu'à ne pas vouloir se lever la nuit pour satisfaire ses besoins naturels; il dormait complaisamment au milieu de ses ordures, et ce n'était qu'à grand'peine et après plusieurs avertissements qu'il se décidait, longtemps après la cloche du réveil, à sortir de son lit ou plutôt de son fumier. »

Les punitions qu'on lui infligeait, le mépris que lui témoignaient ses camarades, rien ne parvint à le corriger. Toute espèce de soins ou de travail était pour lui un supplice, et c'est uniquement à cette funeste disposition qu'il faut imputer les crimes dont il a eu l'effronterie de se targuer devant ses juges.

Venu à Paris sans moyens d'existence, et trop paresseux pour en chercher dans un travail honnête, Lacenaire se mêla parmi cette tourbe d'êtres sans aveu qui inondent les lieux publics et qui l'associèrent à leur coupable industrie. Il avait débuté par le métier de voleur, il finit par celui d'assassin; puis, quand sa tête qu'il disait avoir livrée comme un enjeu, dut payer tous ses forfaits, le masque dont il s'était orgueilleusement paré tomba tout à coup, et ne laissa voir qu'un lâche qui ne sut pas mourir.

Quelques faits ont été appréciés aussi sous un faux jour dans l'intérêt d'un système. Par exemple, le double suicide de deux grands coupables a été donné comme preuve de la crainte que l'échafaud inspire. Un écrivain a trouvé dans cette mort volontaire un tout autre enseignement.

Le 19 mars 1839, la cour d'assises de la Seine condamnait à la peine de mort Soufflard et Lesage, ces deux assassins de la femme Renaud de la rue du Temple. Ils étaient restés immobiles et silencieux en écoutant la lecture du verdict du jury et la condamnation capitale qui la suivit. A peine ont-ils quitté l'audience, que Soufflard, sortant de la morne impassibilité dans laquelle il paraissait plongé, entra dans un violent accès de fureur, accablant de ses imprécations les magistrats, les chefs de la police, les jurés. Quelques secondes n'étaient pas écoulées, que Soufflard était en proie à d'horribles convulsions; le poison déchirait ses entrailles; le lendemain il avait cessé de vivre. Le suicide, et dans quelques semaines l'échafaud, doivent être le terrible et salutaire dénoûment de ce procès. Lesage s'était pourvu en cassation. Trente-huit jours après sa condamnation, il s'est trouvé pendu aux barreaux de son cabanon.

Ce double suicide ne prouve qu'une chose, c'est qu'aux yeux des coupables les plus endurcis, la mort est peu de chose; la preuve, c'est qu'ils ont montré plus de courage qu'il n'en fallait pour livrer leurs têtes à l'échafaud; ils avaient à choisir entre eux-mêmes et le bourreau; ils ont fait fi de celui-ci, ils se sont donné la mort au lieu de la recevoir; voilà toute la conclusion que l'observation puisse rigoureusement retirer, pas autre chose; au delà, tout est conjectural. Voyez plutôt, Soufflard prend plus d'arsenic qu'il n'en fallait pour ôter la vie à cinq cents personnes. Il sait bien ce qu'il fait; il raisonne son action, ou pour mieux dire, son nouveau crime, avec calme, avec réflexion; il en attend les résultats avec confiance; l'esprit de sa conservation ne le touche nullement. Lorsqu'on lui adressa la parole en ces termes : Dites quel poison vous avez pris? Je ne le dirai pas, répond-il d'une voix forte; je ne veux rien dire; on me donnerait du contre-poison. Lorsqu'on lui présenta du lait, ne pouvant résister à la soif ardente qui le dévore, il saisit la tasse; mais avant de le boire, il ajoute : « Il est trop tard, le coup est fait; il est touché au cœur. » Aux exhortations de l'abbé Montès, il ne répond rien; s'il l'interrompt deux ou trois fois, c'est pour s'emporter en malédictions contre son coaccusé, qui l'a tué de son énergique déposition.... Voilà le cas que Soufflard a fait de la mort!

Quant à Lesage, la même condamnation l'avait frappé... il se pourvoit en cassation. Gardé à vue, soigné comme un malade convalescent, car on veut le livrer plein de vie au bourreau, il raconta l'histoire de sa vie... S'animant au récit de ses méfaits (ils sont variés, nombreux, horribles), il laisse briller dans ses yeux une joie bizarre, en supputant les sommes qu'il a volées pour les dissiper en crapuleux excès de débauche. Croyant que son pourvoi doit prolonger son existence de quarante jours, il compte sans trembler les jours qui lui restent. C'est aujourd'hui le trente-deuxième, disait-il un samedi, je n'en ai plus que huit, et si personne ne me donne de l'argent, je manquerai de tabac. Ce n'est pas trop de fumer cependant, pour un homme qui n'a que huit jours à vivre, que cinq sous de tabac à fumer par jour et dix sous de vin. Lesage, à son tour, échappe à l'échafaud par un suicide! Est-ce qu'il craignait la mort, celui-là?

Non, ni lui ni Soufflard ne la redoutaient; celui-ci l'a prouvé : car, froidement, en présence de la justice des hommes, il l'a défiée; le sourire de l'homme incorrigible, indompté, était sur ses lèvres!... il a préféré trente heures d'agonie, à un mauvais quart d'heure, suivant le vocabulaire de ces hommes-là. Et, quant à Lesage, s'il eût souffert, s'il eût éprouvé les angoisses de l'échafaud, il n'eût pas trouvé une distraction à raconter ses prouesses, ses crimes; en un mot, ses succès!

A la Roquette, comme à la Conciergerie, comme dans les anciens cabanons de Bicêtre, on trouve presque toujours le condamné sans terreur du supplice.

« Le matin où devait avoir lieu l'exécution de Lober, l'assassin le plus insigne et le plus résigné que j'aie vu, dit l'auteur des

Prisons de Paris, que nous avons déjà cité, un gardien entra dans la cellule de ce condamné.

« Ah! oui, je sais... lui dit Lober... vous venez m'annoncer qu'on me guillotine aujourd'hui!

— Alors vous en savez plus que moi. Est-ce que le greffier est venu vous avertir?

— Non; mais je suis sûr de cela : toute la nuit j'ai fait des rêves abominables.

— Et quels rêves?

— J'ai vu d'abord des taureaux qui s'éventraient, et ensuite des gouttes de sang dans l'air. Là-dessus, je me suis éveillé, et me suis dit : Allons! c'est pour aujourd'hui!... Ma foi, tant mieux! je serai bien débarrassé, et vous aussi. »

Si la législation n'a pas encore osé renverser l'échafaud, le pouvoir exécutif a du moins, à Paris, adouci les derniers moments des condamnés, en substituant une voiture-poste à la charrette qui menait lentement le coupable à travers une population avide d'émotions. C'était un spectacle bien hideux que cette promenade funèbre de la Conciergerie à la place de Grève! A l'époque où la loterie existait encore, on voyait des femmes en haillons courir après le fiacre dans lequel le greffier se rendait à l'exécution, et prendre ou décomposer le numéro de la voiture pour aller le mettre à la loterie. C'était une superstition qui régnait alors, que celle qui attribuait une chance de fortune à ces sortes de mises; et une certaine classe attendait une exécution comme une bonne fortune.

Aujourd'hui, quand la dernière heure du condamné est arrivée, il a quitté son cachot et est descendu au guichet central, où l'aumônier lui a donné les consolations de la religion.

Après cela, le barbier de la prison lui a coupé les cheveux; en style de geôle, il lui a fait la toilette. Une voiture cellulaire a reçu le prêtre et le condamné; elle s'est dirigée au grand trot, par les boulevards extérieurs, jusqu'à la barrière Saint-Jacques. Arrivée là, la voiture s'ouvre; l'homme qui représente la justice de Dieu donne un baiser de paix au coupable; l'homme qui représente la justice des hommes place le condamné sur une planche à bascule, laisse tomber un pesant couperet de fer sur sa tête, et, quelques semaines après, la même voiture se représente devant la Roquette, le même parcours se fait, le même prêtre absout, le même exécuteur frappe, et la société est encore à se demander si ce sang-là protége pour l'avenir.

Édouard de Beaumont

LE CONDAMNÉ A MORT.

TABLE DES CHAPITRES.

CHAPITRES.	Pages.
I. Dépôt de la Préfecture. — Conciergerie.	1
II. La Force.	77
III. Saint-Lazare.	114
IV. Le Donjon de Vincennes.	145
V. Sainte-Pélagie.	194
VI. Clichy.	234
VII. Le Luxembourg. — Les Carmes.	261
VIII. Bicêtre. — La Salpêtrière	297
IX. L'Abbaye. — Montaigu.	339
X. Le Temple.	370
XI. Les Madelonnettes.	404
XII. Le grand et le petit Châtelet.	434
XIII. La Bastille.	476
XIV. La Roquette	508

CLASSEMENT DES GRAVURES HORS TEXTE.

	Pages.
Le Porte-Clefs.	10
Cartouche.	34
Marie-Antoinette.	46
Les Girondins	55
Les Pailleux	83
Le Parloir	110
Monsieur et Mademoiselle Morin	118
La Prévention.	131
Une Superstition	142
Mort du duc d'Enghien	153
Arrestation de Mirabeau.	159
Madame Roland.	196
Madame Du ry	198
Le Concierge de Sainte-Pélagie.	201
L'Arrestation pour dettes.	256
Michel Ney.	287
Le Massacre aux Carmes.	274
Un Fou de Bicêtre.	303
La Folle du Soleil.	306
Le faux Oncle.	340
Charlotte Corday.	355
Le cordonnier Simon.	361
Toussaint-Louverture	398
Émeute des Bouquetières.	402
Le Chien du prisonnier.	405
Évolutions dans la prison.	437
Cérémonie des Roses.	*Ibid.*
L'Abbé agent de Police.	451
Les Mystères à la porte du Châtelet	457
Desrues.	470
Cagliostro à la Bastille.	479
Cachot de Latude.	520
Chambre du Condamné.	553
Toilette du Condamné.	558

EN VENTE CHEZ LE MÊME

LES BAGNES

Histoire, types, mœurs, mystères, par Maurice Alhoy, illustrés de 105 dessins par les meilleurs artistes. — 50 livraisons à 30 cent. — L'ouvrage complet, 15 francs.

GALERIE NAPOLÉONIENNE

Magnifique illustration du Consulat et de l'Empire 50 portraits en pied gravés sur acier.—50 livraisons à 30 centimes, avec Notice. — L'ouvrage complet, 15 francs.

LA FRANCE

Atlas des 86 Départements et des Colonies françaises (d'après un nouveau procédé), par MM. A.-H. Dufour et Th. Duvotenay, avec une Notice sur chaque département. Rendue à domicile, 1 fr. la livraison coloriée, composée de 2 cartes et 2 notices. — L'ouvrage complet, 45 fr.

LA TERRE

Atlas élémentaire et universel de Géographie ancienne, du moyen âge et moderne (également d'après un nouveau procédé), par MM. A.-H. Dufour et Th. Duvotenay, avec une Notice historique sur chaque carte. Rendue à domicile, 1 fr. la livraison coloriée, composée de 2 cartes simples, ou d'une double avec notice. — L'ouvrage complet, 27 fr.

LES PRISONS DE PARIS

Histoire, types, mœurs, mystères, par Maurice Alhoy et Louis Lurine.— 155 dessins par les meilleurs artistes. — 50 livraisons à 30 cent. — L'ouvrage complet, 15 francs.

DICTIONNAIRE NATIONAL

Ou grand Dictionnaire de la langue française, par Bescherelle aîné. Rendue à domicile, 15 cent. la livraison. — Il en paraît 2, 4 et 6 par semaine.

DICTIONNAIRE

Géographique, Historique, Administratif, Industriel
ET COMMERCIAL DE LA FRANCE

Histoire nationale, par A. Girault de Saint-Fargeau. Rendue à domicile, 40 centimes la livraison avec gravure. — Cet ouvrage est illustré de 100 gravures, de costumes coloriés, plans et armes des villes, etc.

DICTIONNAIRE D'HISTOIRE NATURELLE

Rédigé par C. d'Orbigny et F. de Wegmann, membres de plusieurs sociétés savantes. Rendue à domicile, 30 centimes la livraison avec gravures. Cet ouvrage est illustré de 80 planches coloriées.

LOI SUR LES PATENTES

Prix : 30 cent.

BIBLIOTHÈQUE ILLUSTRÉE.

En vente : in-8º anglais. Sous presse :

PAUL ET VIRGINIE. 100 vignettes par Bertall.

CONTES POPULAIRES DE L'ALLEMAGNE, traduction de A. Cerfberr de Médelsheim. 300 vignettes allemandes.

MYSTÈRES DU COLLÈGE. 100 vignettes par Eustache-Lorsay.

DAPHNIS ET CHLOÉ. Revu par Paul-Louis Courier. 100 vignettes par Bertall.

3 f. le vol. 15 c. la liv.

LES NAINS CÉLÈBRES, depuis l'antiquité jusques et y compris *Tom Pouce*. 100 vignettes par Ed. de Beaumont.

CANDIDE, de VOLTAIRE, précédé d'un travail littéraire par A. d'Albanès. 100 vignettes par Bertall.

HISTOIRE DU PETIT JEHAN DE SAINTRÉ et de la Dame des Belles Cousines, par le comte de Tressan, précédée d'un travail littéraire par A. d'Albanès. 100 vignettes par Bertall.

POUR PARAITRE EN OCTOBRE.

HISTOIRE DE LA POLICE

Histoire secrète et publique de la Police ancienne et moderne, par Louis Lurine et Maurice Alhoy. Un fort volume grand in-8 jésus illustré. Vignettes à part, têtes de pages, culs-de-lampe, etc., etc.

www.ingramcontent.com/pod-product-compliance
Lightning Source LLC
Chambersburg PA
CBHW070403230426
43665CB00012B/1229